Allgemeines Reisepraktisches

① **Strasbourg und die Rheinebene**

② **Colmar und die Weinstraße**

③ **Vogesen**

④ **Mulhouse und der Sundgau**

Kleiner Wanderführer

UNTERWEGS MIT ANTJE & GUNTHER SCHWAB

Ein Sprung vom Badischen über den Rhein – und schon sind wir da, in diesem besonderen Stückchen Frankreich. Vieles ist uns hier seit Jahren zur Gewohnheit geworden – der Besuch bei den Töpfern in Soufflenheim, eines Kunst- oder eines originellen Heimatmuseums, eine Stocherkahnfahrt im Ried, die umwerfenden Ausblicke vom Hohneck oder vom Petit Ballon, das Wandern, das in den Vogesen eine besondere Lust ist. Eine Übernachtung in einer Ferme-Auberge gehört fast immer dazu, wenn es sein muss, auch im Schlafsaal – auch wenn manchmal die Betten fürchterlich knarren. Doch immer wieder erleben wir auf unseren Reisen auch Neues, Überraschendes: einen Almauftrieb, einen urigen Bauernmarkt, ein Schneckenrennen auf einem Volksfest, einen Biber in einem Altrheinarm …

Eine Freude ist es, durch die heimeligen Städtchen und Dörfer zu bummeln, in denen sich elsässische Gemütlichkeit mit französischem Savoir-vivre zu einem eigenen leichten Lebensgefühl verbinden: Man scheint mehr Zeit zu haben als auf der anderen Seite des Rheins, Zeit für ein Gespräch an der Ecke, Zeit für eine Tasse Kaffee, Zeit zum Angeln, Zeit zum Essen … Fast Food ist im Elsass verpönt, hier nimmt man sich auch im Arbeitsalltag die Ruhe, eine echte Mahlzeit zu genießen. Dass uns der Blick auf die Waage zu Hause dann oft einen Seufzer entlockt, wollen wir an dieser Stelle nicht verleugnen …

Text und Recherche: Antje und Gunther Schwab **Lektorat:** Carmen Wurm **Redaktion und Layout:** Heike Wurthmann **Karten:** Judit Ladik, Michaela Nitzsche, Annette Seraphim **Fotos:** Gunther Schwab außer: S.107 (Musée de Strasbourg, Collection Tomi Ungerer, A. Plisson), S.315 (ASEPAM, N. Debau), S.331 (Association Internationale de l´œvre du Docteur A. Schweitzer), S. 403 (Musée d´Unterlinden Colmar, O. Zimmermann) **Covergestaltung:** Karl Serwotka **Covermotive:** oben: Kaysersberg, unten: Strasbourg

4. KOMPLETT ÜBERARBEITETE AUFLAGE 2012

ELSASS

ANTJE & GUNTHER SCHWAB

Elsass: Die Vorschau — 10

Landeskunde & Reisepraktisches — 14

Geographie und Landschaft — 16

Klima und Reisezeit — 19

Wirtschaft — 22

Geschichte — 23

Architektur und Kunst — 32

Brauchtum und Feste — 38

Sprache — 42

Anreise — 44

Unterwegs im Elsass — 45

Übernachten — 49

Essen & Trinken — 54

Wissenswertes von A bis Z — 64

Adressen	64	Öffnungszeiten	66
Behinderte	64	Post	66
Feiertage	64	Radio und Fernsehen	67
Geld	64	Reisedokumente	67
Gesundheit	65	Souvenirs	67
Information vor Reiseantritt	65	Sport	68
Internet	65	Telefonieren	69
Konsulate	65	Touristenbüros	69
Notrufnummern/Polizei	66	Zeitungen	69

Das Elsass erkunden — 70

Strasbourg und die Rheinebene — 72

Strasbourg	73	Vierter Rundgang: Zentrale Plätze und wilhelminisches Viertel	103
Erster Rundgang: Münster und Frauenhausmuseum	89	Fünfter Rundgang: Europaviertel	108
Zweiter Rundgang: Rund ums Münster	95	Die Rheinebene nördlich von Strasbourg	111
Dritter Rundgang: La Petite France	99	Lauterbourg	112

Soufflenheim	113	Die Rheinebene südlich	
Sessenheim	115	von Strasbourg	138
Haguenau	117	Route de la Choucroute	139
Forêt de Haguenau	122	Eschau	141
Nördlich des Hagenauer Forsts:		Erstein	141
In den Outre Forêt	124	Benfeld	142
Westlich von Haguenau:		Ebersmunster	144
Hanauer Land	131	Sélestat	146
Bouxwiller	131	Neuf-Brisach	153
Pfaffenhoffen	134	Ecomusée und Bioscope	
Ingwiller	135	bei Ungersheim	155
Neuwiller-lès-Saverne	135	Ottmarsheim	157

Colmar und die Weinstraße _____ 158

Colmar	159	Dambach-la-Ville	196
Musée d'Unterlinden	166	Kintzheim	201
Rund um die Place d'Unterlinden	170	Ribeauvillé	206
Vom Martinsmünster		Riquewihr	215
bis Klein-Venedig	171	Kaysersberg	221
Weitere Sehenswürdigkeiten	175	Turckheim	227
Die Weinstraße nördlich		Die Weinstraße südlich	
von Colmar	175	von Colmar	228
Marlenheim	176	Eguisheim	228
Molsheim	178	Rouffach	233
Mutzig	182	Umgebung von Rouffach:	
Rosheim	182	Soultzmatt	236
Obernai	184	Guebwiller	236
Barr	190	Thann	241

Die Vogesen _____ 248

Nordvogesen	249	Die mittleren Vogesen	282
Wissembourg	250	Saverne	283
Lembach	258	Wangenbourg-Engenthal	291
Steinbachtal	263	Nordwestlich von	
Niederbronn-les-Bains	266	Wangenbourg	293
Nördlich von Niederbronn-		Östlich von Wangenbourg:	
les-Bains: Schwarzbachtal	269	La Vallée de la Mossig	294
Südlich von		Südlich von Wangenbourg:	
Niederbronn-les-Bains	271	La Vallée de la Hasel	294
Westlich von		Schirmeck	296
Niederbronn-les-Bains	272	Südlich von Schirmeck:	
La Petite Pierre	275	Le Ban de la Roche	298
Rundtour durchs		Östlich von Schirmeck: Ober-	
Alsace Bossue	280	halb des Vallée de la Bruche	301

Westlich von Schirmeck	302	Von Munster zu den Passhöhen	
Mont-Ste-Odile	303	Le Linge und Wettstein	327
Villé	307	Le Petit Ballon	328
Von Villé zum Champ du Feu	309	Vallée de Munster	330
Von Villé nach Le Hohwald	310	Das vordere Tal der Fecht im	
Die südlichen Vogesen	312	Osten von Munster	330
Ste-Marie-aux-Mines	313	Das Tal der Großen Fecht im	
Rundtour: Von Ste-Marie-aux-		Südwesten von Munster	332
Mines ins Tal der Béhine	316	Das Tal der Kleinen Fecht im	
Orbey und Umgebung	318	Nordwesten von Munster	335
Route des Crêtes	319	Lautenbach	335
Erste Etappe: Vom Col du Bon-		Saint-Amarin	339
homme zum Gazon du Faing	320	Von Saint-Amarin	
Zweite Etappe: Vom Col de la		ins Tal der Thur	340
Schlucht zum Col du Herrenberg	320	Von Saint-Amarin	
Dritte Etappe: Vom Markstein		zur Moselquelle	341
bis zum Vieil Armand	322	Masevaux	342
Munster	324	Von Masevaux durch das Tal	
		der Doller zum Ballon d'Alsace	343

Mulhouse und der Sundgau _____ 346

Mulhouse	347	Altkirch	365
Sehenswertes in der Altstadt	356	La Petite Camargue Alsacienne	368
Sehenswertes		Ferrette	369
außerhalb der Altstadt	358	Südwestlich von Ferrette	371
Der Sundgau	363	Südöstlich von Ferrette	372

Kleiner Wanderführer   374

Wanderung 1	Von Ottrott auf dem alten Pilgerweg zum Mont-Ste-Odile	378
Wanderung 2	Durch die Weinberge bei Hunawihr und Riquewihr	380
Wanderung 3	Von Gueberschwihr über den Schauenberg zum Kuckucksfelsen	382
Wanderung 4	Vom Fleckensteiner Weiher zu den Ruinen Froensbourg und Fleckenstein	384
Wanderung 5	Rund um La Petite Pierre	386
Wanderung 6	Von Saverne zur Burg Haut-Barr und ins Tal der Zorn	388
Wanderung 7	Vom Col du Markstein zum Lac de la Lauch	390
Wanderung 8	Auf den Petit Ballon	392
Wanderung 9	Von Le Gaschney auf den Hohneck	394
Wanderung 10	Von Ferrette in die Wolfsschlucht zur Grotte des Nains	396

Register _____ 400

Kartenverzeichnis

Elsass Übersicht · Umschlagklappe hinten

Barr	191	Mulhouse	350/351
Château du Fleckenstein	261	Munster	325
Château du Haut-Koenigsbourg	205	Neuf-Brisach	153
		Obernai	186/187
Colmar	162/163	Ribeauvillé	209
Colmar – Musée d'Unterlinden	168	Riquewihr	217
		Saverne	285
Das Kloster am Mont-Ste-Odile	305	Sélestat	147
		Sessenheim	116
Entdeckungspfad Le Donon	302	Strasbourg – Cathédrale Notre-Dame	93
Fachwerkbauten: Formen der Verstrebungen	36	Strasbourg – Innenstadt	78/79
		Strasbourg – Übersicht	75
Guebwiller	238/239	Thann	243
Haguenau	119	Thann – Collégiale St.-Thiébauth	245
Haguenau - Umgebung	124/125		
Kaysersberg	222/223	Wissembourg	252/253
Molsheim	179		

Zeichenerklärung für die Karten und Pläne

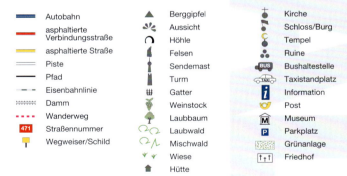

 Mit dem grünen Blatt haben unsere Autoren Betriebe hervorgehoben, die sich bemühen, regionalen und nachhaltig erzeugten Produkten den Vorzug zu geben. Alle **Ferme-Auberges** und viele Auberges in den Vogesen sind dem Prinzip der Nachhaltigkeit verpflichtet und vermarkten zum größten Teil eigene Produkte, werden aber nicht eigens gekennzeichnet, da die Signatur nicht inflationär verwendet werden soll.

Wohin im Elsass?

① **Strasbourg und die Rheinebene** → S. 72

Die stille Grenzregion entlang des Rheins lockt mit hübschen Fachwerkdörfern, dschungelartigen Auwäldern und weiten Überschwemmungsgebieten – ein Paradies für Amphibien und Wasservögel. Kontrast pur bietet die lebhafte Europametropole Strasbourg, in der sich Tradition und Moderne trefflich vereinen. Im Schatten des majestätischen Münsters lässt es sich herrlich durch mittelalterliche Gassen flanieren, gar nicht weit entfernt zeugen ultramoderne Glaspaläste vom Geist des 21. Jahrhunderts.

② **Colmar und die Weinstraße** → S. 158

Der sonnenverwöhnte Balkon des Elsass – Heimat von Riesling, Gewürztraminer & Co – bietet nicht nur Anhängern des Weingottes Bacchus etwas Besonderes. Auch Romantiker und Freunde lieblicher Landschaften kommen voll auf ihre Kosten. Wie an einer Perlenkette reihen sich die pittoresken Winzerorte aneinander: Obernai, Kaysersberg, Ribeauvillé, Riquewihr, Eguisheim ... einer schöner als der andere. Fast im Zentrum liegt Colmar, das Kultur vom Feinsten zu bieten hat, nicht nur den weltberühmten Isenheimer Altar. Und natürlich sollte man einen Bummel durch die historische Altstadt mit ihren verwinkelten Gassen und den Besuch des ehemaligen Fischerviertels La Petite Venise an der Lauch nicht versäumen.

③ **Vogesen** → S. 248

Majestätisch ragen die Ketten der Berge auf. Im flacheren Norden locken dichte Wälder mit bizarren Felsen und verwunschenen Sandsteinburgen, während in der Mitte der Odilienberg und der tempelgekrönte Donon die Besucher anziehen. Panoramen wie aus dem Bilderbuch bieten die südlichen Hochvogesen mit runden Bergkuppen, saftigen Kuhweiden und glitzernden Gletscherseen. Doch nicht nur Aktivurlauber kommen in dieser großartigen Naturlandschaft auf ihre Kosten, auch Kulturinteressierte finden hier wahre Schätze.

④ **Mulhouse und der Sundgau** → S. 346

Tief im Süden liegt der Sundgau, der stille Herrgottswinkel des Elsass, eine sanft gewellte Landschaft mit Weiden, Feldern, Streuobstwiesen, üppigen Bauerngärten und endlos vielen Karpfenteichen. Wenige Besucher verirren sich hierher, ebenso wie ins quirlige Mulhouse, das touristisch kaum beachtet wird. Schade, denn es bietet eine sehenswerte Altstadt, einzigartige technische Museen und durch zahlreiche nordafrikanische Zuwanderer viel orientalisches Flair. Kurzum: Der Süden ist anders, aber absolut besuchenswert.

Elsass: Die Vorschau

Landschaft und Natur

Abwechslungsreiche Landschaften auf engem Raum: Die Palette reicht von dschungelartigen Rheinauewäldern und Feuchtgebieten des Ried mit ihrer einzigartigen Flora und Fauna über das sonnenverwöhnte reizvolle Hügelland der Weinberge bis zu den waldreichen Vogesen, die im Süden durchaus alpinen Charakter zeigen. Nicht vergessen werden darf der liebliche Sundgau. In allen Landschaften kann man wunderschöne Wander- und Entdeckungstouren unternehmen. Und insbesondere die Feuchtgebiete und die Vogesen abseits der großen Durchgangsstraßen haben immer noch vergleichsweise viel intakte Natur zu bieten. Denjenigen, die eine Landschaft lieber vom Fahrzeug aus erleben bzw. immer wieder Stopps einlegen möchten, seien die das ganze Elsass durchziehenden Routes empfohlen: die Route des Vins im Hügelland, die Route de la Choucroute oder die Route du Tabac in der Rheinebene, die phänomenale Ausblicke bietende Route des Crêtes am Vogesenhauptkamm entlang ...

Kunst und Architektur

Weit über die Grenzen des Elsass hinaus kennt man das Straßburger Münster und Grünewalds Isenheimer Altar in Colmar. Doch der Reisende entdeckt darüber hinaus nahezu auf Schritt und Tritt weitere bedeutende romanische und gotische Gotteshäuser mit ungemein filigranen bzw. ausdrucksstarken Steinmetzarbeiten. Auch an weniger bekannten sakralen Kostbarkeiten wie den spätmittelalterlichen Buhler Flügelaltar und die Bildteppiche des heiligen Adelphus von Neuviller-lès-Saverne, um nur zwei Beispiele zu nennen, ist das Elsass ungeheuer reich. Liebhaber der historischen Architektur erfreuen sich an prächtigen Plätzen mit Brunnen, an Rat- und Bürgerhäusern im Stil der Renaissance, an mittelalterli-

„Abwechslungsreiche Landschaften auf engem Raum"

chen Befestigungsanlagen, aber auch an den unzähligen Burgruinen. Und nicht zuletzt ist das Elsass ein Paradies für Museumsfreunde. Absolutes Muss sind das Unterlinden-Museum in Colmar und das Musée de l'Œuvre Notre-Dame in Strasbourg, viel besucht werden auch das dortige Musée de l'Art Moderne und die Technikmuseen in Mulhouse. Darüber hinaus bieten selbst kleine Dörfer und abgelegene Landstädtchen interessante Ausstellungen zu den unterschiedlichen Bereichen der elsässischen Kultur: vom Holzschlitten der Waldarbeiter über Springerle-Modeln bis hin zu den traditionellen Taufbriefen. Man könnte monatelang im Elsass auf Bildungsreise sein und würde immer noch etwas Neues entdecken.

Geranien und Butzenscheiben

Zu den beliebtesten Postkartenmotiven im Elsass gehören die mit roten Geranien reich geschmückten Fachwerkhäuser an schmalen Kanälen oder in kopfsteingepflasterten Gassen. Diese Butzenscheibenromantik wird noch übertroffen, wenn ein bewohntes Storchennest den Turm einer mittelalterlichen Stadtmauer krönt oder bei einem der zahlreichen Feste Paare in der traditionellen Tracht die Beine zum Tanze schwingen. Dieses Elsass kann für den Besucher zum Balsam für die Seele in unserer oft hektischen und nüchternen Zeit werden, gelingt hier doch die Reise in die gute alte Vergangenheit, ohne dass man auf die Annehmlichkeiten der Moderne verzichten muss. Klischee oder nicht, tatsächlich pflegen die Elsässer ihre Traditionen nicht nur als touristischen Werbegag, sondern auch weil sie ihnen wirklich etwas bedeuten. Das gilt im Übrigen auch für die vielleicht nicht jedermanns Geschmack treffenden Gartenzwerge, die man in elsässischen Vorgärten wirklich in großer Zahl antrifft.

Elsass: Die Vorschau

Gourmetküche und Hausmannskost

Renommierte Zeitschriften berichten immer wieder ausführlich über die kulinarischen Errungenschaften des Elsass, Gourmets befinden sich hier im siebten Michelin-Sterne-Himmel, und selbst ein stinkender Münsterkäse wird zur Erfahrung der besonderen Art. Wer ins Elsass reist, kann sich auf wunderbares Essen freuen, gleichgültig ob man nun in feinsten Gourmetrestaurants die Haute Cuisine genießt, in gemütlichen Winstubs oder urigen Berggasthöfen einkehrt und dort choucroute (Sauerkraut) oder eine kräftige Melkermahlzeit verzehrt. Allerdings ist das Preisniveau vergleichsweise hoch, und – wie überall auf der Welt – sind dort, wo sich die Touristen ballen, manche Wirte zu sehr auf das schnelle Geld aus.

Wein

Fast schon zum Pflichtprogramm auf einer Elsassreise gehört der Besuch eines Winzerkellers, genießen doch Riesling, Gewürztraminer, Pinot blanc & Co. im mit wunderbaren Weinen verwöhnten Frankreich einen überaus guten Ruf. Die meisten von ihnen werden ziemlich jung getrunken. Man serviert sie, selbst den roten Spätburgunder, frisch (8–10º C) und unterstreicht so ihre Spritzigkeit. Elsässer Weine bestechen durch ihre Leichtigkeit, sind hervorragende Begleiter eines deftigen wie delikaten Essens, aber gleichzeitig so süffig, dass man auch gerne einmal ein Glas davon am frühen Abend in einem Straßencafé trinkt. Ihr kräftiger Geschmack entfaltet sich am besten in einem langstieligen Tulpenglas.

„Riesling, Gewürztraminer, Pinot blanc & Co."

Aktivurlaub

Überall im Elsass trifft man auf Radfahrer; das abwechslungsreiche Terrain mit vielen ausgewiesenen Wegen bietet sowohl gemütlichen „Sonntagsfahrern" als auch durchtrainierten Sportlern günstige Gegebenheiten. Fast noch besser sieht es für Wanderfreunde aus: Der Club Vosgien hat in den Vogesen unzählige Wege angelegt und markiert, überdies kann man in den Weinbergen und in den Feuchtgebieten auf Pisten und Wirtschaftswegen wunderbar spazieren gehen. Doch damit nicht genug: Kletterfelsen, Reiterhöfe, zahlreiche Schwimmbäder und einige Badeseen sorgen für Abwechslung im Urlaub, und wer etwas Nervenkitzel braucht, kann ja in den Hochvogesen einen Gleitschirmflug buchen. Nicht zuletzt kommen in schneereichen Wintern auch viele Besucher zum Wintersport hierher.

Kinder

Zwar gilt das Elsass nicht gerade als das klassische Familienreiseziel, aber dennoch kann man hier mit den Kids erlebnisreiche Ferien verbringen. Attraktive Ziele für die ganze Familie sind z. B. die Bergwerke in Ste-Marie-aux-Mines oder das Schiffshebewerk bei Saverne. Zu den Highlights gehört sicher auch der Besuch der Greifvogelwarte und des Affenbergs bei Kintzheim, daneben existieren gerade an der Weinstraße etliche weitere interessante Tierparks. Nicht zu vergessen sind die zumindest teilweise für Kinder geeigneten Museen. Getrübt werden diese Vergnügen allerdings durch die in Frankreich vergleichsweise hohen Eintrittspreise. Doch zum Glück gibt es auch Erlebnisse zum Billig- bzw. Nulltarif: die Erkundung von unzähligen Burgruinen oder der Besuch einer Ferme-Auberge mit ihren Ställen.

Riquewihr ist eine der Perlen an der Weinstraße

Landeskunde & Reisepraktisches

Geographie	→ S. 16	Sprache	→ S. 42
Klima und Reisezeit	→ S. 19	Anreise	→ S. 44
Wirtschaft	→ S. 22	Unterwegs im Elsass	→ S. 45
Geschichte	→ S. 23	Übernachten	→ S. 49
Architektur und Kunst	→ S. 32	Essen und Trinken	→ S. 54
Brauchtum und Feste	→ S. 38	Wissenswertes von A bis Z	→ S. 64

Spektakuläre Vogesenlandschaft

Geographie und Landschaft

Der im Durchschnitt nur 45 km breite Landstrich im Osten Frankreichs weist eine Nord-Süd-Ausdehnung von knapp 200 km auf und ist mit einer Gesamtfläche von 8280 km^2 die kleinste der 21 europäischen Festlandregionen der Französischen Republik. Was die Besiedlungsdichte angeht, rangiert die Region aber eher am anderen Ende der Skala: Auf vergleichsweise kleinem Raum leben immerhin etwa 1,6 Mio. Menschen, die meisten davon in der Hauptstadt Strasbourg. Politisch ist das Elsass in die beiden Departements Haut-Rhin (südliches Oberelsass) und Bas-Rhin (nördliches Niederelsass) untergliedert, geographisch wird es im Osten vom Oberrhein, im Norden vom Pfälzerwald, im Westen vom Kamm der Vogesen und im Süden vom Jura begrenzt.

Hinsichtlich der Naturräume ist das kleine Elsass ausgesprochen abwechslungsreich. Mit der **Rheinebene**, der **Vorbergzone** und dem Mittelgebirge der **Vogesen** hat es drei ganz unterschiedliche Landschaftstypen zu bieten. Zu dieser Mannigfaltigkeit auf engem Raum tragen zudem noch der Sundgau im äußersten Süden, der einen Übergangsraum zwischen der Rheinebene und dem Juragebirge darstellt, und das „Krumme Elsass" im Nordwesten bei. Letzteres liegt jenseits der Nordvogesen und gehört landschaftlich bereits zum Lothringischen Plateau.

Rheinebene

Einst floss der Rhein gemächlich in unzähligen großen und kleinen Mäanderbögen und Seitenarmen durch die Tiefebene. Bei Hochwasser überschwemmte er weite Teile, zerstörte Ackerland, bedrohte Siedlungen, und die Sumpfgebiete waren Brutstätten der Malaria übertragenden Stechmücken. Durch die im 19. Jh. nach Plänen des Wasserbauingenieurs Johann Gottfried Tulla (1770–1828) vorgenommenen

Geographie und Landschaft 17

Eingriffe wurde er begradigt und zwischen Dämme gezwängt. Als Folge seiner nun erhöhten Fließgeschwindigkeit sank der Grundwasserspiegel ab, die Rheinauen fielen weitgehend trocken, die einstmals landschaftsprägenden Auwälder wandelte man in landwirtschaftliche Nutzflächen und z. T. zu Industriearealen um. In der Mitte des 20. Jh. leitete man dann noch einen großen Teil des Oberrheinwassers auf die elsässische Seite in den betonierten Rheinseitenkanal ab, der als Grand Canal d'Alsace etwa von Basel bis Neuf-Brisach parallel zum Rhein verläuft, die moderne Großschifffahrt von Wasserstandsschwankungen des Flusses unabhängig machte und der Energiegewinnung (Wasserkraftwerke an Staustufen) dient. Nur an den wenigen Stellen, wo sich noch alte Rheinarme erhalten haben, z. B. bei Seltz im Norden, La Wantzenau nahe Strasbourg oder Rhinau im Süden, findet man noch Reste des Auwaldes. Mit seinen charakteristischen Bäumen wie Silberweiden, Ulmen und Eschen sowie den Kletterpflanzen und Strauchgewächsen erinnert er an einen Urwald.

Fließend sind die Übergänge zur Riedlandschaft, so genannt nach einem hier wachsenden Schilfgras. Sie hat sich dort erhalten, wo es der Mensch noch zulässt, dass Nebenflüsse des Rheins kurz vor der Mündung episodisch über die Ufer treten. Es gibt mehrere Riedgebiete, z. B. das der Zorn, der Bruch oder der Andlau, am spektakulärsten ist aber das zwischen Benfeld, Sélestat und Colmar gelegene Grand Ried im Überschwemmungsgebiet der Ill. Sowohl in Auwäldern als auch im Ried leben zahlreiche Wasservögel und Amphibien, auch einige Biber, außerdem stellen sie wichtige Rückzugsgebiete für Zugvögel dar. Auf der einst vom Rheinhochwasser in der Regel nicht überschwemmten sog. Niederterrasse erstrecken sich auf sandigkieseligen Böden die Reste der früher viel ausgedehnteren Hardtwälder. Und noch ein paar Meter höher, dort, wo der Boden lehmiger und damit fruchtbarer ist, breiten sich die alten Ackerbaulandschaften aus, wie z. B. das Hanauer Land und das Kochersberggebiet westlich von Strasbourg.

Vorbergzone

Die lieblichste und meistbesuchte der elsässischen Landschaften erstreckt sich im Wind- und Regenschatten der Vogesen zwischen Thann im Süden bis Marlenheim, weiter nördlich ist sie kaum ausgeprägt. „Sonnenbank des Elsass" wird das klimatisch bevorzugte schmale Band mit unterschiedliche, oft kalkhaltigen und von eiszeitlichem Lössstaub durchsetzten fruchtbaren Böden auch genannt. Kein Wunder, dass an den zwischen 250 und knapp 500 m hohen Hängen der berühmte Wein wächst.

Vogesen

Steil stürzen die Flanken des Mittelgebirges nach Osten zur Vorbergzone bzw. zur Rheinebene ab, während die nach Westen sich ganz allmählich zum Lothringischen Plateau hin abdachen. Nach der geographischen Lage und auch den Höhen der Gipfel unterteilt man das Gebirge im Allgemeinen in die **Nord-, Mittel-** und die **Süd-** bzw. **Hochvogesen**. Von der geologischen Situation und den daraus resultierenden Oberflächenformen her gesehen, ist das allerdings nicht korrekt. Denn fast genau im Zentrum der Mittelvogesen verläuft eine wichtige Gesteingrenze, die das Gebirge in zwei ganz unterschiedlich ausgeprägte Landschaften teilt. Nördlich dieser Grenze, die sich am Tal der Bruche entlangzieht, sind die Vogesen relativ flach. Lediglich der Rocher de Mutzig und der Donon erheben sich auf knapp 1000 m Höhe, weiter nach Norden sinkt das Niveau sogar auf 400–600 m ab. Aufgrund dieser vergleichsweise geringen Höhen ist die Erosion in diesem Teil der Vogesen (mangels Angriffsmaterials) schon immer geringer ausgeprägt gewesen. Deswegen hat sich über dem

v. a. aus Granit und Gneis bestehenden Grundgebirge eine ca. 300 m mächtige Buntsandsteinschicht erhalten können. Wasser und Wind haben im Laufe der Jahrmillionen die oberflächennahen Bereiche des Buntsandsteins zu schroffen, z. T. bizarren Formen modelliert, die die Region heute so reizvoll machen. Südlich des Bruchetals sind die Vogesen dagegen deutlich höher, erreichen im Grand Ballon 1424 m, im Storkenkopf 1366 m und im Hohneck 1363 m. Die Erosionsvorgänge waren hier erheblich stärker ausgeprägt, sodass die einstige Buntsandsteindecke mit der Zeit bis auf wenige Reste abgetragen und das Grundgebirge freigelegt wurde. Während der Eiszeit war dieser Teil der Vogesen in den höheren Lagen zudem von Gletschern bedeckt. Deren Eis schliff die harten Gneis- und Granitgipfel zu Kuppen ab, den Belchen (frz. *ballons*). Auch die zahlreichen Seen haben ihren Ursprung in der Arbeit des Eises. Gletscher hobelten Kare aus, nahezu kreisrunde Vertiefungen, in denen sich später Wasser sammelte. Außerdem hinterließen sie nach ihrem Abschmelzen wallartige Moränen. Da durch dieses von Gletschern mitgeführte Gemenge von Erde, Lehm und Gesteinsbrocken z. T. Täler abgesperrt wurden, bildeten sich längliche Seen. Einige sind heute zu Stauseen ausgebaut worden und dienen als Wasserreservoir für die Orte an der niederschlagsarmen Weinstraße.

Trotz deutlich sichtbarer Schäden, die saurer Regen und Orkane angerichtet haben, sind die Vogesen immer noch dicht bewaldet. In der Regel herrscht Mischwald vor, gelegentlich findet man reine Nadelwaldinseln. Buche, Ahorn, Eiche, Hainbuche, Tanne, Kiefer, Fichte, in niedrigen Lagen auch Linde, Ulme, Hasel und Kastanie sind die am häufigsten vertretenen Bäume. Groß ist auch das Vorkommen an Pilzen und Beeren. Wildschweine, Hirsche, Rehe, Gämsen und die in den 1980er Jahren wieder angesiedelten Luchse sind die wichtigsten Großtiere. Vielfältig ist der Bestand an Niederwild und Vögeln, sehr, sehr selten ist der Auerhahn geworden.

Die höchsten Lagen der Südvogesen sind durch die **Chaumes** geprägt, das sind Wiesen mit den verschiedensten alpinen Gräsern und Wildblumen sowie Heidevegetation. Ursprünglich waren diese Gebiete auch bewaldet, die Bäume hat man aber im Mittelalter, als die Gebirgstäler mehr und mehr zum Siedlungsraum wurden, gerodet. Wie heute noch dienten die Chaumes damals als Sommerweiden für das Vieh.

Sie sind die Stars der Hochvogesen

Erdgeschichtliche Entwicklung

Auffällig wie eine Narbe erscheint die Rheinebene zwischen den sich wie Zwillinge ähnelnden und geologisch nahezu identisch aufgebauten Mittelgebirgen Vogesen und Schwarzwald. Vom Erdmittelalter bis ins Tertiär (vor 220 bis 50 Mio. Jahren) erstreckte sich vom Süddeutschland bis weit nach Frankreich hinein ein einheitlicher Raum, in dem verschiedene Sedimente, u. a. der Buntsandstein, abgelagert wurden. Weder die heutige Rheinebene noch Schwarzwald und Vogesen zeichneten sich ab. Aber damals schon wirkten in dem Raum gewaltige tektonische Erdinnenkräfte. Durch eine Aufwölbung von zähplastischem Erdmantelmaterial kam es zu ständigen Spannungen, Zerrungen, Dehnungen und Bruchbildungen im darüber liegenden Gestein. Dadurch begann vor 45 Mio. Jahren das Zentrum des Gebiets auseinanderzureißen und abzusinken, der Graben entstand. Parallel dazu hoben sich die Flanken – Vogesen und Schwarzwald –, allerdings nicht einheitlich und gleichmäßig, sondern in mehreren Einzelschollen zerstückelt. Bis zu 5 km wurden die einzelnen Teile der Erdkruste vertikal gegeneinander verschoben. So findet man die Buntsandsteinschicht, die im Norden von Schwarzwald und Vogesen in 400 bis über 1000 m Höhe anzutreffen ist, im Rheingraben in ca. 3000 m Tiefe. Nicht ganz so weit herausgehoben wurde die treppenartig gestufte Vorbergzone. Erst in der Eiszeit trat der Rhein in den Graben und füllte ihn mit Sedimenten, die er aus den Alpen mitbrachte.

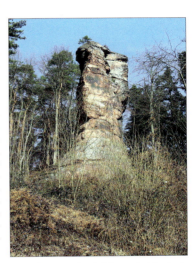

Buntsandsteinfelsen sind typisch für die Nordvogesen

Woher der Raum für die abgesunkenen Teile der Erdkruste kam? Geodätische Messungen haben ergeben, dass Konvektionsströmungen im aufgewölbten zähplastischen Erdmantelkissen die Grabenränder in gegensätzliche Richtung auseinanderdrückten. Und die Bewegungen halten unvermindert an, haben sich sogar noch verstärkt. An dieser Naht reißt die Erdoberfläche auf, und zwei Erdplatten rücken gemäß der Theorie der Plattentektonik langsam voneinander ab. Baden und das Elsass werden in ein paar Millionen Jahren durch einen Ozean voneinander getrennt sein.

Klima und Reisezeit

Das Elsass liegt in der sog. Westwindzone im Übergangsbereich von gemäßigtem ozeanischem und extremerem kontinentalem Klima, d. h. die Sommer sind in der Rheinebene und in der Vorbergzone in der Regel warm bis heiß, oftmals auch schwül, die Winter nur mäßig kalt. Entsprechend der Höhenlage der Vogesen sind dort die Temperaturwerte geringer, im Winter fallen sie oft deutlich in den Minusbereich. Außerdem weht dort oben meist ein frischer, von November bis März oft auch rauer Wind.

20   Klima und Reisezeit

Überhaupt stellen die Vogesen für das Elsass einen ganz entscheidenden Klimafaktor dar, denn sie bilden für die von Westen heranziehenden Wolken ein natürliches Hindernis. Daher geben die Wolken einen großen Teil ihrer Feuchtigkeit in Form von Steigungsniederschlägen bereits im Luv des Gebirges ab, sodass es östlich davon – im Lee – vergleichsweise trocken ist. So gehört die Region um Colmar sogar zu den regenärmsten Gebieten Frankreichs. Der meiste Niederschlag fällt, meist in Form von Gewitterschauern, im Sommer. Und durch die Burgundische Pforte, eine nur etwa 350 m hohe, schmale Senke zwischen dem südlichen Ende der Vogesen und dem nördlichen Jura, strömen regelmäßig warme Mittelmeerluftmassen in die Rheinebene ein. Sie sorgen für angenehm milde Temperaturen im Frühling und Herbst. Die Obstbaumblüte beginnt ausgesprochen früh, wunderschöne sonnige Tage kann man oft bis in den November hinein genießen.

Das Elsass lässt sich das ganze Jahr über hervorragend bereisen. Besonders angenehm sind die **Frühlingsmonate Mai und Juni**, wenn alles grünt und blüht. Zu den Highlights gehören dann Spaziergänge in den Vogesen und in den Rheinauen. Außerdem sind zu dieser Zeit noch nicht ganz so viele Touristen unterwegs, und auch in den Weinorten geht es meist noch elsässisch-gemütlich zu.

Im **Sommer** kann die Hitze in der Rheinebene schon einmal lähmen. Zudem ist insbesondere an der Weinstraße sowie in Colmar und Strasbourg das Touristenaufkommen enorm hoch. Auf den Straßen kommt es regelmäßig zu Staus, bei der Parkplatzsuche braucht man gute Nerven, und die Restaurants sind überfüllt. Angenehmer, weil viel ruhiger ist es dann im Sundgau, im Nordelsass und in den Vogesen.

Sehr empfehlenswerte Reisemonate sind der **September** und der **Oktober**. Geradezu berühmt ist das Elsass für seinen goldenen Herbst, den Altweibersommer, passend zur Weinlese – für die Orte an der Weinstraße sicher die schönste Reisezeit. Und auch der **Winter** kann im Elsass durchaus reizvoll sein, sei es in den größeren Städten mit ihren traditionellen Weihnachtsmärkten, sei es bei Spaziergängen in den Vogesen mit oft grandioser Fernsicht. Sonnige Tage mit häufig klarer Luft sind dort im Winter nämlich gar nicht so selten. Die Vogesen bieten auch mehrere Wintersportziele. Hundertprozentige Schneesicherheit ist aber nicht immer gewährleistet.

Klimadaten von Strasbourg (Durchschnittswerte)				
	Ø Lufttemperatur (Min./Max. in °C)		Ø Niederschlag (in mm),	Ø Tage mit Niederschlag	Ø Stunden mit Sonnenschein
Jan.	-1,7	3,5	33	9	1,4
Febr.	-0,9	5,8	34	8	2,8
März	1,6	10,4	37	9	4,0
April	4,6	14,6	48	10	5,4
Mai	8,6	19	75	12	6,4
Juni	11,7	22,3	75	11	7,1
Juli	13,4	24,7	57	10	7,7
Aug.	13,1	24,2	68	10	6,9
Sept.	10,3	20,8	56	8	5,6
Okt.	6,5	14,7	43	8	3,3
Nov.	2,1	8,2	47	9	1,9
Dez.	0,7	4,5	40	9	1,4
Jahr	5,7	14,4	613	113	4,5

„De Storich esch widda do!"

Beinahe hätten die Elsässer sich ein anderes Symboltier wählen müssen, war der Weißstorch hier doch ebenso wie in Südwestdeutschland und in der Schweiz vor 40 Jahren fast völlig von der Bildfläche verschwunden. 1974 zählte man nur noch neun Brutpaare im Elsass, während es 1948 noch 173 und im 19. Jh. gar an die 2000 gewesen waren. Einer der Gründe für diesen Rückgang war die Zerstörung geeigneter Lebensräume (Feuchtbiotope), in denen Störche genügend Nahrung finden. Noch sehr viel dramatischer wirkten sich aber die im 20. Jh. deutlich gestiegenen Gefahren auf ihren bis zu 12.000 km langen Flugrouten in die Überwinterungsgebiete nach Afrika und zurück aus. Tödliche Kollisionen mit Freileitungen, Vogeljagd, Vergiftungen durch Pestizide, Insektizide etc. waren und sind noch immer dafür verantwortlich, dass ein Großteil der Störche nicht in ihre europäischen Brutgebiete zurückkehrt (von den Jungvögeln sind es sogar 90 %).

Das Symboltier des Elsass

Eine Wende, was den Bestand der Tiere im Elsass angeht, brachte die Idee der Storchenparks. Zunächst flog man zur Verstärkung der geringen Population Vögel aus Nordafrika ein und setzte sie zur Vermehrung in Gehege. Anfangs stutzte man den dort ausgeschlüpften Jungtieren die Flügel. Davon ist man in der Zwischenzeit abgekommen. Man lässt nun die jungen Störche erst nach drei Jahren aus den Volieren, denn nach dieser Zeit haben die allermeisten ihren Wandertrieb verloren und überwintern im Elsass. Die Jungen dieser Zuchtstörche fliegen dann z. T. wieder nach Afrika und viele von ihnen bleiben nach wie vor auf der Strecke. Doch immer mehr haben sich so sehr an das elsässische Klima gewöhnt, dass sie auf den herbstlichen Zug nach Süden verzichten. Angewiesen sind sie dann allerdings auf Fütterung durch den Menschen. Dieser sorgt auch mit speziellen Schutzvorrichtungen dafür, dass sich die Störche nicht auf den für sie so gefährlichen Hochspannungsleitungen niederlassen. Die Anstrengungen haben sich gelohnt: Mehr als 500 Paare nisten heute wieder auf elsässischen Türmen und Dächern, allein im Städtchen Munster sind es 25.

Wirtschaft

Zwar vermittelt das Elsass auf den ersten Blick eine idyllisch-ländliche Atmosphäre, doch bei genauerem Hinsehen fallen die großen Industrie- und Dienstleistungsgürtel um die pittoresken Zentren zahlreicher Städte deutlich ins Auge. Dies gilt insbesondere für Strasbourg, Mulhouse und Colmar, aber auch andere Orte – selbst einige an der Weinstraße – sind davon betroffen. Und in der Tat ist der kleine Landstrich wirtschaftlich ein Riese, der innerhalb Frankreichs bezüglich des Bruttoinlandprodukts sowie des Steueraufkommens pro Einwohner lange Jahre nach der Region Paris an zweiter Stelle stand.

Zwar nimmt das industriell geprägte Elsass immer noch einen Spitzenplatz ein, doch in den letzten Jahren wurde es von der Wirtschaftskrise besonders hart getroffen. Mehrere Unternehmen mussten Insolvenz anmelden. Allein im Jahr 2009 gingen mehr als 20.000 Arbeitsplätze verloren, die Arbeitslosenquote wuchs stärker als im französischen Durchschnitt. Die Gründe sind vielfältig: Einbruch der Nachfrage, z. T. veraltete Strukturen in einzelnen Betrieben, Konkurrenzsituation etc. In den letzten Jahrzehnten des 20. Jh. hatte man sehr viele ausländische Firmen, beispielsweise aus Deutschland, der Schweiz, den USA und aus Japan für den Wirtschaftsstandort Elsass gewinnen können. Sie machen gegenwärtig immerhin 40 % aller dortigen Industrieunternehmen aus. Attraktive Standortfaktoren wie die zentrale Lage der Region innerhalb Europas, ihre verkehrstechnisch hervorragende Anbindung (z. B. auch an den Rhein, eine der wichtigsten Wasserstraßen des Kontinents) und die Nachbarschaft zu potenten Handelspartnern wie Deutschland und der Schweiz waren für diese Investoren ausschlaggebend. Viele von ihnen gründeten mittlerweile allerdings weitere Niederlassungen in Osteuropa und verlagerten aus Kostengründen Teile der Produktion aus dem Elsass dorthin.

Von großer Bedeutung ist in den Vogesen die Holzwirtschaft

Als Reaktion auf die Krise setzt man nun verstärkt auf innovative Technologien wie Kommunikations-, Bio- und Gentechnologie sowie auf den Gesundheitsmarkt. Hervorzuheben ist etwa das Alsace BioValley, ein Biotechnologie- und Biomedizinalverband, der zu einem neben dem Elsass das südliche Baden-Württemberg und die Nordschweiz umfassenden Biotech-Cluster gehört. Er umfasst knapp 700 auf Live-Science und Gesundheit spezialisierte Firmen, Universitätsinstitute und Forschungseinrichtungen. Mehr als 300 davon mit insgesamt 28.000 Beschäftigten sind im Elsass angesiedelt. Ziel ist es, dass die Region im Wirtschaftszweig „Therapeutische Innovation" weltweit führend wird.

Insgesamt gehen knapp 30 % aller Erwerbstätigen einer industriellen Arbeit nach. Die Palette ist breit gefächert und reicht vom Automobilbau (Peugeot-Citroën in Mulhouse ist der größte Industriebetrieb) über Mechanik, Chemie, Textilien, Elektronik, Biotechnologie bis zur Lebensmittelindustrie. Zu Letzterer gehört auch das im Elsass so traditionelle Bierbrauen. In der Region wird ungefähr die Hälfte des französischen Biers hergestellt, die Brauerei Kronenbourg in Strasbourg zählt zu den größten Europas.

Wieder in Betrieb: alte Nussmühle

Mit mehr als 60 % der Erwerbstätigen ist, wie überall in modernen Gesellschaften, auch im Elsass der **Dienstleistungssektor** der weitaus stärkste. Zu diesem zählt auch der Tourismus. Etwa 3000 Restaurants und über 700 klassifizierte Hotels gibt es in der Region, die im Jahr von 11 Mio. Besuchern aufgesucht wird.

Nur noch knapp 3 % aller Erwerbstätigen sind in der **Landwirtschaft** tätig. Aber die produzieren höchste Qualität. In der Rheinebene werden v. a. Getreide und Kartoffeln sowie die Sonderkulturen Hopfen, Tabak, Zuckerrüben, Spargel und Weißkohl, Grundlage des berühmten *choucroute,* angebaut. Weinbau dominiert in der Vorbergzone, mehr als 1,1 Mio. Hektoliter des streng kontrollierten Rebensaftes erzeugen die Winzer pro Jahr, etwa 20 % der französischen Weißweinproduktion. In den Vogesentälern gedeiht hervorragendes Obst, und weiter oben betreibt man Vieh- und Milchwirtschaft.

Geschichte

Von der Steinzeit bis zur römischen Herrschaft

Das Elsass ist ein uraltes Siedlungsgebiet. Bereits in der älteren Steinzeit streiften Sammler und Jäger durch die Region, und in der Jungsteinzeit (ab 5000 v. Chr.) rodeten sesshafte Bauern in der Rheinebene und an der Hügelkette unterhalb der Vogesen Wälder, betrieben Feldbau, hielten Nutztiere und stellten Töpferwaren her. In der Bronzezeit (1500–1200 v. Chr.) war der Totenkult bereits hoch entwickelt.

24   Geschichte

Insbesondere in der Gegend um den Hagenauer Forst fand man zahlreiche Hügelgräber mit Schwertern, Dolchen, Halsketten und anderen Beigaben. Noch sehr viel deutlichere Spuren hinterließen in der Eisenzeit keltische Stämme, die sich ab dem 8. Jh. v. Chr. auch im Elsass niederließen. Dazu zählen etwa die mächtige „Heidenmauer" auf dem Odilienberg oder mythische Kultstätten auf dem Donon. Ihre Gesellschaft war streng hierarchisch gegliedert, sie trieben intensiv Handel und prägten Münzen.

Ab dem 4. Jh. v. Chr. kamen immer wieder Germanenstämme über den Rhein und bedrängten die Kelten. Darunter waren auch die Sueben unter ihrem Anführer Ariovist, die jedoch im Jahre 58 v. Chr. westlich von Mulhouse von Caesars Heer entscheidend besiegt wurden, wie dann auch die Kelten in ganz Frankreich. Rom gliederte das Gebiet des Elsass in die Provinz Superior ein, und bald herrschte die Pax Romana. In der Region kam es zu einer Vermischung von mediterraner und einheimischer Kultur. Zahlreiche gallorömische Fundstücke legen heute noch davon Zeugnis ab. Die Römer errichteten Lager, aus denen sich später Städte entwickelten (z. B. Strasbourg und Saverne). Sie bauten Thermen, Aquädukte, ein leistungsfähiges Straßennetz und brachten im 3. Jh. auch die Weinrebe ins Land.

Druiden und Barden – die keltischen Kulturträger

Man kennt sie aus „Asterix und Obelix", den mächtigen Zaubertrankbereiter Miraculix und den unglücklichen Sänger Troubadix. Bei den in zahlreiche Clans und Gruppen aufgesplitterten Kelten hatten die Druiden und Barden wichtige gemeinschaftsstiftende Funktionen.

Die Bezeichnung „Druide" leitet sich vom keltischen Wort *dru* (Eiche) ab. Sie galten also als die „Kundigen der Eichen", und tatsächlich spielte der Kult um diese Bäume bei den Kelten eine große Rolle. Als Priester und damit als Bewahrer der Religion, als Weissager, Sterndeuter, Heilkundige und Berater der Stammesfürsten waren die geheimnisumwitterten Druiden die Träger des keltischen Wir-Gefühls. Unter den Römern wurden die Druidengottesdienste verboten, weil dabei auch Menschenopfer stattfanden.

Die übergreifende Gemeinsamkeit der Keltenstämme war neben der Religion die gemeinsame Sprache. Da die Kelten lange Zeit keine Schrift kannten, kam der mündlichen Überlieferung große Bedeutung zu. Dies war die Aufgabe der Barden, die in ihren Liedern die Götter, etwa den Kriegsgott Teutates, die Heldentaten der Stammesfürsten sowie das Wissen der Druiden priesen.

Von der alemannischen Landnahme bis zur fränkischen Herrschaft

Bald wurden die Germanen wieder unruhig und bedrängten die römischen Besitzungen zwischen Donau und Rhein. Im Jahre 260 gaben die Römer ihre bis dahin vom Limes geschützten rechtsrheinischen Gebiete auf, der Rhein wurde nun zur Grenze. Doch auch die konnte nicht dicht gehalten werden. Immer mehr Alemannen siedelten auf der linken Flussseite, Rom war zu schwach geworden, das zu verhindern, und Anfang des 5. Jh. gehörte ihnen das Elsass endgültig.

Die Franken, ein weiteres germanisches Volk auf Wanderschaft, waren noch erfolgreicher. Ihre Könige, aus dem Geschlecht der Merowinger stammend, betrieben ausgehend vom Rhein-Mosel-Gebiet eine systematische Expansionspolitik. Unter

Die Heidenmauer auf dem Odilienberg

Chlodwig I. unterwarfen sie auch die Alemannen und integrierten diese ins entstehende fränkische Großreich. In dieser Epoche ist erstmals die Bezeichnung „Elsass" verbürgt, „Pays des Alseciones" wird das Gebiet in einem fränkischen Geschichtswerk aus dem 7. Jh. genannt.

Um ihr Reich besser organisieren zu können, setzten die Merowinger-Könige Herzöge ein; der erste im Herzogtum Elsass war Eticho, der Vater der heiligen Odilie. Bis in diese Zeit war auch die Christianisierung, die u. a. durch irische Missionare betrieben wurde, weitgehend abgeschlossen. In Straßburg gab es schon seit dem 4. Jh. einen Bischof, Chlodwig I. selbst hatte sich um 500 taufen lassen, im 6., 7. und 8. Jh. entstanden die ersten Klöster.

Den Merowingern folgten im Jahre 751 die Karolinger auf dem Thron des Frankenreiches, die dieses zunächst noch deutlich erweiterten. Das Elsass, nun in einen Nord- und einen Südgau unterteilt, lag in dessen Zentrum. Als sich die Enkel Karls des Großen über das Erbe stritten, wurde das Reich im Vertrag von Verdun im Jahre 843 dreigeteilt. Das Elsass fiel zunächst ans sog. Mittelreich Lothars I., wurde aber schon 870 ins Ostfränkische Reich eingegliedert, aus dem später das Heilige Römische Reich hervorgehen sollte.

Das Elsass im Heiligen Römischen Reich

1079 übergab Kaiser Heinrich IV. dem einflussreichen Adelsgeschlecht der Staufer das Herzogtum Schwaben, mit dem das Elsass seit 925 vereinigt war. Als 1138 der erste Stauferherzog, Konrad III., zum Kaiser gewählt wurde, begann für das Elsass eine Zeit der Blüte, denn die Stauferkaiser, u. a. Konrads Neffe, Friedrich I. (Barbarossa), engagierten sich sehr in ihren Stammgebieten. Zahlreiche Kirchen im romanischen Stil und Burgen wurden errichtet, Städte gegründet, Kunst und Kultur gefördert, ja das Heilige Römische Reich wurde phasenweise sogar vom Elsass aus regiert (Kaiserpfalz in Hagenau).

26   Geschichte

Mit dem Aussterben der Dynastie 1254 zerfiel das Elsass in schier unzählige weltli-
che und geistliche Besitzungen, wurde zum klassischen Beispiel territorialer Zer-
splitterung. Die Bischöfe von Straßburg besaßen im Niederelsass Land, die Habsburger im Oberelsass und Sundgau. Bedeutendere Territorialherren waren auch die
Grafen von Württemberg, die von Hanau-Lichtenberg sowie die Fleckensteiner
und Rappoltsteiner. Daneben gab es noch mehr als ein Dutzend Reichsritter und
Grafen, die lediglich über eine Hand voll Dörfer herrschten, sowie elf über das
Elsass verstreute freie Reichsstädte.

Gemeinsam war man stärker

1354 schlossen sich die zehn freien Reichsstädte Colmar, Hagenau, Kaysersberg, Mühlhausen, Münster, Oberehnheim (Obernai), Rosheim, Schlettstadt, Türkheim und Weißenburg zum sog. Zehnstädtebund (Dekapolis) zusammen, um gegen die Begehrlichkeiten der in ihrer jeweiligen Umgebung
herrschenden Territorialfürsten ihre Privilegien und v. a. ihre Reichsunmit-
telbarkeit gemeinsam zu verteidigen. Diese Städte unterstanden direkt dem
Kaiser. Er war für sie die einzig anerkannte Obrigkeit, nur ihm direkt waren
sie Lehnspflicht schuldig, zahlten sie Steuern und stellten Soldaten. Dieser
Bund hatte drei Jahrhunderte lang Bestand. Seltz gehörte von 1358 bis 1418
dazu, Mühlhausen verließ ihn 1515 und wurde auf Veranlassung von Kaiser
Maximilian durch das pfälzische Landau ersetzt. Straßburg, die elfte freie
Reichsstadt, war sehr auf seine Unabhängigkeit bedacht und deshalb nicht
Mitglied der Dekapolis.

Der Zehnstädtebund war demokratisch strukturiert; auch Hagenau, Sitz des
Landvogts und Vertreters des Kaisers im Elsass, hatte keinen Vorrang. Bei
Tagungen des Bundes war jede Stadt durch einen Abgeordneten vertreten.
Das Bündnis verhalf den Städten zu relativer Sicherheit und als Folge davon
zu wirtschaftlicher Prosperität, die sich auch in der Architektur niederschlug.
Bis zum Ende des 14. Jh. hatten sich in den Mitgliedsstädten die Zünfte zur
dominierenden politischen und gesellschaftlichen Kraft entwickelt.

Doch Rückschläge, Katastrophen und Nöte blieben nicht aus. Im Winter 1348/49
erreichte die Pest das Elsass. Insbesondere in den Städten fielen ihr unzählige Menschen zum Opfer. Während des Hundertjährigen Krieges zwischen England und
Frankreich zogen 1439 und noch einmal 1444 im Dienste des französischen Königs
stehende Söldnerkompanien (Armagnaken) plündernd und mordend durch die
Region. Wenige Jahre später versuchte der Burgunder Herzog Karl der Kühne,
das Elsass mit Gewalt zu unterjochen, bis er 1477 in der Schlacht bei Nancy entscheidend geschlagen wurde. Zu all dem kamen noch regelmäßige Fehden unter
den Adligen. Und Ende des 15. Jh. sowie erneut 1525 erhoben sich wütende Bauern
gegen ihre sie drückenden Herren, ihre Aufstände wurden jedoch blutig niederge-
schlagen. 10 % aller Elsässer kamen dabei ums Leben.

Wie zum Trotz gegen diese Widrigkeiten blühte die Wirtschaft. Der Wohlstand
der Städte fand u. a. seinen Ausdruck in spätgotischen Meisterwerken der sakralen
Architektur und in prachtvollen Renaissance-Fachwerkbürgerhäusern. Zudem entwickelte sich das Elsass im 15. und 16. Jh. kulturell zu einer der führenden Regionen Deutschlands. Hier wirkten bedeutende Maler wie Martin Schongauer, Hans

Baldung Grien und Matthias Grünewald. In der Literatur machte der Straßburger Sebastian Brant mit seinem berühmten „Narrenschiff", der Darstellung von Schwächen und Dummheiten seiner Zeitgenossen, die Satire hoffähig. In seiner Tradition standen Thomas Murner aus Oberehnheim (Obernai), der Colmarer Buchhändler Jörg Wickram, Autor der literarisch bedeutsamen Schwanksammlung „Das Rollwagenbüchlin" und Begründer des deutschen Prosaromans, sowie der Straßburger Johann Fischart. Zu überregionalen Zentren des Humanismus stiegen Straßburg und Schlettstadt (Sélestat) auf, wo u. a. Geiler von Kaysersberg, Jakob Wimpfeling und Beatus Rhenanus predigten und lehrten. Gerade die Humanisten legten den geistigen Grundstein für die Reformation, die im Elsass unter der Führung von Martin Bucer insbesondere in den freien Reichsstädten erfolgreich war. Die katholische Gegenoffensive, die Gegenreformation, ging nach 1570 vom Jesuitenkolleg in Molsheim aus.

Sehr zu leiden hatten die Elsässer während des Dreißigjährigen Krieges. Schwedische, französische und deutsche Truppen zogen plündernd und mordend durch ihre Heimat und verwüsteten weite Landstriche. Zu allem Unglück brach im Verlauf des Krieges auch wieder die Pest aus, sodass die Bevölkerung schließlich um etwa die Hälfte dezimiert war. Und mit dem Ende der Kampfhandlungen wurde auch das Ende der Zugehörigkeit des Elsass zum Heiligen Römischen Reich Deutscher Nation eingeleitet, denn 1648, im Westfälischen Frieden, fielen weite Teile an Frankreich (v. a. das Oberelsass). Doch der Sonnenkönig Ludwig XIV. wollte mehr. In mehreren Waffengängen bzw. darauf folgenden Friedensverträgen, seiner berühmten Reunionspolitik, erreichte er schließlich 1697, dass der Rhein als Grenze festgeschrieben und das Elsass französisch wurde. „Was für ein schöner Garten!", soll er ausgerufen haben, als er zum ersten Mal elsässisches Gebiet betrat. Seinen Militärbaumeister Vauban wies er an, die neue Grenze durch mehrere Anlagen zu befestigen. Aber die Verträge waren kompliziert. So blieb zwischen dem Elsass und dem übrigen Frankreich eine Zollgrenze bestehen, galten für einzelne elsässische Städte besondere Vereinbarungen, war die Straßburger Universität, an der Goethe 1770/71 studierte, weiterhin eine deutsche Hochschule.

Château du Lichtenberg: eine der vielen mittelalterlichen Burgen im Elsass

Das Elsass im französischen Nationalstaat

Im Verlauf der Französischen Revolution wurden sämtliche Sonderregelungen hinfällig, die Regierung in Paris integrierte das Elsass ohne Wenn und Aber in den französischen Staat und gliederte es verwaltungsmäßig in die heute noch bestehenden Departements Haut-Rhin und Bas-Rhin. Zwar ächteten die Revolutionäre das Elsässerdeutsch und spotteten über die traditionelle Tracht, zwar war das religiöse Leben eingeschränkt, zwar gab es die Jahre des Terrors, in denen die Guillotine herrschte und viele Kunstwerke barbarisch zerstört wurden, zwar trug all dies dazu bei, Teile der Bevölkerung der Revolution zu entfremden, aber dennoch entstand erst in diesen Jahren bei den meisten Elsässern ein Zugehörigkeitsgefühl zu Frankreich. Sie begeisterten sich für die neuen Ideen der Freiheit, Gleichheit und Brüderlichkeit, fühlten sich als stolze Bürger im Gegensatz zu den „Fürsten-Untertanen" auf der anderen Rheinseite. 1798 löste sich Mulhouse nach einer Volksabstimmung von der Schweizer Eidgenossenschaft, der es seit 1515 angehört hatte, und schloss sich Frankreich an.

Zur Zeit Napoleons verstärkte sich das Gefühl der Elsässer, Franzosen zu sein, noch mehr. Zudem blühte die Region dann während der industriellen Revolution wieder richtig auf. Mulhouse und Colmar entwickelten sich mehr und mehr zu Zentren der Industrie, der Rhein-Rhône- und der Rhein-Marne-Kanal wurden gebaut, ebenso ein leistungsfähiges Eisenbahnnetz.

Das elsässische Trauma

Im 19. und 20. Jh. mussten die Elsässer innerhalb von nur 75 Jahren viermal ihre Nationalität wechseln, zuerst nach der Niederlage Frankreichs im Deutsch-Französischen Krieg von 1870/71. Das Elsass und ein Teil Lothringens fielen an das von Bismarck neu gegründete Deutsche Kaiserreich und wurden, obwohl es zwischen beiden Regionen keinerlei historische Gemeinsamkeiten gab, von den neuen Machthabern zum Reichsland Elsass-Lothringen zusammengeschlossen. Nur einige wenige Stimmen, so z. B. die liberaldemokratische „Frankfurter Zeitung" und führende Köpfe der Arbeiterbewegung, verwiesen darauf, dass die Elsässer und Lothringer nicht zu Deutschland wollten und eine Annexion gegen das Selbstbestimmungsrecht verstoße. August Bebel bezeichnete Letztere im Reichstag sogar als „Schandfleck in der deutschen Geschichte" und prophezeite als Folge davon weitere Kriege. Doch die Warnungen verhallten ungehört.

Die Elsässer wandten sich zunächst mehrheitlich gegen die z. T. plumpen Germanisierungsversuche und den preußischen Geist, der sich nun in ihrer Verwaltung zeigte, zumal man ihnen nicht alle Rechte anderer Regionen einräumte. 40 Jahre lang blieb Elsass-Lothringen reichsunmittelbar, erst ab 1911 war es selbständig im Reichstag vertreten. So verwundert es nicht, dass man sich benachteiligt fühlte, dass bei den verschiedenen Reichstagswahlen v. a. Kandidaten der sog. „Protestpartei" gewählt wurden, dass zahlreiche unzufriedene Elsässer nach Frankreich emigrierten. Andererseits ließen sich fast 200.000 Deutsche in der Region nieder, was die Probleme noch verschärfte.

Pluspunkte sammelte das Deutsche Reich weniger durch die v. a. in Straßburg entstehenden Prunkbauten im Stil der wilhelminischen Gründerzeit als durch wirkungsvolle Modernisierungsmaßnahmen in der Landwirtschaft und der Industrie sowie durch fortschrittliche Sozialgesetze. Hin- und hergerissen zwischen der französischen und deutschen Lebensart, besannen sich viele Einheimische auf ihre eigene Identität, die durch die Losung „Franzose kann ich nicht sein, Deutscher will ich nicht sein, ich bin Elsässer" auf eine knappe Formel gebracht wurde. Andere waren entschiedener, und manchmal gingen die Risse sogar durch Familien.

Als 1914 der Erste Weltkrieg ausbrach, standen sich bald in den Schützengräben der heftig umkämpften Vogesenfront nicht selten Bruder gegen Bruder und Vetter gegen Vetter gegenüber. Die meisten der auf deutscher Seite kämpfenden Elsässer taten dies jedoch unfreiwillig und wurden, da als unzuverlässig angesehen, an der Ostfront eingesetzt.

Nach der Kapitulation des Deutschen Reiches wurde das Elsass wieder französisch. Doch die allgemeine Begeisterung darüber legte sich schnell. Zwar mussten die ungeliebten Deutschen die Region verlassen, aber die exponierten Positionen wurden nun durch Zuzügler aus Frankreich besetzt. Zudem unterstand man jetzt direkt der Pariser Zentralregierung, die die Elsässer misstrauisch als politisch unzuverlässig beäugte und ihre Sprache und Kultur unterdrückte. Gegen diesen rigorosen Zentralismus regte sich Widerstand in Form einer Autonomiebewegung, die u. a. die Anerkennung als nationale Minderheit und die Gleichstellung der deutschen und der französischen Sprache forderte. Autonomisten und Nationalisten standen sich unversöhnlich gegenüber, das Elsass war innerlich zerrissen.

Der Höhepunkt des Leidens stand den Elsässern allerdings noch bevor. Als die unmittelbare Gefahr durch Hitler-Deutschland abzusehen war, evakuierte man im September 1939 ein Drittel der Bevölkerung in den Südwesten Frankreichs, wo man sie keinesfalls willkommen hieß. Mitte Juni 1940 besetzte die deutsche Wehrmacht das Elsass, das anschließend mit Baden zum „Gau Oberrhein" zusammengefasst wurde. Die Nationalsozialisten regierten mit Härte und Unmenschlichkeit. Wirtschaftliche Ausbeutung, Verbot der französischen Sprache, Massenausweisungen, verbunden mit Hetzpropaganda unter dem Motto „Hinaus mit dem welschen Plunder", Gleichschaltung der Presse, Demütigung der Kirche sowie Deportation der Juden führten bei der Bevölkerung zu einer entschiedenen Ablehnung des Regimes. In Struthof bei Schirmeck

Jüdischer Friedhof in Rosenwiller

30 Geschichte

errichteten die Nazis ein Konzentrationslager, das einzige auf französischem Boden. 130.000 Männer aus dem Elsass und Lothringen wurden zwangsrekrutiert und mussten, in der Regel an der Ostfront, in der deutschen Wehrmacht kämpfen. Zehntausende dieser *Malgré nous* ("gegen unseren Willen") verloren dabei ihr Leben, viele mussten Kriegsgefangenschaft erdulden. Beim Vormarsch der Alliierten kam es 1944/45 im Elsass noch zu schweren Kämpfen, die erhebliche Schäden anrichteten. Schreckliche Bilanz des Krieges: 5 % der elsässischen Bevölkerung verlor das Leben, dreimal so viel wie im übrigen Frankreich. In dem Roman "Die Elsässer" von Henri de Turenne und François Ducker fasst eine der Figuren das elsässische Trauma zusammen: "Mein Großvater geriet 1870 als Franzose in preußische Gefangenschaft. Mein Vater wurde als Deutscher 1914 wegen profranzösischer Gefühle nach Ostpreußen verschleppt. Ich selbst wurde als Franzose 1940 von den Deutschen gefangen genommen, und mein Kollege [...] geriet 1943 als Deutscher wider seinen Willen in russische Gefangenschaft. Wahrhaftig, [...] es scheint, als wäre die einzige Uniform, die uns Elsässern zukommt, die des Häftlings!"

Hansi – Patriot und Künstler

In nahezu jedem Souvenirladen werden sie angeboten, die naiven Bildchen von Jean-Jacques Waltz, auf Tellern, auf Gläsern, auf Postkarten usw. Seine Trachten tragenden elsässischen Mädchen und Jungen, seine Gänse und Störche, seine bukolischen Dorfszenen prägen heute das verklärte Bild vom idyllischen Elsass. Doch dahinter verbirgt sich ein politisch-patriotischer Kampf. Waltz setzte diese romantisierte elsässisch-französische der preußisch-deutschen Welt entgegen. Entsprechend sehen seine deutschen Figuren aus: mit Bulldoggengesichtern, Pickelhauben tragend, borniert ...

1873, das Elsass gehörte zum deutschen Kaiserreich, wurde Waltz in Colmar geboren. Er durchlebte die zerrissene deutsch-französische Geschichte und ergriff früh Partei, u. a. mit literarisch-satirischen, häufig antideutschen Werken, z. B. "Professor Knatschke", eine beißende Spottschrift auf den in Colmar wirkenden preußischen Lehrer Karl Gneisse. Waltz wurde so bald zum Symbol des Widerstands gegen die Deutschen und mehrmals verurteilt. Einer Gefängnisstrafe entzog er sich durch seine Flucht nach Frankreich, wo er 1914 als Freiwilliger in die Armee eintrat. Nach Kriegsende kehrte er ins nun französische Colmar zurück und brachte seine patriotischen Gefühle durch das Buch "Das Elsass ist glücklich" zum Ausdruck. Bald ernannte man ihn zum Konservator des Unterlinden-Museums. Nachdem die Nazis das Elsass besetzt hatten, wurde er verfolgt, setzte sich nach Südfrankreich ab und ging schließlich ins Exil in die Schweiz. 1946 kehrte er nach Colmar zurück, wo er 1951 starb. Zu seinem vielfältigen Werk zählen auch wunderschöne Gasthausschilder, die meisten finden sich in Colmar.

Das Elsass nach 1945

In den Nachkriegsjahren bemühte sich die Pariser Regierung, das Elsass endgültig zu integrieren, was die Bewohner nach den Erfahrungen mit den Nazis auch wollten. Alles Deutsche war zunächst verständlicherweise verpönt. Für viel Ver-

Das Elsass nach 1945

Der Europäische Gerichtshof hat seinen Sitz in Strasbourg

bitterung sorgten aber Prozesse gegen die heimgekehrten *Malgré nous* wegen Vaterlandsverrats. Erst 1953 wurden sie amnestiert. „Neun Jahre hatte es gebraucht, bis diese Geste es dem Elsass endgültig ermöglichte, sich wieder ganz und gar französisch und von den Gespenstern des Krieges befreit zu fühlen", schreiben Turenne/Ducker in ihrem Roman. Weiterhin blieb das Elsässische verboten, in den Schulen sogar bei Strafe, der französische Staat betrieb eine Politik der sprachlichen Assimilation.

Ein Wandel setzte erst mit der deutsch-französischen Aussöhnung und der schrittweisen Entwicklung des vereinten Europas ein. Im Elsass kam es zu einer gewissen Renaissance der Mundart, wofür Künstler wie Germain Muller, André Weckmann, Roger Siffer, Huguette Dreikaus u. a. stehen. Als erste französische Region überhaupt erhielt es 1976 kulturelle Autonomie. Auf fruchtbaren Boden fiel gleichzeitig aber auch mehr und mehr der Europa-Gedanke. Die meisten Elsässer fühlen sich als französische Europäer, wozu nicht zuletzt die europäischen Institutionen in Strasbourg beigetragen haben. Unter dem Slogan „Kooperation" bzw. „Regio am Oberrhein" bemühte man sich mit Erfolg um eine immer enger werdende Zusammenarbeit mit den Nachbarregionen in der Schweiz und Deutschland. Bereits 1975 richtete man eine grenzüberschreitende Regionalkonferenz ein, mehrere weitere gemeinsame Institutionen folgten. Kooperiert wird insbesondere bei Themen wie Verkehr, Umwelt, Wirtschaft und Kultur. Und 1996 unterzeichneten Regierungsvertreter aus Frankreich, Deutschland, der Schweiz und auch Luxembourg einen Staatsvertrag, der es den grenznahen Gemeinden ermöglicht, kommunale Aufgaben gemeinsam anzugehen, sodass sich bei der Bevölkerung der Regionen das Wir-Gefühl noch verstärkt.

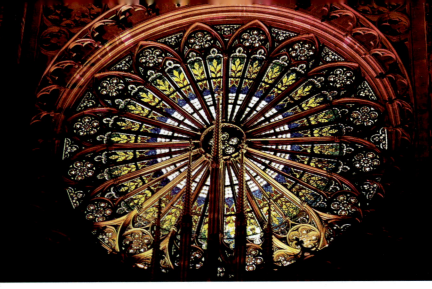

Viel bewundert: die Fensterrose im Straßburger Münster

Architektur und Kunst

Zwar kann man in zahlreichen Museen im Elsass beeindruckende Funde aus den Jahrhunderten von der Bronzezeit bis zum Ende der gallorömischen Periode bewundern, Reste bedeutender Bauwerke haben sich allerdings, sieht man von der keltischen „Heidenmauer" auf dem Odilienberg ab, keine erhalten. Dafür ist die Region ausgesprochen reich an mittelalterlicher und frühneuzeitlicher Baukunst.

Romanik

Mit dem Untergang des Weströmischen Imperiums in der Folge der Völkerwanderung kam es u. a. auch zu einer Stagnation der Bautätigkeit. Erst als mit dem Fränkischen Reich ein neues mächtiges Staatsgebilde entstanden war und dessen herrschende Schicht in der Karolingerzeit den Anspruch erhob, das Erbe der römischen Kultur antreten bzw. diese erneuern zu wollen, wandte man sich auch wieder dem monumentalen Steinbau zu. Dieser sog. *karolingische Stil* wurde dann vom Bau- und Kunststil der Romanik abgelöst, der von etwa 950 bis 1250 mit leichten Variationen überall im christlichen Abendland vorherrschte. Während es heute im Elsass kaum noch authentische Bauten aus der Zeit der Karolinger zu sehen gibt – die meisten zerfielen im Laufe der Zeit oder wurden später umgebaut –, sind aus der Romanik einzigartige Schätze erhalten geblieben. Nicht nur die allermeisten der unzähligen Burgen wurden damals errichtet, zwischen Wissembourg im Norden und Feldbach im Süden kann man entlang der „Route Romane" auch eine ausgesprochen große Zahl an Sakralbauten ganz im romanischen Stil oder mit noch bedeutenden romanischen Bauteilen bewundern.

Nur wenige Kirchen wurden, wie z. B. die in Ottmarsheim, im Stil des ottonischen Zentralbaus errichtet, vorherrschend war vielmehr der einer römischen Gerichts- und

Architektur und Kunst   33

Markthalle *(Basilika)* nachempfundene *Langhausbau*. Dieser bestand ursprünglich aus einem Haupt- und zwei Seitenschiffen sowie aus Chor und Apsis im Osten und Eingangsbereich im Westen (z. B. in Altenstadt, Feldbach). Dann zog man zwischen Langhaus und Chor ein Querschiff ein, sodass ein Grundriss in Form eines lateinischen Kreuzes entstand. Typisch ist ein vergleichsweise reich verziertes *Westwerk* mit abgestuftem Eingangsportal, oft einer Vorhalle und zwei massigen Türmen (z. B. in Guebwiller, Lautenbach, Sélestat). Das architektonische Gegengewicht bildet das *Ostwerk* mit mächtigem Vierungsturm und einer halbrunden Apsis, oft auch drei Apsiden (Ausnahme in Murbach, wo die Apsis viereckig ist). Die Mauern sind durch Lisenen, Bogenfriese und kleine Galerien verziert. Hinzu kommt der im Laufe der Zeit immer feiner gemeißelte Relief- und Skulpturenschmuck (Pflanzen-, Tier-, Menschen- und Dämonenmotive) an den Wänden (z. B. in Andlau), am Eingangsportal, an den Kapitellen der Säulen (z. B. in Sigolsheim, Neuwiller-lès-Saverne), an Gebäudeecken und an der Apsis (z. B. in Rosheim). Keinesfalls nur religiöse, sondern auch profane, ja sogar groteske und bedrohliche Szenen werden dargestellt. Letztere zeigen, wovor sich die Menschen damals fürchteten, sollten wohl auch versinnbildlichen, dass nur der christliche Gott Macht über Dämonen und böse Geister habe.

Schlicht ist das Innere. Die besonders dicken Wände mit kleinen Rundbogenfenstern tragen die gesamte Last der Decke. Das Hauptschiff wird von den Seitenschiffen durch Rundbogenarkaden im Stützenwechsel (Wechsel von eckigen Pfeilern und runden Säulen mit Würfelkapitellen) getrennt. Wegen ständiger Brände ersetzte man die flachen Holzdecken aus der Zeit der Frühromanik ab Ende des 11. Jh. zunehmend durch steinerne Gewölbe – eine große bautechnische Leistung. Die Hallen der Kirchen wurden höher, der Übergang zur Gotik deutete sich an.

Gotik

Von der Mitte des 12. Jh. an breitete sich, ausgehend von Nordfrankreich, der gotische Stil in fast ganz Europa aus, und während der nächsten drei Jahrhunderte steigerte in der Sakralarchitektur ein neues Raumgefühl die Kirchen zu mächtiger Höhe, sie wuchsen gleichsam in den Himmel. Beeindruckendstes Beispiel im Elsass ist das noch in romanischer Tradition begonnene und dann im neuen Stil weitergebaute Straßburger Münster. Doch auch in vielen anderen elsässischen Orten entstanden in dieser Epoche gigantische Kirchen, so z. B. in Weißenburg, Hagenau, Niederhaslach, Colmar, Mühlhausen und Thann, um nur einige Beispiele zu nennen.

Durch den sog. *Skelettbau* (wie das Skelett dem Körper Halt gibt, so wurde das Kirchengebäude durch ein geniales neues Konstruktionsprinzip stabilisiert) lösten die Baumeister die sich beim Streben in die Höhe ergebenden Statik-Probleme. Außen stützte man das Gemäuer durch rundum angebrachte schlanke *Strebepfeiler*, die mit diesem durch elegante *Strebebögen* verbunden sind, wodurch der Druck abgeleitet wird. Innen verteilt sich die Last des Gewölbes über *Kreuzrippen* (Kreuzrippengewölbe) und *Gurtbögen* auf Pfeiler. Die mit zahlreichen Zierelementen geschmückten Wände mussten nicht mehr so dick wie in romanischer Zeit sein, konnten v. a. auch mehr aufgebrochen, d. h. mit den charakteristischen großen *Spitzbogenfenstern* versehen werden, die zusammen mit den Spitzbögen in den Arkaden den Blick des Betrachters nach oben lenken. Die bunt leuchtenden Glasfenster „erzählen" den des Lesens in der Regel unkundigen Menschen Geschichten aus der Bibel bzw. aus dem Leben bedeutender Heiliger und sollten den Raum zudem in einem fast übernatürlichen, „himmlischen" Licht erscheinen lassen. Die über dem Eingangsportal erstrahlende Fensterrose (Rosette) verstärkt die Wirkung noch.

34   Architektur und Kunst

Wimperge, Pfeiler, Türmchen, Blendmaßwerk und zahlreiche Skulpturen zieren den Außenbau. Letztere sind nicht mehr wie noch in der Romanik starr und naiv. So wie die berühmten Ecclesia und Synagoge am Straßburger Münster wirken viele Figuren an Portalen und Pfeilern gotischer Kirchen durch die Darstellung von Mimik, leicht bewegter Körper und Faltenwurf der Kleidung schon sehr viel naturgetreuer. Auffällig sind die sog. Wasserspeier am Dach, Abflussvorrichtungen für Regenwasser, oft in Gestalt von Menschen, Tieren oder Fabelwesen.

Einen ähnlichen Aufschwung wie die Bildhauerei nahm auch die *Holzschnitzkunst*, wovon in elsässischen Kirchen zahlreiche Schnitzaltäre und -figuren (besonders viele Madonnen) zeugen. In der Spätgotik entwickelte sich dann auch die *Tafelmalerei*, insbesondere im Zusammenhang mit den damals modern werdenden Flügelaltären. Caspar Isenmann, Martin Schongauer und Matthias Grünewald sind deren herausragende Vertreter. Noch ist sie ausnahmslos religiösen Motiven und Themen verhaftet, aber insbesondere Grünewalds Isenheimer Altar weist durch die Lebendigkeit und natürliche Ausdruckskraft seiner Figuren bereits auf die Renaissance hin.

Renaissance und Barock

Ein verändertes Bewusstsein im Zeitalter von Humanismus und Reformation, wirtschaftliches Wohlergehen vieler Städte und Weinorte sowie erstarktes Selbstbewusstsein des Bürgertums führten Ende des 15. und im 16. Jh. zu einem Aufblühen von Profanbauten, während das Interesse an sakraler Architektur deutlich nachließ. In vielen Orten entstanden neben prachtvollen öffentlichen Bauwerken wie Rathäusern (manchmal, wie z. B. in Mulhouse oder in Barr, mit einer repräsentativen doppelläufigen Freitreppe), Zunfthäusern, Münzen, Kornhallen und Brunnen auch eindrucksvolle Bürgerhäuser im Stil der in Italien schon längere Zeit in der Architektur und Kunst vorherrschenden Renaissance. Nach dem Vorbild der Antike schmückten nun auch im Elsass Säulen, Pilaster, Gesimse, Medaillons, Köpfe und Figurennischen die Fassaden großer, neuer Häuser. Weitere typische Stilelemente sind u. a. außen liegende Wendeltreppen, runde Türmchen, Erker, Galerien, Rundbogenarkaden, verzierte Giebel (z. B. mit den ionischen Kapitellen nachempfundenen Voluten) und Dachfenster.

In der zweiten Hälfte des 16. Jh. gewann der *Fachwerkbau* in den Städten sehr an Bedeutung. Ganze Straßenzüge und Stadtviertel entstanden in diesem Baustil. Gebogene Verstrebungen, phantasievoll geschnitzte Eckbalken und Tür- und Fensterstürze (Näheres siehe S. 36) dokumentierten den Reichtum ihrer Besitzer. Das *Maison Kammerzell* in Strasbourg, das *Maison Pfister* in Colmar und das *Maison de l'Ours noir* in Riquewihr sind besonders herausragende Beispiele.

Nach dem Anschluss an Frankreich beeinflusste Paris das Elsass auch in den Bereichen Architektur und Kunst. Nur wenige Bauwerke, wie z. B. die lichtdurchflutete, heitere Klosterkirche in Ebersmunster, wurden in dem süddeutschen Raum weit verbreiteten Barockstil italienischer Prägung errichtet. Dessen Bewegung, Pathos und Prunk fanden im Frankreich des 17. und 18. Jh. keinen Anklang; dort baute man vielmehr nach Prinzipien wie Klarheit, Symmetrie und Regelhaftigkeit – Stilmittel des rationalen barocken Klassizismus. In Strasbourg und Saverne entstanden Stadtschlösser nach dem Vorbild Versailles, viele Adlige ließen sich in den Städten elegante Palais, die sog. *hôtels*, errichten. Von den Möbeln bis zum Porzellan – „in" war alles, was höfisches Flair vermittelte.

Fachwerkbauten: spätmittelalterliche Fertighäuser

Mit Ausnahme der Vogesen, wo man traditionell z. T. mit Holz verkleidete Steinbauten errichtete, machen sie den Charme der elsässischen Dörfer und Städte aus, die *maisons à colombages,* die Fachwerkhäuser. Gemauert wurde lediglich das Fundament. Die Zimmerleute maßen dann Balken und Pfosten an, sägten sie zu, beschrifteten sie und errichteten schließlich das Rahmenwerk des Hauses. Die Zwischenräume, die sog. Fächer, füllte man mit einem Stroh-Lehm-Gemisch auf Holzgeflecht auf. Bei dieser Bauweise konnte ein Haus mühelos wieder abgeschlagen und an anderer Stelle neu aufgebaut werden, z. B. dann, wenn bei Erbteilung der eine Erbe den Grund, der andere das Haus bekam oder wenn Überschwemmungen ganze Siedlungen zerstört hatten. Aus diesem Grund galten Fachwerkhäuser auch als Mobilien und nicht als Immobilien. Je reicher der Besitzer des Hauses war, desto üppiger wurden Eck- oder Fensterbalken mit Schnitzereien verziert. Statussymbole waren auch die Formen der Verstrebungen, zahlte man doch für gebogene Balken deutlich mehr als für gerade. Der Phantasie waren fast keine Grenzen gesetzt, die Zimmerleute schufen z. B. Andreaskreuze, Männer, halbe Männer, Rauten, S-Formen und Konsulstühle (siehe Abb.).

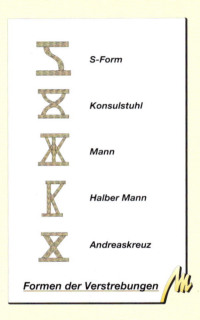

Formen der Verstrebungen

In den Städten, wo Platz knapp und Grundstücke teuer waren, weisen die Fachwerkhäuser oft sog. „Vorkragungen" auf: Das Erdgeschoss errichtete man auf einer möglichst kleinen Fläche, erweiterte dann aber den Wohnbereich im zweiten und oft noch einmal im dritten Stockwerk, indem man diese jeweils immer weiter über die Straße „hängen" ließ.

Die elsässischen Fachwerkhäuser stammen meist aus dem 16.–18. Jh. Nach dem Zweiten Weltkrieg riss man viele achtlos ab und ersetzte sie durch Backsteingebäude, mittlerweile jedoch hegt, pflegt und subventioniert man die noch vorhandenen Schmuckstücke. Insbesondere im Südelsass werden die Flächen zwischen den dunklen Balken gerne mit kräftigen Farben bemalt, während sie im Norden strahlend weiß leuchten. Überhaupt gibt es je nach Region viele Unterschiede im Baustil. Einen hervorragenden Überblick dazu vermittelt das Ecomusée (siehe S. 155ff.), wo man mehr als 70 Fachwerkhäuser aus dem ganzen Elsass wieder aufgebaut hat.

Architektonische und kunsthistorische Fachbegriffe

Bei der Beschreibung der Sehenswürdigkeiten lässt sich die Verwendung von Fachausdrücken aus Architektur und Kunst oft nicht umgehen. Die wichtigsten werden hier kurz erklärt.

Apsis – halbkreisförmige, viel- oder rechteckige Altarnische; **Architrav** – ein von Säulen getragener rechteckiger Balken; **Arkade** – Bogenreihe auf Säulen oder Pfeilern; **Atlant** – männliche Gestalt, die das Gebälk trägt; **Basilika** – mehrschiffiger Kirchenbau (Mittelschiff mit untergeordneten Seitenschiffen) mit Obergaden; **Bergfried** – Hauptturm einer Burg, diente als letzte Zufluchtsstätte; **Blendbogenfries** – Reihe kleiner Bogen, die der Mauer zu dekorativem Zweck vorangestellt wurden; **Buckelstein** – Stein, dessen eine Fläche nur grob behauen und damit „buckelig" ist; **Bündelpfeiler** – eine um einen Pfeilerkern geordnete Gruppe von schlanken Säulen; **Chor** – Platz der Geistlichkeit vor dem Altarraum; **Confessio** – Grab eines Märtyrers oder Kirchenpatrons; **Donjon** – Hauptturm einer Burg, der dauerhaft als Wohnung diente; **Fresko** – Wandmalerei; **Gesims** – hervorspringender waagrechter Mauerstreifen; **Gurtbogen** – ein Bogen, der zwei Gewölbejoche voneinander trennt; **Kapitell** – Kopfstück einer Säule oder eines Pfeilers; **Konsole** – vorspringendes Mauerelement zum Tragen von Figuren, Balken etc.; **Kreuzgang** – von gewölbten Bogengängen umgebener Klosterhof; **Kreuzgratgewölbe** – entsteht, wenn zwei gleich große Tonnengewölbe (halbkreisförmiger Querschnitt) sich schneiden; die dabei entstehenden Schnittkanten heißen Grate; **Kreuzrippengewölbe** – entsteht, wenn diese Grate durch Rippen verstärkt werden; **Krypta** – unterirdischer Raum unter dem Chor; **Langhaus** – lang gestreckter Teil der Basilika, oft unterteilt in Mittelschiff und Seitenschiffe; **Lanzettfenster** – längliche, spitz zulaufende Fenster; **Lisene** – senkrechter, schwach vorspringender Mauerstreifen, dient der Wandgliederung; **Lettner** – halbhohe Trennwand zwischen dem Bereich der Geistlichkeit (Chor) und dem der Laien (Mittelschiff); **Maßwerk** – steinernes, aus Kreisen und Kreisbogen konstruiertes Bauornament der Gotik; **Obergaden** – Teil des Mittelschiffs, der über die Seitenschiffe herausragt und in dem sich die Fenster befinden; **Palas** – herrschaftlicher Wohnbereich in einer Burg; **Palmette** – fächerförmiges Blattornament;

Prachtvolles Fachwerk

Pietà – Darstellung Mariens mit dem toten Christus; **Pilaster** – Wandpfeiler; **Predella** – Unterbau eines Flügelaltars; **Querschiff** – zwischen Langhaus und Chor eingezogener Querbau; **Reliquie** – Überreste von Heiligen oder Gegenstände, die in Beziehung zu ihnen standen; **Ringmauer** – umschließt die Burganlage; **Rosette** – rundes Fenster, ausgefüllt mit blattähnlichen Ornamenten; **Strebewerk** – Pfeiler und Bögen, die von außen den Seitenschub der Gewölbe auffangen; **Tympanon** – Bogenfeld über dem Türsturz eines Portals; **Vierung** – Quadrat, das bei der Durchdringung von Langhaus und Querschiff entsteht, darüber ist oft ein **Vierungsturm**; **Volutengiebel** – Giebel mit einer schneckenförmigen, spiralig gewundenen Verzierung; **Wasserspeier** – vorspringende Mündung der Abflussrichtung für das Regenwasser, oft in Gestalt von Tieren, Fabelwesen etc.; **Wimperg** – gotischer Ziergiebel über Fenstern und Türen.

An Festtagen tragen auch Kinder stolz die Tracht

Brauchtum und Feste

Reist man mit offenen Augen durchs Elsass, stellt man bald fest, dass dort Traditionen ganz besonders gepflegt werden. Auffällig sind zuerst einmal die unvermeidlichen roten Geranien, ohne die ein Haus fast nackt zu sein scheint.

Angeblich fährt so manche Hausfrau zig Kilometer in die Gärtnerei ihres Vertrauens, um in ihrer Straße auch ja die schönsten Blumenkübel vorweisen zu können. Und die allermeisten Dörfer und Städte engagieren sich leidenschaftlich im nationalen Fleurissement-Wettbewerb, damit das Ortsschild möglichst zwei, drei oder gar vier Preis-Blümchen zieren. Aber auch im Haus soll's schön sein: Störche und Enten aus Porzellan, Gips etc., Soufflenheimer Töpferwaren, Hansi-Bilder usw. – man liebt, was elsässisch ist, sammelt es und umgibt sich damit. Und oft wird sogar ein Museum daraus – die etwa 220 Museen des Elsass wären sicher nicht ohne die Sammelleidenschaft seiner Bewohner entstanden.

Gemeinschaft hat sicherlich besonders auf dem Lande einen hohen Stellenwert. Das Essen mit der Familie zu festgesetzten Zeiten gehört zum Alltag dazu, fast alle Einrichtungen schließen deshalb zwischen 12 und 14 Uhr. Sonntagmittags, so stellten wir auf unseren Touren immer wieder fest, ist es sinnlos, ein Restaurant zu betreten, denn dann tafeln die Elsässer im Kreis ihrer Lieben gerne auswärts. Außerdem ist das Elsass auch das Land der „Vereinsmeier". Jedes Dorf nennt Sport-, Wander-, Fisch-, Reiter-, Musikverein und meist mehrere Chöre sein Eigen, die wiederum sommers wie winters unzählige Feste organisieren, damit der Dorfgemeinschaft Gutes tun und u. a. dafür sorgen, dass die traditionelle Blasmusik gepflegt wird.

Brauchtum und Feste 39

Bei diesen Festen sieht man oft noch die alten Trachten; bis in die Mitte des 20. Jh. sollen einige ältere Frauen auch im Alltag noch die traditionelle Kleidung getragen haben. Hin- und hergerissen zwischen zwei Kulturen hatte die Bevölkerung durch sie die Möglichkeit, ihre regionale Identität auszudrücken. Insbesondere durch die Hansi-Bilder und dann natürlich durch die sie vermarktende Tourismusbranche ist die Frauentracht des Hanauer Landes, u. a. roter Rock, schwarze Schürze und riesige schwarze Flügelhaube, zum Sinnbild für das Elsass schlechthin geworden; es existieren jedoch von Region zu Region ganz verschiedene traditionelle Bekleidungen und Hauben. Sie kennzeichneten einst z. T. auch den Status der Frau (z. B. trugen Ledige bunte Schleifenhauben, Verheiratete schwarze) und die Konfession: In Hunspach war die Kopfbedeckung der katholischen Frauen weiß, die der evangelischen schwarz. Heute zieht man die Trachten sicherlich vorwiegend für die Touristen an, doch keinesfalls ausschließlich: Man trägt sie auch auf Festen, an denen kaum Touristen teilnehmen, und mancherorts gehören Teile davon sogar zum alltäglichen Outfit, etwa im oben erwähnten Hunspach, wo viele ältere Männer noch die traditionelle Strickmütze, das „Maschelskappel", tragen.

Im Laufe der Jahrhunderte entwickelte sich im Elsass auch eine ganz eigene Volkskunst. Stark verbreitet waren z. B. im 18. und 19. Jh. naive Bilder und verzierte Schriftstücke, die an den Übergang von einem Lebensabschnitt zum nächsten (Taufe, Einberufung zum Militär, Hochzeit etc.) erinnern sollten, sowie religiöse Votivtafeln und Hinterglasbilder. Unzählige Sagen und Legenden ranken sich um die Burgen – bekanntestes Beispiel sind sicherlich die Riesen von der Nideck (siehe S. 295) –, aber auch um das Leben bedeutender Elsässer wie der heiligen Odilia. Und selbstverständlich schuf der Volksmund eigene Figuren, etwa den beliebten *Hans em Schnogaloch* (siehe Kasten) oder *Hans Trapp*, ein haariger Unhold, der auf den Raubritter Hans von Drodt zurückgeht, der im 15. Jh. die Weißenburger Bewohner schrecklich tyrannisierte. In der Vorweihnachtszeit zieht er angeblich mit einem großen Sack durch die Gegend, stets auf der Suche nach kleinen Mädchen und Buben, die er tief im Wald verschlingt – die unschuldigen Seelen sollen ihn von seiner Verdammnis befreien. Zum Glück rettet jedoch der heilige Nikolaus die Kleinen vor diesem Schicksal ...

De Hans em Schnogaloch

Hett alles, was er will!
Doch was er hett, diss well er nit,
Und was er will, diss hett er nit!

Diese Figur gilt allgemein als das Sinnbild für den zwischen den Kulturen zerrissenen Elsässer. Mal scheint die deutsche, dann wieder die französische Seele in seiner Brust höher zu schlagen, nie fühlt er sich jedoch wirklich ausgeglichen. Der besagte Hans soll übrigens tatsächlich existiert haben, und zwar als nie zufriedener, ständig klagender Gastwirt in den Rheinauen, wo die Menschen sehr unter den Schnogen (Stechmücken) litten. Ein Gast, so erzählt man sich, habe eines Tages den Vers so oder so ähnlich an die Wand des Gasthauses geschrieben und damit den Anfang für das bekannteste elsässische Volkslied gesetzt.

40   Brauchtum und Feste

Festkalender

Das ganze Jahr über wird viel gefeiert im Elsass, zum großen Teil während der warmen Jahreszeit, also dann, wenn auch die meisten Touristen im Land sind. Der Wein, kulinarische Spezialitäten wie Kougelhopf oder Sauerkraut, historische Ereignisse wie beim Pfifferdaj, Feste im Jahreslauf, Kirchweih oder nachgestellte Hochzeiten und viele andere Themen und Ereignisse mehr können dafür der Anlass sein.

Eine große Bedeutung hat das Weihnachtsfest. Ganz anders als im übrigen Frankreich wird es ähnlich wie bei uns gefeiert, weshalb zu dieser Jahreszeit auch besonders viele „Innerfranzosen" ins Elsass reisen. Bei diesen nämlich sind Nikolaustag, Weihnachtsplätzchen, Früchtebrot, Christkindlmärkte und Sternsinger weitgehend unbekannt. Mittlerweile haben die Verkehrsvereine unzählige Aktivitäten ins Leben gerufen: Rund 90 Weihnachtsmärkte laden zum Bummeln ein, Krippen- und Weihnachtsbaumausstellungen, Konzerte, sog. „Lichterfenster" an öffentlichen Gebäuden, Theaterspiele und vieles andere mehr sorgen für Begeisterung. Im heimeligen Elsass, wo im Übrigen der Weihnachtsbaum erfunden worden ist, hat eben auch Weihnachten einen besonders romantischen Touch.

Informationen Die unten aufgeführten Feste stellen nur eine kleine Auswahl dar; manchmal ändern sich auch die Termine. Erkundigen Sie sich sicherheitshalber im jeweils zuständigen Office de Tourisme. In den Tourismusbüros der beiden Departe-

ments Bas-Rhin und Haut-Rhin erhalten Sie zudem den jährlich erscheinenden „Calendrier des Manifestations" sowie die Broschüre „Die Weihnachtsveranstaltungen im Elsass" mit allen aktuellen Daten. Adressen siehe S. 65.

Februar/März/April

In der **Karnevalszeit** und auch noch in den Wochen danach: vielfältige Veranstaltungen, z. B. in Molsheim, Saverne, Sélestat, St-Amarin. Besonders interessant ist die alemannische Fastnacht in Mulhouse (genaue Termine im jeweiligen O.T. erfragen).

1. So in der Fastenzeit: Schieweschlaje in Offwiller: Um den Winter zu vertreiben, werden brennende Holzscheiben in der

Dunkelheit den Berg hinabgerollt.

An den Sonntagen in der **Fastenzeit:** Passionsspiele in Masevaux.

3. Wochenende im April: Fest der Granitsteine und Weine in Dambach-la-Ville.

Am letzten April- und ersten Maiwochenende: Schneckenfest in Osenbach in der Nähe von Gueberschwihr. Besonders lustig sind die Wettläufe der Tierchen.

Mai/Juni

1. Mai: Maiglöckchenfest in Neuf-Brisach.

2. So im Mai: Spargelfest in Hoerdt.

Letzter Sa im Mai: St. Urbansfest in Kintzheim.

Ende Mai: Vogelscheuchenfest in Struth bei La Petite Pierre.

Pfingsten (Fr–So): Trachtenfest in Wissembourg (Umzug, Feuerwerk, Pferderennen, Kirmes, Tanz).

Mitte bis Ende Juni: Rosenfest in Saverne.

So vor dem Sommeranfang: Folklorefest in Hunspach.

4. Wochenende im Juni: Kirschenfest in Breitenbach; Mineralienbörse in Ste-Marie-aux-Mines.

Letztes Wochenende im Juni (nur in den geraden Jahren): Mittelalterfest in Ferrette.

Letzte Juniwoche: Johannisfeuer in vielen Orten.

30. Juni: Verbrennung der drei Tannen in Thann.

Juli

14. Juli: Nationalfeiertag, wird in vielen Orten mit Feuerwerk, Tanzabend, Fackelzug,

Volksfest etc. gefeiert.

Festkalender 41

Brauchtum und Feste

Wochenende nach dem 14. Juli: Hexenfest in Rouffach (Sa); Streisselhochzeit in Seebach (So).

Weinfeste in vielen Orten, z. B. Dambach-la-Ville (1. Sa), Barr (Mitte Juli), Eguisheim und Ribeauvillé (3. Wochenende).

August

2. Sa: Blumenkorso und Volksfest in Sélestat.

14./15. August: Hochzeit des l'Ami Fritz in Marlenheim.

2./3. Woche: Internationale Weinmesse in Colmar mit Volksfest.

3. Wochenende: Stubenhansel-Fest in Benfeld.

Letztes Wochenende: Folklorefest in Haguenau.

Weinfeste in vielen Orten, z. B. Gueberschwihr (3. Sa), Eguisheim (4. Wochenende).

September

1. Wochenende: Töpferfest in Soufflenheim (ungerade Jahre) oder Betschdorf (gerade Jahre).

1. So: Pfifferdaj (mittelalterliches Spektakel) in Ribeauvillé.

Mitte des Monats: Herbstfest in Colmar; Internationales Bugatti-Treffen in Molsheim.

3. Wochenende: Flammkuchenfest in Griesbach-au-Val, Mittelalterfest in Rosheim (gerade Jahre).

Letztes Wochenende: Weinlesefest in Cleebourg; Sauerkrautfest in Krautergersheim.

Ende des Monats: Europäisches Patchwork-Treffen in mehreren Orten des Val d'Argent.

Oktober

1. Wochenende: Fête des Vendanges (Weinlesefest) in Barr.

2. Wochenende: Wahl der Weinkönigin/Weinfest in Molsheim.

Mitte des Monats: Oktoberfest in Andlau, Almabtriebsfest in Muhlbach sur Munster.

3. Wochenende: Weinfest in Marlenheim; Weinlesefest in Obernai.

November/Dezember

13. Dezember: Odilienfest in Ste-Odile. In zahlreichen Orten finden Nikolaus- und Weihnachtsmärkte statt, z. B. in Strasbourg, Sélestat, Mulhouse, Colmar, Munster, Haguenau, La-Petite-Pierre, Thann und Altkirch.

Mittelalterliches Spektakel in Ribeauvillé

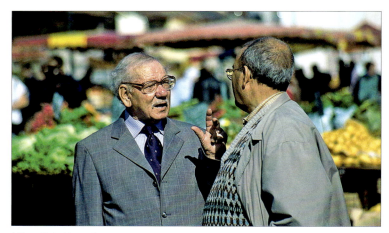

Was gibt's Neues?

Sprache

Das Elsass – ein Stück Frankreich, in dem Deutsch gesprochen wird. Deutsch? Weit gefehlt, hier spricht man Elsässisch oder Elsässerditsch, einen fränkisch-alemannischen Dialekt, der im Sundgau fast identisch mit dem Basler Schwyzerdütsch ist und in Wissembourg stark der pfälzischen Mundart ähnelt.

Doch nicht mehr alle Elsässer „radde Elsassisch". Im Norden hört man es noch weitaus häufiger als im Süden, auf dem Land mehr als in der Stadt, bei Männern öfter als bei Frauen, die Alten sprechen es z. T. fast ausschließlich, während viele Junge es gar nicht beherrschen. Gründe dafür gibt es viele. Nach dem Zweiten Weltkrieg war die Sprache der Nazis verpönt, an den Schulen wurde den Kindern oft mit rigiden Methoden verboten, Elsässisch zu sprechen. Mit dem Slogan „C'est chic de parler français" warb die Regierung für die französische Sprache. Erst in den 70er Jahren, quasi eine ganze Generation später, kam es im Zuge der deutsch-französischen Annäherung zu einer Renaissance der Mundart, und 1982 erkannte ein Erlass des Kultusministeriums die verschiedenen Regionalsprachen in Frankreich offiziell an. In dieser Zeit entstanden dann auch die bis heute hoch im Kurs stehenden Mundarttheater, allen voran die „Choucrouterie" von Roger Siffer in Strasbourg.

Dennoch haben Pessimisten den Tod des Elsässerditsch bereits vorausgesagt, denn seine Überlebenschancen sind aus nahe liegenden Gründen weit geringer als z. B. die der Dialekte innerhalb Deutschlands. Letztere existieren gewissermaßen unter dem Dach des Standard- bzw. Hochdeutschen, während das Elsässische ein deutscher, also fremdsprachiger Dialekt innerhalb des französischen Sprachgebiets ist. Wortschatzlücken, die die Dialekte etwa in den Bereichen moderne Technik, Wirtschaft und Politik aufweisen, können deutsche Dialektsprecher leicht durch Anleihen aus dem Standarddeutschen kompensieren, sodass es hier selbst in öffentlichen Situationen nicht unbedingt notwendig ist, reines Hochdeutsch zu sprechen, und man stattdessen auf eine dialektal mehr oder minder stark gefärbte Umgangssprache zurückgreifen kann. Elsässer leben dagegen auf einer Art Sprachinsel, auf der die Rollen klar verteilt sind: In allen öffentlichen Bereichen (Schule, Beruf etc.) ist das Französische obligatorisch, der Dialekt beschränkt sich mehr und mehr auf die Alltagskommunikation im privaten Umfeld.

Es kann deswegen kaum überraschen, dass der Anteil der Mundart sprechenden Elsässer unter 30 Jahren beständig sinkt. Heute liegt er bei ca. 30 %, während er vor 20 Jahren noch doppelt so hoch war. Insbesondere in den Städten, aber zunehmend auch auf dem Lande ist mittlerweile die Muttersprache der Kinder Französisch. Die Eltern fürchten um die sprachliche Entwicklung und Bildung ihrer Sprösslinge, schließlich sollen diese einmal in der Lage sein, sich in Paris oder Lyon gegenüber anderen Franzosen durchzusetzen und nicht wegen einer auffallenden Aussprache oder mangelnder Ausdrucksfähigkeit als provinziell abgestempelt werden. Auch Kampagnen des Straßburger Regionalamtes zur Förderung der Zweisprachigkeit – bei der Geburt eines Babys erhalten die Eltern Informationsmaterial, das sie ermuntern soll, mit dem Kind Elsässisch zu sprechen – oder Initiativen wie die der René-Schickele-Gesellschaft können daran wahrscheinlich kaum etwas ändern.

Eine Mehrheit der Elsässer spricht sich jedoch dafür aus, dass die Kinder in der Schule Deutsch lernen. Die sprachliche Tradition, die Nähe zur Grenze, die Bedeutung des Tourismus, das europäische Bewusstsein – viele Gründe, die dafür sprechen, die sprachliche Kultur dieses Landstrichs auf diese Weise fortzusetzen. Ein Teil der Kinder lernt bereits im Kindergarten oder in den Primarschulen Deutsch, seit den 90er Jahren des 20. Jh. z. T. sogar in bilingualen Klassen. Knapp 20.000 Mädchen und Jungen erlernen derzeit auf diese Weise beide Sprachen. Beim Übertritt in das Collège schmilzt dann der Anteil des zweisprachigen Unterrichts von zehn auf immer noch vier Prozent. Es ist also nicht verwunderlich, dass man oft auf junge Leute trifft, die zwar nicht Elsässisch, aber dafür gut Deutsch sprechen.

Dennoch, Besucher, die einfach auf Deutsch losreden, verärgern viele Elsässer – man ist schließlich in Frankreich. Stellen Sie lieber erst die obligatorische Frage „Sprechen Sie Deutsch?". Wundern Sie sich jedoch nicht, wenn Ihr fließend Elsässisch sprechender Gesprächspartner nur zögernd antwortet oder gar verneint: Elsässisch ist eben nicht Deutsch.

Traditioneller Hochzeitszug in Seebach

Anreise

Mit dem Auto oder Motorrad: Sogar die entlegensten Winkel in Deutschland, der Schweiz und Österreich sind vom Elsass nur eine Tagesreise entfernt. Die Anfahrtsrouten im Einzelnen:

Aus Deutschland: Von wo man auch startet, man benutzt in der Regel kurz vor Erreichen des Ziels die zwischen Karlsruhe und Basel parallel zur französischen Grenze verlaufende Rheintalautobahn A 5 (E 35). Von folgenden Autobahnanschlüssen erreicht man schnell eine der Brücken über den Rhein ins Elsass: Rastatt, Baden-Baden, Achern, Appenweier, Offenburg, Riegel, Bad Krozingen und Müllheim. Am stärksten belastet ist die Kehl und Strasbourg verbindende Europabrücke (Autobahnanschluss Appenweier).

Für Reisende aus nördlicher Richtung ist die Anfahrt über die A 65 eine interessante Alternative: Ausfahrt Kandel Mitte, dann nach Lauterbourg, wo man auf die relativ wenig befahrene A 35 Richtung Strasbourg überwechselt. Auch die Fortsetzung dieser bis auf ein kurzes Stück vor Colmar fast durchgängigen Autobahn von Strasbourg nach Mulhouse ist angenehmer zu fahren als die A 5 auf deutscher Seite.

Aus der Schweiz: Man benutzt am besten den Grenzübergang Basel-Hesingue und setzt dann nach Norden auf der A 35 oder nach Westen auf der D 419 die Reise fort. Wer in den Sundgau möchte, kann zwischen zahlreichen kleinen Grenzübergängen wählen.

Aus Österreich: Um ins Nordelsass zu kommen, fährt man am günstigsten auf der A 8 nach Karlsruhe und nimmt dann die Rheintalautobahn oder ab Lauterbourg die französische A 35 (siehe „Aus Deutschland"). Reisende in Richtung Südelsass sollten zunächst München ansteuern, dort auf die A 96 überwechseln und über Bregenz und Zürich nach Basel fahren. Beachten Sie aber, dass für die Benutzung der Schweizer Autobahnen der Erwerb einer Vignette (ca. 31,50 €) Pflicht ist.

Mit dem Zug: Strasbourg ist per Schiene z. B. direkt mit München, Stuttgart, Karlsruhe und Saarbrücken sowie mit Basel und Zürich verbunden, wichtige Umsteigebahnhöfe auf deutscher Seite sind Karlsruhe und Offenburg; Mulhouse hat mit der Schweiz (Basel, Zürich) eine direkte Verbindung.

Anreise   45

Informationen Bei der Deutschen Bahn unter ☏ 11861 oder im Internet unter www.bahn.de. Auch das deutschsprachige Call Center der französischen Eisenbahngesellschaft SNCF (in Strasbourg) erteilt telefonisch Auskünfte: ☏ 0033892353536.

Fahrradmitnahme In Deutschland wird die Fahrradmitnahme pauschal über die „Fahrradkarte Fernverkehr" (ca. 10 €) abgegolten, in Frankreich ist die Mitnahme gratis. Allerdings sollte man sich vorher erkundigen, in welchen Zügen die Mitnahme überhaupt möglich ist, und den Stellplatz rechtzeitig reservieren. Auskunft im Internet unter www.bahn.de oder beim Call Center der SNCF (s. o.).

Mit dem Flugzeug: Die wenigsten Elsassbesucher reisen auf dem Luftweg an. Zielflughafen ist in der Regel der Zweiländer-Airport von Basel-Mulhouse, der direkt und z. T. mehrmals täglich von Berlin, Dresden, Düsseldorf, Frankfurt/M., Hamburg, München, Wien und Zürich angeflogen wird. Nach Strasbourg gibt es derzeit von Deutschland und Österreich keine Flüge.

Den Flughafen Basel-Mulhouse erreicht man unter ☏ 0033389902511 oder im Internet unter www.euroairport.com, den Flughafen Strasbourg unter ☏ 0033388646767 bzw. www.strasbourg.aeroport.fr.

Unterwegs im Elsass

Da viele Sehenswürdigkeiten und landschaftliche Highlights im Elsass mit öffentlichen Verkehrsmitteln kaum bzw. gar nicht erreichbar sind, tuckern die meisten Touristen mit dem eigenen, seltener mit einem gemieteten Auto durch die Gegend. Motorradfahrer kommen auf den kurvenreichen Vogesenstraßen auf ihre Kosten. Bus und Taxi sind im Prinzip nur zur Fortbewegung in den Städten geeignet, mit der Bahn erreicht man, abgesehen von wenigen Ausnahmen, nur die wichtigsten Orte an der Weinstraße und in der Rheinebene. Wer nicht motorisiert unterwegs sein möchte, kann sich auf unzähligen markierten Wander- und Fahrradwegen bewegen.

Mit Auto oder Motorrad

Aufgrund des engmaschigen Straßennetzes können alle Ziele problemlos erreicht werden. Besonders gut ausgebaut sind neben den Autobahnen (Markierung: A + Ziffer) die Nationalstraßen (Markierung: N + Ziffer) und die großen Departementstraßen (Markierung: D + Ziffer), während die kleineren Departementstraßen schmaler und gewundener sind. Von letzteren zweigen oft mit dem Zusatz „bis" versehene Nebenstraßen ab. Die Franzosen bevorzugen eine forsche Fahrweise. Es ist also durchaus angebracht, sein Fahrzeug defensiv und risikoarm zu steuern, v. a. im Sommer, wenn die Straßen ohnehin häufig überlastet sind.

Autovermietung: In allen größeren Städten sind international bekannte Verleihagenturen und/oder kleine örtliche Vermieter zu finden. Grundvoraussetzung für das Mieten eines Autos sind ein Mindestalter von 21 Jahren und der einjährige Besitz des Führerscheins. Die Preise variieren je nach Mietdauer, Jahreszeit und Wagenklasse. Die Adressen einiger Vermieter sind im Reiseteil dieses Buches bei den jeweiligen Orten angegeben.

Routes touristiques: Wer das Elsass durchstreift, entdeckt eine an bestimmten Symbolen erkennbare thematische Route nach der anderen. Die meisten sind nach Spezialitäten aus Küche und Keller benannt, andere weisen auf Kunstschätze oder reizvolle Landschaften hin. Nur bei wenigen handelt es sich um eine einzige durchgängig zu befahrene Straße, oft werden einfach nur Orte zusammengefasst.

46 Unterwegs im Elsass

LA ROUTE DE LA CHOUCROUTE

Route de la Bière: Die elsässische Bierstraße führt zu den bekannten Brauereien in Strasbourg, Schiltigheim und Hochfelden, wo auch das größte Hopfenanbaugebiet der Region liegt.

Route de la Carpe frite: Im Sundgau kann man derzeit in über 30 Restaurants diese regionaltypische Spezialität, traditionell zubereitet, versuchen.

Route de la Choucroute: Die „Sauerkrautstraße" verläuft rund um die Hochburgen Krautergersheim und Blaesheim.

Route des Crêtes: Die spektakuläre Vogesenkammstraße gehört zu den beliebtesten Zielen im Elsass. Näheres S. 319ff..

Route du Fromage: In der Nähe von Munster kann man auf dieser Route einige gute Käsereien entdecken.

Route de la Matelote: Die meisten Lokale, die diese Fischspezialität anbieten, liegen im Grand Ried.

Route du Rhin: Von Lauterbourg bis St-Louis weist diese am Rhein entlangführende Straße auf Naturschönheiten und menschliche Errungenschaften wie Kraftwerke, Staustufen, Befestigungsanlagen etc. hin.

Route Romane: Zwischen Wissembourg und Feldbach im Sundgau wird der kunsthistorisch interessierte Reisende auf 120 Sehenswürdigkeiten aus der Zeit der Romanik aufmerksam gemacht.

Route du Tabac: Tabak wird nördlich und südlich von Strasbourg angebaut.

Route des Vins: Bekannteste der touristischen Wegstrecken ist die 170 km lange Weinstraße von Marlenheim bis Thann.

Straßenkarten: Zahlreiche Verlage geben unterschiedliches Kartenmaterial zum Elsass heraus, auf den kleinmaßstäblichen Straßenkarten sind oft auch noch Nachbarregionen mit erfasst. In Frankreich hat das staatliche *Institut Géographique National (IGN)* ein Monopol auf Vermessungsarbeiten. Die Reifenfirma Michelin ist Lizenznehmer des IGN und gibt eine Serie von Straßenkarten im Maßstab 1:150.000 heraus. Beide Elsasskarten sind sehr zuverlässig. Für die Karten französischen Ursprungs gilt: Sie sind im heimischen Buchhandel etwas teurer als im Elsass, haben einen festeren Einband und eine andere ISBN-Nummer.

Zu Wander- und Fahrradkarten siehe S. 376 bzw. S. 48.

Michelin Local Nr. 315 – Bas Rhin, Haut Rhin, Territoire du Belfort, ISBN 2-06-10037-6, 1:150.000, 7,50 € (in Frankreich 4,50 €). Äußerst zuverlässig, auch für Radtouren geeignet.

Michelin Local Nr. 314 – Vogesen, ISBN 2-06-711392-5, 1:150.000, 7,50 € (in Frankreich 4,50 €). Für diejenigen, die auch nach Lothringen fahren möchten, die empfehlenswerteste Karte.

Michelin 516 Region – Elsass, Lothringen 2011, ISBN 9-79-2067155121, 1:200.000, 8,50 € (in Frankreich 6,65 €). Neue Ausgabe und damit absolut aktuell.

MAIRDUMONT: Die Generalkarte Vogesen/Elsass/Schwarzwald, ISBN 3-89525-234-4, 1:200.000, 8,50 €. Mit vielen Hinweisen zu touristischen Sehenswürdigkeiten.

Mit Bahn und Bus

Durch das Netz der Eisenbahngesellschaft SNCF Ter Alsace sind die wichtigsten Orte der Rheinebene und der Weinstraße gut miteinander verbunden. Im Norden haben Lauterbourg, Wissembourg, Haguenau, Niederbronn, Saverne und andere kleine Städtchen Anschluss ans Netz, von fast überall kommt man zumindest mit Umsteigen nach Strasbourg. Von der elsässischen Metropole erreicht man Sélestat und Colmar entlang der Weinstraße über Molsheim, Obernai, Barr etc. Colmar ist regelmäßig mit Mulhouse verbunden, von dort aus kann man über Altkirch nach Belfort oder in die Schweiz weiterfahren. Verbindungen in die südlichen Vogesen bieten nur die Strecken Colmar–Munster–Metzeral und Mulhouse–Thann–Kruth. Fahrscheine löst man am Schalter oder an Fahrscheinautomaten. Kinder bis zum Alter von 3 Jahren fahren kostenlos, für 4- bis 12-Jährige muss der halbe Fahrpreis entrichtet werden.

Die Verbindungen zwischen den Dörfern werden von privaten Busgesellschaften unterhalten. Dabei gelten die Regeln der profitorientierten Privatwirtschaft, das bedeutet im Klartext, dass für viele Dorfbewohner nur über Schulbusse die nächste Kleinstadt erreichbar ist; an Sonntagen wird der Busverkehr quasi eingestellt. Die Fahrpläne erhalten Sie kostenlos in den jeweiligen Offices de Tourisme.

Informationen Für Bahnfahrer im Internet unter www.ter-sncf.com/alsace.

„Elsass ohne mein Auto"

Auf einer Faltkarte mit diesem Titel (frz. „L'Alsace sans ma Voiture") erhält man viele Informationen zu den öffentlichen Verkehrsmitteln im Elsass: Zugstrecken, Buslinien, Internetadressen, Fahrradvermietungen, Mitfahrgelegenheiten etc. Download möglich unter www.tourisme67.com oder www.haute-alsacetourisme.com. Außerdem kann die Faltkarte auch über die unten (→ S. 48) genannten Ämter in Strasbourg und Colmar bezogen werden.

Mit dem Fahrrad

Die Franzosen radeln mit größter Begeisterung, und auch im Elsass sind auf Radwegen, Landsträßchen und sogar auf manchen Gebirgspfaden zahlreiche Drahteselfans unterwegs. Allerdings sollte man v. a. während der Sommermonate die stark befahrenen National- und Departementstraßen meiden. Insbesondere die Route des Vins ist dann keinesfalls zu empfehlen. Aufgrund seiner unterschiedlichen Landschaften bietet das Elsass die ganze Palette von leichten bis anspruchsvollen Touren. Insbesondere in der Rheinebene radelt man gemütlich, während die Hochvogesen eher ein Terrain für durchtrainierte Sportler und Mountainbiker sind. Überall existieren gut markierte Radfahrwege *(parcours cyclables).*

Touren/Informationen Mehrere Offices de Tourisme haben jeweils für ihre Region Radwanderstrecken bzw. -karten (z. T. mit Beschreibung) erarbeiten lassen und bieten diese Materialien zum Kauf, manchmal sogar kostenlos an. Entsprechende Hinweise finden Sie in den einzelnen Ortskapiteln.

Für beide Départements gibt es jeweils eine empfehlenswerte Broschüre mit Fahrradwegen: „Le Bas-Rhin à vélo" ist erhältlich z. B. bei der Agence de Développement Touristique du Bas-Rhin, 4, rue Bartisch, 67100 Strasbourg, 0388154588, 0388756764, www.tourisme67.com. „Le Haut-Rhin à vélo" bekommt man z. B. über die Agence de Développement Touristique de Haut-Rhin, 1, rue Schlumberger, 68006 Colmar, 0389201068, 0389233391, www.tourisme68.com. Beide Broschüren können auch von den genannten Internetseiten heruntergeladen werden.

Mehrere Touren vom Südschwarzwald ins Elsass und nach Lothringen hat man zur sog. „Route Verte" („Grüne Straße") zusammengestellt. Eine Broschüre dazu erhält man ebenfalls über die oben genannte Adresse in Colmar bzw. kann man auch herunterladen.

Auf den Internetseiten der beiden Départements finden sich auch lohnenswerte Hinweise bzw. Broschüren für Mountainbiker.

Fahrradverleih In vielen Orten können Fahrräder *(bicyclette, vélo)* und auch Mountainbikes *(vélo tout terrain,* Abkürzung: *VTT)* entliehen werden. Entsprechende Hinweise finden Sie in den Ortskapiteln.

Fahrradmitnahme in der Bahn In den Regionalzügen kann man sein Fahrrad kostenlos mitnehmen, allerdings ist insbesondere für größere Gruppen zu beachten, dass die Stückzahl häufig begrenzt ist.

Auf dem Weg zum Gipfel

Fahrradkarten Club Vosgien: Die Karten N°1, N°2, N°4, N°6 und N°7 decken das gesamte Elsass ab, jeweils 1:50.000. Pro Karte ca. 12,50 €. Der Name des Wanderclubs spricht für Qualität, sehr empfehlenswerte Blätter, für Fahrradtouren gut geeignet.

Für Radtouren geeignet sind darüber hinaus die **Michelin-Karten Nr. 314 und 315** (siehe Straßenkarten, S. 46f.).

Was haben Sie entdeckt?

Haben Sie einen schönen Wanderweg, ein nettes Restaurant oder eine idyllische Herberge entdeckt? Wenn Sie Empfehlungen aussprechen möchten oder Ihnen Ungenauigkeiten aufgefallen sind, die sich trotz gründlicher Recherche immer wieder einschleichen können, lassen Sie es uns bitte wissen. Ihr Tipp kommt der nächsten Auflage zugute.

Schreiben Sie an:

Antje & Gunther Schwab
Stichwort „Elsass"
c/o Michael Müller Verlag
Gerberei 19
91054 Erlangen
E-Mail: antje.schwab@michael-mueller-verlag.de

Güedi Nacht!

Übernachten

Möglichkeiten, sein Nachtlager aufzuschlagen, gibt es in großer Vielfalt und Zahl: vom einfachen Zeltplatz auf einem Bauernhof bis zur noblen Luxusherberge in einem ehemaligen Schloss wird alles geboten.

Und zum Glück konzentrieren sich die Übernachtungsadressen nicht ausschließlich auf die Touristenorte, sodass man sein Haupt auch in Häusern fernab der Hauptrouten angenehm betten kann. Wer bestimmte Ansprüche hat, sollte jedoch rechtzeitig Vorsorge treffen, denn ein gemütliches Landhotel ist schnell ausgebucht, die besten Ferienwohnungen sind meist schon Monate im Voraus vergeben, und natürlich haben die Ferme-Auberges nicht unbegrenzt Platz. Insbesondere für Juli und August empfiehlt es sich, rechtzeitig vorzubuchen. Am besten, Sie lassen sich vom jeweils zuständigen Office de Tourisme Prospektmaterial zu Hotels, Ferienwohnungen, Gästezimmern, Ferme-Auberges oder Campingplätzen zusenden und reservieren dann per Telefon, Fax oder E-Mail.

Hotels

Die meisten Hotels sind nach einem **Vier-Sterne-System** klassifiziert; ein achteckiges blaues Schild am Eingang informiert über die Kategorie des jeweiligen Establissements. Im Großen und Ganzen sind die Sterne eine hilfreiche Orientierung (siehe unter „Klassifizierung"), dennoch kann durchaus ein niedriger eingestuftes Hotel einem „sternenreicheren" an Ausstattung, Lage oder Atmosphäre überlegen sein. Daneben gibt es auch einige nicht klassifizierte Hotels, die oft mit einem Ein- oder gar Zweisternehotel vergleichbar sind.

Die **Preise** richten sich nicht nur nach der Anzahl der Sterne, sondern auch nach Lage und Ausstattung des Hotels, dem Komfort des Zimmers, manchmal auch

50   Übernachten

nach dessen Lage innerhalb des Hauses. Meist machen die elsässischen Hoteliers keinen Unterschied zwischen Neben- und Hochsaison, sondern vermieten ganzjährig ein gleichen Preis. Von uns angegebene Preisspannen beziehen sich deshalb in der Regel auf Größe und Ausstattung des Zimmers (Art der Betten, Dusche oder Badewanne etc.). Der Betrag gilt für zwei Personen, Einzelreisende erhalten meist nur einen geringfügigen Nachlass. Nicht eingeschlossen im Zimmerpreis ist das Frühstück. Auch dabei gibt es enorme Unterschiede, denn während in den einfacheren Häusern nicht viel mehr als Kaffee, Baguette und/oder Croissant mit abgepackter Marmelade serviert wird, bieten manchmal sogar schon Zweisternehotels üppige Frühstücksbuffets. Sowohl die Preise für die Übernachtung als auch für das Frühstück müssen außerhalb des Hauses, im Empfang und in den Zimmern durch einen Aushang angezeigt werden. Größere Häuser bieten auch Halbpension.

Klassifizierung   * Ein Stern, einfacher Komfort, in der Regel schlicht eingerichtete Zimmer, manchmal sind Bad und Toilette auf dem Gang.

** Zwei Sterne, mittlerer Komfort, meist kleine Zimmer mit TV und Telefon, z. T. auch WLAN, einfaches Bad mit Toilette und Dusche oder Badewanne.

*** Drei Sterne, sehr komfortabel, große Zimmer, WLAN, luxuriöse Bäder.

**** Vier Sterne, Luxus, WLAN, meist mit einem Gourmetrestaurant ausgestattet.

Preise für das Frühstück   Auch wenn man ein DZ mietet, gilt der Preis fürs Frühstück *(petit déjeuner)* immer für die Einzelperson. Je nach Hotelkategorie sollte man etwa mit folgenden Preisen rechnen: * 5–6 €, ** 6–9 €, *** 9–12 €, **** 12–22 €.

Informationen   In der Broschüre „Alsacez-Vous Hotels & Restaurants" findet man die notwendigen Angaben zu fast allen Hotels im Elsass. Sie erhalten sie bei allen Offices de Tourisme.

Hotelketten   Jeder Frankreichreisende kennt die kleinen gelben Kamine auf grünem Grund, Emblem der beliebten Kette **Logis de France**, zu der sich meist gemütliche, oft familiär geführte Hotels mit zwei oder drei Sternen und regionaltypischen Restaurants zusammengeschlossen haben.

Sehr preisgünstig sind die oft an den Ausfallstraßen gelegenen Häuser der Hotelkette **Formule 1**, in denen man zwar nicht idyllisch, aber ausreichend komfortabel wohnt. Einen Nachteil haben sie allerdings: Ihre Rezeptionen sind in der Regel nur von 6.30 bis 9.30 und von 17 bis 21 Uhr besetzt. Sie gehören ebenso wie andere Ketten mit v. a. funktional ausgerichteten, aber durchaus empfehlenswerten Häusern wie Ibis, Mercure, Novotel etc. der Gruppe der **Accorhotels** an.

Logis de France, www.logis-de-france.fr, Reservierungsnummer ☎ 0033145848384.

Accor, www.accorhotels.com, Reservierungsnummer ☎ 0825012011.

Wie man sich bettet …

Nach einer langen Anreise ist man endlich im Hotel angekommen, schließt erwartungsvoll das Zimmer auf – und bekommt erst einmal einen Schreck. Denn darin steht ein **grand lit**, das klassische französische Bett von 1,40 m Breite, nach landesüblichen Vorstellungen ausreichend für zwei erwachsene Personen. Für viele hoch gewachsene Menschen jedoch ein Graus, zumal man sich meist auch noch eine nach allen Regeln der Kunst im Bettrahmen festgestopfte Decke teilen muss. Um Schlaf- oder gar Beziehungsprobleme aus dem Weg zu gehen, empfiehlt es sich, bei der Buchung nach einem Zimmer mit 2 Betten, **deux lits**, zu fragen. Den meist nicht allzu hohen Aufpreis zahlen Schlafempfindliche sicher gern.

Kuscheliges Elsass

Ferienwohnungen und Gästezimmer

Frankreich besitzt ein überaus dichtes Netz an Ferienwohnungen (**meublés**) und Gästezimmern (**chambres d'hôtes**). Das Angebot ist schier unüberschaubar und reicht vom einfachen Einbettzimmer beim Winzer über eine schnuckelige Stadtwohnung bis zum romantischen Häuschen auf dem Land. Je nach Größe, Ausstattung und Lage der Unterkunft unterscheiden sich die Preise z. T. beträchtlich, und oft wird in der Hochsaison erheblich mehr verlangt. Einen wichtigen Faktor stellen bei den Ferienwohnungen auch die Nebenkosten dar: Bettwäsche *(draps)* und Endreinigung *(nettoyage final)* lassen den Mietpreis schnell um bis zu 50 € in die Höhe schnellen. Während Wohnungen und Häuser immer ohne Verpflegung vermietet werden, schließt die Miete für das Gästezimmer stets ein Frühstück mit ein. Unter dem Begriff *table d'hôtes* verbirgt sich die Möglichkeit, beim Zimmervermieter am Familientisch auch eine Mahlzeit einnehmen zu können.

Die **Mietdauer** beträgt bei Wohnungen normalerweise eine oder mehrere volle Wochen, wobei als An- und Abreisetag der Samstag gilt. In der Nebensaison wird aber auch gerne wochenendweise vermietet, bei Gästezimmern lässt sich die Mietdauer ohnehin leichter individuell regeln. Die **Reservierung** geht folgendermaßen vonstatten: Nachdem man beim zuständigen Office de Tourisme (die Adressen finden Sie im Reiseteil bei den jeweiligen Orten unter dem Stichwort „Information") das Verzeichnis der in einer bestimmten Region verfügbaren Unterkünfte bestellt hat, setzt man sich mit dem Vermieter direkt in Verbindung. Von diesem bekommt man dann einen Mietvertrag geschickt, den man ausgefüllt zurücksendet. Außerdem ist eine Anzahlung von 10–30 % des Mietpreises zu leisten, der Rest wird nach Ablauf der Mietdauer bezahlt. Man kann die Reservierung manchmal auch über das Office de Tourisme abwickeln.

Preise Für ein Gästezimmer zahlt man 40–80 € (DZ) bzw. 45–90 € (Dreibettzimmer). Die Preisspanne für die Wohnungen und Häuser reicht von 180 bis 700 € die Woche.

Vermietervereinigung Einige Vermieter sind Mitglieder in der sehr auf Qualität bedachten Vereinigung **Gîtes de France**, welche die Unterkünfte regelmäßig kontrollieren lässt und mit Ähren (statt Sternen) deren Qualität bewertet. Einige sind auch in den O.T.-Verzeichnissen aufgeführt, wenn man sie aber direkt bei Gîtes de France bucht, hat man die Möglichkeit, dies via Internet tun zu können. Zudem bietet die Vereinigung neben Gästezimmern und Wohnungen, die im Katalog **Gîtes ruraux** genannt werden, weitere interessante Übernachtungsmöglichkeiten: **Gîtes d'étapes**, Häuser, die von größeren Gruppen oder mehreren Familien gemietet werden können, Unterkünfte, die auf einen besonderen Wunsch Rücksicht nehmen (behindertengerechte Einrichtung, Lage in den Weinbergen oder an einem Weiher, Aufenthalt auf einem Reiterhof etc.) und Chalets auf Campingplätzen.

Informationen erhält man bei: Maison des Gîtes de France et du Tourisme Vert, 59, rue St-Lazare, 75439 Paris, ✆ 0149707575, ✆ 0142812853, www.gites-de-france.fr.

Ferme-Auberges

Von Kuhglocken in den Schlaf gewiegt und vom Hahnenschrei wieder geweckt zu werden – das hat was! Auf einem Bauernhof in den Vogesen zu nächtigen gehört zu den urigsten Übernachtungsvarianten im Elsass. Neben Schlafsälen für 8–20 Personen haben einige Bauern mittlerweile auch einfache DZ mit Waschbecken für ihre Gäste eingerichtet, Toiletten und Duschen muss man sich allerdings fast immer teilen. In der Regel wird die Übernachtung mit Halbpension zum Preis von 32 bis 38 € angeboten und schließt ein deftiges Abendessen und ein Frühstück ein.

Im Reiseteil dieses Buches finden Sie Informationen zu zahlreichen Ferme-Auberges, außerdem sind diese meist auch in den Übernachtungsprospekten der jeweiligen O.T. oder in separaten, ebenfalls dort erhältlichen Broschüren aufgelistet.

In einigen Ferme-Auberges kam man auch übernachten

Jugendherbergen

Nur wenige dieser preiswerten Unterkunftsmöglichkeiten, für die man einen internationalen Jugendherbergsausweis vorweisen muss, sind im Elsass vertreten, z. B. in Strasbourg, Saverne, bei Colmar, in Lautenbach und Mulhouse. Die *Auberges de Jeunesse* sind in fünf Kategorien eingeteilt.

Fédération Unie des Auberges de Jeunesse, 27, rue Pajol, 75018 Paris, ✆ 0144898749, ✉ 0144898710, www.fuaj.org.

Camping

Nahezu jeder größere Ort verfügt über einen gut ausgestatteten Campingplatz, aber auch in abgelegeneren Gebieten findet man etliche Möglichkeiten, sein Zelt aufzuschlagen bzw. sein Wohnmobil abzustellen. Einige Plätze sind das ganze Jahr über geöffnet, die meisten bleiben jedoch von November bis März geschlossen. Insbesondere am Rhein sind manche von zumeist deutschen Dauercampern bis zu 80 % ausgebucht, sodass es im Sommer schwierig sein kann, ein Plätzchen zu finden. Dies gilt auch für beliebte Anlagen in den Vogesen oder an der Weinstraße in den Monaten Juli und August, wenn viele Innerfranzosen im Elsass ihre Ferien verbringen. Die Klassifizierung erfolgt auch beim Camping durch Sterne, wobei die Einteilung in vier Kategorien sich nur auf die Ausstattung des Platzes, nicht aber auf seine Lage bezieht. Auf manchen höher klassifizierten Plätzen kann man auch kleine Holz-Chalets mieten.

Klassifizierung * **Ein Stern**, sanitäre Minimalausstattung, meist nur Kaltwasserduschen. Unbewachte Anlage.

** **Zwei Sterne**, das Campingareal ist gewöhnlich gut erschlossen und parzelliert, Warmwasserduschen und individuelle Waschbecken mit Steckdosen sowie ein Kinderspielplatz sind zumeist vorhanden.

*** **Drei Sterne**, komfortabler, rund um die Uhr bewachter Platz, in der Regel mit kleinem Lebensmittelgeschäft. Die Stellplätze besitzen einen eigenen Stromanschluss. Ein Kinderspielplatz gehört zur Grundausstattung, häufig stehen ein Swimmingpool sowie ein Tennisplatz zur Verfügung.

**** **Vier Sterne**, Luxus-Camping mit fast obligatorischem Swimmingpool und diversen Sportangeboten (Tennisplatz etc.). Die sanitäre Ausstattung lässt nichts zu wünschen übrig. Die Geschäfte ähneln kleinen Supermärkten, auch ein Restaurant ist vorhanden.

Preise 2 Pers. mit Auto und Caravan müssen auf einem komfortablen Vier-Sterne-Platz pro Nacht ca. 13–23 € bezahlen, während die Übernachtung auf einem Ein-Sterne-Platz schon ab 9 € zu haben ist. Für ein Chalet (5–6 Pers.) bezahlt man pro Woche 180–720 €.

Informationen In der Broschüre „Alsace-Vous Camping & Caravaning" sind alle Plätze im Elsass mit den notwendigen Angaben aufgelistet, auch einige der sog. **Campings à la ferme** (Camping auf dem Bauernhof): eine kleine Wiese, maximal sechs Stellflächen, wenig sanitärer Komfort, aber dafür umso mehr Flair. Sie erhalten die Broschüre bei allen Offices de Tourisme im Elsass.

Hausboot

Ferien auf dem Wasser sind in Frankreich eine sehr beliebte Urlaubsform. Mieten kann man die zumeist führerscheinfreien Hausboote im Elsass allerdings nur in Saverne und im nahe gelegenen lothringischen Lutzelbourg.

Näheres beim **Office de Tourisme** in **Saverne** (→ S. 283) und beim **Syndicat d'Initiative** in **Lutzelbourg**, 147, rue A. J. Konzett, 57820 Lutzelbourg, ✆ 0387253019, ✉ 0387253376.

Im Sommer sind die Lokale oft bis zum letzten Platz gefüllt

Essen und Trinken

Wer ins Elsass reist, tut dies oft auch der vorzüglichen Küche und der ausgezeichneten Weine wegen. In keiner Region Frankreichs vergibt der Michelin alljährlich so viele Sterne wie hier, jedes noch so kleine Weindorf nennt zumindest eine Winstub sein Eigen, pro 320 Einwohner, sagt man, gebe es ein Restaurant.

Und tatsächlich wird man nur selten enttäuscht. Gleichgültig, ob man nun ein Drei-Gänge-Menü oder einen einfachen Flammkuchen bestellt, in der Küche steht fast immer ein Koch, der mit Liebe und Passion seinem Beruf nachgeht – oft der Patron selbst. Und der achtet schon bei der Auswahl seiner Produkte auf höchste Qualität, kennt seine Lieferanten, den Gemüsebauern, den Winzer, den Käsereifer, Metzger und Wurstmacher, meist persönlich. Wie in alter Zeit sammelt man voller Vorfreude auf eine köstliche *tarte* in mühsamer Handarbeit Heidelbeeren oder pflückt Wildkräuter, die den Speisen den eigentlichen Pfiff geben.

Was die **Essgewohnheiten** angeht, gilt es ein paar Besonderheiten zu beachten: Schlag zwölf Uhr füllen sich die Lokale zum *déjeuner*, dem Mittagessen, und zwei Stunden später wird die Küche meist wieder zugemacht. Zum *dîner* sollte man nicht vor 19, aber auch nicht nach 21 Uhr erscheinen. Insbesondere in Restaurants ist es üblich, dass der Gast nicht einfach den nächstbesten freien Tisch ansteuert, sondern sich geduldet, bis ihm ein Platz angeboten wird; eigene Wünsche können selbstverständlich geäußert werden. Beachten sollte man auch, dass es in Frankreich nicht üblich ist, getrennt zu bezahlen. Geht man also in einer größeren Gruppe essen, sollte man sich vorher absprechen, wer die Rechnung begleicht, und erst hinterher den Betrag aufteilen. **Trinkgeld** *(pourboire)* ist zwar ausnahmslos im Preis inbegriffen *(service compris)*, zwischen fünf und zehn Prozent sind je nach Zufriedenheit dennoch angemessen. Sich Minimalbeträge herausgeben zu lassen gilt als unhöflich.

Die **Speisekarten** sind in der Regel auf Französisch abgefasst, bei gewissen Gerichten, z. B. *Baeckeoffa,* existiert allerdings nur ein elsässischer Name. Zum Schluss noch ein Wort zum **Frühstück:** Das in Frankreich übliche *petit déjeuner,* bestehend aus Croissant, Butter, Marmelade, Kaffee oder Tee, wird im Elsass oft angereichert durch Saft, Kougelhopf, Schinken, Wurst und Käse; manchmal gibt es auch ein Ei. Auch hier zeigt sich wieder: die Grenze ist nah!

Die Lokale

Im **Restaurant** isst man entweder ein *menu,* das zu einem Fixpreis auf der Speisekarte steht, oder man bestellt *à la carte.* Insbesondere abends wird erwartet, dass man zwei oder drei Gänge bestellt, mittags kann man aber auch problemlos nur ein Hauptgericht ordern, zumal viele Restaurants dann ein für Elsässer Verhältnisse günstiges Tagesgericht *(plat du jour)* anbieten. Wer trotz schmaler Reisekasse gerne einmal nobel speisen möchte, sollte mittags in einem der gehobenen Restaurants einkehren und das *menu du jour* verzehren. Es ist vergleichsweise preiswert, bietet aber dennoch dem Standard des Hauses entsprechende Tafelfreuden.

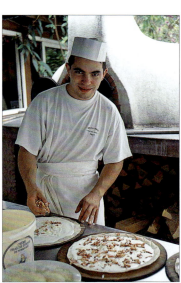

Geboten wird in den meisten Restaurants elsässische Küche, darüber hinaus finden sich oft auch französische Klassiker wie *steak au poivre* oder *côte d'agneau à la provencale* (Lammkoteletts) auf der Speisekarte. Auch die großen Köche der **Gourmetrestaurants** benutzen für ihre Kreationen meist die Regionalküche als Basis, „erleichtern" sie durch sparsame Verwendung von Fetten und wandeln sie durch mediterrane und asiatische Zutaten raffiniert ab. Da kommen dann z. B. die Schnecken nicht in Kräuterbutter, sondern als Füllung für die Ravioli in Spargelspitzensauce auf den Tisch. Neben den durch die Michelin-

Er versteht sein Handwerk

Sterne geadelten Nobelhäusern in Strasbourg, Marlenheim, Illhäusern, Colmar, Lembach etc. gibt es im Elsass noch unzählige weitere Restaurants, in denen das Essen zu einem Erlebnis der besonderen Art wird.

Eine elsässische Besonderheit sind die **Winstubs,** oft auch Wistubs genannt, die aus ehemaligen Weinprobierstuben entstanden sein sollen. Meist handelt es sich dabei heute um kleine, urige Lokale, oft in Kellergewölben oder dunkel getäfelten Räumen untergebracht, in denen man deftige elsässische Küche und einen guten offenen Wein, aber auch ausgesuchte Tropfen bekommt. Die Speisekarten sind meist nicht sehr umfangreich, selbst dann, wenn sich die Weinstube im Laufe der Zeit

56   Essen und Trinken

zum edlen Etablissement gewandelt hat und dort feinste Regionalküche und auch fixe Menüs serviert werden. Der Begriff kann für vieles stehen: Von der rummeligen Kneipe mit papiergedeckten Holztischen bis zum edel eingerichteten Speisesaal ist alles geboten; immer jedoch soll der Gast in gemütlicher Atmosphäre Wein und Essen aufeinander abstimmen können.

Essen wie der Melker – Gaumenfreuden in den Ferme-Auberges

Eine eigene kulinarische Welt bieten die Berggasthöfe der Südvogesen, in denen man sich für relativ wenig Geld so richtig satt essen kann. Die Rede ist vom *menu marcaire*, der Melkersmahlzeit, bestehend aus vier Gängen: Suppe, *tourte de la vallée* (eine Blätterteigtorte mit Fleischfüllung), geräuchertem Schweinefleisch mit *Roigenbrageldi* (wunderbare, in rohem Zustand gebratene Kartoffeln) und einem Stück Münsterkäse oder Obstkuchen als Nachtisch. Fast alle Höfe bieten diese üppige Speisenfolge für 15–18 € zumindest während der Hochsaison an, und oft ist es auch noch üblich, dass Nachschlag angeboten wird. Wenn Sie nun schon vom Lesen pappsatt geworden sind, beruhigt es Sie vielleicht, dass man alle Gänge auch einzeln bestellen kann. Und noch eine weitere Spezialität haben diese Ferme-Auberges zu bieten, den *Siasskas*: Ein ganz junger Münsterkäse wird mit Zucker bestreut und dann mit Kirschwasser übergossen. Danach setzt man die Wanderung garantiert doppelt so schnell fort ...

Etwa 70 dieser Bauernhöfe mit Gastwirtschaft gibt es derzeit insgesamt allein in den Hochvogesen. Ende des 19. Jh. waren es weit mehr als doppelt so viele. Lebensgrundlage war die Viehwirtschaft, daneben verköstigte man Bergwanderer und Skifahrer. Doch vor ca. 40 Jahren wäre diese Wirtschaftsform fast ausgestorben. Durch die beiden Weltkriege und die Bergflucht hatte sich die Zahl dramatisch verringert. Anfang der 70er Jahre zählte man gerade noch 30 bewirtschaftete Höfe. Elektrifizierung und v. a. staatliche Subventionen halfen, die Zahl wieder ansteigen zu lassen. Die Bergbauern schlossen sich zu einer Vereinigung zusammen und verordneten sich u. a. eine Charta, gemäß der zumindest ein Teil der angebotenen Speisen selbst produziert sein muss. Die Rechnung ging auf, und in manchem ansonsten stillen Bauernhof drängen sich in der Hochsaison die Besucher. Und darauf ist man auch angewiesen, denn bei aller Idylle, die Kühe, Schweine, Gänse, Hühner etc. sowie die traumhafte Lage vermitteln, ohne Restauration könnten die Bergbauernfamilien in der heutigen Zeit nicht mehr existieren.

Die Ferme-Auberges in den Mittelvogesen haben im Übrigen ein deutlich breiter gefächertes Speisenangebot als die im Süden. Hier gibt es neben Rind- und Schweine- oft auch Entenfleisch, Kaninchen, Schnecken etc., das *menu marcaire* wird durch ein täglich wechselndes *menu du jour* zu günstigem Preis ersetzt.

Für den kleinen Hunger sind die **Brasserie** oder auch das **Bistro** angebracht, wo man in ungezwungener Atmosphäre zum Bier oder Glas Wein ein Tagesgericht oder auch Snacks wie Salate, Sandwiches, *croque-monsieurs* (mit Käse überbackene Schinkentoasts) oder Omeletts bestellen kann. Ein ähnliches Angebot weisen ne-

Essen und Trinken

Vorspeisen und kleine Winstubgerichte 57

ben feinster Patisserie außerdem oft die **Salons du Thé** auf. Sie entsprechen am ehesten dem, was wir unter dem Begriff „Café" verstehen.

Preise Wo immer man auch isst, die Preise sind in der Regel recht hoch. Für ein Hauptgericht zahlt man 12–20 €. Ein Menü kann man gelegentlich zwar schon ab 15 € bekommen, jedoch sollten Sie dann keine allzu hohen Ansprüche stellen. Meist legt man für drei Gänge 20–28 € auf den Tisch. In gehobenen Restaurants wird man leicht das Doppelte bzw. das Dreifache los.

Elsässische Tafelfreuden

Um es gleich vorweg zu sagen: Die elsässische Küche eignet sich nicht für jemanden, der Diätkost bevorzugt, an Butter und Sahne wird nicht gespart. Hauptfleischlieferant ist das Schwein, verarbeitet man doch nahezu alle seine Körperteile vom Kopf über die Füße bis zu den Innereien in mannigfacher Weise. Doch keine Angst: Selbst die deftigsten Gerichte werden mit Raffinesse zubereitet, denn, so sagt es Tomi Ungerer ganz treffend, „von den Franzosen" haben die Elsässer „die Finesse geerbt, die Phantasie und die Fähigkeit zu improvisieren", dagegen „verdanken [sie] den Deutschen [...] die großen Portionen". Voilá!

Vorspeisen und kleine Winstubgerichte

Ein Glas Crémant oder Muscat zu Beginn der Mahlzeit weckt den Appetit. Für den Gang danach stehen neben französischen Klassikern wie **crudités,** eine Zusammenstellung mehrerer Rohkostsalate, und **quiche Lorraine,** dem bekannten Speckkuchen, meist auch folgende kleine Gerichte auf der Karte. Einige der genannten Snacks werden aber auch gerne in Weinstuben serviert.

Gänseleberpastete – ein umstrittener Genuss

Die *foie gras d'oie,* oft durch Trüffelstückchen verfeinert, mit warmem Toastbrot und Weingelee serviert, gehört zu einem elsässischen Festessen einfach dazu. Schon im Spätmittelalter soll diese edle Vorspeise, zu der man gerne ein Gläschen Gewürztraminer trinkt, an deutschen Fürstenhöfen der „Renner" gewesen sein. Einer breiten Öffentlichkeit zugänglich gemacht wurde die Delikatesse aber erst Ende des 18. Jh., als Jean-Pierre Clause, damals Koch des elsässischen Gouverneurs in Strasbourg, sie bei einem Festessen im Brotteig servierte. Seitdem werden im Elsass und v. a. im Périgord, der Hochburg der französischen Gänseleberproduktion, unzählige Gänse ab der 15. Lebenswoche „gestopft", indem stärkereicher Mais mehrmals täglich über einen Trichter in ihren Hals hineingedrückt wird. Nach einer 24-tägigen Tortur hat sich die Leber des schließlich nur noch torkelnden Tieres um das neun- bis zehnfache vergrößert und ein Gewicht von knapp einem Kilo erreicht. Dann hat das Martyrium ein Ende, die Gans wird geschlachtet, der Gourmet freut sich auf einen Gaumenkitzel, und die Tierschützer sind empört.

Bibbeleskas mit G'schwellti: Mit Zwiebeln und Kräutern angemachter Quark wird zusammen mit Pellkartoffeln gerne zum Wein serviert.

Cuisses de grenouilles: Seit sich herumgesprochen hat, unter welch grausamen Bedingungen, nämlich bei lebendigem Leib, den Fröschen ihre Schenkelchen entrissen werden, sind diese von den meisten

58   Essen und Trinken

Speisekarten verschwunden. Die mit viel Knoblauch und Petersilie servierten Froschschenkel stammen von Tieren aus Asien oder vom Balkan, im Elsass gibt es kaum noch welche.

Escargots: Ein Klassiker sind die Schnecken in Kräuterbutter. Ab und zu findet man auch interessante Varianten wie Schneckensuppe, Schneckentarte etc.

Pâté en croûte maison: Ein Blätterteigmantel umgibt die aromatische Füllung aus Schweine- und Kalbfleisch, Speck und vielen Gewürzen.

Presskopf: Der Kopf vom Schwein (angeblich auch die Ohren) wird mit Gewürzen, Gürkchen und Gelatine zu einer Sülze verarbeitet.

Salade aux lardons: Löwenzahn- oder Feldsalat mit „Kracherle", gebratenen Speckwürfeln.

Salade de lentilles: Lauwarmer Linsensalat, der manchmal mit Schweinebäckchen oder Hühnerbrüstchen serviert wird.

Salade Ganzaliesl: Aromatischer Salat aus Sauerkraut und Äpfeln, bei dem geräucherte Gänsebrust nicht fehlen darf.

Tarte à l'oignon: Zwiebelkuchen mit Speckwürfeln.

Hauptgerichte

Neben viel „Schweinernem" gibt es v. a. in der Rheinebene auch exzellente Fischgerichte. Das Nationalessen ist und bleibt aber **choucroute,** Sauerkraut, dessen französischer Name aus dem elsässischen „Sürkrüt" entstanden ist. Bis zu drei Stunden mit Weißwein und oft auch Schweineschmalz gekocht, schmeckt es viel zarter und weit weniger sauer als jenseits des Rheins. Wird es mit verschiedenen Fleisch- und Wurstsorten serviert, heißt es *garnie à l'alsacienne,* gießt man beim Servieren noch ein Fläschchen Crémant darüber, darf es sich *royale* nennen. Immer häufiger bekommt man aber auch interessante Variationen mit Fisch, Fasan, Rebhuhn oder eingemachtem Entenfleisch.

Asperges aux trois sauces: Spargel wird im Elsass nicht nur mit Schinken, sondern auch in Begleitung von drei Saucen *(mayonaise, sauce mousseline* und *vinaigrette)* serviert.

Baeckeoffa: Der Überlieferung nach entstand dieses Gericht noch in den Zeiten, als die Hausfrauen montags von Hand die große Wäsche erledigen mussten. Da sie keine Zeit zum Kochen hatten, schichteten sie am Morgen die Fleischreste vom Sonntag (Rind, Schwein und Lamm, manchmal stattdessen auch Gans) mit Kartoffelscheiben, Möhren und Zwiebeln in einem Bräter auf, verfeinerten alles mit Gewürzen und Wein und gingen damit zum Dorfbäcker. Der verschloss den Bräter mit Brotteigresten und ließ das Gericht im Ofen mindestens drei Stunden garen.

Boeuf au Gros Sel: Gekochtes Rindfleisch mit grobem Salz, Senf und Meerrettich, wird mit Salaten oder Gemüse serviert.

Bouchée à la reine: Die zarte Königinpastete verbirgt eine delikate Kalbfleischfüllung.

Boudin: Blutwurst, oft mit Äpfeln und Zwiebeln oder auch Kastanien verfeinert.

Confit de canard: Ganze Fleischstücke oder Schenkel der Ente werden in ihrem ei-

genen ausgebratenem Fett eingelegt. Sehr schmackhaft und weitaus weniger schwer, als man denken möchte.

Coq au Riesling: Das in Stücke zerteilte Hähnchen kommt in einer sahnigen Rieslingsauce auf den Tisch. Dazu werden häufig selbst gemachte Spätzle serviert.

Estomac de porc farci: Der Saumagen wird mit Schweinehack und -bauch sowie Gemüse und Kartoffeln gefüllt. Leider bekommt man diese Delikatesse nur selten.

Fleischschnacka: Eine gut gewürzte Hackfleischfüllung wird in einem Nudelteig aufgerollt, dann schneidet man 2 cm dicke Scheiben ab, brät sie sanft an und lässt sie in der Brühe ziehen.

Matelote: In dem am Rhein sehr beliebten „Matrosengericht" sollen mindestens vier, besser noch sechs verschiedene Fischsorten vertreten sein: Zander, Schleie, Hecht, Forelle, Barsch und v. a. Aal. Sie werden in einer sämigen hellen Sauce serviert.

Quenelles de brochet: Hechtklößchen in sämiger Sauce.

Quenelles de foie: Zu den elsässischen Leberknödeln schmecken Bratkartoffeln gut.

Hauptgerichte

Rognons de veau: Kalbsnieren in Rotweinsauce, als Beilage dienen Spätzle oder Bratkartoffeln.

Schiffala: Ein geräuchertes und gepökeltes Schweineschulterstück (vergleichbar mit dem badischen „Schäufele"), wird oft mit Kartoffelsalat serviert.

Schniederspaetle: Die elsässischen Maultaschen sollten Sie unbedingt einmal versuchen. Es gibt sie in Tomatensauce, auf Salat oder Sauerkraut.

Sürlawerla: Geschnetzelte Kalbsleber in sauer abgeschmeckter Sauce ist eine Delikatesse des Südelsass.

Truite: Forellen werden auf verschiedene Art zubereitet: *bleu* (blau), *aux amandes* (mit Mandeln), *à la meunière* (Müllerin Art), *au Riesling* (in Rieslingsauce).

Wädele: Schweinshaxe mit Sauerkraut.

Fleisch: *agneau* – Lamm; *boeuf* – Rind; *caille* – Wachtel; *canard* – Ente; *chèvre* – Ziege; *chevreuil* – Reh; *cerf* – Hirsch; *coq* – Hahn; *faisan* – Fasan; *faux-filet* – Lendenstück; *foie* – Leber; *lapin* – Kaninchen; *magret de canard* – Entenbrust; *oie* – Gans; *perdrix* – Rebhuhn; *porc* – Schwein; *poulet* – Hühnchen; *sanglier* – Widschwein; *veau* – Kalb

Fisch: *anguille* – Aal; *brochet* – Hecht; *carpe* – Karpfen; *crevette* – Garnele, Krabbe; *homard* – Hummer; *huître* – Auster; *loup de mer* – Seewolf; *moule* – Miesmuschel; *sandre* – Zander; *saumon* – Lachs; *sole* – Seezunge; *thon* – Thunfisch

Flammekueche – nur echt aus dem Holzofen

Als man das Brot noch nicht beim Bäcker kaufte, sondern selbst einmal pro Woche den Ofen schürte, wurde die *tarte flambée* geboren. Damals wie heute: Brotteig wird hauchdünn ausgerollt, mit einer Mischung aus Quark und Crème fraîche bestrichen, ein paar Speckwürfel und Zwiebelringe darüber – und ab in den noch warmen Ofen damit. Schon nach einer Minute ist der Flammkuchen fertig. Mittlerweile gibt es viele Variationen, gratiniert, mit Münsterkäse und Kümmel, mit Knoblauch, süß mit Äpfeln und Calvados oder mit Himbeeren. Immer jedoch soll der krachdünne Fladen nach den Satzungen der „Confrérie du Véritable Flammekueche", zu der sich einige Gastwirte zusammengeschlossen haben, im Holzofen gebacken werden. Im Gegensatz zur Pizza isst man die Fladen übrigens immer gemeinsam, d. h. man bestellt einen Flammkuchen für zwei, drei oder vier Personen, teilt ihn auf, bestellt den nächsten usw., bis man satt ist. Denn Flammkuchen ist weder Vorspeise noch Hauptgericht, sondern, so einfach und köstlich, wie er ist, eine ganze Mahlzeit!

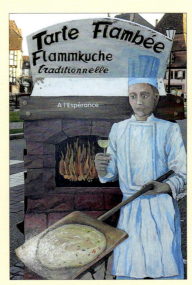

Flammkuchen wird überall im Elsass angeboten

Desserts

Natürlich sind auf vielen Speisekarten Eisbecher und Klassiker der französischen Küche wie **mousse au chocolat, crème caramel** oder die aus Sahne, Milch, Eiern und Zucker zubereitete **crème brulée** zu finden. Aber selbstverständlich hat das Elsass auch ein paar eigene Süßspeisen zu bieten, die es durchaus mit den oben genannten aufnehmen können.

Iles flottantes: Die „schwimmenden Inseln" bestehen aus Eischneehäufchen auf einer feinen Vanillesauce.

Kougelhopf glacé: Wie im legendären Kuchen (S. 61) sind auch im Eis-Guglhupf in Kirschwasser eingelegte Rosinen versteckt. Besonders fein ist dieser Nachtisch, wenn er mit eingelegten Früchten serviert wird.

Parfait de cérises/de quetsches: Halbgefrorenes, in dem viele Sauerkirschen und natürlich auch wieder Kirschwasser verarbeitet wird. Sehr beliebt ist außerdem das Zwetschgenparfait.

Sorbet au citron avec marc de Gewurztraminer: Nach einem deftigen choucroute gibt es nichts Besseres: Zitroneneis wird mit Gewürztraminer-Tresterschnaps übergossen.

Soufflé au kirsch: Warm, luftig, leicht und einfach köstlich ist die Masse aus Eiern, Zucker, Milch und etwas Mehl, dem der Kirschgeschmack den besonderen Pfiff gibt.

Vacharin glacé: Wenn der Koch sich Mühe gibt, bekommt man ein wunderbares Stück Eistorte aus Himbeer- und Vanilleeis, vermischt mit zerbröselten Baisern und garniert mit Sahne. Oft werden aber nur auf einer Meringue Eis und Sahne angehäuft.

Gebäck

Manches wird Ihnen bekannt vorkommen, sind die elsässischen Spezialitäten doch teilweise dieselben wie die einiger deutschsprachiger Regionen. Einige werden übrigens gerne auch als Dessert serviert.

Ein Stück Heidelbeerkuchen zum Nachtisch?

Birewecke: Früchtebrot, wie bei uns ein Adventsgebäck.

Bredele: Weihnachtsplätzchen: Buttergebackenes, Anisplätzchen etc.

Bretzel: Laugenbrezel, oft gibt es auch belegte Laugenstangen.

Pain d'épices: Im Gegensatz zum restlichen Frankreich backt man hier in der Weihnachtszeit „Lebkueche".

Tartes aux fruits: Je nach Jahreszeit gibt es in den ländlichen Gasthöfen und in den Ferme-Auberges einen anderen der typischen flachen Obstkuchen aus Mürbeteig, oft überbacken mit einem Guss aus Sahne, Eiern und Zucker. Besonders lecker ist die *tarte aux myrtilles*.

Obst: *Abricot* – Aprikose; *cerise* – Kirsche; *coing* – Quitte; *fraise* – Erdbeere; *framboise* – Himbeere; *mirabelle* – Mirabelle; *myrtille* – Heidelbeere; *poire* – Birne; *pomme* – Apfel; *quetsche* – Zwetschge; *rhubarbe* – Rhabarber

Von der Kugel, die hüpft ...

Er ist „der König aller Kuchen, er kommt nur an hohen Festtagen auf den Morgentisch, an Weihnachten, zu Neujahr. Kougelhopf wäre nicht mehr Kougelhopf, würde er monatlich oder gar wöchentlich gereicht!"

Was die Mutter des kleinen Schangala in Jean Egens Roman „Die Linden von Lautenbach" über der Elsässer liebstes Gebäck erzählt, gilt heute nicht mehr in diesem Maße. An jeder Ecke wird der luftige Napfkuchen mit in Kirschwasser eingelegten Rosinen und Mandelkranz inzwischen verkauft, und man genießt die Kugel, die hüpft, also aufgeht, nicht nur an Festtagen zum Frühstück, sondern auch als Dessert, zum Kaffee oder Gewürztraminer, zu dem er süß und salzig hervorragend passt. Aber immer gilt: Kein Fest ohne Kougelhopf, keine elsässische Hausfrau, die ihn nicht backen könnte! Ins Land gebracht haben soll ihn übrigens die Österreicherin Marie-Antoinette, damals noch unter dem Namen Guglhupf.

Wein

Klimagunst und geeignete Schiefer-, Kalk-, Granit- oder Sandsteinböden, auf denen sich ganz verschiedene Rebsorten entfalten, sind dafür verantwortlich, dass an den Hängen zwischen Marlenheim und Thann schon seit alters Wein angebaut wird.

Im Mittelalter waren die damals ausgesprochen teuren elsässischen Weißen wegen ihrer hervorragenden Qualität besonders in Nord- und Osteuropa sehr gefragt, der Weinhandel blühte, das Elsass entwickelte sich zur bedeutendsten Weißweinregion Europas. Ein verheerender Einbruch kam im wahrsten Sinne des Wortes durch den Dreißigjährigen Krieg, in dessen Verlauf das Elsass regelrecht ausblutete. In Bergheim z. B. sollen von 2600 Bewohnern gerade mal 20 überlebt haben, und dieses Schicksal teilten zahlreiche Dörfer. Zuwanderer aus dem Süden Deutschlands und der Schweiz verstanden wenig vom Weinbau, die Elsässer Weine verloren ihren guten Ruf, der Export kam völlig zum Erliegen.

Eine Wende setzte erst wieder in der zweiten Hälfte des 20. Jh. ein. Man spezialisierte sich nun auf die sieben „klassischen Elsässer Rebsorten" Riesling, Sylvaner, Gewürztraminer, Muscat, Weiß-, Grau- und Spätburgunder, die heute mehr als

62   Essen und Trinken

80 % der Anbaufläche einnehmen – nach dem Ersten Weltkrieg waren es knapp 10 %. Außerdem legte man sich strikte Ertragsbeschränkungen auf – Elsässer Wein ist keine Massenware – und unterwarf sich deutlich strengeren Kontrollen als anderswo, und zwar vor und nach der Lese.

Bevor er vermarktet wird, testet eine erfahrene Expertenkommission den Wein, ohne den Erzeuger zu kennen. Überprüft wird, ob er in seinem Charakter der jeweiligen Rebsorte entspricht und ohne Fehler ausgebaut wurde. Die charakteristischen schlanken Flaschen, Flöten genannt, tragen die Aufschrift „Appellation d'Alsace" oder „Vin d'Alsace", Abkürzungen für „Appellation d'Origine Contrôlée Alsace" (AOC), womit garantiert ist, dass der Inhalt im Produktionsgebiet abgefüllt wurde. Zukauf von Rebensaft von anderen elsässischen Gütern ist möglich, nicht aber aus anderen Regionen. Das Label nennt neben der Rebsorte auch Name und Adresse des Erzeugers bzw. Abfüllers.

Die klassischen sortenreinen Weine im Elsass

Sylvaner: Ein leichter und frischer Wein, durststillend, mit diskreter Fruchtigkeit.

Weißburgunder (Pinot blanc): Vereinigt Frische und Geschmeidigkeit, wirkt deshalb besonders rund.

Riesling: Trocken und rassig, fein und fruchtig, passt zum elsässischen Essen einfach wunderbar.

Muscat d'Alsace: Hat im Gegensatz zu den Muskatweinen des Mittelmeerraumes einen trockenen Charakter; wird sehr gerne als Aperitif gereicht.

Grauburgunder (Tokay Pinot gris): Üppig und rund, körperreich, mit einem komplexen Bukett und langem Abgang.

Gewürztraminer: Wahrscheinlich der berühmteste Elsässer Wein. Intensives Bukett, das reiche Früchte-, Blumen- oder Gewürzaromen entwickelt. Klassischer Aperitif.

Spätburgunder (Pinot noir): Rot oder rosé, erinnert mit seinem fruchtigen Aroma an die Kirsche. Der rote Pinot noir kann in Eichenbarriquefässern ausgebaut werden und erhält dann eine körperreiche Struktur.

Seit Mitte der 1970er Jahre zeichnete man insgesamt 51 eng begrenzte Spitzenlagen, etwa 4 % der gesamten Rebfläche, und zwar nur von Riesling, Gewürztraminer, Muscat und Grauburgunder, mit dem Prädikat *grand cru* („großes Gewächs") aus. Die jeweiligen Weine bestehen ausschließlich aus Trauben einer solchen Lage. Da sie ebenso wie Spätlesen *(vendange tardive)* und die fast honigsüßen Beerenauslesen *(sélection de grains nobles)* durch eine längere Lagerung noch an Qualität gewinnen, findet man auf dem Etikett der entsprechenden Flaschen immer die Angabe des Jahrgangs.

Nicht sortenrein ist der **Edelzwicker**. Sein Name erklärt sich aus dem elsässischen Wort „zwicken" für mischen, ist er doch ein Verschnitt aus der Gutedelrebe *(chasselas)* und oben genannten „edlen" Weißweinsorten. Der **Crémant d'Alsace** wird nach der Champagnermethode aus Pinot blanc, aber auch aus Pinot gris, Riesling und Chardonnay hergestellt; der seltene Crémant rosé stammt nur aus der Rebsorte Pinot noir.

Auf über 15.000 ha wird von etwa 6000 Winzern im Haupt- und Nebenerwerb AOC-Wein angebaut, insgesamt erzeugen sie alljährlich etwa 1,2 Mio. Hektoliter und damit 18 % der französischen Weißweine. Ein Teil produziert und vermarktet den Wein selbst, andere geben die geernteten Trauben an die rund 400 Genossenschaften (caves coopératives) ab. Überall, wo Sie das Schild dégustation de vins (Weinprobe) oder vente (Verkauf), manchmal mit dem Zusatz au detail (einzeln) lesen, besteht die Möglichkeit, die angebotenen Weine zu probieren. Wenn man auch im Elsass sicher sein kann, keinen gepantschten Wein zu bekommen, so bestehen doch von Winzer zu Winzer und von Genossenschaft zu Genossenschaft durchaus Qualitäts- und Geschmacksunterschiede. Man sollte also das jeweilige Produkt erst versuchen, bevor man sich die schweren Kartons ins Auto laden lässt. Schließlich gehört ein guter Elsässer Wein zu den schönsten Mitbringseln einer genussvollen Urlaubsreise. Zum Wohlsein!

Bier

Ein weiteres alkoholisches Aushängeschild des Elsass ist der Gerstensaft, macht elsässisches Bier doch mehr als 50 % des nationalen Verbrauchs aus. Der Hopfen aus der Region Kochersberg und das frische Wasser aus den Vogesen sorgen für den vorzüglichen Geschmack des Gebräus, das mit gerade mal 4 % Alkohol angenehm leicht ist; nur Starkbier kommt auf einen Wert von 8 bis 12 %. Von den 63 im 18. Jh. in Strasbourg produzierenden Brauereien existiert zwar nur noch ein Bruchteil – viele der kleinen Betriebe wurden von größeren wie Kronenbourg und Fischer, aber auch von dem international tätigen Konzern Heineken aufgekauft –, aber einige der kleinen Familienbetriebe, z. B. Schutzenberger, konnten sich halten. Viele haben ihren Sitz in Schiltigheim, einem Vorort Strasbourgs.

Nehmen Sie doch Platz   Bald beginnt die Weinlese

Auf dem Trödelmarkt findet jeder etwas

Wissenswertes von A bis Z

Adressen

Bei Adressenangaben in Frankreich steht die Hausnummer immer vor dem Straßennamen, z. B. 25, rue de la Gare. Die gängige Abkürzung für *avenue* lautet „*av.*", für *boulevard* „*bd*", für *place* „*pl.*", für *route* „*rte*".

Behinderte

Wer körperbehindert ist, steht bei manchen Hotels und Restaurants im wahrsten Sinne des Wortes vor unüberwindbaren Hindernissen. Hilfe bietet eine kostenpflichtige Broschüre, die von der *Association des Paralysés de France* herausgegeben wird. Hier finden Sie Informationen zu behindertengerecht ausgestatteten Hotels und problemlos zugänglichen Restaurants.

A.P.F., Délégation de Paris, 22, rue du Père Guérin, 75013 Paris, ✆ 00330140786900, www.apf.asso.fr.

Feiertage

Arbeitsfreie staatliche und kirchliche Feiertage sind: 1. Januar (Neujahr), 1. Mai (Tag der Arbeit), 8. Mai (Waffenstillstand 1945), 14. Juli (Nationalfeiertag), 15. August (Mariä Himmelfahrt), 1. November (Allerheiligen), 11. November (Waffenstillstand 1918), 25. Dezember (Weihnachten). Dazu kommen die folgenden beweglichen Feiertage: Ostern (inkl. Ostermontag), Christi Himmelfahrt und Pfingsten (inkl. Pfingstmontag).

An all diesen Tagen haben Banken, Büros und Geschäfte, aber auch viele Museen geschlossen.

Geld

Wie Deutschland und Österreich ist Frankreich seit dem 1. Januar 2002 Euroland.

In nahezu jedem größeren Ort findet man mindestens eine Bank mit rund um die Uhr zur Verfügung stehendem **Geldautomaten**.

Wesentlich verbreiteter als z. B. in Deutschland ist im Elsass das Bezahlen mit der **Kreditkarte** – sei es an der Tankstelle, im Supermarkt, Hotel oder Restaurant. Dennoch ist Vorsicht geboten, nicht überall wird sie akzeptiert.

Beim **Verlust der ec-Karte** kann man diese unter ✆ 069740987 oder 0180/5021021 zu jeder Tages- und Nachtzeit sperren lassen. Den **Verlust der Kreditkarte** meldet man z. B. unter der folgenden Nummer: ✆ 069/79331910.

Neben der genannten Sperrnummer gibt es den **Sperrnotruf** ✆ 0049/116116. Unter dieser Nummer können EC-/Maestro- und Kreditkarten der meisten Sparkassen und Banken sowie Mobiltelefone von überall auf der Welt gesperrt werden (www.sperr-notruf.de).

Gesundheit

Prinzipiell übernehmen die privaten und gesetzlichen Krankenkassen die Kosten ärztlicher Behandlungen in Frankreich. Erkundigen Sie sich jedoch vorab bei Ihrer Kasse über Einzelheiten. Wer in einer gesetzlichen Kranken- oder Ersatzkasse versichert ist, sollte sich vor der Abreise die **European Health Insurance Card (EHIC)** besorgen. Mit dieser weist man nach, dass man ordnungsgemäß versichert ist, und lässt sich beim Arzt oder im Krankenhaus behandeln. In fast jedem größeren Dorf findet man eine **Apotheke** *(pharmacie)*, durch ein grünes Kreuz gekennzeichnet. Geöffnet sind sie von 9 bis 12 Uhr und von 14 bis 18.30 Uhr. Ein Hinweisschild informiert, welche Apotheke in der Nähe gerade Nacht- oder Sonntagsdienst hat.

Information vor Reiseantritt

Sie können sich in ihrem Heimatland bei den französischen Fremdenverkehrsämtern (Atout France) über das Elsass informieren. Darüber hinaus besteht die Möglichkeit, sich mit den Tourismusbüros der beiden Departemente des Elsass (Bas-Rhin und Haut-Rhin) in Verbindung zu setzen oder gezielt eines der lokalen Touristenbüros anzuschreiben (Näheres zu den örtlichen Offices de Tourisme siehe unter „Touristenbüros", S. 69).

Deutschland: Zeppelinstr. 37, 60325 Frankfurt, ✆ 00901570025, ✉ 0190/599061, www.franceguide.com.

Schweiz: Rennweg 42, 8021 Zürich, ✆ 044/2174600, ✉ 044/2174617, www.franceguide.com.

Österreich: Tuchlauben 18/12, 1010 Wien, ✆ 01/5032892, ✉ 01/5032872, www.franceguide.com.

Bas-Rhin: Agence de Développement Touristique du Bas-Rhin, 4, rue Bartisch, 67100 Strasbourg, ✆ 0388154588, ✉ 0388756764, www.tourisme67.com.

Haut-Rhin: Agence de Développement Touristique de Haut-Rhin, 1, rue Schlumberger, 68006 Colmar, ✆ 0389201068, ✉ 0389233 391, www.tourisme68.com.

Internet

Immer mehr Hotels bieten einen Internetzugang, z. T. kostenlos, z. T. kostenpflichtig, an. In größeren Städten gibt es zudem Internetcafés. In Frankreich spricht man nicht von WLAN, sondern wie im Englischen von Wi-Fi (Wireless Fidelity).

Das Elsass im Internet

Neben den von Atout France und den beiden Départements Bas-Rhin und Haut-Rhin betriebenen (s. o.) gibt es weitere nützliche Seiten.

www.tourisme-alsace.com
www.visit-alsace.com

www.alsace-route-des-vins.com
www.weinstrasse-im-elsass.de
www.alsannuaire.com

www.alsace.culture.gouv.fr

www.alsacelogis.com

www.lignemaginot.com
www.civa.fr (viele Infos zum Thema Wein.)

www.parc-ballons-vosges.fr
www.parc-vosges-nord.fr
www.club-vosgien.com

www.massif-des-vosges.com

www.france.meteofrance.com
(Elsass anklicken, um das dortige Wetter zu erfahren)

Seiten von einzelnen Regionen finden Sie in den entsprechenden Ortskapiteln.

Konsulate

Deutsches Generalkonsulat, 6, quai Mullenheim, 67000 Strasbourg, ✆ 0388 246700, ✉ 0388757982, info@strassburg.diplo.de.

Schweizer Generalkonsulat, 23, rue Herder, 67000 Strasbourg, ✆ 0388350070, ✉ 0388 367354, stc.vertretung@eda.admin.ch.

Österreicheches Generalkonsulat, 29, av. de la Paix, 67000 Strasbourg, ✆ 0388351394, strassburg-gk@bmeia.gv.at.

Notrufnummern/Polizei

EU-einheitlicher Notruf ✆ 112. In ganz Frankreich gelten zudem folgende Notrufnummern: ✆ 17 für die **Polizei** *(police)*, ✆ 18 für die **Feuerwehr** *(pompiers)*.

Den **ADAC-Notruf Frankreich** erreichen Sie unter ✆ 0825800822.

Öffnungszeiten

In Frankreich gibt es keine gesetzlich vorgeschriebenen Öffnungszeiten. Aber grundsätzlich gilt: Der Mittag (12–14 Uhr) ist den Elsässern heilig, das Mittagessen ist ihnen besonders wichtig.

Banken: Di–Fr in der Regel 9–12 und 14–16 Uhr, montags oft kein Publikumsverkehr. Da die Geldautomaten aber immer zugänglich sind, stellt das kein Problem dar.

Behörden: Mo–Fr 9–12 und 14–17 Uhr.

Geschäfte: Viele Geschäfte haben montags ganz oder vormittags geschlossen, dafür kann man sich oft auch am Sonntagvormittag mit Lebensmitteln bzw. mit Brot eindecken. Der Samstag gilt als ganz normaler Werktag. Die meisten Geschäfte haben von 9 bis 12 sowie 14/14.30 bis 19 Uhr geöffnet, Bäckereien öffnen oft schon um 7 Uhr. Große Supermärkte schließen meist noch später und sind auch während der Mittags–pause offen. Letzteres gilt auch für einige Geschäfte in den Großstädten.

Post: In der Regel Mo–Fr 8–12 und 14–19 Uhr, Sa 8–12 Uhr, in größeren Orten mittags oft durchgehend geöffnet, in kleineren Ortschaften bleibt das Postamt samstags zu.

Museen: Meist Di geschlossen, nicht alle ganzjährig geöffnet. Genaueres entnehmen Sie bitte dem Reiseteil dieses Buches.

Kirchen: Für Besucher im Allgemeinen zwischen 8 und 18 Uhr offen, jedoch keine Besichtigung während der Gottesdienste.

Touristenbüros: An touristischen Brennpunkten während der Hochsaison oft ohne Mittagspause bis zum frühen Abend geöffnet, auch an Wochenenden. Ansonsten sind die Öffnungszeiten recht unterschiedlich und von der Saison abhängig. Falls von uns nicht anders angegeben, sind die Büros an den genannten Tagen von 9 bzw. 10 bis 12 und von 14 bis 17 bzw. 18 Uhr geöffnet. Beachten Sie aber, dass sich die Öffnungszeiten kurzfristig ändern können.

Post

Der Schriftzug „La Poste" prangt deutlich sichtbar über jedem Postamt. Briefmarken *(timbres poste)* sowie Telefonkarten *(télécartes)* sind hier, aber auch in den **bureaux de tabac** erhältlich. Die hellgelben Briefkäs-

Verführerisch duftet es aus der Backstube

ten besitzen zumeist zwei Einwurfschlitze, einen für die jeweilige Stadt oder die nähere Umgebung, den anderen *(autres déstinations)* für den Rest der Welt.

Radio und Fernsehen

Zumindest im grenznahen Gebiet ist es kein Problem, über die badisch-württembergischen und saarländischen Radiosender auf Deutsch Nachrichten zu hören. In Strasbourg liegt die Frequenz der Station SWR 3 bei UKW 98,4, die von Radio Salü bei UKW 101,7. Besonders interessant sind zudem die deutsch-französisch-alemannisch-sprachigen Sendungen von Radio Dreyeckland aus Freiburg (UKW 102,3), die besonders im Süden des Elsass gerne gehört werden.

Fast alle Fernsehgeräte in elsässischen Hotelzimmern und Ferienwohnungen sind mit einem Kabelanschluss ausgestattet, sodass man ohne Schwierigkeiten deutschsprachige Programme empfangen kann.

Reisedokumente

Deutsche und Österreicher benötigen einen gültigen Personalausweis, Schweizer die Identitätskarte, der Reisepass ist nicht notwendig. Für Kinder unter 16 Jahren reicht ein Kinderpass bzw. der Eintrag im elterlichen Pass aus. Zwar sind seit dem Inkrafttreten des Schengener Abkommens innerhalb der EU die Grenzkontrollen weggefallen, einen Rechtsanspruch auf unkontrolliertes Reisen gibt es aber nicht.

Souvenirs

Insbesondere **kulinarische Mitbringsel** sind äußerst beliebt bei Elsassreisenden. Meist hängt der Kofferraum bei der Rückreise deutlich tiefer nach unten als bei der Hinreise, wurde er doch mit Wein, vielleicht sogar mit edlen *Obstwässern* gefüllt. Leckermäuler können den süßen Versuchungen wie *Kougelhopf, Bredele* oder auch *Pralinen* nicht widerstehen. Ein deftiger *Münster* strapaziert auf der Heimreise v. a. im Sommer ziemlich die Geruchsnerven der Wageninsassen – da ist der Kauf von „eingedoster" *Gänseleberpastete* schon unproblematischer.

Aber das Elsass hat natürlich auch viele **kunsthandwerkliche Souvenirs** zu bieten. Weit über die Grenzen der Region hinaus kennt man die bunt glasierte *Töpferware aus Soufflenheim* (S. 113ff.) und das graue *Steinzeug aus Betschdorf* (S. 125ff.). Eine lange Tradition hat aber auch die elsässische Stoffproduktion. Schöne *Tischwäsche* findet man in Strasbourg, aber auch im Stoffdruckmuseum von Mulhouse (S. 358f.) oder im Fabrikverkauf der Firma Beauvillé in

Töpferwaren aus Soufflenheim werden überall im Elsass angeboten

Ribeauvillé (S. 208). Nur in Muttersholtz im Grand Ried werden in einer kleinen Weberei noch die traditionellen karierten Tücher, die *Kelsch*, hergestellt (S. 146). Der Weg lohnt sich! Beliebt ist außerdem (nachgemachtes) *altes Spielzeug* wie die gusseisernen Schwingfiguren, deren gleichmäßiges Pendeln den Betrachter beruhigen soll. Meist stellen sie typisch elsässische Szenen dar: ein Storch fängt einen Fisch, ein Koch rennt einem aus der Küche flüchtenden Schwein hinterher, ein Paar in Tracht etc. Störche, Gänse und Enten müssen oft als Dekoobjekte herhalten, liefern sie doch die Modelle für unzählige *Porzellanfiguren* und *Terrinenformen*.

Sport

Radfahren und **Wandern** sind so beliebt, dass viele Urlauber auf diese Art und Weise das Elsass erkunden; Näheres zum Thema Radfahren finden Sie im Kapitel „Unterwegs im Elsass" (S. 47f.). Alles Wissenswerte zum Thema Wandern sowie zehn ausgesuchte, ausführlich beschriebene Touren enthält unser „Kleiner Wanderführer" ab S. 374. Darüber hinaus finden Sie in den einzelnen Ortskapiteln immer wieder Tipps zu schönen Wandertouren.

Angeln: Eine der großen elsässischen Leidenschaften, an jedem Wochenende findet irgendwo anders ein Wettbewerb statt. Wer auch einmal während der Ferien sein Anglerglück an Wasserläufen, Bergseen oder am Rhein auf die Probe stellen möchte, benötigt einen auf Tage oder Wochen begrenzten Angelschein *(carte de pêche)*. Informationen bei: *Fédération de Pêche du Bas-Rhin*, 33 a, rue de la Tour, 67200 Strasbourg, ✆ 0388105220, www.peche67.fr; *Fédération de Pêche du Haut-Rhin*, 29, av. de Colmar, 68200 Mulhouse, ✆ 0389606474, www.peche68.fr.

Golf: Größere Anlagen gibt es z. B. in Ammerschwihr, Chalampé, Illkirch-Graffenstaden, Mooslargue, La Wantzenau, Plobsheim, Rouffach, Soufflenheim und Wittelsheim; www.golfinalsace.com.

Kanu und Kajak: Bis zu 40 Wasserläufe sind im Frühjahr mit Kanu und/oder Kajak befahrbar, im Sommer reduziert sich ihre Zahl um ca. 25 %, aber auch dann werden vom *Comité Régional d'Alsace de Canoe Kayak* ca. 50 Tagestouren auf dem Wasser angeboten. Adresse: 4, rue Jean Mentelin, 67000 Strasbourg, ✆ 0388269400, www.crck.org/alsace.

Klettern: Von Obersteinbach bis Ferrette gibt es zahlreiche Kletterfelsen, an denen man seine Schwindelfreiheit erproben kann. Über die Bedingungen, auch über kurzfristige Sperrungen, gibt die folgende Internetseite Auskunft: www.escalade-alsace.com.

Reiten: Großer Beliebtheit erfreut sich im Elsass die Fortbewegung auf dem Rücken der Pferde. Manche Reiterhöfe bieten re-

Ein Spaß für Groß und Klein

gelrechte Reiterferien inkl. Übernachtung und Verpflegung an, oft kann man aber auch stunden- oder tageweise Ausritte buchen. Genauere Informationen finden Sie im Reiseteil dieses Buches und in den Broschüren „Reiten im Elsass" und „Reiten im Elsass – praktischer Führer", erhältlich z. B. bei den Tourismusämtern der beiden Départements, von deren Webseiten sie auch heruntergeladen werden können. Viel Wissenswertes finden Sie auch unter www.alsaceacheval.com.

Skifahren: Neben zahlreichen Einrichtungen für den alpinen Skilauf, z. B. am Le Markstein, am Lac Blanc oder beim Champ du Feu, werden in schneereichen Wintern Skibegeisterte auch durch insgesamt 1000 km Langlaufloipen in die Region gelockt. Informationen zum Rodeln und Skifahren in den Vogesen, aber auch praktische Hinweise zu den einzelnen Stationen gibt die Broschüre „Guide des loisirs D'hiver du Massif des Vosges", die Sie über die Agence de Développement Touristique de Haut-Rhin anfordern oder von deren Website herunterladen können. Infos über aktuelle Schneeverhältnisse gibt es unter www.massif-des-vosges.com.

Telefonieren

Kaum hat man die französische Grenze überquert, schaltet das Handy (franz. *portable* oder *celluaire*) auf einen französischen Netzwerkbetreiber um. Wenn Sie nicht über das eigene Handy oder vom Hotel aus telefonieren können bzw. wollen, ist es am bequemsten, Sie benutzen eine der zahlreichen Telefonzellen. Die dafür notwendigen Telefonkarten *(télécartes)* mit 50 oder 120 Einheiten bekommt man in Postämtern und Tabakgeschäften. Bei den meisten Telefonzellen ist es möglich, sich zurückrufen zu lassen (die Nummer ist am Apparat angegeben).

Telefonieren innerhalb Frankreichs: Stets muss die komplette 10-stellige Nummer gewählt werden.

Vorwahlnummern für Auslandsgespräche: Deutschland ✆ 0049, Österreich ✆ 0043, Schweiz ✆ 0041. Danach wählt man die Ortskennzahl des gewünschten Ortes, jedoch ohne die Null. Dann die Nummer des Teilnehmers.

Wer nach Frankreich anrufen möchte, wählt die Landesvorwahlnummer ✆ 0033, von der Ortsvorwahl lässt man dann die Null weg.

Touristenbüros

In allen wichtigen Orten des Elsass finden Sie ein **Office de Tourisme (O.T.)**. Der Weg dorthin ist meist hervorragend ausgeschildert. Geboten wird fast immer ein freundlicher und umfassender Service, in der Regel spricht das Personal Deutsch. Man bekommt jede Menge Informationsmaterial: von kostenlosen Stadtplänen über ein Unterkunftsverzeichnis bis hin zu Beschreibungen von Sehenswürdigkeiten.

Es lohnt sich auch, nach Spezialprospekten zu fragen, z. B. nach „Bienvenue à la ferme" oder nach empfehlenswerten Radtouren in der Umgebung. Im Sommer werden zudem häufig Stadt- bzw. Ortsführungen angeboten.

Die Adressen sowie Telefon-, Faxnummern und Internetseiten der Touristenbüros sind im Reiseteil dieses Buches bei den einzelnen Orten unter dem Stichwort „Information" angegeben. Zu den Öffnungszeiten siehe S. 66.

Zeitungen

Insbesondere während der Sommersaison ist es kein Problem, deutschsprachige Zeitungen und Zeitschriften in den Tabakläden zu bekommen. Die in Strasbourg gedruckte Tageszeitung **DNA (Dernières Nouvelles Alsace)** gibt zusätzlich zur deutschen auch eine bilinguale Ausgabe heraus, die v. a. im Bas-Rhin verbreitet ist. Im Südelsass wird häufiger die in Mulhouse verlegte Zeitung **L'Alsace** gelesen.

Gregoriusbrunnen in Soultzmatt

Das Elsass erkunden

Strasbourg und die Rheinebene	→ S. 72	Vogesen	→ S. 248
Colmar und die Weinstraße	→ S. 158	Mulhouse und der Sundgau	→ S. 346

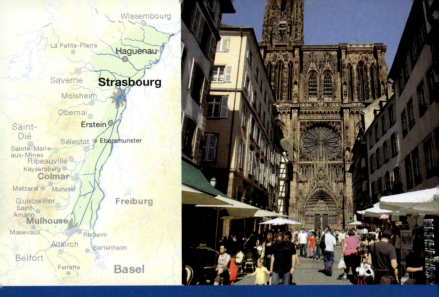

Das Wahrzeichen von Strasbourg

Strasbourg und die Rheinebene

Landschaftlich längst nicht so spektakulär wie die Weinstraße und die Vogesen und entsprechend weniger besucht ist die vom Rhein geprägte Grenzregion. Nur die Europametropole Strasbourg mit ihrer pittoresken Altstadt stellt eine Ausnahme dar, zieht sie doch wie ein Magnet die Besucher an.

Doch nicht nur die Unterschiede zwischen der Hauptstadt des Elsass, einer eigenen bunten Welt für sich, und der sich nördlich und südlich davon erstreckenden Ebene, der Plaine d'Alsace, fallen ins Auge. Auch ist Letztere gar nicht so einheitlich, wie es auf den ersten Blick erscheint – nicht nur weil aus ihr Erhebungen wie der 301 m hohe Kochersberg nahe Strasbourg oder der noch um 25 m höhere Bastberg bei Bouxwiller herausragen. Einerseits nämlich ist die Rheinebene fast überall von Ackerflächen, auf denen beispielsweise Spargel, Weißkohl, Hopfen, Tabak oder Getreide angebaut werden, und auch von Wäldern wie dem Haguenauer Forst im Norden und dem Harthwald im Süden geprägt, andererseits finden sich, beispielsweise bei Ottmarsheim, ausgedehnte Industrieregionen. Einerseits strahlen die Dörfer viel Ruhe aus und wirken idyllisch, sitzen Angler an alten Kanälen und haben Zeit, stolzieren Störche in den feuchten Wiesen umher. Andererseits wird in Fessenheim seit 1978 das mittlerweile älteste Kernkraftwerk Frankreichs betrieben, hat man mit den Folgen des bis Ende des 20. Jh. betriebenen Kalibergbaus nördlich von Mulhouse zu kämpfen, denn bis heute verschmutzt Salz das Grundwasser. Einerseits ist der Rhein wieder sehr reich an Fischen, knapp 40 Sorten sollen es sein, andererseits wird der Fluss intensiv zur Energiegewinnung und als Transportweg genutzt, ist der Straßburger Hafen der zweitgrößte Binnenhafen Frankreichs.

Bei allen Gegensätzen, die sich noch weiter fortsetzen ließen, gilt jedoch: Die Rheinebene hat dem Besucher eine überraschend große Vielfalt an Sehenswürdigkeiten, Attraktionen und Eindrücken zu bieten. Nicht nur Strasbourg ist eine Reise wert.

Strasbourg

„Stadt mit vielen Gesichtern" – die oft strapazierte Floskel trifft hier tatsächlich den Kern. Im Zentrum der elsässischen Hauptstadt ragt das majestätische gotische Münster wie ein Mahnmal der Beständigkeit in den Himmel, umgeben von mittelalterlicher Butzenscheibenromantik, und gar nicht weit davon entfernt zeugen ultramoderne Glaspaläste vom Geist des 21. Jahrhunderts.

In dem pulsierenden Wirtschaftszentrum mit behaglichem Winstub-Flair – ein bisschen Metropole, ein bisschen Kleinstadt – ergänzen sich genussfrohe elsässische Lebensart trefflich mit kosmopolitischem Europabürgertum und deutsche Ordentlichkeit mit französischem Esprit.

Spaziert man durch die Gassen der Altstadt, erscheint es kaum vorstellbar, dass im Großraum Strasbourg ca. 470.000 Menschen leben. Hinzu kommen noch zahlreiche Gäste wie etwa die Europaabgeordneten, die einmal im Monat mit großer Begleitung wie die Heuschrecken in die Stadt einfallen und nach einer Woche ebenso schnell wieder verschwinden. Während der Sitzungsperioden des Europaparlaments sind viele Hotels ausgebucht, die Taxis ständig unterwegs, und in den besseren Restaurants ist kaum ein freier Platz zu ergattern. Als Langzeitgäste kann man den überwiegenden Teil der knapp 50.000 an den verschiedenen Hochschulen der Stadt eingeschriebenen Studenten bezeichnen. In den von ihnen bevorzugten Cafés und Kneipen herrscht die typische Atmosphäre einer Universitätsstadt.

Wichtige Gäste für Strasbourg sind natürlich auch die Touristen, die in großer Zahl – pro Jahr sind es weit mehr als vier Millionen – die Stadt besuchen. Und ihnen wird auch wirklich Außergewöhnliches geboten: die von der Ill umschlossene malerische Altstadtinsel, von der UNESCO 1988 in ihrer Gesamtheit zum Weltkulturerbe erklärt, ein in seiner Größe einzigartiges Stadtviertel mit wilhelminischen Monumentalbauten, die Europameile, eine Vielzahl bedeutender Museen, um nur einige Beispiele zu nennen. Alle Sehenswürdigkeiten liegen vergleichsweise nahe beieinander und sind gut zu Fuß erreichbar. Zudem gibt es einige weitere Möglichkeiten der Stadterkundung: mit dem Schiff, einem Bähnchen, sogar mit dem Taxi oder – ganz sportlich – mit dem Fahrrad. Und natürlich kann man angenehme Verschnaufpausen einlegen: romantisch an den Ufern der Ill, auf wunderschönen Plätzen, in lebhaften Straßencafés, urigen Winstubs oder erlesenen Gourmetrestaurants. Auch am Abend kommt keine Langeweile auf. Für Unterhaltung sorgen verschiedene Theater, die Oper, zahlreiche Bars, Musikkneipen und Diskos.

Zu Strasbourg gehören aber auch zigtausend Menschen aus den ehemaligen französischen Kolonien in Afrika. Nur wenige davon sind Gäste, die meisten besitzen inzwischen einen französischen Pass, ihre Nachkommen sind bereits in Strasbourg geboren. Dem Besucher begegnen in der Regel nur einige von ihnen als fliegende Händler in der Nähe der Touristenattraktionen. Die meisten leben in heruntergekommenen Vorstadtvierteln, z. B. in Neuhof oder in Elsau, wo die sozialen Probleme seit Jahren vermehrt zu Gewaltausbrüchen führen – auch dies ist eine der vielen Facetten der elsässischen Hauptstadt.

Neuhof – ein Stück Strasbourg fernab der Idylle

Nur vier Kilometer entfernt von Weinstubenseligkeit und Münsterglocken liegt Neuhof, Straßburgs traurigste Hochhaussiedlung. Sie wurde, wie das in vielen anderen französischen Städten auch geschah, in den 1960er Jahren in Windeseile und möglichst billig hochgezogen, um die v. a. aus Marokko, Algerien und Tunesien ankommenden „Gastarbeiter" aufzunehmen. Heute sind die Betonburgen längst in einem desolaten Zustand, dennoch hausen in ihnen etwa 13.000 Menschen aus 40 Nationen. Fast die Hälfte muss von Sozialhilfe leben. Besonders hoch ist die Arbeitslosigkeit bei den jugendlichen Nachkommen der einst hoffnungsfroh Eingewanderten. Also lungern sie auf den Straßen herum, zerstören aus Langeweile und Frustration Telefonzellen und Busunterstände, zünden Müllcontainer und Autos an. Alljährlich sollen es über 1000 Fahrzeuge sein. Dass es sich dabei in der Regel um die Wagen ihrer Nachbarn handelt, interessiert sie nicht. Traditionell eskaliert die Situation an Silvester. Die Jugendlichen wollen provozieren, deshalb brennen an diesem Tag besonders viele Autos, deshalb rücken Hunderte von Polizisten in das Viertel ein – ein makabrer Kleinkrieg, den niemand gewinnen kann.

Geschichte

Im Jahre 12 v. Chr. errichteten die Römer auf der heutigen Altstadtinsel, wo jahrhundertelang schon Kelten gesiedelt hatten, ein Militärlager, das sie *Argentoratum* nannten. Zügig bauten sie es zu einem ummauerten Kastell aus, in dem dann die II. Legio Augusta stationiert war. Später lebten auf der Insel Alemannen, auf die wohl auch der heutige Name der Stadt zurückgeht. Jedenfalls ist er als *Strateburgum* (Burg an den Straßen) erstmals bei dem Geschichtsschreiber Gregor von Tours (538–594) bezeugt. Nach dem Sieg des Merowingerkönigs Chlodwig über die Alemannen wurde Strateburgum ins entstehende Frankenreich eingegliedert und auch schon früh Bischofssitz. Als sich die Enkel Karls des Großen stritten und das inzwischen riesige Frankenreich zerfiel, kam Straßburg 843 zunächst zum sog. Mittelreich Lothars I. Knapp 30 Jahre später (870) wurde die Stadt dann im Vertrag von Meersen zusammen mit dem Elsass dem Ostfränkischen Reich, dem späteren Heiligen Römischen Reich, zugeschlagen.

Die Straßburger Eide

Der fränkische Hofgeschichtsschreiber Nithard überlieferte ein sprachgeschichtlich aufschlussreiches Dokument aus der Zeit, als das Reich Karls des Großen geteilt wurde. In Straßburg schworen sich darin im Jahre 842 Karl der Kahle und Ludwig der Deutsche Bündnistreue gegen ihren Bruder Lothar I. Ihr Eid ist in altfranzösischer und altdeutscher Sprache abgefasst und belegt so erstmals den sprachlichen Unterschied zwischen West- und Ostfranken.

Die Herrschaftsgewalt in der Stadt übten die jeweiligen Bischöfe aus, bis sie diese nach blutigen Kämpfen 1262 an den Adel verloren. Vom Kaiser erhielt Straßburg kurz danach zudem das Privileg einer freien Reichsstadt und wurde damit weitge-

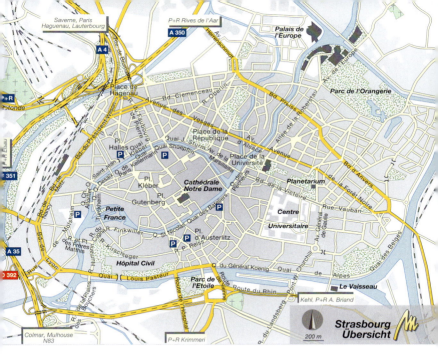

hend autonom. Die Bevölkerung nahm stark zu, die Stadt, die noch im 11. Jh. kaum über das Gebiet des einstigen römischen Kastells hinausgewachsen war, dehnte sich aus, mehrfach musste ihre Befestigung erweitert werden. Unter ihren Bewohnern waren auch zahlreiche Juden. Wie in vielen Städten des Reiches hatten sie immer wieder Schmähungen, Diskriminierungen, Verfolgungen und Pogrome zu erleiden, insbesondere auch nach der großen Pestepidemie 1347/48, als sie wieder einmal als Sündenböcke herhalten mussten.

Seinen Reichtum verdankte Straßburg in erster Linie dem Handel. Lange Zeit besaß die Stadt das alleinige Schifffahrtsrecht auf dem Rhein zwischen Basel und Mainz, und das sog. Stapelrecht zwang durchziehende Kaufleute, ihre Waren in Straßburg zu verzollen und für eine gewisse Zeit zum Verkauf anzubieten. Um die vielfältigen Handelsaktivitäten noch zu optimieren, baute man 1388 eine hölzerne Brücke über den Rhein.

Im Laufe der Zeit war der Einfluss der in den Zünften organisierten Handwerksmeister ständig gewachsen, im 14. Jh. übernahmen sie die Stadtverwaltung, die Adligen wurden z. T. aus Straßburg vertrieben. Mit den sog. „Schwörbriefen" gaben die Zünfte der Stadt 1482 eine vorbildliche Verfassung, die bis zur Französischen Revolution Gültigkeit besaß.

Neben einer wirtschaftlichen erlebte Straßburg in der beginnenden Neuzeit auch eine kulturelle Blüte. Schon im 14. Jh. ein bedeutendes Zentrum der Mystiker, in dem so redegewandte Theologen wie Meister Eckart und Johannes Tauber wirkten, war die Stadt im 15. Jh. nach Gutenbergs genialer Erfindung führend im Buchdruck und wurde bald eine der Hochburgen des Humanismus, wofür Namen wie Jakob

76 Strasbourg

Wimpfeling, Beatus Rhenanus, Johann Geiler von Kaysersberg, Sebastian Brant und Martin Bucer stehen. Da ist es nicht verwunderlich, dass die Lehre Luthers sehr wohlwollend aufgenommen und die Stadt bald ein Zentrum der Reformation wurde. 1529 beschloss der Stadtrat, die katholische Messfeier im Münster offiziell abzuschaffen. Der Reformator und Ratsherr Jakob Sturm gründete 1538 das protestantische Gymnasium, aus dem 1621 die Universität hervorging.

Den Dreißigjährigen Krieg überstand Straßburg ohne größere Verwüstungen. Doch am 30. September 1681 besetzten Truppen Ludwigs XIV. die Stadt, das Münster wurde wieder katholisch. Straßburg blieb aber zunächst noch weitgehend autonom, bis es 1697 im Frieden von Rijswijk endgültig an Frankreich abgetreten, Verwaltungshauptstadt der Provinz Elsass sowie Standort einer Garnison und Sitz eines Fürstbischofs wurde. Die neue, durch den Zentralismus der Pariser Monarchie geprägte politische Situation führte zum Aufblühen von Kunst und Architektur. Im Versailler Stil entstanden fürstliche Paläste und Patrizierhäuser, und in der zunehmend mondänen Stadt wurden aus Anlass der königlichen Besuche von Ludwig XV. 1744, Maria-Josefa von Sachsen 1747 und Marie-Antoinette 1770 prunkvolle Feste gefeiert. Zahlreiche Deutsche, u. a. Goethe, studierten im kosmopolitischen Strasbourg.

Ein jäher Wandel setzte mit dem Ausbruch der Französischen Revolution ein. Fanatische Revolutionäre plünderten das Rathaus, vertrieben die Adligen und richteten am Münster und anderen Kirchen fürchterliche Schäden an.

Marseillaise oder Strasbourgoise?

„Allons, enfants de la patrie, le jour de gloire est arrivé!" Die heutige Nationalhymne Frankreichs wurde in der Nacht vom 24. auf den 25. April 1792 von dem musikalischen Offizier Rouget de Lisle in Strasbourg gedichtet und vertont. Am Abend zuvor hatte der damalige Bürgermeister der Stadt, Frédéric de Dietrich, bei einem Empfang, bei dem der Offizier zugegen war, ein motivierendes Kampflied für die im Krieg gegen die Österreicher stehende revolutionäre Rheinarmee angeregt. Und schon am folgenden frühen Morgen sang de Lisle den „Chant de la guerre pour l'armée du Rhin" dem begeisterten Bürgermeister vor, am Klavier begleitet von dessen Nichte. In einer Straßburger Druckerei wurde die Hymne vervielfältigt. Ein Freiwilligenbataillon aus Marseille, das sich am 10. August 1792 am Sturm auf die Tuilerien beteiligte, sang sie beim Einzug in Paris und machte sie auf diese Weise populär. Daher erhielt sie ihren heutigen Namen und wurde am 14. Juli 1795 zur Nationalhymne erklärt.

Zwischen 1800 und 1900 verdoppelte sich die Einwohnerzahl der Stadt im Zuge der industriellen Revolution auf ca. 100.000 Menschen. Bis zum Deutsch-Französischen Krieg vollzog sich dieser Bevölkerungszuwachs noch auf französischem Boden, 1870 wurde Strasbourg dann von deutschen Truppen erobert und bald zur Hauptstadt des Reichslandes Elsass-Lothringen erklärt. In den Folgejahren prägten kaiserliche Baumeister das Stadtbild. Für zuziehende Deutsche stampfte man neue Viertel am Rande der Altstadt in der typisch wilhelminischen Architektur aus dem Boden. Am Ende des Ersten Weltkriegs wurde Strasbourg dann wieder französisch.

1939 ließ die Pariser Regierung in Erwartung von Kriegshandlungen am Rhein innerhalb von 24 Stunden nahezu alle Bewohner der Stadt nach Südfrankreich eva-

Parken/Verbindungen 77

kuieren. Die Nazitruppen annektierten 1940 eine Geisterstadt. Nach dem Waffenstillstand Hitlers mit der Pétain-Regierung wurden die Evakuierten wieder zurückgeschafft, was die Nazi-Propaganda natürlich für ihre Zwecke ausnutzte. Vier Jahre blieb Straßburg Hauptstadt des Gaus Oberrhein, dann wurde sie nach heftigen Bombardements der Alliierten von den Truppen des Generals Leclerc befreit.

Als die Stadt 1949 zum Standort des Europarats gewählt wurde, begann eine neue Epoche. Im Laufe der letzten Jahrzehnte entwickelte sie sich zum Symbol der deutsch-französischen Aussöhnung und zur „Hauptstadt Europas". Durch Eingemeindungen dehnt sich Strasbourg heute weit ins Umland aus, ist eine moderne internationale Kultur- und Wirtschaftsmetropole geworden.

Parken/Verbindungen
(→ Karte S. 78/79)

Parken Am besten stellt man sein Fahrzeug in einem der **Parkhäuser** ab. Für 1 Std. zahlt man 1,30–1,70 €, mit andauernder Parkzeit sinkt der Stundentarif; 24 Std. kosten je nach Lage 11–24 €. Empfehlenswerte Parkhäuser findet man z. B. am Bahnhof, am Gutenbergplatz, an der Place du Halles, an der Place d'Austerlitz, an der Place des Bateliers, nahe der Oper und am Musée d'Art Moderne. Diese und weitere Parkhäuser sind in den Karten S. 75 und 78/79 eingetragen.

Noch günstiger sind die gut ausgeschilderten **Park-&-Ride-Plätze** in den Außenbezirken der Stadt (siehe Karte S. 75). Man parkt für 2,90–3,20 € (Ticket sichtbar im Wagen hinterlegen) und erhält gleichzeitig je eine Hin- und Rückfahrt mit der Tram für alle Insassen. Bewacht werden die Plätze Mo–Sa zwischen 7 und 20 Uhr. Relativ zentrumsnah sind die Parkplätze Rotonde im Westen und Krimmeri im Osten der Stadt, besonders günstig für Besucher aus Deutschland (Grenzübergang Pont de l'Europe) liegt der Parkplatz Aristide Briand.

Zug Verbindungen bestehen z. B. nach Saverne; über Obernai, Barr und Sélestat nach Colmar; nach Mulhouse; über Molsheim und Schirmeck nach St-Dié; nach Haguenau und weiter nach Lauterbourg, Wissembourg und Niederbronn. Zu den Verbindungen mit Deutschland, Österreich und der Schweiz siehe S. 44f..

Flugzeug Der **Flughafen** liegt ca. 15 km südwestlich der Stadt. Ein ca. alle 15 Min. verkehrender Shuttle-Zug verbindet ihn mit dem Bahnhof; Fahrzeit ca. 9 Min., Preis knapp 3 €. Zu den Flugverbindungen mit Deutschland, Österreich und der Schweiz siehe S. 45.

Autoverleih Avis **10**, im südlichen Teil

des Bahnhofsgebäudes, ☎ 0820611698, 📠 03 88238717. Die Agentur unterhält auch eine Zweigstelle am Flughafen, ☎ 0820050505. **EuropCar 7**, 16, pl. de la Gare, ☎ 03881555 66, 📠 0388756755.

Fahrradverleih/Fahrradaufbewahrung
Esprit Cycles, Fahrradhandlung mit zwei Niederlassungen, in denen ganzjährig Räder vermietet werden: 10 €/Tag, 7 €/halber Tag, Kaution 100 €. 18, rue J. Peirotes, ☎ 03 88361841 und 47, rue du Faubourg-de-Pierre. Di–So 8.30–19, Sa 8.30–18 Uhr. www.espritcycles.com.

In drei **Vél'hop-Zentren** werden ganzjährig Fahrräder zum Preis von 5 €/Tag (15 €/Woche) vermietet. Ausweis (Fotokopie genügt) und eine Kaution von 150 € müssen hinterlegt werden. Adressen: Pl. de la Gare (im UG der Bahnhofsarkaden). Mo–Fr 8–19, am Wochenende und an Feiertagen erst ab 9.30 Uhr, zudem wird eine Mittagspause eingelegt, ☎ 0388235675; 3, rue d'Or (Nähe Austerlitzplatz), ☎ 0388354465; 23, bd de la Victoire (Nähe Universität), ☎ 0388354503 (siehe Stadtplan, S. 78/79); www.velhop.strasbourg.eu. ∎

Außerdem gibt es überall im Stadtgebiet automatische Entleihstationen, an denen man rund um die Uhr ein Fahrrad bekommen kann (bezahlt wird mit Kreditkarte).

Öffentlicher Nahverkehr Die Sehenswürdigkeiten der Stadt können mühelos zu Fuß erreicht werden. In die Vororte kommt man über ein gut ausgebautes Nahverkehrssystem, betrieben von der CTS (Compagnie de Transport Strasbourgois). Fahrpläne gibt es in den Informationsbüros der CTS an der Place Kléber (Mo–Fr 8.30–18.30, Sa 9–17 Uhr) und am Bahnhof. Weitere Informationen erhalten Sie unter ☎ 0388777070.

Strasbourg → Karten S. 75 und S. 78/79

E ssen & Trinken

- 2 Buerehiesel
- 3 Brant
- 6 Opéra
- 8 Broglie
- 9 Au Crocodile
- 11 Le Flam's
- 12 Atlantico
- 13 Secrets de Table
- 16 Chez Yvonne
- 17 Patissier Naegel
- 18 Saint-Sépulcre/Hailich Graab
- 19 Le Cornichon Masqué
- 20 Le Glacier Franchi
- 23 Palais de la Glace - Italia
- 24 Bistro Romain
- 25 L'Alsace à Table
- 26 L'Epicerie
- 28 Lohkäs
- 29 Poêle de Carottes
- 31 Aux Armes de Strasbourg
- 35 La Chaîne d'Or
- 37 La Cloche à Fromage
- 39 L'Ami Schutz
- 42 Pfifferbriader
- 43 Montmatre
- 45 Le Renard Prêchant
- 46 A l'Ancienne Douane
- 47 Le Petit Glacier
- 48 La Choucrouterie

Übernachten
1 CIARUS
5 Ibis Centre Halles
14 Pax
21 Maison Rouge
22 Best Western L'Europe
27 La Cathédrale
30 Suisse
32 Gutenberg
33 Michelet
34 Regent Petite France
36 De l'Ill
44 La Cruche d'Or
49 Cerf d'Or

Sonstiges
7 EuropCar
10 Avis

Nachtleben
4 Théâtre Alsacien
15 Les Aviateurs
38 Le Rock City
40 Les Frères Berthom
41 La Salamandre
48 Théâtre de la Choucrouterie

75 m

Strasbourg Innenstadt

80   Strasbourg

Die **Trams** verkehren auf fünf Strecken zwischen 4.30 und 0.30 Uhr alle 3–6 Min. Außerdem stehen mehrere Stadtbusse zur Verfügung. Die Tickets zieht man vor Antritt der Fahrt in den Automaten an den Stationen, dort werden sie auch entwertet. Für eine Fahrt mit Tram und/oder Bus (Zeitlimit 1 Std.) zahlt man 1,40 €, ein Carnet mit 10 Einzelfahrscheinen kostet 12,20 €, ein Tagesticket 4 €. Für Kleingruppen (2–3 Pers.) lohnt sich das 24 Std. geltende Ticket Trio zum Preis von 5,50 €.

Taxi Standplätze befinden sich z. B. an der Place de la Gare, Place Gutenberg, Place de l'Homme de Fer, am Palais de l'Europe. Unter ✆ 0388221919 oder 0388361313 können Sie z. B. einen Wagen rufen.

ⓘ Information/Verschiedenes

Information Office de Tourisme, 17, pl. de la Cathédrale, 67000 Strasbourg, ✆ 0388 522828, ✉ 0388522829, www.otstrasbourg.fr., tägl. 9–19 Uhr. Eine Zweigstelle befindet sich in der Zentralhalle des Bahnhofsgebäudes (✆ 0388325149). Sie ist ebenfalls tägl. 9–19 Uhr geöffnet, am So wird jedoch eine Mittagspause (12.30–13.45 Uhr) eingelegt.

Sightseeing Geführter Rundgang, von März bis Dez. können Sie jeden Sa um 15 Uhr, im Juli/Aug. und Dez. auch Fr, mit einem deutschsprachigen Führer des O.T. Münster und Altstadt besichtigen. Preis 6,80 €, Jugendliche von 12 bis 18 J. 3,40 €. Treffpunkt ist das O.T. an der Place de la Cathédrale, dort erfahren Sie auch eventuelle Terminänderungen.

Rundgang mit Audio-Führer, im individuellen Tempo Strasbourg erkunden und doch auf eine Führung nicht verzichten – das wird durch einen Audioguide, erhältlich im O.T. beim Münster, möglich. Er führt Sie durchs Münster und das umliegende Viertel bis nach La Petite France. Der Rundgang dauert mindestens 2 Std., man muss den Audioguide jedoch erst am Abend zurückgeben, sodass man sich auch deutlich länger Zeit lassen kann. Erwachsene 5,50 €, Jugendliche zwischen 12 und 18 J. 3,50 €.

Mit der Minitram, von Mitte März bis Anfang Nov. fährt zwischen 9.30 und 19 Uhr die kleine Bahn der CTS regelmäßig ihre ca. 40-minütige Runde vom Münster nach La Petite France bis zum Barrage Vauban und wieder zurück. Erwachsene 5,50 €, Kinder unter 12 J. 2,80 €. Abfahrt an der Place du Château. Weitere Informationen unter ✆ 0388777003.

Mit dem Taxi, die *Agentur Taxi 13* bietet eine einstündige Rundfahrt mit Kommentar auf Deutsch (Kassette) durch die Innenstadt an. Pro Wagen (1–4 Pers.) 41 €. ✆ 0388 361313, ✉ 0388257796.

Auf der Ill, zwar ist Strasbourg nicht Paris, aber auch hier lohnt eine Fahrt mit einem der *Bateaux Mouches*. Die Boote tuckern in ca. 70 Min. von der Anlegestelle Palais Rohan rund um die Altstadt und machen zusätzlich einen Abstecher zum Europaviertel. Per Kopfhörer erhält man auch auf Deutsch Informationen zu den Sehenswürdigkeiten. Von Ende März bis Ende Okt. und im Dez. fahren die Boote jede halbe Stunde ab, in den übrigen Monaten gibt es 4 bzw. 8 Fahrten tägl. Von Anfang Mai bis Ende Sept. werden außerdem nächtliche Touren durchgeführt. Pro Pers. 9 €, Kinder 4,50 €, die nächtlichen Ausflüge sind etwas teurer. Weitere Informationen bei der Gesellschaft Batorama unter ✆ 0388841313 und www.batorama.fr.

Sightseeing preiswerter

Der Strasbourg-Pass zum Preis von 13,40 € (Kinder im Alter von 3–18 J. 6,70 €) lohnt sich, wenn man mindestens drei Tage in der Stadt bleiben bzw. sehr viel in kurzer Zeit anschauen will. Einige Sehenswürdigkeiten sind damit kostenlos zu besichtigen (u. a. Museum nach Wahl, Münsterplattform, astronomische Uhr, Bootsrundfahrt), bei anderen erhält man eine 50-prozentige Ermäßigung (u. a. weiteres Museum, Rundfahrt mit der Minitram, Tonbandführung). Genauere Informationen beim O.T.

Nur in den Museen der Stadt erhältlich ist der Pass Musée. Er bietet für diese freien Eintritt und kostet für einen Tag 10 €, für 3 Tage 15 €. Zum Nulltarif kommt man an jedem ersten So im Monat in die Museen der Stadt und auf die Plattform des Münsterturms.

Information/Verschiedenes 81

Auf dem Münsterplatz ist immer etwas los

Kulturelle Veranstaltungen In der Boutique Culture am Münsterplatz kann man sich über das kulturelle Geschehen der Stadt informieren. Außerdem Ticketverkauf für verschiedene Theater, die Oper, die Philharmonie etc. Di–Sa 12–19 Uhr. ✆ 0388238465.

Folklore Von Juni bis Sept. werden an verschiedenen Plätzen der Stadt regelmäßig kostenlose Musik- und Tanzvorführungen präsentiert. Informationen dazu enthält der im O.T. zu bekommende „Guide de l'été".

Kinder Le Vaisseau, in dem didaktisch gut aufbereiteten **Wissenschafts- und Technikzentrum** für Kinder und Jugendliche von 3 bis 15 Jahren können diese sich mit Themen wie „Wasser", „Tiere", „der menschliche Körper" oder „die Welt der Bilder" beschäftigen und dabei viel ausprobieren und experimentieren. Während die ganz Kleinen gerne in einen Kängurubeutel schlüpfen, erstellen Ältere lieber einen genetischen Ausweis oder arbeiten sich in die Welt der Filmtricks ein. Alle Erklärungen auch auf Deutsch. Öffnungszeiten/Eintritt: Di–So 10–18 Uhr, in den ersten 3 Septemberwochen geschl. Eintritt 8 €, Kinder (3–18 J.) 7 €. Informationen unter www.le vaisseau.com. Anfahrt: Mit dem eigenen Fahrzeug über die Route du Rhin; öffentliche Verkehrsmittel: Tram C (Richtung Neuhof) oder E (Richtung Baggersee) bis Haltestelle „Winston Churchill", dann ca. 5 Min. zu Fuß (ausgeschildert).

Planétarium, für Schulkinder sicherlich auch ein interessantes Besuchsziel, z. T. mit Erklärungen in deutscher Sprache. Mo/Di und Do/Fr 9–12 und 14–17 Uhr, Mi und So 14–17 bzw. 18 Uhr, in den Schulferien eingeschränkt. Eintritt 7,50 €, Kinder unter 16 J. 4,20 €. 13, rue de l'Observatoire. Weitere Informationen unter http://planetarium-strasbourg.fr.

Eine weitere Attraktion für die Kleinen ist der **Parc de l'Orangerie** (siehe S. 110).

Parc des 2 Rives Zu beiden Seiten des Rheins erstreckt sich in Kehl und Strasbourg seit der gemeinsam von beiden Städten organisierten Bundesgartenschau 2004 der Park der zwei Ufer, verbunden durch eine Fußgängerbrücke. Er ist tägl. geöffnet, Eintritt frei.

Krankenhaus Hôpital Civil am gleichnamigen Platz, ✆ 0388116768.

Öffentliche Toiletten Pl. du Château sowie zwischen den Ponts Couverts und der Drehbrücke.

Strasbourg → Karten S. 75 und S. 78/79

Christkindlmärik – eine alte Straßburger Tradition

Nicht im Wonnemonat Mai, auch nicht im warmen August, sondern im kalten Dezember hat Strasbourg das höchste Touristenaufkommen. Grund ist der von Ende November bis zum 31. Dezember stattfindende große Weihnachtsmarkt. Insbesondere aus Frankreich kommen dann viele Besucher, denn mit Ausnahme des Elsass wird diese Tradition dort nicht gepflegt. Von der Place Broglie bis zum Münsterplatz erstrecken sich die stimmungsvoll beleuchteten Buden, duftet es nach aromatischem Backwerk, Crêpes und Glühwein. Zu kaufen gibt es u. a. traditionellen Weihnachtsschmuck, z. B. Glaskugeln und -figürchen für den Tannenbaum, Kunsthandwerk, Spielzeug, aber natürlich auch Kitsch. Die „Jingle Bells" singenden und dazu rockenden batteriebetriebenen Weihnachtsmänner scheinen sich bisweilen fast zu überschreien. Angeboten werden auch Kunstobjekte aus Afrika und Asien – wir haben hier schon manch schönes Stück entdeckt.

Der Straßburger Weihnachtsmarkt ist einer der ältesten seiner Art. Schon im Mittelalter wurde er als St.-Nikolaus-Markt auf dem Münsterplatz abgehalten. In der Zeit der Reformation, als man die Heiligenverehrung ablehnte, wollte man ihn abschaffen, beließ es aber bei der Umbenennung in Christkindlmärik und rückte so den in Bethlehem geborenen Heiland in den Mittelpunkt.

Übernachten   (→ Karte S. 78/79)

Hotels **** Hôtel Regent Petite France **34**, im Herzen des Gerberviertels ist in einer alten Mühle aus dem 17. Jh. das wohl komfortabelste und schönste Hotel der Stadt untergebracht. Jedes Zimmer mit AC ist nach eigenem Muster geschnitten und bietet einen jeweils anderen, aber immer atemberaubenden Ausblick. Keine Spur von Plüsch und Volants, hier sind alte Holzbalken mit pastellfarbenen Wänden und modernen Möbeln eine wunderschöne Verbindung eingegangen. Sonnenterrasse, Bar, Sauna, ein SPA-Bereich ist geplant. Angeschlossen ist ein gehobenes Restaurant. DZ je nach Größe und Saison 270–585 €, Parkplatz 22 €. 5, rue des Moulins, ✆ 0388764343, ✉ 0388764376, www.regent-hotels.com.

*** Hôtel Maison Rouge **21**, eines der größten Häuser der Stadt, zentral nahe der Place Kléber und, da in der Fußgängerzone, doch ruhig gelegen. Unterschiedliche, aber in jedem Fall komfortabel eingerichtete Zimmer, einige mit AC, DZ je nach Ausstattung 130–174 €, Suite 353 €, Parkplatz 19 €. 4, rue des Francs-Bourgeois, ✆ 0388320860, ✉ 0388224373, www.maison-rouge.com.

*** Hôtel Best Western l'Europe **22**, prachtvolles Fachwerkhaus aus dem 15. Jh. in La Petite France, das zu einem komfortablen Hotel umgestaltet wurde. In der Eingangshalle steht eine originalgetreue Nachbildung des Münsters. Bar und Restaurant im Haus. Modern eingerichtete, unterschiedlich große Zimmer, je nach Größe und Ausstattung 88–252 €, Parkplatz 14 €. 38, rue du Fossé-des-Tanneurs, ✆ 0388321788, ✉ 0388756545, www.hotel-europe.com.

*** Hôtel La Cathédrale **27**, gegenüber vom Münster steht das innen stark verwinkelte Gebäude. Die geschmackvoll eingerichteten, schalldichten Zimmer mit AC sind in Pastelltönen gehalten, in einigen schaut Fachwerk hervor. Man hat die Wahl zwischen dem Blick zur Kathedrale oder nach hinten. Für die Gäste stehen drei Fahrräder zur Verfügung, die gratis (2 Std.) bzw. zum Preis von 8 €/Tag vermietet werden. Für ein Zimmer bezahlt man je nach Größe und Lage allein oder zu zweit 75–170 €, ein Familienzimmer kostet 140 bzw. 180 € (Maisonette), Parkplatz auf Reservierung 18 €. 12, pl. de la Cathédrale, ✆ 0388221212, ✉ 03882 32800, www.hotel-cathedrale.fr.

Übernachten 83

»> Unser Tipp: ** Hôtel Gutenberg 32, angenehmes, gut geführtes Haus in einer Seitenstraße beim gleichnamigen Platz. Der Besitzer kümmert sich sehr nett um seine Gäste. Die stilvoll eingerichteten DZ mit Bad und separatem WC verfügen über schalldichte Fenster, AC und kosten je nach Saison, Lage und Ausstattung 85–135 €, sehr geräumig sind die Familienzimmer im Erdgeschoss mit je 2 Grand Lits (bis zu 165 €). 32, rue des Serruiers, ✆ 0388321715, ✉ 0388757667, www.hotel-gutenberg.com. **«**

** Hôtel Cerf d'Or 49, das angenehme Hotel, zu dem auch ein Restaurant gehört, liegt in einem ruhigen Viertel und verfügt über unterschiedlich große und ganz verschieden eingerichtete Zimmer. Das hauseigene Schwimmbad kann kostenlos, die Sauna gegen Aufpreis benutzt werden. Zu zweit bezahlt man 85 (Grand Lit) bis 110 € (Sitzecke, komfortables Bad), ein Einzelzimmer kostet 65–99 €. 6, pl. de l'Hôpital, ✆ 038 8362005, ✉ 0388366867, www.cerf-dor.com.

** Hôtel Suisse 30, ruhiges, kleines Hotel nahe beim Rohan-Schloss. Insgesamt 25 Zimmer, z. T. gründlich renoviert. Vier sind für Einzelpersonen geeignet (68 €), die anderen haben entweder ein oder zwei Grand Lits (85 bzw. 105 €), sodass man auch mit zwei Kindern darin übernachten kann. Den schönsten Blick auf das Münster bieten die sog. Mansardenzimmer (je nach Belegung 79–95 €) mit jeweils einem großen Bett. In den Monaten Jan./Febr., Juli/Aug. wird 10 € Nachlass gewährt. 2–4, rue de la Râpe, ✆ 0388352211, ✉ 0388257423, www.hotel-suisse.com.

** Hôtel Pax 14, zwischen Bahnhof und La Petite France liegt das beliebte Hotel von Familie Dollinger. In den funktional eingerichteten Zimmern können jeweils ein, zwei oder drei Personen Platz finden. Zu zweit bezahlt man 73–90 €, allein 60–70 €, Parkplatz 9 €. 24, rue du Faubourg-National, ✆ 0388321454, ✉ 0388320116, www.paxhotel.com.

** Hôtel Ibis Centre Halles 5, insgesamt 10 Häuser hat die etablierte französische Kette in bzw. um Strasbourg, das Centre Halles liegt zentrumsnah und bietet – wie alle Ibis-Hotels – ein gutes Preis-Leistungs-Verhältnis. Preislich akzeptable Parkmöglichkeiten bestehen im nahe gelegenen Parkhaus Les Halles. Ein DZ mit AC und schalldichten Fenstern in dem weithin sichtbaren Hochhaus kostet an Werktagen 85 €, am Wochenende 60–69 €. 1, rue Sébastopol, ✆ 0390224646, ✉ 0390224647, www.ibishotel.com.

** Hôtel de l'Ill 36, beliebtes Haus in einer ruhigen Seitenstraße vom Quai Bateliers in Strasbourgs „Milieuviertel" Krutenau. In den letzten Jahren wurden alle Zimmer re-

Abends erstrahlt die Stadt noch mal so schön

84 Strasbourg

noviert und mit AC ausgestattet, einige auch vergrößert, für Allergiker gibt es geeignete Räume mit Parkettboden, Anti-Allergiekissen etc. Freier Internetzugang in allen Zimmern, am elsässischen Frühstücksbuffet kann man sich gut für den neuen Tag stärken. Allein bezahlt man je nach Größe des Raumes 58–72 €, zu zweit 63–82 €, zu dritt 73–92 €; günstige Parkmöglichkeiten in der Nähe. 8, rue des Bateliers, ✆ 0388362001, ✉ 0388353003, www.hotel-ill.com.

≫ Unser Tipp: Hôtel CIARUS **1**, ein Hotel der besonderen Art: ein auf eine kirchliche Initiative zurückgehendes beliebtes Begegnungszentrum am Rande der Altstadt, das allen Altersgruppen offen steht. Man hat die Wahl zwischen einfachen, streng funktionalen EZ, DZ oder Dreierzimmern mit schmalen Betten, Regal und Bad/WC (Was braucht man mehr?) oder Schlafräumen mit 4 bis 8 Betten. Kostenfreie Parkplätze im Hof, alle Mahlzeiten können im Haus eingenommen werden. Oft ausgebucht, daher rechtzeitig reservieren. Preise inkl. Frühstück 25–27 € (Saal), 30 € (DZ) oder 48 € (EZ). 7, rue Finkmatt, ✆ 0388152788, ✉ 0388152789, www.ciarus.com. **≪**

** Hôtel La Cruche d'Or 44, eines der kleinsten Häuser der Stadt, aber nicht nur wegen seiner ruhigen und zentralen Lage einen Aufenthalt wert. Die resolute Besitzerin ist stolz darauf, dass ihre Gäste immer wiederkommen. Die 15 Zimmer sind zwar klein, aber hell und freundlich eingerichtet. Das dazugehörige Restaurant hat einen guten Ruf (So geschl.). Je nach Ausstattung kostet ein DZ zwischen 75 und 85 €, EZ ab 55 €. 6, rue du Tonneliers, ✆ 0388321123, ✉ 03 88219478, www.cruchedor.com.

* Hôtel Michelet 33, nur wenige Schritte vom Münster entfernt kommt man in dem schmalen Wohnhaus günstig und ruhig unter, viele der hell und einfach eingerichteten Zimmer haben Blick zum Innenhof. Einzelpersonen zahlen 32–40 € (nur Waschbecken) bzw. 48 € (mit Dusche und Toilette), zu zweit kostet es 45–55 € (ohne oder mit eigenem Bad). 48, rue du Vieux-Marché-aux-Poissons, ✆ 0388324738, ✉ 0388327987, www.hotel-michelet.com.

Weitere Hotels befinden sich z. B. am Bahnhofsplatz: *** Hôtel Mercure Gare Centrale (✆ 0388157815), ** Hôtel Ibis Centre Gare (✆ 0388239898), ** Hôtel Vendôme (✆ 0388324523).

Jugendherbergen Auberge de Jeunesse René Cassin, da nur 2 km westlich vom Stadtzentrum, für die Besichtigung von Strasbourg relativ günstig gelegen. Man erreicht die Herberge vom Gare Centrale mit der Buslinie 2, Ausstieg „Auberge de Jeunesse". Alternativ dazu kann man auch mit der Tram (Linie B oder C) zur Station „Montagne Verte" fahren. Übernachtung inkl. Frühstück 22 €. 9, rue de l'Auberge-de-Jeunesse, ✆ 0388302646, ✉ 0388303516, www.fuaj.org.

Auberge de Jeunesse de deux Rives, im Parc du Rhin an der Europabrücke liegt die zweite Herberge und damit vom Zentrum recht weit entfernt. Angenehme Einrichtung, pro Pers. 22 € inkl. Frühstück. Auch über die Buslinie 2 erreichbar, Ausstieg „Parc du Rhin". Rue des Cavaliers, ✆ 0388455420, ✉ 0388455421, www.fuaj.org.

Camping ** Montagne Verte, großer, gut ausgestatteter Platz, Bäume spenden Schatten. Unmittelbar in der Nähe der Jugendherberge R. Cassin. Ganzjährig geöffnet. 2, rue Robert Forrer, ✆ 0388302546, ✉ 0388271015, www.aquadis-loisirs.com.

Essen & Trinken

(→ Karte S. 78/79)

Restaurant Au Crocodile 9, eine der herausragenden Nobeladressen in der Altstadt, vom Michelin im Jahr 2011 mit einem Stern ausgezeichnet. Von 1971 an führte der legendäre Emile Jung das weit über die Grenzen Straßburgs hinaus bekannte Lokal. 2009 hat er es an den neuen Patron Philippe Bohrer verkauft, der u. a. bei Paul Bocuse gelernt hat und in Rouffach ein weiteres Sternelokal führt (siehe S. 234). Geboten werden weiterhin exquisite Küche, erlesene Weine und stilvoller Service. Auch das Krokodil, das ein Adjutant des Generals der napoleonischen Truppen Jean-Baptiste Kléber vom Ägyptenfeldzug mitgebracht haben soll, hängt noch an der Decke. So und Mo geschl. 10, rue de l'Outre, ✆ 0388321302.

Restaurant Le Buerehiesel 2, ebenfalls ein renommiertes Sternelokal. Mittlerweile führt Sohn Eric Westermann das Regiment, doch der Qualität hat das keinen Abbruch getan. In dem alten Bauernhaus aus Molsheim (17. Jh.), das dort abgetragen und im Parc de l'Orangerie wieder aufgebaut wurde, speist man nach wie vor vom Feinsten, und wem's geschmeckt hat, der kann beim Meister selbst einen Kochkurs belegen. So und Mo geschl. 4, parc de l'Orangerie, ✆ 0388455665.

L'Alsace á Table 25, in dem saalartigen Lokal trifft sich mittags und abends ein bunt gemischtes Publikum aus Touristen und Einheimischen, gemeinsam ist den meisten von ihnen die Leidenschaft für Meeresfrüchte, denn die gibt es hier in hervorragender Qualität. Wer davon nicht genug bekommen kann, sollte den Plateau du Pêcheur bestellen, werden hier doch Austern, Scampis, Jakobsmuscheln, Schnecken etc. satt in schlichter Begleitung von Butter und Brot serviert. Eine gute Wahl ist auch das Dreigängemenü für 25 €, bei dem man die Auswahl zwischen mehreren Fisch- und Fleischalternativen hat. 8, rue des Francs-Bourgeois, ✆ 0388325062.

Bierstub L'Ami Schutz 39, vom Namen „Bierstub" sollte man sich nicht irritieren lassen. Zwar gibt es einige Bierspezialitäten, doch die meisten Gäste bevorzugen Wein. Gerstensaft verfeinert jedoch manche Gerichte, z. B. die Schweinshaxe mit Akazienhonig. Wer großen Hunger hat, sollte vielleicht mal das Choucroute mit sage und schreibe neun verschiedenen Wurst- und Fleischbeilagen probieren. Ein Fest für Augen und Gaumen sind die Desserts. Gemütlich-elegantes Ambiente zwischen Fachwerk, im Sommer sitzt man wunderschön auf der Terrasse zwischen den beiden Illarmen. Menü ab 28 €. 8, Rue des Dentelles, ✆ 0388327698.

Restaurant Lohkäs 28, schönes Fachwerkhaus im Herzen von La Petite France. Blickfang des kleinen, tiefer als die Straße gelegenen Gastraums ist eine mächtige, 100 Jahre alte Spielorgel, leider funktioniert sie nicht mehr. Im Sommer sitzt man auch sehr schön auf der Gasse. Die Küche bietet feine elsässische Spezialitäten wie z. B. einen Salat mit warmem Münsterkäse, Kalbsnieren in Senf- oder Hechtklößchen in Rieslingsauce. Im Winter Di und Mi geschl. 25, rue du Bain-aux-Plantes, ✆ 0388320526.

Winstub Chez Yvonne 16, auch wenn von der legendären Yvonne nur mehr der Name und ihr Foto an der Wand geblieben sind, hat diese wunderbar gemütliche Winstub nichts an Beliebtheit eingebüßt. Die Küche ist wie sie war: elsässisch-fein.

86 Strasbourg

Zu empfehlen z. B. Kaninchennieren in Brotteig mit Senfsauce oder im Herbst die Kalbsbrust mit Maronenpüree, zum Nachtisch sollten Sie einmal den süßen Quark mit Pinot-Noir-Sauce probieren. Reservierung empfehlenswert. 10, rue du Sanglier, ✆ 0388328415.

»» Unser Tipp: Restaurant Le Renard Prêchant **45**, etwas abseits gelegen ist unser Restauranttipp. Schon das Gebäude macht neugierig, speist man doch in einem ehemaligen kleinen Kirchlein, das direkt an ein Fachwerkhaus angebaut ist. Und über dem Buffet sieht man tatsächlich einen predigenden Fuchs (renard prêchant), aber auch einen rotnasigen Fischer, der eine Ente gefangen hat. Kein Wunder, dass hier etliche Entengerichte auf der Karte stehen. Probieren Sie mal Entenfilet in Sauerkirschsauce mit Spätzle und Gemüse oder Spanferkel mit Sauerkraut und Mirabellen. Sa und So jeweils mittags geschl. 34, rue de Zurich, ✆ 0388356287. **««**

Winstub Saint-Sépulcre/Hailich Graab 18, schon vor Jahrhunderten kamen Mönche regelmäßig vom Münster durch einen unterirdischen Gang unter dem Vorwand, sie würden ein heiliges Grab aufsuchen, in die legendäre Winstub und ließen sich den Wein schmecken. Nachdem diese länger als ein Jahr geschlossen war (Robert Lauck hatte sich aus Altersgründen zurückgezogen), wurde sie 2007 endlich wieder eröffnet, und zur Freude der Straßburger und vieler Touristen sind die Spezialitäten auf der Karte geblieben, allen voran der würzige Schinken im Brotteig mit frischen Crudités. Nur das Interieur ist moderner und sachlicher geworden – besagte Mönche würden ihr Hailich Graab wohl kaum wiedererkennen! Im Sommer sollte man für den Abend unbedingt reservieren. 15, rue des Orfèvres, ✆ 0388751845.

Restaurant Le Cornichon Masqué 19, in dem kleinen Lokal auf zwei Etagen sitzt man gemütlich zwischen Fachwerkbalken oder noch schöner im Freien auf der beliebten Place du Marché Gayot. Was es zu essen gibt, steht auf einer großen Schiefertafel: leckere Terrinen, feine Salate, aber auch gute Fleischgerichte. So und Mo geschl. 17, pl. du Marché Gayot, ✆ 0388251134.

Winstub Pfifferbriader 42, das schmale Haus mitten in der Touristenmeile diente im ausgehenden Mittelalter als Verkaufsla-

den, heute isst man bei den „Pfeifenbrüdern" auf zwei Etagen Deftiges wie leckeres Baeckeoffa oder Eisbein im Brotteig. So und Mo geschl. 10, pl. du Marché aux Cochons de Lait, ✆ 0388321543.

Restaurant La Cloche à Fromage 37, für Käseliebhaber schon fast ein Muss. Etwa 200 Sorten warten hier unter einer überdimensionalen Käseglocke auf Sie. Die meisten Gerichte sind mit Käse verfeinert, natürlich gibt's auch verschiedene Käsefondues, z. B. eines mit Münster. 27, rue des Tonneliers, ✆ 0388231319.

La Choucrouterie 48, angeschlossen an das legendäre Theater von Roger Siffer (siehe S. 88) ist das empfehlenswerte Restaurant, wo man vor oder nach dem Theaterbesuch oder auch einfach so Sauerkrautvariationen (z. B. mit Fisch oder Entenfleisch) oder andere elsässische Spezialitäten genießen kann. Probieren Sie zum Wein mal ein Stuck Munster aus dem Val de Villé! Tomi Ungerer – einige seiner Bilder sind in einer eigenen Nische des Restaurants ausgestellt – ließ sich hier früher häufiger blicken. Sa mittags, So und Mo geschl. 20, rue St.-Louis, ✆ 0388365287.

Restaurant Brasserie A l'Ancienne Douane 46, im gleichnamigen mittelalterlichen Gebäude. Während der warmen Jahreszeit sitzt man am schönsten auf der Terrasse über der Ill. Das riesige Lokal erinnert an einen bayrischen Großgasthof – mit dem Unterschied, dass hier mehr Wein als Bier getrunken wird. Die geschäftigen Kellner rennen mit großen Platten elsässische Spezialitäten hin und her, daneben gibt es aber auch leckere Flammkuchenvariationen und einen vegetarischen Teller. 6, rue de la Douane, ✆ 0388157878.

Restaurant Brasserie Aux Armes de Strasbourg – „Stadtwappe" 31, alteingesessenes Lokal an der Place Gutenberg. Auf der Terrasse oder in der gemütlichen Gaststube bekommt man reichhaltige und deftige Gerichte, z. B. Baeckeoffe oder Leberknödel mit Bratkartoffeln. Vor allem zur Mittagszeit ist es hier oft brechend voll, das Essen kommt aber dennoch schnell auf den Tisch. Warme Küche 11–24 Uhr. 9, pl. Gutenberg, ✆ 0388328562.

Bistro Romain 24, die teilweise mit dunkelroten Stoffen bezogenen Wände und alten Gemälde schaffen eine elegante Atmosphäre. Die Küche ist italienisch bzw. mediterran geprägt. Vorzüglich schmecken die

Cafés/Eisdielen 87

verschiedenen Fisch- und Fleisch-Carpaccios. Für das Gebotene sind die Preise moderat. 18, rue du Vieux-Marché-aux-Grains, ✆ 0388321834.

Brasserie La Chaîne d'Or 35, das große Lokal im Bistrostil bietet neben dem obligatorischen Sauerkraut auch viele französische Klassiker wie ein ordentliches Boeuf Grillé mit Sauce Bernaise und Pommes frites. Für den kleinen Hunger genügen vielleicht auch ein Flammkuchen oder ein Salat. Gutbürgerliche Küche zu einem fairen Preis — Menü ab 16 €. 134, Grand' rue, ✆ 0388750269.

🌱 **Restaurant Poêle de Carottes** 29, der Treffpunkt für Vegetarier, denn hier werden Gratins, Pizzen, Tartes und Salate in großer Auswahl geboten, die Produkte stammen vorwiegend aus biologischem Anbau. Viele Gerichte liegen nahe an der 10-Euro-Grenze. Ein Genuss sind auch die zahlreichen Desserts. So und Mo geschl. 2, pl. des Meuniers, ✆ 0388323323. ■

Restaurant Secrets de Table 13, interessante Alternativen zu traditionellen Gaumenfreuden sind die leckeren Tartines, Salate und Sandwiches (z. B. mit Thunfisch oder Ratatouille), die auch preislich angenehm auffallen. 11–18 Uhr, So geschl. 39, rue du 22 Novembre, ✆ 0388210910.

Restaurant Le Flam's 11, besonders viele junge Gäste hat das funktional eingerichtete Lokal, gibt es doch hier die elsässische Pizza so günstig wie kaum irgendwo. Etliche Variationen, z. B. Provençale mit Kichererbsen, Zucchini und Paprika oder süß mit Schokolade und Bananen. Günstige Menus. 29, rue des Frères, ✆ 0388363690.

》》》 **Unser Tipp:** L'Epicerie 26, eine ganz eigene Mischung aus Tante-Emma-Laden und Bistro stellt dieses gemütliche, etwas versteckt liegende Lokal dar. An den Wänden hängen alte Werbeschilder, auf der Theke stehen riesige Bonbongläser, in der Mitte blank gescheuerte Holztische, an denen sich Jung und Alt auf eine leckere Tartine (getoastete Brotscheiben mit Käse, Pflaumenbutter, Wurst und vielem mehr) trifft. So mancher vertrödelt die Zeit auch nur bei Kaffee, einem Stück hausgemachten Kuchen oder einem Kräuterschnaps. Tägl. ab 11.30 Uhr bis Mitternacht. 6, rue du Vieux Seigle, ✆ 0388325241. 《《《

Cafés/Eisdielen (→ Karte S. 78/79)

Patissier Naegel 17, alteingesessenes Strasbourger Café der feinen Sorte, in dem man sich mit wunderbaren Törtchen verwöhnen lassen kann. Wer's lieber herzhaft mag, bestellt sich ein phantasievoll belegtes Sandwich. So und Mo geschl. 9, rue des Orfèvres.

Café Montmatre 43, Treff für Straßburger und Touristen am alten Schlachthaus. Sobald die Temperaturen steigen, sitzt man auf der Terrasse und schaut dem Treiben auf der Straße zu. Auch für den kleinen Hunger gibt es einiges. 1, pl. de la Grande-Boucherie.

Palais de la Glace – Italia 23, in das alteingesessene Café kommt man nicht nur auf ein Eis, mindestens ebenso beliebt sind die günstigen Snacks wie Zwiebelkuchen mit grünem Salat, Quiche Lorraine, Pizzen, Sandwiches. Hier ist immer etwas los. 13, rue des Hallebards.

Café Broglie 8, beliebtes Café in einem schönen Jugendstilhaus. Hier trifft sich Alt und Jung auf einen Kaffee oder ein Glas Wein, außerdem gibt es auch einfache Tagesgerichte. So geschl. 1, rue du Dôme.

Entspannte Atmosphäre am Münsterplatz

88 Strasbourg

Café de L'Opera 🄶, im Operncafé sitzt man stilgerecht auf roten Polstersesseln zwischen verspiegelten Wänden und unter goldfarbenen Kronleuchtern. In der warmen Jahreszeit kann man aber auch auf der säulenbestandenen Eingangsterrasse seinen Kaffee oder Tee und bis spät in die Nacht hinein ein Glas Wein genießen. Mo–Sa 11–3, So bis 23.30 Uhr. Pl. Broglie (im Opernhaus).

Café Brant 🄳, ein Treff der Studenten. Im Winter sitzt man in einem riesigen, ganz in Rot und Gold gehaltenen Raum, im Sommer trinkt man den Espresso auf der Terrasse. Im Angebot viele Snacks, z. B. verschiedene Quiches. Pl. de l'Université.

Café Atlantico 🄸🄸, zwar ist es nicht der Atlantik, sondern das Ufer der Ill, an dem man sitzt, doch das hat seinen Reiz. Ein Glas Rosé im milden Abendlicht in bzw. am Quai vor einem der zu Cafés umgebauten Boote gehört zu einem Straßburgaufenthalt einfach dazu. Quai des Pêcheurs.

Café Le Petit Glacier 🄸🄸, beliebtes Café, in dem man sich auf ein Stück Kuchen, einen Fruchteisbecher oder nur auf einen Espresso trifft. Rue d'Austerlitz.

Le Glacier Franchi 🄸🄸, die Qual der Wahl erwartet einen hier, denn das Eisangebot ist wirklich unglaublich. Kein Wunder, dass man kaum einen freien Tisch ergattern kann. 5, rue des Francs-Bourgeois.

Nachtleben

(→ Karte S. 78/79)

Théâtre Alsacien 🄸, im Théâtre Municipal werden regelmäßig Theaterstücke in elsässischer Sprache aufgeführt. Informationen im Theatergebäude an der Place Broglie bzw. unter www.theatre-alsacien-strasbourg.fr.

»» Unser Tipp: Théâtre de la Choucrouterie 🄸🄸, ein ganz besonderer Tipp ist dieses kleine Theater des Sängers und Schauspielers Roger Siffer. In einer ehemaligen Sauerkrautfabrik führt er zusammen mit seiner Truppe Theaterstücke, Chansons und satirische Revuen auf Elsässisch und Französisch auf. Es darf gelacht werden! Rechtzeitige Kartenbestellung ist unbedingt erforderlich. 20, rue St-Louis, ☎ 0388365287, www.choucrouterie.com. **«««**

Les Frères Berthom 🄸🄸, beliebte rustikale Bar auf zwei Etagen nahe dem Münster, das Angebot an verschiedenen Bieren ist schier unendlich. Bis 1.30 Uhr, am Wochenende noch länger geöffnet, So geschl. 18, rue des Tonneliers.

Les Aviateurs 🄸🄸, Propellerflügel und Flugzeugmodelle verleihen der Bar mit der langen Theke eine ganz eigene Note. Angenehme Atmosphäre. Tägl. ab 20 Uhr bis weit nach Mitternacht. 12, rue des Soeurs.

Zahlreiche Diskos, Bars und Jazzkneipen finden Sie im **Stadtteil Krutenau.** Im **Salamandre** 🄸🄸 wird häufig Live-Musik geboten. Mo und Di geschl. 3, rue Paul Janet. Auch das **Rock City Café** 🄸🄸 gehört zu den besonders beliebten Adressen. 24, rue des Poules.

Einkaufen

Märkte Auf der Place Broglie findet jeden Mi und Fr ein bunter **Wochenmarkt** statt, auf dem auch die typischen Spezialitäten der Region angeboten werden. Beliebt ist auch der Markt am Boulevard de la Marne (Di und Sa).

Flohmarkt ist jeden Mi und Sa an der Place de l'Etat sowie an der Place de la Grande Boucherie.

Alte Bücher, auch in deutscher Sprache, kann man jeden Di, Mi und Sa auf dem kleinen **Büchermarkt** an der Place Gutenberg und in der Rue des Hallebards erstehen.

Mode Die interessantesten Boutiquen befinden sich in der **Rue des Grandes Arcades** sowie im **Einkaufszentrum Les Halles.**

Kaufhäuser Konzentrieren sich um die Place Kléber: **Lafayette** in der Rue du 22 Novembre, **Printemps** an der Place de l'Homme de Fer. Unweit davon gibt es im Einkaufszentrum **Les Halles** alles, was das Herz begehrt.

Kulinarische Spezialitäten Gänseleber, Pasteten, Wein, Pâtisserie, Käse etc. bekommt man in vielen Läden der Stadt. Einige besonders exquisite Feinkostgeschäfte finden Sie in der **Rue des Orfèvres** nahe dem Münster.

Eine erlesene Auswahl an mit Knoblauch, Kräutern oder Zitrone eingelegten Oliven, verschiedenen Ölen oder auch

Rundgang: Münster und Frauenhausmuseum   89

ungewöhnlicheren Olivenprodukten wie Seife gibt es in dem kleinen Laden **Oliviers & Co.** an der Ecke Rue des Orfèvres/ Rue du Chaudon.

Ganz besondere Lebkuchen kann man in dem hübschen Lädchen **Pains d'Epices** von **Mireille Oster** kaufen. Neben den bekannten weihnachtlichen Zutaten verwendet Mireille nämlich auch Bananen, Melonenconfit und anderes mehr. 14, rue des Dentelles.

Kunstgewerbe/Souvenirs Vitrines d'Alsace, hübsches Kunstgewerbe rund um die Tischkultur wird am Münsterplatz geboten: Tischdecken, Hansi-Porzellan, ziselierte Gläser und die passenden Weine, aber auch viele Dekorationsartikel wie die typischen Salzteigfiguren. Pl. de la Cathédrale.

Arts et Collection d'Alsace et du Grand Est, oberhalb der Anlegestelle der Ausflugsboote beim Schloss Rohan wartet eine vielleicht noch etwas edlere Auswahl an Souvenirs auf den Käufer. Nachahmungen alter Objekte aus Museen, aber auch einfache bäuerliche Utensilien wie Körbe, Backformen etc. machen den Bummel durch den Laden zu einem Vergnügen. Pl. du Château.

Boutique des Musées, Kopien aus zahlreichen Museen der Welt werden in dem kleinen Laden am Münsterplatz feilgeboten: Goldschmuck aus Bogotá, ein kleiner Obelisk aus Kairo oder die Venus von Milo aus dem Louvre in Paris. Beruhigend wirken sollen die metallenen Pendelobjekte mit hübschen elsässischen Motiven (ein Storch schnappt nach einem Fisch, ein Koch ver-

sucht ein rennendes Schwein zu fangen ...). Pl. de la Cathédrale.

Un Noel en Alsace, was Käthe Wohlfahrt für Rothenburg o.d.T., das ist dieser kleine Laden für Strasbourg. Das ganze Jahr über gibt es hier Weihnachtsartikel aus dem Erzgebirge, aus anderen Regionen Deutschlands und natürlich aus dem Elsass. 10, rue des Dentelles.

Décoration, Objets d'Art, Antiquités, im Souterrain eines alten Hauses findet man dicht gedrängt in zwei Räumen Schönes aus Glas, Porzellan, Ton, Eisen usw. 23, quai des Bateliers.

Rue Pouchkine, Pascale Bastianelli ist Französin, von Russland und seiner Kultur aber so begeistert, dass sie in Strasbourg einen wirklich einmaligen Laden mit russischen Kunstschätzen eröffnete. Di–Sa 10– 19 Uhr. 3, rue des Frères.

Töpferwaren/Porzellan ⟫⟫ Unser Tipp: Faiencerie A La Petite France, weniger die üblichen Töpferwaren aus Soufflenheim, sondern vielmehr Reproduktionen französischer Porzellanwaren aus dem 18. und 19. Jh. erwarten den Besucher. Dazu gehören Stücke aus der berühmten Straßburger Hannong-Manufaktur, aber auch aus der Bretagne, Toulouse usw. Im Angebot außerdem die wunderschönen handgearbeiteten Döschen aus Limoges, jedes einzelne ein kleines Kunstwerk für sich. Rue du Bain-aux-Plantes. ⟪⟪

Bilder L'Estampe, bietet eine große Auswahl an Gemälden und Stichen mit Ansichten der Stadt. 31, quai des Bateliers.

Sehenswertes

Die Sehenswürdigkeiten Straßburgs an einem Tag kennen zu lernen grenzt fast ans Unmögliche, auch wenn die wichtigsten relativ nahe beieinander liegen. Viele Besucher begnügen sich deshalb mit dem einmaligen historischen Kern auf der Illinsel. Doch auch jenseits der beiden Flussarme, z. B. um die Place de la République oder im modernen Europaviertel, gibt es Interessantes zu entdecken. Die folgenden alle am Münsterplatz beginnenden und endenden Rundgänge erlauben Ihnen, sich die Highlights auszuwählen, die für Sie von besonderem Interesse sind.

Erster Rundgang: Münster und Frauenhausmuseum

Vor allem während der Französischen Revolution wurden einige wertvolle Kunstschätze zur Sicherheit aus dem Münster entfernt und später durch Kopien ersetzt. Viele der Originale sind heute im Musée de l'Œuvre Notre-Dame untergebracht, sodass sich man sich Münster und Museum am besten nacheinander anschaut.

Münster

Das majestätische Münster, die Cathédrale Notre-Dame, ist das alles überragende Wahrzeichen der Stadt. Viel bestaunt und überschwänglich nicht nur vom jungen Studenten Goethe gepriesen, zählt es zu den bedeutendsten Bauwerken der Gotik in Europa.

Schon zur Karolingerzeit stand irgendwo auf der Illinsel eine der Jungfrau Maria geweihte Basilika. Nachdem sie vom Heer des Herzogs von Schwaben bei einem Rachefeldzug gegen Straßburg zerstört worden war, ließ der Bischof Wernher im Jahre 1015 an dem Platz der heutigen Kathedrale ein größeres Gotteshaus errichten. Aber auch dieses wurde im Laufe der folgenden 150 Jahre durch zahlreiche Brände so sehr beschädigt, dass man es ab 1176 – mit dem Querschiff beginnend –

zunächst im romanischen, dann im gotischen Stil von Grund auf neu baute. Jahrhundertelang war das Münster eine Baustelle, in vollem Glanz erstrahlte es erst mit der Fertigstellung des Turms im Jahre 1439. Damit war die Kathedrale bis zum 19. Jh. das höchste Gebäude Europas. Von der einstigen Wernher-Basilika ist nur noch die Krypta erhalten.

1529 wurden Stadt und Münster protestantisch und ca. 40 Altäre aus der Kathedrale entfernt. Nachdem der Sonnenkönig Ludwig XIV. Straßburg etwa 150 Jahre später für Frankreich erobert hatte, gab er es den Katholiken zurück. Schwer gelitten hat die Kirche in der Zeit der Französischen Revolution. Der Pariser Konventskommissar gab das Motto aus: „Abattre toutes les statues!" Revolutionsfanatiker folgten diesem Aufruf und zerstörten neben vielen anderen Kostbarkeiten etwa 250 Statuen, nur einige wenige konnten von mutigen Straßburgern gerettet werden. Auch den Turm wollte man abreißen. Letztlich setzte man ihm nur eine riesige rote Jakobinermütze aus Blech auf. Das Münster selbst wandelte man in einen „Tempel

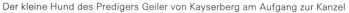

Der kleine Hund des Predigers Geiler von Kayserberg am Aufgang zur Kanzel

der Vernunft" um. Als man im 19. und 20. Jh. die Schäden behob, wurden viele Statuen ins Musée de l'Œuvre Notre-Dame gebracht und durch Kopien ersetzt.

Aber nicht nur blinde Zerstörungswut ist dafür verantwortlich, dass am Münster seit seiner Vollendung nahezu ständig restauriert wurde und weiter restauriert wird. Blitzeinschläge, Brände, Artillerie-Treffer während des Deutsch-Französischen Krieges im Jahre 1870, Probleme mit den Fundamenten aufgrund des absinkenden Grundwasserspiegels nach der Rheinbegradigung 1909, Bombeneinschläge im Zweiten Weltkrieg und nicht zuletzt Umweltgifte machten und machen immer wieder Ausbesserungsarbeiten notwendig.

Das Äußere des Münsters: Die 66 m hohe, dreiteilige *Westfassade* aus rotem Sandstein wurde von mehreren Baumeistern, darunter der berühmte Erwin von Steinbach und sein Sohn Johann, zwischen 1277 und 1399 gestaltet. Mit ihren zahlreichen Strebepfeilern, Türmchen, Nischen, Reliefs, Skulpturen und vor allem der berühmten großen Rosette aus sechzehn Blütenpaaren gilt sie als ein Musterbeispiel der Hochgotik. Überragt wird sie vom Turm, der bis in eine Höhe von 142 m in den Himmel hinaufstrebt. Ein ursprünglich einmal geplanter Parallelturm wurde nicht realisiert. Besonders sehenswert sind die die drei Eingangsportale der Westfassade schmückenden Reliefs und Skulpturen. Im Bogenfeld

Statue der Ecclesia am Südportal

des *nördlichen Portals* (vom Betrachter aus gesehen, dem linken) sind Szenen aus der Jugend Jesu dargestellt. Auffällig sind auch die Standbilder der Tugenden, die die Laster zertreten. Am *Mittelportal* stehen Statuen verschiedener Propheten, im Bogenfeld erkennt man Szenen aus der Leidensgeschichte Christi. Und am *südlichen Portal* sieht man im Bogenfeld das Jüngste Gericht sowie rechts die Statuen der klugen und links die der törichten Jungfrauen. Erstere folgen Christus nach, Letztere einem einen Apfel in der Hand haltenden weltlichen Verführer.

Besondere Aufmerksamkeit an der *Südfront des Münsters* – man passiert zunächst die hochgotische Fassade des Langhauses, vor die im 18. Jh. eine niedrige Galerie gebaut wurde – verdient das älteste Eingangsportal, das wegen der darüber angebrachten Sonnenuhr auch *Uhrenportal* genannt wird. Dieser zweitürige Eingang in das Querhaus wurde zu Beginn des 13. Jh. noch im spätromanischen Stil mit charakteristischem Doppelbogen gestaltet. Die Skulpturen und Reliefs sind aber bereits frühgotisch. In den Bogenfeldern werden Tod und Krönung der Gottesmutter dargestellt. Berühmt sind auch die allegorischen Frauenfiguren der um die Wahrheit streitenden christlichen und jüdischen Kirchen, der Ecclesia mit Kreuzbanner und Kelch und der offensichtlich unterlegenen blinden Synagoge, zwischen denen der König Salomo gleichsam als Schiedsrichter fungiert. Es handelt sich jeweils um Kopien, die Originale können Sie im Musée de l'Œuvre Notré-Dame bewundern.

Die Ostseite des Münsters ist von außen nicht zugänglich. An der *Nordfront,* die baulich im Wesentlichen der südlichen entspricht, lohnt noch das von einem Baldachin gekrönte spätgotische Laurentiusportal. Sehenswert sind v. a. die Anfang des 16. Jh. gefertigten, fast schon barocken Figuren, z. B. die Heiligen Drei Könige, die der Gottesmutter und dem Kind huldigen, auf der linken Seite.

Das Innere des Münsters: Betritt man die Kirche durch eines der westlichen Portale, ist man überwältigt von der Ausgewogenheit der Proportionen. Das dreischiffige gotische *Langhaus,* zwischen ca. 1240 und 1275 entstanden, mit seinen sog. Bündelpfeilern und einem Kreuzrippengewölbe wirkt leicht und elegant. Eine ganz besondere Note verleihen ihm die herrlichen bunten Scheiben der großen Rosette hoch über dem Eingang sowie die Lanzettfenster im Obergaden, der oberen Zone des Mittelschiffs, und in den Seitenschiffen. Die meisten der Glasmalereien stammen aus dem 13. und 14. Jh., viele wurden aber im 19. Jh. restauriert. Diejenigen im nördlichen (linken) Seitenschiff – die beiden, vom Eingang aus gesehen, ersten Scheiben sind noch romanisch, die anderen gotisch – zeigen Fürsten und Kaiser des Heiligen Römischen Reiches, die im südlichen Seitenschiff Szenen aus dem Leben Marias und Christi. Im nördlichen Obergaden sind heilige Männer, v. a. Päpste, Bischöfe und Ritter, zu bewundern, im südlichen heilige Frauen. Das große Glasfenster im Chor, Maria mit dem Kind, ist neueren Datums. Es wurde 1956 vom Europarat gestiftet. Ganz oben ist das Symbol des Rates zu sehen: zwölf goldene Sterne auf blauem Grund.

Geht man nun nach vorne zum *Querschiff* und zum *Chor,* wird der Gegensatz der Baustile deutlich. Diese weitgehend spätromanischen Gebäudeteile wirken sehr viel schwerer und massiger als das Langhaus, und der geringere Lichteinfall lässt sie auch düsterer erscheinen. Doch man war baugeschichtlich in einer Übergangsphase, denn der südliche Querschiffarm zeigt schon frühgotische Elemente. Dies gilt insbesondere für den um 1230 geschaffenen *Engelspfeiler,* den Mittelpfeiler des südlichen Querschiffs. Thematisiert wird durch zwölf große, schlanke, in drei Geschossen angeordnete Figuren das Jüngste Gericht. Im unteren Geschoss stehen die vier Evangelisten, im mittleren Posaune blasende Engel, und oben sitzt, umgeben von drei weiteren Engeln, Christus auf seinem Thron, der von vier kleinen Figuren getragen wird. Letztere symbolisieren die vom Tod erweckten Menschen.

Ganz in der Nähe des Engelspfeilers steht die 18 m hohe *astronomische Uhr,* eine der größten Attraktionen des Münsters. Dieses schön bemalte und mit Skulpturen

Detail der astronomischen Uhr

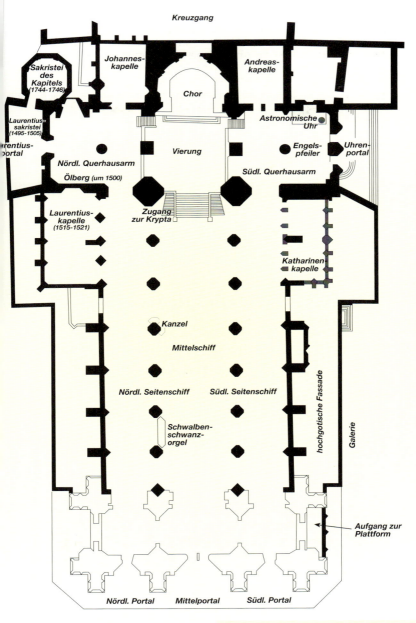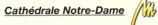

94   Strasbourg

geschmückte Wunderwerk der Technik wurde im 16. Jh. aufgestellt und im 19. Jh. generalüberholt. Neben der Uhrzeit – u. a. läutet nach jeder Viertelstunde ein Engel, ein anderer dreht zur vollen Stunde ein Stundenglas um – können verschiedene Kalender und astronomische Anzeigen abgelesen werden (der Mechanismus wird im Rahmen einer täglich stattfindenden Sonderveranstaltung erklärt; Näheres s. u.).

Als ein besonderes Meisterwerk der Steinmetzkunst gilt die spätgotische *Kanzel* im Mittelschiff mit etwa 50 kleinen Figuren. Zwischen 1484 und 1486 wurde sie für den berüchtigten Prediger Johann Geiler von Kaysersberg geschaffen, der von ihr aus den Gottesdienstbesuchern oft mit drastischen Worten ins Gewissen redete. Sein ihn häufig begleitendes Hündchen ist übrigens im Aufgang zur Kanzel verewigt.

Und schließlich sollten Sie auch noch einen Blick auf die sog. *Schwalbenschwanzorgel* werfen, die etwas weiter westlich an der Nordwand des Mittelschiffes zu kleben scheint. Das Instrument wurde im Laufe der Jahrhunderte mehrmals erneuert, das gegenwärtige stammt aus dem Jahre 1935. Original ist allerdings die vergoldete und bemalte Orgelbühne aus Holz. Sie wurde 1385 geschaffen. Interessant sind die sie schmückenden Figuren. Unten in der Mitte Samson mit dem Löwen, links ein Trompete blasender Herold, rechts ein Brezelverkäufer. Die beiden Letzten können Kopf und Gliedmaßen bewegen. Um den Brezelverkäufer ranken sich übrigens skurrile Geschichten, die ein bezeichnendes Licht auf die Zustände während der Gottesdienste in den Jahren vor der Reformation werfen. Immer wieder mal versteckte sich jemand im Gehäuse der Orgel, brüllte, lachte, verspottete den Priester oder gab Zoten zum Besten. Dazu wurden Arme und Kopf des Brezelverkäufers so bewegt, als spräche er. Daher nannte man ihn auch den Brüllaffen.

Öffnungszeiten/Führungen Die Kathedrale ist tägl. 7–11.20 und 12.35–19 Uhr geöffnet. Am Sonntagmorgen ist eine Besichtigung wegen des Gottesdienstes nicht möglich. Eintritt frei. Führungen werden nur im Juli/Aug. (auch auf Deutsch) angeboten. Die im Allgemeinen nicht zugängliche romanische Krypta bekommt man nur bei speziellen Visiten zu sehen. Erkundigen Sie sich im O.T. danach.

Turmbesteigung Nach dem Besuch des Münsters sollten Sie nicht versäumen, auf die Aussichtsplattform des Turms hinaufzusteigen. Der Blick über Strasbourg ist sehr lohnend. Den Eingang finden Sie am westlichen Ende der südlichen Außenfront. Okt.–März tägl. 10–17 Uhr, April–Sept. 9–19.15 Uhr, Juli/Aug. Fr und Sa bis 21.45 Uhr. Man zahlt 5 €.

Astronomische Uhr Den vielseitigen Mechanismus der gegenüber der mitteleuropäischen Zeit beständig eine halbe Stunde nachgehenden astronomischen Uhr kann man tägl. um 12.30 Uhr bewundern. Unter anderem ziehen dann allegorische Figuren der vier Lebensalter an der des Todes vorbei, und die zwölf Apostel erweisen nacheinander Christus ihre Reverenz. Nach jedem vierten kräht der links oben sitzende Hahn. Die Abläufe werden über Lautsprecher (auch auf Deutsch) erklärt, außerdem wird den Besuchern bereits um 12 Uhr ein Film über dieses technische Wunderwerk gezeigt. Die Kathedrale ist während dieser „Show" für andere Besucher geschlossen. Zugang über das Uhrenportal, Einlass ab 11.45 Uhr. Kommen Sie unbedingt rechtzeitig, denn die Vorführungen beginnen oft überpünktlich. Eintritt 2 €, Kinder ab 6 J. 1,50 €. An Sonn- und Feiertagen ist der Eintritt frei, dann wird kein Film gezeigt.

Musée de l'Œuvre Notre-Dame (Frauenhausmuseum)

Das Museum befindet sich unmittelbar gegenüber vom Eingang zur Aussichtsplattform des Münsters in dem aus zwei Häusern mit völlig verschiedenen Giebeln bestehenden Gebäudekomplex an der Place du Château. Das linke Haus mit Treppengiebel stammt aus dem 14. Jh., das rechte mit Volutengiebel wurde mehr als 200 Jahre später im Renaissancestil errichtet. Beide sind durch Holzgalerien miteinander verbunden. Hier befand sich einst die Münsterbauhütte, hier wurden die Bau-

Rundgang: Rund ums Münster   95

und später die Restaurierungsarbeiten koordiniert, hier besprachen sich die beteiligten Steinmetze, Glasmaler, Bildhauer und Zimmerleute, hier war der Sitz des Zahlmeisters, und hier brachte man zur Zeit der Französischen Revolution auch einige der schönsten Skulpturen unter und rettete sie so vor der Zerstörung.

Zu Beginn des 20. Jh. richtete man das Museum ein. Nicht nur Originalstatuen des Münsters bekommt man zu sehen, sondern auch weitere bedeutende Exponate, die die sakrale Kunst am Oberrhein vom 11. bis zum 17. Jh. veranschaulichen. Das verwinkelte Doppelgebäude mit seinen Innenhöfen, knarrenden Holzböden, Galerien und einer wunderschönen steinernen Wendeltreppe aus dem Jahre 1580 ist alleine schon einen Besuch wert.

Öffnungszeiten/Eintritt Das Museum ist tägl. außer Mo 12–18 Uhr, Sa und So bereits ab 10 Uhr geöffnet. Eintritt 6 €, der empfehlenswerte Audioguide ist gratis.

Museumsrundgang Erdgeschoss: Hier werden die Highlights des Museums ausgestellt. So z. B. im Saal 2 der teilweise wiederhergestellte Kreuzgang des Klosters Eschau mit graziösen Pflanzen- und Tierreliefs sowie Szenen aus dem Leben Jesu in den Kapitellen oder das älteste in Frankreich gefundene Glasbildfragment, den ausdrucksstarken Weißenburger Christuskopf aus dem 11. Jh. In Saal 3 kann man romanische Glasmalereien aus dem 12. und 13. Jh. aus der Nähe betrachten. Sie stammen z. T. aus dem Münster (z. B. der „Thronende Kaiser"), z. T. aus anderen elsässischen Kirchen. Zeit nehmen sollte man sich für den Saal 7, stehen hier doch gotische Originalfiguren, etwa die berühmten Statuen der Ecclesia und der Synagoge oder die der klugen und törichten Jungfrauen, die man an den Münsterportalen durch Kopien ersetzt hat. Von diesem Saal kommen Sie durch ein Tor auch in den mittelalterlichen Paradiesgarten, wo man ab dem 15. Jh. Heilpflanzen, Kräuter und Gemüse angebaut, aber auch Blumen gepflanzt hat.

Mittleres Treppengeschoss (Salles d'Orfèvrerie): In den Räumen sind Goldschmiede-, Silber- und Elfenbeinarbeiten aus dem 14. bis 18. Jh. zu sehen. Prunkstück ist die kleine Bleifigur „Christus, auf dem Palmesel reitend" (Saal 17.0).

Zweites Obergeschoss: Hier erwartet den Besucher spätmittelalterliche, meist sakrale Kunst: Glasmalereien (Saal 20), sehr schöne bemalte Holzskulpturen (Saal 25) und zahlreiche Gemälde. Über die enge Wendeltreppe geht man abwärts und gelangt nun erst ins erste Obergeschoss.

Erstes Obergeschoss: Zu sehen bekommt man u. a. Werke des Renaissancemalers Hans Baldung Grien (Saal 29 und 30) sowie des Straßburger Künstlers Sebastian Stoskopff (Saal 37). Sein bekanntestes Stillleben „Große Vanitas" hängt im Saal 31, wo sich einst das Sitzungszimmer der Münsterbauhütte befand. In dem kleinen, zur Sicherheit mit einer Eisentür ausgestatteten Raum dahinter bewahrte man das Geld auf. Wunderschön sind auch die Schränke und Truhen aus dem 17. und 18. Jh. in den Räumen 34 und 39.

Zweiter Rundgang: Rund ums Münster

Neben dem Münster gehören auch die umliegenden Gassen mit ihren pittoresken Fachwerkhäusern und einem interessanten Stadtschloss mit gleich drei sehenswerten Museen zum Pflichtprogramm eines Straßburgbesuchs.

Maison Kammerzell/Pharmacie du Cerf: Das vielleicht schönste Fachwerkhaus der Stadt, das *Maison Kammerzell*, steht direkt neben der Touristeninformation am Münsterplatz. Seinen Namen trägt es nach einem seiner späteren Besitzer. Erbaut wurde es im 16. Jh. auf dem heute noch vorhandenen steinernen Erdgeschoss mit Arkaden eines Vorgängergebäudes aus dem Jahre 1467. Schauen Sie sich die reichen Schnitzereien genau an, es gibt eine Menge zu entdecken: im Eckpfosten z. B. die Allegorien der drei christlichen Kardinaltugenden Glaube, Liebe, Hoffnung, an den Rahmen der 75 Fenster historische Persönlichkeiten wie Karl den Großen, mythologische und biblische Figuren, etwa den Trojaner Hektor oder den König David, aber auch Sternzeichen und musizierende Engel.

Direkt gegenüber vom Hauptportal des Münsters steht an der Ecke zur Rue Mercière ein weiteres geschichtsträchtiges Haus, die frühere *Pharmacie du Cerf* (Hirschapotheke), eine der ältesten Apotheken Europas. Seit dem 13. Jh. – aus dieser Zeit stammen noch die Arkaden – bis zum Jahre 2000 wurden hier Pillen, Tropfen und heilende Säfte verkauft. Heute ist darin eine Boutique Culture untergebracht.

Ehemalige Schuhmachergasse: Gehen Sie nun in die von besonders malerischen Fachwerkhäusern gesäumte Rue du Maroquin. Wo sich heute ein Lokal an das andere reiht, hatten im Mittelalter die Schuhmacher ihre Werkstätten. Daran erinnert auch die Wetterfahne in Form eines Schnabelschuhs auf dem Dach des Hauses mit der Nummer 1 an der nahe gelegenen Place du Marché-aux-Cochons-de-Lait (Ferkelmarkt). Sie verweist auf eine Anekdote aus dem 15. Jh. Als sich der lebenslustige Kaiser Sigismund einmal in Straßburg aufhielt, sollen die Vornehmen der Stadt ihm zu Ehren einen Ball veranstaltet haben. Da er aber keine zum Tanzen geeigneten Schuhe dabeihatte, habe man ihm beim hier ansässigen Schuhmachermeister welche besorgt.

Schlachthaus/Musée Historique de la Ville de Strasbourg/Pont du Corbeau/Zollhaus: Biegen Sie nun nach rechts ab, das lang gestreckte Gebäude auf der linken Seite ist die *Ancienne Boucherie,* das ehemalige *Schlachthaus* der Stadt aus dem Jahre 1586. Wo einst die Metzger ihrem Handwerk nachgingen, ist heute das bereits 1920 gegründete *Historische Museum* untergebracht. Auf zwei Etagen kann man sich mit Hilfe von zahlreichen Exponaten (Modellen, Gemälden, Stichen, Waffen, Kunsthandwerk, aber auch Alltagsgegenständen wie Trachten, Porzellan etc.) über die mit Strasbourg verbundenen historischen Ereignisse sowie über die bauliche Entwicklung der Stadt informieren.

Di–Fr 12–18, Sa/So ab 10 Uhr. Eintritt 6 €, Kinder und Jugendliche frei. Im Eintrittspreis ist ein empfehlenswerter Audioguide enthalten.

Pittoresk wirken die mit Biberschwanzziegeln gedeckten Häuser

Rundgang: Rund ums Münster   97

An der nächsten Straßenecke geht man links und überquert auf dem *Pont du Corbeau* die Ill. Diese Brücke hat im Mittelalter so manches Wehklagen gehört, wurden von ihr aus doch zum Tode Verurteilte, in einem Sack eingenäht, im Fluss ertränkt. Wenn Sie von der Brücke aus zurückschauen, haben Sie einen wunderbaren Blick auf das hufeisenförmige Schlachthaus und das auf der anderen Straßenseite stehende ehemalige Zollhaus, die *Ancienne Douane.* Es war seit Mitte des 14. Jh. Teil des einstigen Hafens der Stadt. Hier erhob man nicht nur den Zoll auf steuerpflichtige Güter, man lagerte auch Waren ein und handelte damit, weshalb man das Gebäude auch als „Kaufhüs" bezeichnete. Während des Zweiten Weltkriegs wurde es erheblich zerstört und dann in den 1950er Jahren wieder aufgebaut.

Musée Alsacien: Nur ein paar Schritte von der Brücke entfernt befindet sich genau gegenüber der Ancienne Douane am Quai St-Nicolas das *Musée Alsacien.* Schon allein die Räumlichkeiten sind sehenswert, hat man doch die Sammlung in drei Fachwerkhäusern aus dem 16./17. Jh. mit schönen Schnitzbalkonen und einem großen Innenhof untergebracht. Aus Angst, dass ihre Kultur in Vergessenheit geraten könnte, nachdem das Wilhelminische Kaiserreich das Elsass annektiert hatte, trugen engagierte elsässische Bürger Ende des 19. Jh. Beispiele ihrer Volkskunst und ihres Brauchtums sowie Gegenstände aus dem Alltagsleben zusammen. 1902 wurde dann das Museum eröffnet. Seine Sammlung ist schon deshalb einzigartig, weil man ganze Räume authentisch nachgebaut und eingerichtet hat, u. a. die Stube einer Winzerfamilie aus der Renaissancezeit, eine Apotheke und eine Küche mit einer Kollektion wunderschöner Backformen. Daneben werden historische Zeugnisse aus allen Bereichen des Lebens präsentiert: Gebärstühle, Taufbriefe, Hochzeitsgewänder, Trachten, Kinderspielzeug, Totentafeln etc. Einen Schwerpunkt bildet das Thema Arbeit: Gerätschaften der Bauern, Müller und Winzer sind zu sehen, aber auch Werkzeuge der Minenarbeiter von Ste-Marie-aux-Mines, der Tischler und Kunstblumenhersteller. Interessant sind auch die Kultgegenstände der drei im Elsass vertretenen religiösen Gemeinschaften, der Katholiken, der Protestanten und der Juden.

Tägl. außer Di 12–18, Sa/So bereits ab 10 Uhr. Eintritt 6 €, Kinder und Jugendliche frei.

Kleiekotzer

Ein eigener Raum des Museums ist einer Sammlung hölzerner Masken gewidmet. Diese sog. „Kleiekotzer" waren einst an den Getreidemühlen angebracht. Am Ende des Mahlvorgangs flossen aus ihren gewaltigen Mündern die unbrauchbaren Schalen und Reste der Getreidekörner heraus: die Kleie. Darüber hinaus sollten diese einen gehörnten Teufel, einen wütenden Soldaten oder einen dunklen Fremdling darstellenden Fratzen eine abschreckende Wirkung haben und dafür sorgen, dass kein böser Geist das Mehl verhexte. Verständlich in einer Zeit, in der durch den Mutterkornpilz nicht selten schwere Vergiftungen hervorgerufen wurden.

Rabenhof: Wenn Sie nach dem Verlassen des Museums rechts zurückgehen und auf der Höhe des Pont Corbeau den gleichnamigen Platz überqueren, kennzeichnet unmittelbar auf der anderen Seite am Haus Nr. 1 eine Rabenfigur den Eingang zu einem sehenswerten Innenhof, dem *Cour du Corbeau* (Rabenhof). Drinnen erwartet Sie ein herrliches Ensemble, bestehend aus Treppen, Türmchen, Erkern und Balkonen, das man in den letzten Jahren liebevoll renoviert hat. Den hinteren Teil des

Gebäudeensembles nimmt nun ein luxuriöses Viersternehotel ein. Damit wird hier eine alte Tradition fortgesetzt, denn immerhin galt das Gasthaus „Zum Raben" vom 16. bis zum 19. Jh. als eine der besten Absteigen der Stadt, in der u. a. auch Friedrich der Große, Voltaire sowie Joseph II. von Österreich übernachtet haben. Im Café des neuen Hotels kann man die Atmosphäre des Rabenhofs wunderbar genießen.

Palais Rohan: In der eingeschlagenen Richtung weitergehend, fällt am anderen Illufer die elegante Rückfassade des *Palais Rohan* auf, das man über die Brücke Ste-Madeleine erreicht. In der ersten Hälfte des 18. Jh. wurde das Palais für den Straßburger Fürstbischof und Kardinal Armand Gaston de Rohan-Soubise errichtet. Ihm folgten weitere Mitglieder der Rohan-Dynastie auf den Bischofsthron und als Hausherren des Palastes, bis der Letzte sich während der Französischen Revolution ins Badische absetzte und dort auch starb. Dieses Stadtschloss gilt als besonders schönes Beispiel für die Architektur eines französischen Spätbarockpalais. Den typischen Garten ersetzt hier allerdings die zur Ill hin ausgerichtete große Terrasse.

Wenn Sie am Ende der Rue du Bain aux Roses links gehen, kommen Sie durch ein mächtiges, von Doppelsäulen eingerahmtes Portal in den riesigen Innenhof. Den Besuch der drei im Schloss untergebrachten Museen können wir Ihnen wärmstens empfehlen.

Öffnungszeiten/Eintritt Tägl. außer Di 12–18 Uhr, Sa/So bereits ab 10 Uhr geöffnet. Eintritt je Museum 6 €, das Sammelticket für alle drei Museen kostet 12 €, Kinder und Jugendliche frei.

Musée des Arts Décoratifs: Im Museum für Kunsthandwerk bekommt man zunächst die prunkvollen, lichtdurchfluteten Gemächer der Rohan-Kardinäle zu sehen. Im sog. Königszimmer hat Ludwig XV. schon sein Haupt zur Ruhe gebettet, während in einem zum Hof gelegenen, ganz in Grün gehaltenen Raum Napoleon I. geschlafen haben soll. Besonders beeindruckend ist die Bibliothek mit rundum laufenden Bücherschränken, alten Globen und prachtvollen Wandbehängen. Im zweiten Teil des Museums sind v. a. Fayencen ausgestellt, die 1721–1780 unter der Leitung der Familie Hannong in Strasbourg hergestellt wurden. Die Teller und Schüsseln mit naturgetreu gezeichneten Blumenmotiven

Licht- und Wasserspiele am Palais Rohan

Rundgang: La Petite France 99

fanden damals weit über die Grenzen des Elsass hinaus großen Anklang. Im letzten Raum befinden sich alte Triebwerke und astronomische Anzeigen von Vorgängermodellen der berühmten Uhr im Münster, u. a. auch der erste krähende Hahn aus dem Jahre 1354.

Musée des Beaux-Arts: Das Museum bietet eine sehenswerte Kollektion europäischer Malerei vom späten Mittelalter bis zum 19. Jh., darunter auch Werke von Giotto, van Dyck, Rubens, Raphael, Goya, Delacroix, El Greco u. a. Das wahrscheinlich bekannteste Bild des Museums, „La belle Strasbourgoise", wurde 1703 von Nicolas de Largillière, einem der bedeutendsten Porträtmaler seiner Zeit, geschaffen. Es zeigt eine hübsche, elegant gekleidete Aristokratin der Stadt, die gemäß der damaligen Mode einen extravaganten Dreispitzhut

trägt. Der kleine Hund in ihren Händen scheint sich nicht ganz wohl in dieser Situation zu fühlen. Falls Sie mittlerweile noch nicht hungrig sind, werden Sie es sicher beim Betrachten der holländischen Stillleben, auf denen Krebse, Früchte und andere Köstlichkeiten Appetit machen.

Musée Archéologique: Die umfangreiche Sammlung, in 21 Sälen sehr übersichtlich präsentiert, gibt einen Überblick über die Besiedlungsgeschichte des Elsass von den Anfängen über die gallorömische Epoche bis ins 6. Jh. n. Chr., der Zeit der Merowinger. Hervorzuheben sind neben Rekonstruktionen von Gräbern, eines gallorömischen Hauses und eines ungewöhnlich bunten Mithras-Heiligtums die Funde aus der mystischen Höhenkultstätte auf dem Donon (siehe auch S. 302f.).

Place du Marché Gayot: Wenn Sie nach dem Verlassen des Palais Rohan nach rechts gehen, kommen Sie an einem mit der Kathedrale verbundenen, lang gestreckten Gebäude vorbei, in dem im 18. Jh. zunächst die katholische Universität von Strasbourg und später ein Jesuitenkolleg untergebracht war. Von dort geht es nach links in die Rue des Ecrivains und gleich darauf wieder rechts ab. Von dieser kleinen Straße führen drei Minigässchen zu der hübschen *Place du Marché Gayot*, die am Abend besonders junge Leute anlockt. Doch auch tagsüber kann man hier im Schatten der Bäume wunderbar sitzen, einen Kaffee genießen und die umliegenden, z. T. außergewöhnlich schmalen Häuschen bewundern.

An der gegenüberliegenden Seite des Platzes befinden sich drei weitere Minigässchen. Über sie erreicht man die von interessanten Läden gesäumte *Rue des Frères*, in die man links einbiegt. In wenigen Minuten hat man die Nordseite des Münsterplatzes erreicht, wo sich einst ein Friedhof ausbreitete. Erst als man diesen aus hygienischen Gründen aus dem Zentrum verlegte, entstand dieser längliche Teil des Münsterplatzes, der dann u. a. zum Verkauf von Brot und Salz genutzt wurde.

Dritter Rundgang: La Petite France

Das ehemalige Gerberviertel mit seinen engen, kopfsteingepflasterten Gassen, malerischen Fachwerkhäusern, romantischen Illkanälen und zahlreichen Brücken gehört mit zum Schönsten, was die an Highlights wahrlich nicht arme Straßburger Altstadt zu bieten hat. Auch wenn sich die Touristen oft gegenseitig auf die Füße zu treten scheinen, sollten Sie einen Besuch auf keinen Fall versäumen.

Der ungewöhnliche Name des Viertels geht auf das 16. Jh. zurück. Damals stand hier ein Krankenhaus, in dem an der Syphilis erkrankte Patienten behandelt wurden. In größerer Verbreitung trat diese Lustseuche in Europa erstmals gegen Ende des 15. Jh. bei den Soldaten des französischen Königs Karl VIII. auf, weshalb man sie auch als „Franzosenkrankheit" bezeichnete. Daher nannte man das Krankenhaus „Klein Frankreich", eine Bezeichnung, die bald auf das ganze ohnehin in keinem guten Ruf stehende Viertel überging, denn hier empfingen auch zahlreiche Prostituierte ihre Freier.

Place Gutenberg/Neuer Bau: Vom Münsterplatz geht man über die pittoreske Rue Mercière zur *Place Gutenberg,* wo man 1840 dem Erfinder des Buchdrucks ein bronzenes Denkmal setzte und den einstigen Kräuterplatz nach ihm benannte. Der gebürtige Mainzer Johann Gutenberg lebte zwischen 1434 und 1444 in Straßburg und soll auch hier schon mit dem Buchdruck beschäftigt haben. Jedenfalls verhalf er der Stadt durch seine geniale Erfindung zu Reichtum, denn sie entwickelte sich bald zu einem Zentrum der Buchdruckerkunst. Von diesem Wohlstand zeugt u. a. heute noch der imposante *Neue Bau* mit einer säulengeschmückten Renaissancefassade und Volutengiebeln an den Dachfenstern hinter dem Gutenberg-Denkmal. Als Verwaltungsgebäude wurde er 1580 vom damaligen Stadtrat in Auftrag gegeben, diente später als Rathaus und ist heute Sitz der Industrie- und Handelskammer.

Grand' Rue: Biegen Sie an der Nordwestecke des Platzes nach links in die Rue Gutenberg ein und gehen Sie nach der Überquerung der Straßenbahnlinien weiter in die *Grand' Rue.* Sie ist eine der ältesten Straßen der Stadt und verband zur Zeit der Römer Tres Tabaerne (Saverne) mit dem Militärlager Argentoratum, aus dem Strasbourg entstand. Auch hier haben die verschiedenen Architekturepochen ihre Spuren hinterlassen. So kommt man an Fachwerkhäusern aus dem 16. Jh. (z. B. die Häuser mit den Nummern 101 und 120), aber auch an Barock- und Rokokofassaden vorbei. Außerdem macht das Bummeln in dieser kopfsteingepflasterten Straße schon deshalb Spaß, weil es in den Auslagen der Geschäfte viel zu sehen gibt.

Place Benjamin Zix: Zweigen Sie am Hôtel l'Europe nach links in die Rue du Fossédes-Tanneurs ab. Nach wenigen Metern erreichen Sie so den *Benjamin-Zix-Platz* und damit das Herz von La Petite France, wo man unter Bäumen eine Kaffeepause machen und zeitgenössischen Künstlern beim Porträtieren der Touristen zuschauen kann. Der Platz ist übrigens nach einem Maler benannt, der die napoleonischen Kriegszüge im Bild festgehalten hat.

Das malerischte Viertel der Stadt   Strasbourg zur Abenddämmerung

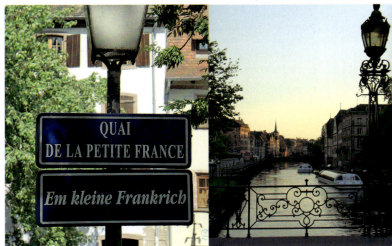

Rundgang: La Petite France 101

An den Ill-Armen hatten sich im Mittelalter vor allem die Handwerker niedergelassen, die zur Ausübung ihres Berufs auf das Wasser angewiesen waren, also die Müller, die Fischer, die Färber und die Gerber. Letztere waren dafür verantwortlich, dass ständig ein übler Gestank durch die Gassen wehte. Heute erinnern die besonders schönen Fachwerkhäuser am Benjamin-Zix-Platz an diesen Berufszweig. Achten Sie bei diesen authentischen Gebäuden auf die großen Galerien im Dachgeschoss – hier wurden die Tierhäute nach dem Waschen zum Trocknen aufgehängt. Wo es einst fürchterlich stank, lockt heute der verführerische Duft von Baeckeoffe und Choucroute aus den zahlreichen Restaurants, z. B. aus dem *Maison des Tanneurs,* dem ehemaligen Zunfthaus der Gerber.

Ponts Couverts/Barrage Vauban: Wenn Sie nun weiter in die Rue du Bain-aux-Plantes hineingehen, passieren Sie nach wenigen Metern ein Gasthaus mit dem seltsamen Namen „Lohkäs" (auch der erinnert an die Gerber, denn die „Lohe", zerkleinerte und gemahlene Eichen- oder Fichtenrinde, wurde zum Gerben der Häute verwendet). Dort zweigen Sie nach links in die Rue des Moulins ab und überqueren nach wenigen Metern eine Drehbrücke. Dank dieser mehr als 120 Jahre alten, mittlerweile modernisierten Konstruktion ist es möglich, auf Knopfdruck den Illkanal für passierende Schiffe freizugeben und gleich darauf wieder Fußgänger auf die andere Seite des Kanals gehen zu lassen. Dort biegen Sie schon nach zehn Metern nach rechts in den Durchgang des Hauses Nummer 6 ein und kommen zu einem ungepflasterten Weg. Er bringt Sie zu den *Ponts Couverts,* die die zur Stadtbefestigung gehörenden Wachtürme miteinander verbinden. „Gedeckte Brücken", wie es der Name verheißt, bekommen Sie hier allerdings nicht zu sehen. Die Bezeichnung erinnert an die zwischen 1200 und 1250 erbauten, mit Ziegeldächern versehenen Holzbrücken, die bereits im 19. Jh. ersetzt wurden.

Wenn Sie vor dem letzten Wachturm nach rechts abbiegen, kommen Sie zum *Barrage Vauban.* Dieses Stauwehr wurde unter Ludwig XIV. von dem Baumeister Vauban zur Verstärkung der alten Stadtbefestigung errichtet. Bei Gefahr konnte man den südlichen Vorstadtbereich einfach unter Wasser setzen, sodass hier kein Durchkommen mehr möglich war. Heute dient das Wehr als Aussichtsterrasse. Von hier hat man eines der grandiosesten Panoramen Straßburgs vor sich: die „Gedeckten Brücken" mit den lange als Gefängnissen genutzten Türmen, die Illkanäle, die, wie man hier oben auf einer Tafel nachlesen kann, fast alle nach einst an ihren Ufern stehenden Mühlen benannt sind, und das Münster im Hintergrund.

Rundfahrt in einem Bateaux Mouches

Öffnungszeiten/Eintritt Der Barrage Vauban war zum Zeitpunkt der Drucklegung wegen Renovierung geschlossen. Die Aussichtsterrasse wird nach Abschluss der Arbeiten (voraussichtlich Ende 2012) wohl wieder zu den vorher üblichen Zeiten (7.30–19.30 Uhr, im Winter ab 9 Uhr) zugänglich sein.

Musée d'Art Moderne et Contemporain: Auf der anderen Illseite, über den Durchgang im Erdgeschoss des Vauban-Wehrs zu erreichen, steht das futuristische Gebäude des 1998 eröffneten Museums für moderne und zeitgenössische Kunst. Im Erdgeschoss werden u. a. die wichtigsten Strömungen in der Malerei von der Mitte des 19. Jh. bis in die Gegenwart dokumentiert. Klingende Namen sind vertreten: Renoir, Monet, Sisley, Max Liebermann, Max Ernst, Kandinsky, Picasso, Poliakoff, Braque und viele andere mehr. Besonders gewürdigt werden die Plastiken und Reliefs des in Strasbourg geborenen Künstlers Hans Arp. In die Sitzbänke eingelassen wurden herausnehmbare Erläuterungen zu den einzelnen Künstlern. Zeitgenössische Kunst kann man dann im oberen Stockwerk bewundern – oder sich darüber wundern. Empfehlenswert ist das dort gelegene Art Café, von dessen Terrasse man auf den Barrage Vauban und das Münster blickt. In dem Museum werden zudem regelmäßig Wechselausstellungen präsentiert.

Eine vier Meter hohe Pferdeskulptur grüßt die Besucher

Di/Mi und Fr 12–19, Do 12–21, Sa/So 10–18 Uhr. Eintritt 7 €, Kinder und Jugendliche unter 18 J. frei.

Eglise St-Thomas: Man geht nun auf demselben Weg zurück und hinter dem Durchgang des Hauses Nummer 6 geradeaus weiter in den Quai des Moulins, der über eine Schleuse führt. Am linken Illufer stehen wunderschöne alte Fachwerkhäuser mit liebevoll begrünten Terrassen. Hinter der kleinen Holzbrücke wendet man sich nach rechts, geht die Ill entlang und dann zur übernächsten Brücke hinauf. Links führt die Rue Martin Luther zur protestantischen Kirche St-Thomas, dem zweitgrößten Gotteshaus Straßburgs, das im 12. und 13. Jh. errichtet wurde.

St-Thomas ist eine gotische Hallenkirche, d. h. die Seitenschiffe haben die gleiche Höhe wie das Mittelschiff. In dem ansonsten recht schlichten Innern fällt sofort das pompöse marmorne *Grabmal Moritz' von Sachsen* ins Auge. Der Sohn August des Starken hatte sich als Generalfeldmarschall im Dienste Ludwigs XV. verdient gemacht und sollte nach seinem Tod deshalb ein ehrenvolles Grab bekommen. Da er jedoch nicht nur unehelich, sondern auch Ausländer und zudem noch evangelisch war, konnte dies nicht in Paris geschehen; man verlegte seine letzte Ruhestätte deswegen ins traditionell protestantische Strasbourg. Der damalige Starbildhauer des Königshofes, Jean-Baptiste Pigalle, schuf das Denkmal als dramatische Szene ganz im barocken Stil: Vor einem Obelisk, dem Symbol der Unsterblichkeit, steigt der Marschall die Stufen zum Sarkophag hinab. Eine spärlich gekleidete Frau, sie versinnbildlicht Frankreich, versucht, ihn aufzuhalten, doch unten rechts zeigt der Tod mit einem abgelaufenen Stundenglas, dass es kein Entrinnen mehr gibt. Herkules trauert um den Helden, ein kleiner Engel im Hintergrund weint bitterlich. Links vom Marschall liegen über der französischen Trikolore drei gefallene Tiere – der Löwe von Flandern, der österreichische Adler sowie der englische Leopard –, womit seine Siege glorifiziert werden. Sehenswert ist auch der Sarkophag des Bischofs Adeloch aus der Mitte des 12. Jh. im rechten Querschiff. Dieser steht auf vier kleinen steinernen Löwen und ist mit Figuren und Rankwerk verziert.

Über dem Haupteingang befindet sich ein weiteres Kleinod der Kirche, eine *Silbermannorgel*. Auf dieser haben einige bekannte Persönlichkeiten gespielt, z. B. Mozart und – sehr häufig – Albert Schweitzer.

Nach dem Verlassen der Kirche gehen Sie rechts und über die Place St-Thomas in die Rue des Serruriers. Sie führt in östliche Richtung zum Gutenberg-Platz, von wo Sie in wenigen Schritten wieder das Münster erreichen.
Febr. 14–17 Uhr, März und Nov./Dez. 10–17 Uhr, April–Okt. 10–18 Uhr. Eintritt frei.

Silbermannorgeln

Einen geradezu mythischen Klang hat bei Musikliebhabern der Name Silbermann, steht er doch für ein goldenes Zeitalter der Orgelkunst am Oberrhein und in Sachsen. Besitzt eine Kirche ein Instrument aus dem Hause Silbermann, wird bei Führungen mit Sicherheit voller Stolz darauf hingewiesen.

Andreas Silbermann, aus Sachsen stammend, wo sein Bruder ebenfalls legendäre Orgeln baute, kam 1701 nach Straßburg, ging 1704 für zwei Jahre nach Paris, um bei dortigen Meistern seine Kunst zu perfektionieren, bevor er sich dann endgültig in der elsässischen Metropole niederließ. In seinen Orgeln verbanden sich nun französische Einflüsse mit deutscher Bautradition. Nur zwei, die in Marmoutier und Ebersmunster, sind nahezu authentisch erhalten. Sein Sohn Johann Andreas, u. a. Ratsherr in Straßburg, trat in seine Fußstapfen und baute im Elsass und in Baden etwa 80 Orgeln. Alle Silbermann-Instrumente bestechen durch perfekte Technologie, unvergleichlichen Klang und elegantes Gehäuse.

Vierter Rundgang:
Zentrale Plätze und wilhelminisches Viertel

Dieser Spaziergang führt zunächst durch das pulsierende Zentrum, dann in ein Viertel, das architektonisch so gar nicht in eine französische Stadt passt. Nachdem das Elsass nach dem Deutsch-Französischen Krieg 1870/71 an das deutsche Kaiserreich angegliedert worden war, fungierte Straßburg als Hauptstadt des sog. Reichslandes Elsass-Lothringen. Vom Ehrgeiz gepackt, der Stadt auch architektonisch ein „preußisches Gesicht" zu geben, ließ man nordöstlich der Altstadtinsel ein neues Viertel mit breiten, kerzengerade verlaufenden Straßen, riesigen Plätzen und zahlreichen Repräsentationsbauten im Stil der Gründerzeit errichten. Was einst Ausdruck stolzer Machtpolitik war, ist heute Erinnerung an die schmerzhafte jüngere Geschichte Straßburgs.

Place Kléber: Gehen Sie vom Münsterplatz links am Maison Kammerzell vorbei und überqueren Sie die Rue des Hallebardes. Auf der anderen Seite beginnt die Rue des Orfèvres, eine hübsche Gasse mit ausgezeichneten Delikatessenläden. Sie führt zur protestantischen *Eglise du Temple-Neuf,* die Ende des 19. Jh. an der Stelle einer im Krieg 1870/71 abgebrannten Vorgängerkirche der Dominikaner errichtet wurde. Gehen Sie links, gleich wieder rechts und am Haupteingang vorbei bis zur Patisserie Christian in einem auffällig bemalten Gebäude. Hier biegt man links in die Rue de l'Outre ein, passiert das berühmte Gourmetrestaurant „Au Crocodile" und steht kurz darauf auf der riesigen, stets belebten *Place Kléber.* Der Platz ist nach dem aus

Strasbourg stammenden General Jean-Baptiste Kléber benannt, dem Oberbefehlshaber der französischen Truppen bei Napoleons Ägyptenfeldzug, der im Jahre 1800 in Kairo ermordet wurde. Eine Bronzestatue, unter der seine Gebeine ruhen, erinnert an ihn. Der geschichtsträchtige Platz hat schon viel Abstruses gesehen: Während der Französischen Revolution verrichtete hier die Guillotine ihr blutiges Werk, zur Zeit der Besetzung durch Hitler-Deutschland fanden pompöse Aufmärsche und propagandistische Kundgebungen statt. Heute kann man sich nicht mehr vorstellen, dass dieses lebendige Alltagszentrum der Stadt eine lange militärische Tradition hat. Daran erinnert nur noch die den Platz im Norden begrenzende *Alte Hauptwache* aus dem 18. Jh., auch *Aubette* genannt, weil hier die Soldaten bei Sonnenaufgang (franz. *aube*) ihre Tagesbefehle entgegennahmen. Nach ihrer Zerstörung 1870 hat man sie im wilhelminischen Stil der Gründerzeit wiederaufgebaut.

St-Pierre-le-Jeune: Vorbei an eleganten Geschäften geht man die Rue des Grandes Arcades bis zu ihrem Ende und dann über die Straßenbahnschienen hinweg zu der zwischen 1250 und 1320 errichteten Kirche *St-Pierre-le-Jeune protestant* (ganz in der Nähe gibt es eine katholische Kirche gleichen Namens). Die das Hauptportal schmückenden Figuren, u. a. Ecclesia und Synagoge sowie die törichten und die klugen Jungfrauen, sind Schöpfungen aus dem 19. Jh. Die Originale wurden während der Französischen Revolution zerstört. Im Innern lohnen besonders die gotischen Wandmalereien, etwa der „Zug der Nationen zur Muttergottes" oder „Sturm auf dem See Genezareth", sowie der Lettner mit den Abbildungen der vier Evangelisten, über dem eine Silbermannorgel aufragt. Rechts davon führt eine Treppe in die Krypta mit einem in den Boden eingelassenen Grab in Körperform und Grabnischen an den Wänden. Sie stammt noch aus einem Vorgängerbau aus merowingischer Zeit (6. Jh.). Sehenswert ist auch der weitgehend romanische Kreuzgang, nur die Ostseite ist gotisch.
 Von Anfang April bis Ende Okt. Mo 13–18, Di–Sa 10.30–18 und So 14.30–18 Uhr; 1.–23.12. Fr–
 So 12–17 Uhr. Eintritt frei.

Place Broglie: Gehen Sie zurück zu den Straßenbahnschienen und biegen Sie links in die Rue de la Mésange ab. Bald hat man die lang gestreckte *Place Broglie* er-

Der Brunnen wurde von Tomi Ungerer entworfen

Rundgang: Zentrale Plätze und wilhelminisches Viertel

reicht. Zwischen zahlreichen Platanen ragt in ihrer Mitte ein Obelisk in die Höhe. Ihn errichtete man 1951 zu Ehren des Generals Leclerc, des Befreiers Straßburgs von Nazideutschland. Um den Platz, der einstmals als Pferdemarkt diente, ließen sich reiche Straßburger im 18. Jh. prachtvolle Domizile erbauen. Besonders sehenswert sind z. B. das Eckhaus an der Rue du Dôme, das heutige *Café Broglie,* und das fahnengeschmückte *Hôtel de Ville,* ein einst für die Grafen von Hanau-Lichtenberg errichteter Palast, der von 1805 bis 1976 als Rathaus diente. Noch heute werden hier vom Stadtoberhaupt die wichtigsten offiziellen Besucher Straßburgs empfangen. Auf der gegenüberliegenden Seite des Platzes befindet sich das ehemalige Wohnhaus des einstigen Bürgermeisters Frédéric de Dietrich, in dem heute die Banque de France untergebracht ist. Es ist nicht nur architektonisch interessant, sondern auch die Wiege eines nationalen Symbols, denn hier trug Rouget de Lisle zum ersten Mal die Marseillaise vor (siehe S. 76). Im Nordosten wird der Platz von dem klassizistischen Gebäude der *Opéra du Rhin* begrenzt.

Links von der Oper, auf der anderen Straßenseite, steht in einer kleinen Grünanlage ein symbolträchtiges Kunstwerk, von Tomi Ungerer für die 2000-Jahr-Feier Straßburgs 1988 entworfen. „Geburt der Zivilisation" wird es genannt, und der zweigesichtige Januskopf unter einem kleinen, an den römischen Ursprung Straßburgs erinnernden Aquädukt weist auf die französischen und deutschen Wurzeln der Elsässer hin.

Place de la République: Über die Illbrücke gelangt man zum Zentrum des wilhelminischen Viertels, der kreisrunden *Place de la République,* einst Kaiserplatz genannt. Genau in der Mitte befindet sich das *Monument aux Morts.* Auch wer sonst kein Interesse an Kriegsdenkmälern hat, wird von diesem sicherlich gefangen genommen, zeigt es doch eindrücklich das besondere Schicksal des Elsass. Eine Mutter hält die Leichname ihrer beiden Söhne in den Armen. Sie sind nackt. Wären sie bekleidet, so trüge der eine wohl eine deutsche, der andere eine französische Uniform. 1936 wurde dieses Mahnmal in Erinnerung an die schrecklichen Ereignisse des Ersten Weltkriegs errichtet, als Elsässer auf deutscher und auf französischer Seite z. T. sogar aufeinander schossen. Im Zweiten Weltkrieg, als ca. 130.000 Elsässer gegen ihren Willen in der deutschen Wehrmacht kämpfen mussten, wiederholte sich die Geschichte, sodass die Skulptur zum Sinnbild des elsässischen Schicksals wurde.

Unter Gourmets bestens bekannt

Umrundet man den Platz, passiert man fünf wilhelminische Renommiergebäude. Das auffälligste ist der monumentale *Palais du Rhin* im Westen, 1884–1889 in einer Mischung aus florentinischem Renaissance- und typischem Berliner Neubarockstil als Kaiserpalast für Wilhelm I. erbaut. Eingeweiht wurde er aber erst von seinem Nachfolger Wilhelm II. Die Nordseite wird beherrscht von den beiden neobarocken ehemaligen Ministeriumsgebäuden des Reichslandes Elsass-Lothringen. Im

106 Strasbourg

Osten stehen die *Bibliothèque Nationale*, geschmückt von den Köpfen Shakespeares, Molières, Dantes und anderer bedeutender Poeten, sowie das *Théâtre National*, ehemaliger Sitz des Landtags von Elsass-Lothringen. Beide sind im Wesentlichen neoklassizistische Gebäude.

Musée Tomi Ungerer: Gegenüber vom Eingang zum Theater steht die hübsche Villa Greiner, in der seit 2007 das Musée Tomi Ungerer untergebracht ist. Es handelt sich um eines der ganz wenigen, einem lebenden Künstler gewidmeten Museen in Frankreich. Von den ca. 8000 Zeichnungen, die Tomi Ungerer seiner Heimatstadt vermacht hat, werden auf drei Stockwerken 250 bis 300 Exponate ausgestellt. Sie veranschaulichen eindrucksvoll dessen vielfältigen Wirkungskreis. Während im Erdgeschoss seine Kinderbuchillustrationen – zu den bekanntesten gehören „Das Biest und Monsieur Racine" sowie „Der Zauberlehrling" – und von ihm entworfene Spielzeugautomaten Platz gefunden haben, werden im oberen Stockwerk v. a. Werbeplakate, aber auch Zeichnungen mit politisch-satirischem Charakter präsentiert. Im Untergeschoss sind einige von Ungerers erotischen Bildern, u. a. aus „Das Kamasutra der Frösche", sowie sehr düstere, sich um die Motive „Tod" und „Krieg" drehende Zeichnungen zu sehen. Die Exponate werden in regelmäßigen Abständen ausgetauscht.
Tägl. außer Di 12–18 Uhr, Sa/So bereits ab 10 Uhr. Eintritt 6 €, für Kinder und Jugendliche Eintritt frei.

Eglise St-Paul/Universität/Jardin Botanique: Zwischen Bibliothèque Nationale und Théâtre National führt die breite Avenue Schoelcher bzw. Avenue de la Liberté – vormals Kaiser-Wilhelm-Straße – schnurgerade auf die Universität zu. Bevor man diese erreicht, passiert man das mit seinen Türmchen, Rosetten und neugotischen Spitzbögen wie eine Burg wirkende Gebäude der Hauptpost sowie mit schmiedeeisernen Balkonen und integrierten Säulen geschmückte Villen, in denen meist hohe Beamte des Deutschen Reiches wohnten. Links ragen die beiden Türme der *Eglise St-Paul* in den Himmel, zwischen 1889 und 1892 als protestantische Kirche der deutschen Militärgarnison auf der Illinsel Sainte-Hélène erbaut.

Hat man die Illbrücke und den verkehrsreichen Quai du Maire Dietrich überquert, kommt man zur *Universität*. Auf dem Platz davor steht das 1904 errichtete Denkmal für Johann Wolfgang Goethe. In stolzer Haltung steht der junge Dichter zwischen den Musen der dramatischen und lyrischen Kunst. Der wahrscheinlich bekannteste Student Straßburgs hörte 1770/71 seine Vorlesungen in einem Vorgängerbau der heutigen Universität, die ebenfalls ein wilhelminisches Gebäude ist. Falls Sie Lust haben, können Sie noch dem hinter der Universität liegenden *Jardin Botanique* mit Planetarium und Zoologischem Museum einen Besuch abstatten.

Höhere Töchterschule/Judengasse: Um den Rundgang fortzusetzen, gehen Sie zurück zur Ill, halten sich links, überqueren die nächste Brücke und biegen unmittelbar dahinter in die Rue des Pontonniers ab. Wenn Sie von der folgenden Brücke zurückschauen, haben Sie einen wunderschönen Blick auf die malerisch gelegene, Anfang des 20. Jh. gebaute einstige *Höhere Töchterschule*, eine gelungene Mischung aus Spätgotik, Renaissance und mittelalterlichem Fachwerk, das tatsächlich aus einem ehemaligen Wohnhaus stammt. Heute ist in dem zauberhaften Gebäude das Lycée International untergebracht.

Wenn man nun auf der anderen Seite der Ill nach rechts abbiegt, passiert man nach wenigen Metern den *Laufsteg des Falschen Walls*, eine hübsche Fußgängerbrücke mit schmiedeeisernem Geländer. An der nächsten Kreuzung halten Sie sich links und kommen bald in die *Judengasse*, die Rue des Juifs, und damit aus der Gründerzeit zurück ins Mittelalter. Viele der Häuser sind mit schönen Innenhöfen ausgestattet, besonders eindrucksvoll ist der des Hauses mit der Nummer 13. Zudem gibt es in den Schaufenstern einiger edler Geschäfte so manches zu bewundern. Am Ende der Straße können Sie über die Rue du Dôme zum Münster zurückkehren.

Tomi Ungerer: Enfant terrible und guter Mensch des Elsass

Der populärste zeitgenössische elsässische Künstler und engagierte Kämpfer für die Erhaltung der Elsässer Identität galt in seiner Heimat lange als Enfant terrible. Man fand viele seiner Äußerungen zu provokant und direkt, zeigte sich auch schockiert darüber, dass ein weltbekannter Kinderbuchautor und -illustrator Zeichnungen erotischer Phantasien veröffentlichte. „Ich bin ein Pendler zwischen der geilen und der heilen Welt", erklärte er einmal mit entwaffnender Direktheit und „außerdem gäbe es ohne Sex keine Kinder."

Ungerer, 1931 in Strasbourg geboren, verlor früh seinen Vater. Als Schüler in Colmar erlebte er die Besetzung des Elsass durch die Nazis; statt „Heil Hitler!" zu schreien, sagten seine Familie und er „Ein Liter", berichtet er in seinen Kindheitserinnerungen. Wegen schlechten Betragens musste er später die *Ecole des Arts Décoratifs* verlassen, schloss sich eine Zeit lang den Kamelreitertruppen in Nordafrika an und ging 1956 mit 60 Dollar in der Tasche und ein paar Skizzen und Manuskripten nach New York, wo ihm als Autor, Werbegrafiker und Zeichner der große Durchbruch gelang. 1975 kehrte er nach Europa zurück und veröffentlichte „Das große Liederbuch", eine Sammlung deutschen Liedguts aus fünf Jahrhunderten, weil, so sagte er, die Deutschen sich auch dreißig Jahre nach der Hitler-Zeit noch nicht trauten, ihre alten, von den Nazis missbrauchten Volkslieder zu singen. Es wurde einer seiner größten Erfolge.

Neben seiner künstlerischen Tätigkeit engagiert er sich für den Frieden auf der Welt, für Verfolgte, für die Menschenrechtsorganisation Amnesty International, für die deutsch-französische Aussöhnung, für Aids- und Krebskranke, für den Erhalt der jüdischen Kultur im Elsass und vieles mehr. Im Kampf gegen den Pariser Zentralismus hat er zusammen mit Gleichgesinnten erreicht, dass in elsässischen Kindergärten eine zweite Sprache (Deutsch oder Elsässisch) gesprochen werden darf und alle elsässischen Schüler die Möglichkeit haben, Deutsch zu lernen. Heute lebt er auf einem Bauernhof in Irland, in seiner Heimat, dem Elsass, ist er aber regelmäßig anzutreffen und mischt sich kräftig ein.

Das Gebäude des Europaparlaments gilt als ein
architektonisches Meisterstück

Fünfter Rundgang: Europaviertel

Das moderne Viertel im Norden der Stadt am Zusammenfluss von Ill und Rhein-Marne-Kanal liegt gar nicht sehr weit entfernt vom historischen Strasbourg. Ein schöner, etwa 40-minütiger Spaziergang führt am Wasser entlang zu den Palästen der europäischen Institutionen und weiter zu dem beliebten Parc de l'Orangerie.

Parlament Européen: Vom Münster geht man bis zum Pont Corbeau und biegt auf der anderen Seite des Flusses nach links ab. Über den Quai des Bateliers, dann den Quai des Pêcheurs erreicht man die Place de l'Université. Ab hier heißt die nun von besonders schönen Häusern gesäumte Uferstraße Quai Rouget-de-Lisle. Nach etwa 600 m überqueren Sie den Fluss auf der Fußgängerbrücke Passage Ducrot und gehen auf der anderen Illseite auf dem Quai du Ch.-Winterer in derselben Richtung weiter, vorbei an einem Neubau des Fernsehsenders *arte*. Wahrscheinlich werden Ihnen hier ziemlich viele Radfahrer und Jogger begegnen, auf der Ill sind häufig Ruderer und immer wieder Ausflugsboote zu sehen, und ständig patrouillieren in dieser Gegend Soldaten. Vor Ihnen liegt nun das *Europaparlament*. Der 1999 nach Plänen des renommierten Pariser *Architecture Studio* fertig gestellte Parlamentspalast ist ein architektonisches Meisterstück. Ein 60 m hoher Rundbau, teils verglast, teils aus Betonelementen bestehend, wird von einem bogenförmigen gläsernen Gebäude mit silbrig glänzender Kuppel umschlossen. In diesem befindet sich der Plenarsaal des größten Wanderzirkus Europas, wie man die derzeit 736 direkt gewählten Europa-Abgeordneten aus den 27 EU-Staaten genannt hat. Denn 12-mal im Jahr nehmen die Abgeordneten an einer viertägigen Plenartagung teil, eine Heerschar von Beamten, Journalisten, Dolmetschern, Sekretärinnen etc. begleitet sie nach Strasbourg, dann ziehen alle wieder nach Brüssel, wo zwei Wochen im Monat die Ausschüsse tagen, oder nach Luxemburg, dem Sitz des Generalsekretariats des

Europaparlaments. Für ihre Stippvisiten in Strasbourg stehen ihnen neben dem Parlamentssaal weit mehr als 1000 Büros, Konferenzsäle, aber auch Fitnessstudios, Friseursalons, Bars, Restaurants und Reisebüros zur Verfügung. Aber auch die Hoteliers und Gaststättenbesitzer in der Stadt freuen sich, wenn eine Sitzungswoche ansteht.

Das vereinte Europa erfordert Kompromisse

Dass das Europaparlament drei Arbeitsorte hat, obwohl sein Sitz in Strasbourg ist, hat mit der komplizierten Geschichte der Europäischen Union zu tun. 1949 nahm der Europarat in Strasbourg seine Arbeit auf, in der von Franzosen und Deutschen geprägten Stadt, in der nun symbolisch die Aussöhnung zwischen den beiden Ländern besiegelt werden sollte. Luxemburg wurde 1952 Sitz der Europäischen Gemeinschaft für Kohle und Stahl (EGKS). Und als man 1957 die Europäische Atomgemeinschaft (EURATOM) und die Europäische Wirtschaftsgemeinschaft (EWG) ins Leben rief, versuchte man, alle drei Gemeinschaften in einer Stadt zusammenzulegen. Neben Strasbourg bewarben sich Mailand, Brüssel und Luxemburg. Da sich die sechs damaligen Mitgliedsstaaten nicht einigen konnten, kam es 1958 zum Kompromiss. Die Kommissionen sollten in Luxemburg und in Brüssel tagen, das Europaparlament in Strasbourg. Durch den Vertrag von Amsterdam wurde diese Verteilung der Institutionen formell bestätigt. Die Abgeordneten werden also Vielreisende bleiben.

Palais des Droits de l'Homme: Gegenüber vom Europaparlament stehen die hohen, dunklen Trakte des 1975 errichteten Palais de l'Europe, zu dessen Frontseite Sie später kommen. Eine gedeckte Brücke über die Ill verbindet die beiden Gebäude. Gehen Sie an der Wasserseite um das Europäische Parlament herum, um einen Blick auf seinen schwer bewachten Eingang zu werfen. Rechts führt der Pont du Wacken über den Rhein-Marne-Kanal. Auf der anderen Seite hält man sich rechts und kommt dann über den Pont Zaepfel zum *Palais des Droits de*

110   Strasbourg

l'Homme, dem Europäischen Gerichtshof. Großes Lob erhielt der englische Architekt Richard Rogers für die Gestaltung des 1995 vollendeten Komplexes. Zwei schräg angeschnittene Rundbauten symbolisieren eine Waage der Gerechtigkeit, überragt wird die von roten Farbtupfern durchsetzte Aluminium- und Glaskonstruktion von zwei „Wachtürmen". Sie weisen auf die Aufgabe dieser Institution hin, darüber zu wachen, dass die Mitgliedstaaten die in der Menschenrechtskonvention festgelegten Grundrechte einhalten.

Palais de l'Europe: Rechts vom Europäischen Gerichtshof führt der Pont de la Rose Blanche wieder über den Kanal in die Avenue de l'Europe, wo sich der Eingang zum *Palais de l'Europe* befindet, dem Sitz des 1949 gegründeten Europarats, der ältesten und mit 47 Mitgliedern auch größten Organisation europäischer Staaten. Deren Machtbefugnisse sind beschränkt, ihre Organe – Beratende Versammlung, Ministerkomitee und Kongress der Gemeinden und Regionen Europas – können nur Entschließungen und Empfehlungen erlassen, aber keine rechtsverbindlichen Entscheidungen treffen. Auch dieses Palais erhielt in seinem Einweihungsjahr 1975 einen Architekturpreis – heute entspricht es allerdings mit seiner Wuchtigkeit nicht mehr dem Zeitgeschmack. Doch vor 30 Jahren war man von dem quaderförmigen Bau aus Sandstein, Glas und Aluminium ganz begeistert. Damals wie heute: Vor dem Eingang wehen die Fahnen der Mitgliedsstaaten und die des Europarats: zwölf goldene Sterne auf blauem Grund.

Parc de l'Orangerie: Auf der gegenüberliegenden Seite des Palais de l'Europe erstreckt sich der von den Straßburgern geliebte *Parc de l'Orangerie*. Zentrum dieser größten Grünanlage der Stadt mit alten Bäumen, gepflegten Blumenbeeten und einem mehr als hundert Jahre alten Gänselieselbrunnen bildet der *Palais de Joséphine*, benannt nach der Gemahlin Napoléon Bonapartes, die sich in diesem Park besonders gerne aufhielt. Dahinter befinden sich Attraktionen, an denen auch Kinder Spaß haben: Neben einem künstlich angelegten See und einem schönen Spielplatz gibt es mehrere Tiergehege mit Affen, einem Luchs, Emus, Flamingos und zahlreichen exotischen Vögeln. Außerdem pflegt man hier in einem großen Gehege Störche – Teil eines Programms zur Wiederaussiedlung von Meister Adebar im Elsass. Für kleine Kinder ein besonderer Spaß ist auch der Mini-Bauernhof, denn sie dürfen die Tiere auch streicheln.

Wenn Sie sich zum Abschluss etwas Besonderes gönnen möchten und über das nötige Kleingeld verfügen, sollten Sie das Gourmetrestaurant Buerehiesel aufsuchen. Sie finden es in einem wieder aufgebauten Bauernhaus aus dem 17. Jh. mitten im Orangeriepark. Vom Parkeingang geht man über die Allée de la Robertsau zur Place de l'Université und von dort zurück zum Münster.

Besichtigung Die Gebäude der drei europäischen Institutionen können besichtigt werden. In der Regel ist das allerdings nur für Gruppen möglich. Interessierten Einzelpersonen gibt man aber die Möglichkeit, sich einer Gruppe anzuschließen. Nähere Informationen erhalten Sie unter ✆ 03884120 29 (Europarat, Europäischer Gerichtshof), ✆ 0388172007 (Europaparlament).

Öffnungszeiten des Mini-Bauernhofs (Streichelzoo) im Parc de l'Orangerie Mi und Sa/So 14.15–17.45 Uhr, während der Schulferien jeden Nachmittag. Erwachsene

1,60 €, Kinder ab 4 J. die Hälfte.

Verbindungen Falls Ihnen der Weg zu Fuß zu weit ist, können Sie das Palais de L'Europe mit folgenden Bussen erreichen: Linie 6 (ab Place de L'Homme-de-Fer oder Place de l'Université), Linie 30 (ab Pont St. Guillaume), Linie 72 (ab Place de la République). Die Haltestelle befindet sich unmittelbar vor dem Palais de l'Europe.

Parken Kostenlose Plätze finden Sie gegenüber vom Palais de l'Europe. Allzu viele sind es allerdings nicht.

Am Delta der Sauer

Die Rheinebene nördlich von Strasbourg

Ruhig und beschaulich liegen die Dörfer, z. T. mit majestätischen Fachwerkhäusern, inmitten der Felder. Die Menschen sind sehr authentisch geblieben, Traditionen pflegt man mit Hingabe.

Wo die Rheinauen noch weitgehend intakt sind, erfreuen sich Naturliebhaber an einer vielfältigen Pflanzen- und Tierwelt. Im „Goethe-" bzw. „Friederike-Dorf" Sessenheim kann man den Spuren einer der bekanntesten Romanzen in der deutschen Literatur nachgehen. Wer sich für Kunsthandwerk interessiert, kommt in den beiden Töpferorten Soufflenheim und Betschdorf auf seine Kosten: Das Angebot an bunt glasierter Keramik bzw. an Steingut ist hier weitaus größer als in den Souvenirläden von Strasbourg, Colmar und Riquewihr, und zudem kann man den Handwerkern bei der Arbeit über die Schulter schauen.

Städtisches Zentrum der Region ist Haguenau mit einer liebevoll restaurierten Altstadt. Seine sehenswerten Museen sind für Hobbyhistoriker ein Muss. Im Norden der Stadt dehnt sich der Hagenauer Forst aus, immerhin einer der größten zusammenhängenden Wälder Frankreichs. Kein **Wunder**, dass das Gebiet jenseits davon – bis zu den Ausläufern der Nordvogesen bzw. der Grenze zur Pfalz – *Outre Forêt*, Land „hinter dem Wald", genannt wird. Zu dessen schönsten Dörfern zählen Hunspach und Seebach. Westlich von Haguenau liegt das Hanauer Land. In der alten Grafschaft am Rand der Nordvogesen findet man in den kleinen Städtchen Bouxwiller, Pfaffenhoffen und Neuwiller-lès-Saverne neben kunsthistorischen und architektonischen Kleinoden auch bedeutende Zeugnisse der traditionellen jüdisch-elsässischen Kultur.

Lauterbourg

Das sympathische Städtchen an der Lauter nennt sich wegen seiner Lage im äußersten Nordosten Frankreichs selbstbewusst „Porte de France".

Der auf eine römische Siedlung zurückgehende Ort weist im Zentrum eine Hand voll Sehenswürdigkeiten auf. Das 1731 erbaute **Hôtel de Ville** mit schönem Renaissanceportal birgt im Innern auf einem Treppenabsatz einen kleinen Jupiteraltar. Wer ihn sehen möchte, sollte in dem hier untergebrachten Office de Tourisme danach fragen. Geht man die Hauptstraße ein paar Meter abwärts, sieht man rechts den **Metzgerturm**, den letzten von einst 15 Türmen der um 13. Jh. errichteten Stadtbefestigung. Von der Terrasse der schräg gegenüber aufragenden **Dreifaltigkeitskirche,** deren spätgotischer Chor aus dem Vorgängerbau von 1467 stammt, bietet sich ein schöner Blick auf die farbenfrohen Häuserfassaden der Stadt. Unterhalb der Kirche liegt die Place de la République, von der die Rue du Gal Mittelhauser bis zur **Porte de Landau** aus dem Jahre 1706 führt. Das Emblem Ludwigs XIV. erinnert an die Zeit, als Lauterbourg im Zuge der Reunionspolitik (siehe S. 27) französisch und vom königlichen Militärbaumeister Vauban zur Festung ausgebaut wurde.

Information Office de Tourisme, vom 1.9–30.4. nur Mo/Di und Do/Fr, in den übrigen Monaten Mo–Fr und samstagvormittags geöffnet. 21, rue de la 1ère Armée, 67630 Lauterbourg, ☎ 0388946610, ✆ 0388546133, lauterbourg@tourisme-alsace.info.

Zug Der Gare SNCF befindet sich südlich des Zentrums. Tägl. Verbindungen nach Strasbourg.

Baden/Kinder Südlich von Lauterbourg liegt der Baggersee **Bassin des Mouettes** mit ausgedehnter Grünfläche und Spielgeräten für die Kleinen. Im Sommer wird er durch Bademeister bewacht. Erwachsene 2,30 €, Kinder (6–16 J.) 0,60 €.

Essen und Trinken Restaurant Au Vieux Moulin, der ausgezeichnete Ruf des großen, bodenständigen Lokals, etwas versteckt an der Lauter gelegen, reicht weit ins deutsche Grenzland hinein. Leckere Flammkuchen (z. B. mit geräucherter Entenbrust) findet man auf der Speisekarte, aber auch gute klassische Küche wie z. B. Schnecken. Familienfreundlich ist das Angebot von verschiedenen Kindermenüs und das unmittelbar angrenzende Spielplätzchen. Am Wochenende durchgehend warme Küche, Mo geschl., sowie Di und Mi (jeweils mittags). 5, rue du Moulin, ☎ 0388946029.

》 Unser Tipp: Restaurant Au Bord du Rhin, etwas abseits in der Nähe des Hafens (ca. 2 km auf der D 3 Richtung „Port du Rhin") sitzt man unter riesigen Kastanienbäumen direkt am Rhein besonders schön. Fisch und Meeresfrüchte, mal klassisch, mal eher exotisch zubereitet, sind hier Trumpf. Es gibt aber auch Fleisch, Salate, Schnecken etc. Am Wochenende durchgehend warme Küche, Mo und Di, im Winter auch Do abends geschl. Port du Rhin, ☎ 0388948020. 《

Tipp für Radfahrer: In den Verkehrsämtern von Lauterbourg, Mothern und Seltz sowie im Naturschutzzentrum von Munchhausen erhält man kostenlos gutes Informationsmaterial zu den vom Verein Pamina-Rheinpark (siehe S. 113) entworfenen Radwanderwegen „Lautertal" (von Lauterbourg nach Wissembourg) sowie „Rheinauen" (verläuft über 90 km im deutsch-französischen Grenzgebiet zwischen Maximiliansau und Drusenheim).

Umgebung von Lauterbourg

Mothern: Stattliche Fachwerkhäuser säumen die Haupstraße, im Zentrum steht das **Maison de la Wacht,** in dem man eine kleine Ausstellung rund um den Rhein besuchen kann (in demselben Gebäude ist auch das unregelmäßig geöffnete Office de Tourisme untergebracht). Ein ca. 1 km langes Sträßchen führt zum Ufer des Flusses hinab.

Soufflenheim 113

Seltz: Schon in keltischer Zeit war Seltz besiedelt, später errichteten die Römer hier das Militärlager Saletio. Wunderschöne Funde aus dieser Zeit kann man im Musée Historique von Haguenau anschauen (siehe S. 121). Im Mittelalter erhielt der Ort dadurch besondere Bedeutung, dass die Gemahlin Kaiser Ottos I., die heilige Adelheid, im Jahre 978 hier eine Benediktinerabtei stiftete, wo sie später auch begraben wurde. Vom einstigen Glanz ist heute allerdings kaum noch etwas zu sehen, im Zweiten Weltkrieg wurde nahezu alles in Schutt und Asche gelegt. Einen kurzen Besuch wert ist jedoch das liebevoll zusammengestellte kleine Museum mit einer Sammlung archäologischer Funde aus der Umgebung im „Maison Krumacker", dem Gebäude der Touristeninformation.

Delta der Sauer: In der Nähe von Seltz mündet bei dem kleinen Dorf Munchhausen die Sauer in zahlreichen Verzweigungen in den Rhein. Im dortigen Naturschutzzentrum C.I.N.E. (Centre d'Initiation à la Nature et à L'Environment, Mo–Do 9–18, Fr bis 17 Uhr) informiert eine kleine Ausstellung über die reichhaltige Natur- und Pflanzenwelt in diesem Delta bzw. in den Rheinauen. Außerdem finden regelmäßig Veranstaltungen zu diesem Themengebiet statt. Ein empfehlenswerter Spaziergang führt vom 100 m vom Naturschutzzentrum entfernten Parkplatz de la Sauer über eine Brücke (toller Platz für Vogelbeobachtungen, häufig sind Schwäne, Wildenten, Haubentaucher und Blesshühner zu sehen) und weiter auf dem Damm am Rande eines Sauerarmes entlang. Auf schmalen Trampelpfaden kommt man in den weitgehend naturbelassenen Auwald hinein.

Die nördliche Rheinebene

Information Office de Tourisme von Seltz, ganzjährig Di–Fr, Mo nur nachmittags. Das auch in dem Gebäude untergebrachte Museum hat dieselben Öffnungszeiten, erwartet darüber hinaus Besucher auch am ersten So im Monat von 14–17 Uhr, Eintritt 1 €. 2, av. du Gal Schneider, 67470 Seltz, ✆ 0388055979, ✉ 0388055977, www.ot-seltz.fr.

Baden Seltz ist stolz auf seinen Sandstrand am **Baggersee Salmengrund**, der unmittelbar am Rheinufer liegt. Der Badebetrieb wird in den Sommermonaten bewacht. Erwachsene 2,70 €, Kinder ab 6 J. 1,30 €.

Öffentliche Toiletten Im Gebäude des O.T. von Seltz.

🪶 Pamina Rheinpark/Parc Rhénan

„Der Rhein soll nicht trennen, sondern verbinden" – so lautet das Motto des seit 1997 existierenden, grenzüberschreitenden Vereins „Pamina Rheinpark". Auf einer Fläche von derzeit 850 km^2 hat man beiderseits des Flusses zwischen Karlsruhe und Lichtenau sowie zwischen Lauterbourg und Drusenheim bisher zwei Naturschutzzentren, zehn sich mit dem Thema Natur und Kultur am Rhein beschäftigende Museen sowie ca. 60 Informationsstationen in der Natur eingerichtet. Der Verein hat auch empfehlenswertes Kartenmaterial erstellt und unterhält die informative Webseite www.pamina-rheinpark.org. Die Zentrale des Rheinparks befindet sich in D-76437 Rastatt, Am Kirchplatz 8, ✆ 0722/25509.

Soufflenheim

Überall im Elsass werden die Töpferwaren aus Soufflenheim angeboten – die bunt bemalten Töpfe, Terrinen und Krüge sind regelrechte Schmuckstücke.

Das kann man von dem lang gestreckten Dorf an der viel befahrenen D 1063 nicht gerade behaupten. Aber trotz des hohen Verkehrsaufkommens macht es viel Spaß, von Laden zu Laden zu bummeln, zu vergleichen und den Töpfern in den Werkstätten bei der Arbeit zuzusehen.

114 Die Rheinebene nördlich von Strasbourg

Das Töpferhandwerk wurde jahrhundertelang in mehreren Dörfern der Gegend ausgeübt. Den notwendigen Rohstoff lieferte der nahe Hagenauer Forst (siehe S. 122f.), lagern doch dort unter dem sandigen Boden 3–5 m mächtige Tonschichten. Das Graberecht soll den Töpfern von Kaiser Friedrich I. Barbarossa (im 12. Jh.) verliehen worden sein. Mal heißt es, ein Töpfer habe ihn bei einer Treibjagd vor einem wütenden Eber gerettet, mal wird erzählt, Töpfer hätten ihm eine ihn zu Tränen rührende Tonkrippe geschenkt. Jedenfalls dürfen seit damals die Töpfer und deren männliche Nachkommen „auf ewig" den Ton des Forstes ausgraben. Die meisten der insgesamt 18 Soufflenheimer Werkstätten kaufen den Rohstoff heute jedoch auswärts, der heimische Ton ist nicht feinporig genug, einige Töpfer benutzen ihn aber immer noch. Man erkennt ihn übrigens an seiner leicht sandigen Konsistenz und an der charakteristischen maisgelben Färbung.

Der lange Weg zum fertigen Tongefäß

Hätten Sie gedacht, dass zwei oder drei Wochen bis zur Fertigstellung eines Tongefäßes vergehen? Zahlreiche Arbeitsschritte, zwischen denen oft mehrtägige Trocknungsphasen liegen, sind notwendig. Zuerst dreht der Töpfer das Gefäß auf der Scheibe, ein oder zwei Tage später – je nach Jahreszeit und Größe des Gegenstands – kann er die Feinarbeiten, z. B. das Anbringen der Henkel, erledigen. Im nächsten Arbeitsgang wird die Grundfarbe aufgetragen, später verzieren die Malerinnen mit Hilfe des sog. „Malhörnchens" die Form mit unterschiedlichen Mustern. Diese wirken allerdings zunächst nur blass, und nach dem anschließenden Glasurbad ist gar nichts mehr zu sehen. Die Linien und die kräftigen Farben kommen erst nach dem 14-stündigen Brennvorgang bis auf 1000° C zum Vorschein.

Die heute verwendeten Grundfarben Dunkelblau, Grün, Braun, Rot, Gelb und Beige sind ein Tribut an den Geschmack der Moderne. Ursprünglich hatten die Gefäße die Farbe des Tones und waren auch weitaus sparsamer gemustert. Meist bildete die weiße Margerite das Dekor, heute kommen Pünktchenmuster, Enten, Störche und andere Motive hinzu; man stellt sich eben auf die Wünsche der Kundschaft ein. Deshalb sind die Töpferwaren heute auch ofen-, mikrowellen- und sogar spülmaschinenfest – allerdings sollten Sie sie immer gut trocknen lassen, bevor Sie sie wieder in den Schrank zurückstellen.

Ein besonderes Werk aus einer Soufflenheimer Töpferwerkstatt, eine Nachbildung von Leonardo da Vincis „Abendmahl", kann man in einer Kapelle auf dem Friedhof neben der Kirche St-Michel bewundern.

Information Office de Tourisme, ganzjährig Mo–Sa geöffnet. Hier ist ein kostenloser Ortsplan erhältlich, auf dem alle Töpfereien eingetragen sind. 20 b, Grand' rue, 67620 Soufflenheim, ✆ 0388867490, ✎ 0388866069, www.ot-soufflenheim.fr.

Feste In den ungeraden Jahren findet ein Töpferfest in Soufflenheim, in den geraden eines in Betschdorf (siehe S. 125ff.) statt, und zwar jeweils am ersten Sonntag im Septem-

ber. In den Töpfereien kann man den Handwerkern bei der Arbeit zusehen, auf den Straßen treten folkloristische Musikgruppen auf, außerdem gibt es viele Buden mit Kunsthandwerk, Getränken, Speisen usw.

Einkaufen Die Töpfereien sind Mo–Sa jeweils vor- und nachmittags, So nur am Nachmittag geöffnet. Von Mo bis Fr um 12 Uhr lassen sich die Töpfer auch gerne bei der Arbeit zusehen.

Sessenheim 115

Sport Seit einiger Zeit gibt es bei Soufflenheim eine von dem deutschen Golfidol Bernhard Langer konzipierte, über 140 ha große Golfanlage. Neben einem 18-Loch-Platz stehen den Spielern ein 9- und ein 6-Loch-Platz sowie verschiedene Übungseinheiten zur Verfügung. Gäste sind willkommen. Folgen Sie in Soufflenheim der Ausschilderung „Golf". Näheres unter www.golfclub-soufflenheim.com.

Essen & Trinken Restaurant Au Boeuf, mitten im Ort. Neben Deftigem aus der Gegend wird auch eine feine gastronomische Küche serviert. Durchgehend außerdem kleine Gerichte sowie Kuchen – keine schlechte Wahl also nach einer ausgiebigen Shoppingtour durch Souffleinheim. 48, Grand' Rue, ✆ 0388866879.

Restaurant Au Cerf, 6 km von Soufflenheim entfernt im „Flammkuchendorf" Roeschwog – im ganzen Ort duftet es nach den knusprigen Teigfladen. In dem gemütlichen Gasthaus mit schönem Biergarten kann man aber auch gut à la carte essen. Mi/Do und samstagmittags geschl. 2, rte de Fort-Louis, ✆ 0388862622.

Sessenheim

Eigentlich nur ein gewöhnliches Dorf in der Rheinebene – wäre da nicht die Romanze zwischen der einheimischen Pfarrerstochter Friederike Brion und dem jungen Straßburger Studenten J. W. Goethe gewesen, die dieser später in „Dichtung und Wahrheit" literarisch verarbeitet hat. Dadurch wurde das kleine Sessenheim zu einem Schauplatz der Weltliteratur und zum Pilgerziel von Goethe-Verehrern.

Ein Freund brachte 1770 den 21-jährigen Goethe in das Sessenheimer Pfarrhaus der Familie Brion. Die zwei Jahre jüngere Friederike weckte sofort sein Interesse, und er kam bald nach dem ersten Aufenthalt erneut für ein paar Tage zu Besuch. Briefe wechselten hin und her, Goethes Besuche wurden zahlreicher und immer länger. Beide schwebten im siebten Himmel. „Sei ewig glücklich/Wie du mich liebst" schwärmte Goethe damals in seinem berühmten „Mailied". Doch nach eini-

Die Goethe-Scheune ist noch im ursprünglichen Zustand erhalten

Die Rheinebene nördlich von Strasbourg

gen Monaten verlor diese Beziehung für ihn ihren Reiz, er wollte wieder ungebunden sein. Den Mut, ihr das zu sagen, brachte er allerdings nicht auf, auch nicht, als er sich nach bestandener Promotion auf dem Heimweg von Straßburg nach Frankfurt von ihr verabschiedete. Erst von dort beendete er brieflich das Verhältnis, worauf sie ihm eine herzzerreißende Antwort geschrieben haben soll. Friederike blieb trotz mehrerer Verehrer zeitlebens unverheiratet. Auch den Dichter Jakob Michael Reinhold Lenz, der sich sehr um sie bemühte, wies sie ab. Überliefert sind ihre Worte: „Wer von Goethe geliebt worden ist, kann keinen anderen lieben." Nach dem Tod des Vaters wohnte sie zunächst in Rothau (Mittelvogesen), dann bei ihrer Schwester und deren Mann im badischen Meißenheim (Kreis Lahr), wo sie 1813 starb.

Alle Sehenswürdigkeiten rund um die Romanze ohne Happy End sind auf dem durch einen roten Kreis markierten **Sentier F. Brion – J. W. Goethe** erreichbar und liegen bis auf eine Ausnahme nahe beieinander. Beginnen Sie bei dem alten Wachhaus aus napoleonischer Zeit, das 1961 als **Mémorial Goethe** eingerichtet wurde (tägl. von morgens bis abends geöffnet, Eintritt frei). Im vorderen Raum steht der Abguss einer von David d'Angers 1829 geschaffenen Büste des alten Dichterfürsten, über einen Seiteneingang gelangt man zu einer kleinen Ausstellung mit Schriftstücken, Zeichnungen und Stichen zu Goethes Zeit in Straßburg und Sessenheim, aber auch zur Französischen Revolution. Schräg gegenüber steht die sog. **Goethe-Scheune** *(grange Goethe)*, die im ursprünglichen Zustand erhalten ist. Hier half der junge Dichter beim sog. Maisbasten, dem Bündeln der Kolben, und flirtete dabei verliebt mit Friederike. Auf Zeichnungen hat er das Gebäude festgehalten.

Auch die evangelische **Zwiebelturmkirche** unweit der Place de la Mairie ist Erinnerungsstätte, erzählt Goethe doch, wie er hier mit Friederike der Osterpredigt ihres Vater lauschte. Die Kirche wurde zwar durch einen Umbau stark verändert, erhalten sind jedoch noch die Kanzel aus der damaligen Zeit sowie, etwas dahinter, der

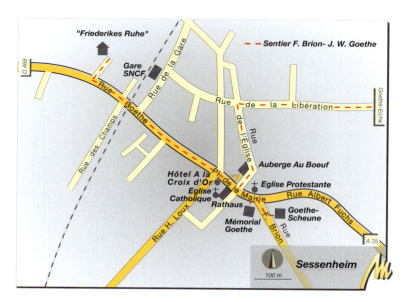

durch das Holzgitter an einen Käfig erinnernde Pfarrstuhl. In diesem nahm früher die Familie des Pfarrers während der Messe Platz. An der östlichen Außenwand stehen die Grabplatten der Eltern Friederikes. Schräg gegenüber kann man in der Auberge Au Boeuf (siehe „Essen und Trinken") ein weiteres kleines **Musée Goethe** mit alten Handschriften und Zeichnungen des Meisters sowie einigen Ausgaben seiner Werke besuchen (die Öffnungszeiten entsprechen denen des Restaurants; für Restaurantgäste ist der Besuch kostenlos, ansonsten bezahlt man pro Person 1 €).

Von der Auberge Au Boeuf kann man über die Rue de l'Eglise bzw. über den markierten Sentier F. Brion – J. W. Goethe in etwa 30 Minuten zur sog. **Goethe-Eiche** laufen, einem von dem Straßburger Studenten auf seinen Reisen nach Sessenheim häufig passierten Baum. Kürzer ist ein Spaziergang zu einem bronzezeitlichen Grabhügel, der als „**Friederikes Ruhe**" bekannt geworden ist, weil das Mädchen sich an diesem Platz gerne aufhielt. Goethe will von dort das Straßburger Münster gesehen haben, heute ist die Aussicht allerdings stark eingeschränkt.

Übernachten/Essen

** Hôtel Restaurant A la Croix d'Or, zentral gelegenes, kleines Hotel mit angeschlossenem Restaurant, in dem Fr–So abends auch Flammkuchen angeboten werden (Mo und Di geschl.). Ein DZ mit Grand Lit kostet 46 €, eines mit 2 Betten 48 €. 1, rue Goethe, ✆ 0388869732, 📠 0388860227, hotel rest.croixdor.sessenheim@hotmail.com.

>>> **Unser Tipp:** Auberge Au Bœuf, nicht nur für Literaturfreunde. In den beiden niedrigen holzgetäfelten Gasträumen mit schönem elsässischem Interieur wird man von Familie Sautter wunderbar umsorgt, und der Koch, Sohn des Hauses, versteht sein Handwerk. Interessant gewürzt ist z. B. der warme Linsensalat mit Blinis und Räucherlachs, empfehlenswert danach die raffinierte Entenbrust mit Honigkruste. Alle zwei Monate wechselt die Speisekarte, je nachdem, was der Markt gerade bietet. Goethefans können sich das Essen auch im Museum servieren lassen. Mo und Di geschl. 1, rue de l'Eglise, ✆ 0388869714. <<<

Haguenau

Hopfen und Wald statt Weinreben und lieblicher Landschaft. Der auf den ersten Blick etwas spröde wirkende Ort gehört nicht zu den touristischen Aushängeschildern des Elsass. Doch wer sich auf Haguenau einlässt, wer sich Zeit nimmt, der entdeckt den Charme der Stadt an der Moder.

Mit etwa 35.000 Einwohnern ist Haguenau die viertgrößte Stadt im Elsass. Die verkehrsgünstige Lage mitten in der nördlichen Rheinebene ist verantwortlich dafür, dass sich der Ort zu einem geschäftigen administrativen und wirtschaftlichen Mittelzentrum mit nicht unbedeutender Industrie entwickelt hat, das von vielen Touristen links liegen gelassen wird. Zu Unrecht, denn in dem nach den Zerstörungen im Zweiten Weltkrieg liebevoll restaurierten und z. T. verkehrsberuhigten Altstadtkern kann man wunderbar bummeln und dabei einiges Interessante entdecken. Die Höhepunkte eines Rundgangs sind zwei eindrucksvolle Kirchen, zwei bemerkenswerte Museen und Reste der alten Stadtbefestigung aus der Stauferzeit.

Geschichte: Auf Schritt und Tritt stößt man auf den Namen Barbarossa – ein Platz, ein Restaurant, ein Geschäft tragen seinen Namen, und auch im Musée Historique ist er präsent. Der Stauferkaiser Friedrich I., dessen roter Vollbart ihm seinen berühmten Beinamen bescherte, erhob die gegen 1030 von den Grafen von Eguisheim auf einer Insel inmitten der Moder erbaute Burg, die die Staufer geerbt und prachtvoll

Die Rheinebene nördlich von Strasbourg

umgestaltet hatten, zu einer kaiserlichen Pfalz. Zwischen 1153 und 1208 wurden hier sogar die Reichskleinodien aufbewahrt. Mehrmals hielt sich Barbarossa selbst hier auf und hielt Hof. 1164 verlieh er der um die Pfalz entstandenen Siedlung in seinem Freiheitsbrief wichtige Privilegien, Mitte des 13. Jh. wurde sie freie Reichsstadt und war Sitz der kaiserlichen Landvogtei im Unterelsass. Ab 1354 gehörte Haguenau als führendes Mitglied zum Zehnstädtebund. Im Westfälischen Frieden von 1648 wurde es Frankreich zugesprochen, wenige Jahre später machten Truppen Ludwigs XIV. die ehemalige deutsche Kaiserpfalz dem Erdboden gleich und zerstörten die Stadt. Von der einst mächtigen Befestigungsanlage mit mehr als 50 Türmen blieben nur ein Stadttor und zwei Türme erhalten. Schwer zu leiden hatte die Stadt auch gegen Ende des Zweiten Weltkriegs, da die Moder eine Zeit lang die Frontlinie bildete.

Adressen/Verbindungen

Information Office de Tourisme, ganzjährig Mo–Fr, Sa nur nachmittags geöffnet, 1.4.–30.9. auch samstagvormittags, 15.6.–15.9. zusätzlich sonntagnachmittags. Pl. de la Gare, 67500 Haguenau, ✆ 0388937000, ℻ 0388936989, www.tourisme-haguenau.eu. Ein Point d'Info befindet sich im Musée Alsacien, Öffnungszeiten siehe dort.

Ab Juni ist beim O.T. ein sehr lohnenswerter **Veranstaltungskalender** („Les Estivales") mit allen Festen, Besichtigungen von Werkstätten in der Umgebung, geführten Wanderungen etc. erhältlich.

Der von Engeln gekrönte Bienenbrunnen

Führungen Das O.T. bietet von Mitte Juni bis Ende Aug. sowie im Dez. regelmäßig unentgeltliche Besichtigungstouren (Kirchen, Führungen durch die Museen) in französischer Sprache bzw. bilingual an.

Zug Der SNCF-Bahnhof liegt unweit des Zentrums. Tägl. Verbindungen nach Strasbourg, Bitche, Saverne und Wissembourg.

Parken Kostenfreie Plätze gibt es z. B. am Bahnhof und am Quai des Pêcheurs.

Taxi An der Rückseite des Touristenbüros gibt es einen Taxistand, außerdem erreicht man Taxis unter ✆ 0607050571 oder 0685204535.

Auto-/Fahrradvermietung Avis, neben Autos vermietet die Agentur auch einige Fahrräder. 97, rte de Strasbourg, ✆ 0388933030.

Vélocation, zu günstigen Preisen werden neben dem Rathaus Fahrräder vermietet. 8, rue du Maréchal Joffre, ✆ 0388949788.

Markt Jeweils am Di und Fr kann man in bzw. vor der Hopfenhalle Obst, Gemüse, Blumen etc. erstehen.

Feste Begeistert feiern die Hagenauer alljährlich Ende Aug. mehrere Tage lang das **Folklorefest** (Festival des Folklores du Monde) mit Musik, Folkloretänzen usw.

Einkaufen Beim Chocolatier Heitz an der Place d'Armes gibt es die leckersten Pralinés der Stadt.

Kinder Mit Wasserrutsche, Wasserfällen und unterschiedlich tiefen Becken bietet das **Nautiland** viel Spaß für die Kleinen. Tägl. geöffnet, Mo/Di und Do/Fr allerdings erst am Nachmittag. Für 2 Std. 6,20 €, unbegrenzt 7,60 €, Kinder von 4 bis 12 J. bekommen Ermäßigung.

Öffentliche Toiletten Neben dem O.T. und gegenüber der Synagoge.

Übernachten/Essen

Übernachten ** Hôtel Champ d'Alsace **5**, Jean-Paul Suss aus der Champagne führt direkt gegenüber vom Bahnhof das kleine Hotel mit Doppel- und Dreibettzimmern, die z. T. zur Straße und z. T. nach hinten gelegen sind. Zu zweit bezahlt man 65 €, zu dritt 75 €. 12, rue St-Exupéry, ℡ 0388933338, ℡ 0388933339, www.champ-alsace.com.

Essen & Trinken Restaurant La Cuisine des Saveurs **2**, hinter der unscheinbaren Fassade verbirgt sich ein elegantes Lokal mit gehobener Küche, die auch die Einheimischen zu schätzen wissen. Viele Gerichte haben einen mediterranen oder asiatischen Touch – ein wahrer Genuss. Mittagsmenü 16 €. So abends und Mo geschl. 2, rue de l'Etoile, ✆ 0388930661.

Winstub La Cigogne Gourmande ▇, in dem doppelstöckigen, typisch elsässisch dekorierten Gasthaus von Virginie und Patrick muss man sich einfach wohlfühlen – und speist auch ebenso gut. Die Karte bietet viel Deftiges wie Kalbsnieren in feinem Senfsößchen, Heringsfilets, weißen Käse, würzige Leberknödel mit Spätzle oder eine mit Münsterkäse gefüllte Riesenkartoffel auf grünem Salat. So und Mo geschl. 13, rue Meyer, ✆ 0388933090.

Restaurant Barberousse ▇, modernes Restaurant mit großer Speisekarte. Neben vielen italienischen Spezialitäten und Sala-

ten kommen auch elsässische Gerichte, Paella und am Wochenende sogar Couscous auf den Tisch. Hier findet jeder etwas Passendes. Mo und Di jeweils abends geschl. 8, pl. Barberousse, ✆ 0388733109.

Restaurant Au Tigre ▇, einer der beliebtesten Treffpunkte in der Stadt, besonders im Sommer lockt die Terrasse zahlreiche Besucher an. Bodenständige Küche, Spezialität ist die Königinpastete. Empfehlenswert aber auch für einen Smoothie, Eisbecher oder ein leichtes Mittagessen. 4, pl. d'Armes, ✆ 0388936947.

Farandole ▇, Café mit einer großen Auswahl an feinster Pâtisserie, lecker ist auch das hausgemachte Eis.

Café de Paris ▇, einer der Treffpunkte am Abend oder auch nur auf einen Espresso am Nachmittag.

Sehenswertes

Eglise St-Georges: Vom Office de Tourisme am Bahnhof geht man über die Rue St-Georges zum gleichnamigen Platz. In dessen Zentrum steht ein von Engeln gekrönter Bienenbrunnen aus dem 18. Jh. Beherrscht wird er jedoch von der hoch aufragenden und mit zahlreichen Verstrebungen und Türmchen verzierten Kirche *St-Georges*, die im 12. und 13. Jh. unter den Staufern errichtet wurde. Im Innern zeugt das ältere, monumentale, von schlichten Säulen mit Würfelkapitellen getragene Langhaus von romanischer Baukunst, der jüngere Chor ist gotisch. Schmuckstücke sind neben der reich verzierten Kanzel (um 1500) vor allem ein hölzerner Flügelaltar mit der Darstellung des Jüngsten Gerichts in der rechten Seitenkapelle sowie ein fast bis an die Decke emporragendes, filigran gearbeitetes Sakramentshäuschen zur Aufbewahrung der Hostien aus dem Jahre 1523. Es steht – durch eine Alarmanlage gesichert – links hinten im Chor.

Ancienne Douanne/Dischlachmühle: Von der Kirche geht man wenige Schritte bis zur Place d'Armes, einem der zentralen Plätze der Stadt, wo man an warmen Tagen wunderbar im Freien einen Kaffee oder eine Mahlzeit genießen kann. Etwas weiter nördlich steht die *Ancienne Douanne*, das alte Zollhaus von 1518. Das schmiedeeiserne Schild mit Holzfass und Stern, dem Symbol der für Haguenau so wichtigen Bierbrauer, weist darauf hin, dass im Keller dieses alten Zollhauses Bier und Wein gelagert wurden.

Beachten Sie auch die an der Hauswand an der Ecke zur Rue de la Moder angebrachte Hochwassermarke aus dem Jahre 1734. Nicht nur sie, sondern auch die Reste der nahe gelegenen *Dischlachmühle* erinnern daran, dass die Moder einst mitten durch die Stadt floss; heute wird sie in einem Kanal außen herumgeleitet.

Musée Alsacien: Gegenüber der Mühle erstreckt sich die Place Thierry, wo in einem prächtigen Gebäude, der ehemaligen Kanzlei aus dem 15. Jh. mit Wappen und *astronomischer Uhr*, das *Musée Alsacien* untergebracht ist. *Heute* werden hier auf drei Stockwerken u. a. Trachten, Handwerkerutensilien, religiöse Kunstgegenstände sowie die Nachbildung einer alten Töpferwerkstatt gezeigt.

Öffnungszeiten Mo, Mi–Fr 9–12 und 13.30–17.30 Uhr, Di, Sa/So und Fei 14–17 Uhr. Diese Öffnungszeiten gelten auch für den im Museum untergebrachten Point d'Info.

Eintritt Erwachsene 2,40 €, Jugendliche von 14 bis 18 J. 1,20 €. Mit dem Ticket erhält man ein sehr informatives Faltblatt zur Museumssammlung. Tipp: Wer innerhalb einer Woche auch das Musée Historique besucht, bezahlt dort bei Vorlage der Eintrittskarte fürs Musée Alsacien nur die Hälfte.

Musée Historique: Wenige Schritte weiter haben Sie die mitten in der Fußgängerzone gelegene Place de la Republique erreicht. Noch vor dem an ihrem östlichen Ende stehenden Brunnen zweigt man nach rechts ab in die Rue du Grand Robbin und geht vorbei an der Synagoge zum Historischen Museum, für dessen Schätze man Anfang des 20. Jh. ein schlossähnliches Gebäude errichtet hat. Es beherbergt eine der europaweit bedeutendsten Sammlungen von Exponaten aus der Bronze- und Eisenzeit, darüber hinaus auch schöne Stücke aus der gallorömischen Epoche und dem Mittelalter.

Im Untergeschoss befinden sich die Highlights. Mehrere Vitrinen sind den bronze- und eisenzeitlichen Funden aus dem Hagenauer Forst gewidmet: Dolche, Schwerter, Halsketten, Arm- und Beinreifen, Gürtel, aber auch Keramik aus den zeittypischen Hügelgräbern. Eine schöne Präsentation stellen die mit Glasplatten abgedeckten Vertiefungen im Boden dar, in denen gezeigt wird, was und wie man die Dinge den Toten mitgegeben hat. Besonders erwähnenswert sind auch eine Jupitersäule, ein liebevoll gearbeiteter Schienbeinschutz und ein Helm aus dem ehemaligen römischen Militärlager Saletio, dem heutigen Seltz.

Das Erdgeschoss widmet sich dem Mittelalter und der Renaissance. Genauere Betrachtung verdienen ein Bleiglasfenster des elsässischen Meisters Peter Andlau (15. Jh.) mit der Darstellung des Judas-Kusses sowie die bemalte Holzschnitzerei „Jesus und die zwölf Apostel".

Gallorömische Jupitersäule

Ausgestellt ist auch eine Kopie des für Haguenau so wichtigen Freiheitsbriefs Barbarossas. Weitere Exponate zur Geschichte der Stadt vom Mittelalter bis ins 20. Jh. befinden sich im Obergeschoss.

Öffnungszeiten/Eintritt 1.9.–30.6. Mi–Fr 10–12 und 14–18, Mo 14–18, Sa/So und Fei 15–17.30 Uhr. Erwachsene 3,20 €, Jugendliche von 14 bis 18 J. zahlen die Hälfte. Deutschsprachige Erklärungen zu den Ausstellungsstücken können unter www.ville-haguenau.fr auf den eigenen iPod heruntergeladen werden, im Museum werden außerdem Geräte verliehen.

Stadtbefestigung/Nikolauskirche/Hopfenhalle/Rathaus: Vom Museumseingang biegt man in die zweite Straße nach links, den Marché aux Grains, ein. An dessen Ende hält man sich rechts und erreicht den ersten der beiden Türme der mittelalterlichen Stadtbefestigung, die Tour des Pêcheurs (Fischerturm), malerisch an der heute gebändigten Moder gelegen. Von hier geht man wenige Schritte zurück und zweigt in die Grand' Rue nach rechts ab. Neben der auf der linken Straßenseite stehenden Hopfenhalle, der Halle aux Houblons, sind die prächtigen Häuser im weiteren Verlauf der Grand' Rue einen Blick wert. An ihrem Ende erreicht man erneut einen Teil der alten Stadtbefestigung, die Porte de Wissembourg. Rechts davor steht die von Kaiser Barbarossa in Auftrag gegebene und im 14. Jh. umgebaute Eglise St-Nicolas. Sehenswert sind v. a. das Chorgestühl und die Statuen der Kirchenväter aus dem 18. Jh., die aus der Abtei von Neuburg stammen.

Vom Weißenburger Tor geht man in die Mare aux Canards hinein bis zum zweiten Turm der alten Stadtbefestigung, der Tour des Chevaliers (Ritterturm), durchschreitet ihn und steht so bald auf einem der schönsten Plätze der Stadt (Place Ch. de Gaulle) mit dem klassizistischen Hôtel de Ville. Wenn Sie nun weiter nach Süden gehen, kommen Sie in wenigen Minuten zur Place d'Armes zurück.

Amerikas Präsident Obama hat elsässische Wurzeln

Dass Barack Obama den Namen des wenige Kilometer südlich von Haguenau gelegenen Ortes Bischwiller kennt, ist eher zu bezweifeln, dort jedoch hat es sich längst herumgesprochen: Ein gewisser Christian Gutknecht, 1722 in Bischwiller geboren und von dort mit seiner Frau Maria Magdalena Grünholz und den gemeinsamen Kindern 27 Jahre später in die Neue Welt ausgewandert, ist einer der mütterlichen Vorfahren des am 5.11.2008 gewählten 44. Präsidenten der USA. Sechs Generationen nach Gutknecht kam dieser 1961 in Honolulu zur Welt. Falls Obama irgendwann die Muße finden sollte, sich auf die Suche nach seinen elsässischen Wurzeln zu machen, müsste er die Rue Neuve bzw. die „Neugass" aufsuchen, wo die Familie Gutknecht ihren Wohnsitz hatte. Selbst die protestantische Kirche, wohin sie jeden Sonntag zum Gottesdienst ging, steht heute noch.

Forêt de Haguenau

Auf einer riesigen Fläche von ungefähr 15.000 ha dehnt sich der legendäre Mischwald aus, in den der Jahrhundertsturm „Lothar" im Dezember 1999 allerdings tiefe Wunden gerissen hat. An manchen Stellen glaubt man sich in eine Mondlandschaft versetzt.

„Heiliger Forst" wird der Wald seit alters her genannt, denn im Mittelalter sollen sich hier mehrere Klöster befunden und Einsiedler in frommer Abgeschiedenheit gehaust haben. Einer der Ersten war der Legende nach im 6. Jh. der heilige Arbogast, bevor er vom fränkischen König mit dem Auftrag, die Alemannen zu missionieren, zum Bischof von Straßburg berufen wurde. Jedenfalls errichtete man ihm zu Ehren in einer am kleinen Eberbach gelegenen idyllischen Lichtung, wo er sich oft aufgehalten haben soll, ein Denkmal und eine Kapelle, jedes Jahr am letzten Julisonntag Ziel einer Wallfahrt. Unmittelbar daneben steht die **Gros Chêne,** die berühmte Dicke Eiche. Da der uralte Baum im Volksglauben seit jeher mit Arbogast in Verbindung gebracht wurde, füllte man, nachdem er 1913 vom Blitz getroffen worden war, den übrig gebliebenen Stumpf mit Beton aus, um ihn zu konservieren, und setzte ihm ein kleines Dach auf. Westlich davon erinnern zwei rekonstruierte

Forêt de Hagenau 123

Grabhügel (Tumuli) daran, dass dieses Gebiet bereits in der Eisen- und Bronzezeit besiedelt war. Auf der Lichtung gibt es zudem Picknicktische, einen schönen Spielplatz sowie ein Ausflugsrestaurant.

Am sog. **Köhlerplatz** kann man an einem wieder aufgebauten Meiler nachvollziehen, wie der Wald in der Vergangenheit genutzt wurde. Außerdem lieferte er das wichtige Bauholz, den Ton für die zahlreichen Töpfereien in den Dörfern an seinem Rand und Nahrung für die Hausschweine, die man hier „weiden" ließ.

Anfahrt zur Dicken Eiche Zwei Zufahrtsstraßen führen zur Dicken Eiche (Gros Chêne). Die eine zweigt von der D 1063 (Haguenau–Soufflenheim), die andere von der D 263 (Haguenau–Surbourg) ab.

Essen & Trinken Auberge du Gros-Chêne, nettes Ausflugslokal mit gutem Speiseangebot v. a. an kleinen Gerichten wie verschiedenen Salaten, bei den Einheimischen wird es auch wegen seiner Flammkuchen geschätzt. Mo geschl. ✆ 0388731530.

Anfahrt zum Köhlerplatz An der Dicken Eiche überquert man die Brücke über den Eberbach, biegt dann nach links in die Route forestière de Rendel ein (Schild „Aire des Charbonniers") und folgt dieser ca. 3 km weit.

Napoleonsbänke

Überall im Nordelsass sieht man am Wegesrand unter Bäumen auffallende Sandsteinbänke mit einer Unter- und Oberschwelle, die sog. „Napoleonsbänke". Sie wurden unter der Herrschaft Napoleons I. aufgestellt, als dessen Sohn, der „Roi de Rome", getauft wurde. Den Bauern und Marktfrauen dienten die Bänke während ihrer Fußmärsche von Dorf zu Dorf oder auf die Felder hinaus als willkommene Rastplätze, konnten sie sich doch auf der unteren Schwelle gemütlich niederlassen und den schweren Korb auf der oberen sicher abstellen.

Ein Geschenk Napoleons I.

Nördlich des Hagenauer Forsts: In den Outre Forêt

„Hinter dem Wald" nennen die Elsässer den Landstrich nördlich des Hagenauer Forsts. Hier geht das Leben in den hübschen Fachwerkdörfern meist noch seinen alten Gang. Neben unverfälschter Idylle hat der Outre Forêt aber auch einige Sehenswürdigkeiten zu bieten, z. B. kunsthistorisch bedeutende Abteikirchen, ein Steinguttöpferdorf, beklemmend wirkende Befestigungsanlagen der Maginot-Linie und drei ganz besondere Museen.

Benediktinerkirche in Walbourg: In dem klassischen Straßendorf lohnt ein Besuch der ehemaligen Benediktinerkirche Ste-Walburga, zu der in der Ortsmitte ein schmaler Weg abzweigt (Schild „Abbatiale"). Das im 11. Jh. im romanischen Stil errichtete Gotteshaus wurde 1456 erweitert und erhöht, ganz wie es dem Stil der zeitgenössischen gotischen Baukunst entsprach. Die Wände des prachtvollen Chors

Nördlich des Hagenauer Forsts: In den Outre Forêt 125

sind mit leider schon stark verblichenen Fresken (Darstellungen der Apostel und der Kirchenväter) geschmückt, in der linken Ecke steht ein filigraner Sakramentsschrein aus Stein. Wahre Meisterwerke sind drei Fenster in der Apsis aus dem Jahre 1461. Jedes der Schmuckstücke ist in 21 kleine Bilder unterteilt, die zusammen eine Geschichte „erzählen". Das linke Fenster ist dem Marienzyklus gewidmet. Man „liest" ihn von links oben nach rechts unten. Im mittleren Fenster wird – von links unten nach rechts oben – die Passionsgeschichte veranschaulicht. Das dritte Fenster thematisiert Johannes den Täufer, hier verläuft die Bilderfolge von links oben nach rechts unten. Nicht zum Täufer-Zyklus passt das letzte Bild, das Wappen Burkhards von Müllenheim. Er war während der Umbauphase der Kirche Abt des Klosters und ließ sich auf diese Weise verewigen; ihn selbst finden Sie im linken unteren Bild des Marienzyklus.

Abteikirche in Surbourg: Das lebendige Dorf mit vielen Fachwerkhäusern wird von der ehemaligen Abteikirche des möglicherweise ersten Klosters im Elsass überragt. Der heilige Arbogast soll es in der Merowingerzeit gegen 575 gegründet haben. Die

heutige Kirche stammt, mit Ausnahme einer neuzeitlichen Erweiterung des hinteren Schiffs, aus dem 11. und 12. Jh. und ist ein wunderschönes Beispiel romanischer Baukunst. Die kleine Tür an der dem Parkplatz zugewandten Seite schmücken drei Rosetten aus der Karolingerzeit, in das Mauerwerk des Anbaus mit dem großen Portal integrierte man Teile einer römischen Säule. Der schmucklose, gedrungene Innenraum, in dem abwechselnd runde Säulen und viereckige Pfeiler zwischen den Rundbogenarkaden das mittlere von den seitlichen Schiffen trennen, wird durch kleine Fenster erhellt. Neben der linken Seitenkapelle entdeckt man ein verblichenes Fresko der Kreuzigung Christi. Folgen Sie in der Ortsmitte dem Hinweisschild zur D 250 und biegen dann bei der nächsten Gelegenheit nach links ab.

Betschdorf/Fachwerkkirche in Kuhlendorf: Das zweite der beiden Töpferdörfer am Rand des Hagenauer Forsts – im Vergleich zu Soufflenheim geht es hier allerdings weitaus ruhiger zu. In den 8 Töpfereien werden vor allem Krüge, Vasen, Bierseidel etc. hergestellt; im Gegensatz zu den Soufflenheimer „Schüsseldrehern" bezeichnet man die hiesigen Töpfer deshalb als „Krugmacher". Auch das Dekor ist ganz anders, handelt es sich doch um salzglasiertes

126 Die Rheinebene nördlich von Strasbourg

Steinzeug mit kobaltblauen Blumen-, Frucht- und Tiermotiven. Grund dafür ist die Herkunft der Betschdorfer Töpfer. Ihre Vorfahren wurden nach dem Dreißigjährigen Krieg von der damaligen Obrigkeit zusammen mit vielen anderen Handwerkern aus dem Westerwald ins stark zerstörte Saargebiet gelockt. Viele von ihnen wanderten jedoch von dort aus weiter bis ins elsässische Betschdorf und verbreiteten so die rheinländische Töpferkunst.

Die Läden und Werkstätten liegen im westlichen Ortsteil, dem einstigen Oberbetschdorf. Der hohen Brandgefahr wegen mussten sich die Töpfer früher nämlich außerhalb des eigentlichen Dorfkerns, Niederbetschdorf genannt, ansiedeln. Verständlich, wenn man bedenkt, dass bei einer Brenntemperatur von 1250° C die Flammen hoch aus den Öfen schlugen. Doch diese Zeiten sind lange vorbei, mittlerweile wird die Ware in sicheren Gasöfen gebrannt, die beiden Ortsteile sind zusammengewachsen.

Viele Informationen über die Geschichte des Dorfes und seiner Töpfer vermittelt das im östlichen Ortsteil gelegene, sehr sehenswerte *Musée de la Poterie*. In dem alten Fachwerkhaus werden Keramiken vom späten Mittelalter bis heute, bäuerliches Gebrauchsgeschirr, aber auch künstlerische Objekte und industrielle Ware ausgestellt und vortrefflich erläutert (Öffnungszeiten siehe unten).

Gegenüber dem Restaurant „Au Boeuf" steht an der Hauptstraße die *Eglise Mixte* mit wunderschönen Fresken aus dem 15. Jh. im Chor. Im Zentrum der Kuppel ist das Lamm Gottes, umgeben von den Symbolen der vier Evangelisten (Engel, Löwe, Stier, Adler), zu erkennen. Über dem Durchgang zum Kirchenraum entdeckt man eine sehenswerte Darstellung des Jüngsten Gerichts mit 64 Figuren. Ein im Spätmittelalter beliebtes Motiv, die sogenannte Eucharistische Mühle, findet sich über dem steinernen Tabernakel. Das Christuskind mit einer Hostie in der Hand kommt vom Ausgang der Mühle auf Bischöfe zu, die ihrerseits die Kommunion austeilen. Dieses selten zu findende Freskomotiv – insgesamt soll es nur noch 13-mal erhalten sein – können Sie übrigens auch im ca. 5 km entfernten Hohwiller in der Dorfkirche bewundern.

Im Süden des Ortes kann man gegenüber vom Schwimmbad noch dem kleinen *Parc à Cigognes* mit einer Voliere und frei lebenden Störchen einen Besuch abstatten. Und wer sich schließlich noch eine echte Rarität etwas außerhalb von Betschdorf anschauen will, fährt zum kleinen Weiler *Kuhlendorf*: Dort steht die einzige Fachwerkkirche des Elsass.

Information Das **Office de Tourisme** befindet sich im Rathaus und ist vom 1.5.–30.9. und 1.–23.12. Mo–Sa, in der NS nur Mo–Fr geöffnet. 1, rue des Francs, ✆/📠 0388544492, www.pays-betschdorf-hatten.com.

Öffnungszeiten/Eintritt Das **Musée de la Poterie** ist von Ende März bis Ende Okt. Mo–Sa 10–12 und 13–18 Uhr, So nur nachmittags geöffnet. Eintritt 3,50 €, Kinder ab 10 J. 1 €. Mit dem Ticket erhält man einen sehr informativen Audioguide.

Wer die **Eglise Mixte** besichtigen möchte, sollte 1–2 Tage vorher beim O.T. anrufen, damit diese dann zum gewünschten Zeitpunkt aufgeschlossen werden kann.

Feste Abwechselnd veranstalten die Töpferdörfer Soufflenheim und Betschdorf jeweils am ersten So im Sept. das sog. **Töpferfest**. Nähere Informationen siehe S. 114.

Einkaufen Die Töpfereien sind Mo–Sa jeweils vormittags und nachmittags, einige auch am Sonntagnachmittag geöffnet.

Übernachten In Betschdorf kann man **Gästezimmer** bei einem Töpfer mieten (auch Möglichkeit der Töpferausbildung). Nähere Informationen beim Touristenbüro.

Essen & Trinken Restaurant **Au Boeuf**, uriges Lokal mit kleiner Terrasse, in dem von Mo bis Do mittags ein Tagesgericht mit Vorspeise zum Preis von knapp 9 € serviert wird. Das Fleisch stammt aus der eigenen Schlachtung – kein Wunder, dass es schmeckt! 41, Grand' rue, ☎ 0388544269.

Restaurant Belle Vue, in dem zentral gelegenen Fachwerkhaus bzw. auf der Terrasse im Hof gibt es neben einem leckeren Töpfermenü auch Flammkuchen und andere elsässische Gerichte sowie eine ansehnliche Auswahl an traditionellen Desserts wie Oeufs à la Neige. Mo geschl. ☎ 0388543248.

Musée de l'Abri in Hatten: Der Ort Hatten ist eigentlich ein unscheinbares Wohndorf, wer sich allerdings für Militärgeschichte und die *Ligne Maginot* (s.128) interessiert, bekommt hier einiges zu sehen. Im Westen des Ortes hat man auf dem Gelände eines ehemaligen Großunterstandes das *Musée de l'Abri*, z. T. ein Freilichtmuseum, eingerichtet. Unter anderem veranschaulichen Modelle die verheerende Panzerschlacht bei Hatten vom Januar 1945. Besonders beeindruckend sind die Dokumente über den Alltag während des Zweiten Weltkriegs. Östlich des Dorfes kann man zudem die *Casemate d'Esch* mit zwei restaurierten Originalräumen und einer kleinen Ausstellung besichtigen.

Anfahrt Folgen Sie in Hatten der Beschilderung zum Musée de l'Abri. Die Casemate d'Esch liegt östlich des Ortes an der D 28 Richtung Seltz.

Öffnungszeiten/Eintritt Musée de l'Abri, 15.6.–15.9. tägl., 1.3.–14.6. und 16.9.–11.11. Do–So und Fei 10–18 Uhr. Erwachsene 5 €, Kinder 3 €. www.maginot-hatten.com.

Casemate d'Esch, Mai–Sept. So 10–12 und 13.30–18 Uhr. Erwachsene 2 €, Kinder 1,50 €.

Fachwerkdorf Hunspach: Ein Schild am Ortseingang informiert den Besucher, dass er in „einem der schönsten Dörfer Frankreichs" angekommen ist. Man ist zu Recht stolz auf die blütenweiß verputzten Fachwerkhäuser aus dem 18. und 19. Jh. mit charakteristischen Giebelvordächern und großen Höfen. Zusammen bilden sie ein malerisches Ensemble. Überall im Dorf erinnern alte Ziehbrunnen mit Schwengelarmen daran, dass Wasser

einst mühsam per Handarbeit in die Häuser gebracht werden musste. Und auch beim Essen sind die Hunspacher traditionsbewusst: Zum Sonntagsfrühstück kommt fast überall der „Dicke Kuche", ein Hefegebäck, auf den Tisch, und jede Hausfrau hütet ihr Familienrezept der Dorfspezialität „Flaaschknepfle" (Fleischklößchen in weißer Sauce).

Die Maginot-Linie

Nach den bitteren Erfahrungen im Ersten Weltkrieg, aus dem Frankreich zwar siegreich hervorgegangen war, in dessen Verlauf aber große Gebiete im Norden und Osten des Landes verwüstet wurden und 1,4 Mio. Tote und 3,5 Mio. Verwundete zu beklagen waren, entschloss man sich, die Grenze gegen Deutschland und später auch die gegen Italien besonders zu schützen. Geplant hat das Verteidigungssystem der Kriegsminister Paul Painlevé, gebaut wurde es unter seinem Nachfolger André Maginot in den Jahren 1930–32. Nach der Machtergreifung Hitlers erweiterte man die Anlage. Auf insgesamt 700 km, 200 davon an der elsässisch-deutschen Grenze, reihten sich ebenerdige, meist aber unterirdische Forts, Artilleriewerke, Infanteriekasematten, Großunterstände, Beobachtungsbunker etc. aneinander, zwischen denen man Panzersperren und Minenfelder anlegte. Durch Gänge verbunden, wie man gelegentlich hört, waren die einzelnen Anlagen nicht. Die größeren Festungen, um sog. Kampfblocks mit ausfahrbaren Geschütztürmen angelegt, durchzog dagegen ein oft kilometerlanges Netz von Gängen, in denen Schienen verlegt waren, um mit Waggons die Munition transportieren zu können. Eigene Kraftwerke sorgten für die notwendige Energie. Bis zu 1000 Soldaten konnten hier stationiert werden. Für sie richtete man Schlafräume, Duschen, Großküchen, Krankenstationen, ja sogar Weinkeller ein. Die kleineren Kasematten waren von bis zu 20 Soldaten besetzt.

Über die Wirkung der manchmal sogar mit der Chinesischen Mauer verglichenen Maginot-Linie gehen die Meinungen auseinander. 1940 wurde sie von den Deutschen einfach umgangen. Sie missachteten die Neutralität Belgiens und drangen von Norden nach Frankreich ein. Viele der Befestigungsanlagen konnten jedoch trotz heftigster Bombardierungen nicht eingenommen werden. Ihre Besatzungen ergaben sich erst Tage nach dem Inkrafttreten des Waffenstillstandes auf Befehl des französischen Oberkommandos.

Heute interessiert sich das Militär nicht mehr für die Anlagen, manche Kasematten dienen Landwirten als Lagerräume, in einigen Forts züchtet man Pilze, Granatwerferpanzertürme wurden entfernt, das Metall oft für andere Zwecke wieder verwertet. Nur wenige der einst 2000 Bauwerke im Elsass wurden von der „Association des Amis de la Ligne Maginot d'Alsace" restauriert und sind nun für interessierte Besucher zugänglich: die Infanterie-Kasematte Esch bei Hatten (s.127), das Artilleriewerk Schoenenbourg (S. 129), die Befestigungsanlage Four à Chaux bei Lembach (S. 260) sowie die Kasematten Dambach-Neunhoffen (S. 270) und Marckolsheim (S. 152).

Weitere Informationen finden Sie unter www.lignemaginot.com im Internet.

Nördlich des Hagenauer Forsts: In den Outre Forêt   129

Feste Jeweils am Wochenende vor dem 21. Juni (Sommeranfang) feiert man in Hunspach ein großes **Folklorefest** mit einem Ball am Samstagabend und Vorführungen verschiedener Trachtengruppen aus der Gegend am Sonntag.

Einkaufen In der **Bäckerei Fischer** kann man jeden Samstag, manchmal auch unter der Woche, den sog. „Dicke Kuche" aus lockerem Hefeteig erstehen. Darüber hinaus gibt es aber auch anderes leckeres Gebäck nach alten Rezepten wie Streusel- oder Apfelkuchen, Hefezöpfe und im Herbst die legendäre „Quatscheschlagertar-

te" mit Pflaumenmus. Angeschlossen ist auch ein netter **Salon de Thé**. Tägl. außer So geöffnet. 52, rue Principale. ∎

Essen & Trinken Am Rand des Dorfes liegt das beliebte **Restaurant Au Cerf** mit schöner Terrasse. Hier bekommt man die Hunspacher Spezialität „Flaaschknepfle" (auf Bestellung), aber auch andere elsässische Gerichte nach alten Familienrezepten. Unbedingt reservieren, da auch an Werktagen oft ausgebucht. Mi, außerdem am Di und Do jeweils abends geschl. 5, rue de la Gare, ✆ 0388804159. ∎

Fachwerkdorf Seebach: Das nächste traditionelle Fachwerkdorf, größer und durch viel Grün vielleicht sogar noch etwas schöner als Hunspach. Vor allem im nördlichen Ortsteil sieht man zwischen ausladenden Bauernhäusern, in deren schmucke Höfe man ruhig einmal einen Blick werfen sollte, viele liebevoll gepflegte Gärtchen; sogar auf den Gehwegen hat man oft kleine Blumenbeete angelegt. Zentrum bildet die Place de la Mairie mit einem von einem Türmchen gekrönten Rathaus. Spaziert man von hier aus über die Route de Trimbach nach Süden, gelangt man in den ursprünglich ärmeren Teil des Dorfes mit deutlich kleineren Häusern. Über die parallel verlaufende Rue des Forgerons kommt man zur Mairie zurück.

Ouvrage d'Artillerie de Schoenenbourg: Die zur *Ligne Maginot* (siehe S. 128) gehörende, gewaltige unterirdische Festung liegt ganz in der Nähe des nicht weniger sehenswerten Dorfes Schoenenbourg. Über eine Treppe gelangt man ca. 30 m in die Tiefe, besichtigt zunächst die Versorgungsbunker mit voll eingerichteter Mannschaftsküche (sogar eine Kartoffelschälmaschine war vorhanden), Kaserne und Kraftwerk und geht dann etwa einen Kilometer weit die Schienen entlang zu einem der Kampfbunker mit versenkbarem Panzerdrehturm.

Anfahrt Von der D 264 (Wissembourg–Soultz sous Forêts) führt ein beschilderter Abzweig zum Fort Schoenenbourg.

Öffnungszeiten/Eintritt Von Mitte April bis 3.10. sowie in den Herbstferien tägl. geöffnet (Mo–Sa 14–16, So und Fei zusätzlich 9.30–11 Uhr), März bis Mitte April nur So und Fei nachmittags, in der ersten

Oktoberhälfte Sa und So. Erwachsene 7 €, Schulkinder 5 €. Geführte Besichtigungen werden nur für Gruppen durchgeführt, die Orientierung ist durch zahlreiche Hinweistafeln und Richtungspfeile jedoch im Alleingang problemlos möglich. Rechnen Sie für die Tour ca. 2 Std. ein. Warme Kleidung ist empfehlenswert.

Musée Rurale de l'Outre-Forêt in Kutzenhausen: Eingerichtet wurde das sehenswerte Bauernhofmuseum im hübschen Straßendorf Kutzenhausen mit seinen pittoresken Fachwerkhäusern in einem für die Region typischen hufeisenförmigen Hof, der Mitte des vergangenen Jahrhunderts aufgegeben worden ist. Neben dem Wohnhaus sind u. a. die Scheune, ein Garten und mehrere Ställe zu besichtigen. Kühe und Pferde hat man zwar aus Pappmaché nachgebildet, doch sonst ist alles echt! Zu besichtigen ist auch eine authentische Schulstube – selbst die „Eselsmütze" fehlt nicht! Ständig wechselnde Ausstellungen und Vorführungen verschiedener Handwerker gehören zum Museumsprogramm.

Öffnungszeiten/Eintritt 1.4.–30.9. Di–Fr 10–12 und 14–18 Uhr, So und Fei nur nachmittags, im Juli/Aug. zusätzlich Sa nachmittags, 1.10.–31.3. nur Mi, So und Fei nachmittags ge-

öffnet; im Jan. bleibt das Museum geschlossen. Erwachsene 4,50 €, Kinder ab 6 J. 2,50 €.

Kinder Museum für Kinder gut geeignet.

Die nördliche Rheinebene

🍃 Streisselhochzeit

Jedes Jahr feiert man in Seebach am Wochenende nach dem 14. Juli die Streisselhochzeit. Am Freitag- und Samstagabend wird hauptsächlich getanzt, die eigentliche Zeremonie findet dann am Sonntagvormittag statt. Ein Hochzeitszug, bei dem alle Beteiligten die Seebacher Tracht tragen, zieht zum Rathaus, vor dem die für das jeweilige Jahr erkorenen Brautleute nicht etwa einander das Jawort geben, sondern schwören, die alten Traditionen ihr Leben lang weiterzupflegen. Den ganzen Tag über sind etliche Bauernhöfe geöffnet und bieten leckere deftige Gerichte an: *Mischtgrätzerle, Grummbeeredotsche, Flaaschknepfle* ... Dazwischen wird vorgeführt, wie früher auf dem Lande gearbeitet wurde: Ein Scherenschleifer wetzt die Messer, bei den Waschweibern dampft es aus dem Kessel, und eine kleine Herde von Schafen wird vor den Augen von Groß und Klein geschoren. Am Nachmittag zieht der Hochzeitszug noch einmal durch die Straßen, diesmal aber sind auch wunderschön geschmückte Wagen mit der Aussteuer dabei. Vom Schwein über die Nähmaschine bis zum Ehebett wird alles präsentiert.

„Erdöldorf" Merkwiller-Pechelbronn: Bei der Fahrt durch die liebliche Landschaft erscheint es kaum vorstellbar, dass hier vor noch gar nicht so langer Zeit ein wichtiges Erdölfördergebiet Frankreichs lag. Schon im Mittelalter hatten die Einheimischen die dünne Ölschicht auf dem Wasser des Seltzbaches regelmäßig abgeschöpft und v. a. für medizinische Zwecke genutzt. Und im 15. Jh. zog der „Karichschmiermann" durch die Dörfer der Umgebung, um aus seinem Fass Wagenschmiere an die Bauern zu verkaufen. In der zweiten Hälfte des 18. Jh. begann dann die Familie Le Bel, in größerem Stil Erdöl durch Tiefbohrungen zu erschließen und planmäßig auszubeuten. Der Höhepunkt der Förderung war etwa 1950 erreicht. Mit der Entdeckung von reichhaltigeren Ölquellen in Nordafrika, über die sich Frankreich weit besser versorgen konnte, ging die Nachfrage zurück. Heute sind aus der Boomzeit der Erdölförderung nur mehr Relikte zurückgeblieben: An der zentralen Kreuzung steht eine alte *Erdölschwengelpumpe,* darüber hängt die Abbildung der ehemaligen Raffinerie. Von hier führt eine Straße zum *Musée du Pétrole,* wo ein sehenswerter Film (auch auf Deutsch) über die Erdölgewinnung vorgeführt wird und in zwei kleinen Räumen Fossilien in erdölhaltigem Gestein, Arbeitsgeräte und Modelle zu besichtigen sind. Von Mitarbeitern des Museums werden auch sog. Entdeckungswanderungen zum Thema Erdöl durchgeführt (s. u.).

Nur wenige Gebäude aus der industriellen Vergangenheit des Dorfes sind erhalten: Das Bürogebäude der Raffinerie liegt links der Straße nach Lobsann, das „Schloss" der Familie Le Bel sieht man am Ortsausgang Richtung Lampertsloch.

Öffnungszeiten/Eintritt Das **Musée du Pétrole** ist vom 1.4. bis 31.10. Do, So und Fei 14.30–18 Uhr geöffnet. Erwachsene 4 €, Kinder ab 10 J. 3 €. www.musee-du-petrole.com.

Entdeckungswanderungen Die vom Musée du Pétrole angebotenen Touren finden von April–Okt. jeden zweiten So um 14.30 Uhr statt, am besten erkundigt man sich vorher telefonisch (✆ 0388809108). Man trifft sich vor dem Museum und zahlt inkl. Museumsbesuch 5 € (Kinder ab 10 J. 4 €).

Einkaufen Im Nachbarort Lobsann kann man in einer **Destillerie** wunderbare Obstbrände und Liköre erstehen. Zu den Spezialitäten des Hauses gehören die Sorte Wildkirsche, aber auch verschiedene wilde Beeren. Der nette Monsieur Hoeffler führt interessierte Besucher gerne durch seine Bren-

nerei. Diese liegt am Ortsrand in der Rue des Jardins und ist tägl. außer So von 8 bis 12 und 13 bis 18 Uhr geöffnet.

Übernachten/Essen * **Hôtel Restaurant A l'Etoile,** in dem auffallenden Gebäude an der zentralen Kreuzung werden unterschiedlich ausgestattete, helle Zimmer vermietet. Gut für Familien geeignet sind die Pavillons im Garten. Das dazugehörige Restaurant hat riesige Ausmaße, und dennoch ist es an Wochenenden oft brechend voll. Gute Küche zu angemessenen Preisen. Mi abends und Sa geschlossen. Für ein DZ bezahlt man je nach Größe 38 bis 58 €, ein Pavillon kostet 60 €. 1, rte de Woerth, ✆ 0388807180, ✆ 0388807538, www.hotel-restaurant-etoile.com.

Westlich von Haguenau: Hanauer Land

Westlich von Haguenau bis zum Anstieg der Nordvogesen erstreckt sich das hügelige Hanauer Land mit ursprünglich gebliebenen Bauerndörfern und interessanten Zeugnissen der jüdisch-elsässischen Kultur. Vom 13. Jh. bis zur Französischen Revolution führten in diesem Gebiet die Grafen von Lichtenberg, ab 1480 Hanau-Lichtenberg, das Regiment. Bouxwiller am Fuße des Bastbergs war der Hauptort ihres elsässischen Besitzes.

Bouxwiller

Zwar existiert das einstige Stadtschloss nicht mehr, doch bei einem Spaziergang durch das mittelalterliche Städtchen kann man noch an vielen stattlichen Gebäuden und schönen Plätzen den Glanz der vergangenen Tage erspüren und nebenbei zwei interessante Museen besuchen.

Wo heute an der weitläufigen Place du Château das Gymnasium steht, befand sich das wegen seiner berühmten terrassenartigen Gärten auch als „Petit-Versailles" bezeichnete gräfliche Schloss. Bei seiner Zerstörung im Jahre 1808 konnten lediglich 138 Orangenbäume gerettet und nach Strasbourg gebracht werden, wo sie dann den Grundstock für die Orangerie der Kaiserin Josephine bildeten. Im Sommer erfrischt sich Groß und Klein gerne an der den Platz umlaufenden Wasserrinne und dem modernen **Platteschleckerbrunnen.** Er erinnert an einen bösen Spottnamen, mit dem die Bewohner der umliegenden Dörfer die Bouxwiller Bürger zu Zeiten

132   Die Rheinebene nördlich von Strasbourg

der Grafschaft Hanau-Lichtenberg hänselten. Viele verdingten sich nämlich bei den Grafen als Lakaien und präsentierten sich trotz ihrer niederen Stellung nach außen in schöner Livrée mit Zopf und weißen Handschuhen hochnäsig als Angehörige einer besseren Gesellschaftsschicht.

Die linke Seite des Platzes (vom Gymnasium aus gesehen) nimmt die lang gestreckte Kornhalle ein. Sie ist direkt an die ehemalige Schlosskapelle aus dem 14. Jh. angebaut. Schräg gegenüber stehen zwei prachtvolle Gebäude aus dem 17. Jh., die Alte Kanzlei der Grafschaft Hanau-Lichtenberg (heute Rathaus) und links davon der ehemalige Kutschenunterstand, in dem heute das **Musée du Pays de Hanau** mit einer Sammlung von Möbeln und Trachten aus dem Hanauer Land untergebracht ist. Etwa bis 2014 soll es wegen Renovierungsarbeiten geschlossen bleiben.

Zwischen der Alten Kanzlei und dem einstigen gräflichen Marstallgebäude – heute die Post – verläuft die Rue des Seigneurs. Über eine Treppe kann man einen Abstecher zum **Alten Kornmarkt,** einem besonders hübschen Platz mit Löwenbrunnen, machen. Schöne alte Adelshöfe säumen den weiteren Verlauf der Gasse bis zur Kreuzung mit der Grand' Rue, in der Sie weitere restaurierte Fachwerkbauten mit Erkern und Arkaden finden.

Biegt man hier rechts ab, ist in wenigen Minuten die alte Synagoge erreicht, in der das sehr sehenswerte **Musée Judeo-Alsacien** untergebracht ist. Verschiedene Themenbereiche des Lebens der Juden im Elsass werden eindrucksvoll präsentiert: historische Situation vom Mittelalter bis ins 20. Jh., Alltag, Arbeit, Feste, religiöses Leben etc. Ein fast völlig lichtloser Sektor thematisiert dann das Leiden unter den Nationalsozialisten. Durch Modelle, szenische Darstellungen mit lebensgroßen Puppen und Bildershows hat die Ausstellung einen sehr lebendigen Charakter. Außerdem finden hier regelmäßig Wechselausstellungen zu vielfältigen Bereichen des Judentums statt.

Der Buchsweiler Weiberkrieg

Frauenpower demonstrierten in der Mitte des 15. Jh. die Bouxwillerinnen. Ihr Zorn richtete sich gegen den Grafen Jakob und noch mehr gegen dessen Mätresse. Der Graf war den Reizen der hübschen jungen Magd Bärbel von Ottenheim erlegen und gewährte ihr zahlreiche Privilegien. Während er sich vorwiegend mit alchemistischen Experimenten beschäftigte, regierte sie mit harter Hand und forderte von den Untertanen mehr, als diese zu leisten im Stande waren. Erbost über diese Schikanen verbündeten sich die Bouxwiller Frauen mit Jakobs Bruder und Konkurrenten Ludwig, stürmten, mit Heugabeln, Sensen und anderen Arbeitsgeräten bewaffnet, das Schloss und wollten Bärbel massakrieren. Zwar konnte sie entfliehen und lebte die folgenden Jahre auf einem Gut Jakobs in Hagenau, wo sie aber 1481, nach dem Tod des Grafen, als Hexe angeklagt wurde. In ihrer Gefängniszelle erhängte sie sich, um dem Tod durch Verbrennen zuvorzukommen.

In der Umgebung von Bouxwiller ist schließlich noch der **Bastberg** einen Abstecher wert. Bis auf 326 m Höhe ragt der aus fossilienreichen Jurakalken und Tertiärkonglomeraten aufgebaute Berg – eine erdgeschichtliche Besonderheit – wenige Kilometer vor dem Anstieg der nördlichen Buntsandsteinvogesen aus der Umgebung heraus. So ist es nicht verwunderlich, dass neben einem Natur- und einem Kulturerbepfad auch ein geologischer Lehrpfad auf den von einem riesigen Kreuz

Bouxwiller

gekrönten Gipfel hinaufführt. Durch die gruseligen Hexengeschichten, die sich um den Berg ranken, sollte man sich von der angenehmen, ca. eineinhalbstündigen Rundwanderung nicht abhalten lassen, sondern vielmehr wie schon der junge Student Goethe die grandiose Aussicht genießen.

Öffnungszeiten Musée Judeo-Alsacien, April bis Ende Okt. Di–Fr und So 10–12 und 14–18 Uhr. Erwachsene 6 €, Kinder von 8 bis 15 J. 3 €. Bisher gibt es nur einen Audioguide in frz. Sprache.

Tour auf den Bastberg Biegen Sie in Bouxwiller von der Grand' Rue in den Boulevard Gal Bolgert ab und halten Sie sich an der nächsten Kreuzung geradeaus. Dieses Sträßchen führt auf den Gipfel hinauf, darf aber nur 500 m weit befahren werden (Parkplatz). Hier beginnen die verschiedenen Rundwege. Weitere Infos dazu liefert eine vom O.T. Ingwiller herausgegebene Broschüre „Les Sentiers de Découverte du Bastberg".

Parken Auf mehreren Plätzen kann man kostenfrei parken, u. a. innenstadtnah auf der Place du Château.

Taxi ☏ 0388707227.

Markt Jeden 1. und 3. Sa im Monat auf der Place du Château.

Kinder/Schwimmen Hanautic, modernes Schwimmbad mit Becken für Groß und Klein, einer 52 m langen Rutschbahn, Whirlpool usw. Ganzjährig geöffnet. Rue de Babenhausen, ☏ 0388713838.

Öffentliche Toiletten An der Rückseite des alten Kanzleigebäudes an der Place du Château.

Übernachten/Essen ** Hôtel Restaurant La Cour du Tonnelier, im westlichen Teil des Ortes an der Grand' Rue liegt der Gasthof mit kleinem Park und Sauna. Großzügige Zimmer, z. T. mit Balkon. Im hauseigenen Restaurant isst man gut, im Angebot elsässische, aber auch leichte Küche, günstiges Tagesmenü, bei dem man z. B. auch nur zwei Gänge wählen kann. Sa und So geschl. EZ ab 54 €, DZ je nach Ausstattung 68–78 €, zu dritt bezahlt man 92 €. 84 a, Grand' Rue, ☏ 0388707257, ✆ 0388709574, www.courdutonnelier.com.

Restaurant La Petite Alsace, kleines, gemütliches Restaurant, in dem der Chef selbst den Kochlöffel schwingt. Mittags und abends bekommt man verschiedene Flammkuchen, aber auch gute Tellergerichte wie Königinpastete oder Lasagne, außerdem günstige Menüs. Mo und Donnerstagabend geschl. 44, Grand' Rue, ☏ 0388713040.

Die nördliche Rheinebene

Platteschlecker – und Gänselieselbrunnen in Bouxwiller

Strapse und Strass zwischen Mähwiesen und Mistgabeln

Varieté-Shows und Dîners Spectacles sind vielen Paris-Besuchern bestens bekannt – am Fuß des Montmartre laden etliche Etablissements zu dieser Kombination von Diner, Tanz und anschließender Revue ein. Aber auch im Bauerndorf Kirrwiller, 4 km von Bouxwiller entfernt, bekommt man in Pierre Meyers Music-Hall „Royal Palace" Vorstellungen geboten, die es mit den Vorbildern aus der Hauptstadt durchaus aufnehmen können. Mal leicht geschürzt, mal exotisch als Südseemädchen gekleidet, mal im Stil der Golden Twenties legen die Tänzerinnen und Tänzer zu heißen Rhythmen Mitreißendes aufs Parkett. Akrobaten mit schwindelerregenden Darbietungen, Magier mit verblüffenden Zaubertricks und faszinierende Lightshows runden das Programm ab. Trotz der ca. 1000 Plätze ist es meist brechend voll.

Es finden Mittag- und Abendvorstellungen statt, Preis je nach Programm, Menü und Wochentag ab 28 €. Reservierung unter ✆ 0388707181 oder ✉ 0388713195 bzw.www.royal-palace.com. 20, rue de Hochfelden, Kirrwiller.

Pfaffenhoffen

Hübsche Häuser, ein ganz besonderes Museum und die älteste intakt gebliebene Synagoge des Elsass machen den Reiz des sympathischen Kleinstädtchens aus.

Im Mittelalter war Pfaffenhoffen im ganzen Modertal bekannt für seine vielfältigen Märkte, auf denen nicht nur die örtlichen, sondern Händler aus dem gesamten Elsass ihre agrarischen und sonstigen Produkte verkauften. Zeugnisse des einstigen Wohlstands sind die prächtigen, z. T. sehr schön bemalten Häuser; das eindrucksvollste zeigt filigrane Jagdmotive und steht in der Rue du Docteur Schweitzer Nr. 9, der Hauptstraße des Ortes, deren Name auf die Beziehung des berühmten Tropenarztes zu Pfaffenhoffen aufmerksam macht: Im Haus Nr. 37 lebte einst sein Großvater, der gleichzeitig der Urgroßvater von Jean-Paul Sartre und zudem Ende des 19. Jh. Bürgermeister von Pfaffenhoffen war.

Das 1994 eingerichtete **Musée de l'Image Populaire** schräg gegenüber dem Hôtel de Ville widmet sich der volkstümlichen Bilderkunst. Auf ansprechende Art und Weise werden Hinterglasmalereien, bemalte Spiegel sowie Andachts- und Erinnerungsbilder ausgestellt. Im 18. und 19. Jh. war es im Elsass ein weit verbreiteter Brauch, zu wichtigen Anlässen wie Taufe, Konfirmation, Hochzeit, Einzug zum Militärdienst etc. von Künstlern, die meist noch einen handwerklichen Beruf im Dorf ausübten, handgemalte Bildchen mit Sinnsprüchen anfertigen zu lassen. Diese wurden dann in der „guten Stube" aufgehängt.

Geht man vom Eingang des Museums zuerst links, dann wieder rechts, gelangt man zu einem unscheinbaren Haus, in dessen Türstock hebräische Buchstaben zu erkennen sind. Es handelt sich um die ehemalige **Synagoge** aus dem Jahre 1791. Neben dem eigentlichen Gotteshaus mit beeindruckendem Thora-Schrein kann man hier noch eine kleine Herberge, ein Ritualbad und eine Küche mit Matzenbackofen besichtigen.

Öffnungszeiten/Eintritt Musée de l'Image Populaire, bis auf Karfreitag, 1.5., 1.11., 24.–26.12. und 1.1. ganzjährig geöffnet, und zwar Di–So 14–18 Uhr, 1.10.–30.4. nur bis 17 Uhr. Eintritt 3,50 €, Jugendliche ab 16 J. 2,50 €.

Den Schlüssel zur **Synagoge** erhält man an der Kasse des Museums, es gelten also dieselben Öffnungszeiten. Im ersten Raum des Erdgeschosses der Synagoge finden Sie Handzettel auch in deutscher Sprache mit ausführlichen Erklärungen zu den einzelnen Räumen.

🦐 **Einkaufen** Brasserie Uberach, nur wenige Kilometer von Pfaffenhoffen entfernt (in Uberach) werden in einer Kleinstbrauerei wohlschmeckende naturtrübe und aromatisierte Biere (z. B. mit Kürbis, Himbeeren etc.) hergestellt. Im Angebot sind auch Nudeln, Konfitüre

und Schnaps – alle Produkte enthalten den Gerstensaft. Kleine Probierstube, Direktverkauf Mo–Fr 8.30–12 und 13.30–18 Uhr. 30, Grand' rue, ✆ 0388070777. ∎

Übernachten/Essen ** Hôtel Restaurant A l'Agneau, in dem großen Haus am westlichen Ortsausgang werden hübsche geräumige Zimmer (Grand Lit oder zwei Betten) vermietet. Das Restaurant bietet leckere territoriale Küche. Ein besonderes Kleinod ist der von altem Gemäuer umgebene, üppige Garten. Hier passt sich auch die Speisekarte mit vielen Salaten und z. T. mediterranen Gerichten der Umgebung an. Am Wochenende werden zudem Flammkuchen serviert. Mo und Di geschl., vom 1.9.–31.5. auch So abends. Zu zweit bezahlt man zwischen 57 und 73 €. 3, rue de Saverne, ✆ 0388077238, ✎ 0388722024, www.hotel-restaurant-delagneau.com.

Ingwiller

In dem hübschen Ort an der Moder lassen sich erneut Spuren der jüdisch-elsässischen Kultur entdecken. Geht man von der protestantischen Kirche gegenüber dem Rathaus etwa 50 m nach Norden und zweigt dann nach links ab, steht man vor einer etwas orientalisch anmutenden **Synagoge**. Sie wurde zu Beginn des 19. Jh. auf dem gotischen Keller eines zerstörten Schlosses der Grafen zu Lichtenberg errichtet. Mit ihrem mächtigen kupferverkleideten Zwiebelturm aus dem Jahre 1903 und dem von einem Davidstern geschmückten Dach bietet sie ein eindrucksvolles Bild. Wenn Sie die Synagoge besichtigen möchten, kann sie Ihnen ein Angestellter des O.T. öffnen, falls Sie Ihren Besuch 48 Std. im Voraus angekündigt haben; eine Führung gibt es derzeit nicht.

Information Das 50 m südlich vom Rathaus gelegene **Office de Tourisme du Pays de Hanau** ist ganzjährig Mo–Fr, Sa nur vormittags geöffnet, vom 1.7. bis 15.9.

außerdem samstagmittags und sonntagvormittags. 68, rue du Gal Goureau, 67340 Ingwiller, ✆ 0388892345, ✎ 0388896027, www.tourisme.pays-de-hanau.com.

Neuwiller-lès-Saverne

Der kleine Ort hat zwei großartige Bauwerke der Kirchenkunst zu bieten, die beide in engem Zusammenhang mit dem heiligen Adelphus stehen, einem im Jahre 411 verstorbenen Bischof aus dem lothringischen Metz, dem viele Wunder nachgesagt wurden. Seine Gebeine überführte man im Jahre 846 in die Kirche der mehr als 100 Jahre zuvor gegründeten Benediktinerabtei, woraufhin sich Neuweiler im Mittelalter zu einem der wichtigsten Pilgerorte des Elsass entwickelte.

An der Rue du Gal Koenig stehen an der Westseite eines riesigen Platzes mit achteckigem Brunnen aus dem 18. Jh. die ehemaligen Wohnhäuser des Klosters, in der Mitte erkennt man die Fundamente einer einstigen Friedhofskapelle. Die

Die Rheinebene nördlich von Strasbourg

Hübsche Ornamentik schmückt das Ende des 15.Jh. geschaffene Heilige Grab

den Platz beherrschende ehemalige Abtei- und heutige katholische Pfarrkirche St-Pierre-et-St-Paul vereinigt mehrere Stilformen aus den einzelnen Bauphasen vom 9. bis zum 19. Jh. in sich, die man gut erkennen kann, wenn man einmal um das 66 m lange Gotteshaus herumgeht. Im 18. Jh. wurde der barocke Engelsturm im Westen errichtet, so genannt nach den bis zu 2,20 m hohen Putten auf seinem Dach. Das angrenzende gotische Langhaus stammt zum großen Teil aus dem 13. Jh., das kaum 100 Jahre zuvor erbaute Querschiff mit Vierungsturm (der Helm stammt aus dem 19. Jh.) weist insbesondere an seinem dem Platz zugewandten Nordportal wunderschöne Elemente der Spätromanik auf. Betrachten Sie einmal seine mit Löwen, Engeln, Drachen und Fratzen verzierten Säulenkapitelle und die das Tympanon stützenden bärtigen Atlanten. Dahinter grenzt die doppelstöckige romanische Kapelle aus dem Jahre 1050 an. An der Südseite des Gotteshauses entdeckt man noch ein wunderschönes romanisches Portal (Teil eines Kreuzgangs) und den einstigen Kapitelsaal.

Im Kircheninneren beeindruckt zunächst das gewaltige dreiteilige Langhaus mit starken Rundpfeilern, deren Kapitele mit naturalistisch gearbeiteten Blattranken geschmückt sind. Im hinteren rechten Seitenschiff fällt das gotische Reliquiengrab des heiligen Adelphus auf, dessen Gebeine sich nun, nach mehrmaligem Platzwechsel, in dem kleinen Holzschrein unter dem steinernen Hochgrab befinden. Beachtung sollten Sie auch einem steinernen Taufbecken aus dem 12. Jh. im hinteren linken Seitenschiff schenken: Seine Figuren, ein Bauer, eine Frau mit Schleier und ein Löwe, stellen durch die Taufe abgewendete Dämonen dar. Links vom Hochaltar steht ein besonders schönes Heiliges Grab. Die Christusfigur weist eine kreisrunde Vertiefung zur Aufbewahrung der Hostien während der Karwoche auf. Sehenswert ist auch eine aus Lindenholz gearbeitete Marienfigur aus der Schongauerschule in der rechten Seitenkapelle.

Von hier aus kommt man über eine kleine Treppe in den ältesten Teil des Gotteshauses, in die von zwei Säulenreihen mit einfachen Würfelkapitellen geglie-

Neuwiller-lès-Saverne

derte Unterkapelle des doppelstöckigen romanischen Baus. Verbunden ist sie mit einem kleinen, tonnengewölbten Raum, der sog. Confessio, in der die Gebeine des Heiligen vom 9. bis zum 11. Jh. aufbewahrt wurden, damals von den Gläubigen nur durch ein Fenster einsehbar. Die darüber liegende Sebastianskapelle erreicht man durch eine Tür hinter dem Hochaltar. Ihr Grundriss entspricht genau demjenigen der Unterkapelle, die Würfelkapitelle sind jedoch viel filigraner gearbeitet. Prunkstücke sind jedoch die vier je 5 m langen, Anfang des 16. Jh. angefertigten Wandteppiche, die in 21 Szenen das Leben und die Wunder des heiligen Adelphus erzählen. Diese Meisterwerke der mittelalterlichen Textilkunst stammen aus zwei verschiedenen Werkstätten und wurden von Graf Philipp III. von Hanau-Lichtenberg in Auftrag gegeben.

Fast genau gegenüber von St-Pierre-et-St-Paul steht in der Rue des Cigognes die **Adelphikirche.** Sie wurde im 13. Jh. außerhalb der Klostermauern errichtet, um die Gebeine des heiligen Adelphus aufzunehmen. Den Ordensleuten war der Wallfahrtsbetrieb zu viel geworden. Die heute evangelische Pfarrkirche mit zwei schlanken, das Hauptportal begrenzenden Türmchen

Die Marienfigur ist besonders sehenswert

weist romanische und gotische Stilelemente auf. Schmucklose weiße Wände und massige Pfeiler mit vorspringenden, unterschiedlich langen Halbsäulen prägen den Innenraum, der vom Rippengewölbe im Mittelschiff und Kreuzgratgewölben in den Seitenschiffen überspannt wird. Wegen Einsturzgefahr mussten der Chor im 19. Jh. abgetragen und die dort aufbewahrten Reliquien wieder zurück in die Peter-und-Paul-Kirche überführt werden.

Wer ein besonderes Interesse an klerikaler Kunst hat, kann noch einen Abstecher in den Nachbarort **Weiterswiller** machen und die spätmittelalterlichen Fresken der im Zentrum gelegenen Kirche bewundern (unregelmäßige Öffnungszeiten).

Besichtigung der Kirchen von Neuwiller Beide Kirchen sind tagsüber von 8 bis 19 Uhr geöffnet. Die romanische Doppelkapelle von St-Pierre-et-St-Paul und damit die Wandteppiche können nur im Rahmen einer Führung (auch auf Deutsch) besichtigt werden. Diese findet von Mitte Juli bis Anfang Sept. tägl. nach Bedarf zwischen 14.30 und 18.30 Uhr statt, Preis 3 €. Weitere Informationen erhalten Sie beim O.T. in Ingwiller, beim Pfarramt der Eglise St-Pierre-et-St-Paul (✆ 0388700051), bei Marcel Hausser (✆ 0388700138) oder bei Monsieur Kauffmann (✆ 0388700874).

Knallbunte Fachwerkkunst

Die Rheinebene südlich von Strasbourg

Mais so weit das Auge reicht, Sauerkrautfelder, Tabakspeicher, dazwischen stattliche Haufendörfer, die einander gleichen – der südliche Abschnitt der großen elsässischen Ebene präsentiert sich auf den ersten Blick als eine monotone Ackerbauregion.

Doch wenn man diese genauer erkundet, entdeckt man zwischen Ill und Rhein, im Grand Ried, noch urwaldartige Auwälder und Feuchtwiesen wie Inseln in einem weiten Meer – Reste einer einst raumprägenden Feuchtlandschaft mit einer einmaligen Flora und Fauna. Dort, wo man die Natur noch halbwegs gewähren lässt, dankt sie es mit einer fast wilden Schönheit und reichen Gaben. Denn nirgendwo im Elsass wird so häufig und gut Fisch zubereitet wie in den hiesigen Gasthäusern; am besten natürlich in Illhäusern, wo das bekannteste Sternelokal weit und breit angesiedelt ist.

Doch auch für geistigen Genuss ist in der südlichen Rheinebene gesorgt. Eine der ältesten Kirchen des Elsass steht in Ottmarsheim, lichtdurchflutet und verspielt wirkt die einzigartige Barockkirche in Ebersmunster. Die Kleinstadt Sélestat hat ebenfalls eindrucksvolle Gotteshäuser aufzuweisen, ist aber v. a. wegen ihrer wertvollen humanistischen Bibliothek einen Besuch wert. Einen Überblick über Geschichte, Kultur und Brauchtum des Elsass und zugleich viel Spaß für die ganze Familie bietet schließlich das Freilichtmuseum *Ecomusée d'Alsace* bei Ungersheim.

Le Grand Ried

Zwischen Strasbourg und Colmar, im Westen begrenzt von der Ill, im Osten vom Rhein, erstreckt sich im alten Überschwemmungsgebiet dieser beiden Flüsse die einzigartige Feuchtlandschaft des Großen Ried mit ihrer charakteristischen Pflanzen- und Tierwelt.

Natürlich präsentiert sich das Grand Ried nicht mehr so, wie es einst war. Durch Eindeichung und Kanalisation des Rheins (die Ill hat man davon weitgehend verschont), durch Trockenlegung für Siedlungen, Landwirtschaft und Industrie sind weite Flächen verloren gegangen. Aber in dem Dreieck zwischen Erstein-Krafft, Sélestat und Marckolsheim zeigt es sich stellenweise noch in seiner ganzen Schönheit, stehen inzwischen glücklicherweise weite Teile unter Naturschutz, andere versucht man zu renaturieren. Unzählige Wasserläufe durchfließen das Gebiet, der Grundwasserspiegel ist hoch, überall sprudeln Quellen aus dem Boden hervor. Insbesondere nach der Schneeschmelze im Frühling – aber auch nach ergiebigen Herbstregen – werden viele Wiesen und Wälder überflutet.

Schilf, Schlingpflanzen, zahlreiche Laubbäume und Weiden prägen die Flora, man findet aber auch so seltene Gewächse wie die Sibirische Schwertlilie, das langblättrige Männertreu oder die Sumpfgladiole. Mannigfaltig ist die Fauna. Der Brachvogel ist inzwischen zum Symbol des Grand Ried geworden. Daneben leben hier Reiher, Blesshühner, Eisvögel, Baumkormorane, Haubenkiebitze etc., außerdem natürlich Amphibien sowie Fische mit so klangvollen Namen wie Elritze, Gluster oder Mühlkoppe. Neben dem Fischotter ist auch der Biber dank intensiver Bemühungen inzwischen wieder heimisch geworden. Besonders tierreich sind die Altrheinarme – im Volksmund oft als „Gießen" bezeichnet – und die von Quellen gespeisten klaren „Brunnwasser". Bei einer konstanten Temperatur von ca. 12° C fühlen sich in Letzteren auch Forellen sehr wohl. Dass Fischgerichte zu den kulinarischen Spezialitäten der Region gehören, allen voran die aus Aal, Hecht, Zander und Forelle zubereitete Matelote, liegt auf der Hand.

Obwohl nur einige Kilometer von der Weinstraße entfernt, ist das Grand Ried immer noch recht untouristisch. Hotels sind rar, die meisten Besucher kommen als Tagesausflügler. Sie erkunden das Gebiet mit dem Fahrrad, zu Pferde, zu Fuß oder per Boot. Eine Auswahl von Ideen dazu haben wir in den einzelnen Ortskapiteln aufgelistet, noch mehr finden Sie unter www.grandried.fr/de/freizeit.htm oder bei den einzelnen Offices de Tourisme.

Route de la Choucroute

Südwestlich von Strasbourg prägen endlos lange Reihen von sauber nebeneinander gepflanzten, dicken Kohlköpfen das Landschaftsbild – wir sind in einem der beiden elsässischen Sauerkrautanbaugebiete, das andere befindet sich östlich von Colmar. Besonders im Herbst, wenn die riesigen Köpfe geerntet und auf Wagen zu kunstvollen Pyramiden aufgeschichtet werden, hat diese ansonsten eher öde

Die Rheinebene südlich von Strasbourg

Landschaft ihren Reiz. Dann liegt über den Dörfern ein eigenartiger, starker Kohlgeruch, der Lust macht, in einem der Restaurants ein gutes *choucroute* zu bestellen – z. B. in Krautergersheim, der „Capitale de la Choucroute", wo sich am letzten Septembersonntag alles beim Sürkrütfescht trifft.

> Hätten Sie's gewusst? *Choucroute* – die französische Wortschöpfung setzt sich zusammen aus dem gallischen *chou* (Kohl) und *Krüt* für Kraut, Bestandteil des elsässischen Wortes *Sürkrüt*, und ist somit ein Pleonasmus.

Lage Etwa zehn Orte haben sich zur **Route de la Choucroute** zusammengeschlossen. Auf der folgenden Strecke lernen Sie einige davon kennen: von Strasbourg über die A 35 nach **Geispolsheim**, weiter nach **Blaesheim** (D 84), dort zunächst Richtung Hindisheim und über die D 161 und D 207 nach **Krautergersheim**. Von hier geht es über **Meistratzheim** (D 215) und **Niedernai** (D 426) auf der A 35 wieder zurück nach Strasbourg.

Sehenswertes/Kinder Musée Les Secrets du Chocolat, auf dem Gelände der Firma Schaal erfährt man in einem Museum alles über die Herstellung von Schokolade, ihre Ursprünge in Lateinamerika und ihre Verbreitung in der ganzen Welt. Lebendige Darstellung mit Hilfe eines Films (auch auf Deutsch), von Modellen, Maschinen, Gussformen etc. Kinder dürfen selbst Pralinen herstellen. Di–Sa 10–18, So 14–19 Uhr. Im Eintrittspreis von 8 €, Kinder von 5 bis 15 J. 6 €, sind 100 g Schokoladenbonbons enthalten.

Anfahrt: Das Museum liegt am Ortsrand von Illkirch im Industriegebiet Parc du Porte Sud, welches allerdings zu der mehr als 5 km entfernten Gemeinde Geispolsheim gehört. Dort orientiert man sich Richtung Illkirch, passiert den Ortsteil Geispolsheim-Gare und die Brücke über die D 1083. Danach hält man sich links und folgt der Beschilderung zum Museum. Aus Strasbourg kommend verlässt man die A 35 an der Ausfahrt 7 Illkirch, fährt über die D 1083 bis zur nächsten Ausfahrt, hält sich links und folgt ebenfalls der Beschilderung.

Essen & Trinken Le Chou'Heim/S'Kruithiesel, in Krautergersheim. Das älteste Bauernhaus des Dorfes wurde vor einigen Jahren besonders liebevoll in mühsamer Kleinarbeit renoviert und beherbergt heute ein Lokal, in dem u. a. abends leckere Flammkuchen serviert werden. Der Renner ist aber natürlich Sauerkraut (pro Woche manchmal bis zu 25 kg), das man z. B. mit Lachs, Zander oder Schinken bekommt. Fr–So abends sowie Di–Fr und So jeweils mittags geöffnet. ✆ 0388481810.

Willkommen in der Heimat des Sauerkrauts!

Eschau

Ende des 8. Jh. ließ der Bischof von Straßburg in Eschau ein Nonnenkloster errichten und in dessen **Abteikirche St-Trophime** die sterblichen Überreste der heiligen Sophia beisetzen. Nach der Zerstörung durch plündernde Ungarn 926 baute man es im 11. Jh. wieder auf. Aus dieser Zeit stammt die romanische Kirche, wenn sie auch danach noch mehrmals umgestaltet wurde. Die Klostergemeinschaft löste sich im Laufe der Bauernkriege auf. Auffallend sind die lang gestreckten, niedrigen Arme des Querschiffs. Rings um die Apsis zieht sich ein Kranz von 16 feinen Blendarkaden. Die steilen Dächer errichtete man im Spätmittelalter. Im Innern der flachgedeckten dreischiffigen Pfeilerbasilika, deren Fußboden ursprünglich mehr als einen Meter tiefer lag, kann man im linken Querschiff den Schrein bewundern, in dem ab 1350 die Gebeine der heiligen Sophia aufbewahrt wurden. Besonders sehenswert ist darüber die vergoldete Holzskulptur (um 1500) der Sophia mit ihren Kindern.

Erstein

Das an sich nicht besonders aufregende Landstädtchen, Zentrum des Zuckerrübenanbaus im Elsass, lockt mit einem hochkarätigen Kunstmuseum. Naturfreunde sind von der wasserreichen Umgebung begeistert.

Der auch als „Schraubenkönig" bekannte baden-württembergische Unternehmer Prof. Dr. Reinhold Würth besitzt mit ca. 14.000 Werken eine der umfangreichsten privaten Sammlungen moderner und zeitgenössischer Kunst weltweit. Sie wird derzeit in vier Museen in Deutschland sowie in zehn Kunstdépendancen an Sitzen der Konzerngesellschaften der Würth-Gruppe wechselnd gezeigt, denn, so das Motto des Sammlers, die Kunstwerke sollen den in seinem Konzern arbeitenden Menschen leicht zugänglich sein. Einer dieser Sitze ist Erstein, wo seit 2008 in einem schlichten Bau aus Beton und Glas Wechselausstellungen präsentiert werden. Geboten wird auch ein interessantes Rahmenprogramm mit Führungen, Vorträgen, Lesungen, Treffen mit Künstlern und Workshops für Kinder. Auch ein nettes Café des Arts ist angeschlossen. Genaueres erfährt man unter www.musee-wurth.fr.

Tägl. außer Mo 11–18 Uhr. Eintritt 5 €. Das Museum befindet sich im Gewerbegebiet in der Rue Georges Besse (beschildert).

Neben dem Musée Würth lohnt noch ein Besuch der katholischen Kirche St-Martin an der Place A. Hoch im Zentrum des Ortes, wurde deren Turm doch von Peter Thumb, dem genialen Architekten der Barockkirche von Ebersmünster (siehe S. 144) entworfen. Bemerkenswert sind zudem die reich verzierte Kanzel und die hohen Kerzenständer im Chorbereich.

Umgebung von Erstein

Erstein-Krafft: Wasser, wohin man schaut: der Rhein-Rhône-Kanal, der Ill-Entlastungskanal, der Plobsheimer Weiher – kein Wunder, dass man um Krafft schöne Spaziergänge und Radtouren unternehmen kann. Außerdem liegt hier ein sehr lohnenswerter Platz zur Beobachtung von Wasservögeln: Fahren Sie von Erstein über die D 988 nach Krafft und zweigen Sie dort unmittelbar hinter dem Canal-de-décharge de l'Ill nach links ab. Am Ende des Fahrwegs gehen Sie ca. 400 m auf dem Deich des Kanals weiter. Von dort haben Sie guten Blick auf die Vögel.

142   Die Rheinebene südlich von Strasbourg

Zwischen dem Ill-Entlastungskanal und dem Rhein erstreckt sich der Ersteiner Polder, ehemals ein natürliches Überschwemmungsgebiet, das inzwischen von Deichen umgeben ist. Führt der Fluss zu viel Wasser, kann man in diesen Polder (wie in mehrere andere entlang des Rheins) Wasser ableiten und so die Hochwassergefahr einschränken. Der Ersteiner Polder präsentiert sich mit Auwäldern, Tümpeln und Gießen fast wie eine Urwaldlandschaft und bietet zudem wunderschöne Plätze zur Vogelbeobachtung.

Wasserschloss in Osthouse: In dem ruhigen Ackerbauerndorf mit zahlreichen Tabaktrockenspeichern und schönen Gärten steht das Wasserschloss der Adelsfamilie Zorn von Bulach aus dem 15. Jh. Da es in Privatbesitz ist, kann man es nur von außen betrachten: ein gedrungener, von einem Wassergraben umgebener Bau mit zwei runden Türmen und Treppengiebel in einem kleinen Park. Beachtenswert sind auch die beiden Reliefs am Eingangstor: Elefanten tragen einen Ritter bzw. einen Mönch.

Information/Ausflüge   Das **Office de Tourisme** in Erstein ist ganzjährig von Mo–Fr und am Samstagvormittag, vom 1.6.–1.9. auch am Samstagnachmittag sowie So von 10–13 geöffnet. 16, rue du Gal de Gaulle, 67150 Erstein, ☎ 0388981433, ✆ 0388981232, www.grandried.fr.

Das O.T. bietet Touren ins Naturschutzgebiet bzw. in den Polder an. Außerdem im Programm: vogelkundliche Beobachtungen, Führungen durch das Fachwerkdorf Hindisheim, Besichtigung des Schlosses von Osthouse,

einer Tabakfarm, einer Sauerkrautfabrik u. a.

Übernachten/Essen   》》 Unser Tipp: **Hôtel A la Ferme** in Osthouse. In bäuerlichem Ambiente und dennoch edel wohnt man in bunt getünchten Fachwerkhäusern um einen Innenhof, zu dem sich von jedem entweder im traditionellen oder im zeitgenössischen Stil eingerichteten Zimmer bzw. Apartment eine Terrasse öffnet. DZ je nach Größe und Saison 84–137 €. 10, rue du Château, ☎ 0390299250, ✆ 0390299251, www.hotelalaferme.com. 《《

Benfeld

Als das „Tor zum Ried" bezeichnet sich das beschauliche Städtchen an der Ill gerne, und tatsächlich sind von hier aus wichtige Orte des Feuchtgebietes schnell erreichbar.

Im Zentrum steht das **Rathaus** aus dem Jahre 1531 mit hübschen Arkaden. Knapp 100 Jahre später baute man den oktogonalen Zwiebelhauben-Treppenturm an. Ihn schmückt eine ganz besonders originelle Uhr mit drei beweglichen Figuren. Rechts schlägt ein Hellebardenträger jede Viertelstunde mit einem kleinen Hammer auf eine Glocke, links dreht zur vollen Stunde der Tod seine Sanduhr um. Darüber sieht man mit Zepter und Geldbörse den „Stubenhansel", die Nachbildung eines Benfelder Bürgers, der im 14. Jh. für eine Hand voll Dukaten seine Stadt dem Feind ausgeliefert haben soll. Zu jeder vollen Stunde öffnet und schließt er den Mund in fassungslosem Entsetzen über das Todesurteil, mit dem man ihn für seinen Verrat bestrafte.

Nur ein paar Schritte entfernt stehen das alte **Hôpital** mit Volutengiebeln im Stil der Renaissance und die **Eglise St-Laurent.** Sie besitzt einen hübschen gotischen Chor.

Adressen/Verbindungen

Information   Das **Office de Tourisme** ist ganzjährig Mo–Fr, im Juli/Aug. auch Sa geöffnet. 10, pl. de la République, 67230 Benfeld, ☎ 0388740402, ✆ 0388581045, www.grandried.fr.

Parken   Großer Platz in der Rue de la

Dîme (Richtung Synagoge). Dort gibt es auch öffentliche Toiletten.

Markt Montagvormittags im Zentrum.

Feste   Am 3. Wochenende im Aug. feiert man das **Fest des Stubenhansel.**

Baden Am Ortsausgang Richtung Herbs-
heim findet man einen schönen Baggersee
mit schmalem Strand unter Bäumen. Von
Mitte Juni bis Ende Aug. wird er durch Bademeister bewacht.

Übernachten/Essen Hôtel Restaurant
A la Charrue, schöner, ruhig gelegener
Landgasthof im Nachbarort Sand. Wo
früher Fuhrleute schliefen, kann man
heute in unterschiedlich, aber immer geschmackvoll ausgestatteten Zimmern
unterkommen. Das angeschlossene Restaurant bietet allerlei Leckeres, z. B. ein
Menu du Terroir zum Preis von 25 €. Außer So nur abends geöffnet, Mo Ruhetag. Zu zweit bezahlt man 65 €. 4, rue du
1er Décembre, ☎ 0388744266, 📠 0388741202,
www.lacharrue.com.

Tipp für Wanderer und Radfahrer:
In den Offices de Tourisme im
Grand Ried — Benfeld, Erstein,
Marckolsheim und Rhinau — werden zwei sehr gut aufgemachte
deutschsprachige Broschüren mit
Spaziergängen bzw. Wanderungen (Le Grand Ried à Pied, 5 €) sowie mit Radtouren (Le Grand Ried
à Vélo, 2,50 €) verkauft.
Am Benfelder Baggersee beginnen z. B. zwei interessante Rundwege, der gut dreistündige Circuit de l'Ill (blauer Kreis) und der
knapp zweistündige Circuit de la
Lutter (grüner Kreis).

Umgebung von Benfeld

Rhinau: Ständig pendelt die Fähre zwischen dem etwas gesichtslosen *Dorf Rhinau*
und der deutschen Rheinseite hin und her. Dort hat der Ort einen guten Ruf, denn
man kann hier wunderbar Fisch essen. Etwas weiter südlich liegt die schmale, lang
gezogene *Insel Rhinau* zwischen dem Grand Canal d'Alsace und einem Altrheinarm. Bei Spaziergängen in dem dschungelartigen Gebiet kann man mehr als 40
Baumarten zählen und viele Tiere beobachten. Sehr empfehlenswert ist eine Bootsfahrt auf den sich durch die Insel schlängelnden Wasserläufen.

Daubensand: In dem ehemaligen Fischerörtchen abseits der großen Straßen
sieht man zwischen modernen Gebäuden auch noch einige der typischen niedrigen Fachwerkhäuser aus alter Zeit. Am Ortsrand liegt das sog. „Blaue Loch" (hinter dem Lokal s'Duvestuebel ca. 200 m weiter bis zum Waldrand), ein idyllischer
Platz im Auwald, von dem aus man schöne Spaziergänge unternehmen kann.

Information/Ausflüge Das Office de Tourisme am Fähranleger von Rhinau ist ganzjährig
Mo–Fr nachmittags, von April bis Sept. auch
Mo–Fr vormittags und am So nachmittags,
im Juli/Aug. zudem Sa nachmittags geöffnet.
35, rue du Rhin, 67869 Rhinau, ☎ 0388746896,
📠 0388748328 , www.grandried.fr.

≫ Unser Tipp: Touren in der Region: die
vom O.T. ganzjährig vermittelten Bootsfahr-
ten auf den Wasserläufen der Insel Rhinau:
pro Boot mindestens 36 €, ab 5 Pers. 9 € für
Erwachsene, 5 € für Kinder. Außerdem werden auch geführte Touren zu Fuß über die
Insel angeboten. ≪

≫ Unser Tipp: für Radfahrer: Empfehlenswert ist die grenzüberschreitende 42 km
lange Radtour, die von Rhinau ins badische
Naturschutzgebiet Taubergießen und über
die Ile de Rhinau ins Elsass zurückführt. ≪

Das Verkehrsamt von Rhinau
vermietet während der Saison
Fahrräder.

Anfahrt zur Insel Rhinau Man fährt auf der
am Fähranleger im Dorf Rhinau vorbeiführ-
renden D 20 5 km nach Süden und zweigt
dann zum Centre Hydroélectrique ab. Unmittelbar vor dem Laufkraftwerk fährt man über
die Brücke und parkt dann auf einem großen
Platz mit Infotafeln vor den Schleusen.

Wandern auf der Insel Rhinau Gehen Sie
über die Schleusenbrücke und dahinter
nach rechts. Hinter einer Schranke verläuft
eine Asphaltstraße in südlicher Richtung
am Rheinseitenkanal entlang. Knapp 500 m
weiter zweigt eine Piste nach links in die
Reserve Naturelle ab.

144   Die Rheinebene südlich von Strasbourg

Übernachten/Essen ** Camping du Ried, am Ortsausgang von Rhinau führt eine schmale Straße zu dem beliebten Platz mit Hallen- und Freibad sowie zahlreichen Sportmöglichkeiten. Von April bis Sept. geöffnet. ✆ 0388746827, ✉ 0388746289, www.camping-ried.com.

》》Unser Tipp: Hôtel Restaurant Aux Bords du Rhin, älteres Haus in Rhinau, in der 5. Generation im Besitz von Familie Berna. Die einfachen DZ mit einem großen oder zwei Betten sind aber noch in Schuss und zudem preisgünstig. In dem hallenähnlichen Restaurant werden vor allem riesige Platten mit Fischen angeschleppt, besonders lecker der nach altem Familienrezept zubereitete Zander in Kräutersauce. Kurzum: ein sehr empfehlenswertes gutbürgerliches Gasthaus. Die Matelote sollten Sie zwei Stunden vorher bestellen. Mo und Di geschl. DZ 36–43 €. 10, rue du Rhin, ✆ 0388746036, ✉ 0388746577. 《《

》》Unser Tipp: Restaurant Au Vieux Couvent, in Rhinau. Auch hier wird eine vom Ried bestimmte Küche serviert, die jedoch sehr fein mit Kräutern variiert wird. Je nach Saison ändern sich die Gerichte. Sicherlich eines der besten Lokale der Region. Menü ab 35 €. Mo abends sowie Di und Mi geschl. 6, rue des Chanoines, ✆ 0388746115. 《《

Ebersmunster

Weithin sichtbar im topfebenen Ried ist die Fassade der bedeutendsten Barockkirche des Elsass mit ihren hohen Zwiebeltürmen, die zur ehemaligen Abtei von Ebersmunster gehörte.

Ein großer Teil des ruhigen 400-Seelen-Dorfs an der Ill, in dem man übrigens vortrefflich Fisch essen kann, wird heute noch von den alten Klostergebäuden eingenommen. Einer Legende zufolge geht die Gründung des Klosters auf den elsässischen Herzog Etichho, Vater der heiligen Odilia, zurück. Im Laufe des 8.Jh. nehmen die Mönche die benediktinische Regel an. Wenig ist über die Vorgängerbauten der heutigen **Eglise St-Maurice** bekannt, sicher ist jedoch, dass ein romanisches Gotteshaus aus dem 12. Jh. 1632 im Dreißigjährigen Krieg abbrannte. An den daraufhin entstandenen Nachfolgebauten fügte der junge Vorarlberger Baumeister Peter Thumb 1710 die beiden schlanken Kirchtürme an, der „Heidenturm" am Chor ist dagegen älteren Datums. Als die Kirche sieben Jahre später durch einen Brand

Anglerglück

stark beschädigt wurde, errichtete man unter der Leitung Thumbs das Lang- und das Querhaus völlig neu, und zwar - ganz im Stil des schwäbischen Barock.

Im Innern fasziniert die strahlende, festliche Atmosphäre. Der hell grundierte, einschiffige Raum wird von blassrosafarbenen Sandsteinpilastern gegliedert, über den Seitenaltären verläuft eine Balustrade – auf diese Weise konnte man die Anzahl der großen Fenster verdoppeln, und das Tageslicht erreicht auch den letzten Kirchenwinkel. Die nicht überladen wirkenden Stuckaturen mit Ranken in Gold und zarten Farbtönen verleihen dem Raum viel Heiterkeit. Die *Silbermannorgel* über dem Eingang ist eine der letzten Werke des Meisters. Sie verfügt über eine besonders gute Klangqualität. Darüber sieht man in einem der wunderschönen *Deckengemälde* – ganz passend – die heilige Cäcilia Orgel spielen. Das nächste ist dem Namenspatron der Kirche, dem heiligen Mauritius, gewidmet, der mit einem Teil seiner Soldaten im 3. Jh. den Märtyrertod starb. Die beiden folgenden verherrlichen ebenso wie die Ovale über den Balustraden den heiligen Benedikt. Das

Weithin sichtbare Zwiebeltürme

schönste Fresko ist jedoch die Darstellung der Himmelfahrt Mariens in der Vierungskuppel. Einen effektvollen Schlusspunkt setzt im Chor der prächtige *Hochaltar*, überragt von einer von Engeln gehaltenen Krone. Im Zeitalter der Gegenreformation sparte man eben nicht mit Effekten, um einen deutlichen Kontrast zu den nüchternen Gotteshäusern der Protestanten zu setzen. Schließlich sollten Sie noch dem kunstvoll geschnitzten *Chorgestühl* mit einigen elsässischen Heiligen wie der heiligen Odile oder Papst Leo IX. und vor allem der prächtigen *Kanzel*, gehalten von Samson mit dem Löwen, einen Blick schenken. Und auch die weiß-goldenen *Beichtstühle* an den Seiten sind kleine Meisterwerke.

Links von der heutigen Pfarrkirche führt ein Eingang mit dem Wappen des Ortes zum Gebäudetrakt des in der Französischen Revolution aufgelösten Ordens, seit 1889 ein Kinder- und Jugendheim. Rechts, auf der anderen Straßenseite, befindet sich die alte Zehntscheuer.

Essen & Trinken Restaurant des Deux Clefs ist unbestritten eine der besten Matelote-Adressen im Ried. Seit ca. 50 Jahren gilt die wunderbar goldgelbe Sauce von Madame Baur zu Fischen aus der direkt am Haus vorbeifließenden Ill als legendär. Mittlerweile hat der Enkel Alexandre mit seiner Frau das Lokal übernommen, was der Qualität der Küche keinen Abbruch tut. Wer noch etwas Platz im Magen hat, sollte zum Nachtisch den einer Pyramide ähnlichen Mandelberg aus Mürbeteigkringeln probieren, die zweite Spezialität des Hauses. Mo und Do geschl. 0388857155.

146 Die Rheinebene südlich von Strasbourg

Umgebung von Ebersmunster

In einigen Orten südlich von Ebersmunster kann man vor den Fachwerkhäusern noch die sandsteinernen Eingangspfosten sehen, verziert mit den für das Ried typischen Knollen und Kugeln, und alte Handwerkskunst bewundern. Ein Highlight ist sicherlich die Fahrt mit den Boot von Muttersholtz nach Ebersmunster.

Eglise St-Martin in Ebersheim: Die Kirche des Dorfes mit zahlreichen hohen Tabaktrockenspeichern ahmt den spätbarocken Stil von St-Maurice in Ebersmunster nach.

Muttersholtz/Ehnwihr: In dem hübschen Ort Muttersholtz und seinem von mehreren Wasserläufen durchflossenen Ortsteil Ehnwihr werden Traditionen noch stark gepflegt. Nach alten Mustern fertigt hier ein Leinenweber die traditionellen Kelschwebereien, wunderschöne karierte und gestreifte Stoffe aus Baumwolle. Einer der letzten Wetterhahnhersteller Frankreichs geht in Ehnwihr seinem Gewerbe nach, und nur ein paar Schritte entfernt baut der einzige noch in Straßburg angemeldete *batelier* die traditionellen Boote, die er wie vor alter Zeit mit Hilfe eines Steckens auf der Ill und anderen Wasserläufen bewegt. Und nicht zuletzt lädt die Umgebung des Dorfes zu schönen Spaziergängen ein.

Baldenheim: In dem stillen Dorf lohnt es sich, der evangelischen Kirche einen Besuch abzustatten, enthält das gotische Gotteshaus doch wunderschöne Fresken aus dem 14. bis 16. Jh., die zum Teil wahrscheinlich der Schule Martin Schongauers zuzuordnen sind.

Wandern Am Maison de la Nature in Ehnwihr liegen Pläne für die Entdeckungspfade rund um den Ort aus, hier werden regelmäßig auch Kutschfahrten, Wanderungen etc. angeboten. Juli/Aug. Di–So 14–18 Uhr. ✆ 0388851130 und 0603787414, www.maisonnaturemutt.org.

Ausflüge/Übernachten Le Batelier du Ried, Patrick Unterstock veranstaltet von April bis Okt. regelmäßig wunderschöne Bootstouren auf der Ill und dem Mühlbach, z. T. kombiniert mit Wanderungen oder einer Führung durch die Abteikirche Ebersmunster, immer jedoch spannend und lebendig gestaltet. Preis 17 €, Kinder 8,50 €. In bzw. neben seinem Haus direkt an der Ill vermietet er zudem auch die schönen Ferienwohnungen Biberhütte und Schwalbennest. Für Familien ein besonderer Spaß sind die Übernachtungen im Baumhaus oder Tipi. 21, Ehnwihr (in Ehnwihr werden Adressen nur mit Nummern angegeben), ✆ 0388851311, ✉ 0388851581, www.batelier-ried.com. ∎

Einkaufen Bernard Stinner fertigt origi-

nelle Wetterfahnen für das Dach oder den Garten mit Motiven aus dem Ried sowie phantasievolle Lampen und Windspiele an. Seine Werkstatt finden Sie einige Schritte vom Lokal „A L'Escale du Ried" in Ehnwihr entfernt. Tägl. 10–18 Uhr. 6, Ehnwihr, ✆ 0388851665.

Tissage Gander, in dem kleinen Geschäft im Ostteil von Muttersholtz. Werden Hier werden die für das Elsass so typischen karierten und gestreiften Stoffe, aber auch Tischdecken, Kissen und anderes mehr verkauft. Mo–Sa 14–17.30 Uhr. 10 a, rue de Verdun (man fährt auf der Hauptstraße Richtung Wittisheim und zweigt kurz vor dem Ortsausgang nach links ab), ✆ 0388851532, www.tissage-gander.fr. ∎

Essen & Trinken Restaurant A L'Escale du Ried, am Ortsausgang von Ehnwihr Richtung Ebersheim liegt das gemütliche Lokal mit kleiner Terrasse. Viele Fleischgerichte, u. a. Entrecôte auf verschiedene Arten, aber natürlich dürfen auch hier Choucroute und Co. nicht fehlen. Mo und Di geschl. 3, rte de Sélestat, ✆ 0388851290.

Sélestat

Eigentlich sollte man an einem Dienstag nach Sélestat kommen, wenn die zahlreichen bunten Marktstände im Zentrum aufgebaut sind. Denn dann strahlt die historische Altstadt der „Metropole des Ried" mit ihrem Gewirr von engen Gassen noch mehr Charme aus als sonst.

Schade ist nur, dass ausgerechnet an diesem Tag die berühmte *Bibliothèque Humaniste*, die man 2011 in die UNESCO-Liste des Dokumentenerbes „Memory of the

World" aufgenommen hat, weil sie ganz besondere kunsthistorische Schätze aus einer Zeit besitzt, als Schlettstadt ein weithin bekanntes Zentrum der Gelehrsamkeit war, ihre Pforten geschlossen hat. Aber das knapp 20.000 Einwohner zählende sympathische Städtchen an der Ill ist durchaus einen zwei- oder mehrtägigen Aufenthalt wert, bietet es doch neben Markt und Bibliothek einzigartige architektonische Schmuckstücke von der Romanik bis in die Renaissance, malerische Winkel und elsässische Behaglichkeit. Außerdem lädt seine nähere Umgebung zu Ausflügen in die Natur ein, und auch die Weinstraße ist nicht weit.

Geschichte: Im Jahre 775 verbrachte Karl der Große auf dem Weg nach Italien das Weihnachtsfest in dem von Feuchtwiesen und -wäldern umgebenen Fischer- und Bauerndorf *Scladistat,* was „Sumpfort" bedeutet. Danach versank dieses wieder in der Bedeutungslosigkeit, bis gegen Ende des 11. Jh. Benediktinermönche ein Kloster gründeten, in dessen Schatten sich der Ort zusehends entwickelte. Dieser wurde 1217 vom Kaiser Friedrich II. zur freien Reichsstadt erhoben, die Äbte verloren mehr und mehr an Einfluss, und ab der Mitte des 14. Jh. regierten die Zünfte. In

148　Die Rheinebene südlich von Strasbourg

dieser Zeit schloss sich Schlettstadt der Dekapolis an. Mit der Gründung der Lateinschule im 15. Jh. begann die intellektuelle Blütezeit der Stadt, deren Ruf als Zentrum des Humanismus bald weit über die Grenzen des Elsass hinausreichte, wofür Namen wie Jakob Wimpfeling, Historiker und später Rektor der Universität Heidelberg, sowie v. a. Beatus Rhenanus (s. u.) und Martin Bucer stehen. Bei so viel Wissensdurst ist es nicht verwunderlich, dass in Schlettstadt auch schon früh die Kunst des Buchdrucks gepflegt wurde. Doch im ausgehenden Mittelalter machten Epidemien, Hungersnöte und soziale Unruhen auch vor der Hochburg der Bildung nicht Halt. Aus ihr kam mit dem Metzger Hans Ulman sogar einer der Anführer bei den Bauernaufständen im Elsass. Im Dreißigjährigen Krieg wurde die Stadt von schwedischen Truppen eingenommen und fiel danach an Frankreich. Wie man in den Außenbezirken deutlich sieht, hat sich Sélestat inzwischen zu einem bedeutenden Industriestandort gewandelt.

Geburtsort des Weihnachtsbaums

Wie ein Dokument in der Humanistischen Bibliothek belegt, soll der erste Weihnachtsbaum 1521 in Schlettstadt oder zumindest in dessen Umgebung gestanden haben. Über seinen Schmuck weiß man nichts, fest steht allerdings, dass kleine rote Äpfel, Hostien und Papierblumen zum ältesten Baumschmuck zählen.

Information Office de Tourisme, ganzjährig Mo–Sa, im Juli/Aug. auch So 10.30–15 Uhr geöffnet. Commanderie St-Jean, Boulevard du Gal Leclerc, 67604 Sélestat, ✆ 0388588720, 📠 0388928863, www.selestat-tourisme.com.

Führungen Im Juli/Aug. kann man über das O.T. kostenlos französischsprachige Führungen durch die Bibliothèque Humaniste und durch Sélestat buchen. Dabei besucht man auch den Turm der Kirche St-Georges.

Zug Der Gare SNCF liegt ca. 1 km westlich des Zentrums. Es bestehen Verbindungen nach Colmar und Strasbourg.

Parken Einen preisgünstigen Parkplatz finden Sie z. B. am O.T., kostenfrei kann man sein Auto am benachbarten Platz „Charlemagne" abstellen.

Taxi ✆ 0388851515 oder 0388921055.

Fahrradverleih Das O.T. vermietet von Juni bis Okt. Fahrräder für 14 € pro Tag bzw. für 9 € pro halben Tag.

Markt Jeden Di rund um das Rathaus.

Feste Am 2. Sa im Aug. zieht ein **Blumenkorso** mit bunt geschmückten Wagen durch die Stadt. Neben diesem Umzug wird außerdem ein großes Volksfest veranstaltet.

Öffentliche Toiletten Am Marché-aux-Choux.

Sport Cakcis, der Canoe Kayak Club de l'Ill vermietet Boote und bietet halb- bzw. mehrtägige Touren an. 1 a, rte de Marckolsheim, ✆/📠 0388922984, www.cakcis.com.

Piscine des Remparts, 2009 eröffnetes Hallenschwimmbad am Lac de Canotage, ca. 10 Fußmin. vom Zentrum entfernt mit behindertengerechter Ausstattung. Liegewiese mit Blick auf die Hochkönigsburg, Sauna, Hamam, die Kleinen sind von der Riesenrutsche sicher ganz begeistert. Tägl. von Anfang Sept. bis Mitte Juni geöffnet. Eintritt ca. 5 €, Kinder 3 €.

Übernachten ** Auberge des Alliés **1**, zentral und doch recht ruhig gelegenes, gemütliches Haus. Sehr ordentliches Frühstücksbuffet. Für eines der unterschiedlichen, hellen, ansprechend eingerichteten Zimmer zahlt man zu zweit 62–72 €. 39, rue des Chevaliers, ✆ 0388922800, 📠 0388921288, www.auberge-des-allies.com.

Hôtel La Belle Epoque **3**, in dem hübschen Fachwerkhaus kommt man recht preisgünstig unter. Alle Zimmer verfügen über Internetzugang. Angeschlossen ist ein Restaurant. Ein DZ mit Grand Lit gibt's zum Preis von 44 €, ein Familienzimmer (bis zu 5 Pers.) kostet 78 €. 9, pl. du Marché-aux-Choux, ☎ 0388921543, 🖂 0388921859, www.a-la-belle-epoque.fr.

Essen & Trinken Winstub Au Bon Pichet **4**, auf den ersten Blick glaubt man, in einer etwas biederen Winstub gelandet zu sein. Was Vater und Sohn Bartel (Letzterer hat bei Haeberlin sein Handwerk gelernt) so zaubern, geht jedoch weit über das Durchschnittliche hinaus. Ob deftig – z. B. Haxe und Choucroute – oder fein (Täubchen, Kaninchen, Zander), alles kommt wunderbar angerichtet auf den Tisch. Für das Gebotene keinesfalls zu teuer. Mo geschl. 10, pl. du Marché-aux-Choux, ☎ 0388829665.

🍴 Restaurant Au Pied de Boeuf **6**, gemütlicher Gasthof mit guter traditioneller Küche, die Preise sind recht freundlich kalkuliert. Neben Choucroute, Eisbein und zahlreichen Fleischgerichten kann man hier auch Flammkuchen (abends) bestellen. Der Patron Leonard Krauffel verpflichtet sich als „Maître Restaurateur" zu einer authenti-

schen Küche. Dienstagabends und Mi geschl. 17, rue du Président Poincaré, ☎ 0388921129. ∎

Auberge des Alliés 1, nette Winstub im Erdgeschoss des gleichnamigen Hotels. Hier bekommt man gute bodenständige Küche und sitzt dabei auch schön in einem der zwei mit traditionellen Motiven bemalten Räume. Menü ab 23 €; sehr zu empfehlen ist der deftige Entenschlegel mit Sauerkraut. Sonntagabends und Mo geschl. Adresse s. o.

Restaurant Ville de Reims 5, etwas zurückversetzt liegt das einfache und recht preiswerte Lokal, in dem man Fleischgerichte, serviert mit Pommes und Salat, aber auch Kleinigkeiten wie Würstchen mit Sauerkraut bekommt. Do geschl., an den übrigen Tagen bis nach Mitternacht geöffnet, Mi nur bis 15 Uhr. 29, rue des Chevaliers, ☎ 0388921522.

Salon de Thé B. Wach 2, exzellente Adresse für Pâtisserie und Pralinen – probieren Sie z. B. die Eclairs. Im Angebot auch leckere salzige Snacks sowie ein tägl. wechselnder Plat du Jour. Mo geschl. 7, rue des Chevaliers.

Sehenswertes

Bibliothèque Humaniste: Eigentlich handelt es sich bei den seit 1843 in der ehemaligen Kornhalle untergebrachten Handschriften und alten Drucken um zwei Bibliotheken: die der einstigen Lateinschule, die im 15./16. Jh. am Oberrhein starken Zustrom fand und deshalb einige wertvolle Privatsammlungen geschenkt bekam, und die Sammlung des Beatus Rhenanus. In fünf großen und mehreren kleinen Schaukästen werden Schätze gezeigt, die das Herz eines jeden Bücherfreundes höher schlagen lassen, z. B. ein um 630 geschriebenes merowingisches Lektionar (die älteste im Elsass erhaltene Handschrift), weitere Handschriften aus der Karolingerzeit, das Mirakelbuch der heiligen Fides aus dem 11. Jh., mit kunstvollen Buchmalereien verzierte mittelalterliche Bibeln, die *Cosmograhiae Introductio* von Matthias Ringmann (Anfang des 16. Jh.), in der erstmals der Name Amerika für den nicht lange zuvor von den Europäern entdeckten Kontinent vorgeschlagen wurde. Der Schaukasten 3 ist dem Leben und Werk des Beatus Rhenanus gewidmet. Dazu kommen zahlreiche Inkunablen (vor 1500 gedruckte Bücher) und Drucke aus dem 16. Jh., Gemälde, sakrale Skulpturen aus dem 15./16. Jh., ein Modell Schlettstadts aus dieser Zeit etc. Die Museumsverwaltung bemüht sich übrigens, so gut es mit dem sparsamen Budget von 10.000 € pro Jahr möglich ist, ständig um den Ankauf weiterer Dokumente aus der Vergangenheit.

Ganzjährig Mo, Mi–Fr 9–12 und 14–18, Sa 9–12 Uhr, im Juli/Aug. und Dez. auch Sa/So 14–17 Uhr. Erwachsene 4,10 €, Schüler 2,60 €. Sehr empfehlen möchten wir die Führung mit dem Audioguide (auch auf Deutsch) zum Preis von 2 €. www.bh-selestat.fr.

Humanistische Bibliothek

Beatus Rhenanus – ein Leben mit Büchern

Nach humanistischem Brauch latinisierte Beat Bild, der 1445 in Schlettstadt geborene Nachkomme einer Rhinauer Familie, seinen Namen. Schon während seiner Schülerzeit auf der Lateinschule, aber v. a. während seines Studiums in Paris kaufte er Buch um Buch und vertiefte unermüdlich seine Kenntnisse in Philologie und Textedition. Später lehrte er nicht nur an der Universität Basel Griechisch, sondern arbeitete dort auch viele Jahre in der Druckerei Froben als Konrektor an der Herausgabe der Werke antiker Philosophen und der Kirchenväter mit. Prägend für ihn war die tiefe Freundschaft zu Erasmus von Rotterdam. Da er über ein beträchtliches Privatvermögen verfügte, konnte er all die Bücher, die er wünschte, trotz ihres damals sehr hohen Werts für seine Privatbibliothek erwerben. 1526 siedelte er wieder in seine Heimatstadt über, der er vor seinem Tod im Jahre 1547 seine annähernd 760 Werke umfassende Bibliothek testamentarisch vermachte.

Hôtel d'Ebersmunster/Maison du Pain: Gehen Sie vom Eingang der Bibliothek rechts und gleich wieder links in die Rue du Sel. Knapp 100 m weiter steht links, etwas zurückversetzt, das efeuüberwachsene *Hôtel d'Ebersmunster* aus dem Jahre 1541, einstige Stadtresidenz der Mönche des dortigen Benediktinerklosters. Daneben befindet sich das *Maison du Pain* mit einer lebendigen Ausstellung zur Geschichte des Brotes, mit Vorführungen und Kostproben verschiedener Brotsorten. Mi–Fr 9.30–12.30 und 14–18 Uhr, Di und Sa/So schon ab 9 Uhr, So erst ab 14.30 Uhr. Das Museum bleibt im Jan. geschl. Erwachsene 4,60 €, Kinder ab 12 J. 1,60 €, www.maisondupain.org.

Eglise St-Georges: Wenn Sie bei der nächsten Gelegenheit von der Rue du Sel nach links abbiegen, stehen Sie vor der dem Kirchenplatz zugewandten und deshalb u. a.

mit großer Rosette besonders prachtvoll gestalteten Südfassade der *Eglise St-Georges,* die vom 13. bis zum 15. Jh. im Wesentlichen im spätgotischen Stil erbaut wurde. Im Innern ist die steinerne, von Samson getragene Kanzel mit zum Teil golden bemalten Steinmetzarbeiten besonders sehenswert. Schmuckstücke sind aber die Fenster des Chors, von denen drei noch aus dem 15. Jh. stammen, die anderen wurden nach dem Zweiten Weltkrieg angefertigt. Zu erkennen sind die gotischen Glasmalereien an ihren dunkleren und tiefen Farben. Sie stellen Ereignisse aus dem Leben der heiligen Katharina (linke Seite, Mitte) sowie der heiligen Agnes und des Kaisers Konstantin und seiner Gemahlin Helena (rechte Seite) dar.

Stadtbefestigung/Maison Billex: Von der Kirche kann man einen Abstecher zu den Spuren der verschiedenen Stadtbefestigungen machen. Gehen Sie nach links in die Rue de la Grande Boucherie zum mittelalterlichen *Hexenturm,* auf der anderen Straßenseite sieht man die *Porte de Strasbourg,* Teil der auf Befehl Ludwigs XIV. nach Plänen Vaubans angelegten Neubefestigung. Wenn Sie von hier auf demselben Weg zurückgehen und bei der ersten Gelegenheit links einbiegen, kommen Sie in den Marché aux Choux. Das Haus Nr. 6, das *Maison Billex,* sticht durch seinen reich verzierten weißen Renaissanceerker hervor.

Eglise Ste-Foy: Gegenüber vom Maison Billex führt ein gepflasterter Weg zur romanischen *Eglise Ste-Foy,* der ehemaligen Kirche der Benediktiner. Von dem ursprünglichen von Hildegard von Büren, der Stammmutter der Staufer, gestifteten Bau (um 1085) ist nur noch die Krypta vorhanden, die heutige Kirche wurde ca. 100 Jahre später errichtet, im 18. Jh. verändert, im 19. Jh. aber wieder – nicht immer ganz glücklich – im neoromanischen Stil restauriert. An der Rückseite der Kirche bieten die Apsis und der 42 m hohe Vierungsturm, beide völlig unverändert erhalten, ein schönes Ensemble. Unter dem Dach des Chors erkennt man am Bogenfries interessante Konsolensteine mit menschlichen und tierischen Motiven. Der von einem spitzen Helm gekrönte achteckige Turm weist zwei Arkadenreihen auf, die von hübschen Gesimsen geschmückt sind. Vorbei am doppelgewändigen Nordportal kommt man zur größtenteils originalen Westfassade mit einer kleinen Vorhalle, die sich unter einer dreiteiligen Bogenarkade öffnet. Ihre Säulen ruhen auf zwei steinernen Löwen, flankiert werden sie rechts und links von kleinen Fenstern. Deren Säulen tragen besonders hübsche Kapitelle. Gut erkennen kann man die neoromanischen Restaurierungen des Giebels und der oberen Stockwerke der Fassadentürme.

Im Innern wird das Mittelschiff durch massige Pfeiler und schlanke Säulen – sie tragen an den Basen und v. a. an den Kapitellen pflanzliche und muschelartige Ornamente – von den Seitenschiffen getrennt. Im linken entdeckt man neben dem Taufstein die Abdeckplatte eines Kindergrabs aus dem 12. Jh. Neben dem Chor führt ein Zugang zur Krypta. Hier wurde bei den Restaurierungsarbeiten der Gipsabdruck des Gesichtes einer vornehmen Dame, möglicherweise der Kirchenstifterin, gefunden. Ein Abguss der Maske befindet sich in der Bibliothèque Humaniste.

Tour de l'Horloge: Vom Eingang der Kirche geht man geradeaus über den Marché Vert – auf den umliegenden Dächern nisten gerne Störche – und biegt links in die belebte Rue des Chevaliers ein. An ihrem Ende wird sie von besonders malerischen Häusern gesäumt. Dahinter erhebt sich die an der Außenseite und im Durchgang bemalte *Tour de l'Horloge,* Teil der Stadtbefestigung aus dem Jahre 1280. Vier kleine Wachthäuschen, aber auch eine Glocke sorgten dafür, dass die Bewohner im Mittelalter bei Gefahr schnell gewarnt werden konnten.

152   Die Rheinebene südlich von Strasbourg

Synagoge/Salle Ste-Barbe/Maison Ziegler: Gehen Sie von der Tour de l'Horloge wieder wenige Meter zurück und nach links in die Rue Ste-Barbe, von der eine Seitengasse (Impasse de la Synagogue) zur *Synagoge* abzweigt. Die Barbarastraße bringt Sie zur imposanten *Salle Ste-Barbe*, dem ehemaligen Zeughaus mit Treppengiebelfassade und Doppeltreppe. Dahinter in die Rue de Verdun einbiegend, kommt man an einem weiteren Haus mit Renaissanceerker (Nr. 18), dem *Maison Ziegler*, vorbei, schräg gegenüber steht das Geburtshaus des Reformators Martin Bucer. Gehen Sie an der Franziskanerkirche rechts und dann über die Rue des Serruriers zur Bibliothek zurück.

Umgebung von Sélestat

Illwald: Südöstlich von Sélestat erstreckt sich der von zahlreichen Wasserwegen durchzogene, etwa 2000 ha große Auwald, der 1995 zum Réserve Naturelle Régionale erklärt wurde. Er ist das Revier der größten in freier Natur lebenden Damhirschherde Frankreichs. Vielleicht haben Sie Glück und entdecken bei einem Spaziergang einige der ca. 300 Tiere. Entlang der den Illwald durchquerenden D 424 findet man immer wieder Parkplätze, von denen aus Wege hineinführen. Eine kostenlose Übersichtskarte der Wege und Parkplätze ist im O.T. von Sélestat erhältlich.

Musée et Mémorial de la Ligne Maginot in Marckolsheim: Das weitläufige Dorf am Rhein-Rhône-Kanal wurde während des Zweiten Weltkriegs innerhalb von drei Tagen zerstört – statt heimeliger Fachwerkbauten reihen sich hier also moderne Einfamilienhäuser aneinander. Im einen Kilometer östlich gelegenen Museum im überirdischen Geschützbunker 35/3, das man vom südlichen Ortsausgang über die D 10 erreicht, können Sie mehr über diesen Kampf erfahren und auch eine typische Kasematte dieser Verteidigungslinie mit Schlaf- und Technikräumen sowie Schießständen kennen lernen (siehe auch S. 128).

15.6.–15.9. tägl. 9–12 und 14–18Uhr, 15.3.–14.6. und 16.9.–15.11. nur So und Fei. Eintritt 2,50 €, Kinder (6–15 J.) 1,50 €. Im O.T. kann man eine deutschsprachige Infobroschüre zum Preis von 4 € erwerben.

Illhäusern: Eigentlich ein ganz normales Dorf im Ried, wäre da nicht die *Auberge de l'Ill* direkt an der Brücke über den Fluss. Das legendäre Restaurant der Familie Haeberlin gehört zu den besten Frankreichs und ist der Grund für die große Zahl nobler Karossen auf dem Parkplatz vor der modernen Ortskirche.

Sport ⟫ Unser Tipp: Canoes du Ried: für diejenigen, die gerne einmal über die Ill paddeln möchten, kann man doch bei dieser Agentur ein Kanu oder Kajak mieten. Treffpunkt ist nach vorheriger Absprache an einem der Seitenarme der Ill nahe beim Fußballplatz von Illhäusern (beschildert). Man hat die Wahl zwischen verschiedenen Strecken (z. B. 2 Std. bis Sélestat, oder 5 Std. bis Ebersmunster), der Rücktransport erfolgt mit dem Auto. ✆ 0389738482, www.canoes-du-ried.com. ⟪

Übernachten ** Hôtel Les Hirondelles, in einem schönen Fachwerkhaus mitten in Illhäusern wohnt man komfortabel und gemütlich, sogar ein Pool ist vorhanden. Ein DZ mit einem oder zwei Betten, Bad,

WLAN und Balkon gibt es inkl. Frühstück zum Preis von 80–86 €. 33, rue du 25 Janvier, ✆ 0389718376, 🖷 0389718640, www.hotelleshirondelles.com.

Essen & Trinken Auberge de l'Ill, glänzende Augen bekommen Feinschmecker, wenn sie nur den Namen Haeberlin hören. Seit Jahren führt Marc das Regiment in der Küche. Er ist der Sohn des legendären Paul Haeberlin, der nach dem Zweiten Weltkrieg zusammen mit seinem Bruder Jean-Pierre aus der elterlichen Gastwirtschaft L'Arbre Vert das Luxusrestaurant L'Auberge de l'Ill aufbaute. Mit wunderschönem Garten an der Ill ist dieses eine unbestrittene Institution und wird seit 1967 ununterbrochen mit drei Michelin-Sternen prämiert. Natürlich

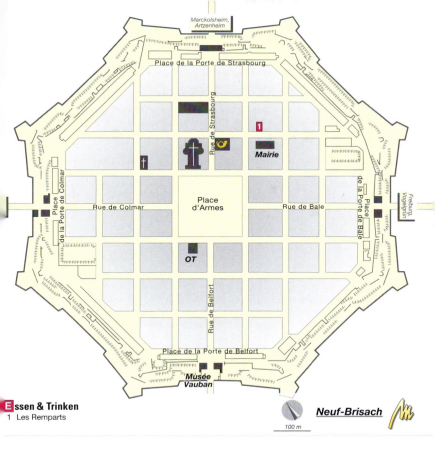

werden immer noch die Klassiker des Hauses – Lachssoufflé, Mousseline von Fröschen und der Hummer Prince Vladimir – serviert, aber Marc Haeberlin bringt auch ganz neue Ideen, oft geprägt von Reisen in exotische Länder, ein. Ein Menu Haeberlin gibt es zum Preis von 158 €. Mo und Di geschl. 2, rue de Collonges au Mont d'Or, ✆ 0389718900, ✉ 0389718283.

Neuf-Brisach

Sternförmige Mauern und Grünanlagen umgeben ein symmetrisch angelegtes Städtchen – so zeigt die eindrucksvolle Luftaufnahme Neuf-Brisach. Nachdem das Elsass französisch geworden war, wurde der Ort zwischen 1699 und 1708 auf Geheiß des Sonnenkönigs Ludwig XIV. von dessen genialem Militärbaumeister Sébastien le Prestre de Vauban als eines der Bollwerke am Oberrhein gegen die Deutschen mit achteckigem Grundriss und streng rechtwinklig verlaufenden Straßen „aus dem Boden gestampft". Zudem wurde es mit einer mächtigen Befestigung in Form eines 16-strahligen Sterns umgeben, über die Neuf-Brisach in späteren Zeiten nie hinauswuchs (heute gilt ein Bauverbot). Die gesamte Anlage ist trotz der Zerstörungen im Zweiten Weltkrieg noch sehr gut erhalten und

154 Die Rheinebene südlich von Strasbourg

wurde 2008 in die Weltkulturerbeliste der UNESCO aufgenommen. Die riesige Place d'Armes im Zentrum, auf der einst die Soldaten exerzierten, wird heute ganz unmilitärisch als Spiel- und Parkplatz genutzt. Ein Brunnen mit Sonnenuhr und vergoldeter Bourbonenlilie erinnert an Ludwig XIV. Lohnend ist der knapp 2,5 km lange Spaziergang um die als das Meisterwerk Vaubans geltende Befestigung herum. Von deren ursprünglich vier Toren sind zwei, die besonders beeindruckende *Porte de Colmar* und die *Porte de Belfort*, vollständig intakt. Im Durchgang des Belforttores ist das **Musée Vauban** mit Sammlungen zur Stadt- und Militärgeschichte untergebracht.

Öffnungszeiten/Eintritt Musée Vauban 1.5.–30.9. tägl. außer Di 10–12 und 14–17 Uhr. Eintritt 2,50 €, ermäßigt 1,65 €.

Information Das Office de Tourisme ist ganzjährig von Mo–Fr, Sa nur vormittags, im Sommer auch Sa nachmittags und am So geöffnet. 6, pl. d'Armes, 68600 Neuf-Brisach, ✆ 0389725666, 🖷 0389729173, www.tourisme-paysdebrisach.com.

Öffentliche Toiletten In unmittelbarer Nähe zum O.T.

Führungen In den Sommermonaten werden vom O.T. verschiedene Führungen (auch auf Deutsch) durch die Befestigungsanlage angeboten.

Tipp für Radfahrer: Im O.T. erhalten Sie kostenlos die gut ausgearbeitete Radwanderkarte „Pays de Brisach".

Kinder/Ausflüge Von Mai bis Sept. kann man jeden So, im Juli/Aug./Sept. z. T. auch Sa, vom Bahnhof des Nachbarortes Vogelsheim mit dem **Ried-Express**, einem mehr als 100 Jahre alten Dampfzug, für Preis von 17 € (Kinder 4–12 J. 8,50 €) durch das Ried bis zur nördlich gelegenen Schiffsanlegestelle Sans-Souci fahren. Zurück geht's auf dem Rhein per Ausflugsschiff. ✆ 03897 15142 und 0389725597, www.cftr.evolutive.fr.

Essen & Trinken Restaurant Les Remparts **1**, empfehlenswertes Lokal mit traditioneller, aber auch innovativer Küche, zusätzlich zum üblichen Angebot findet man jahreszeitlich bestimmte Gerichte auf einer Schiefertafel. Auch hat man die Qual der Wahl, ob man in dem holzgetäfelten, elsässisch dekorierten oder in dem elegant eingerichteten Gastraum sitzen möchte, im Sommer locken zudem die Plätze auf dem Trottoir. Große Portionen, günstiges Menu du Jour, ab und zu gibt es auch Couscous mit üppigen Fleisch- und Gemüsebeilagen. Kein Wunder, dass sich hier viele Einheimische blicken lassen. Mo, Di und Mi jeweils abends geschl. 9, rue de L'Hôtel de Ville, ✆ 0389727647.

Umgebung von Neuf-Brisach

Ile du Rhin: Dem Wasserkraftwerk Vogelgrün vorgelagert ist die schmale, lang gestreckte Insel zwischen Rhein und Rhein-Seitenkanal mit vielen Tümpeln und Kanälen – ein idealer Lebensraum für Reiher, Kormorane und Schwäne. Auf der deutschen Seite bietet Breisach mit seinem Münster eine romantische Kulisse. Zahlreiche Freizeitmöglichkeiten wie Kanufahren, Fischen, Reiten oder ein Schwimmbad sorgen für Abwechslung.

Biesheim: In dem unscheinbaren Dorf lohnen gleich zwei Museen einen Besuch. Technikfans interessieren sich vielleicht für das **Musée de l'Optique,** in dem mehr als 400 Ausstellungsstücke aus drei Jahrhunderten die Entwicklung optischer Geräte in unterschiedlichen Bereichen wie Astronomie, Mikroskopie, Lasertechnik, Holographie u. a. dokumentieren. In demselben Gebäude, dem Haus Le Capitole, ist außerdem das kleine, aber sehenswerte **Musée Gallo-Romain** untergebracht, hat man doch in dieser Gegend Reste eines römischen Militärlagers, einer kleinen Stadt und einer Festung aus den ersten Jahrhunderten nach Christus entdeckt. Zu

den beeindruckendsten Funden gehören ein Sandsteinsarkophag mit Grabbeigaben, Waffen, Amphoren, Münzen, profane Haushaltsgegenstände wie Geschirr sowie eine große prächtige Gemme, ein Schmuckstück mit einem eingeschnittenen Bild.

Im Sommer werden von Biesheim aus regelmäßig Touren mit traditionellen **Stocherkähnen** auf dem Gießen angeboten.

Öffnungszeiten/Eintritt Beide Museen sind Mi und Fr 14–17.30 Uhr, Do zudem 9–12 Uhr, Sa/So 14–17 Uhr geöffnet. Eintritt 3 €, Schulkinder bezahlen die Hälfte.

Promenade en Barque Im Juli/Aug. Sa und So ab 14 Uhr jede halbe Stunde, Dauer ca. 45 Min. Abfahrt in Biesheim am alten Schlachthaus im Westteil des Ortes. Preis 3 €, Kinder 1,50 €.

Übernachten/Essen *** Le Caballin, idyllisch gelegenes Haus auf der Ile du Rhin mit Blick ins Naturschutzgebiet. Ein Restaurant ist angeschlossen. Geräumige Zimmer zum Preis von 59 (Grand Lit) bis 79 € (2 Betten, Balkon). ✆ 0389725656, ✆ 0389729500, www.lecaballin.fr.

**** **Camping de l'Ile du Rhin**, angenehmer Platz mit einigen Sportattraktionen wie Tennis und Boule. Von April bis Anfang Okt. geöffnet. ✆ 0389725795, ✆ 0389721421, www.campingiledurhin.com.

Ecomusée und Bioscope bei Ungersheim

Im Jahr 1984 hat man damit begonnen, auf einem recht trostlosen Gebiet inmitten einer von Kaliminen gebildeten Mondlandschaft zwischen Ungersheim und Pulversheim zum Abriss bestimmte alte Häuser aus dem Elsass Stein für Stein, Balken für Balken wiederaufzubauen, um so den Besuchern die verschiedenen Architektur-, Lebens- und Arbeitsformen der Region vor Augen zu führen. Heute sieht man im Ecomusée ca. 70 Häuser aus unterschiedlichen Gebieten des Elsass nach ihrer Herkunft gruppiert und mit ausführlichen Erklärungstafeln versehen. Man bekommt jedoch nicht nur Wohnungen samt Einrichtungen und kleine Ausstellungen zu verschiedenen Bereichen des elsässischen Alltags zu sehen, sondern gewinnt vielmehr den Eindruck, tatsächlich durch ein traditionelles Dorf aus längst vergangener Zeit zu spazieren. Dafür sorgen wechselnde Vorführungen von Handwerkern, Ställe mit lebendigen Tieren, Gärten, Weinberge, Gemüsefelder, ein Köhlerplatz, ein Waschhaus oder eine alte Schule. Die Jahreszeiten und ihre Feste bieten Anlässe für weitere Einlagen. Kurzum: Das Ecomusée ist sicherlich nicht nur Frankreichs größtes, sondern auch eines seiner anschaulichsten Freilichtmuseen.

Die Abteikirche St-Pierre-et-St-Paul in Ottmarsheim

Zu den interessantesten Gebäuden gehören das kaminrote *Oberhergheimer Taubenhaus* mit weißem Punktmuster, der Sundgauer Hof *Sternenberg*, bei dem von der Schlafstube bis zum Gänsestall alles unter einem Dach untergebracht ist, und das *Maison de Artolsheim* aus dem Ried mit allen Vorrichtungen, die die Bleibe eines Rheinfischers benötigte. Das *Maison de Hagenbach* wurde eigens in seinem Skelettzustand gelassen, damit der Bau eines Fachwerkhauses nachvollzogen werden kann.

Im Jahre 2006 wurde in unmittelbarer Nachbarschaft zum Ecomusée der sicherlich einzigartige Freizeitpark **Le Bioscope** zum Thema „Mensch und Umwelt" eröffnet. Schon die 6,5 ha große Anlage verdient Beachtung: Um den Meteoriten, der 1492 in der Nähe von Ensisheim einschlug, hat man entsprechend dem Grundriss eines Meteoritenkraters Wege und Wasserläufe in konzentrischen Kreisen angelegt. An den verschiedenen Stationen mit dreisprachigen Arbeitsanweisungen kann man spielerisch verschiedene Naturräume entdecken (u. a. bekommt man die Aufgabe, mit einem Fernglas Tiere in der Polarregion zu finden, bei einem interaktiven Tauchgang möglichst viele Fische zu fotografieren, Tierstimmen zu erkennen etc.), aber auch Probleme unseres Konsumverhaltens erfahren. Eindruck hinterlässt der Gang durch ein Mülllabyrinth, gar nicht so einfach ist es, den Meeresboden vom Müll zu befreien. Filmvorführungen wie z. B. der 3D Film „Dinosaurier" oder das Monumentalspektakel des „Maître du Feu" runden den Besuch ab. Hervorzuheben sind noch Wechselausstellungen sowie zahlreiche Spielstationen, an denen die Kleinen ihre Geschicklichkeit erproben bzw. ihr Körperbewusstsein schulen können – ein Park für Familien mit Kindern ab 6 bis 8 Jahren.

Anfahrt Von Mulhouse bzw. von Guebwiller fährt man über die D 430 bis zur Ausfahrt „Ecomusée Ungersheim" und zweigt auf die D 429 ab. Dort liegen das Ecomusée (Chemin du Grosswald) und das Bioscope (ausgeschildert). Adresse: Chemin du Grosswald, 68190 Ungersheim.

Öffnungszeiten/Eintritt Ecomusée: Geöffnet April–Okt. und im Dez., im Juli und Aug. tägl. 10–23, in den übrigen Monaten bis 18 Uhr. Erwachsene zahlen 13 €, Kinder 9 €, Vergünstigungen für Familien. An der Kasse bekommt man einen Lageplan und ein Infoblatt zu den täglich wechselnden Vorführungen. Weitere Infos unter www.ecom.see-alsace.fr.

Bioscope: Im Juli/Aug. tägl. 10–19 Uhr, Osterferien und Juni tägl. 10–18 Uhr, Mai Mi–So und Sept. nur am Wochenende 10–18 Uhr. Erwachsene bezahlen 14,50 €, Kinder 10,50 €, Vergünstigungen für Familien. An der Kasse erhält man einen Lageplan und ein Infoblatt zu den täglich wechselnden Vorführungen. Weitere Infos unter www.lebioscope.com.

Übernachten/Essen Hôtel Les Loges, auf dem Gelände des Ecomusée wohnt man angenehm in schönen Maisonettezimmern (bis zu 4 Pers.), die in kleinen Fachwerkhäusern untergebracht sind. Preis für eine der Einheiten 71 € (Einzel-

personen bezahlen 54 €). ✆ 0389585025, www.ecomusee-alsace.fr.

Restaurant La Taverne, direkt neben dem Hôtel Les Loges, betriebsames Restaurant mit elsässischer und französischer Küche.

Kinder Ferme du Krefft, in Raedersheim, nur wenige Kilometer von Ungersheim entfernt, züchten Renée Raigneau-Combescot und seine Frau seit ca. 15 Jahren auf ihrem Hof Lamas. Für die Kinder sind Besuche auf der Farm sicher ein Spaß, wer mag, kann auch einen geführten Spaziergang mit den Tieren unternehmen (3–6 € p. P.). Folgen Sie in Raedersheim an der Kirche der Beschilderung Richtung Merxheim bzw. Richtung Ferme du Krefft. 1, rue du Stade, ✆ 0389488101.

Ottmarsheim

Die Lage an der A 36 und am Rhein bzw. am Grand Canal d'Alsace, wo seit 1953 ein Wasserkraftwerk Energie liefert, die Nähe zur Schweiz und Deutschland – eine Brücke überspannt hier den Fluss – sowie die Möglichkeit, einen Hafen bauen zu können (Mulhouse-Ottmarsheim), zog die Industrie an. Ein regelrechter Ballungsraum entstand entlang des Wasserwegs, doch im etwas abgelegenen Kern des 2000-Einwohner-Ortes ist davon kaum etwas zu spüren. Dort erwartet den Besucher ein besonderes Kleinod der „Romanischen Straße", die *Abteikirche St-Pierre-et-St-Paul.* Der nach dem Vorbild der Aachener Pfalzkapelle Karls des Großen errichtete achteckige Zentralbau gehörte zu dem 1030 von Rudolf von Altenburg gegründeten Kloster für Benediktinerinnen, das später in ein Stift für adlige Damen umgewandelt wurde. Im Laufe der Jahrhunderte erfuhr die 1049 von Papst Leo IX. geweihte Kirche viele Veränderungen, sie gilt aber dennoch als ein besonders schönes Beispiel der frühromanischen Baukunst.

Im durch klare Proportionen bestechenden Innern führt ein achteckiger und damit im Vergleich zu seinem Vorbild in Aachen – dort sind es 16 Ecken – vereinfachter Korridor um das zentrale Oktogon. Dessen Rundbogenöffnungen sind im Obergeschoss durch jeweils zwei rote Sandsteinsäulen mit Würfelkapitellen gegliedert, die im Kontrast zum hellen Mauerwerk stehen. Überspannt wird alles durch die mächtige Kuppel. Im Osten sprengte der quadratische Chor schon von Anfang an das Achteck. Die Seitenkapellen wurden erst später (15./16. Jh.) angebaut. Eine Vorhalle genau gegenüber dem Chor wandelte man im 13. Jh. zum Glockenturm um. Die Wände sind mit wunderschönen Fresken aus der zweiten Hälfte des 15. Jh. geschmückt. Rechts vom Eingang sieht man den heiligen Gregor eine Messe lesen, während der Christus auf dem Altar seine Wundmale zeigt, weiter südlich im Gewölbejoch des unteren Oktogonumgangs sind die Symbole der vier Evangelisten dargestellt, daneben über der Tür zur Sakristei Szenen aus dem Leben Rudolfs von Altenburg. Da die Benediktinerinnen sich im oberen Chor zu Gottesdienst und Gebet sammelten, ist er am reichsten geschmückt. Auf den beiden Arkadenpfeilern stehen einander der heilige Christophorus und Kaiser Heinrich mit dem Modell des Basler Münsters gegenüber. Darüber sieht man den Erzengel Michael und das Jüngste Gericht, den heiligen Petrus, von Engeln umgeben, und an den Seitenwänden Szenen aus dem Leben dieses Apostels.

In Marlenheim beginnt die Weinstraße

Colmar und die Weinstraße

Weinberge, wohin das Auge schaut. Wie ein breites grünes Band ziehen sie sich von Marlenheim nach Süden bis Thann, immer an den Ausläufern der Vogesen entlang. Besonders im Herbst, wenn das golden gefärbte Laub den mal sanfteren, mal steileren nach Süden und Südosten geneigten Hängen einen fast märchenhaften Schimmer verleiht, erliegt man dem Charme dieses einzigartigen Landstriches.

„Weinglas und Traube", Symbol der etwa 170 km langen *Route des Vins*, leiten die Besucher durch ca. 50 als Grand Cru ausgezeichnete Weinlagen. Wie Inseln präsentieren sich dazwischen die knapp 70 romantischen Dörfer und Städtchen, eines schöner als das andere. Überall gibt es etwas zu entdecken. Dicht zusammengedrängt stehen die hohen Fachwerkhäuser der Winzer mit ihrem steinernen Untergeschoss, wo man den Wein lagert. Prachtvolle Renaissancerathäuser und -brunnen zeugen vom Reichtum, altehrwürdige romanische Kirchen von einstiger Baukunst. Und weiter oben, wo die Reben nicht mehr gedeihen, scheinen mittelalterliche Burgen die Idylle zu bewachen und verstärken sie noch.

Fast in der Mitte liegt Colmar, die unbestrittene „Metropole" der Weinstraße, die „elsässischste aller Städte", wie sie oft genannt wird. Neben ihrer architektonischen Pracht und ihrem mittelalterlichen Flair birgt sie Kunstschätze von allerhöchstem Rang – nicht nur den weltbekannten Isenheimer Altar.

Colmar

Jenseits von Industriegebieten, Einkaufszentren und eintönigen Vororten lockt die drittgrößte Stadt des Elsass mit einem zauberhaften, beschaulichen Altstadtkern, in dem es sich wunderbar bummeln lässt, sowie mit hochkarätigen Kunstgenüssen.

Drei überaus bedeutende Künstler, jeder auf seine Weise einmalig, wurden in Colmar geboren: der geniale spätmittelalterliche Maler und Kupferstecher Martin Schongauer, der Bildhauer und Schöpfer der amerikanischen Freiheitsstatue Auguste Bartholdi und der das Elsassbild wie kaum ein anderer prägende, aber auch verzerrende Karikaturist, Grafiker und Patriot Jean-Jacques Waltz alias Hansi. Sie alle haben in der Stadt ihre Spuren hinterlassen, die zu entdecken sich unbedingt lohnt. Hauptattraktion ist aber das weit über die Grenzen des Elsass hinaus berühmte Unterlinden-Museum mit einmaligen Schätzen, an ihrer Spitze der überwältigende Isenheimer Altar des geheimnisumwitterten Matthias Grünewald. Etwa 200.000 Besucher stehen pro Jahr staunend und bewundernd davor.

Die „Stadt der Kunst" hat aber noch viel mehr zu bieten. Ihr malerisches Zentrum mit kopfsteingepflasterten Gassen, zahlreichen Fachwerkhäusern und prächtigen Renaissancebauten, für viele das schönste im Elsass, wurde sorgfältig restauriert. Immerhin 45 Gebäude stehen unter Denkmalschutz. Besonders idyllisch sind das alte Gerber- und das einstige Fischerviertel Petite Venise an der Lauch, auf der man zudem ganz romantisch eine Bootsfahrt unternehmen kann. Kein Wunder, dass die nur knapp 70.000 Einwohner zählende Hauptstadt des Departements Haut-Rhin im Sommer vor Besuchern schier überquillt, ganz besonders zur Weinmesse im August. Doch in der „Hauptstadt des Elsässer Weins" ist man auf Tourismus eingestellt, an jeder Ecke wartet ein nettes Souvenirgeschäft, eine urige Winstub oder ein elegantes Restaurant.

Geschichte

Über die Anfänge der Stadt ist wenig bekannt. Möglicherweise stand in der ausgesprochen fruchtbaren Gegend eine gallorömische Villa, in deren Mauern u. a. Tauben gezüchtet wurden. Darauf lässt zumindest der Name *Columbarium*, „Taubenort", schließen, unter dem ein sich später hier befindliches bedeutendes fränkisches Königsgut 823 erstmals urkundlich erwähnt wurde. Aus diesem entwickelte sich allmählich ein größerer Ort, den der Hohenstaufenkaiser Friedrich II. um 1220 zur Stadt erhob. Schon bald umgab diese sich mit mächtigen Mauern und besaß ein eigenes Siegel. Mehrere Ordensgemeinschaften gründeten in der seit 1354 dem Zehnstädtebund angehörenden freien Reichsstadt Klöster.

Auch in Colmar mussten die Adligen im Laufe des Mittelalters ihre Macht an die Zünfte abtreten. Die Stadt blühte mehr und mehr auf und entwickelte sich zu einem bedeutenden Markt für Gartenbauerzeugnisse und insbesondere Wein. Begünstigt wurde dies durch ihre Lage am Schnittpunkt wichtiger Handelsstraßen sowie der Nähe zur Ill. Durch Letztere erklärt sich auch die vergleichsweise große Bedeutung der Schifferzunft. Zu leiden hatte das reiche Colmar dann während des

160   Colmar

Dreißigjährigen Krieges. Eine Zeit lang von schwedischen Truppen besetzt, begab es sich 1635 unter den Schutz Frankreichs, wurde 1648 im Westfälischen Frieden direkt dem deutschen Kaiser unterstellt und fiel schließlich 1673 endgültig an Ludwig XIV. Von nun an verlief die Geschichte der Stadt parallel zu der des Elsass. Vergleichsweise glimpflich überstand Colmar die beiden Weltkriege im 20. Jh. Obwohl in seiner Umgebung 1944/45 heftig gekämpft wurde, konnten die französisch-amerikanische Truppen Anfang Februar 1945 eine fast völlig unversehrte Stadt befreien.

Parken/Verbindungen

Parken In der Altstadt sind die Parkplätze rar. Gut beraten ist, wer sein Auto schon an deren Rand abstellt und die kurze Entfernung zu den Sehenswürdigkeiten zu Fuß zurücklegt. Auch im Sommer hat man meist noch Chancen, auf den **kostenlosen Parkplätzen** eine Lücke zu finden: Place Scheurer-Kestner, Place de la Montagne Verte/Vieille Ville sowie auf der Place Lacarre, wo man ein Parkhaus mit z. T. kostenfreien Plätzen eingerichtet hat. Eine weitere – kostenpflichtige – Tiefgarage entstand im Sommer 2011 unter der Place Vielle Ville.

Kostenpflichtig sind auch die **Parkhäuser** an der Place Rapp und an der Place de la Mairie. Pro Std. zahlt man 1,20 bzw. 1,30 €, bei längerer Parkdauer sinkt der Preis.

Zug Der Gare SNCF ist von der Altstadt ca. 15 Fußmin. entfernt. Regelmäßige Verbindungen nach Sélestat und Strasbourg sowie nach Mulhouse und über Turckheim nach Munster und weiter nach Metzeral.

Taxi Der Standplatz befindet sich vor dem Bahnhof, Sie können ein Taxi aber auch unter folgenden Nummern anfordern: ☎ 0679 509996, 0672946555, 0607535509 oder 0614472180.

Information/Verschiedenes   (→ Karte S. 162/163)

Information Office de Tourisme, ganzjährig Mo–Sa (von April bis Ende Okt. durchgehend), So nur bis 13 Uhr geöffnet. 68000 Colmar, ☎ 0389206892, 📠 0389417699, www.ot-colmar.fr.

Von den Umbauarbeiten am Musée d'Unterlinden (s. S. 167) ist auch das Office de Tourisme betroffen. Es ist voraussichtlich bis Ende 2013 im Cour Ste-Anne Nr. 32 untergebracht (s. Stadtplan), anschließend soll ein neues Gebäude in der Rue d'Unterlinden bezogen werden. Telefon- und Faxnummer ändern sich nicht.

In jüngster Zeit hat das O.T. drei Infosäulen mit WiFi-Zugang installiert – am Bahnhof, auf der Place Scheurer-Kestner und vor dem Kinokomplex –, sodass man auch außerhalb der Öffnungszeiten Zugang zu wichtigen Informationen (z. B. Verfügbarkeit von Hotelzimmern) hat.

Sightseeing In der Saison organisiert das O.T. tägl. deutsch- bzw. zweisprachige

Rundgänge durch die Altstadt, z. T. auch nächtliche Spaziergänge; Preis 4 €, Dauer ca. 1:30 Std. Bei entsprechender Nachfrage werden außerdem thematische Führungen oder Rundgänge durch die Hauptausstellungen des Musée d'Unterlinden angeboten.

Minitrain: Zwei Touristenbähnchen rollen durch die Stadt. Der grüne Minitrain dreht seine Runde ganzjährig nonstop (Abfahrt je nach Besucheraufkommen alle 30–60 Min. am Quai de la Sinne, Dauer ca. 35 Min.), der weiße verkehrt nur zwischen April und Okt. (Abfahrt an der Place Lacarre, Dauer ca. 45 Min.). Beide bieten Erklärungen über Kopfhörer in Deutsch und kosten für Erwachsene 6 €, für Kinder (6–14 J.) 4 €.

Auf der Lauch: In einer kleinen Barke auf der Lauch durch das südlich der Altstadt gelegene alte Gärtnerviertel, dann durch Petite Venise und Krutenau gerudert zu werden, hat tatsächlich einen romantischen Touch. Veranstalter sind die Agenturen *Sweet Narcisse* **25** am Pont St-Pierre und *Krutenau* **19** an der Traenkbrücke. Sie verkehren von Ostern bis Allerheiligen je nach Bedarf, Dauer ca. 30 Min. Erwachsene 5,50 € bzw. 6 € im Juli/Aug., Kinder unter 10 J. frei.

Übernachten 161

Markt In der alten Markthalle kann man von Di–Sa Fleisch, Fisch, Obst, Gemüse, Käse etc. einkaufen, am Do findet außerdem ein Markt in den Gassen um die Halle herum statt. Ein weiterer Markt wird am Sa auf der Place St-Joseph (nordwestl. der Place Rapp, knapp 10 Min. von dieser zu Fuß entfernt) abgehalten.

Feste Im Aug. steht Colmar ganz im Zeichen der **Weinmesse** mit großem Volksfest. Im Sept. findet in Klein-Venedig das **Herbstfest** statt. Dann werden die traditionellen Barken kunstvoll mit Blumen und Gemüse geschmückt, um daran zu erinnern, wie einst die Marktleute ihre Produkte in die Stadt brachten. Unbedingt einen Besuch wert ist der **Weihnachtsmarkt**, der von der letzten Novemberwoche bis zum 31.12. in der gesamten Altstadt stattfindet. Näheres unter www.noel-colmar.com. Wei-

tere Veranstaltungshinweise, u. a. auf ein internationales Musikfestival oder die beliebte Öko-Messe, finden Sie unter www.ot-colmar.fr.

Kinder Colmar hat mit dem **Spielzeug**- und mit dem **Natur- und Völkerkundemuseum** gleich zwei Ausstellungen zu bieten, in denen auch Kinder auf ihre Kosten kommen.

Krankenhaus Hôpital Pasteur, 39, av. de la Liberté, ☎ 0389124000.

Post 36, av. de la République Colmar, Mo–Fr 8.30–18.30, Sa 9–16 Uhr.

Internet Cyber Café **2**, über einer Dönerbude liegt das kleine Büro; tägl. 10–23 Uhr geöffnet. 9, rue du Rempart.

Öffentliche Toiletten z. B. auf der Place de la Cathédrale.

Übernachten

(→ Karte S. 162/163)

**** Hostellerie Le Maréchal 23, zu Recht gehört dieses alte Fachwerkhaus der Kette der „Romantik-Hotels" an, nicht nur seine Lage an der Lauch im Viertel La Petite Venise, sondern auch die Ausstattung einiger Zimmer mit von einem Baldachin gekrönten Betten wird diesem Anspruch gerecht. An Komfort fehlt es nicht: Minibar, AC, Whirlpool-Badewannen – was braucht man mehr? Angeschlossen ist ein exquisites Restaurant, natürlich in romantischer Lage am Wasser. Parkplatz pro Nacht 15 €. DZ 115–255 €. Pl. des 6 Montagnes Noires, ☎ 0389416032, ☏ 03892 45940, www.hotel-le-marechal.com.

*** All Seasons Colmar Centre 9, in dem zentral, aber ruhig gelegenen Gebäude einer ehemaligen Malzfabrik aus dem 18. Jh. wurde ein modernes, komfortables Hotel eingerichtet. Das alte Fachwerkgebälk hat man dabei mit in die Einrichtung der sehr ansprechenden hellen Zimmer mit Bad und WiFi-Zugang einbezogen. Für ein DZ bezahlt man je nach Saison inkl. Frühstück 81 bis 121 €, am Wochenende sind die Preise oft deutlich niedriger. 11, bd du Champ de Mars, ☎ 0389232625, ☏ 0389238364, www.all-seasons-hotels.com.

*** Hôtel Saint Martin 14, zentral und dennoch ruhig wohnt man in dem angenehmen alten Bürgerhaus mit Renaissance-Türmchen. Die Zimmer sind unterschiedlich eingerichtet, man hat die Qual der

Wahl zwischen eher rustikalen, verspielten oder eleganten Stilrichtungen; Lift vorhanden, Entfernung zum kostenlosen Parkplatz Vielle Ville ca. 100 m. Für ein DZ bezahlt man 89–115 €. 38, Grand' rue, ☎ 0389241151, ☏ 0389234778, www.hotel-saint-martin.com.

*** Hôtel Ibis Centre 4, die gewohnte Ibis-Qualität gibt es auch am Rande der Altstadt von Colmar. Parkplatz 7 €. Für eines der funktionalen Zimmer bezahlt man je nach Saison 74–95 € (mit Grand Lit oder 2 Betten), am Wochenende sind die Zimmer oft schon zum Preis von 55 € zu haben. 10, rue St-Eloi, ☎ 0389413014, ☏ 0389245149, www.ibishotel.com.

\>\>\> Unser Tipp: **** Hôtel Turenne 26**, das beliebte Haus am Rande der Altstadt liegt in einer recht belebten Straße – empfehlenswert sind deshalb die nach hinten gelegenen Räume. Die freundlich eingerichteten Zimmer verfügen über AC, Sat-TV, Internetzugang und Bad. Bis zum Beginn der Saison 2012 soll das Hotel durch einen Anbau vergrößert und durch einen Lift modernisiert werden. Gutes Frühstücksbuffet. Parkplatz 7 €, unbedingt vorher reservieren. Zu zweit kommt man zum Preis von 65–92 € unter, je nach Größe des Zimmers und Saison, EZ kosten 45–79 €, Familienzimmer mit 3 bis 5 Betten zwischen 68 und 150 €. 10, rte de Bâle, ☎ 0389215858, ☏ 0389412764, www.turenne.com. \<\<\<

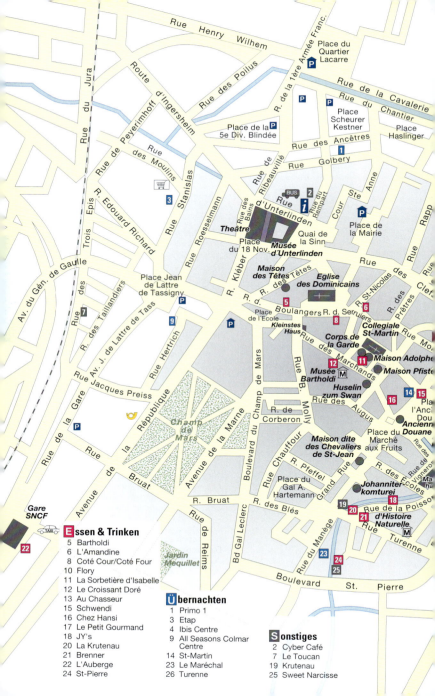

Essen & Trinken 163

** Hôtel Primo 1 1, einfache Zimmer ohne überflüssigen Schnickschnack, aber mit ausreichenden Einrichtungen, die meisten verfügen auch über ein eigenes Bad. Ein Pluspunkt ist die Lage am kostenlosen Parkplatz Scheurer-Kestner und die Nähe zum Musée Unterlinden. Die zum Hof gelegenen Räume sind ruhiger als die zur Rue Colbert. EZ je nach Saison, Größe und Ausstattung 35–45 €, zu zweit bezahlt man 45–59 €, Familien kommen zum Preis von 55–79 € unter. 5, rue des Ancêtres, ✆ 0389242224, ✆ 0389245596, www.hotel-primo.fr.

* Etap Hôtel 3, ebenfalls funktional eingerichtete Zimmer mit Grand Lit sowie einem Stockbett, Bad und TV für bis zu 3 Personen bietet das Haus dieser Hotelkette. Die Rezeption ist zwischen 11 und 17 Uhr nicht besetzt; ein Tiefgaragenplatz kostet 7 €. Zimmer für 39–54 €. 15, rue Stanislas, ✆ 03892680931, ✆ 0389219218, www.etaphotel.com.

Auberge de Jeunesse Mittelhardt, außerhalb vom Zentrum gelegen, erreichbar mit den Bussen 4, 5 oder 6 (Haltestelle Pont-Rouge). Die Rezeption ist von 10 bis 17 sowie nach 23 Uhr im Winter (im Sommer 24 Uhr) nicht besetzt. Übernachtung ab 14 € inkl. Frühstück in 9er- bzw. 3er-Schlafräumen, gegen Aufpreis gibt's auch DZ, ein Familienzimmer kostet 30 €. 2, rue Pasteur, ✆ 0389805739, ✆ 0389807616, auberge.jeunesse@ville-colmar.com.

Essen & Trinken

Essen & Trinken Restaurant JY's 18, schon von außen hebt sich die bemalte Renaissancefassade des Gebäudes von den kleinen Fachwerkhäuschen am Fischerstaden ab, und auch innen sieht es so gar nicht elsässisch, sondern kühl und modern aus, im Sommer sitzt man besonders schön auf der Terrasse an der Lauch. Die leichte und frische Küche des Patrons Jean Yves Schillinger, der lange in New York ein Gourmet-Restaurant führte, wird seit Jahren mit einem Michelin-Stern ausgezeichnet. So und Mo geschl. 17, rue de la Poissonnerie, ✆ 0389215360.

Côté Cour/Côté Four 8, auch in dem hypermodernen, ohne Schnickschnack eingerichteten Restaurant Côté Cour wird sehr gute, frische und leichte Küche serviert.

Preiswerter wird man in dem an eine Bäckerei angeschlossenen, mit knallroten Plastikstühlen ausgestatteten Bistro Coté Four satt: Lachstarte, Lasagne, Flammkuchen und anderes mehr. So und Mo geschl. Pl. de la Cathedrale, ✆ 0389211918.

Restaurant Bartholdi 5, eine regelrechte Colmarer Institution ist das große alteingesessene Lokal, in dem man die Qual der Wahl zwischen exzellenten elsässischen und französischen Gerichten hat. Insbesondere an Sonntagen oft brechend voll, da auch bei den Einheimischen sehr beliebt. So abends und Mo geschl. 2, rue des Boulangers, ✆ 0389410774.

» Unser Tipp: Wistub Brenner 21, seit Jahren ein Klassiker ist unser Tipp. Bis 2007 wurde das weithin bekannte winzige Lokal mit hübscher Terrasse von dem wie ein Kugelblitz hinter der Theke und in der Küche agierenden Gilbert Brenner geführt. Der neue Besitzer Agostino di Foggiac setzt konsequent die Tradition fort und serviert weiterhin die bekannten elsässischen Köstlichkeiten wie z. B. geräucherten Lachs auf grünen Linsen. Auf einer Schiefertafel entdeckt man zudem weitere Tagesempfehlungen und köstliche Desserts wie ein mit Grand Marnier verfeinertes Orangengratin. Unter die zahlreichen einheimischen und auswärtigen Gäste mischt sich übrigens auch immer mal wieder der alte Besitzer, dessen charakteristisches Konterfei mit dicker Zigarre immer noch die Speisekarte schmückt – insbesondere samstags kommt er gerne mal auf ein Gläschen vorbei und hält ein Schwätzchen. 1, rue Turenne, ✆ 0389414233. «

Restaurant Caveau St-Pierre 24, der kleine Holzbalkon direkt an der Lauch gehört sicherlich zu den schönsten Plätzen im sommerlichen Colmar, aber auch in den Innenräumen des alten Fachwerkhauses fühlt man sich wohl. Ein deutsch-französisches Ehepaar serviert hier gute elsässische und klassische Küche. Probieren Sie mal den deftigen Ochsenschwanz oder die Entenbrust nach Art des Chefs. Bereichert wird die Karte außerdem durch wechselnde Tagesgerichte. Sonntagabends und Mo geschl. 24, rue de la Herse, ✆ 0389419933.

Restaurant Le Petit Gourmand 17, im Sommer erscheint das winzige Restaurant gar nicht so klein, bietet doch die romantische Terrasse an der Lauch einigen Gästen Platz. Im Winter allerdings rückt man in der schmalen Wirtsstube mit gerade mal sieben Tischen eng zusammen und genießt dort die feinen elsässischen Gerichte. Lecker fanden wir z. B. das Kasseler im Brotteig mit Kartoffeln und weißem Käse als Beilage. So abends und Mo geschl. 9, quai de la Poissonnerie, ✆ 0389410932.

Schon an den ersten warmen Tagen werden die Stühle ins Freie gestellt

Essen & Trinken

Alle Klischees werden erfüllt

Winstub Flory 10, die Wandmalereien mit Szenen aus „Gargantua" und P. Breugels „Dance de la Noce", auf denen kräftig gegessen und getrunken wird, sind Programm, kommen doch in dieser gemütlichen Winstub die elsässischen Spezialitäten in reichlich bemessenen Portionen auf den Tisch. Umfangreiche Speisekarte, lecker z. B. der Gänselieselsalat mit Gänseleber und -pastete, außerdem gibt es der Saison angepasste Tagesgerichte wie z. B. Muscheln, Spargel etc. 1, rue Mangold, ✆ 0389417880.

Restaurant Au Chasseur 13, in dem schnuckeligen Hexenhäuschen bekommt man neben elsässischen auch schmackhafte klassische Gerichte wie ein saftiges Pfeffersteak oder Jakobsmuscheln mit Gemüse; Spezialität ist Fleisch vom heißen Stein. Der Flammkuchen wird hier auf Wunsch auch mit einem grünen Salat serviert. Der kleine untere Gastraum ist schnell gefüllt, aber keine Angst: Eine knarrende Holztreppe führt ins zweite Stockwerk hinauf, wo man fast ebenso gemütlich speisen kann. So und Mo geschl. 4, rue du Chasseur, ✆ 0389414194.

Restaurant Chez Hansi 16, der Name verrät schon, dass hier regionale Küche Trumpf ist. Probieren Sie z. B. das Perlhuhn auf Sauerkraut, das Ihnen von einer Kellnerin in elsässischer Tracht serviert wird. Aufmerksamer Service, viel deutschsprachiges Publikum, Menü ab 18 €. Mi und Do geschl. 23, rue des Marchands, ✆ 0389413784.

»> Unser Tipp: **Restaurant L'Auberge** 22, der 15-minütige Fußmarsch vom Zentrum zu dem Restaurant am Bahnhof lohnt sich, verbirgt sich hinter der etwas heruntergekommenen Fassade doch ein bei den Einheimischen zu Recht hoch angesehenes Lokal. Kein Wunder, die Küche ist vorzüglich, die Portionen sind üppig. Eigentlich ist man nach der hausgemachten Terrine mit Rohkostsalaten schon satt, doch wer kann schon Köstlichkeiten wie dem zarten Entenfleisch mit handgeschabten Spätzle widerstehen? 7, pl. de la Gare, ✆ 0389235959. **«**

Brasserie Schwendi 15, beliebte Brasserie mit schöner Terrasse. Spezialität sind deftige Rösti in verschiedenen Variationen – wahre Magenfüller. Dazu schmeckt ein Bier vom Fass – es gibt immerhin acht verschiedene Sorten! Warme Küche von 12 bis 22.30 Uhr. 23–25, Grand' rue, ✆ 0389236626.

Winstub La Krutenau 20, einfaches Lokal direkt an der Lauch mit einer der schönsten Terrassen der Stadt – wunderbarer Platz, um nur ein Bier vom Fass oder ein Glas Wein zu trinken. Wer Hunger hat, sollte den knusprigen Flammkuchen probieren. Im

166   Colmar

Sommer kein Ruhetag, im Winter So abends und Mo geschl. 1, rue de la Poissonnerie, ✆ 0389411880.

Brasserie L'Amandine 🏠, besonders zur Mittagszeit stark frequentiertes Terrassenlokal mit einem guten Angebot an Flammkuchen, Salaten und Tagesgerichten. Sehr ansprechende Auswahl an Pâtisserie. 1, pl. de la Cathédrale, ✆ 0389236682.

Le Croissant Doré 🏠, urgemütliches kleines Café, das über und über mit nostalgischen Bildern, alten Werbeplakaten und blechernen Kaffeekannen geschmückt ist. Eine freundliche ältere Dame serviert verschiedene leckere Quiches mit Salat (u. a. auch würzigen Lauchkuchen), Croques Mon-

sieur und hausgemachte Kuchen. Die richtige Adresse für den kleinen Hunger! Mo geschl. 28, rue des Marchands, ✆ 0389237081.

La Sorbetière d'Isabelle 🏠, nicht nur leckere Sorbets, sondern auch Milcheis sorgt für einen erfrischenden Genuss an heißen Sommertagen. 13, rue des Marchands.

Nachtleben Le Toucan 🏠, im Keller des Hotels Colbert liegt die kleine Diskothek außerhalb der Touristenmeile, in der sich v. a. das Ü-25-Publikum trifft. Fr, Sa und an Abenden vor Fei 23–5 Uhr geöffnet. 6, rue des Trois Epis.

Le Poisson Rouge, beliebte Diskothek im Nachbardorf Wintzenheim. Do–So geöffnet. 137, rue Clemenceau, ✆ 0389270044.

Einkaufen

🖋 **Kulinarisches** La Fromagerie St-Nicolas, einer der legendären Fromagers des Elsass, Jacky Quesnot, bietet mit seiner Frau Christine nicht nur Käsespezialitäten aus der Region, sondern aus ganz Frankreich an – in allen Geschmacksrichtungen und auch Formen, sodass der Blick in die Auslage zur reinsten Augenweide wird. 18, rue St-Nicolas. ■

Kunstgewerbe Arts et Collections d'Alsace, exklusives Angebot an elsässischen

Souvenirs wie die typischen karierten Stoffe (Kelsch), Geschirr, Nachbildungen alter Schmuckstücke und traditionelles Spielzeugs sowie wunderschöne Dekoartikel. 1, rue des Tanneurs.

Sarl Dany, Dany Geismar verkauft neben Tiffany-Lampen auch originelle Hühner, Frösche, Schweine und anderes Getier aus Ton, Zinn und Porzellan. Reinschauen lohnt sich. 32, rue des Marchands.

Sehenswertes

Das erste Besichtigungsziel ist das Musée d'Unterlinden am gleichnamigen Platz, wo Sie die großen Kunstschätze der Stadt kennen lernen. Danach empfiehlt es sich weitere bedeutende Sehenswürdigkeiten rund um die Place d'Unterlinden anzuschauen, dann einen kleinen Spaziergang vom Martinsmünster bis Klein-Venedig anzuschließen, und dabei die schönsten Teile der beschaulichen Altstadt mit ihren lebendigen Gassen und lauschigen Plätzen an der Lauch zu erkunden.

Musée d'Unterlinden

Der weitläufige Unterlindenplatz hat bis heute mehrfach Umgestaltungen erfahren. Vor 200 Jahren rubbelte man an dem ihn durchfließenden, heute kanalisierten und zum großen Teil unterirdisch verlaufenden Mühlbach Wäsche – hier befand sich einer der öffentlichen Waschplätze der Stadt. Zuvor diente er als Friedhof des Dominikanerinnenklosters, das im 13. Jh. von zwei adligen Damen gegründet wurde und sich bald zu einem bedeutenden Zentrum der Mystik und einer der wohlhabendsten religiösen Einrichtungen Colmars entwickelte. Da die allerersten Gebäude im Schatten einer mächtigen alten Linde standen, nannte man die fromme Stätte „Kloster Unterlinden". Dieses wurde während der Französischen Revolution geschlossen. In den erhalten gebliebenen Gebäuden des ehemaligen Klosterkomplexes an der Westseite des Platzes ist seit 1853 das Musée d'Unterlinden mit dem weltberühmten Isenheimer Altar untergebracht.

Musée d´Unterlinden 167

Umbau des Unterlindenmuseums

Seit Ende 2011 erfährt das Unterlindenmuseum einige signifikante Umbau-maßnahmen. Die Klosterkapelle, Standort des **Isenheimer Altars**, muss reno-viert und klimatisiert werden, da die im Winter dort herrschenden niedrigen Temperaturen den Besuchern nicht mehr zuzumuten waren. Der Isenheimer Altar wird ab 1.4.2012 bis zum Ende der Arbeiten in die Dominikanerkirche (sie-he S. 170f.) ausgelagert und kann dort ganzjährig besichtigt werden.

Gleichzeitig will man den Ausstellungsbereich des Museums vergrößern, in-dem das Gebäude, in welchem die seit Jahren geschlossenen öffentlichen Bäder untergebracht waren, einbezogen wird. In diesem Zusammenhang soll auch der Eingang in die Rue d'Unterlinden verlegt werden. Voraussichtlich werden die Umbauarbeiten bis November 2013 abgeschlossen sein. Zu die-sem Termin soll auch der Isenheimer Altar an seinen alten Platz zurückge-bracht werden.

Während der Arbeiten bleibt das Museum geöffnet. Einzelne Räume sind aller-dings zeitweilig nicht zugänglich. Am besten, Sie erkundigen sich vor einem Besuch des Museums danach, ✆ 0389201550, www.musee-unterlinden.com, sowie www.michael-mueller-verlag.de.

Die von uns erstellten Informationen beziehen sich auf den Rundgang vor der Renovierung, da diese erst nach Redaktionsschluss begann. Eventuelle Ände-rungen konnten deshalb noch nicht aufgenommen werden.

Die Säle des Museums liegen um einen gotischen Kreuzgang vom Ende des 13. Jh. In denjenigen des Erdgeschosses werden v. a. Skulpturen, Gemälde und Altäre aus dem 14.–16. Jh. ausgestellt, die bedeutendsten Schätze des Museums. Von der **Abteilung 1** (links vom Eingang) mit monumentalen mittelalterlichen Steinskulpturen geht man halb um den Kreuzgang herum, vorbei an einem wieder aufgebauten Winzerkeller aus dem 17./18. Jh. (**Abteilung 2**) zur **Abteilung 3,** deren Räume der Malerei der Gotik und der Renaissance gewidmet sind:

Besonders beachtenswert im **Raum 3 a** sind z. B. eine um 1400 entstandene farben-prächtige Kreuzigung, das älteste Gemälde des Museums, sowie der nach seinen Stiftern so genannte Stauffenberg-Altar mit der Schmerzensmutter im Zentrum aus der Mitte des 15. Jh.

Im **Raum 3 b** bestechen die erhaltenen Teile eines Flügelaltars (Zyklus zur Leidens-geschichte Christi) von Caspar Isenmann (1465) durch die ausdrucksvollen Gesich-ter der Personen und durch dramatische Effekte.

Am Ende des **Raumes 3 c**, in dem u. a. sehr detailgetreu Szenen aus der Legende der heiligen Katharina zu sehen sind, entdeckt man das erste Stillleben der europäischen Kunst (3. Viertel des 15. Jh.) nach der Antike: ein Möbelstück und mehrere Utensi-lien aus dem medizinischen Bereich. Wahrscheinlich handelt es sich um die Werkstatt eines Chirurgen bzw. Barbiers (im Mittelalter wurden diese Berufe von einer Person ausgeübt), deren Schaufenster sich noch in der Glasflasche links unten spiegelt.

Im **Raum 3 d** hängen u. a. ein kleines Frauenporträt Hans Holbeins d. Ä. (1524), der es meisterhaft verstand, Gesichtszüge und Charakter seines Modells darzustellen, und „Die Melancholie" von Lucas Cranach d. Ä. **Saal 3 e** zeigt Kupferstiche Martin Schongauers (1450–91).

Im **Saal 4** sind neben Skulpturen schöne Flügelaltäre (um 1500) ausgestellt, die die damals sehr beliebte Kombination von Holzschnitzerei im Mittelteil und Bemalung

Colmar → Karte S. 162/163

an den Außenseiten aufweisen. **Saal 5** ist voll und ganz Martin Schongauer gewidmet. Feingliedrige Hände, wunderschöner Faltenwurf, bildfüllende Figuren sind Merkmale des flämischen Stils, von dem er beeinflusst war. Nur zwei Seitenflügel sind vom sog. Orlier-Altar erhalten. Auf der Vorderseite sieht man die Geburt Christi und den heiligen Antonius, auf der Rückseite den Verkündigungsengel und Maria.

In der ehemaligen **Klosterkapelle (Saal 6)** steht der berühmte **Isenheimer Altar**, dessen Schnitzwerk Nikolaus von Hagenau um 1500 schuf, während Matthias Grünewald zwischen 1512 und 1516 die Tafeln malte. Aufgestellt war er ursprünglich im nur 20 km entfernten Isenheim, und zwar in der Kirche des einstigen Antoniusklosters, in dem die Mönche vom Mutterkornpilzbrand infizierte Kranke pflegten. Dieses auch „Antoniusfeuer" genannte, aufgeschwollene Bäuche und schmerzhafte Geschwüre verursachende schlimme Übel behandelte man mit einer stärkenden fleischhaltigen Kost, aber auch mit Gebet und Meditation, z. B. vor dem Altar. Allerdings konnten die Kranken ebenso wie die zahlreichen Pilger die Bilder Grünewalds nur aus 19 m Entfernung betrachten, zusätzlich auch noch eingeschränkt durch den Lettner, der den Chor vom Schiff trennte. Im Originalzustand bestand der Altar aus zwei feststehenden und vier aufklappbaren, jeweils auf beiden Seiten bemalten Flügeln. Heute werden die Tafeln einzeln gezeigt. Modelle an der Wand erläutern, wann welche im Verlauf des Kirchenjahres auf- bzw. zugeklappt wurden.
In geschlossenem Zustand sah der Betrachter in der Mitte die Kreuzigungsszene. Der geschundene Christus wird von einer mit einem weißen Mantel bekleideten, in den Armen des Apostels Johannes vor Schmerz zusammensinkenden Gottesmutter sowie der knienden Maria Magdalena und Johannes dem Täufer mit dem mystischen Lamm Gottes flankiert. Darunter, in der Predella, ist die Beweinung bzw. Grablegung Christi zu sehen, an den Seiten der heilige Antonius (rechts) und der heilige Sebastian (links), den man bei Pestepidemien um Hilfe anflehte. Nach dem ersten Aufklappen des Altars wurden gezeigt: die Verkündigung durch den Erzengel Gabriel an eine sich angstvoll abwendende Jungfrau Maria; die „Unbefleckte Empfängnis", begleitet von einem Engelskonzert, an dem aber auch das Böse, versinnbildlicht durch den schwarzen Engel und kleine Dämonen, beteiligt ist; die Menschwerdung Christi (Maria hält den Neugeborenen in einem lichtdurchflute-

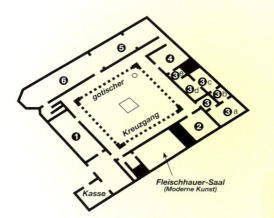

Musée d´Unterlinden 169

ten Garten sitzend in den Armen); die Auferstehung des strahlenden Christus. Beim zweiten Aufklappen bekam man die von Nikolaus von Hagenau geschnitzten Holzplastiken des heiligen Antonius (Mitte), des heiligen Augustinus (links) und des heiligen Hieronymus (rechts) zu sehen. Flankiert wurden sie von Grünewalds Tafeln „Besuch des heiligen Antonius beim heiligen Paulus Eremita" und „Versuchung des heiligen Antonius". Die enorme Spannweite des Meisters zeigt sich z. B. in der Darstellung schrecklicher Fabelwesen und Dämonen, die den armen Antonius einkreisen, in einer einzigartigen Liebe zum anatomischen Detail und darin, wie er gekonnt Lichteffekte einsetzt.

Wer war Matthias Grünewald?

Im 18. Jh. wurde der Isenheimer Altar Albrecht Dürer, später auch Hans Baldung Grien zugeschrieben, der wahre Schöpfer dieses Meisterwerks war in Vergessenheit geraten. Inzwischen ist aber durch die Auffindung mehrerer übereinstimmender schriftlicher Belege aus dem 16. und 17. Jh. sowie durch wissenschaftliche Stilvergleiche das Gesamtwerk des Mannes, den der Kunstschriftsteller Joachim von Sandrart 1675 fälschlicherweise „Grünewald" nannte, eindeutig bestimmbar. Erhalten gebliebene Zeugnisse seines Schaffens befinden sich u. a. in Museen bzw. Kirchen in München, Basel, Washington, Aschaffenburg, Stuppach und eben auch in Colmar. Aber wer war dieser Mann? Wo und wann wurde er geboren bzw. starb er? Wie waren seine Lebensumstände? Handelt es sich, so die am häufigsten genannte Version, um den gegen 1460 im Raum Würzburg geborenen Mathis Nithart, der später seinen Familiennamen in Gothart änderte, zeitweise in Diensten des erzbischöflichen Hofes in Mainz stand und 1528 in Halle starb? Oder um einen gewissen Mathys Grün, von dem überliefert ist, er sei Bildhauer gewesen und 1532 auf Schloss Reichenberg gestorben? Oder etwa um einen „Master Mathis", einen Altarbildmaler im Dienste des Herrn von Belfort? War Grünewald am Ende seines Lebens Lutheraner oder Sympathisant der aufständischen Bauern? Ist er jemals mit Albrecht Dürer zusammengetroffen? Spekulationen über Spekulationen, und auch das Monogramm MG·N, mit dem er seine Werke signierte, konnte bis heute nicht entscheidend weiterhelfen, da die mittelalterlichen Melderegister nur nach Vornamen geordnet waren.

Colmar → Karte S. 162/163

Im **oberen Stockwerk** sind weitere Gemälde und Skulpturen aus der Zeit zwischen dem 12. und 19. Jh., aber auch historisches Spielzeug, Sammlungen zur Geschichte Colmars und elsässische Volkskunst zu sehen. Das **Kellergeschoss** beherbergt archäologische Sammlungen, darunter auch einen sehr beeindruckenden, vollständig erhaltenen Mosaikfußboden aus einer römischen Villa bei Bergheim, sowie wechselnde Ausstellungen.

Zum Schluss kann man noch der kleinen, aber feinen Sammlung moderner Kunst mit Werken von Picasso, Poliakoff, Monet, Renoir u. a. im Fleischhauersaal einen Besuch abstatten. Der Zugang befindet sich im Erdgeschoss zwischen dem Winzerkeller und dem Zugang zu den Toiletten.

Öffnungszeiten/Eintritt Mai–Okt. tägl. 9–13 Uhr, Nov.–April Mi–Mo 9–12 und 14–17 Uhr. Erwachsene 8 €, Jugendliche (12–17 J.) 5 €. Im Preis enthalten ist die Ausleihe eines Audioguides, durch den man auch auf Deutsch sehr gute Erläuterungen zu den Werken im Erdgeschoss erhält. ✆ 0389201550.

Rund um die Place d'Unterlinden

Maison des Têtes: Gehen Sie nach Verlassen des Museums zur steinernen Statue Martin Schongauers vor der Apsis der ehemaligen Klosterkirche und weiter zur Südostecke des Platzes. Auf der anderen Straßenseite beginnt die Rue des Têtes, in deren Mitte das auffällige „Köpfehaus" (1609) steht, ein Meisterwerk der rheinischen Renaissance. Dass sein Besitzer über großen Reichtum verfügte, beweisen der fast barocke Volutengiebel, den ein kleiner, von Bartholdi geschaffener Küfer aus Zinn krönt, sowie die aufwändige Dekoration der Fensterrahmen und des Erkers mit mehr als 100 Köpfen und Fratzen. Ein bocksbeiniger Schelm schmückt den mittleren Balken des Fensters links vom Eingang. In unmittelbarer Nähe des Hauses sieht man zwei alte Ladenschilder des elsässischen Patrioten Hansi, die immer irgendwo die Farben der Trikolore aufweisen: rechts vom Maison des Têtes ein Bäckereischild, gegenüber das einer ehemaligen Metzgerei. Die Stadt Colmar ist stolz auf ihren Hansi und achtet darauf, dass die originellen alten Schilder auch dann nicht entfernt werden, wenn ein Geschäft wechselt.

Er schuf die „Madonna am Rosenberg"

Das kleinste Haus Colmars: Wenn Sie am Ende der Rue des Têtes nach links in die Rue des Boulangers abzweigen, kommen Sie zur Place de l'Ecole. Gehen Sie wenige Meter nach rechts zu deren Südostecke, dort befindet sich das kleinste Haus Colmars, ein rotbraun gestrichener Fachwerkaufsetzer; im Mittelalter war er nur über eine Stiege im Innenhof des Gebäudekomplexes erreichbar. Damals spottete man, Möbel könnten darin nicht aufgestellt, sondern nur auf die Wände aufgemalt werden, heute hat man nach gründlicher Renovierung einen immerhin 25 m² großen Wohnraum geschaffen.

Eglise des Dominicains/„Madonna im Rosenhag": Gehen Sie zurück in die Rue des Boulangers und nach rechts zum Dominikanerplatz, der von der gleichnamigen Kirche beherrscht wird. Die Dominikaner ließen das Gotteshaus im 13./14. Jh. nach dem üblichen Muster der Bettelorden als schlichte Hallenkirche errichten. Neben schönen gotischen Glasfenstern und einem reich geschnitzten Chorgestühl ist Martin Schongauers meisterhaftes Gemälde „Madonna im Rosenhag" aus dem Jahre 1473 zu bewundern. Umgeben von musizierenden Engeln, sitzt die Gottesmutter in einem gepflegten Garten mit Blumen und Vögeln. Zwei weitere himmlische We-

Von Martinsmünster bis Klein-Venedig   171

sen halten eine prachtvolle Krone über ihrem leicht geneigten Haupt. Einen starken Kontrast zum mattgoldenen Hintergrund, dem Grün der Pflanzen, zur blassen Haut ihres Gesichts und der des nackten Jesuskinds bildet ihr in weiche Falten gelegter dunkelroter Mantel. Mit viel Liebe zum Detail malte Schongauer die verschiedenen Blumen und Vögel: rote Rosen und eine einzige weiße, Schwertlilien, Erdbeeren, Rotkehlchen, Dompfaffen, Kohlmeisen, Sperlinge. Ihnen allen kam im Mittelalter eine ganz bestimmte Symbolik zu. Interessant ist auch die Dokumentation zum Diebstahl des Gemäldes, das im Januar 1972 aus seinem damaligen Standort, dem Martinsmünster, entwendet und erst über ein Jahr später in Lyon wieder gefunden wurde. Seither steht es in der Dominikanerkirche.
Von April bis Dez. tägl. 10–13 und 15–18 Uhr. Erwachsene 1,50 €.

> Solange der Isenheimer Altar in die Dominikanerkirche ausgelagert ist, gelten voraussichtlich längere Öffnungszeiten und andere Eintrittspreise. Informationen dazu finden Sie unter www.michael-mueller-verlag.de.
> Die „Madonna im Rosenhag" bleibt in diese Zeit weiterhin an ihrem angestammten Platz.

Über die Rue des Serruriers – hier entdecken Sie am Haus Nr. 7 ein weiteres schönes Hansi-Schild – kommen Sie zur Place de la Cathédrale.

Hipsch Martin

Martin Schongauer wurde um 1450 als Sohn eines Goldschmieds in Colmar geboren. Zunächst erlernte auch er diesen Beruf, wandte sich aber bald der Malerei und dem Kupferstich zu. Der Kontakt zu Caspar Isenmann, vor allem aber Reisen in die Niederlande und nach Burgund inspirierten ihn nachhaltig. Sein bekanntestes Werk ist die „Madonna im Rosenhag", das er in fast noch jugendlichem Alter für das Colmarer Martinsmünster anfertigte. Schon zu Lebzeiten wurde sein Werk hoch gepriesen, „Hübsch Martin, von wegen seiner Kunst" nannten ihn seine Zeitgenossen. Seine ausdrucksvollen Kupferstiche beeinflussten Albrecht Dürer in großem Maße. Schongauer starb 1491 in Breisach, kurz nachdem er für das dortige Münster das Weltgerichtsfresko fertig gestellt hatte.

Vom Martinsmünster bis Klein-Venedig

Eglise St-Martin: Namensgebend für die Place de la Cathédrale ist die *Collégiale St-Martin*, wird diese von den Colmarern doch gerne als Kathedrale bezeichnet, da hier während der Revolution vorübergehend das Bistum Oberrhein seinen Sitz hatte. Auf den Fundamenten zweier Vorgängerbauten errichtete man ab 1234, als St-Martin zur Stiftskirche erhoben wurde, bis zum 16. Jh. das heutige Gebäude vorwiegend im gotischen Stil. Eigentlich sollte es von zwei Türmen gekrönt werden, vollendet hat man wegen Geldmangels aber nur den *Südturm,* dessen ursprüngliche Spitze durch einen Brand im Jahre 1572 zerstört wurde. Sein jetziger Helm, von den Colmarern respektlos als „Chinesenhut" bezeichnet, war eigentlich nur als Provisorium geplant, hielt sich jedoch bis heute. Von hier oben läutete im Übrigen der Nachtwächter jahrhundertelang mit der „Zehnerglocke" allabendlich die Nachtruhe in der Stadt ein.

Als eines der schönsten frühgotischen Portale im Elsass gilt das *Nikolausportal* an der Gebäudesüdseite aus der Zeit um 1260. Beim Betrachten kommt man aber auch ins Schaudern, werden die die Tür einrahmenden Säulen doch jeweils von einer Reihe durch die Lepra entstellter Köpfe begrenzt. Im Tympanon zeigt die obere Szene das Jüngste Gericht, in der unteren werden zwei Legenden des heiligen Nikolaus erzählt. Rechts von ihm stehen drei von ihm wieder zum Leben erweckte Jünglinge, links drei Jungfrauen, die er davor bewahrt hat, von ihrem Vater – er hockt hinter ihnen – als Dirnen verkauft zu werden. Eingerahmt wird das Tympanon von einem Gurtbogen mit 13 Personen; in der vierten von links hat sich der Baumeister, Meister Humbret, mitsamt seinem Handwerkszeug verewigt. Am um 1300 erbauten *Hauptportal* findet sich noch ein zweiteiliges Tympanon mit der Darstellung der Anbetung der Drei Könige (unten) und des Jüngsten Gerichts (oben). Über einer Rosette sitzt der seinen Mantel teilende St. Martin hoch zu Ross.

In dem dreischiffigen Innenraum mit gotischem Spitzgewölbe steht rechts vom Hochaltar die aus Lindenholz geschnitzte, vielfarbig bemalte „Colmarer Madonna" (15. Jh.). Links vom Altar befindet sich die Sakramentskapelle. Von hier aus ziehen sich mehrere Kapellen, verbunden durch einen Umgang, rund um den Chor – eine im Elsass einmalige architektonische Variante. Der *Chor* weist ein prächtiges Gestühl und hübsche Schlusssteine in seinem Gewölbe auf. In der Verlängerung des Hauptaltars hängt ein Kruzifix mit einer besonders ausdrucksstarken Christusfigur (13. Jh.). Von Silbermann stammt die Orgel über dem Eingang.

Corps de la Garde: Gegenüber dem Nikolausportal steht eines der schönsten gotischen Wohnhäuser der Stadt, das mit mehreren Spitzbogenfenstern ausgestattete *Maison Adolphe*, rechts daneben der *Corps de la Garde*. Ursprünglich diente das Gebäude als Beinhaus des zur Martinskirche gehörenden Friedhofs, im 16. Jh. funktionierte man es jedoch zuerst zu einem Verwaltungsgebäude, dann zur Stadtwache um und versah es mit einem von antiken Masken verzierten Renaissanceerker und einem prächtigen Portal.

Teil des Nikolausportals der Eglise St-Martin

Musée Bartholdi: Gehen Sie nun durch die unter dem Corps de la Garde hindurch führenden Passage – hier wurden früher Nüsse und Öl verkauft – in die Rue des Marchands, im Mittelalter in Erinnerung an das alte Beinhaus auch „Schädelgass" genannt. Schräg gegenüber befindet sich das *Musée Bartholdi*. Der Bildhauer Auguste Bartholdi (1834–1904) schuf für Colmar und weitere französische Städte zahllose Plastiken und Porträtbüsten. International bekannt gemacht hat ihn jedoch der Entwurf der New Yorker Freiheitsstatue, die Frankreich Amerika anlässlich des 100. Jahrestags der Unabhängigkeit zum Geschenk machte. Das in seinem Geburtshaus untergebrachte Museum stellt u. a. seine Vorstudien und Entwürfe zu diesem Werk, aber auch die Konstruktion der Statue dokumentierende Fotos aus. Ein großer Teil der Sammlung besteht aus Modellen zu weiteren Plastiken, z. B. zum Belforter Löwen oder zum Reiterstandbild des Vercingetorix von Clermont-Ferrand. Zudem hat man mit Originalmöbelstücken einige Räume seiner späteren Pariser Wohnung wieder aufgebaut.

Schwendibrunnen im Stadtzentrum

März–Dez. tägl. außer Di 10–12 und 14–18 Uhr. Erwachsene 5 €, ermäßigt 2,50 €.

Historische Gebäude an der Rue des Marchands: Gegenüber dem Museum steht das *Haus Zum Kragen*, einst Wohnsitz eines reichen Tuchmachers, wie man unschwer an der mit einer Elle abgebildeten Gestalt im Eckbalken erkennen kann. Das 1537 von einem Hutmacher errichtete *Maison Pfister* daneben zählt zu den beliebtesten Fotomotiven der Stadt und wird meist von Touristengrüppchen umlagert. Dass der ehemalige Hausherr Geld hatte, beweist die luxuriöse Ausführung des Eckgebäudes: Holzgalerien, Treppenturm mit schrägen Fenstern, schöner zweigeschossiger Erker und eindrucksvolle Bemalung.

Studiert man die Fassadenaufschriften der umliegenden Gebäude, stellt man fest, dass im Haus Nr. 34 (gegenüber dem Maison Pfister) der berühmte Künstler Caspar Isenmann gewohnt hat. Das übernächste Haus gehörte von 1465 bis 1583 der Familie Schongauer. Martin Schongauer selbst soll um die Ecke in dem hübschen *Huselin zum Swan* (Rue Schongauer) einige seiner Werke angefertigt haben. Wenn Sie nun die Rue des Marchands abwärts gehen, lohnt es sich, beim Restaurant „Chez Hansi" noch einmal zurückzuschauen, das Ensemble aus dem Turm der Martinskirche und den alten Häusern ist einfach zu schön.

Ancienne Douane/Schwendi-Brunnen: Auf der anderen Straßenseite steht das *Alte Zollhaus*. Hier wurden sämtliche in der Stadt zu verkaufenden Waren verzollt und eingelagert, wodurch sich auch sein anderer Name „Koifhüs" erklärt. Es entwickelte sich immer mehr zum wirtschaftlichen und politischen Zentrum Colmars, man richtete zusätzlich eine Münzwerkstatt ein, und im Oberstock tagte der Stadtrat. Kein Wunder also, dass man das ursprüngliche Gebäude aus dem Jahre 1480 ständig erweiterte, das Dach mit kostbaren bunten Ziegeln deckte und diesem im 17. Jh. ein Treppentürmchen aufsetzte.

Durch die Arkaden, in denen früher Butter und Fette verkauft wurden, kommt man zur Place de l'Ancienne Douane mit dem hübschen *Schwendi-Brunnen* in der Mitte. Die von Bartholdi geschaffene Brunnenfigur stellt Lazare de Schwendi (1522–1583) mit einer Weinrebe in der Hand dar. Schließlich wurde lange behauptet, der dem deutschen Kaiser dienende, überaus erfolgreiche Kriegsherr habe von seinen Ungarnfeldzügen die Tokajerrebe ins Elsass gebracht. In Wahrheit wird sie hier aber erst seit dem 18. Jh. kultiviert.

Gerberviertel/Quai de la Poissonnerie: Vom Brunnen geht man in südliche Richtung in die Petite Rue des Tanneurs. Hier beginnt das einst von beißendem Geruch durchzogene alte *Gerberviertel* mit schönen Fachwerkhäusern, deren hohe, offene Dachgeschosse zum Trocknen der Häute dienten. Vor etwa 40 Jahren wäre es beinahe Opfer einer radikalen Modernisierungsmaßnahme geworden, war doch schon geplant, die damals baufälligen Häuser abzureißen. Zum Glück entschied man sich doch für die Restaurierung, und inzwischen sind hier attraktive – und kostspielige – Wohnungen entstanden.

Am Ende des Sträßchens hält man sich rechts und überquert den „Gerberbach", der wenige Meter weiter südlich in die Lauch mündet. Von der Lauchbrücke hat man einen wunderschönen Blick auf die bunten, schmalen Fachwerkhäuser

Das kleinste Haus der Stadt

des *Quai de la Poissonnerie.* Lange vorbei sind die Zeiten, in denen die Fischer von ihren Booten aus ihre Fänge verkauft haben, und leider hat im Jahr 2002 die letzte Fischhandlung am einstigen Fischerstaden zugemacht. Gegenüber liegt die alte *Markthalle*, an deren zur Flussseite gerichteten Stufen die mit Booten in die Stadt fahrenden Gemüsehändler ihre Waren abladen konnten. An der Südwestecke des Gebäudes plätschert ein weiterer Brunnen mit einer Bartholdifigur, dem fröhlich aus einem Weinfass trinkenden *Petit Vigneron.*

Musée d'Histoire Naturelle et d'Ethnographie: Über den Quai de la Poissonnerie geht man an der Lauch entlang zur alten *Traenkbrücke* im Viertel Krutenau, dessen Bewohner früher hauptsächlich Gemüsebauern waren. Den Blick auf die Häuser am Fluss kann man auch von einem der hübschen Terrassenlokale gebührend würdigen. Nach links einbiegend, kommt man zum *Natur- und Völkerkundemuseum.* Schauaquarien und zahlreiche präparierte heimische und exotische Tiere sind im

Erdgeschoss ausgestellt. Im Obergeschoss gibt es neben ständigen Wechselausstellungen eine kleine ägyptische Abteilung sowie eine ethnologische Sammlung zu Südamerika und Ozeanien. Außerdem erfährt man hier auch eine Menge über die Geologie des Elsass.

Feb.–Dez. tägl. außer Di 10–12 und 14–17, So 14–18 Uhr. Erwachsene 5 €, Kinder ab 7 J. 2 €. ☎ 0389238415.

Petite Venise: Biegen Sie unmittelbar vor der Traenkbrücke in die Rue de la Herse ein. Die Terrasse des Restaurants St-Pierre durchquerend kommen Sie wieder an die Lauch. Vom sie überspannenden Pont St-Pierre hat man einen wunderschönen Blick auf das Klein-Venedig genannte Viertel mit seinen sich zum Fluss öffnenden Fachwerkhäusern. Rechts sieht man ein gut erhaltenes Stück der alten Stadtmauer, links einen ehemaligen Waschplatz. Zweigen Sie nach der Brücke in die Rue du Manege nach rechts ab. Sie führt zur Place des Six-Montagnes-Noires und setzt sich dahinter als Rue St-Jean fort. Hier steht auf der rechten Seite hinter einem schönen gotischen Portal die alte *Johanniterkomturei*, etwas weiter das an einen venezianischen Palazzo erinnernde *Maison dite des Chevaliers de St-Jean*. Wenn Sie geradeaus weitergehen und die Ancienne Douane passieren, kommen Sie in die Grand' Rue und vorbei am *Maison des Arcades*, in dem bereits zu Beginn des 17. Jh. Läden mit Schaufenstern existierten, zur *Eglise St-Matthieu*, der einstigen Kirche der Franziskaner. Die Rue des Clefs, eine der Hauptgeschäftsstraßen Colmars, führt von hier zur Place d'Unterlinden.

Weitere Sehenswürdigkeiten

Musée du Jouet: Auf drei Stockwerken sind Flugzeug-, Auto-, Schiffsmodelle, Blechspielzeug, alte Puppenstuben, belebte Schaukästen und große Modelleisenbahnanlagen, aber auch ein computergesteuertes Marionettentheater ausgestellt, darüber hinaus können die Kleinen auch an Spieltischen selbst tätig werden.

Im Sept. und Dez. tägl. 10–18, im Juli/Aug. bis 19 Uhr geöffnet, in den übrigen Monaten Mi–Mo 10–12 und 14–18 Uhr. Erwachsene 4,50 €, Kinder ab 8 J. 3,50 €, spezielle Tarife für Familien. 40, rue Vauban, ☎ 0389419310.

Champ de Mars: Im Zentrum des kleinen Parks nahe der Place Rapp steht die *Fontaine Bruat*. Die von Bartholdi geschaffenen Allegorien von vier Kontinenten wurden 1958 rekonstruiert. Das Bildnis des Afrikaners soll Albert Schweitzer tief bewegt und sein Interesse für diesen Erdteil ausgelöst haben.

Die Weinstraße nördlich von Colmar

Ein Weinort ist zauberhafter als der andere und dazwischen bieten sich immer wieder Ausblicke über das Rebenmeer, die ihresgleichen suchen.

Kein Wunder, dass der nördliche Abschnitt der *Route des Vins* Scharen von Besuchern anzieht. Und fast immer geht es um den edlen Tropfen: Nahezu jedes Wochenende findet irgendwo ein Weinfest statt, überall stehen die großen Winzerhöfe einladend zur Degustation offen, auf Schritt und Tritt stößt man auf eine der urigen oder eleganten Winstubs. Insbesondere die nahe bei Colmar gelegenen Orte Ribeauvillé, Riquewihr und Kaysersberg, die zusammen das „goldene Dreieck" bilden, platzen manchmal fast aus allen Nähten. An Sommerwochenenden ist in deren Hauptgassen ein Durchkommen kaum mehr möglich. Weiter nördlich macht das quirlige Städtchen Obernai das Rennen. Falls Sie, was in dieser Region durchaus

176   Die Weinstraße nördlich von Colmar

nicht selten der Fall ist, einmal im Stau stehen, lohnt es sich, das Fahrzeug abzustellen und die Umgebung zu Fuß zu erkunden – auf einem gut markierten *Sentier Viticole*, einem Weinberglehrpfad, den jeder Ort zu bieten hat.

Marlenheim

„Marilegio" wurde 589 erstmals als einer der Herrschersitze der merowingischen Könige erwähnt. Heute nennt sich das Städtchen stolz „nördliches Tor zur Weinstraße", und in der Tat reiht sich ein prächtiges Winzerhaus an das andere.

Auffallend sind auch die vergleichsweise vielen, meist noblen Restaurants – aus dem nahen Strasbourg kommt man gerne zum Essen hierher. Dennoch: Behagliche, weinselige Atmosphäre will in der von der N 4 durchschnittenen und arg geplagten Stadt nicht so richtig aufkommen. Ruhiger ist es am zentralen Platz hinter der stattlichen Mairie, einem ehemaligen Herrenhaus aus dem 18. Jh. Dort steht auch die barocke **Pfarrkirche Ste-Richarde,** deren Nordportal ein eindrucksvolles romanisches Relief aus einem Vorgängerbau schmückt. Es zeigt Christus zwischen Petrus und Paulus. Die Ölbergszene rechts davon stammt aus dem 17. Jh.

Wer war Ami Fritz?

Unzählige Restaurants und Winstubs tragen seinen Namen, und in Marlenheim feiert man, ebenso wie in Hunawihr, alljährlich seine Hochzeit mit Suzel aufs Neue nach. Die Rede ist von Fritz Kobus, einer von Emile Erckmann und Alexandre Chatrian im Jahre 1849 geschaffenen literarischen Figur. Dieser gutmütige, deftiges Essen und natürlich Wein liebende *ami Fritz* (Freund Fritz) verkörpert den typischen Elsässer, mit dem man sich in seiner Heimat gerne identifiziert. Rührend wird seine Beziehung zu dem aufrichtigen, lustigen Dienstmädchen Suzel erzählt. Bis er, ein angesehener Bürger, sie endlich heiraten kann, erleben die beiden einige Höhen und Tiefen. Bereits 1876 wurde die beliebte Geschichte erstmals auch als Theaterstück aufgeführt, 1930 und zuletzt 2001 verfilmt.

Am schönsten ist es jedoch in den Weinbergen. Die kleine, nach dem Dreißigjährigen Krieg errichtete **Chapelle de Marlenheim,** zu der ein 1772 von reichen Winzern angelegter Kreuzweg führt, ist der richtige Platz, um sich auf eine Reise entlang der Weinstraße einzustimmen.

Information Das **Office de Tourisme** ist von Mitte Juni bis Mitte Sept. Di–Sa 10–12 und 14–18 Uhr, in den anderen Monaten Mo–Fr 14–17 Uhr geöffnet. Pl. du Kaufhus, 67520 Marlenheim, ✆/℡ 0388877580, www.tourisme-marlenheim.fr.

Zur Chapelle de Marlenheim Von der Apsis der Dorfkirche geht man über die Rue du Château bis zur nächsten Kreuzung und dort links in die Rue de la Chapelle. Sie führt über den Kreuzweg nach

oben. Dort kann man auch in den angenehmen *Sentier Viticole* oder in den 16 km langen *Sentier des 3 Chapelles* einsteigen (roter Kreis).

Parken Kostenlose Plätze gibt es z. B. hinter dem Rathaus.

Markt Sa auf dem Rathausplatz.

Feste Ein großes Spektakel ist die **Hochzeit des Ami Fritz** (siehe Kasten), die alljährlich am 14. und 15.8. nachgespielt wird.

Öffentliche Toiletten Im Rathaus.

Übernachten/Essen *** Hôtel Restaurant **Le Cerf**, am östlichen Ortsende bewirten Cathy und Michel Husser ihre Gäste in einer ehemaligen Poststation auf das Beste. Ihre renommierte Gourmetküche wird schon seit Jahren mit Michelin-Sternen prämiert (im Jahr 2011 ein Stern). Überwältigende Weinkarte mit tollen Angeboten aus der Region zu akzeptablen Preisen. Di und Mi geschl. Im Nebengebäude gibt's auch komfortable Fremdenzimmer (ab 115 €). 30, rue Gal de Gaulle, ℡ 0388877373, ✆ 0388877377, www.lecerf.com.

Relais de la Route du Vin, zentral gelegen, zum Glück gibt's aber einige zur Rückseite gelegene Zimmer. Empfehlenswertes Restaurant mit regionaler Küche, abends auch Flammkuchen, Menü ab 16 €. Mo sowie Do abends geschl. DZ 50–78 €. 1, pl. du Kaufhus, ℡ 0388875005, ✆ 0388877628, www.relais.fr.

Umgebung von Marlenheim

Abgelegene Dörfer an der Weinstraße: Die Route des Vins windet sich südlich von Marlenheim auf kleinen Sträßchen durch Weinberge, Maisfelder, Obsthaine und Viehweiden. Touristen verirren sich nur selten in die ruhigen Dörfer, die wie **Wangen** und **Westhoffen** noch mittelalterliche Stadtmauern und Wachtürme aufzuweisen haben. Eine echte Kuriosität findet man in der aus dem 11./12 Jh. stammenden befestigten **Kirche von Balbronn**, denn auf der rechten Seite des Langhauses bzw. schräg unter dem Fenster, das Friedrich Barbarossa zeigt, ruht in einer Vitrine die Armprothese des Junkers Hans von Mittelhausen, alias „Ritter mit der eisernen Hand".

Baptisterium St-Ulrich in Avolsheim: Der um das Jahr 1000 als Taufheiligtum errichtete Bau mit kleeblattförmigem Grundriss, dem man im 12. Jh. den achteckigen Turm aufsetzte, steht in der Ortsmitte neben der Kirche. Innen wurde 1968 ein für das Elsass einmaliges, vorwiegend rot-, ocker- und grünfarbiges Deckengemälde aus dem 12. Jh. freigelegt. Im Zentrum der Kuppel wird die Dreifaltigkeit dargestellt, in dem sie umgebenden Ring erkennt man in Medaillons die Evangelisten, getrennt von Engeln. Schwer zu deuten sind die stark zerstörten, wahrscheinlich alttestamentarischen Szenen im unteren Ring.

Dompeter in Avolsheim: Der außerhalb des Dorfes idyllisch zwischen Bäumen und Feldern stehende Dompeter ist eines der ältesten elsässischen Gotteshäuser. Der Name der im 9./10. Jh. auf den Fundamenten eines Vorgängerbaus aus dem 6./7. Jh. errichteten, 1049 von Papst Leo IX. eingeweihten Kirche geht auf das lateinische „Domus Petri", Haus des Petrus, zurück. Bis auf den Chor und die Sakristei (19. Jh.) stammen ihre Mauern aus dieser Zeit. Der massige Turm wurde nach einem Blitzeinschlag 1750 wiederhergestellt.

Das Hauptportal wird durch drei Säulen gegliedert. Darüber ist auf einem Stein eine rührend naive Figur des Kirchenpatrons Petrus mit den für ihn charakteristischen Insignien Schlüssel und Hirtenstab zu sehen. Ähnlich einfach ist auch der Maskenschmuck am Kapitell der rechten Säule, in der Mitte sind Steinmetzzeichen erkennbar. Der jeweilige Türsturz der beiden Seiteneingänge ist mit den Symbolen Schlüssel, Kreuz, Sonne und Mond verziert. Der flach gedeckte Innenraum mit wuchtigen viereckigen Pfeilern aus Mauersteinen vermittelt einen Eindruck von der Schlichtheit romanischer Baukunst in ihren Anfängen. Im Obergeschoss sieht man noch die originalen Fensteröffnungen, die des Untergeschosses wurden im 19. Jh. stark vergrößert.

An der Zufahrt zum Dompeter liegt die **Source de Ste-Petronille**. Im Mittelalter glaubte man, es handele sich bei dem antiken Grab um das der Petronilla, der Legende nach die Tochter des Apostelfürsten, und versprach sich deshalb von dem Wasser heilende Kräfte gegen fiebrige Erkrankungen.

Die Weinstraße nördlich von Colmar

178 Die Weinstraße nördlich von Colmar

Molsheim

Religiöser Eifer und Traumautos – für beides stand Molsheim. Seit Beginn des 14. Jh. Bischofssitz, erlebte es ab 1580, als sich die Jesuiten in seinen Mauern niederließen, um die Gegenreformation im Elsass zu organisieren, für ein Jahrhundert eine kulturelle und intellektuelle Blütezeit. Sie gründeten u. a. ein katholisches Kolleg, das 1517 zur Universität erhoben und später vom französischen König nach Strasbourg verlegt wurde, und ließen eine prachtvolle Kirche errichten. Auch Kartäuser- und Kapuzinermönche hinterließen ihre Spuren. In der ersten Hälfte des 20. Jh. wurde Molsheim dann zur Stadt der legendären Bugatti-Sportwagen, die der geniale Konstrukteur Ettore Bugatti hier herstellen ließ.

Heute ist es etwas ruhiger geworden um das von Industrieanlagen, aber auch von etwa 100 ha Weinbergen umgebene liebenswerte Städtchen mit einem weitgehend erhaltenen spätmittelalterlichen Mauerring um seinen Kern.

Information Das Office de Tourisme ist vom 16.10. bis 31.5. Mo–Sa, von Juni bis Mitte Okt. sowie in der ersten Dezemberhälfte zusätzlich auch So geöffnet. 19, pl. de l'Hôtel de Ville, 67120 Molsheim, ✆ 0388381161, ✆ 03 88498040, www.ot-molsheim-mutzig.com.

Führungen Im Juli/Aug. bietet das O.T. Führungen (auf Französisch) durch die Weinberge, die Jesuitenkirche, das Kartäuserkloster und die Altstadt an.

Zug Der Gare SNCF liegt westlich des Zentrums. Regelmäßige Verbindungen nach Strasbourg, Schirmeck, Obernai und Sélestat.

Parken Mehrere kostenlose Plätze am Rande der Altstadt, z. B. an der Jesuitenkirche.

Taxi ✆ 0388381464.

Markt Mo auf dem Rathausplatz.

Feste Am Wochenende vor dem 15.9. findet ein großes **Bugatti-Treffen** statt. **Weinfest** ist am 2. Oktoberwochenende. Am Sonntagmorgen findet dann die launige Wahl der Weinkönigin statt.

Öffentliche Toiletten Am Schmiedtor.

Übernachten ** Hotel Le Bugatti **5**, modernes, ruhig gelegenes Hotel vor den Toren der Stadt, zum Zentrum ist man zu Fuß ca. 20 Min. unterwegs. Die Zimmer sind sachlich-funktional eingerichtet: Bett, Kleiderstange, einfaches Bad, TV, WLAN. Ein Zimmer kostet für eine oder zwei Personen 60 bis 69 €, die Drei- und Vierbettzimmer werden mit 87 bzw. 97 € berechnet. Rue de la Commanderie, ✆ 0388498900, ✆ 0388383600, www.hotel-le-bugatti.com.

** Hôtel du Centre **3**, behagliches Haus mit Innenhof in einer ruhigen Seitenstraße. Die Zimmer wurden vor einiger Zeit renoviert; WLAN-Anschluss vorhanden. Ein DZ gibt es je nach Ausstattung und Lage zum Preis von 50–60 €, der Privatparkplatz wird mit 3 € berechnet. 1, rue St-Martin, ✆ 038838 5450, ✆ 0388498257, www.hotelrestaurant-centre.biz.

Essen & Trinken Caveau de la Metzig **4**, in dem urigen Gewölbekeller treffen sich die Molsheimer gerne auf ein Gläschen Wein oder zum Essen. Die Küche ist vorwiegend regional geprägt, gut fanden wir z. B. den Hasen in reichlich Senfsauce, am Wochenende bekommt man abends Flammkuchen. Dienstagabends und Mi geschl. 1, pl. de l'Hôtel de Ville, ✆ 0388382624.

》》 Unser Tipp: Restaurant Du Cerf **1**, in dem gemütlichen Familienbetrieb am Rande der Altstadt, unserem Tipp, hat jeder seine Aufgabe: Vater Munsch bereitet hervorragende Foie Gras und Pasteten zu, während der Sohn für die Herstellung von Pâtisserie zuständig ist. Breitgefächertes Angebot, lecker fanden wir z. B. die Kasknepfle mit Pilzsoße und Salat oder den Salat Gourmand. Zusätzliche Karte mit verschiedenen Tagesgerichten, wunderbare Desserts. Im Sommer sitzt man sehr schön auf der mit mediterranen Pflanzen bestandenen Terrasse, aber auch der Gastraum mit dem großen Hirschgeweih und schöner Theke ist gemütlich. Am Mo sowie donnerstags- und sonntagabends geschl. 55, rue de Saverne, ✆ 0388488553. 《《

》》 Unser Tipp: Winstub Aux Comtes de Sauveterre/Winschnützer **2**, Familie Kaes serviert zu ihrem eigenen Wein Deftiges wie Bibbeleskäs oder Leberknödel. Wer's feiner mag, bestellt einen Gourmetsalat. Im Juli/Aug. Di–Sa geöffnet, in der NS nur Fr und Sa, immer nur abends. Reservierung wird erbeten. 12, pl. de la Liberté, ✆ 0388385547. 《《

Sehenswertes

Metzig: Auffälligstes Gebäude an der zentralen Place de l'Hôtel de Ville ist die 1525 für die Fleischerzunft erbaute *Metzig*. Während im Untergeschoss Wurst und Fleisch verkauft wurden, diente das Obergeschoss mit zwei eleganten Balkonen an den Giebelseiten den Zunftmitgliedern als Versammlungsort. Dem Platz zugewandt ist die doppelläufige Freitreppe, über der sich ein hübscher Zwiebelturm mit Uhr erhebt; zwei steinerne Engel lassen jede Viertel- und volle Stunde ihre Schläge ertönen. Schräg gegenüber steht das neoklassizistische Hôtel de Ville. Die Säule des Brunnens in der Mitte des Platzes wird von einem Löwen geschmückt, der das Stadtwappen in seinen Klauen hält.

Porte des Forgerons: Wenn Sie in die Rue de Strasbourg hinuntergehen, in der das mit schönen Schnitzbalken verzierte Haus Nr. 9 besonders sehenswert ist, kommen Sie zum Anfang des 14. Jh. errichteten Schmiedtor, das zur damaligen Stadtbefestigung gehörte. Die *Porte des Forgerons* konnte durch eine Falltür verschlossen werden und war mit einer Zugbrücke über einen die Stadt schützenden Wassergraben versehen. Aus dem 17. Jh. stammen die beiden Häuschen links und rechts an der stadtauswärtigen Seite des trutzigen Torturms. Während in Ersterem der Zolleinnehmer seinen Sitz hatte, überwachten im Letzteren Wächter den Zugang zur Stadt und gleichzeitig den Turm, der auch als Gefängnis diente.

Eglise des Jesuites: Wenn Sie an der stadteinwärtigen Seite der Porte des Forgerons in die Rue Notre-Dame abbiegen und dann bei der ersten Gelegenheit nach rechts gehen, stehen Sie unmittelbar vor der neogotischen *Eglise Notre-Dame*, die bis 1954 Teil eines Nonnenklosters war.

180   Die Weinstraße nördlich von Colmar

Direkt daneben erhebt sich die riesige St.-Georgs-Kirche. Meist wird sie *Eglise des Jesuites* genannt, denn der Erzherzog Leopold von Österreich, damals Fürstbischof des Bistums Straßburg, ließ sie zu Beginn des 17. Jh. für die in Molsheim wirkenden Jesuiten errichten. Sie war so etwas wie ein Ersatz für das damals protestantische Straßburger Münster und wurde bewusst weitgehend im „vorreformatorischen" Stil der Spätgotik erbaut. Seit der Aufhebung des Jesuitenordens 1765 dient sie als Pfarrkirche Molsheims.

Im Eingangsbereich fällt ein aus einem 20 Tonnen schweren Block gehauenes steinernes Kreuz aus dem Jahre 1480 ins Auge, das ursprünglich im Kartäuserkloster stand. Die beiden Seitenschiffe werden durch Spitzbogenarkaden, die die Emporen tragen, vom gewaltigen Mittelschiff getrennt. Besonders beachtenswert sind eine der letzten von J. A. Silbermann gebauten Orgeln und die wunderschöne hölzerne Kanzel aus dem Jahr 1631. Ihr Schalldeckel ist mit dem Guten Hirten und den Evangelisten geschmückt. Prunkstücke sind jedoch die beiden barocken Seitenkapellen, ein Rausch aus blendend weißem Stuck, Gold und Gemälden aus dem 17. bzw. 18. Jh. Man sparte nicht mit prächtigen Accessoires, um die Menschen vom Katholizismus zu überzeugen. Die rechte ist der Muttergottes geweiht und beherbergt einen wunderschönen Grabstein des Bischofs Johann von Bürbheim aus dem 14. Jh. In der linken befindet sich eine Statue des Ignatius von Loyola, des Gründers des Jesuitenordens. Die Wandgemälde erzählen Ereignisse aus seinem Leben.
Mo–Fr 10–12 und 14–18 Uhr, Sa/So 14–17 Uhr. In den restlichen Monaten nur nachmittags.

Der Löwe hält das Stadtwappen

Fachwerkhäuser/Place de la Liberté: Von der Kirche geht man rechts am kurz vor der Revolution für eine Adelsfamilie gebauten „Schloessel der Oberkirch" vorbei in die Rue de la Monnaie, die nach der ehemaligen Münze benannt ist. Die Straße führt zur dreieckigen Place de la Liberté mit schönen alten Häusern und originellen Winstubs. Gehen Sie an der Nordostecke des Platzes in die Rue St-Georges, dann links in die Rue M. Foch und bald rechts in die Rue Saverne. Das Haus Nr. 14, in dem ein Büro der Zeitung DNA untergebracht ist, gilt als das prächtigste Fachwerkgebäude der Stadt. Es beeindruckt vor allem mit seinen schönen Schnitzbalken und einem imposanten Erker. In der Rue des Etudiants weitergehend, sollten Sie noch auf das Gebäude Nr. 17 achten, dessen linkes Fenster am Rahmen Ornamente, Gesichter und einen Miniaturbären aufweist. Am Ende der Straße wendet man sich dann nach rechts in den Cour des Chartreux, wo das *Musée des Chartreux* und die *Fondation Bugatti* untergebracht sind.

Musée de la Chartreuse/Fondation Bugatti: Rechts vom Eingang zum ehemaligen Kartäuserkloster hat man einen hübschen mittelalterlichen Blumen- und Kräutergarten angelegt. Im Kreuzgang macht ein Modell des alten Klosters dessen einstige riesige Ausmaße mit Fischteich, Gärten, Ställen, Werkstätten etc. deutlich. Über diesen Kreuzgang gelangt man in eine eindrucksvoll renovierte Klosterzelle, die aus Gebets- und Schlafstube,

Werkstatt und einer eigenen Gartenparzelle bestand. Mit Hilfe einer Audiokassette erfährt der Besucher auch auf Deutsch sehr viel Wissenswertes über das Leben der Mönche, eine Bildschirmpräsentation gibt weitere Informationen zum Kartäuserorden.

Das Haus des Priors der Kartäuser beherbergt zudem eine Sammlung zum Leben in der Region von der Steinzeit bis zum Zweiten Weltkrieg. Besonders eindrucksvoll sind die gallorömischen Töpferwaren von Heiligenberg-Dinsheim. Ein Kontrastprogramm bietet die Bugatti-Ausstellung in den einstigen Küchenräumen des Klosters mit Dokumenten, Fotos, Schriften und immerhin drei Fahrzeugen.

2.5.–15.9. tägl. außer Di 14–17 Uhr, 15.6.–15.9. an den Werktagen zusätzlich 10–12 Uhr und nachmittags bis 18 Uhr. Erwachsene 3 €, Kinder 1,50 €.

S' Molshemer Bahnele: Schräg gegenüber vom Kloster kann man im Hof des Hôpital local (Eingang über eine grüne Tür) eine von Eisenbahnliebhabern im Maßstab 1:20 aufgebaute Landschaft mit der Zugstrecke von Saverne nach Molsheim sehen. Sie ist jederzeit zu besichtigen, Eintritt frei. Vom 1.5. bis 30.9. wird der Zug am Wochenende jeweils zwischen 14 und 17 Uhr in Bewegung gesetzt.

„Bugatti-Molsheim"

Der 1881 geborene Mailänder Ettore Bugatti gewann bereits mit 20 Jahren in seiner Heimatstadt einen Preis für sein erstes selbst gebautes Auto. Daraufhin holte ihn der Industriebaron de Dietrich (siehe S. 272) als Chef-Ingenieur seiner Autofabrik ins elsässische Niederbronn. 1909 gründete er in Molsheim sein eigenes Unternehmen. Die eigentliche Blütezeit begann nach dem Ersten Weltkrieg, besonders als der Bugatti Typ 35 und seine Nachfolgemodelle ein Rennen nach dem anderen gewannen. Traumwagen um Traumwagen verließ die Fabrik, legendär z. B. das Coupé de Ville Royale, dessen Preis dreimal so hoch war wie der eines Rolls Royce. „Bugatti-Molsheim" wurde zum Synonym für Erfolg, Spitzentechnologie und Karosserien von unvergleichlicher Schönheit. Als Ettore 1936 nach Paris übersiedelte, übernahm sein Sohn Jean, genauso begabt und vernarrt in Autos wie er selbst, die Führung der Firma. Dessen tragischer Tod im August 1939 bei einer Testfahrt und der Ausbruch des Zweiten Weltkriegs setzten der Molsheimer Bugatti-Ära ein jähes Ende. 1998 übernahm der Volkswagen-Konzern die Markenrechte für Bugatti und baut in Molsheim nun den Bugatti Veyron, eines der schnellsten und teuersten Autos mit Straßenzulassung überhaupt. Erinnerungen an die alten Zeiten werden beim alljährlichen Bugatti-Treffen im September wach, wenn ein paar der noblen Schönheiten aus aller Welt für ein paar Tage in ihren „Geburtsort" zurückkehren.

Mutzig

Einen regelrechten Schlenker macht die Weinstraße nach Mutzig, das man über das spätmittelalterliche Untertor, geschmückt von einem Gemälde des heiligen Mauritius, betritt.

Das Zentrum bildet die **Place de la Fontaine** mit einer Kopie des ursprünglichen Renaissancebrunnens aus dem 17. Jh. Aus einem Fenster des achteckigen Rathauszwiebelturms grinst ein rotbemützter Jakobiner, der „Rothüssmann", auf den Platz herunter. Wenn die Uhr zur vollen Stunde schlägt, wackelt er mit den Ohren und streckt die Zunge heraus.

Über die Rue du Château kommt man zum **Rohanschloss** am Canal de la Bruche, das bis zur Revolution bischöfliche Residenz war, im 19. Jh. in eine Waffenmanufaktur umgewandelt wurde und heute ein Kulturzentrum und das **Musée Municipal** beherbergt. Der erste Stock widmet sich der Geschichte Mutzigs – u. a. sieht man Reproduktionen und Teile einer romanischen Kirche –, im zweiten sind v. a. Waffen (Schwerter, Säbel, Degen, Schusswaffen) aus Mutziger und Klingenthaler Manufakturen ausgestellt (von Anfang Juni bis Mitte September Sa/So 14–18 Uhr, im Juli/Aug. zusätzlich auch Mi–Fr geöffnet).

Wer über die Hauptstraße weiter nach Westen spaziert, entdeckt eine auffallende Industrieruine. Bis vor einigen Jahren wurde hier ein besonders gutes Bier gebraut, das den Namen der Stadt trug und ihr in Frankreich einen größeren Bekanntheitsgrad verschaffte als der hiesige Wein. Mittlerweile hat die Heineken-Gruppe den einstigen 110-Mann-Betrieb aufgekauft, die Produktion aber in die Nähe von Strasbourg verlagert – eine Schande, wie viele verärgerte Bürger meinen. Einen Teil der alten Anlage hat die Stadt Mutzig in den letzten Jahren saniert und darin Büros eingerichtet.

Oberhalb des Ortes liegt die **Feste Kaiser Wilhelm**, ab 1893 auf Befehl des deutschen Kaisers zur Kontrolle des Breuschtals und der Rheinebene um Strasbourg erbaut. Bei einem Rundgang durch die größtenteils unterirdische Anlage sieht man u. a. Infanterieunterstände, Artilleriebeobachtungsstände, Maschinenräume, Küchen und ein Lazarett.

Anfahrt zur Feste Kaiser Wilhelm Von Mutzig über die D 392 nach Dinsheim, dort in die Rue du Camp einbiegen und der Beschilderung folgen. Deutschsprachige Führungen: März und Nov. Sa/So um 13.30 Uhr, April bis Okt. Sa/So um 13.30 und 14.30 Uhr, 1.7.–15.9. tägl. um 10.30, 13.30 und 14.30 Uhr. Erwachsene 8 €, Kinder (10–16 J.) 4 €. In den Räumlichkeiten herrscht eine konstante Temperatur von 12–14° C, warme Kleidung und festes Schuhwerk werden empfohlen. ✆ 0388608841742, info@fort-mutzig.eu.

Rosheim

„Cite Romane" nennt sich das liebenswerte Städtchen stolz, schließlich stehen hier zwei der ältesten noch erhaltenen Gebäude des Elsass, eine besonders eindrucksvolle romanische Kirche und mit dem sog. Heidehüss ein Wohnhaus aus dem 12. Jh.

Doch damit nicht genug, denn aus dem späteren Mittelalter, als Rosheim dem Zehnstädtebund angehörte, sind auch noch beeindruckende Teile der inneren und äußeren Stadtmauer erhalten. Und ganz in der Nähe von Rosheim, in **Rosenwiller,** kann man sich außerdem noch den wohl ältesten jüdischen Friedhof des Elsass anschauen.

Aus östlicher Richtung kommend, betritt man die Stadt durch eines der äußeren Tore, die Porte de la Vierge. Über die Rue Gal de Gaulle erreicht man das sog. Schultor und damit den inneren Mauerring. Direkt dahinter erhebt sich rechts der Straße die in der zweiten Hälfte des 12. Jh. errichtete romanische **Eglise St-Pierre-et-St-Paul,** die bedeutendste Sehenswürdigkeit des Ortes.

Beginnen Sie die Besichtigung des Äußeren der kreuzförmigen Kirche an der halbrunden *Apsis*. Deren zentrales Rundbogenfenster ist mit Palmetten und gewundenen Säulchen reich verziert, rechts und links erkennt man die Symbole der vier Evangelisten, die jeweils die Heilige Schrift halten. Lisenen gliedern den Bau, den oberen Abschluss bildet ein Gesims mit Bogenfries, dessen Konsolen z. T. skurrile Motive wie ineinander verschlungene Schlangen, Fratzen etc. aufweisen. Links der Apsis sind die beiden unteren Geschosse des viereckigen Turmes der nach einem Brand im Jahre 1132 ansonsten abgerissenen Vorgängerkirche erhalten. Auf einer Lisene können Sie rechts vom später angebauten runden Erkertürmchen das älteste Relief der Kirche, ein Gesicht, erkennen.

Am besten geht man nun gegen den Uhrzeigersinn um das Gebäude herum. Wenn Sie nach wenigen Schritten etwas zurücktreten, sehen Sie auf dem Pultdach des *Vierungsturms* eine sitzende Gestalt, einen alten, in eine Tunika gekleideten, nachdenklich seinen Kinnbart streichenden Mann. Das *nördliche Querschiff* ist am Bogenfries rundum mit schönen Männerköpfen geschmückt. Die Eckfiguren stellen einen Löwen, der gerade ein Lamm verschlingt, und einen Kuchen fressenden Bären dar. Die Flachreliefs darunter zeigen zwei sich an ihren Bärten haltende Männer. Spärlicher ist das *nördliche Langhaus* ausgestaltet, beachten Sie jedoch im oberen Stockwerk links das Fabelwesen und rechts die kleine Sirene.

Ursprünglich betrat man das Gotteshaus über das Portal der *Westfassade*. Dessen Tympanon wurde, wie die der anderen Türen auch, während der Revolution zertrümmert; die auf einem wilden Tier stehende Petrusfigur im Giebel haben die Aufrührer aber wohl nicht erreichen können. Besonders beeindruckend sind die riesigen, Menschen verschlingenden Löwen an den Giebelecken der Fassade, die nur noch vom Adler der Auferstehung auf dem Giebel übertrumpft werden.

Das *südliche Langhaus* weist ein ornamentreiches Portal auf. Darüber sitzt auf dem Pultdach des Vierungsturms wieder eine männliche Gestalt, jünger als ihr Pendant, mit einer Mütze auf dem Kopf und einem Becher in der Hand. Am *südlichen Querschiff* wird wieder einmal der Kampf mit Ungeheuern thematisiert, zum einen in dem Relief um das Bullauge herum, zum anderen in der Figurengruppe links am Giebel.

Der gedrungen wirkende dreischiffige *Innenraum* wird durch Pfeiler und Säulen gegliedert. Die Kapitelle weisen neben pflanzlichen und geometrischen auch anthropomorphe Motive auf. Besonders schön ist die dem heutigen Eingang gegenüberstehende Säule, deren Halsring aus 21 ganz unterschiedlichen Köpfen besteht. Ein weiteres Kleinod stellen die Zwillinge am nordwestlichen Pfeiler der Vierung dar.

Folgt man weiter der Rue Gal de Gaulle, kommt man zunächst an einem Renaissancebrunnen vorbei und geht dann unter dem zur inneren Mauer gehörenden, an das Rathaus angebauten **Zittglöcklturm** hindurch. Noch heute befindet sich darin das Arbeitszimmer des Bürgermeisters. Ein neoklassisches Schiff und einen spätromanischen Turm (13. Jh.) hat die **Eglise St-Etienne** aufzuweisen. Am Gebäude daneben kann man das alte Bäckerzunftzeichen entdecken, ein weiteres an dem hübschen Fachwerkhaus mit der Nummer 31. Schließlich erreicht man das **Heidehüss**, eines der ersten Steinhäuser der Stadt, mit den charakteristischen kleinen Fenstern des

184   Die Weinstraße nördlich von Colmar

romanischen Baustils. Sein ursprünglicher Eingang, über eine Treppe erreichbar, befand sich im Obergeschoss. Im Juli 2011 wurde hier ein kleines Museum eröffnet, das sich dem Alltagsleben im Mittelalter in ganz Europa (Erdgeschoss) und in Rosheim (Obergeschoss) widmet. Wer vom Heidehüss die Rue Gal de Gaulle weitergeht, findet hinter dem Haus Nr. 9 noch einen schönen Garten im mittelalterlichen Stil.

Information   Das **Office de Tourisme** ist ganzjährig Mo–Fr geöffnet, von Mai bis Sept. auch Sa und So (vormittags). Pl. de la République, 67560 Rosheim, ☏ 0388507538, 🖳 0388504549, www.rosheim.com.

Öffnungszeiten   Das Heidehüss ist vom 1.5.–31.10. Mi–So 15–18 Uhr, in den restlichen Monaten nur am Sa und So geöffnet. Eintritt 3 €.

Feste   In den geraden Jahren wird am 3. So im Sept. die sehr attraktive **Fête Médiavale** mit mittelalterlichen Spielen, Speiseangeboten, Verkaufsständen, Handwerkervorführungen etc. gefeiert. Erkundigen Sie sich vorher beim O.T.

Wandern   Ein *Circuit des Vignobles* (gelber Kreis) führt ab der Porte de la Vierge nach **Rosenwiller** und wieder zurück nach Rosheim, Dauer ca. 2 Std. In Rosenwiller befindet sich einer der größten und, da schon 1366 eingetragen, wohl auch der älteste **jüdische Friedhof** des Elsass. Wer

mit dem Auto anfahren will, nimmt ab Rosheim die D 435, fährt durch Rosenwiller durch und zweigt am Ortsende nach links ab (Schild „Cimetière Israelite"). Die letzten Meter müssen auf einem Forstweg zurückgelegt werden.

Essen & Trinken   Restaurant La Petite **Auberge**, gehobene Küche, die jahreszeitlich angepasst wird. Zu empfehlen z. B. die Entenbrust mit Honig und Knoblauch auf Gemüse, mittags günstiges Menü. Mi und Do abends geschl. 41, rue Gal de Gaulle, ☏ 0388504060.

Salon de Thé Rohmer, behauptet von sich, die älteste Bäckerei Frankreichs zu sein, immerhin wird hier seit 1602 Brot gebacken und verkauft. Von altbackenem Touch jedoch keine Spur, in dem modernen Gastraum kann man guten Kuchen und frische Snacks genießen, außerdem günstiges Menu du Jour. Rue Gal de Gaulle, gegenüber der Kirche St-Pierre-et-Paul.

Obernai

Viel Charme und angenehmes Flair machen das pittoreske Obernai, das seiner Lage am Flüsschen Ehn den einstigen Namen Oberehnheim verdankt, zu einem der beliebtesten Orte der Weinstraße.

Fast ganz umgeben von der sehr eindrucksvollen mittelalterlichen Befestigung mit zahlreichen Türmen, bietet der alte Kern wunderschöne Fachwerkhäuser, enge Gassen und die vielleicht schönsten Brunnen des Elsass. Außerdem sorgen nette Winstubs, exzellente Patisserien und gut sortierte Souvenirläden dafür, dass der Stadtbummel nicht allzu „trocken" wird. Und überdies gibt es in der Umgebung vieles zu entdecken.

Geschichte: Schon früh von Kelten und Gallorömern besiedelt, gehörte der Ort dann vom Ende des 7. bis ins 12. Jh. zum Besitz des von der heiligen Odilia gegründeten Klosters Hohenburg (siehe S. 304). Und nicht wenige glauben fest daran, dass die Heilige hier das Licht der Welt erblickt hat. 1283 wurde Oberehnheim freie Reichsstadt und bald auch Mitglied des Zehnstädtebundes. Zahlreiche Kaiser des Heiligen Römischen Reiches hielten sich zeitweilig in ihren Mauern auf. Während der Reformationszeit gewährte sie dem aus dem protestantisch gewordenen Straßburg vertriebenen Satiriker und Luther-Gegner Thomas Murner Asyl, der hier auch starb. Nachdem die Stadt während des Dreißigjährigen Krieges mehrmals verwüstet worden war, fiel sie 1679 an Ludwig XIV. und damit an Frankreich.

Obernai 185

Adressen/Verbindungen

Information Das **Office de Tourisme** ist vom 1.4. bis 31.10. sowie im Dez. tägl. geöffnet, in den übrigen Monaten So geschl. Pl. du Beffroi, 67210 Obernai, ℰ 0388956413, 📠 0388499084, www.obernai.fr.

Führungen Von Juni bis Aug. bietet das O.T. kostenlose Führungen durch die Altstadt (in frz. Sprache) an, Dauer ca. 1:30 Std.

Zug Der nordwestlich der Altstadt gelegene Gare SNCF (Entfernung ca. 5 Fußmin.) hat regelmäßige Verbindungen mit Strasbourg und Sélestat.

Parken Empfehlenswert ist der große kostenlose **Parking des Remparts** vor den Toren der Altstadt.

Taxi ℰ 0388483574 oder 0388950384.

Fahrradverleih Cycl'Hop, Mountain- und Trekkingbikes werden je nach Saison zum Preis von 10–12 € (halber Tag) bzw. 14–17 € (ganzer Tag) vermietet. 109, rue du Gal Gouraud, ℰ 0388483444.

Markt Großer Wochen- und Kleidermarkt am Do zwischen Place du Marché und Eglise St-Pierre-et-St-Paul.

Feste Am 3. Wochenende im Okt. feiert man ausgiebig ein **Herbstfest**.

Einkaufen Au Comptoir d'Alsace, Souvenirladen mit Textilien und etwas ausgefalleneren Dekorationsartikeln. 1, rue du Marché. L'Art de Table, viel Schönes nicht nur für den Tisch, sondern fürs ganze Haus. 13, rue du Marché.
Grand Magasin Dietrich, riesiges Geschäft, in dem es wirklich alle erdenklichen elsässischen Souvenirs und auch hübsche Haushaltswaren gibt. 74, pl. du Marché.
Poterie, in dem kleinen Laden von Veronique und François kann man tönerne Lampenschirme, Krüge, Geschirr, Spiegel etc. in dezenten Farben und Mustern erstehen. 1, rue Freppel.

Öffentliche Toiletten An der Eglise St-Pierre-et-St-Paul.

Übernachten/Essen

(→ Karte S. 186/187)

Übernachten *** Hôtel Le Colombier **9**, die stattliche Fachwerkfassade lässt kaum ahnen, dass sich dahinter ein mit viel Glas und modernen Möbeln elegant gestaltetes Hotel verbirgt, in dem die alten Fachwerkbalken einen ganz besonderen Akzent setzen. Den Gästen steht außerdem ein Wellnessbereich zur Verfügung. Ein DZ mit AC kostet je nach Größe und Saison 91–155 €, Garagenplatz 12 €. 6–8, rue Dietrich, ℰ 0388476333, 📠 0388476339, www.hotel-colombier.com.

** Hôtel La Diligence **6**, gepflegtes Haus mit Lift im Zentrum der Stadt. Man hat die Wahl zwischen den zur Place du Marché oder den nach hinten gerichteten Räumen, besonders hübsch sind die Erkerzimmer. Wer's noch ruhiger mag, zieht in die zum Haus gehörende Residence Bel Air in der Oberstadt. Für ein DZ bezahlt man je nach Lage und Ausstattung der Zimmer (Grand Lit oder zwei Betten) 53–86 €, Garagenplatz 9 €. 23, pl. de la Mairie, ℰ 0388955569, 📠 0388954246, www.hotel-diligence.com.

** Hôtel du Gouverneur **11**, das ruhige und zentral gelegene Hotel in historischem Gemäuer hat eine ca. einjährige Umbauzeit hinter sich und wurde 2010 unter neuer Leitung eröffnet. Mittlerweile gibt es hier rund um einen hübschen Innenhof 32 sehr geschmackvolle, unterschiedlich gestaltete Zimmer mit King-Size-Betten und modernen Bädern. Kleiner Parkplatz, deshalb unbedingt reservieren, 5 € pro Nacht. Zu zweit bezahlt man je nach Saison 60–80 €, zu dritt bis zu 90 €, zu viert maximal 100 €. 13, rue de Sélestat, ℰ 0388956372, 📠 0388287443, www.hotellegouverneur.com.

Hôtel Zum Schnogaloch **1**, in einem der am häufigsten fotografierten Häuser der Stadt kann man bei Madame Rolli in einfachen DZ wohnen. DZ zum Preis von 45–47 €. 18, pl. de l'Etoile, ℰ 0388955457, 📠 0388 952206, www.zum-schnogaloch.fr.

*** Camping Le Vallon de l'Ehn, am Ortsrand von Obernai liegt der komfortable, große Platz mit zahlreichen Sport- und Spielmöglichkeiten. Ganzjährig geöffnet. ℰ 0388953848, 📠 0388483147, www.camping-alsace.com.

Essen & Trinken Restaurant Le Caseus Dei **7**, in einem Gebäude aus dem 14. Jh., etwas zurückversetzt von der Straße, befindet sich das kleine Kellerlokal,

186 Die Weinstraße

dem Käseliebhaber unbedingt einen Besuch abstatten sollten. Man hat die Qual der Wahl zwischen Salaten mit Käse, unterschiedlich großen Käseplatten und warmen Köstlichkeiten wie Ricottasoufflé mit Schafskäse. Falls Ihre Begleitung keine Milchprodukte mag – kein Problem: Es gibt auch tolle Gerichte mit Fleisch und Meeresfrüchten. Große Weinauswahl, auch aus anderen Gegenden Frankreichs, sehr freundlicher Empfang. So und Mo geschl. 24, rue Ste-Odile, ✆ 0388472489.

Restaurant Zum Schnogaloch 1, kleines Restaurant im ersten Stock des tollen Fachwerkhauses. Deftige elsässische Küche wird in üppigen Portionen serviert. Empfehlenswert z. B. der Sauerkrautkuchen oder das mit Cremant verfeinerte Choucroute. Mo und donnerstagabends geschl. 18, pl. de l'Etoile.

Winstub La Dîme 8, die Terrasse und der riesige Gastraum dieses beliebten Lokals sind während der Saison oft voll besetzt. Umfangreiche Speisekarte, riesige Portionen, moderates Preisniveau. Zu empfehlen z. B. die Blutwurst mit deftigen Bratkartoffeln oder Königinpastete mit hausgemachten Spätzle. Mi geschl. 5, rue des Pélerins, ✆ 0388955402.

Winstub Le Freiberg 3, bei Sonia und Sascha gibt's einen gelungenen Mix aus traditionellen Gerichten wie Eisbein und Choucroute à l'Alsacienne und einer der Jahreszeit angepassten Cuisine du Marché. Und natürlich dürfen die Tartes Flambées auch hier nicht fehlen. Mi geschl. 46, rue du Gal Gouraud, ✆ 0388955377.

Restaurant La Halle aux Blés 5, in historischem Gemäuer werden rund um die Uhr warmes Essen wie Choucroute Garni, Baeckaoffa etc., aber auch Tarte Flambée und hausgemachte Kuchen serviert – deshalb ist hier eigentlich immer etwas los. Pl. du Marché, ✆ 0388955609.

Crêperie La Suzette 10, das Richtige für

Essen & Trinken
1 Zum Schnogaloch
2 Urban
3 Le Freiberg
4 Gross
5 La Halle aux Blés
7 Caseus Dei
8 La Dîme
10 La Suzette

Übernachten
1 Zum Schnogaloch
6 La Diligence
9 Le Colombier
11 Du Gouverneur

den kleinen Hunger, den man mit Crêpes, Croque Monsieur oder Salaten recht preiswert stillen kann. Mo und Di geschl. 13, rue Dietrich, ✆ 0388953080.

Salon de Thé Urban 2, am Schaufenster drückt man sich die Nasen platt, so verführerisch sind Törtchen, Kuchen und Pralinés. Mo geschl. 82, rue du Gal Gouraud.

Salon de Thé Gross 4, die nächste empfehlenswerte Adresse für Schokoholics. Mo geschl. 66, rue du Gal Gouraud.

Sehenswertes

Eglise St-Pierre-et-St-Paul: Beginnen Sie den Rundgang am Kirchplatz, auf dem auch einer der mittelalterlichen Befestigungstürme, der Hufeisenturm, steht. Beherrscht wird der Platz jedoch von der neugotischen *Eglise St-Pierre-et-St-Paul*. Sehenswert sind der schöne Chor mit Fresken des elsässischen Malers Feuerstein (1865–1931), die Vierungskuppel im byzantinischen Stil und die linke Seitenkapelle. Sie enthält vier Fenster (15. Jh.) aus der Vorgängerkirche mit Darstellungen von

sechs Märtyrerinnen, der Kreuzigung Christi und der Leiden des heiligen Sebastian sowie einen Altar des Grabes Christi (1504), dessen Wächter besonders ausdrucksvoll gestaltet sind. Rechts der Kirche überquert man die unter dem Gotteshaus hindurchfließende Ehn und kommt so zum Friedhof mit einer imposanten Kalvarienbergdarstellung aus dem Jahre 1517.

Sechseimerbrunnen: Über die Rue Chanoine Gyss Richtung Zentrum gehend, erreicht man den Renaissancebrunnen. Drei korinthische Säulen tragen einen steinernen Baldachin, dessen Architrav mit bärtigen Männerköpfen und Fratzen geschmückt ist; darunter sind in drei Feldern Bibeltexte in gotischer Schrift eingemeißelt. Gekrönt wird der Baldachin von einem Posaune blasenden Engel und einer Wetterfahne. An Ketten hängen die sechs Eimer, die dem Brunnen seinen Namen gaben.

Place du Marché: Besonders reizvoll ist der an den Längsseiten von imposanten Fachwerkhäusern begrenzte und von einem *Odilienbrunnen* beherrschte Marktplatz. An der Westseite bilden der *Kapellturm* und das Rathaus ein schönes Ensemble. Der Glockenturm, Überbleibsel einer einstigen Marienkirche, wird oft auch Wachturm genannt, setzte man doch den unteren vier Stockwerken aus dem 13. Jh. 1597 eine von vier Wachthäuschen umgebene Spitze auf. Das 1848 umgestaltete

188 Die Weinstraße nördlich von Colmar

Hôtel de Ville besitzt an seiner Nordfassade einen fein gearbeiteten gotischen Balkon mit Fratzendekorationen an den Konsolen. Im Osten des Platzes steht die von einem Glockentürmchen überragte frühere *Kornhalle.* Zwei steinerne Ochsenköpfe an den Ecken erinnern daran, dass sie ursprünglich als Stadtmetzgerei genutzt wurde. Über dem hübschen Buntsandsteinbalkon erkennt man das Stadtwappen mit der Jahreszahl 1554.

Cour Fastinger/Stadtbefestigung: Von der Place du Marché geht man in die Rue du Gal Gouraud, wo linker Hand zwischen Fachwerkhäusern mit reich geschnitzten Galerien ein eindrucksvoller Innenhof, der *Cour Fastinger,* zu entdecken ist. Ein riesiger Ochsenkopf samt Hackmesser über einem Ziehbrunnen machen deutlich, dass hier einmal ein Metzger wohnte.

Bald kommt man zum Rempart M. Foch, dem eindruckvollsten Teil der mittelalterlichen Stadtbefestigung. Hier biegt man rechts ein und geht zunächst jenseits des begrünten einstigen Stadtgrabens, der in die Mauern integrierten Synagoge und einiger gut erhaltener Wachtürme nach Süden und dann über den Rempart M. Joffre nach Westen. Dort zweigt man in die Rue des Pèlerins ab. Links steht ein Anfang des 13. Jh. im romanischen Stil errichtetes, später aber umgestaltetes Wohnhaus mit säulengeschmückten Doppelfenstern. Am Ende der Straße geht man rechts und kommt auf der Rue Ste-Odile zum Marktplatz zurück, wo man die Besichtigung in Obernais kleiner Flaniermeile, der Rue du Marché, ausklingen lassen kann.

Aussichtspunkt: Links von der Stadtkirche führt eine Asphaltstraße in ca. 2 km auf den Rocher du Schenkenberg hinauf. Oben wurde ein den *Malgré nous* (siehe S. xy) gewidmetes Denkmal in Form eines Kreuzes aufgestellt. Von dieser Stelle bietet sich ein herrlicher Blick auf die Stadt und bis nach Strasbourg. Außerdem beginnt hier auch der Weinlehrpfad.

Ein beliebtes Fotomotiv in Obernai   Geworben wird mit Gemütlichkeit

Umgebung von Obernai

Boersch: Das Zentrum des mittelalterlichen Dorfes wird beherrscht von der prächtigen *Mairie* mit halbrundem Treppenturm und zweistöckigem Erker. Flankiert wird das Rathaus von einem hübschen *Sechseimerbrunnen* und der *Eglise St-Médarde*, die romanischen Ursprungs ist. Der schönste der drei erhaltenen früheren Stadteingänge ist das *Obertor*. Es trägt an der Außenseite das Bild des Kirchenpatrons und steht an der Straße zum ehemaligen *Benediktinerkloster St-Léonard*. Dort gründeten Vertreter des elsässischen Jugendstils Anfang des 20. Jh. eine Künstlerkolonie, die bis heute besteht; auch die *Marqueterie Spindler*, deren Einlegearbeiten in einigen Restaurants in Obernai und Ottrott zu sehen sind, hat hier ihren Sitz.

Ottrott: Wegen seines guten Pinot noir und der mehr als zehn z. T. sehr noblen Restaurants und Hotels hat sich der in ein Ober- und Unterdorf geteilte Ort in den letzten Jahren als Gourmet-Pilgerziel einen Namen gemacht. Pilger gab es hier freilich schon im Mittelalter, doch die zog es zum nahe gelegenen Kloster auf dem Mont-Ste-Odile (siehe S. 303ff.).
Oberhalb des Dorfes liegen die *Châteaux d'Ottrott*, die Burgen Rathsamhausen und Lutzelbourg, beide mit Bergfried und Palas, im 12./13. Jh. unter den Staufern errichtet. Seit sich hier vor einigen Jahren ein Unfall mit Todesfolge ereignet hat, sind die Ruinen aus Sicherheitsgründen allerdings nicht mehr zugänglich. Im Unterdorf steht nahe der zentralen Place des Tilleuls die von der Familie derer von Rathsamhausen errichtete *Chapelle St-Nicolas* mit romanischem Chor und Portal.

Wanderung 1: Von Ottrott auf dem Pilgerweg zum Mont-Ste-Odile → S. 378
Abwechslungsreiche Rundtour zu Kloster und Burgen.

Ein Prunkstück: der Sechseimerbrunnen

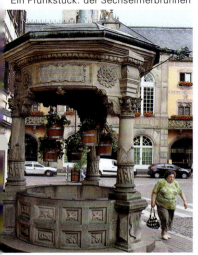

Information Das neben der Mairie gelegene **Office de Tourisme** ist ganzjährig Di–Sa nachmittags geöffnet. 46, rue Principale, 67530 Ottrott, ✆/✉ 0388958384, www.ottrott.com.

Zu den Châteaux d'Ottrott Die Burgen sind vom Oberdorf aus in einer guten halben Stunde zu Fuß erreichbar. Fahren Sie am Restaurant L'Ami Fritz vorbei aus dem Dorf hinaus und stellen Sie Ihr Auto nach ca. 500 m auf einem Wanderparkplatz rechts der Straße ab. Gehen Sie auf der Straße ca. 30 m zurück und biegen dann nach rechts ab. Der immer mehr ansteigende Weg (rot-weiß-roter Balken) führt in knapp einer halben Stunde zum Forsthaus Rathsamhausen (von Mai bis Nov. am Sa und So, im Juli/Aug. tägl. Getränkeausschank, eigenes Vesper darf mitgebracht werden; ✆ 0388958072). Direkt gegenüber liegt die gleichnamige imposante Burg, dahinter verbirgt sich die kleinere Lutzelburg.

Kinder Les Naiades, auf dem Gelände einer ehemaligen Spinnerei hat man eine

190　Die Weinstraße nördlich von Colmar

große Aquariumanlage mit Süß- und Meerwasserfischen (auch Haien), Krokodilen, Schildkröten etc., einen kleinen Bauernhof und einen Spielplatz eingerichtet. Vom 1.3.–30.9. tägl. 10–18.30 Uhr, in den übrigen Monaten werktags erst ab 14 Uhr, So bis 18 Uhr geöffnet. Erwachsene 10 €, Kinder 7,50 €. 30, rte de Klingenthal, ✆ 0388959032.

Übernachten/Essen *** Hôtel Restaurant l'Ami Fritz, das schon legendäre Etablissement von Patrick Fritz liegt im Oberdorf. Keine besonders umfangreiche Speisekarte – man setzt auf Winstubcharakter –, aber eine sehr gelungene Mischung aus elsässischen Spezialitäten und modernen Kreationen (Mi geschl.). Wer länger bleiben möchte, hat die Wahl zwischen den gemütlichen und komfortablen Zimmern im Haupthaus

und denen im 600 m entfernten Zweithotel „Aux Chants des Oiseaux". Das dort gelegene beheizte Schwimmbecken kann von allen Gästen benutzt werden. Außerdem gibt es mittlerweile einen Wellnessbereich mit Sauna, Hamam und Jaccuzzi. Preis fürs DZ je nach Größe und Komfort 80–168 €. 8, rue des Châteaux, ✆ 0388958081, ✉ 0388958485, www.amifritz.com.

Einkaufen ›› Unser Tipp: Marqueterie Spindler, hier wird eine alte Kunsthandwerktradition gepflegt. Jean-Charles Spindler, der Enkel des bekannten Künstlers Charles Spindler, verkauft heute in Boersch modern inspirierte Intarsienbilder und Möbel. Mo–Fr 10–12 und 14–18 Uhr. 3, cour du Chapitre, ✆ 0388958017. ‹‹

Barr

Das sympathische Kleinstädtchen am Ausgang des Kirnecktals blickt auf eine lange, wechselvolle Geschichte zurück. 788 unter dem Namen „Barru" erstmals erwähnt, entwickelte es sich zu einem Zentrum des Handwerks und Weinbaus.

Der Rebensaft ist natürlich immer noch sehr wichtig, immerhin veranstaltet Barr jedes Jahr im Oktober eines der größten Weinfeste des Elsass. Im 18./19. Jh. kam ein zweites wirtschaftliches Standbein hinzu, nämlich die Textilindustrie und v. a. die Gerberei. Von Letzterer, deren Tradition im Übrigen in einer Lederwarenfabrik fortgeführt wird, lassen sich in den Gassen der schmucken Altstadt noch einige, heute nur noch malerisch wirkende Spuren entdecken.

Um die zumindest ansatzweise Wiederbelebung einer anderen alten Tradition bemüht sich das örtliche Touristenbüro: Im Sommer und im Dezember macht einmal in der Woche wie früher der Nachtwächter seine Runde.

Etwas Besonderes haben die beiden Nachbarörtchen **Gertwiller** und **Heiligenstein** zu bieten. In Ersterem duftet es auch im Hochsommer nach Weihnachtsgebäck, werden doch hier das ganze Jahr über Lebkuchen gebacken; in Letzterem kann man einen nicht so recht ins Elsass passenden Wein, den „Klevener de Heiligenstein", probieren. Die Rebe brachte im 18. Jh. der Bürgermeister Erhardt Waltz von einem Italienaufenthalt mit in die Heimat.

Verbindungen

Information Das **Office de Tourisme** ist ganzjährig Mo–Sa, von April bis Okt. auch sonntagnachmittags, im Juli/Aug. außerdem sonntagvormittags geöffnet. Pl. de l'Hôtel de Ville, 67140 Barr, ✆ 0388086665, ✉ 0388086651, www.pays-de-barr.com.

Führungen In der Hochsaison werden vom O.T. Führungen durch die Weinberge sowie die Besichtigung eines Winzerkellers (mit Probe) angeboten.

Im Juli/Aug. geht 1-mal pro Woche, im Dez. an den drei Wochenenden vor Weihnachten, ein Nachtwächter durch das Städtchen. Nähere Infos beim O.T.

Zug Vom südöstlich des Zentrums gelegenen Gare SNCF erreicht man Strasbourg und Sélestat.

Parken Es gibt mehrere kostenfreie Plätze in unmittelbarer Nähe zur Innenstadt.

Taxi ✆ 0388952150.

Markt Sa in der Grand' Rue und den umliegenden Straßen.

Feste Am 2. Juliwochenende findet ein Weinfest statt, am 1. Oktoberwochenende wird die große Fête des Vendanges gefeiert.

Einkaufen In Gertwiller kann man bei zwei Unternehmern Lebkuchen einkaufen und jeweils nach einem Rundgang durch ein Museum einen Blick in die Backstube werfen: Pain d'épices Lips, im Ortszentrum. In einer Zehntscheuer aus dem 18. Jh. findet man eine Sammlung alter Öfen, Gussformen, Oblaten etc. Das Museum ist vom 1.2.–30.11. Di–Sa 9–12 und 14–18 Uhr, im Dez. tägl. geöffnet. Eintritt 2,70 € (ab 13 J.). 110, rue Principale.

Pains d'épices Fortwenger, am Ortsrand, noch größer und mit reichhaltigerem Angebot. In dem neuen Museum werden Geschichten und Themen rund um Lebkuchen dargestellt: Hänsel und Gretel, Nikolauslegenden, die Bedeutung von Lebkuchenherzen etc. Geöffnet von Mitte Feb. bis Dez. Mo–Sa 9–11 und 14–18 Uhr, So 10–11.30 und 14–18 Uhr. Eintritt 3 €, Kinder (5–13 J.) 2 €. 144, rte de Strasbourg.

Öffentliche Toiletten Im Innenhof des Hôtel de Ville.

Wandern Schräg gegenüber vom Salon de Thé Oster beginnen die Wandertouren zur Burg Haut Andlau (1:15 Std.) und zur Spesbourg (2 Std.), beide mit der Markierung rotes Schrägkreuz (siehe auch S. 194).

Übernachten/Essen

Übernachten ** Hôtel Le Manoir 7, die in einem Park gelegene ehemalige Villa eines reichen Winzers wurde zu einem Hotel mit gediegener Einrichtung umgestaltet. Man fühlt sich wahrhaft um 100 Jahre zurückversetzt, die Annehmlichkeiten der Moderne fehlen jedoch nicht. Vor kurzem wurden die Bäder gründlich renoviert und die Räume mit WLAN ausgestattet. Ein DZ kostet abhängig von der Größe, der Ausstattung des Bads und des Vorhandenseins eines Balkons 82–92 €, bei längerem Aufenthalt wird Rabatt gewährt. 11, rue St-Marc, ✆ 0388080 340, ✉ 0388085371, www.hotel-manoir.com.

** Hôtel Maison Rouge **6**, alteingesessenes Haus mit gemütlichen Zimmern, einige bieten einen schönen Blick auf die Weinberge. Zum Haus gehört auch ein Parkplatz. Zu zweit bezahlt man für ein Standardzimmer 65 €, für die größeren Räume bis zu 80 €. 1, av. de la Gare, ✆ 0388089040, ✉ 0388089085, www.hotel-restaurant-routedesvins.com.

** Hôtel Le Brochet **3**, gemütlicher Gasthof in zentraler, aber dennoch recht ruhiger Lage mit modern eingerichteten, jüngst renovierten Zimmern und Parkplatz im Hof. Für ein DZ mit 2 Betten bezahlt man je nach Saison und Größe 50–80 €. 9, pl. de l'Hôtel de Ville, ✆ 0388089242, ✉ 0388084815, www.brochet.com.

** Camping St-Martin, noch im Stadtgebiet liegt der einfache Platz mit gerade mal 25 Stellplätzen. Von Juni bis Anfang Okt. geöffnet. Rue de l'Ile, ✆/✉ 0388080045, www.camping-foyer-saint-martin.fr.

** Camping Les Reflets du Mt-Ste-Odile, 4 km außerhalb des Ortes an der Straße zum Kloster, idyllisch am Waldrand gelegen, terrassenartiges Gelände, seit 2006 mit Schwimmbad. 137, rue de la Vallée, ✆ 03880 80238, ✉ 0389586431, www.les-reflets.com.

Essen & Trinken Caveau La Folie Marco **1**, empfehlenswertes Kellerlokal unter dem gleichnamigen Museum. Der Schwerpunkt liegt auf der Elsässer Küche, wobei neben Choucroute und Co. auch ausgefallenere Gerichte wie Schniderspatle (Maultaschen mit Sauerkraut oder Salat) auf den Tisch kommen. Empfehlenswert sind außerdem die Fleischgerichte, allen voran saftige Rindersteaks. Di, Mi und Sa mittags geschl. ✆ 0388082271.

Restaurant Maison Rouge **6**, beliebtes, alteingesessenes Restaurant mit großer Terrasse, in dem die bekannten elsässischen Spezialitäten und auch Tartes Flambées serviert werden. Viele Fleischgerichte, lecker fanden wir z. B. das Entrecôte mit Ziegenkäse und Speck. Angeschlossen ist eine urige Bierstub, in der man eine Vielzahl von Sorten testen kann. Mi sowie Fr und Sa jeweils mittags geschl. Adresse s. o.

Restaurant S'barrer Stubbel **2**, hübsches Lokal. Zwei kleine Stuben, von einer ausgebeinten Fachwerkwand getrennt, bilden einen großen lichtdurchfluteten Gastraum, im Sommer wird außerdem eine kleine Terrasse bewirtschaftet. Neben traditionellen Winstubklassikern werden auch modern inspirierte Gerichte wie z. B. Magret de Canard mit Kumquats serviert. Mo und Di geschl. 5, pl. de l'Hôtel de Ville, ✆/✉ 0388 085744.

» Unser Tipp: Winstub Au Tonnelet **5**, eine Winstub, wie man sie sich vorstellt ist unser Tipp – und auch das Angebot stimmt. Statt großer Menüs serviert die nette Madame Heitz kleine warme und kalte Gerichte wie geräucherten Schinken mit Nussbrot, Schnecken oder Winzertorte mit Salat. Alles ist so lecker, dass viele Gäste gerne wiederkommen. Do und am So abends geschl. 43, Grand' rue, ✆ 0388089700. **«**

Salon de Thé Oster **4**, unbestritten die beste Adresse für Süßes, die Zitronenmeringuetorte zergeht auf der Zunge. 25, rue du Collège.

Sehenswertes

Place de l'Hôtel de Ville: Der Platz mit seinem hübschen Brunnen (19. Jh.), gekrönt von einem dem Rauschen einer Muschel lauschenden Kind, ist das Zentrum der Altstadt. Ringsherum stehen prachtvolle Fachwerkbauten, so im Osten das *Gasthaus Zum Hecht*, das schon im 16. Jh. als Herberge diente, die *Alte Kanzlei* an der Südseite und gegenüber das *Haus Nr. 4* mit dem Symbol der Metzger, Rindskopf und Beil am Erker.

Eindrucksvollstes Gebäude ist aber das *Renaissancerathaus*. Es wurde 1641 erbaut und diente als Sitz des Vertreters der Stadt Straßburg, welche ab der zweiten Hälfte des 16. Jh. bis zur Revolution die Geschicke Barrs bestimmte. Wunderschön ist der Erker mit verschnörkeltem Giebel und allegorischen Statuen der Gerechtigkeit

Das Kind lauscht dem Rauschen einer Muschel

(ganz oben), der Geduld (links) und des Friedens (rechts). 1856 wurde die Uhr angebracht. Sie galt damals als kleine Sensation, war sie doch die erste im Elsass mit einem leuchtenden Zifferblatt. Durch eines der Portale betritt man den Innenhof. Auf der Plattform der monumentalen doppelläufigen Treppe mit schmiedeeisernem Geländer stand bei seiner Amtseinführung der jeweilige Vertreter Straßburgs. Nacheinander stiegen die wichtigsten Bürger Barrs auf der einen Seite zu ihm hoch, schworen ihm die Treue und gingen auf der anderen Seite wieder hinab.

Rechts vom Rathaus geht man wenige Schritte zur *evangelischen Kirche* hinauf. Die unteren Stockwerke ihres Turms stammen aus dem 12. Jh. und weisen typische spätromanische Verzierungen wie Köpfe, Trauben, Ähren und geometrische Muster auf.

Musée de la Folie Marco/Clos de la Folie Marco: Man erreicht das Museum vom Rathausplatz über die Rue Dr. Soultzer. Der einstige Amtmann der Stadt, Louis Félix Marco, ließ von 1760 bis 1763 das prächtige Bürgerhaus mit Garten und Wirtschaftsgebäude im französischen Stil erbauen und mit allen Finessen einrichten. Als „Wahnsinn" *(folie)* hat man seinen ruinösen Hang zu Prunk und Pracht bezeichnet, aber immerhin verdankt die Stadt Barr ihm ein einmaliges, vollständig mit Möbeln des 17.–19. Jh. eingerichtetes Patrizierhaus. Auf drei Etagen kann man wunderschöne Räume mit wertvollem Mobiliar, Zinngeschirr, Porzellan- und Fayencensammlungen (z. B. aus der legendären Straßburger Hannong-Manufaktur) bewundern.

Gegenüber dem Museum liegt hinter dem Gaensbrunnel der *Clos de la Folie Marco*. Dieser zum Haus gehörende Weinberg wurde trotz aller Stadterweiterungen nie aufgegeben und ist damit der einzige im Elsass, der sich innerhalb eines bebauten städtischen Gebiets befindet.

Von Juni bis Sept. tägl. außer Di 10–12 und 14–18 Uhr, im Mai und Okt. nur Sa/So. Die Besucher werden auf Wunsch durch das Haus geführt, Dauer ca. 45 Min. Erwachsene 5 €, Kinder (6–16 J.) 2 €.

194   Die Weinstraße nördlich von Colmar

Gerbertradition: Geht man über den Chemin de Bruegel abwärts und biegt dann nach rechts in die Rue de la Kirneck ein, entdeckt man einige Relikte der alten Gerbertradition. Weil der Gestank unerträglich war, ließ die Stadt im 19. Jh. den Gerberbach, die Kirneck, teilweise bedecken. Dass das Haus Nr. 28 einst eine größere Manufaktur war, erkennt man u. a. am Wappen der Gerber, ein gerades und zwei gebogene Messer, im Eckpfosten. Ein paar Schritte weiter steht man vor dem Haus Nr. 10, einer ehemaligen *Mühle* für die aus Eichenrinde gewonnene Gerberlohe. Wenn man hier rechts abbiegt, kommt man zum Rathausplatz zurück.

Umgebung von Barr

Château du Spesbourg: Die Mitte des 13. Jh. auf dem 451 m hohen Rothmannsberg errichtete Burg diente dem Schutz der Abtei Andlau (s. u.) und des gleichnamigen Tals. Ende des 14. Jh. verlassen, fungierte sie während des Dreißigjährigen Krieges zeitweilig als Zufluchtsstätte der Umwohner, wurde dann aber zerstört. Beachtenswert sind der teilweise erhaltene 24 m hohe Donjon, der großzügige Burghof und die sehenswerten gotischen Fenster der Wohnräume. Von einem kleinen Aussichtsplatz gegenüber dem Burgeingang hat man einen wunderschönen Blick auf das Dorf Andlau und die nahe gelegene Burg Haut-Andlau.

Von Barr auf der D 854 Richtung Mont Ste-Odile. Nach 5 km biegt man nach links auf eine Forststraße zum Forsthaus Hungerplatz ab (ca. 1 km). Vom Parkplatz führt ein Waldweg in 5 Min. zur Spesburg (rotes Schrägkreuz).

Château du Haut-Andlau: Hoch über dem Kirnecktal und Barr erhebt sich ebenfalls auf einem Felsen die etwa zur gleichen Zeit durch die Herren von Andlau errichtete Granitburg mit ihren beiden auffallenden Rundtürmen. Im Untergeschoss des Wohnbereichs entdeckt man auch hier sehr schöne gotische Spitzbogenfenster. Förster bewohnten das Château bis Ende des 18. Jh., was seinen vergleichsweise guten Zustand erklärt. Im Jahre 1695 soll in der Nähe der Burg ein Wachtposten einen der letzten Bären der Vogesen getötet haben. Zum Zeitpunkt der Recherche (Sommer 2011) war das Innere der Burg aus Sicherheitsgründen nur zum Teil begehbar.

Vom Forsthaus Hungerplatz (während der Sommermonate bewirtschaftet, siehe Anfahrt/Wandern **zum** Château du Spesbourg) wandert man in ca. 20 Min. zur Burg (rotes Schrägkreuz).

Mittelbergheim: Stolz thront das Dorf oberhalb der Weinberge auf einem Kalksteinhügel, und ebenso stolz rühmt man sich auf einem Schild am Ortseingang, zu den hundert schönsten Dörfern Frankreichs zu gehören. Traditionelle Winzerhäuser aus Naturstein mit wunderschönen Torbögen, originelle Wirtshaus- und Namensschilder, zahlreiche Brunnen und ein schmuckes Renaissancerathaus machen einen Spaziergang zu einem besonderen Erlebnis. Zudem findet man gegenüber der protestantischen Kirche mit einem Turm im romanischen Stil eine alte Ölmühle und, die Rue Principale weitergehend, eine alte Weinpresse. Nur ein paar Schritte davon entfernt hat der Winzer Jerôme Brandner eine Schmiede aus dem 18. Jh. in eine Probierstube umfunktioniert. Esse, Blasebalg, Werkzeuge etc. können auch ohne Weinprobe jederzeit besichtigt werden.

Andlau: Unterhalb der Burgen Haut-Andlau und Spesbourg duckt sich der stille Ort Andlau ins Tal des gleichnamigen Flusses. Auf der einen Seite Weinberge, auf der anderen rücken die Berge der Vogesen dicht an die Häuser heran. Der Ort entstand um ein von der heiligen Ricardis im Jahre 880 gegründetes Nonnenkloster. Der **Marktbrunnen** erinnert mit seinen steinernen Figuren an die Legende, nach der ihr eine Bärin den Platz gezeigt haben soll, an dem sie das Kloster erbauen ließ.

Umgebung von Barr 195

Zu dessen Gründungszeit war Ricardis die Ehefrau Kaiser Karls III. (des Dicken), der sie aber sieben Jahre später wegen vermeintlichen Ehebruchs verstieß. Ricardis zog sich daraufhin ins Kloster Andlau zurück.

Von der ursprünglichen *Abteikirche Ste-Richarde,* die einem Brand zum Opfer fiel, ist außer einer einzelnen Säule auf dem Kirchplatz nichts erhalten geblieben. 1045 errichtete man einen Nachfolgebau, musste diesen aber bereits 1160 nach einer weiteren Feuersbrunst erneuern. Ihr gegenwärtiges Aussehen erhielt die Kirche, die heute den Aposteln Petrus und Paulus geweiht ist und entsprechend **Eglise Sts-Pierre-et-Paul** heißt, erst zwischen 1698 und 1704; Krypta, Apsis, Teile des Chors und des Querschiffs sowie die westliche Vorhalle stammen aber noch aus romanischer Zeit. Das Prunkstück der Kirche, ein wunderbarer, ca. 30 m langer Relieffries, schmückt den aus rotem Sandstein errichteten Portalvorbau im Westen. Links vom Torbogen sieht man Jagdszenen, Tiere und Fabelwesen, über dem Türsturz einen seine Beute verschlingenden Löwen, der rechts und links von Rittern im Zweikampf und von auf Delphinen reitenden Frauen, Symbol der Unzucht, flankiert wird. Rechts davon reihen sich Szenen aneinander, in denen der Teufel gleich zweimal, beim Weinverkauf und beim Geldwechsel, seine Hand im Spiel hat. Daran schließen sich Darstellungen von Vorbereitungen für ein Festmahl an: Ein Bauer erlegt ein Tier, der Metzger schlachtet es, ein Diener serviert ... Im Tympanon des Innenportals übergibt Christus Petrus den Schlüssel des Himmelsreiches und Paulus das Buch des Gotteswortes. Flankiert werden die beiden Apostel vom Baum des Lebens (ein Rebstock) rechts und dem des Todes links. An den beiden Enden des Tympanons symbolisieren ein Bogeschütze und ein Steinewerfer das Böse. Über dem Türsturz sieht man Szenen aus der Schöpfungsgeschichte von der Erschaffung Evas aus Adams Rippe bis zum Leben außerhalb des Paradieses unter einem Baum ohne Früchte. Die Türpfosten sind mit Rankenornamenten versehen, die von zwei kleinen Figuren (unten) gehalten werden. Neben diesen Figuren sieht man je einen Atlanten. Diese halten mehrere Paare, wahrscheinlich Wohltäter der Kirche, in die Höhe.

Im Innern befindet sich links vom Altar der Zugang zur auf das 11. Jh. zurückgehenden Krypta mit mächtigen, Würfelkapitelle aufweisenden Säulen. Eine steinerne Bärin bewacht am Boden eine Vertiefung mit Kratzspuren – der Legende nach zeigte sie Ricardis hier auf diese Weise den Platz zur Errichtung der Kirche. Im *Schiff* verdienen eine von Samson getragene Kanzel (um 1700) sowie auf der rechten Seite die barocke Ricardiskapelle Beachtung.

Während unserer Recherche wurde im Ortszentrum in der alten Seigneurerie, dem einstigen Wohnsitz der Herren von Andlau aus dem Jahre 1582, ein sog. Centre d'Interpretation eingerichtet. Dort soll der Besucher Informationen zu drei Themen erhalten, die die Besonderheiten der Region ausmachen: das bauliche Erbe, das reliöse Erbe und der Wein. Der Zeitpunkt der Eröffnung des CIP stand zur Zeit der Drucklegung noch nicht fest.

Information Das **Office de Tourisme** ist nur während der frz. Schulferien Mo–Fr, z. T. auch Sa, geöffnet. 5, rue du Gal de Gaulle, 67140 Andlau, ✆ 0388082257, 🖷 0388084222.

Öffnungszeiten der Kirche Tägl. 9–19 Uhr.

Wandern An der Place de la Mairie beginnt der mit rotem Schrägkreuz markierte Wanderweg zur Spesbourg (ca. 1:15 Std.).

Übernachten ⟫ Unser Tipp: *** Le **Zinck Hotel,** in einer ehemaligen Mühle aus dem 17. Jh. kann man bei dem netten Monsieur Zinck ganz besondere Zimmer finden. Ein jedes steht unter einem bestimmten Thema wie 1001 Nacht, Barock, Weinberg, Zen etc. Alle verfügen über schöne Bäder, Minibar, TV und WLAN. Wer mag, wählt schon vorab auf der Webseite das Zimmer nach seinem Geschmack. Zwischen den

Die Weinstraße nördlich von Colmar

196 Die Weinstraße nördlich von Colmar

Gebäuden befindet sich ein hübscher Obstgarten mit Liegestühlen und Tischgruppen. Das Frühstück wird im alten Mühlradraum oder auf der Terrasse serviert. Die unterschiedlich großen DZ kosten zwischen 50 und 105 €, ein Zusatzbett wird mit 15 € berechnet. 13, rue de la Marne, ✆ 0388082730, 🖂 0388084250, www.zinckhotel.com. ◀◀◀

Essen & Trinken Restaurant Au Boeuf Rouge, alteingesessenes Lokal direkt am Platz mit traditioneller Küche, abends bekommt man hier auch Flammkuchen. Angeschlossen ist eine kleine Winstub. Gutes Preis-Leistungs-Verhältnis. Mi abends und am Do geschl. 6, rue du Docteur Stoltz, ✆ 0388089626.

Restaurant Caveau Le Val d'Eléon, seit kurzem unter neuer Leitung, aber immer noch wird vorwiegend elsässisch geprägte Küche serviert. Daneben kommen auch Liebhaber französischer Klassiker auf ihre Kosten. Zu den Spezialitäten des Hauses gehören aber Broschettes – Spieße, die immer anders variiert werden, mal amerikanisch, mal griechisch, mal orientalisch. Es muss ja nicht immer Choucroute sein! Sonntagabends und Mo geschl. 19, rue du Docteur Stoltz, ✆ 0388089323.

Itterswiller: Von dem kleinen Ort in einzigartiger Hanglage und mit zahlreichen Restaurants bieten sich traumhafte Blicke auf verschiedene Landschaften des Elsass. Nach Süden und Osten breitet sich die Rheinebene aus, und die Weinstraße schlängelt sich durch ein Band goldener Reben. Im Westen sind die Berge der Vogesen mit ihren typischen Grün- und Grauschattierungen ganz nahe – ein wunderschönes Plätzchen!

Übernachten/Essen *** Hôtel Winstub Arnold, aus mehreren Häusern bestehendes Etablissement mit hübsch eingerichteten, jüngst renovierten Zimmern. In dem heimeligen Gastraum mit schwerem Fachwerkgebälk kann man hervorragend elsässisch essen. Zum Haus gehört auch eine Boutique. Von November bis Mai So abends und Mo geschl. Zu zweit bezahlt man je nach Ausstattung (teilweise Südbalkon) und Saison 82–112 €. 98, rte des Vins, ✆ 0388855058, 🖂 0388855554, www.hotel-arnold.com.

Chapelle Ste-Marguerite in Epfig: An der Straße nach Kogenheim liegt in einer Rechtskurve unmittelbar vor dem Ortsausgang die kleine romanische Kapelle wunderschön in einem mit dunklen Eiben bestandenen, ummauerten Friedhof, zu dem auch ein Beinhaus aus dem 19. Jh. gehört. Anfang des 11. Jh. wurde sie als Pfarrkirche des Weilers Ste-Marguerite, heute ein Ortsteil von Epfig, errichtet. Über dem tonnengewölbten, kreuzförmigen Bau mit kleinen Fenstern erhebt sich ein zentraler Vierungsturm. Die Eingangstüren sind durch ein sog. Fischgratmuster verziert. Im 12. Jh. baute man die an einen klösterlichen Kreuzgang erinnernde Galerie an der südlichen und westlichen Außenseite an, vielleicht um mehr Gläubigen Platz zu bieten, vielleicht für Prozessionen. Über eine Lautsprecheranlage erhält man ausführliche Informationen (auch auf Deutsch). Der Startknopf befindet sich rechts neben dem Eingang.

Dambach-la-Ville

Der schönste Blick auf das Städtchen bietet sich von der oberhalb gelegenen Sebastianskapelle: Eine z. T. gut erhaltene Stadtmauer mit drei Wachtürmen umschließt ein pittoreskes Gewirr von alten Fachwerkhäusern, jenseits davon breiten sich endlos die grünen Weinberge aus.

Dambach-la-Ville (der Zusatz *la ville* = „die Stadt" soll Verwechslungen mit dem Dorf Dambach bei Niederbronn ausschließen) gehört mit einer Anbaufläche von etwa 500 ha und 100 Winzerbetrieben zu den größten Wein verarbeitenden und

Dambach-la-Ville

vermarktenden Gemeinden des Elsass, ca. 56 ha wurden immerhin als Grand Cru (Lage Frankstein) klassifiziert. Doch nicht nur der gute Wein, sondern auch die angenehme Atmosphäre des vergleichsweise ruhigen Örtchens ist für viele Besucher der Grund, es zum Ausgangspunkt für Touren entlang der Weinstraße zu wählen.

Information Das **Office de Tourisme** ist ganzjährig Mo–Fr geöffnet, von April bis Okt. auch Sa vormittags, im Juli/Aug. außerdem Sa nachmittags und So vormittags. Pl. du Marché, 67650 Dambach-la-Ville, ✆ 0388926100, 📠 0388924711, www.pays-de-barr.com.

Führungen Im Sommer werden vom O.T. kostenlose Führungen durch die Altstadt und die Weinberge angeboten.

Minitrain Montag-, donnerstag- und samstagnachmittags rollt im Juli/Aug. der kleine Zug durch die Altstadt und die Weinberge. Dauer 30 Min., Erwachsene 6 €, Kinder (7–14 J.) 3 €.

Zug Der Zug Strasbourg–Molsheim–Sélestat hält auch am ca. 1 km östlich der Altstadt gelegenen Gare SNCF.

Parken Nahe dem Marktplatz gibt es in der Rue des Potiers einen großen, kostenfreien Platz.

Markt Mi auf der zentralen Place du Marché.

Feste Am 3. Wochenende im April begeht die „Weinbruderschaft der Glückseligen vom Frankstein" das **Fest der Granitsteine und Weine**, am 1. Sa im Juli feiert man die **Nacht des Weines**.

Einkaufen **La Terre Benie**, auch beim Töpfer ist der Wein Trumpf, denn Tassen, Schalen, Vasen und andere Gefäße werden üppig mit Traubenhenkeln verziert. 13, rue du M. Foch.

》》 Unser Tipp: **Labonal**, ein ganz besonderer Einkaufs- **Tipp**. An der Straße nach Blienschwiller kann man in der seit 1924 bestehenden Sockenfabrik dort produzierte Strümpfe erwerben und jeweils am Do um 14.30 Uhr auch bei der Produktion zusehen. Fabrikverkauf: Mo–Fr 14–18, Sa 10–17 Uhr. 13, rte de Blienschwiller. **《《**

Spaziergang An der Place du Marché beginnt der Sentier Viticole durch die Grand-Cru-Lage Frankstein zur Sebastianskapelle oberhalb des Ortes. Dauer ca. 90 Min.

Pittoreskes Fachwerk

Öffentliche Toiletten Nahe dem Bärenbrunnen an der Place du Marché.

Übernachten/Essen ** **Hôtel Le Vignoble**, in einer ehemaligen Scheune werden geschmackvoll eingerichtete Zimmer mit urigem Fachwerkgebälk vermietet. Jedes Eckchen wurde sinnvoll ausgenutzt, bei der Ausstattung sehr auf Qualität geachtet, mittlerweile verfügen die Räume auch über WLAN. Zu zweit bezahlt man je nach Größe des Zimmers 60–70 €. 1, rue de l'Eglise, ✆ 0388924375, 📠 0388926221, www.hotel-vignoble-alsace.fr.

*** **Hostellerie Le Verger des Châteaux**, angenehmes und ruhiges Haus im Nachbarort Dieffenthal mit gutem Preis-Leistungs-Verhältnis. Im angeschlossenen Restaurant wird feine elsässische Küche serviert. Sehr zu empfehlen ist das 4-gängige Menu Château, günstiges Menu du Jour. Für die geräumigen, hellen Zimmer bezahlt man zu zweit je nach Ausstattung (z. T. mit Balkon) und Saison 60–89 €. 2, rte Romaine, ℡ 0388924913, 📠 0388924099, www.verger-des-chateaux.fr.

Hôtel Restaurant Aux deux Clefs, Familie Mersiol bietet gegenüber von ihrem Restaurant in einem von einem Garten umgebenen Haus ruhige Zimmer mit Bad und TV an. Angeschlossen ist eine nette Winstub samt größerem Restaurant mit einer sehr guten Auswahl auch an etwas ausgefalleneren Gerichten wie Fondue Alsacienne, bei dem das Fleisch in Weißweinmarinade gegart wird, oder Ente auf Sauerkraut. Außerhalb der gängigen Essenszeiten kann man elsässische Snacks wie Wurstsalat oder Omelette bestellen. Di und Mi geschl. Zu zweit bezahlt man je nach Ausstattung (z. T. nur mit Waschbecken, Grand Lit oder

2 Betten, Balkon etc.) 48–65 €. 1, rue de Dieffenthal, ℡ 0388924011, 📠 0388924675, www.mersiol.com.

Restaurant A la Couronne, über einer einfachen Winstub kann man im Obergeschoss deftig und recht preiswert essen. Lecker die herzhaft angemachten Salate oder der Baeckaoffa im gut gefüllten Tontopf; üppige Desserts. Bereits tagsüber gibt's auch Pizza und Flammkuchen. Do geschl. 13, pl. du Marché, ℡ 0388924085.

** Camping de l'Ours, der schöne, schattige Platz mit etwa 90 Stellplätzen liegt knapp 2 km vom Ortszentrum entfernt und verfügt über einen Spielplatz, Tischtennisplatten etc. Von März bis Weihnachten geöffnet. Rte d'Ebersheim, ℡ 0677111648, www.pays-de-barr.com.

Sehenswertes

Place du Marché: Pittoreske Häuser gruppieren sich rund um den Marktplatz. Herausragend sind das alte Fachwerkhaus, in dem der Caveau Nartz untergebracht ist, und dessen Nachbargebäude (Nr. 14). Beherrscht wird er aber von dem hübschen Renaissancerathaus mit Treppengiebel. Gegenüber steht der oktogonale Stockbrunnen aus dem Jahre 1543. Ursprünglich zierte ein Trauben fressender Bär die Säule, der jedoch im Zweiten Weltkrieg zerstört wurde. Mittlerweile hat das Original aber einen würdigen Nachfolger gefunden. Der hält einen Becher in der Hand und erinnert ebenso wie seine beiden Artgenossen am Rathaus und das Stadtwappen, ein sich an eine Tanne anlehnender Bär, an folgende Geschichte: Vor langer Zeit, als das umliegende Land nur von Wald und wildem Gebüsch bewachsen war, entfernte sich ein kleiner Junge einmal weit von seinem Dorf und entdeckte auf einer Waldlichtung einen Bären, der gerade dabei war, die Trauben eines Weinstocks mit den Tatzen auszupressen. Genüsslich ließ er den Saft in sein Maul tropfen. Nachdem sich das gefährliche Tier entfernt hatte, sammelte der neugierige Kleine die herumliegenden Früchte auf, probierte einige und brachte den Rest nach Hause. Im Dorf war man begeistert davon und beschloss, sie anzupflanzen – der Beginn des Weinanbaus in Dambach-la-Ville.

Stadtmauer: Wenn Sie rechts vom Rathaus in die Rue de l'Eglise einbiegen, sehen Sie auf der linken Seite bald ein wunderschönes Fachwerkhaus, geschmückt mit einem Männerkopf, dessen Bart aus Weintrauben besteht. Auf dieser Straße kommen Sie zur *Porte de Dieffenthal,* dem südlichen Stadttor. Links davon führt die Rue des Remparts an Resten der Stadtmauer aus dem 14. Jh. entlang und dann an der alten Synagoge vorbei. Zuerst rechts, dann links abbiegend kommen Sie, schöne alte Winzerhöfe passierend, zur *Porte d'Ebersheim,* dem ehemaligen Untertor. Die von einem Storchennest gekrönte *Porte de Scherwiller* erreichen Sie über die belebte Rue M. Foch.

Chapelle St-Sébastian: Die Kapelle liegt idyllisch inmitten der Weinberge und bietet eine grandiose Aussicht auf Dambach-la-Ville. Der Glockenturm und das Beinhaus an der Nordostseite stammen aus dem 12. Jh. Die in Letzterem aufgeschichteten Gebeine sind allerdings wohl nicht, wie gerne behauptet wird, die von 12.000 im Bauernkrieg getöteten Aufständischen, sondern stammen von den Bewohnern des Dorfes Oberkirch, das hier bis zu seiner Auflösung im 13. Jh. lag und dessen Pfarrkirche die Kapelle damals war. Das heutige Kirchenschiff entstand im 14./ 15. Jh. Den Chor beherrscht der aus Birnen-, Linden- und Eichenholz geschnitzte barocke Hochaltar der Breisacher Bildhauer Philipp und Clemens Winterhalder. Zwischen üppig mit Blattwerk, Trauben und anderen Früchten verzierten Säulen findet man die Heilige Familie, in deren Mittelpunkt der junge Christus steht. Er bildet mit der darüber schwebenden Taube, dem Symbol für den Heiligen Geist, und Gottvater die Dreifaltigkeit. Der Altar wird vom Kirchenpatron selbst, dem gefesselten und gemarterten Sebastian, gekrönt.

Fahren Sie auf der D 35 Richtung Blienschwiller und folgen dann der Beschilderung zur Kapelle. Geöffnet ist sie vom 1.5. bis 31.10. tägl. 9–19 Uhr, in den restl. Monaten nur Sa/So.

Umgebung von Dambach-la-Ville

Château du Bernstein: Die einsam auf einer Waldlichtung gelegene Granitburg wurde anstelle einer älteren Befestigungsanlage um 1200 erbaut. Nach dem Erlöschen der Linie Dagsburg-Eguisheim, der sie gehörte, ging sie 1227 in den Besitz der Bischöfe von Straßburg über; militärisch bedeutungslos geworden, wurde sie 1580 verlassen. Im Palas entdeckt man im Untergeschoss Schießscharten, während die Wohnräume im Obergeschoss von schönen Rundbogenfenstern erhellt wurden. Von dem fünfeckigen, 18 m hohen Donjon hat man einen phantastischen Rundblick.

Anfahrt/Wandern Ein steiler Wanderweg (blaue Scheibe) führt links von der Sebastianskapelle (s. o.) über den Bibelefelsen in ca. 40 Min. durch den Wald zur Burg hinauf. Die folgende Alternative ist mit einer längeren Anfahrt, dafür aber auch mit kürzerer und leichterer Wanderung verbunden. Fahren Sie von Dambach-la-Ville nach Blienschwiller (D 35) und zweigen Sie dort nach links auf die D 203 (Richtung Villé) ab. 2 km nach geht es links in den Wald, nach weiteren 3 km erreichen Sie den Schulwaldplatz. Hier beginnt der 20-minütige Fußmarsch (rotes Rechteck) zur Burg.

Ortenbourg oberhalb von Scherwiller: Der schönste Teil des Dorfes Scherwiller liegt abseits der Durchgangsstraße: alte Fachwerkhäuser säumen den schmalen Aubach, der unter dem kleinen Gebäude des Rathauses hindurchfließt. Noch eindrucksvoller ist allerdings die weithin sichtbare, mächtige *Ortenbourg* oberhalb der Weinberge. Die ca. 30-minütige Wanderung hinauf lohnt nicht nur wegen des weiten Blickes über das Tal der Liepvrette und die Rheinebene, sondern auch weil die im 13. Jh. unter Rudolf von Habsburg erbaute Burg in einem sehr guten Zustand ist. Durch ihre Lage auf einem steil abfallenden Granitblock und den mächtigen Donjon, der die einzige ungeschützte Stelle verteidigte, war sie praktisch uneinnehmbar. Dennoch wurde sie kaum 30 Jahre nach ihrer Errichtung zunächst einmal zerstört: Otto von Ochsenstein, Anhänger des mit den Habsburgern im Streit liegenden Königs Adolf von Nassau, ließ nämlich nur wenige Meter unterhalb der Ortenbourg die aus Sicherheitsgründen nicht zugängliche *Burg Ramstein* erbauen und versperrte so den Habsburgern den Zu- bzw. Abgang. Als sich diese nach drei Wochen ausgehungert ergaben, ließ er die Anlage dem Erdboden gleichmachen. Der bald darauf errichtete Neubau jedoch hielt bis zum Dreißigjährigen Krieg allen Anfechtungen stand. Heute ist der riesige Burggraben von Wildblumen und Strauchpflanzen überwuchert. Über eine Treppe betritt man den Palas, dessen Obergeschoss schöne gotische Fenster mit Sitzbänken aufweist. In dem fünfeckigen Bergfried haben Raubvögel ihr Nest gebaut.

Information Das kleine **Office de Tourisme** ist von Mitte Juni bis Mitte Sept. Mo–Sa, am Mi aber nur nachmittags, in den restlichen Monaten unregelmäßig geöffnet. Corps de Garde, 67750 Scherwiller, ☎ 0388922562, ✉ 0388827174 , www.chatenois-scherwiller.net.

Die Weinstraße nördlich von Colmar

Anfahrt/Wanderung zur Ortenbourg
Fahren Sie auf der D 35 Richtung Châtenois und zweigen in einer Linkskurve an einer kleinen Kapelle nach rechts ab. Das Sträßchen führt zum Restaurant Hühnelmühle, 100 m weiter erreicht man einen Wanderparkplatz. Der mit rotem Balken markierte Fußpfad führt steil und über viel Wurzelwerk durch wunderschönen Laubwald in ca. 25 Min. zu einem Bergsattel, rechts davon liegt die Burg Ramstein. Von dem Sattel aus sind es noch weitere 5 Min. bis zur Ruine Ortenbourg hinauf.

Essen & Trinken Auberge de la Hühnelmühle, idyllisch gelegenes Terrassenlokal nahe dem Wanderparkplatz außerhalb von Scherwiller mit Blick auf Pferdekoppel und Weiher. Insbesondere die Fischgerichte sind hier sehr zu empfehlen. Mi sowie in der NS auch Mo, Di und Do jeweils abends geschl. Rte du Sel, ✆ 0388920604.

》》 Unser Tipp: A la Couronne, das große Lokal im Ortszentrum von Scherwiller ist unser **Tipp**. Im wunderbar eingerichteten zweistöckigen Gastraum mit schöner Theke gibt es überall etwas zu schauen. Doch nicht nur dem Auge wird viel geboten, sondern auch dem Gaumen: viele kleine Gerichte wie z. B. mit Munsterkäse gefüllte Ravioli auf Salat, leckere Flammkuchen und nicht zu vergessen die „Ries'Soupe", eine vom Patron 1996 kreierte sämige Suppe aus Riesling und Gemüse, die auch in Literflaschen verkauft wird. Nicht versäumen sollten Sie hier übrigens einen Besuch des stillen Örtchens – ein Erlebnis! 2, rue de la Mairie, ✆ 0388920624. 《《

Befestigungsanlage und Eglise St-George in Châtenois: Auf die besonders vielen und ertragreichen Kastanienbäume geht der alte deutsche Name des Ortes, „Kestenholz", zurück. Um die Sehenswürdigkeiten im einstigen Zentrum der mittelalterlichen Bischofsstadt aufzusuchen, geht man an der engsten Stelle der Hauptstraße beim Hôtel A la Couronne die Gasse hinauf zum sog. Hexenturm. Er stand ursprünglich etwas südlich, wurde aber aus straßenbautechnischen Gründen versetzt. Als Gefängnis diente er wohl nie, vielmehr war er *Teil der Befestigung*, die den Friedhof und die Kirche St-Georges umgab. Die Häuser von Châtenois waren nämlich nur durch einen Wall geschützt. In unruhigen Zeiten zogen sich die Bewohner deshalb in den befestigten Friedhof (13. Jh.) zurück, dessen doppelte, mit Zugbrücken gesicherte Umfassungsmauern, zwischen denen außerdem ein Graben verlief, man links von der Kirche und oberhalb davon besonders gut erkennen kann. Auch in anderen elsässischen Orten, z. B. in Hunawihr, findet man derartige Anlagen, die in Châtenois gilt jedoch als die größte und besterhaltene und als die einzige, die in herrschaftlichem Besitz war. Denn innerhalb der Mauern standen neben der Kirche noch die bischöfliche Verwaltung und das Schloss. Nur noch der Turm der *Eglise St-Georges* blieb von der ursprünglichen Kirche (12. Jh.) erhalten. Sein spitzes, bunt lasiertes Dach erhielt er erst im Jahre 1525, ebenso wie die vier Holzerker, die

Fachwerkschmuck in Dambach-la-Vile

der Bewachung des Dorfes dienten und ihm heute sein charakteristisches Aussehen verleihen. Der eigentliche Kirchenbau stammt aus dem 18. Jh., das Innere hat barocken Charakter. Besonders sehenswert ist ein Heiliges Grab aus dem 16. Jh. im linken Seitenschiff. Am Sockel sind auf einer Steinplatte ausdrucksstarke römische Soldaten dargestellt, allerdings erlitten sie z. T. Schaden durch Zerstörungen während der Revolution.

Information Das **Office de Tourisme** ist von Mitte Juni bis Mitte Sept. tägl. außer Di und So, in der restlichen Zeit unregelmäßig geöffnet. 2, rue Clemenceau, 67730 Châtenois, ✆ 0388827500, 📠 0388823951, www.chatenois-scherwiller.net.

Führungen durch St-Georges Während der Saison werden vom O.T. einmal pro Woche kostenlose Führungen angeboten (auf Anfrage auch auf Deutsch).

Einkaufen In Châtenois, aber auch in anderen Dörfern der Umgebung gibt es etliche Antiquitätenläden. Interessant fanden wir z. B. **Antiquités Herrbach**, 68, pl. de la Mairie.

Essen & Trinken L'Auberge Alsacienne, hübsches Lokal mit alten Holzbalken und bemalter Decke, im Sommer sitzt man auf der kleinen Terrasse. Leckere elsässische Küche, eine gute Wahl ist das Menu touristique (13 €), bei dem man in den einzelnen Gängen wiederum auswählen kann. Mi sowie Do abends geschl., nicht jedoch im Juli/Aug. 91, rue M. Foch, ✆ 0388823328.

Kintzheim

Neben der Atmosphäre eines typischen Weindörfchens bieten Kintzheim und seine unmittelbare Umgebung Freizeitattraktionen, die v. a. für Kinder besonders interessant sind.

Nicht weit vom Zentrum liegt der **Parc Cigoland,** die erste im Elsass gegründete Storchenaufzuchtstation. Längst sind hier allerdings nicht mehr nur die Volieren der Brut- und der Jungvögel zu sehen, sondern es kamen auch etliche Gehege mit z. T. exotischen Tieren (Kronenkraniche, Lamas etc.), ein Streichelzoo und Spaßeinrichtungen (Autoskooter, Minizug, Minigolf, Wasserfahrzeuge etc.) hinzu.

Oberhalb des Ortes erhebt sich das **Château du Kintzheim** aus dem 12./13. Jh. Erhalten geblieben ist nach seiner Zerstörung während des Dreißigjährigen Krieges ein mächtiger Wohntrakt mit romanischen und gotischen Fenstern, Kaminen und Resten einer Kapelle. Das Château wird auch „Adlerburg", genannt, da hier während der Saison täglich sehr beeindruckende Flugvorführungen großer Greifvögel gezeigt werden. Man sieht Milane, Falken, Geier, Adler, Kondore und andere Akrobaten der Lüfte in unmittelbarer Nähe direkt über sich, beobachtet, wie sie auf Beute herabstürzen, wie Schmutzgeier mit einem Stein ein Gipsei zertrümmern, wie Schreiseeadler einen Fisch aus dem Wasserbecken greifen usw. Fast alle Vögel der 1968 eröffneten *Volerie des Aigles* stammen aus eigenen Nachzuchten. Sie sind mit speziellen Sensoren ausgestattet, sodass sie, falls sie bei schlechtem Wetter in der Ebene landen und nicht mehr in der Lage sind aufzufliegen, von den Falknern gefunden werden können.

Information Das **Office de Tourisme** liegt am östlichen Ortsrand von Kintzheim. Es ist von Juni bis Sept. Mo–Sa geöffnet. Rte de Sélestat, 67600 Kintzheim, ✆ 0388820990, 📠 03 88827970, www.ot.kintzheim-orschwiller.fr.

Anfahrt Zum **Château du Kintzheim** fährt man ab Ortsmitte auf der D 159 in westliche Richtung und zweigt am Ortsende nach rechts auf eine beschilderte Straße (ohne Kennzeichnung) ab. Vom Parkplatz führt ein 10-minütiger Fußweg zur Burg. Zum **Parc Cigoland** fährt man auf der D 159 etwa 2 km in östliche Richtung.

Öffnungszeiten/Eintritt Die Vorführungen der Volerie des Aigles im **Château du Kintzheim** finden bei trockenem Wetter vom 1.4. bis 31.10. jeden Nachmittag, vom 1.11. bis 11.11. am Mi, Sa und So, von Mitte Juli bis Mitte Aug. auch vormittags statt. Erwachsene 9,50 €, Kinder (6–12 J.) 6 €. ☏ 0388928433, www.voleriedesaigles.com.

Der **Parc Cigoland** ist von Mitte April bis Anfang Sept. tägl. 10–18 bzw. 19 Uhr, in der zweiten Aprilhälfte und im Herbst bis 11.11. nur Mi–So nachmittags geöffnet. Erwachsene je nach Saison (z. T. inkl. Robbenshow) 11,50–13,50 €, Kinder (3–11 J.) 9,50–11,50 €. ☏ 0388923636, www.cigoland.fr.

Kinder Neben dem erwähnten Tier- und Vergnügungspark Cigoland und der Adlerburg bietet die Umgebung noch einen Affenberg (Montagne des Singes, s. u.) und das Château du Haut-Koenigsbourg (s. u.), dessen Erkundung zumindest für größere Kinder interessant sein dürfte.

Parken Am südlichen Ortseingang befindet sich ein großer Parkplatz.

Feste Am letzten Sa im Mai wird hier das Sankt Urbansfest gefeiert.

Einkaufen Kintzheim hat auffallend viele Antiquitätenläden zu bieten.

Essen & Trinken »» Unser Tipp: Auberge St-Martin, nahezu legendär war der Ruf der beiden Schwestern Kathy und Babette, deren Gasthaus insbesondere wegen des knusprigen Flammkuchens in vielen Gourmetblättern empfohlen wurde. Diesen und weitere elsässische Spezialitäten gibt es nun aber auch bei ihren Nachfolgern, und auch die unvergleichlichen Süßspeisen stehen auf der Speisekarte – ein Genuss für alle Naschkatzen! Außer im Juli/Aug. Mi geschl. 80, rue de la Liberté, ☏ 0388820478. «««

Umgebung von Kintzheim

Montagne des Singes: Seit 1969 leben in einem ca. 24 ha großen eingezäunten Waldgebiet westlich von Kintzheim Berberaffen aus dem marokkanischen Atlasgebirge, ein Projekt, das gleichzeitig touristischen Zwecken und der Erhaltung dieser Affenart dient. Durch Rodungen und Ausdehnung der Weideflächen war sie in ihrer Heimat nämlich ernsthaft vom Aussterben bedroht. Mittlerweile konnten jedoch ca. 600 Tiere aus dem Elsass nach Marokko rückgeführt werden, wo die Anpassung an die Wildnis auch problemlos gelang. Zudem dienten einige der Kintzheimer Affen als Grundstock für weitere „Affenberge", z. B. für den in Salem am

Blick von der Hochkönigsburg in die Rheinebene

Umgebung von Kintzheim

Bodensee. Und die derzeit ca. 280 Tiere dienen Verhaltensforschern als hervorragende Studienobjekte. Ohne Geburtenkontrolle wäre der Kintzheimer Wald sicherlich schon hoffnungslos übervölkert, denn die Versorgung mit Futter ist optimal, natürliche Feinde gibt es nicht. Für den Besucher bietet der Park insofern ein besonderes Erlebnis, als man den Tieren ohne trennende Gitter in ihrem Lebensraum begegnet und sogar Kontakt zu ihnen herstellen kann. Beim Eintritt erhält man eine Hand voll Popcorn, ein Leckerbissen für die Affen, sodass diese sich gerne den Menschen nähern und zutraulich sind.

Lage/Öffnungszeiten Von Kintzheim auf der D 159 ca. 3 km in westliche Richtung fahren, dann zweigt eine beschilderte Straße (ohne Kennzeichnung) nach rechts ab. Vom 1.4. bis 31.10. tägl. 10–12 und 13–17 bzw. 18 Uhr, im Juli/Aug. durchgehend, vom 1.–11.11. nur Sa/So geöffnet. Erwachsene 8,50 €, Kinder (5–14 J.) 5 €. www.montagnesinges.com.

Château du Haut-Koenigsbourg: Stolz grüßt die majestätische Hohkönigsburg vom Stophansberg über dem Weindörfchen St-Hippolyte in die Ebene. Doch nicht wegen seiner Lage gehört das Anfang des 12. Jh. auf Befehl des Staufer-Herzogs Friedrich II. von Schwaben gebaute Château zu den Besuchermagneten im Elsass, sondern vielmehr deshalb, weil es als Einziges vollständig renoviert wurde und somit einmalige Einblicke in die Lebensbedingungen auf einer mittelalterlichen Burg gibt. Seit 2007 sind aus Sicherheitsgründen wieder Bauarbeiten im Gange, die aber die Besichtigung der Burg nicht behindern.

Die Restaurierung selbst ist eine Geschichte für sich. Nach ihrer Zerstörung im Dreißigjährigen Krieg verfiel die Burg, die zwischenzeitlich mehrfach ihre Herren gewechselt hatte und unter den im Dienste des Hauses Habsburg stehenden Grafen von Thierstein im 15./16. Jh. großzügig erweitert worden war, mehr und mehr. Seit 1865 war die Stadt Sélestat Besitzerin der Ruinen. Diese schenkte sie 1899 dem damals das Reichsland Elsass-Lothringen besuchenden deutschen Kaiser Wilhelm II., von dem bekannt war, dass er ein Faible für historische Bauten hatte. Und der beauftragte

Der kaiserliche Adler ist mehrfach zu sehen

204 Die Weinstraße nördlich von Colmar

prompt den Architekten Bodo Ebhardt mit dem Wiederaufbau. Durch den Besuch zahlreicher Burgen in Europa bereitete der sich auf das Projekt vor und arbeitete sich akribisch in die mittelalterliche Architektur ein. Die Restaurierung begann 1901, und 1908 überreichte man dem Kaiser im Rahmen einer pompösen Eröffnungsfeier den Schlüssel. Das Werk Ebhardts, der z. T. recht eigenwillig vorgegangen war, blieb lange umstritten. Von vielen wurde es als „unhistorisch" und v. a. als „germanisch-nationalistisches Machtsymbol" abgelehnt, heute steht man ihm jedoch sehr viel positiver gegenüber und erkennt die Leistung Ebhardts durchaus an.

Von der Kasse geht man durch das mit dem Wappen der Thiersteiner geschmückte Tor in der Ringmauer und kommt zum *Ehrenportal* mit Fallgitter. Unter den Wappen Wilhelms II. und des Habsburgers Karl V. erinnert eine Inschrift daran, dass der deutsche Kaiser die Burg restaurieren ließ. Dahinter liegt der *Wirtschaftshof* mit Stallungen, Windmühle und Schmiede. Durch einen Turm, über Treppen und eine Zugbrücke gelangt man zum *Löwentor,* so genannt wegen eines teilweise erhaltenen Reliefs mit zwei Löwen, und weiter zu dem 62 m tiefen *Brunnen,* der die Wasserversorgung des Palas, in dem man sich jetzt befindet, sicherte. Über eine lang gestreckte *Vorratskammer* (hier steht u. a. ein Modell der Burg vor der Renovierung durch Bodo Ebhardt) kommt man, vorbei an einer Zisterne, in einen *Innenhof* mit Holzgalerien, auf die sich ein Teil der einstigen Wohnräume öffnet. Bodo Ebhardt ließ hier nach alten Vorbildern Wandmalereien anbringen. Gegenüber kann man in der ehemaligen *Küche* eine mittelalterliche Spüle, zwei Kamine und ein Fass mit einer Füllmenge von 8000 Litern aus dem 17. Jh. bewundern.

Eine Wendeltreppe führt ins zweite Stockwerk hinauf. Prunkstück ist der sog. *Kaiser-* bzw. *Festsaal,* den Ebhardt ganz für seinen Kaiser ausgestaltete. An der Decke – der Raum wurde auf Wunsch Wilhelms II. im Vergleich zum ursprünglichen Zustand um etwa das Doppelte erhöht – prangt der kaiserliche Adler. Seinen Kopf ziert ein Heiligenschein mit den Worten „Gott mit uns". Überall entdeckt man das schwarz-weiße Hohenzollernwappen, und sogar die rankenden Pflanzen enden jeweils in einem W. Die Möbel des südlich gelegenen *Lothringischen Zimmers* waren ein Geschenk aus dieser Region an den Kaiser. An der Decke hängt die verkleinerte Nachbildung von „Grauli", ein einstmals angeblich die Kathedrale von Metz bewohnender Drache. Von hier aus kommt man zur Tribüne der *Burgkapelle.* Daneben befand sich ein komfortables Schlafzimmer, eine Holztür führte direkt zu einer Latrine, ein besonderer Luxus. Der angrenzende Wohnraum wurde durch einen Erker besonders hell erleuchtet. Über eine Treppe kommt man zu kleineren Gemächern und in den spitzbogigen Kapellenraum hinunter und befindet sich nun im ersten Stockwerk. Vom benachbarten *Jagdsaal* konnte man dem Gottesdienst beiwohnen. Besichtigen Sie nun den *Waffensaal* und gehen Sie dann auf einer Zugbrücke über einen Graben in den Garten. An den Mauern standen hier einst Brotofen und Badestube. Von hier aus führt der Rundgang zum großen Bollwerk, das einen prächtigen Blick auf die Burg mit ihrem Bergfried und die dahinter liegende Landschaft eröffnet – eines der beliebtesten Postkartenmotive des Elsass.

Lage/Parken Am günstigsten fährt man von Kintzheim oder von St-Hippolyte auf die Burg hinauf. Um diese herum verläuft eine Ringstraße, an der die Parkplätze liegen.

Öffnungszeiten/Eintritt Nov.–Feb. tägl. 9.30–12 und 13–16.30 Uhr, März–Mai und Sept./Okt. durchgehend bis 17 bzw. 17.15 Uhr, Juni–Aug. 9.15–18 Uhr. Erwachsene 8 €, Kinder unter 18 J. frei.

Erdgeschoss   ## *Château du Haut-Koenigsbourg*

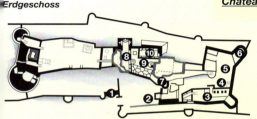

2. Stock

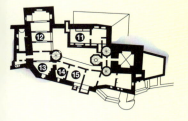

(*) während der derzeitigen
Bauphase ausgelagert

❶ Kasse
❷ Ehrenportal mit Fallgatter
❸ Boutique/Restaurant (*)
❹ Wirtschaftshof
❺ Zugang zum Palas
❻ Windmühle
❼ Brunnen
❽ Vorratskammer
❾ Innenhof mit Holzgalerien
❿ Küche
⓫ Waffensaal
⓬ Zugbrücke
⓭ Garten
⓮ Großes Bollwerk
⓯ Nördlicher Zwinger
⓰ Nördlicher Palas
⓱ Festsaal
⓲ Lothringisches Zimmer
⓳ Tribüne der Kapelle
⓴ Komfortable Wohnräume
㉑ Jagdsaal

1. Stock, Garten und großes Bollwerk

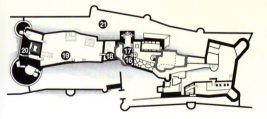

Führungen In der Hochsaison tägl. mehrmals auch deutschsprachige Führungen (kostenlos). Der Sammelpunkt befindet sich in der Vorratskammer. Empfehlenswert ist auch der nahe der Kasse erhältliche deutschsprachige Audioguide zum Preis von 4 €, zu zweit bezahlt man 5,50 €.
Ruinen der Oedenbourg Der beschilderte Pfad zur benachbarten Oedenburg aus dem 13. Jh. (5 Min.) beginnt unterhalb der Südwestecke der Hohkönigsburg.

Bergheim: Der sympathische Ort bietet ein nettes Ambiente und für Weinstraßenverhältnisse vergleichsweise viel Ruhe. Gegenüber der riesigen 700-jährigen Linde am Platz vor dem Städtchen steht die hübsche *Porte Haute* mit bunt lasiertem Dach. Von hier aus kann man Bergheim entlang der vollständig erhaltenen mittelalterlichen Befestigung umrunden. Besonders lohnend ist ihr nördlicher Abschnitt, da man hier zahlreiche intakte Wachtürme zu sehen bekommt. Aber auch das Zentrum mit kopfsteingepflastertem Rathausplatz und stattlicher Mairie aus dem 18. Jh. hat seinen Reiz. Neben der gotischen Kirche am östlichen Ortsrand zeigt ein kleines *Hexenmuseum* (5, rue de l'Eglise) Bilder, Gravuren, Texte und Videos zu den in Bergheim zwischen 1582 und 1683 abgehaltenen Hexenprozessen.

Öffnungszeiten des Hexenmuseums
Juli/Aug. Mi–So 14–18 Uhr, Sept./Okt. nur
So. Erwachsene 3 €, Kinder unter 14 J. frei.

Parken Am westlichen Ortseingang befindet sich ein großer Parkplatz.

Übernachten *** Hôtel **Chez Norbert**, komfortable, klimatisierte Zimmer mit Minibar und TV im Maisonette-Stil wurden in diesem kleinen Hotel wunderbar ins alte Gemäuer eingefügt, teilweise haben sie sogar Balkon. Ausgezeichnetes Frühstücksbuffet, nach dem man das Mittagessen getrost ausfallen lassen kann. Zu zweit bezahlt man 80–115 €. 9, Grand' rue, ℘ 0389733 115, ℘ 0389736065, www.cheznorbert.com.

*** **Résidence Hôtelière La Cour du Bailli**, rund um den hübschen Innenhof eines alten Winzerhauses wohnt man sehr angenehm in einem der kleinen Studios oder in einem der Apartments, in denen z. T. das Fachwerk noch hervorlugt. Vor kurzem wurde ein Wellnessbereich mit Schwimmbecken, Sauna, Jacuzzi und Hamam eingerichtet. Angeschlossen ist außerdem eine urige Weinstube. Studio mit Grand Lit und Einzelbett, je nach Saison 74–85 €, Apartment bis

zu 7 Pers. 90–190 €. Bei längerem Aufenthalt gibt's Nachlass. 57, Grand' rue, ℘ 0389737346, ℘ 0389733881, www.cour-bailli.com.

Essen & Trinken Restaurant **La Bacchante**, in demselben Anwesen, in dem das Hôtel Chez Norbert untergebracht ist, speist man in einer ehemaligen Scheune stilecht zwischen alten Schränken, Vitrinen und bauchigen Destillierflaschen oder im romantischen Innenhof. Auf der kleinen Speisekarte findet man jahreszeitlich bestimmte Küche. Lecker z. B. das Rinderfilet mit Zwiebelconfit an Pinot-Noir-Sauce. Di sowie am Fr mittags geschl. Adresse s. o.

Wistub du Sommelier, ein wunderschönes Wirtshausschild macht auf diese fast elegante Weinstube aufmerksam. Antje aus der Hohenlohe berät ihre Gäste aufs Beste auch in Sachen Wein, während ihr Mann Patrick in der Küche das Sagen hat. Die Speisekarte umfasst einige elsässische Gerichte, aber auch ausgefallenere Kompositionen wie Barschfilet auf Ratatouille. Angenehme Atmosphäre, Reservierung empfehlenswert. Mi und Do geschl. 51, Grand' rue, ℘ 0389736999.

Ribeauvillé

Am Ausgang des Strengbachtals zieht sich zwischen goldenen Weinbergen malerisch eine der Perlen der Weinstraße am Bächlein entlang nach oben. Überragt wird sie von gleich drei Burgen, deren Mauern zwischen dem dunklen Grün der Wälder herausleuchten.

Doch die Idylle hat ihren Preis. Während der Saison gehören Stau und Parkplatznot zum Alltag. Denn da Ribeauvillé auch noch über ausgesprochen viel mittelalterliche Bausubstanz verfügt, zählt es zu den beliebtesten Zielen der Weinstraße. Aber trotz des Trubels macht es großen Spaß, sich durch die historischen Gassen mit zahlreichen Cafés und Winstubs treiben zu lassen. Überall trifft man dabei auf das Bild eines Musikanten in mittelalterlicher Kleidung. Zu denen nämlich hatte das Städtchen über drei Jahrhunderte lang eine ganz besondere Beziehung, und heute noch wird im September wie damals der *Pfifferdaj*, ein buntes Fest der Spielleute, gefeiert.

Geschichte: Der ursprüngliche Name des bereits im 8. Jh. bekannten Fleckens lautete „Ratboldvilare", die Länderei des Ratbold, woraus sich der deutsche Name Rappoltsweiler ableitete. Ein gewisser Reginbold, französisch Reinbaud, ließ im 10./ 11. Jh. oberhalb davon auf einem Felssporn die Burg Rappoltstein bzw. Ribeaupierre (heute Ulrichsburg) errichten. Nach dieser benannte sich das die Umgebung beherrschende Adelsgeschlecht. 1162 geriet sie in den Besitz des Bistums Basel, von dem sie der schwäbische Graf Egenolph von Urslingen als Lehen erhielt. Dieser wurde zum Stammvater einer zweiten Familie Rappoltstein, die bis zur Französischen Revolution die Geschichte der Umgebung bestimmte. Seine Nachfahren sicherten ihre Burg und ihren Besitz durch den Bau zweier weiterer Festungen, der Guirsberg und der Haut-

Ribeaupierre. Die unterhalb gelegene Siedlung vergrößerte sich mehr und mehr und erhielt 1290 das Marktrecht. Eine Ringmauer schützte sie vor Angriffen, aber auch innerhalb der Stadt grenzte man einzelne Viertel durch Mauern und Tore ab. Die Burgen erschienen ihren Bewohnern im 16. Jh. schließlich zu unbequem und wurden aufgegeben. Ein schlossähnliches Gebäude in der Oberstadt nahe der Eglise St-Grégoire, heute eine Schule, diente dem Geschlecht von da an bis zur Revolution als Wohnsitz.

Pfifferdaj – Ribeauvillé und die Musikanten

Troubadoure, Minnesänger, Spielleute, Pfeiferbrüder – das Mittelalter kannte verschiedene umherziehende Musikanten, die an Herrensitzen, bei Dorffesten, Hochzeiten, an Markttagen die Menschen unterhielten. Besonders angesehen waren sie nicht, und oft gab es Unstimmigkeiten. Um die Probleme in den Griff zu bekommen, erhielten die Herren von Ribeaupierre 1482 von Kaiser Friedrich III. das Recht, allen zwischen Rhein und Vogesen, zwischen Basel und dem Hagenauer Forst wohnhaften Musikanten Steuern aufzuerlegen, hatten aber auch die Pflicht, die Gerichtsbarkeit über sie auszuüben. Also erließen sie Gesetze und vereinigten die Musiker in einer Bruderschaft, deren Schutzpatronin die Gottesmutter war. Jedes Mitglied musste eine Medaille mit dem Bild Mariens tragen, das ihrer Statue in der Dusenbacher Kapelle (siehe S. 212) nachgebildet war. Die Pfeiferbrüder versammelten sich alljährlich am Fest Mariä Geburt, also am 8. September, in Ribeauvillé und feierten nach einem bunten Umzug, einer Messe und der obligatorischen Gerichtssitzung drei Tage lang ein rauschendes Fest. Dies ist der Ursprung des Pfeifertages.

Adressen/Verbindungen

Information Das **Office de Tourisme** ist von Ostern bis Anfang Okt. Mo–Sa und So vormittags, von Okt. bis Ostern Mo–Fr, in geraden Wochen außerdem am Sa, im Dez. z. T. auch am So geöffnet. 1, Grand' rue, 68150 Ribeauvillé, ✆ 0389732323, ℡ 03897 32329, www.ribeauville-riquewihr.com.

Führungen Von Mai bis Okt. werden mehrmals wöchentlich kostenlose Führungen in frz. Sprache durch Stadt und Rathaus angeboten; genaue Termine erfragen Sie bitte im O.T.

Minitrain Von April bis Okt. kann man tägl. zwischen 10 und 19 Uhr zu jeder vollen Stunde eine Spazierfahrt (ca. 45 Min.) durch die Stadt machen. Abfahrt am großen Parkplatz vor dem Ort, Zustieg auch möglich am Rathaus. Erwachsene 6 €, Kinder (6–14 J.) 4 €.

Zug Der nächste Gare SNCF befindet sich im 4 km östlich gelegenen Guemar, von wo man Verbindung nach Strasbourg und Sélestat hat.

Parken Am großen Parkplatz vor dem Ortseingang oder entlang der Straße Rempart de la Streng.

Taxi ✆ 0389737371.

Tipp für Radfahrer und Wanderer: Im O.T. bekommt man kostenlos eine Broschüre mit fünf Mountainbiketouren rund um Ribeauvillé, ein Paket mit Karten und Beschreibungen zu 16 Spaziergängen und Wanderungen gibt es zum Preis von 2 €.

Fahrradverleih Ribo' Cycles, in der Nähe des Campingplatzes. Einen Drahtesel kann man für 10 €/Tag mieten. 17, rue de Landau, ✆ 0389737294.

Cycles Binder, verleiht geländegängige Fahrräder zum selben Preis. 82, Grand' rue, ✆ 0389736587.

Markt Sa am Rathausplatz.

Feste Am dritten Wochenende im Juli findet ein **Weinfest** statt. Eines der bekanntesten und beliebtesten Feste im Elsass ist der **Pfifferdaj** am ersten So im Sept. Mit

208   Die Weinstraße nördlich von Colmar

mittelalterlichen Trachten, Musikgruppen von nah und fern und einem großen Umzug wird die Vergangenheit wieder lebendig, und wie beim ursprünglichen Pfeifertag zeigt sich die Stadt großzügig und lässt aus dem Rathausbrunnen Wein statt Wasser sprudeln. Eintritt 7 €.

Einkaufen Catherine Cadeaux, große Auswahl an Textilien, Dekoobjekten und Souvenirs. 53, Grand' rue.

Beauvillé, was in der Stoffmanufaktur wie vor 150 Jahren mit alten Holzmodeln in traditioneller Handarbeit hergestellt wird, hat Weltruhm erlangt und ist einen **Tipp** wert. Die farbkräftigen Stoffe, Tischtücher, Platzdeckchen und Servietten mit üppigen Motiven findet man in europäischen Königshäusern, aber auch im Weißen Haus in

Washington. Im Firmenladen erhält man auf die teuren Produkte immerhin einen Nachlass von bis zu 40 %. 19, rte de Ste-Marie-aux-Mines. ■

Chocolaterie du Vignoble, der bekannte Haguenauer Chocolatier Daniel Stoffel eröffnete vor einiger Zeit den großen Schokoladenpalast an der Straße nach Guemar. Ein Muss für alle Schokoholics! Mo–Fr 10–12 und 14–19 Uhr, Sa durchgehend. Rte de Guemar.

Casino 7 Tage die Woche kann man hier bei Roulette, Black Jack, Poker und an Automaten sein Glück versuchen. Jeweils 10–2 Uhr, am Wochende bis 4 Uhr geöffnet. Rte de Guemar.

Öffentliche Toiletten Neben dem Rathaus, an der Eglise St-Grégoire und an der Place de la République.

Übernachten/Essen

Übernachten *** Hôtel de la Tour **2**, alteingesessenes Haus mitten in der Stadt. Die modern eingerichteten Zimmer harmonieren schön mit dem alten Fachwerkgebälk, geschmackvolle Bäder. Die Gäste können den Wellnessbereich mit Sauna, Dampfbad, Whirlpool und einen Tennisplatz im 2 km entfernten Schwesterhotel benutzen. Zu zweit bezahlt man je nach Ausstattung und Größe des Zimmers 70–94 €, Parkplatz 6 €. 1, rue de la Mairie, ☎ 0389737273, 📠 03897 33874, www.hotel-la-tour.com.

*** Hôtel Les Vosges **5**, hinter der nüchternen Fassade verbirgt sich ein recht komfortables Hotel mit nahezu romantisch anmutenden Zimmern. Kleiner Parkplatz (kostenlos). Für ein DZ mit Grand Lit bezahlt man 60 €, die größeren Räume mit 2 Betten kosten 80 €, für 4-köpfige Familien sind die Apartments geeignet (98 €). 2, Grand' rue, ☎ 0389736139, 📠 0389733421, www.vosges-hotel.com.

** Hôtel du Mouton **1**, größerer Gasthof an der hübschen Place de la Sinne. Das „Wappentier" Schaf grüßt überall im Haus. Unterschiedlich große Zimmer, alle mit Bad und TV ausgestattet. Die kleineren Standardzimmer werden für eine oder zwei Personen mit 58 €, die größeren mit 68 € berechnet. 5, pl. de la Sinne, ☎ 0389736011, 📠 0389737462, http://hoteldumouton.com.

**** Camping Pierre de Coubertin, der südlich des Ortskern gelegene Platz mit Tennisplatz und Lebensmittelladen wurde von einem Leser sehr gelobt. 15.3.–16.11. ge-

öffnet. 23, rue de Landau, ☎/📠 0389736671, www.camping-alsace.com.

Essen & Trinken Auberge Au Zahnacker **6**, eine der empfehlenswertesten Adressen liegt außerhalb der großen Flaniermeile. Bei Joseph Leiser werden auf der Terrasse oder im schlichten Gastraum traditionelle, aber auch saisonal unterschiedliche Gerichte serviert – je nachdem, was der Markt bietet, kommen dann immer wieder andere fantasievolle Kompositionen auf den Tisch. Ein weiterer Pluspunkt: Viele Gerichte können auch als halbe Portionen bestellt werden, sodass man sich getrost Vorspeise und Hauptgericht leisten kann. Do sowie Di abends geschl. 8, rue du Gal de Gaulle, ☎ 0389736077.

Winstub Zum Pfifferhüs **4, in einem der schönsten Häuser der Stadt wird man in der urgemütlichen Weinstube wunderbar mit elsässischen Spezialitäten bewirtet. Ein Gedicht sind z. B. die Hechtklößchen oder das Mousse au Kirsch. Mi und Do (in der NS) geschl. 14, Grand' rue, ☎ 0389736228.

Caveau de l'Ami Fritz **3, bei der alten Katharinenkapelle liegt die beliebte Weinstube mit urigem Gewölbekeller und schmaler Terrasse. Umfangreiches Speiseangebot von Pizza und auch ausgefalleneren Tartes flambées (z. B. mit Schnecken) bis zu elsässischen und französischen Gerichten; durchgehend warme Küche. 1, pl. de l'Ancien Hôpital, ☎ 0389736811.

Sehenswertes

Tours des Cigognes: Einen schönen Auftakt zur Erkundung der Stadt bilden die beiden zur mittelalterlichen Stadtbefestigung gehörenden Türme mit ihren Storchennestern; der eine steht an der Route de Bergheim, der andere am Strengbach.

Grand' Rue/Place de la 1ère Armée: In der lang gezogenen Flaniermeile und Schlagader des öffentlichen Lebens, der *Grand' Rue*, sollten Sie das Haus Nr. 14 (Winstub „Zum Pfifferhüs") genauer betrachten, dessen Erker von prächtigen

Schnitzfiguren (Verkündigungsszene) verziert ist. Drinnen war einst der Hauptversammlungsort der Pfeiferbruderschaft.

Von hier aus sind es nur wenige Schritte bis zur *Place de la 1ère Armée,* dem früheren Judenplatz. Bei dem mit dem Bild eines grauen Dickhäuters verzierten Lokal auf der rechten Seite handelt es sich um das einstige Gasthaus „Zum Elefanten". Daneben steht die *Halle au Blé;* im Durchgang des Gebäudes wurde früher der Getreidemarkt abgehalten.

Place de la Mairie: Über die Grand' Rue geht man weiter bis zur Place de l'Ancien Hôpital mit der einst zum Armenkrankenhaus der Stadt gehörenden *Chapelle Ste-Catherine* und erreicht die *Place de la Mairie.* Prunkstück ist der Brunnen aus dem Jahre 1536, geschmückt von einem das Wappen der Ribeaupierre tragenden Löwen. Das dahinter stehende neoklassizistische Rathaus beherbergt eine Sammlung von Trinkpokalen und anderem Tischgeschirr der Rappoltsteiner, die auch besichtigt werden kann.

Vom 1.5. bis 31.10. wird man tägl. außer Mo und Sa um 10, 11 und 14 Uhr kostenlos durch die Sammlung geführt (nur auf Französisch). Dauer ca. 1 Std.

Metzgerturm/Eglise St-Grégoire: Die Augustinerkirche passierend kommt man unmittelbar darauf zum *Metzgerturm.* Der im 13. Jh. erbaute Koloss diente einst als Tor zwischen Alt- und Neustadt, als Gefängnis und Wachturm. Seinen Namen verdankt er der einst in seiner unmittelbaren Nähe stehenden Schlachthalle.

Passieren Sie das Tor und gehen weiter bis zum Restaurant Au Cerf, einem Gebäude aus dem 16. Jh. mit hübschem Renaissancebrunnen. Rechts führt die Straße zur *Eglise St-Grégoire* hinauf, die zwischen 1300 und 1650 erbaut wurde. Im Tympanon über dem Hauptportal sieht man eine Kreuzigungsszene. Im rechten Seitenschiff sollten Sie der polychromen Madonnenfigur Beachtung schenken. Links steht der älteste steinerne Ölberg des Elsass. Stolz sind die Rappoltsweiler Bürger auch auf die Silbermannorgel.

Früher wie Heute: In Ribeauvillé treffen sich die Musikanten

Weinleseerfahrungen

An einem kühlen, trüben Oktobermorgen treffen wir bei Henri ein, und sogleich geht es mit ihm und seinem Weinlesetrupp im Kleinbus in die Weinberge hinaus. Sylvaner soll heute geherbstet werden, so hatte es die Winzergenossenschaft vorgegeben. Viermal war ein Prüfer vom *Cave Vinicole de Ribeauvillé* in den letzten Wochen vorbeigekommen und hatte die Trauben begutachtet, um festzustellen, wie weit die Reife vorangeschritten ist. Das regnerische Sommerwetter ist dafür verantwortlich, dass der Eröffnungstermin für die Lese in diesem Jahr erst relativ spät angesetzt wurde.

Henri, ein Vollerwerbswinzer, gibt seine Ernte an die Genossenschaft ab, „weil es einfacher ist" – allerdings muss er sich dafür auch an klar geregelte Vorgaben halten. Automatische Vollernter z. B. sind für ihn im Gegensatz zu manchem selbstvermarktenden Winzer tabu, denn diese Maschinen lesen die Trauben nicht aus, sondern schneiden alles ab. Martine, Henris Frau, erklärt uns, dass nicht alle Beeren gut genug seien und unreife oder mit der Essigfäule versetzte nicht in den Eimer wandern dürften. Der Grundkurs ist schnell absolviert, schon stehen wir mit scharfen, kleinen Rebscheren bewaffnet da und bemühen uns nach besten Kräften. Die Aufgaben sind klar verteilt: Während die einen schneiden und die Ernteeimer füllen, holt Emile, der „Träger", diese regelmäßig ab und schüttet den Inhalt in riesige Kübel, die wiederum auf dem großen Wagen des Traktors entleert werden. So schnell wie die schon seit Jahren immer wieder bei Henri arbeitenden Erntehelfer aus Colmar, Ribeauvillé und Obernai sind wir allerdings beileibe nicht. Dabei ist Geschwindigkeit neben Sorgfalt das oberste Gebot, schließlich soll die Weinlese in ca. zwei Wochen abgeschlossen sein. So lange haben sich Martine und alle Erntehelfer freigenommen, danach gehen sie in ihre normalen Berufe zurück. Bei Regen ist jedoch alles lahm gelegt, denn dann darf nicht geherbstet werden. Für die Winzer sind diese Wochen eine teuere Zeit, schließlich kostet ein Erntehelfer inkl. Versicherung ca. 80 € pro Tag, da muss schon etwas dabei herauskommen.

Die Stunden sind im Nu verflogen, wir sind ins Schwitzen geraten, und das nicht nur, weil die Sonne herausgekommen ist. Mittagessenszeit – auch im Weinberg wird nach elsässischer Manier gut getafelt. Allerdings kocht frau inzwischen nicht mehr selbst, sondern das Essen wird von einem Restaurant in der Nähe geliefert. Während wir danach noch ein bisschen sitzen und unsere schmerzenden Rücken anlehnen dürfen, fährt Henri mit dem voll beladenen Traktor eilig nach Ribeauvillé – der Oxidationsprozess setzt schon nach kurzer Zeit ein, auch hier ist Eile also wieder oberstes Gebot. In der Genossenschaft kommen die Beeren sofort in die Presse, außerdem wird der Öchslegehalt gemessen. Ein Computerausdruck gibt dem Winzer sofort darüber Auskunft – und damit auch über seinen Verdienst.

212   Die Weinstraße nördlich von Colmar

Place de la Sinne/Place de la République: Zurück auf der Grand' Rue geht man weiter bis zur *Place de la Sinne,* wo im einstigen Hôtel Au Soleil mit hübschem Treppenturm im Hof (heute ein Geschäft) im Jahre 1788 zum letzten Mal die legendäre Versammlung der Pfeiferbruderschaft stattfand. Oberhalb davon liegt der kleine *Bockplatz.* Die rechts verlaufende Rinne erinnert daran, dass hier einst das Wasser des Stadtbachs rauschte. Das Eckhaus an der Rue du Lys wird durch Schnitzbalken mit eindrucksvollen Männerfiguren geschmückt. Den Abschluss des Rundgangs bildet die lang gezogene *Place de la République* mit einem Löwenbrunnen. An seinem Ende beginnt ein Fußweg zu den Schlössern hinauf (siehe unten).

Weitere Sehenswürdigkeit: Im Keller der Genossenschaft von Ribeauvillé werden im *Museé de la Vigne et de la Viticulture* Werkzeuge und Geräte rund um den Weinbau ausgestellt.

Abgesehen von der Weinlesezeit ganzjährig tägl. geöffnet. Eintritt frei. 2, rte de Colmar.

Umgebung von Ribeauvillé

Notre-Dame de Dusenbach: Von einem Kreuzzug brachte Egenolph von Urslingen Anfang des 13. Jh. eine Muttergottesfigur mit und ließ dafür im Dusenbachtal eine Kapelle errichten. Bald entwickelte sich daraus eine wichtige Wallfahrtsstätte. Mehrmals wurde diese zerstört, wobei auch die ursprüngliche Madonna verloren ging, die man im 15. Jh. durch eine Pietà ersetzte. Anfang des 17. Jh. stellte sich die Pfeiferbruderschaft unter den Schutz der Notre-Dame von Dusenbach. Alljährlich am 8. September feierte man hier ihr zu Ehren eine Messe. Mittlerweile existiert an dem Ort ein Kapuzinerkloster, für die Wallfahrt errichtete man eine große Kirche. Links vom Altar ist die hoch verehrte Pietà (15. Jh.) zu sehen. Gegenüber der Kirche steht die 1894 nach ursprünglichen Plänen errichtete *Gnadenkapelle.* An der rechten Wand lassen sehenswerte Wandbilder die Vergangenheit aufleben, schildern z. B. den Beginn der Verehrung Anfang des 13. Jh. und die Huldigung der Pfeifer.

Lage Mit dem Auto fährt man über die D 416 Richtung Ste-Marie-aux-Mines und biegt nach etwa 2 km auf einen Waldweg zur Wallfahrtsstätte ab (beschildert, knapp 1 km). Wer zu Fuß gehen möchte, zweigt von der D 416 gegenüber vom Haus Nr. 15 auf einen mit blauem Dreieck markierten Weg ab (ca. 30 Min.).

Die Burgen von Ribeauvillé: Ein wunderbares Bild bieten die dicht beieinander gelegenen Ruinen über dem Strengbachtal, die man nur zu Fuß erreichen kann (an der Place de la République beginnt der ca. 40-minütige, mit rotem Balken markierte Pfad). Am beeindruckendsten und am besten erhalten ist die auf zwei Felsen errichtete Ulrichsburg.

Château St-Ulrich: Schaut man unmittelbar nach dem Durchschreiten des Tores nach rechts aufwärts, entdeckt man am Wohnturm über einem kleinen Fenster ein schönes Palmenmotiv, das man im gesamten Komplex immer wieder finden kann. Gehen Sie über eine Holzbrücke in den Vorhof mit der Zisterne und von dort über Stufen aufwärts. Vor dem Wohnturm wendet man sich nach links zum Oberhof. Durch einen Durchgang nach links gehend kann man den einst prunkvollen *Rittersaal* einsehen. Bemerkenswert sind die sieben doppelten Fenster mit filigranen, immer anders gestalteten Giebelfeldern. Am Ende des Oberhofs sieht man links die Reste der *Burgkapelle,* rechts führt ein Aufgang zu weiteren Wohnräumen.

Gehen Sie nun wieder zurück zum Eingang des Oberhofs und steigen Sie über den Wohnturm zum Bergfried hinauf. Nachdem man 64 Stufen überwunden hat, genießt man einen wunderbaren Blick aufs Strengbachtal, auf Ribeauvillé und die

Blick von der Ruine Guirsberg auf die Ulrichsburg

Rheinebene. Davon hatte aber wohl Kunigunde von Hungerstein nichts, als sie hier 1487 eingesperrt wurde. Der schönen jungen Frau war vorgeworfen worden, ihren weitaus älteren Gatten mit Hilfe ihrer Liebhaber heimtückisch erwürgt zu haben. Dem Tod durch Ertränken entging sie, nicht jedoch jahrzehntelanger Haft.

Ruine Guirsberg: Sie erhebt sich gegenüber der Ulrichsburg, stammt aus dem 13. Jh. und ist nach den Herren benannt, die sie von den Ribeaupierre als Lehen bekommen hatten. Von hier aus genießt man einen einzigartigen Blick auf die Ulrichsburg.

Château du Haut-Ribeaupierre: Es befindet sich oberhalb der Ulrichsburg, wurde ebenfalls im 13. Jh. errichtet und war zeitweiliger Wohnsitz der Familie Ribeaupierre. Seine Fundamente gehen, wie Münzfunde belegen, auf das römische Zeitalter zurück. Der Aufstieg lohnt v. a. wegen des weiten Blicks über die Vogesen, der runde Bergfried kann aus Sicherheitsgründen nicht besichtigt werden.

Wehrkirche/Parc des Cigognes in Hunawihr: Mit seiner malerischen mittelalterlichen *Wehrkirche* ist das von ergiebigen Weinbergen umgebene Dörfchen ein besonders beliebtes Fotomotiv. Das Gotteshaus aus dem 15. Jh. und der dahinter liegende Friedhof werden von einer mit sechs Bollwerken verstärkten Mauer geschützt und boten so in unruhigen Zeiten den Bewohnern des unbefestigten Ortes eine sichere Zuflucht. Im Innern finden Sie in einer Seitenkapelle links vom Chor 14 wunderschöne Fresken in blassen Farben. Sie erzählen Ereignisse aus dem Leben des heiligen Nikolaus (obere Reihe) und stellen seine Wunder dar (untere Reihe). Das 15. Bild, rechts neben dem Fenster an der Ostwand, stammt möglicherweise aus dem 16. Jh. und von einem anderen Maler. Es zeigt wahrscheinlich die Krönung Mariens durch die Dreifaltigkeit, nach anderer Meinung aber die der heiligen Huna, die hier im Mittelalter durch Wallfahrten verehrt wurde. In einer Vitrine werden Modelle zur Baugeschichte der Wehrkirche ausgestellt. Diese wird heute von beiden Konfessionen benutzt.

Darüber hinaus lohnt ein Besuch Hunawihrs wegen seiner pittoresken Gassen. Die meisten Besucher kommen jedoch, um die Tierparks am Ortseingang zu besuchen.

214   Die Weinstraße nördlich von Colmar

Auf den Wiesen und in Gehegen des *Parc des Cigognes* sieht man unzählige Störche, Enten, Gänse und Reiher. Doch nicht nur die Nachzucht Meister Adebars gehört zum Programm des Parks, vielmehr bemüht man sich auch, den Sumpfbiber im Elsass wieder heimisch zu machen. Größte Attraktion ist die 30-minütige Tierschau, bei der Schwimm- und Jagdkünste von Pinguinen, Ohrenrobben und Fischottern vorgeführt werden und man u. a. beobachten kann, wie ein Kormoran versucht, einen Aal zu fangen.

Im benachbarten *Jardin des Papillons* kann man in einem riesigen Gewächshaus mehrere hundert bunte Schmetterlinge aus Afrika, Asien und Amerika bewundern, außerdem exotische Pflanzen, die in Symbiose mit den Schmetterlingen leben.

Öffnungszeiten/Eintritt Parc des Cigognes: April bis Okt. tägl. 10–12.30 und 14–17 bzw. 18 Uhr, an den Wochenenden sowie von Juni–Aug. tägl. durchgehend, z. T. bis 19 Uhr geöffnet. Die Vorführungen der fischenden Tiere finden in der Hochsaison bis zu 4-mal am Nachmittag statt. Erwachsene 9 €, Kinder (5–12 J.) 5,50 €. www.cigogne-loutre.com.

Jardin des Papillons: 1.4.–1.11. tägl. 10–18 Uhr. Erwachsene 7,50 €, Kinder (5–14 J.) 4,50 €. www.jardindespapillons.fr.

Übernachten/Essen   »» Unser Tipp: **Wistub Suzel** ist eine traditionelle Weinstube mitten in Hunawihr. Was der nette Eric Mittnacht in seiner kleinen Küche zubereitet, schmeckt: deftige elsässische Spezialitäten, nach denen aber zum Glück noch ein Plätzchen für die feinen Desserts und das hausgemachte Eis bleibt. Mehrere recht preisgünstige Menüs, die z. T. nach Jahreszeit variieren. Sonntagabends wird Flammkuchen serviert, wozu hervorragend der Riesling aus dem Weingut von Erics Bruder passt. Mo sowie am Mittwochabend geschl. Im Haus schräg gegenüber vermieten die Mittnachs zum Preis von 48 bis 75 € (1–4 Pers.) einfache, mit hellen Kiefernholzmöbeln ausgestattete Gästezimmer, die alle auch über Kühlschrank und Mikrowelle verfügen. 2, rue de l'Eglise, ✆/✆ 0389733085. ««

> 🥾 **Wanderung 2: Durch die Weinberge bei Hunawihr und Riquewihr** → S. 380
> Gemütliche Wanderung im Rebenmeer mir herrlichen Ausblicken.

Zellenberg: Durch seine Lage auf einem Bergrücken bleibt das schmucke Dörfchen mit seinen zwei gut erhaltenen runden Wachtürmen vom Durchgangsverkehr und vom großen Rummel verschont. Von der Kirche kann man über die Rue du Schlossberg in wenigen Minuten zu einem Aussichtspunkt laufen und ein wunderbares Weinstraßenpanorama genießen. Zurück geht es über die Parallelstraße, vorbei an einem hübschen Brunnen mit einem niedlichen Knaben, der einen Traubenhenkel in der Hand hält.

Übernachten/Essen   *** Hôtel Restaurant Le Schlossberg, zwischen zwei Gassen im alten Ortskern gelegen. Ganz unterschiedliche, aber immer gemütlich eingerichtete Zimmer mit AC, Minibar, Bad, z. T. auch mit Balkon, auf Wunsch Garagenplatz. In der Küche schwingt der Chef selbst den Kochlöffel und sorgt dafür, dass deftiglekeres Essen auf den Tisch kommt: Ochsenkotelett, Kaninchen in Pinot-noir-Sauce usw. Im Winter Mi geschl., durchgehend warme Küche (Petits Plats). Zu zweit bezahlt man je nach Größe und Ausstattung des Zimmers 65–135 €, ein Apartment (4 Pers.) kostet 105–190 €. 59 a, rue de la Fontaine, ✆ 0389479385, ✆ 0389478240, www.leschlossberg.com.

Auberge à l'Agneau Blanc, im Nachbarort Beblenheim und damit abseits der ausgetretenen Pfade. Bei der temperamentvollen Elisabeth aus Österreich und David von der Saône sind v. a. Einheimische zu Gast, die das Preis-Leistungs-Verhältnis zu schätzen wissen. Gute elsässische, aber auch klassisch-französische Küche, im Angebot sind mehrere Menüs. In der HS nur am Mi, sonst auch am Di geschl. ✆ 0389479192.

Riquewihr

Romantische Gassen, buckeliges Kopfsteinpflaster, wunderschöne Fachwerkhäuser, mächtige Türme und Mauern – kein Ort der Weinstraße ist so pittoresk wie Riquewihr. Beide Weltkriege hat das nur 1000 Einwohner zählende Städtchen ohne großen Schaden überstanden, und vieles blieb erhalten, wie es vor Jahrhunderten erbaut worden ist.

Doch natürlich muss man sich dieses elsässische Rothenburg o.T. mit etlichen anderen Touristen teilen, nahezu jedes Auto scheint von der Durchgangsstraße hierher abzuzweigen, hinzu kommen noch unzählige Busse mit Tagesbesuchern aus Frankreich, Deutschland und der Schweiz. Jedes zweite Haus scheint vom Tourismus zu leben, unzählige Probierstuben, in denen z. B. der hervorragende Rebensaft der Lagen Schoenenbourg und Sporen feilgeboten wird, etliche Andenken-, noch mehr Feinkostläden und Bäckereien, mehr als 30 Lokale ... Am Nachmittag ist auf der Hauptgasse fast kein Durchkommen mehr möglich. Abends jedoch lässt der Rummel zum Glück nach. Dann bekommt man in den Weinstuben wieder Platz und hat beim nächtlichen Spaziergang die mittelalterlichen Gassen weitgehend für sich allein.

Geschichte: Der deutsche Name *Reichenweier* geht zurück auf ein hier im 6. Jh. durch einen reichen Franken – man nannte ihn Richo – errichtetes Landgut, das alsbald als *Richovilla* bekannt wurde. Im 11. Jh. war der Ort im Besitz der Grafen von Eguisheim, dann gehörte er denen von Horburg, die ihn befestigen ließen, zur Stadt erhoben und diese 1324 an die Grafen von Württemberg verkauften. Durch eine Eheschließung vereinigten sich 1397 die Häuser Württemberg und Mömpelgard miteinander, Riquewihr unterstand bis 1796 deren Herrschaft. Die wichtigsten Ereignisse in dieser Zeit waren ein schlimmes Judenpogrom 1416, der Bau einer zweiten Stadtmauer 1500 und eine Pestepidemie 1527. Aber gerade das 16. Jh. war

Herbststimmung in Riquewihr

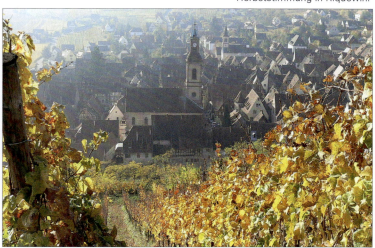

216 Die Weinstraße nördlich von Colmar

auch eine Zeit des Wohlstandes, aus der heute noch zahlreiche Häuser erhalten sind. Schlimm wirkten sich dann der Dreißigjährige Krieg und 1652 ein Einfall lothringischer Truppen aus. Nur 35 Bewohner sollen am Leben geblieben sein. Bis dann die Revolution ausbrach und die Tage der Herzöge von Württemberg-Mömpelgard gezählt waren, hatte sich das Städtchen wieder erholt.

Adressen/Verbindungen

Information Das **Office de Tourisme** ist von Ostern bis Sept. Mo–Sa sowie So vormittags, von Okt. bis Ostern Mo–Fr sowie in ungeraden Wochen auch am Sa geöffnet. 2, rue de la 1ère Armée, 68340 Riquewihr, ✆ 0389732323, 🖷 0389732329, www.ribeauville-riquewihr.com.

Führungen Im Juli/Aug. veranstaltet das O.T. kostenlose Führungen durch die Stadt (auf Französisch).

Minitrain Vom 1.4. bis 31.10. fährt tägl. zwischen 10 und 19 Uhr zu jeder vollen Stunde ein kleiner Zug durch die Stadt und die Weinberge (wunderbarer Blick), Dauer ca. 45 Min. Abfahrt am Hôtel de Ville. Erwachsene 6 €, Kinder (6–14 J.) 4 €.

Parken Mehrere kostenpflichtige Plätze befinden sich außerhalb der Altstadt.

Markt Fr vor der protestantischen Kirche.

Einkaufen In der Rue du Gal de Gaulle findet jeder etwas, z. B. Hexen und Feen in allen Variationen (Hausnummer 30), bedruckte und bestickte Handtücher (Hausnummer 23), witzige Küchenuhren (Hausnummer 37), Weihnachtszubehör auch im Sommer (an der Ecke Rue du Cerf) und leckere Gugelhupf, Plätzchen, Brezeln, Wein und andere leckere elsässische Spezialitäten.

Kinder Der Diebesturm mit **Folterkammer** (s. u.) ist für größere Kinder auf jeden Fall von Interesse.

Öffentliche Toiletten Am Parkplatz vor dem Ort, am Obertor und in der Rue de la 1ère Armée.

> **Tipp für Radfahrer und Wanderer:**
> Im O.T. sind „16 Circuits de Decouverte du Pays de Ribeauvillé" zum Preis von 2 € erhältlich.

Übernachten/Essen

Übernachten *** Hôtel A l'Oriel 🔳, in altem Fachwerkgebälk wurden hier wunderschöne und komfortable Zimmer, z. T. im Maisonettestil, eingerichtet. Garagenplatz 8 €/Tag. Zimmer zu zweit 72–82 €, die Familienzimmer kosten bis zu 147 €, auch im Haus gegenüber gibt es noch einige Räume. 3, rue des Ecuries Seigneuriales, ✆ 038 9490313, 🖷 0389479287, www.hotel-oriel.com.

** Hôtel Saint Nicolas 🔳, angenehmer Familienbetrieb mit traditionell eingerichteten Zimmern in zwei Häusern. Parkplatz 5 €/Tag, Garagenplatz 8 €. Angeschlossen ist auch ein nettes Restaurant. Der Preis für ein DZ beträgt bis zu 67 €. 2, rue St-Nicolas, ✆ 0389490151, 🖷 0389490436, www.hotel-saint-nicolas.fr.

** Hôtel Le Sarment d'Or 🔳, „klein, aber fein" lautet das Motto von Gilbert Merckling. Das angeschlossene Restaurant bietet vorzügliche Küche mit etwas ausgefalleneren Gerichten. Von Sonntagabend bis Dienstagmittag geschl. Ein DZ (z. T. im Maisonettestil) in bäuerlich-verspieltem Dekor kostet 70–80 €. 4, rue du Cerf, ✆ 0389860286, 🖷 038 9479923, www.riquewihr-sarment-dor.com.

**** Camping Intercommunal, 160 Plätze und angenehmen Komfort (u. a. kostenpflichtiger Tennisplatz) bietet dieser Platz direkt an der Weinstraße nahe der Abzweigung nach Riquewihr. Von April bis Okt. geöffnet. ✆ 0389479008, 🖷 0389490563, www.camping-alsace.com/riquewihr/index.htm.

Essen & Trinken Restaurant La Table du Gourmet 🔳, erstklassiges Speiserestaurant mit jahreszeitlich abgestimmten Menüs zum Preis von 38–96 €. Di (ganztägig), Mi und Do (jeweils mittags), im Winter auch mittwochabends geschl. 5, rue de la 1ère Armée, ✆ 0389490909.

Winstub Au Tire Bouchon 🔳, seit Jahren gehört die gemütliche Weinstube von Antoine Zimmer zu den Klassikern der Region – zu Recht, denn man fühlt sich einfach

wohl. Besonders hübsch sitzt man im Sommer im Innenhof bei regionalen Spezialitäten wie Linsensalat oder Flussfischragout. Unter dem Choucroute Royale für zwei Personen, übergossen mit einer Flasche Crémant, scheint sich der Tisch fast biegen zu wollen. Ob das wohl schon jemand aufessen konnte? Außerdem werden leckere Flammkuchen serviert. Probieren Sie einmal den mit Lachs! Am Mo und am Sonntagabend geschl. 29, rue du Gal de Gaulle, ℡ 0389479161.

Restaurant Winstub Au Péché Mignon 5, ganz besonders gemütlich ist das etwas abseits gelegene Lokal. Man sitzt wie in der Wohnstube auf Sofas und Sesseln zwischen üppiger Dekoration. Im Angebot sind viele kleine Gerichte, Flammkuchen, aber auch Deftiges. 5, rue Dinzheim, ℡ 0389490417.

Restaurant Le Relais des Moines 6, die Terrasse ist meist gut besetzt, kann man doch von hier aus wunderbar dem Treiben auf der Hauptstraße zusehen und dabei ein Stück hausgemachten Kuchen genießen. Für den größeren Hunger können wir den Lachs in Blätterteig mit Spinat empfehlen. Fr und So (jeweils abends) geschl. 21, rue du Gal de Gaulle, ℡ 0389860474.

Restaurant La Grenouille 7, etwas abseits des Haupttrampelpfades liegt das kleine Lokal mit froschgrünem Dekor, im Sommer sitzt man auf der Gasse. Auf Tafeln werden die jeweiligen Tagesgerichte vermerkt. Sehr zart war der Baeckaoffa mit grünem Salat. Außerhalb der Essenszeiten gibt es Flammkuchen auf immerhin 13 verschie-

dene Arten. Wechselnde Ruhetage. 7, rue de la Courionne, ✆ 0389860112.

Auberge St-Alexis, besonders schön gelegenes Ausflugslokal. Nähere Informationen siehe Kasten S. 224.

Le Glacier de Riquewihr 9, Eisdiele mit sehr großem Angebot. Pl. Voltaire.

Sehenswertes

Place Voltaire: An der Stelle des neoklassizistischen *Hôtel de Ville* stand bis 1808 das einstige Untertor der Stadt. Gegenüber hängt an der Wand die Nachbildung eines Stiches des Kartenzeichners und Kupferstechers Merian, auf dem dieser das mittelalterliche Riquewihr dargestellt hat.

Schloss/Musée de la Communication en Alsace: Einige Stufen führen zu der von Linden gesäumten Place du Château mit dem ehemaligen Schloss der Herzöge von Württemberg-Mömpelgard; davor befinden sich einige historische Funde aus der Umgebung. Im Innern des Schlosses ist das *Museum für Kommunikation im Elsass* untergebracht, das sehr gründlich und vielfältig die Geschichte der Post und Telekommunikation von der römischen Zeit bis heute thematisiert. Im Hof und im Erdgeschoss hat man mehrere Postkutschen, darunter auch eine der kaiserlichen deutschen Post, aufgestellt. Die Sammlung im ersten Stock enthält u. a. antike Meilensteine, Schriftbeispiele, Uniformen, Modelle zur Entwicklung des Telegraphen, des Telefons und geht auch auf die moderne Datenübermittlungstechnologie ein.
Von Ostern bis Allerheiligen tägl. und z. T. im Dez. 10–17.30 Uhr. Erwachsene 4,50 €, Kinder 2,50 €.

Maison Schickardt: Gehen Sie nun in die von prächtigen Häusern gesäumte Rue du Gal de Gaulle, die Lebensader von Riquewihr. An der nächsten Straßenecke stehen rechts zwei interessante Gebäude: das *Maison Schickardt* aus dem Jahre 1606 mit besonders schönem steinernen Renaissanceportal, -erker und -giebel und ein gelb getünchtes Fachwerkhaus mit kunstvollen Verstrebungen; es ist eines der höchsten im Elsass.

Musée Hansi/Cour des Cigognes: Im Gebäude neben dem Fachwerkhaus ist das *Musée* Hansi untergebracht. In mehreren Räumen werden bekannte und weniger bekannte Bilder und Plakate des elsässischen Malers ausgestellt. Interessant ist auch der im Erdgeschoss befindliche Museumsshop, in dem verschiedene Utensilien mit Hansimotiven angeboten werden. Unmittelbar daneben befindet sich der hübsche *Cour des Cigognes*, der 1535 erbaute Storchenhof mit Brunnen, Holzgalerien und kunstvollen Fensterrahmen, heute ein Restaurant.
Das Museum ist von Feb. bis Nov. Di–So 10–12.30 und 13.30–18 Uhr, im Juli/Aug. und im Dez. auch am Mo, im Jan. nur Sa/So 14–18 Uhr geöffnet. Erwachsene 2 €, Kinder unter 16 J. gratis.

Rue des trois Eglises: Gehen Sie weiter bis zum Office de Tourisme und biegen Sie dort rechts in die *Rue des trois Eglises* ein. Sie trägt ihren Namen nach den Kirchen, die hier im Mittelalter standen: die gotische Margarethenkirche anstelle des heutigen evangelischen Gotteshauses und zwei weitere. Um deren Spuren aufzufinden, benötigt man beinahe detektivischen Spürsinn. Beide hat man nämlich im 16. Jh. in Wohnhäuser umgewandelt. Dasjenige hinter der evangelischen Kirche, erkennbar an den gotischen Fenstern, war die ehemalige Liebfrauenkirche und das übernächste (Hausnummer 14) die Erhardskirche. Das Wohnzimmer des Letzteren soll heute noch von einem Wandbild des Jüngsten Gerichts geschmückt sein.

Fachwerkhäuser in der Rue du Gal de Gaulle: Gehen Sie zurück in die Rue du Gal de Gaulle und an zwei Fachwerkhäusern mit schönen Schnitzbalken vorbei weiter aufwärts. Auf der linken Seite steht das *Haus Zum Schwarzen Bären* (Nr. 27), an dessen Eckpfosten man ein Männeken-Pis ausmachen kann. Schräg gegenüber sind am *Haus des Weinstichers* (Nr. 42) – er testete den Wein der Stadt und stand in hohem Ansehen – originelle Verzierungen, z. B. Kraken, zu erkennen. In Haus Nr. 45 wohnte der Nagelschmied; er ließ sich mit Vollbart und Panzerhemd auf dem Eckpfosten abbilden.

Dolder: Geradeaus auf der Rue du Gal de Gaulle weitergehend, kommt man zum Wahrzeichen der Stadt, einem einstigen Wachtturm aus dem Jahre 1291. Heute beherbergt der *Dolder* ein kleines Heimatmuseum. In vier Stockwerken sind hauptsächlich Waffen, aber auch Haushaltsgeräte, Feuerwehrhelme, geschnitzte Eckbalken etc. untergebracht. Von oben genießt man einen wunderbaren Blick auf die Dächer der Stadt.

Mitte April–Allerheiligen Sa, So und Fei 14–18 Uhr, im Juli/Aug. tägl. Erwachsene 3 €, Kinder unter 10 J. frei. Wenn Sie außerdem die Tour des Voleurs, den Diebesturm, besuchen möchten, lohnt es sich, ein Sammelticket zum Preis von 5 € zu erwerben.

Tour des Voleurs: Noch etwas weiter oben steht das Obertor. Geht man hindurch und schaut zurück, sieht man, dass man es mit einem Fallgitter verschließen konnte. Auch ein beeindruckender Rest der äußeren Stadtmauer, in die man im 18. Jh. die Häuser integriert hat, blieb erhalten. Zurück am Dolder, biegt man nach links in die Rue des Juifs ein und geht am Judenhof vorbei zur fünfeckigen *Tour des Voleurs*, dem Diebesturm. In dem wie das Obertor zur älteren Stadtmauer gehörenden Turm waren bis zur Revolution Gefängnis und Gericht untergebracht, hier wurden Diebe und als Hexen verunglimpfte Frauen eingesperrt und grausam gefoltert. Wie die Folter vonstatten

ging, wird dem Besucher des Museums auch auf Deutsch mit Hilfe eines Tonbands erklärt. Zu sehen sind außerdem ein 6 m tiefes Verlies und ein Wachraum. In den Räumen eines zum Museum gehörenden, angrenzenden Winzerhauses hat man eine wirklich sehenswerte kleine Ausstellung zum Thema „Das Elsass und Riquewihr von 1939 bis 1945" eingerichtet. In 13 Vitrinen sind Fotos und Plakate, Flugblätter, Zeitungsausschnitte, Briefe etc. zu sehen, die insbesondere die Annexion des Elsass durch die Nazis und die Befreiung im Jahre 1944 dokumentieren.
April bis Allerheiligen tägl. 10.30–13 und 14–18 Uhr. Eintritt siehe Dolder.

Weitere Sehenswürdigkeiten: Auch abseits der Hauptwege gibt es etwas zu entdecken, z. B. die *Auberge du Cerf* aus dem Jahre 1566 in der Rue du Cerf oder den *Judenbrunnen* in der Rue Laterale (gegenüber dem Haus Nummer 14). An der Ecke dieser Straße mit der Rue du Cheval steht ein Haus mit abgerundeten Ecken – die Kutscher hätten ihre Karossen andernfalls nicht um die Kurve lenken können. Bemerkenswert sind auch der *Cour de Strasbourg* in der Rue de la 1ère Armée und das mit Volutengiebeln verzierte Gebäude im Stil der rheinischen Renaissance in der Rue de la Couronne.

Umgebung von Riquewihr

Eglise St-Pierre-et-St-Paul in Sigolsheim: Ebenso wie das Dorf selbst musste nach dem Zweiten Weltkrieg auch die stark beschädigte romanische *Eglise St-Pierre-et-St-Paul* vom Ende des 12. Jh. wieder aufgebaut werden. Besonders interessant ist deren Westportal aus rötlichem Sandstein. Im Tympanon sieht man, wie Christus Petrus den Schlüssel und Paulus das Buch übergibt. Rechts davon bietet ein Winzer ein Fass, links ein anderer Mann einen Setzling als Gabe an. Darunter erkennt man das Lamm Gottes zwischen den Symbolen der Evangelisten. Die Kapitelle der das Portal flankierenden schlanken Säulen weisen ganz eigentümliche Steinmetzarbeiten auf: Fratzen, Sirenen, Vögel mit Menschenköpfen, einen Storch mit einer Schlange im Schnabel und Köpfe mit Judenhüten. Über den beiden Bullaugenfenstern werden die Blendbogenfriese von Katzen und Menschenköpfen getragen.

Heute sind die Kiepen aus Plastik

Kientzheim: In der Nähe des Obertors erinnert ein Panzer an die grausamen Schlachten im Zweiten Weltkrieg, von denen der malerische Ort aber glücklicherweise weitgehend verschont blieb. So kann man von hier in nördliche Richtung außen entlang der vollständig erhaltenen mittelalterlichen Stadtmauer und vorbei an der *Tour des Bourgeois*, dem alten Gefängnis, und der *Tour des Fripons* bis zum Untertor spazieren. Dort begrüßt einen der „Lalli". Die Zunge der riesigen Fratze konnte, um Angreifer zu verspotten, von den Bewohnern hin- und herbewegt werden, heute bleibt sie jedoch brav in ihrem Mund. Hinter dem Tor steht links das *Château Schwendi*, ursprünglich das Schloss der Herren von Hohlandsberg, das im 16. Jh. aber in den Besitz des bekannten Generals Lazarus Schwendi geriet. Hier tagt regelmäßig die altehrwürdige „Confrerie St-Etienne". Gemäß ihrer Satzung aus dem Jahre 1561 zeichnet diese Bruderschaft, deren Mitglieder „die Freude, gutes Essen und die Elsässer Weine" lieben müssen, jedes Jahr ganz besondere Tropfen mit einem Qualitätssiegel aus. Außerdem befindet sich in diesem Schloss das *Musée du Vignoble et du Vin d'Alsace*. Auf drei Stockwerken sind Utensilien zur Arbeit im Weinberg und Winzerkeller ausgestellt: Kiepen und landwirtschaftliche Geräte, Weinpressen, Fässer, Korkmaschinen etc. Geht man nach dem Verlassen des Museums die Straße weiter Richtung Stadtmitte, erreicht man die zentrale Place Schwendi mit einem hübschen Zipfelmützenbrunnen. Wenige Schritte östlich davon verdeutlichen naive Votivtäfelchen in der *Chapelle St-Felix-et-Ste-Régule*, unter welch dramatischen Umständen die französische Armee Kientzheim im Dezember 1944 befreit hat. Vorbei an schönen Häusern aus dem 16./17. Jh. kommt man von der Place Schwendi zur *Pfarrkirche*, in der neben dem linken Seitenaltar die Grabplatten Schwendis und seines Sohnes aufbewahrt werden. Von hier aus sind es nur wenige Schritte bis zum Obertor zurück.

Öffnungszeiten/Eintritt Musée du Vignoble et du Vin d'Alsace, Juni–Okt. tägl. 10–12 und 14–18 Uhr, im Mai Sa/So und Fei. Erwachsene 4 €, Kinder ab 10 J. 2 €.

Übernachten/Essen *** Hostellerie Schwendi, angenehmes Hotel im Zentrum des Ortes. Im Keller ist ein empfehlenswertes Restaurant untergebracht, in dem man u. a. raffinierte Fischspezialitäten speisen kann. Menü ab 22 €. Mi und Do jeweils abends geschl. Zu zweit bezahlt man je nach Größe und Ausstattung des Zimmers 81–112 €. 2, pl. Schwendi, ℡ 0389473050, 📠 0389490449, www.hotel-schwendi.com.

Kaysersberg

Im Tal der Weiss „mit den zwei Gesichtern" liegt, einerseits von Vogesenbergen, andererseits von goldgelben Weinbergen eingerahmt und von einer staufischen Burgruine bewacht, eine weitere Perle der Weinstraße, die viel von ihrem mittelalterlichen Charme bewahrt hat.

Kaiser Friedrich II. erkannte die strategische Bedeutung des schon in gallorömischer Zeit als Wegstation „Mons Caesaris" bekannten Marktfleckens, kaufte diesen und ließ oberhalb davon 1227 das „Castrum Keisersperg" errichten. 1293 verlieh König Adolf von Nassau dem aufstrebenden Ort das Stadtrecht, und 1354 schloss sich die freie Reichsstadt dem Zehnstädtebund an. Ihr wirtschaftlicher Wohlstand in den folgenden Jahrhunderten ist heute noch an den reichen Bürgerhäusern und Kunstschätzen abzulesen. Ein Bummel durch die pittoresken Gassen und romantischen Winkel bietet jedoch nicht nur Sightseeing, sondern wegen der netten Lokale und interessanten Läden viel Gelegenheit zur Entspannung.

Zu den berühmten „Söhnen" der Stadt gehört neben dem hier gebürtigen Albert Schweitzer (siehe S. 330f.) der 1445 in Schaffhausen geborene Prediger Johann Geiler. Das vaterlose Kind wuchs bei seiner Kaysersberger Großmutter auf und fügte seinem Namen später diese Herkunftsbezeichnung zu; heute erinnert ein Denkmal auf dem gleichnamigen Platz an den streitbaren Theologen.

222   Die Weinstraße

Adressen/Verbindungen

Information Das **Office de Tourisme** ist ganzjährig Mo–Sa, vom 15.6. bis 15.9. auch So (bis 12.30 Uhr) geöffnet. 39, rue du Gal de Gaulle, 68240 Kaysersberg, ☎ 0389782278, ✆ 0389782744, www.kaysersberg.com.

Führungen Das O.T. verleiht gegen Kaution einen deutschsprachigen Audioguide, mit dem man im individuellen Tempo die Stadt erkunden kann (Preis 5 €, Dauer ca. 1:30 Std.). Zum selben Preis bietet das O.T. im Juli/Aug. französischsprachige Führungen an.

Parken Vor der Altstadt findet man mehrere kostenpflichtige Plätze (2 €/Tag).

Taxi ☎ 0680154264.

Fahrradverleih La Pommeraie, auf dem Apfelbauernhof an der D 10 nahe Ingersheim kann man zum Preis von ca. 10 € pro Tag Fahrräder mieten, ☎ 0389782566.

> **Tipp für Radfahrer und Wanderer:** Das O.T. verkauft Pakete mit Wander- und Radtouren für die Region zum Preis von 4–7,50 €.

Markt Mo auf der Place Gouraud, von April bis Dez. gibt es außerdem gegenüber der Post jeden Freitagabend einen kleinen Bauernmarkt.

Einkaufen Verrerie d'art de Kaysersberg, hier kann man nicht nur zwischen zahlreichen farbigen Vasen, Schalen, Kerzenständern etc. auswählen, sondern in der Werkstatt auch dem Glasbläser bei deren Herstellung über die Schulter schauen (Di/Mi, Fr/Sa und Do vormittags). 30, rue du Gal de Gaulle.

Le Moulin des Arts, in der alten Mühle über der Weiss verkaufen mehrere Anbieter Kitsch und Kunst aus aller Welt. Rue du Gal de Gaulle.

Poterie de Kaysersberg, Philippe Thomann stellt insbesondere hübsche Lampen und Schalen her, außerdem verkauft er auch Waren von anderen elsässischen Töpfern. 3, rue des Forgerons.

Öffentliche Toiletten Im Gebäude der Mairie, am Pont fortifié und am Parkplatz 5.

Kinder/Schwimmen Arc en ciel, modernes Hallen- und Freibad mit Sauna, Plansch- und Vergnügungsbecken im Vorort Alspach. Erwachsene 4,20 €, Kinder 1–3 J. 1 €, 4–12 J. 2,50 €. ☎ 0389782627.

Golf Im Nachbarort Ammerschwihr befindet sich ein 60 Hektar großer Golfplatz (18 Löcher), der das ganze Jahr über geöffnet ist. Weitere Informationen unter www.golf-ammerschwihr.com.

Übernachten/Essen

Übernachten **** Hôtel Le Chambard **1**, komfortables Hotel mit exklusivem Wellnessbereich und wunderschönen Zimmern, z. T. mit Balkon. Zu zweit bezahlt man 148 €, für ein Apartment mit Sitzecke 175 €. 9–13, rue du Gal de Gaulle, ☎ 0389471017, ✆ 0389473503, www.lechambard.com.

» Unser Tipp:*** Hôtel Constantin **7**, in Kaysersberg. Ganz zentral, aber absolut ruhig wohnt man bei Familie Kohler in einem renovierten Winzerhaus. Das üppige Frühstück nimmt man bei schönem Wetter auf der Terrasse ein. Eines der geschmackvoll-rustikal eingerichteten Zimmer kostet mit

Essen & Trinken

2 Chambard
3 Flamme & Co
4 Du Château
6 La Vielle Forge
8 A la Porte Haute
9 Au Lion d'Or
10 Le Kaysersberg

Übernachten

1 Chambard
5 Hassenford
7 Constantin

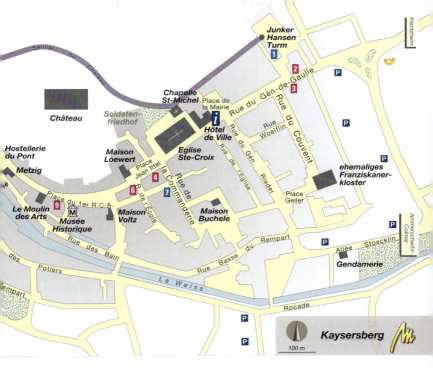

Grhand Lit 65 €, mit zwei Betten bis zu 75 €. 10, rue du Père Kohlmann, ✆ 0389471990, ✉ 0389473782, www.hotel-constantin.com. «

** **Hôtel Hassenforder** 5, kleines Hotel in ruhiger Lage, die gemütlichen Zimmer wurden mit schönem, altem Mobiliar eingerichtet. Für ein DZ mit Grand Lit und einfachem Bad bezahlt man je nach Saison 52–58 €, die etwas größeren mit zwei Betten kosten 66–75 €. 129, rue du Gal de Gaulle, ✆ 0389471354, ✉ 0389782868, www.roger-hassenforder.com.

**** **Camping Municipal**, sehr schön und ruhig liegt der schattige Platz an der Weiss am Rande eines Wohngebiets unterhalb der ersten Ausläufer der Vogesen. Von April bis Sept. geöffnet. Rue des Acaias, ✆/✉ 0389471447, www.camping-alsace.com.

Essen & Trinken Restaurant Winstub Le Chambard 2, unter dem Kommando von Sternekoch Olivier Nasti – sein Bruder Emmanuel kümmert sich um den Service – werden in der Küche sowohl exquisite Köstlichkeiten als auch elsässische Gerichte gezaubert. Die einen serviert man im eleganten, 2011 mit einem Michelin-Stern ausgezeichneten Restaurant, die anderen in der rustikalen, preiswerteren Winstub. Ein bleibendes Erlebnis ist das Menu découverte mit 7 Gängen und mehreren Zwischengängen zum Preis von 99 €. Das Restaurant ist Mo sowie Di und Mi jeweils mittags geschl. Adresse s. o.

Restaurant **La Vielle Forge** 6, kleines, ganz modern eingerichtetes, empfehlenswertes Restaurant, in dem sowohl elsässische, als auch gastronomische Küche angeboten wird. Mehrere Menüs stehen zur Auswahl. Insbesondere am Wochenende empfiehlt sich eine Vorbestellung. 1, rue des Ecoles, ✆ 0389471751.

Restaurant **Au Lion d'Or** 9, gute Adresse sowohl fürs feine Abendessen im gemütlichen Speisesaal als auch für ein leichtes Mittagessen auf einer der schönsten Terrassen der Stadt. Vorwiegend elsässische Küche, empfehlenswert z. B. der Zander in feinem Rieslingsößchen, begleitet von verschiedenen Gemüsen. Di und Mi geschl. 66, rue du Gal de Gaulle, ✆ 0389471116.

224 Die Weinstraße nördlich von Colmar

Restaurant A la Porte Haute 🔳, viel besuchtes Lokal, in das man nur auf ein Glas Wein, einen Flammkuchen, Kaffee und hausgemachten Kuchen, aber auch mit größerem Hunger einkehren kann. Dienstagabend und Mi geschl. 118, rue du Gal de Gaulle, ✆ 0389782149.

Restaurant Le Kaysersberg 🔟, direkt an der Weiss sitzt man hier im Sommer wunderbar. Der Schwerpunkt liegt auf der traditionellen Küche: mehrere Sauerkrautgerichte, z. B. mit Schinken oder Entenschlegel, leckere Flammkuchen etc. Mi sowie am Sonntagabend geschl. 2, rue des Potiers, ✆ 0389471971.

Winstub du Château 🔳, beliebter Platz für eine Pause bei Kaffee oder einem Glas Wein, an warmen Tagen kann man dabei im Freien das Treiben auf dem Platz beobachten. Aber auch hier gibt es Flammkuchen und viel Deftiges. Mi abends und Do geschl. 38, rue du Gal de Gaulle, ✆ 0389471990.

Flamme & Co 🔳, Liebhaber von Flammkuchen kommen in dem dritten Restaurant der Brüder Nasti bestimmt auf ihre Kosten, werden dort doch mehr als 20 verschiedene Teigfladen mit traditionellem, aber auch mit eher ungewöhnlichem Belag wie Thunfisch, Foie Gras etc. serviert. Statt elsässischer Folklore hochmodernes Ambiente, das eher an eine Bar erinnert, ein DJ sorgt am Samstagabend für Stimmung, der Steinofen wird von Laserstrahlen in immer anderes Licht getaucht. Mo geschl. 4, rue du Gal de Gaulle, ✆ 0389471616.

》》 Unser Tipp: Auberge St-Alexis, großen Hunger sollte man auf jeden Fall mitbringen, wenn man sich auf den Weg zu der kleinen Lichtung mit der Kapelle des heiligen Alex macht. Dort kann man sich nämlich in einem hübschen Bauernhaus bei mehreren üppigen 3- bis 4-Gänge-Menüs für 12 bis 18 € so richtig satt essen. Den Auftakt bildet eine Gemüsesuppe, für die die Wirtin Brigitte Hertle klein schnippelt, was ihr Garten gerade hergibt. Es darf aus der Terrine geschöpft werden! Anschließend folgen Omelette oder Tourte de la Vallée mit einer unglaublichen Salatplatte oder ein Fleischgericht oder auch ein Choucroute. Nachtisch muss sein: Obstkuchen oder doch lieber ein Stück Münsterkäse? Klar, dass man hier unbedingt reservieren muss, zumal die Gaststube mit hübschem Hühnerdekor nicht allzu vielen Gästen Platz bietet.

Anfahrt: Von *Kaysersberg* kommend fährt man von der Place Gouraud in die Rue de la Flieh und folgt dann der Beschilderung nach St-Alexis. Die Straße ist zwar nur im ersten Abschnitt asphaltiert, jedoch gut befahrbar. In *Riquewihr* beginnt am oberen Ortsende beim Feuerwehrhaus ein ca. 6 km langer Fahrweg (ca. 5,5 km auf schmaler Asphaltstraße, dann biegt man nach links auf einen Waldweg ab). Von beiden Orten ist das Ausflugslokal auch in ca. 2 Std. zu Fuß zu erreichen. Starten Sie in *Kaysersberg* am Pont fortifié, in *Riquewihr* am Feuerwehrhaus. Fr geschl. ✆ 0389739038. 《《

Sehenswertes

Rathaus: Ausgangspunkt der Besichtigung ist das *Renaissancerathaus* (um 1600) mit prächtigem Portal, reich verziertem zweistöckigem Erker und Treppenturm. Sein Innenhof mit hübschem Brunnen wird von Holzgalerien umgeben, ein riesiges Wandbild erinnert an die 700-Jahr-Feier der Stadt im Jahre 1993.

Eglise Ste-Croix: Nur wenige Schritte entfernt steht die *Heilig-Kreuz-Kirche.* Im 13. Jh. erbaut, später mehrfach verändert, weist sie außen romanische und gotische Elemente auf, der Vierungsturm wurde erst im 19. Jh. errichtet. Aus der ersten Bauphase stammt das dreistufige Westportal mit auffälligem Kugelschmuck und sechs schlanken, von Pflanzen- und Tiermotiven sowie von Menschenköpfen verzierten Säulen. Im Tympanon wird die Krönung Mariens dargestellt, eingerahmt von den Erzengeln Michael und Gabriel; ganz links hat sich der Künstler als kleine Gestalt mit einem Buch selbst verewigt. Der düster wirkende Innenraum wird von der 4 m hohen Kreuzigungsgruppe (um 1500) in der Vierung beherrscht. Gehen Sie durch das rechte Seitenschiff, vorbei an einem Taufstein und der bemalten und vergoldeten Holzplastik Jakobus des Älteren mit Pilgerhut, zum filigran geschnitzten Hochaltar des Colmarer Künstlers Hans Bongart. In zwei Reihen werden, jeweils

Kaysersberg 225

links beginnend, um die Kreuzigungsszene herum die Passion und die Auferstehung Christi dargestellt. Unterhalb davon sieht man in der Predella den Salvator Mundi zwischen den Aposteln. Im linken Seitenschiff verdienen ein Heiliges Grab unter einem gotischen Bogen sowie das Relief „Die Beweinung Christi" Beachtung.
Tägl. 10–18 Uhr, im Winter eingeschränkt.

Friedhofskapelle St-Michel: Wendet man sich an der Kirchentür nach rechts, kommt man zu einem kleinen Militärfriedhof mit einer Totenlaterne. Von einem viel älteren Friedhof blieb die Holzgalerie erhalten, die heute eine Ölberggruppe aus dem 16. Jh. und ein Pestkreuz beherbergt. Östlich des Gartens steht die alte zweistöckige *Friedhofskapelle St-Michel*. Wirft man einen Blick durch die Glastür ins Untergeschoss, entdeckt man nicht nur das dort untergebrachte Beinhaus, sondern auch eine Tafel mit dem Spruch: „So ist's recht. Da liegt der Meister bei seinem Knecht."

Fachwerkhäuser am Place Jean Ittel/Musée Historique: Vor der Kirche erstreckt sich die *Place Jean Ittel* mit dem Konstantin-Brunnen (1521). Der römische Kaiser trägt gotische Kleidung und die Reichskrone auf dem Kopf. Um den Platz stehen die schönsten Renaissancefachwerkhäuser der Stadt, allen voran das mit einem Marienbildnis geschmückte *Haus Loewert* mit zweigeschossigem Erker, heute eine Bäckerei. Wenn Sie die von vielen Läden gesäumte Rue du Gal de Gaulle entlanggehen, sehen Sie an der Abzweigung zur Rue du Collège auf der linken Seite das *Maison Voltz*. In seinem Innenhof kann man über einem Brunnen auf einer Inschrift nachlesen, man solle lieber Wein statt Wasser trinken. Nur ein paar Schritte entfernt stehen zwei eindrucksvolle, durch einen Innenhof miteinander verbundene Patrizierhäuser mit Zwillingsgiebeln und zwei hübschen Treppentürmen. Im linken Bau befindet sich das *Musée Historique*. Ausgestellt sind einige sehenswerte sakrale Kunstobjekte wie eine Schreinmadonna aus dem 14. Jh., vergleichbar mit der aus Eguisheim (siehe S. 231), und ein Palmsonntag-Christus samt Esel (15. Jh.), aber auch Ofenplatten, Siegelabdrücke und Alltagsgegenstände, die die regionalen Bräuche veranschaulichen.
Juli/Aug. tägl. außer Di 10–12 und 14–18 Uhr. Erwachsene 2 €, Kinder ab 11 J. 1 €.

Pont fortifié/Musée du Docteur Schweitzer: Geht man weiter in der Rue du Gal de Gaulle, passiert man linker Hand eine alte Mühle, in der heute einige Kunstgewerbeläden untergebracht sind, und kommt dann zum *Pont fortifié*. Der Blick auf die

Kaysersberg ist eine der Perlen an der Weinstraße

Weiss, das gegenüberliegende Fachwerkhaus mit spitzem Dach und die mittelalterliche Kapelle ist grandios. In der Mitte der durch Brustwehr und Schießscharten gesicherten Brücke steht ein steinerner Schrein mit Madonnenfigur, rechts davon das einstige *Gasthaus zur Brücke,* das im 19. Jh. dann als „Badhus" diente, gegenüber die ehemalige *Metzig* mit Volutengiebeln und Wappen in der Fassade. Überqueren Sie die Brücke und gehen Sie vorbei an dem prächtigen Fachwerkhaus eines Weinhändlers aus dem 16. Jh. aufwärts zum *Albert-Schweitzer-Museum,* das sich unmittelbar neben seinem Geburtshaus befindet. Fotos aus Lambarene und anderen wichtigen Stationen seines Lebens, persönliche Utensilien, aber auch afri-

kanische Kunstwerke und Musikinstrumente werden hier ausgestellt. In einem kleinen Park hinter dem Gebäude steht seine Büste vor der malerischen Kulisse der alten Stadtbefestigung.

15.3.–11.11. tägl. und an den Adventswochenenden 9–12 und 14–18 Uhr. Erwachsene 2 €, Kinder 1 €.

Burgruine: Gehen Sie zurück zur befestigten Brücke und biegen Sie dahinter nach links in die Rue des Forgerons ein. Der Beschilderung „Château" folgend, kommt man in wenigen Minuten über einen Treppenweg zu den Ruinen der im 13. Jh. unter den Staufern errichteten Burg hinauf. Der weit reichende Blick vom Burghof bzw. vom runden Bergfried über Stadt, Tal, Weinberge und Rheinebene erlaubte schon im Mittelalter eine hervorragende Kontrolle des Handels und Verkehrs. Heute lassen sich von hier aus sehr schön die Reste der alten Stadtbefestigung samt der erhaltenen Türme ausmachen. Von der Burg aus führt ein Fußpfad abwärts bis zum *Junker-Hansen-Turm,* dann geht es rechts zur Rue du Gal de Gaulle bzw. zum Rathaus zurück.

Umgebung von Kaysersberg

Niedermorschwihr: Ein besonderes Kleinod unter den Weinorten ist dieses zwischen Reben rundum eingebettete Dörfchen mit bunten Fachwerkhäusern wie aus dem Bilderbuch, in dem man zudem wunderbar essen und einkaufen kann.

Übernachten Hôtel de l'Ange, nettes Hotel mitten im Ort. Je nach Lage (zur Straße oder zum dicht begrünten Innenhof) und Ausstattung (z. T. mit Balkon) bezahlt man zu zweit 50–63 € für eines der mit rustikalen Möbeln eingerichteten Zimmer. 125, rue des Trois Epis, ✆ 0389270573, ✉ 0389270144, www.hotelange.fr.

Essen & Trinken ❱❱❱ Unser Tipp: Caveau Morakopf, hinter der bleiverglasten Tür mit dem Kopf einer dunkelhäutigen Schönen verbirgt sich eine ganz besondere Weinstube. Auch bei dem neuen Besitzer gibt's feine elsässische Küche, empfehlenswert als Beilage die wunderbaren Bratkartoffeln. Lecker fanden wir auch den Linsensalat mit Hühnerbrüstchen. Die Vorspeisen kann man als große und kleine Portion bestellen. Gute Auswahl an offenen Weinen. So sowie Mo mittags geschl. 7, rue des Trois-Epis, ✆ 0389270510. ❰❰❰

Einkaufen Au Relais des trois Epis, Christine Ferber hat sich mit ihren phantasiereichen Konfitüren weit über das Elsass hinaus einen Namen gemacht; daneben werden in dem Dorfladen ihres Vaters aber immer noch all die Dinge verkauft, die man fernab der Einkaufszentren oft benötigt. Hier trifft sich die Dorfbevölkerung mit den Touristen aus der Ferne, die Kougelhopf, Pralinés oder köstliche Tartes für zu Hause besorgen. ■

Turckheim

Schon im Mittelalter trieben die Einwohner der einst zur Dekapolis gehörenden Stadt regen Handel mit ihrem auf dem berühmten Weinberg Brand geernteten Rebensaft. Seit damals stehen noch drei Türme der alten Stadtbefestigung, der auch die für das Elsass so bedeutende Schlacht im Jahre 1675 nicht viel anhaben konnte. Am 5. Januar jenes Jahres überraschte der französische General Turenne die in der Nähe lagernden kaiserlichen Truppen und zwang sie zum Rückzug über den Rhein. An die Vergangenheit erinnert in Turckheim aber nicht nur die Architektur, sondern auch die schöne Tradition, dass im Sommer allabendlich ein Nachtwächter, gefolgt von einer großen Schar Touristen, die Runde macht und nach wie vor sein Lied zur „güedi Nacht" singt.

Man betritt das beschauliche Städtchen durch die von einem Storchennest gekrönte Porte de France und erreicht die Place Turenne, deren Schmuckstücke die Alte Wache (Corps de Garde) und ein Marienbrunnen sind. Gehen Sie in der Rue du Conseil geradeaus weiter, vorbei an dem prächtigen *Hôtel des Deux Clefs* mit wunderschönen Eckbalken und dem Rathaus, zur **Eglise Ste-Anne**. Nur noch der untere Teil des Turms weist romanische Bauelemente aus der Entstehungszeit (12. Jh.) auf, seine Spitze ziert ein vergoldetes Weinfässchen. Geradeaus weitergehend, kommen Sie zum **Musée Memorial**, das anschaulich an die zweimonatige Kesselschlacht von Colmar im Winter 1944/45 erinnert.

Wenn Sie nun wenige Meter nach rechts in die Rue des Vignerons gehen, erreichen Sie das Brand-Tor, hinter dem ein empfehlenswerter *Sentier Viticole* durch die Weinberge der bekannten Grand-Cru-Lage beginnt. Das dritte Tor der Stadt, die Porte de Munster, liegt in entgegengesetzter Richtung am Ende der Rue des Vignerons. Von dort geht man an zahlreichen prachtvollen Renaissancefachwerkhäusern (z. B. Nr. 42 und 71) vorbei zurück zur Place Turenne.

Information Das Office de Tourisme in der alten Wache ist ganzjährig Mo–Sa, im Juli/Aug. auch So (vormittags) geöffnet. ✆ 03 89273844, 🖷 0389808322, www.turckheim.fr.

Führungen Im Juli/Aug. bietet das O.T. kostenlose Führungen (in frz. Sprache) durch die Stadt und auf dem Weinlehrpfad an.

Nachtwächter Von Mai bis Okt. beginnt der Nachtwächter in mittelalterlicher Kleidung jeden Abend um 22 Uhr seine ca. einstündige Runde am Corps de Garde (O.T.). Er singt dabei immer wieder sein Lied in elsässischer Sprache und gibt auf Französisch einige Erklärungen zu den Verhältnissen der damaligen Zeit. ■

Öffnungszeiten/Eintritt Musée Memorial, 15.4.–15.10. Mi–So 14–18, So auch 10–12 Uhr, 1.7.–30.9. auch Mo und Di (nachmittags). Erwachsene 3 €, Kinder (8–16 J.) 1,50 €.

Übernachten/Essen ** Hôtel Berceau du Vigneron, eines der stilvoll eingerichteten Zimmer ist zum Preis von 55–62 € (mit Grand Lit oder mit zwei Betten) zu haben. Zu dritt bezahlt man 80 €. 10, pl. Turenne, ✆ 0389272355, 🖷 0389300133, www.berceau-du-vigneron.com.

Restaurant A l'Homme Sauvage, in dem Gebäude der ältesten Herberge von Turckheim verbirgt sich ein erstklassiges Restaurant mit gehobener Küche. Am Sonntagabend und Mi geschl. ✆ 0389275615.

Die Weinstraße nördlich von Colmar

Place du Château mit dem Papst-Leo-Brunnen in Eguisheim

Die Weinstraße südlich von Colmar

Weitaus ruhiger und entspannter als im nördlichen Abschnitt geht es an der Route des Vins von Eguisheim bis Thann zu.

An der Qualität des Weines liegt es nicht, dass die südliche Weinstraße ein geringeres Besucheraufkommen zu verzeichnen hat. Im Gegenteil, Kenner rühmen die ausgezeichneten Lagen, wie z. B. die des Thanner Rangenbergs, des Eguisheimer Eichbergs oder des Soultzmatter Zinnkoepfles. Auch die Landschaft ist ausgesprochen reizvoll, und die charmanten Orte haben z. T. einzigartige kunsthistorische Kleinode zu bieten, insbesondere Thann und Guebwiller. Dennoch bleiben sie im Schatten der großen Attraktionen weiter nördlich, die die Urlaubszeit vieler Touristen meist völlig beanspruchen. Fast ein Geheimtipp sind deshalb die hübschen Kleinstädte Rouffach und Thann oder die malerischen Dörfer Gueberschwihr und Soultz, wo man Weinstraßenatmosphäre und Ruhe gut miteinander verbinden kann.

Eguisheim

Papst Leo IX. lässt grüßen – überall in dem von drei Burgtürmen überragten Eguisheim werden Sie seiner Figur, seinem Gesicht oder zumindest seinem Namen begegnen, sei es am zentralen Brunnen, auf einem Hotelschild oder über einem Weinkeller. Päpstlich streng geht es in dem sicherlich malerischsten Ort der südlichen Weinstraße aber keinesfalls zu, zahlreiche Weinkeller sind zu Degustationen geöffnet und etliche Gasthäuser laden zur Unterbrechung eines Spaziergangs durch die Gassen ein, in denen es im wahrsten Sinne des Wortes rundgeht. Eguisheim wurde nämlich in drei konzentrischen Kreisen um die zentrale achteckige Burg erbaut – verlaufen kann man sich hier also nicht.

Ein Elsässer auf dem Papstthron

Bruno, so sein bürgerlicher Name, Sohn des Grafen Hugo von Eguisheim und Hedwigs von Dagsburg, wurde 1002 in dem Weinstädtchen geboren. Bereits mit 24 Jahren war er Bischof von Toul, machte sich bald als Reformer einen Namen, und 1048 ernannte ihn Kaiser Heinrich III. gegen seinen Widerstand zum Papst. Barfüßig soll er in Rom eingezogen sein. Als Leo IX. kämpfte er für die sittlich-moralische Erneuerung der Kirche, gegen die gängige Praxis des Kaufes geistlicher Ämter, gegen die Priesterehe und versuchte, die Stellung des Papsttums zu stärken. So wurde er zum Begründer des Kardinalskollegiums in seiner heutigen Form. In der Zeit seines Pontifikats spitzte sich der Streit zwischen orthodoxer Ost- und römischer Westkirche zu, und kurz nach seinem Tod 1054 kam es zur Kirchenspaltung. Bereits 1087 wurde der Elsässer auf dem Stuhl Petri heilig gesprochen.

Adressen/Verbindungen

Information Das **Office de Tourisme** ist ganzjährig Mo–Sa, vom 1.7. bis 30.9. zusätzlich auch sonntagvormittags geöffnet. 22 a, Grand' rue, 68420 Eguisheim, ✆ 0389234033, 📠 0389418620, www.ot-eguisheim.fr.

Führungen Von Juli bis Mitte Sept. bietet das O.T. kostenlose Führungen (auf Französisch) durch die Altstadt sowie durch die Weinberge an.

Minitrain Von Juli bis Sept. rollt der kleine Zug zwischen 10 und 12 sowie 14 und 18 Uhr jeweils zur vollen Stunde durchs Städtchen und die Weinberge; im Mai, Juni und Okt. nur an Wochenenden und Feiertagen. Dauer ca. 30 Min. Erwachsene 6 €, Kinder ab 6 J. 4 €.

Parken Am östlichen Ortseingang sowie an der Straße nach Husseren gibt es jeweils einen großen Platz, Preis: 2 €/Tag.

Fahrradverleih Der Winzer **Jean-Luc Meyer** verleiht in der Zeit von April bis Okt. Mountainbikes zum Preis von 12 €/Tag; auch Kinderanhänger und Tandems sind zu haben. 4, rue des trois-châteaux, ✆ 0389245366.

Feste Am letzten Augustwochenende wird ein großes **Weinfest** veranstaltet.

Einkaufen In Eguisheim gibt es besonders viele gut sortierte Souvenirgeschäfte.

Öffentliche Toiletten Am Parkplatz am Ortseingang und hinter dem O.T.

Übernachten/Essen

Übernachten *** Hostellerie du Pape, am östlichen Ortseingang wohnt man hier recht nobel und ruhig in einem von der Straße etwas zurückversetzten Gebäude. Für eines der modernen DZ mit hellen Bädern bezahlt man 82–139 €. 10, Grand' rue, ✆ 0389414121, 📠 0389414131, www.hostellerie-pape.com.

»» Unser Tipp:*** **Hôtel du Château**, in Eguisheim. In dem prächtigen alten Wohnhaus findet man auf drei Etagen 11 zwar nicht besonders große, aber sehr liebevoll eingerichtete Zimmer mit sehr ansprechenden Bädern. Moderne, formschöne Holzmöbel, dezente Stoffe statt elsässischem

Schnickschnack – afrikanische Bilder überall im Haus erinnern daran, dass Jerôme Wagner 25 Jahre seines Lebens in der Elfenbeinküste verbracht hat. Ein DZ mit Grand Lit oder 2 Betten ist ab 68 € zu haben, für eine Suite (für eine vierköpfige Familie geeignet) bezahlt man bis zu 135 €. Internetanschluss gegen Aufpreis. 2, rue du Château, ✆ 0389237200, 📠 0389416393, www.hostellerieduchateau.com. **«««**

** **Hostellerie des Comtes**, seit einiger Zeit unter neuer Leitung. Nach wie vor eine solide Adresse mit angenehm eingerichteten Zimmern, die nun alle über einen Internet-Zugang verfügen; reichhaltiges

230 Die Weinstraße südlich von Colmar

Frühstücksbuffet, gutes Preis-Leistungs-Verhältnis. Zu zweit bezahlt man je nach Lage und Blick sowie Saison 55–69 €. 2, rue des Trois Châteaux, ☏ 0389411699, ✆ 0389249710, www.hostellerie-des-comtes.com.

**Auberge des Trois Châteaux, über der Gaststube des gleichnamigen renommierten Restaurants vermietet Familie Wolff 12 hell eingerichtete, freundliche Zimmer mit Bad und Sat-TV. Zu zweit zahlt man 57 € (Grand Lit) bzw. 69 € (zwei Betten). 26, Grand' rue, ☏ 0389231122, ✆ 0389237288, www.auberge-3-chateaux.com.

***Camping des Trois Châteaux, zwischen den letzten Häusern Eguisheims und den Weinbergen liegt der schattige Platz. Von Anfang April bis Anfang Nov. sowie in der ersten Dezemberhälfte geöffnet. 2, rue du Château, ☏ 0389231939, ✆ 0389241019, www.campingtroischateaux.com.

Essen und Trinken Hostellerie du Pape, die Küche, seit Kurzem unter neuer Leitung, bietet v. a. elsässische Gerichte, sehr fein abgeschmeckt, außerdem Flammkuchen und interessante Burger. Mehrere Menüs zwischen 20 und 40 € mit Auswahlmöglichkeiten bei den einzelnen Gängen. 10, Grand' rue, ☏ 0389414121.

»» Unser Tipp: Auberge des Trois Châteaux, mitten im Ort liegt der gemütliche Gasthof von Isabelle und Olivier Wolff. In der urigen Gaststube wird serviert, was der Chef selbst in der Küche fabriziert hat: Choucroute, Presskopf und andere Klassiker. Besonders lecker fanden wir den Baeckaoffa oder das reichhaltige Choucroute mit Fischen und Gambas. Süßmäuler sollten sich den Vacherin, ein riesiges Stück Eistorte, nicht entgehen lassen! Dienstagabend und Mi geschl. 26, Grand' rue, ☏ 0389231122. **«««**

Auberge du Rempart, ein wunderschöner Platz ist der Hof mit einem mittelalterlichen Brunnen, um den herum sich die Tische gruppieren. Und auch mit der Küche wird man zufrieden sein. Lecker z. B. die üppige Sauerkrauttorte mit verschiedenen Salaten. Und auch die Flammkuchen sahen gut aus; empfehlenswerte Desserts. 3, rue du Rempart, ☏ 0389411687.

Restaurant La Granglière, hübsches Eckhaus auf zwei Etagen in der äußeren Rundstraße. Man hat die Wahl zwischen traditioneller und moderner jahreszeitlich bestimmter Küche. Menü zwischen 19 und 49 €. Mi, im Winter auch Do geschl. 59, rue du Rempart Sud, ☏ 0389230030.

Wistub Kas Fratz, uriges, recht günstiges Lokal mit deftigem Angebot: Flammkuchen (ab 6 €), Kartoffelaufläufe (Tartiflettes) mit verschiedenen Zutaten, Salate etc. Mo und Dienstagmittag geschl. 1, rue du Château, ☏ 0389418766.

Sehenswertes

Place du Château: Alles dreht sich in dem kreisrunden Ort um Papst Leo IX., und natürlich beginnt auch der Rundgang an der *Place du Château*, wo heute der Mitte des 19. Jh. erbaute *Leo-Brunnen* steht. Mit einem Fassungsvermögen von 80.000 Litern gehört er zu den größten im Elsass. Hinter einer achteckigen Mauer (13. Jh.) liegt erhöht die ehemalige *Wohnburg* der Grafen von Eguisheim. Sie wurde im 8. Jh. errichtet und soll der Geburtsort des späteren Papstes gewesen sein. Wo einst der Bergfried stand, baute man Ende des 19. Jh. eine *neoromanische Kapelle* – keine Frage, auch sie ist Leo IX. geweiht. Das Gewölbe des knallbunten Innenraums ist mit Medaillons, in denen Szenen aus dem Leben des Heiligen dargestellt sind, ausgemalt.

Eglise St-Pierre-et-St-Paul: Gehen Sie nach dem Verlassen der Kapelle rechts, umrunden die mittelalterliche Burgmauer halb und gehen dann links hinauf zur *Eglise St-Pierre-et-St-Paul*. Nur der im unteren Bereich romanische, in den oberen Stockwerken gotische Turm aus gelbem Sandstein stammt noch von dem ursprünglichen Gotteshaus, das alte Schiff hat man 1807 durch einen Neubau ersetzt. Im Innern kann man im Untergeschoss des Turms das sehenswerte einstige romanische Portal bewundern. Im Tympanon sind, eingerahmt von je vier Säulen mit reich verzierten Kapitellen, Christus mit den Aposteln Petrus und Paulus, darunter die törichten

Eguisheim 231

und die klugen Jungfrauen in typisch mittelalterlichen Gewändern dargestellt. Unterhalb davon steht hinter Glas eine vielfarbige Holzschnitzerei, die *„sich öffnende Jungfrau"* aus dem 13. Jh. In ihrer Mitte ist eine Tafel mit zwei Seitenflügeln angebracht. Ist sie geöffnet, erkennt man auf den Seiten zwei Engel, im geschlossenen Zustand hält die Gottesmutter das Jesuskind auf ihrem Schoß.

Rue Stumpf/Rue du Rempart: Vom Kircheneingang geht man nach rechts in die Rue Stumpf. Hier stehen einige alte, einst verschiedenen Klöstern gehörende Dinghöfe, deren Verwalter die Lehnsgeschäfte mit den Abhängigen aus Eguisheim und Umgebung abwickelten. An der Place du Marché biegen Sie rechts in die Grand' Rue ein und passieren bald wieder den Leo-Brunnen. Wenige Meter hinter dem Office de Tourisme kommen Sie rechts zu einem der beliebtesten Fotomotive des Ortes, dem kleinen *Taubenhaus*. Links davon beginnt ein wunderschöner, ca. halbstündiger Spaziergang durch die kopfsteingepflasterte *Rue du Rempart* mit blumengeschmückten, farbenfrohen Fachwerkhäusern, bei dem man die Stadt umrundet. Unterwegs ist sehr schön nachzuvollziehen, dass die Gebäude früher einen der drei „Wälle" bildeten, die Eguisheim schützten. Erst am Ende dieser Runde ändert sich das Bild, denn der letzte Abschnitt hat während des Zweiten Weltkriegs starke Schäden erlitten und musste neu aufgebaut werden.

Umgebung von Eguisheim

Route des Cinq Châteaux: Hoch über Eguisheim ragen die wie Drillinge anmutenden quadratischen Bergfriede dreier Burgruinen, der drei Egsen, nur wenige Meter voneinander in den Himmel. Diese und noch zwei weitere interessante Burgen liegen entlang der 11 km langen Fünf-Burgen-Straße.

Drei Egsen: Auf dem Schlossberg ließ Hugo IV., Vater des späteren Papstes Leo IX., im 11. Jh. die *Wahlenburg* erbauen. Als sich die Familie später spaltete, entstanden zwei weitere kleine Befestigungen, nördlich die *Dagsburg* und südlich die *Weckmund*.

Einer der Touristenmagneten in Equisheim: das Taubenhaus

232   Die Weinstraße südlich von Colmar

Den schönsten Blick auf Eguisheim hat man von der Wahlenburg, schade nur, dass der Donjon einsturzgefährdet und daher gesperrt ist.

Château du Hohlandsbourg: Die im 13. Jh. auf Betreiben der Habsburger errichtete, im 15. Jh. von Lazare de Schwendi erweiterte und im Dreißigjährigen Krieg zerstörte große Burg erfuhr in den letzten Jahren ein aufwendiges Renovierungsprogramm. Besonders beeindruckend ist die die gesamte Anlage umschließende hohe, rechteckige Mauer mit rundum verlaufendem, begehbarem Wehrgang, von dem aus man einen einzigartigen Panoramablick hat. An die Mauern lehnen sich im Innern des weitläufigen Hofes Wohn- und Wirtschaftsgebäude aus dem 13. und 14. Jh. an. Etwas erhöht stehen die Reste der inneren Burg mit zwei Wachtürmen. Hübsch ist der außerhalb der Anlage neben dem Eingang angelegte mittelalterliche Garten. Angeschlossen ist eine einfache Taverne.

Öffnungszeiten/Eintritt: Geöffnet ist das Château du Hohlandsbourg von Ostern bis zum 11.11. Sa 14–18 Uhr und So ab 11 Uhr, von Juni bis zum 1. Oktoberwochenende jeden Nachmittag, So ab 11 Uhr, vom 1.7. bis 1.9. tägl. 10–19 Uhr. Erwachsene 4,20 €, Kinder (8–16 J.) 1,60 €, Familien (bis zu 5 Pers.) 10 €, www.chateau-hohlandsbourg.com.

Phlixbourg: Hoch über dem Eingang des Münstertals liegt die Phlixburg. Einzig ihr leider nicht begehbarer Bergfried und eine ummauerte Zisterne sind erhalten.

Anfahrt/Fußwege: Die Route des Cinq Châteaux erreicht man zum einen vom kleinen Weinort Husseren-lès-Châteaux aus. Folgen Sie in diesem Ort zunächst dem Schild nach Voegtlinshofen, bis Sie auf den Hinweis „Route des Cinq Châteaux" stoßen,. Folgen Sie diesem bis zum Parkplatz „Les Trois Châteaux" bringt. Der dort beginnende Weg gabelt sich nach wenigen Metern; der rechte Abzweig führt direkt zu den drei Burgruinen.

Wenige Kilometer nach den drei Egsen erreicht man die Hohlandsburg (beschildert). Wer auch noch die Phlixburg besuchen möchte, stellt ca. 3 km nach dem Abzweig zur Hohlandsburg in einer Rechtskurve sein Fahrzeug auf einem Parkplatz mit Picknicktisch ab. Von hier führt ein Pfad in westliche Richtung zu dieser Ruine.

Gueberschwihr: Fast authentische mittelalterliche Gassen, prächtige, blumengeschmückte Winzerhäuser, ein zentraler Platz, der nahezu die Ausmaße einer italienischen Piazza hat, und nette Gasthäuser – ein besonderes Kleinod ist dieses große Winzerdorf, das auch dem arte-Team als der ideale Drehort für die Serie „Die Elsässer" erschien (siehe S. 30). Überragt wird es von einem hohen Glockenturm mit reich verzierten Rundbogenfenstern, Lisenen und Bogenfriesen, dem einzigen Überbleibsel der romanischen Kirche St-Pantaléon von 1130, die man im 19. Jh. niedergerissen hat. Wenn Sie hinter der Kirche eine der Gassen ins Oberdorf hinaufsteigen, haben Sie übrigens den schönsten Fotoblick auf den urgemütlichen Ort mit dem prachtvollen Glockenturm und auf das umliegende Rebenmeer.

Feste Dorffescht, am 3. Sa im Aug.

Übernachten/Essen /Einkaufen ** Hôtel Le Relais du Vignoble, am Rand eines Weinbergs wohnt man sehr schön bei Familie Roth in deren komfortablem Hotel mit unterschiedlich eingerichteten Zimmern. Angeschlossen ist das beliebte Restaurant Belle-Vue mit gehobener elsässischer Küche (am Mi und Do mittags geschl.). Je nach Ausstattung (z. T. Balkon), Lage und Blick bezahlt man im Standardzimmer zu zweit bis zu 72 €, zu viert bis zu 99 €, die Chambres Superieures kosten 110 €. 33, rue des Forgerons, ☏ 0389492222, 📠 0389492782, www.relaisduvignoble.com.

≫ Unser Tipp: Salon de The/Restaurant Le Goldert, abseits der Touristenströme. Die Stühle auf dem großen Kirchplatz laden zum Kaffee ein, doch Kenner wissen, dass das Restaurant von Familie Metzler auch eine tolle Adresse für Foie Gras und Presskopf ist. Etwas ganz Besonderes ist die Assiette Goldert mit zarter, gebratener Entenleber, geräucherter Entenbrust, Lachs, Foie Gras und Riesenscampis auf Salat. Dazu schmeckt natürlich der Grand Cru Goldert, der auf den Hängen rund um das Dorf wächst. Sehr angenehme Atmosphäre. So und Do jeweils abends sowie Mo geschl. 2, rue Haute, ☏ 0389492476. ≪

Taverne Médiévale, in einem hübschen, schattigen Innenhof oder in einem urigen Keller aus dem Jahre 1658 genießt man mitten in Gueberschwihr traditionelle Küche wie z. B. würzige Lewerknepfle auf Sauerkraut. Di und Mi geschl. 1, rue Haute, ✆ 0389492079.

Auberge St-Marc, im gleichnamigen Forsthaus bewirtschaftet die Försterfamilie ein einfaches Lokal mit kleiner Gaststube und hübscher Terrasse an der Straße nach Osenbach. Traditionelle Küche, am Wochenende oft auch Flammkuchen. Im Winter Mo, Di und Do geschl., im Sommer tägl. geöffnet. ✆ 0389478746.

Boutique Canoie, unmittelbar neben ihrem Restaurant führt Familie Metzler einen kleinen Laden, in dem man die hausgemachte Foie Gras, herzhaften Presskopf im Glas und andere Köstlichkeiten kaufen kann. Öffnungszeiten siehe Restaurant Le Goldert.

> **Wanderung 3: Von Gueberschwihr zum Kuckucksfelsen → S. 382**
> Leichte Rundtour zu einer Kapelle und bizarren Felsformationen

Rouffach

Hexen als Dekoration in Geschäften, Hexen auf Türschildern, Hexen in Gasthausnamen, im Angebot „bière a la sorcière" (Hexenbier), und im Juli feiert man sogar ein regelrechtes Hexenfest!

Was heute Werbegag und Spaß ist, erinnert an schaurige Zustände im keinesfalls immer idyllischen Mittelalter, als man unbequeme bzw. nicht der Norm entsprechende Frauen der Hexerei bezichtigte, sie bis zum Prozess in ein Verließ einsperrte und sie dann meist grausam tötete. Bauliches Zeugnis dieser Vergangenheit ist der alte Hexenturm, der ungeachtet seiner düsteren Bestimmung prächtig gestaltet und sicher der schönste des Elsass ist.

Doch das auf eine römische Siedlung zurückgehende Städtchen, das lange Zeit den Fürstbischöfen von Straßburg gehörte, hat darüber hinaus noch viel mehr zu bieten. Eine beeindruckende Kirche, kopfsteingepflasterte Gassen und schöne Plätze mit gemütlichen Lokalen machen seinen Reiz aus. Und auch hier wurde die Tradition des Weinbaus schon immer intensiv gepflegt, seit dem 19. Jh. gibt es sogar eine Winzerschule. Es hat also nichts mit Hexerei zu tun, dass die Rouffacher Tropfen so gut munden!

Adressen/Verbindungen

Information Das **Office de Tourisme** ist ganzjährig Di–Fr, montagnachmittags und samstagvormittags, im Juli/Aug. auch am Samstagnach- und Sonntagvormittag geöffnet. 12 a, pl. de la République, 68250 Rouffach, ✆ 0389785315, ✉ 0389497530, www.ot-rouffach.com.

Führungen Im Juli/Aug. bietet das O.T. kostenlose Führungen in frz. Sprache durch die Stadt an.

Parken Rund um die Marienkirche und hinter dem Hexenturm gibt es genügend Plätze.

Fahrradverleih Bei **Cycles et Sport 68** kann man Drahtesel aller Art mieten, das Geschäft befindet sich in der Haupteinkaufsstraße. 29, rue du Maréchal Lefebvre, ✆ 0389785080.

Taxi ✆ 0389496209 und ✆ 0389496168.

Markt Sa auf der Place de la République, am Mittwochnachmittag findet dort ganzjährig von 17 bis 19 Uhr ein Biomarkt statt.

Feste Ein tolles Spektakel ist das **Hexenfest** mit großem Umzug am Sa nach dem 14. Juli.

234   Die Weinstraße südlich von Colmar

Einkaufen La Deco, interessante Adresse für Liebhaber von elsässischem Schnickschnack der gehobenen Sorte. Auch abends geöffnet, da an das Restaurant Philippe Bohrer (Adresse siehe dort) angeschlossen.

Öffentliche Toiletten In der Médiathèque neben dem O.T.

> **Tipp für Radfahrer und Wanderer:** Beim O.T. gibt es kostenlos eine französischsprachige Broschüre mit acht Radtouren (Promenades à Vélo autour de Rouffach) sowie die Broschüre „Promenons-nous" mit 14 Wandertouren rund um Rouffach zum Preis von 1 €.

Übernachten/Essen

Übernachten **** Château d'Isenbourg, ganz fürstlich wohnt man in diesem umgebauten alten Schloss, einem der schönsten Hotels des Elsass, oberhalb von Rouffach mitten in den Weinbergen. Frei- und Hallenbad, Fitnessraum, Tennisplatz, Wellnessbereich (inkl. Öl-, Thai- und Schokoladenmassage!) etc. Vortrefflich speist man im Gourmetrestaurant mit Panoramablick. Ein DZ, stilecht und elegant eingerichtet, ist ab 140 € zu haben. ℡ 0389785850, ✆ 0389785370, www.isenbourg.com.

** Hôtel A la Ville de Lyon, geschichtsträchtiges Haus, war darin doch einst eine Poststation an der Straße Strasbourg–Lyon untergebracht. Auch heute setzt man hier auf Tradition. Überall steht altes Mobiliar, sogar der Lift wurde mit alten Hölzern verkleidet. Schwimmbad, Jacuzzi und Sauna. Die Standardzimmer mit einfachen Bädern haben bäuerlichen Charme und kosten je nach Größe und Saison 59–89 €. Wer's gehobener mag, wählt einen der im Louis-XV-Stil eingerichteten Räume (99–129 €) oder eine Suite (145–185 €). 1, rue Poincaré, ℡ 0389496551, ✆ 0389497667, www.villes-et-vignoble.com.

Essen und Trinken Restaurant Philippe Bohrer, die Referenzen sprechen für sich: Der Chef des Hauses war nicht nur Schüler von Bocuse, sondern auch ehemaliger Koch im Dienste des französischen Präsidenten. Seine Küche, asiatisch und mediterran beeinflusst, ist äußerst phantasievoll und lecker. Sehr zuvorkommender Service. Menü ab 31 €. So sowie Mo und Mi jeweils mittags geschl. ℡ 0389496249.

Deftiger geht's in der ebenfalls empfehlenswerten Brasserie Chez Julien nebenan zu (tägl. geöffnet).

Winstub de la Poterne, der Chef des Hauses serviert gute elsässische Küche und u. a. tägl. einen wechselnden preisgünstigen Plat du Jour, den man auch zum Menü erweitern kann. So, Mo und mittwochabends geschl. 7, rue de la Poterne, ℡ 0389493682.

Restaurant A la Grappe, ganz zentral liegt das mittlerweile hochmodern eingerichtete Kellerrestaurant mit unverputzten Wänden. Der Schwerpunkt liegt auf der Regionalküche, empfehlenswert z. B. die lecker mit Knoblauch und Kräutern gewürzten Leberknepfle oder die Fleischschnecken in Bouillon. Neben Choucroute und Co. gibt es aber auch ein paar italienische Nudelgerichte und leckere Salate. Mittags bis 15 und abends bis 23 Uhr geöffnet, donnerstagabends und So geschl. 16, pl. de la République, ℡ 0389497102.

Caveau Haxakessel, im Sommer ist die Terrasse des zentralen Restaurants der Lieblingsplatz der Besucher von Rouffach, aber auch im Innern sitzt man gemütlich. Spezialität ist das Sauerkraut nach Hexenart – auch hier ist elsässische Küche Trumpf. Mi, in der NS auch dienstagabends geschl. 7, pl. de la République, ℡ 0389497676.

Sehenswertes

Zentrum des Ortes ist die weite Place de la République mit der Marienkirche und einem schönen Gebäudeensemble, das vom Hexenturm überragt wird.

Eglise Notre-Dame-de-l'Assomption: Geht man um die aus gelbem Sandstein errichtete Kirche herum, werden die völlig unterschiedlichen Baustile deutlich. Ihre

ältesten Teile, das Querschiff und zwei Seitenapsiden aus dem 11. Jh., sind romanisch. Im 13. Jh. errichtete man Chor und Langhaus, erstmals im Elsass überhaupt im frühgotischen Stil. Die hochgotische Westfassade mit schmucker Fensterrose und dem während der Revolution größtenteils zerstörten Hauptportal stammt aus dem 14. Jh. Auch zahlreiche die Fassade schmückende Figuren wurden von fanatischen Revolutionären zerstört. Nur die an weniger gut erreichbaren Stellen platzierten blieben erhalten. Die oberen Stockwerke der beiden Türme schließlich errichtete man erst im 19. Jh., wobei die Arbeiten am rechten aufgrund des Krieges 1870/71 eingestellt wurden. Er blieb bis heute unvollendet. Im Innern sind ein prachtvolles Rittergrab aus dem 14. Jh. links vom Eingang, die spätgotische Marienfigur im Langhaus sowie ein ebenfalls spätgotischer Taufstein im rechten Querschiff besonders beachtenswert. Genauer betrachten sollten Sie die Konsolensteine im Chor. Die beiden neben der Sakristeitür – sie stellen ein junges Paar dar – hat man aus gutem Grund als das „Lächeln von Rouffach" bezeichnet.
Tägl. 8.30–17 Uhr, im Sommer bis 19 Uhr.

Heimatmuseum/Altes Rathaus/Hexenturm: Von der Südseite der Kirche bietet sich ein besonders schöner Blick auf die die Place de la République umgebenden Häuser. In der ehemaligen *Kornhalle*, dem lang gestreckten Bau mit Stufengiebel und ausladender Freitreppe an der rechten Seite, ist ein kleines Museum untergebracht. Es enthält neben sakraler Kunst eine kleine Sammlung von Funden aus dem Neolithikum bis zum späten Mittelalter (im Juli/August tägl. außer Di 15–18 Uhr, Eintritt frei).

Das Gebäude des heutigen Restaurants Haxakessel diente lange Zeit als Hexengericht, ursprünglich war es aber die Bauhütte der Kirche. Blickfang des Platzes ist das *Ancien Hôtel de Ville*, ein zweiflügeliges Renaissancegebäude mit

Das „Lächeln vom Rouffach"

Volutengiebeln. Überragt wird es von dem einzigen erhaltenen, dafür umso prächtigeren Turm der Stadtbefestigung, der *Tour des Sorcières* (Hexenturm), stilecht gekrönt von einem Storchennest. Letztes Schmuckstück des Ensembles ist der ehemalige *Zinshof* des Straßburger Domkapitels gegenüber der Kornhalle.

Promenade des Remparts/Sehenswerte Häuser: Durch das kleine Tor rechts vom Hexenturm erreicht man die *Promenade des Remparts*, der man nach links folgt. Vorbei am Storchenpark und dem einstigen *Dinghof der Abtei Eschau* mit kunstvollen gotischen Fenstern kommt man zu einer hübschen *Nepomukstatue* (18. Jh.). Biegen Sie hier links in die Rue du M. Lefèbre ein. An der nächsten Straßenkreuzung stehen sehenswerte alte Gebäude: Rechts das *Haus der drei Damen*, so genannt, weil drei Pfeiler den Oberstock tragen, dahinter sieht man am Torbogen des etwas von der Straße zurückversetzten Hauses mit der Nr. 11 das Zunftzeichen der Schlachter, ein Hackbeil. Links abzweigend, kommt man zur Marienkirche zurück. Wer mag, geht an dem ihr gegenüberliegenden neuen Rathaus vorbei und zweigt nach links in die Rue de la Poterne ab, die wiederum mit schönen alten Häusern, z. B. der alten *Zunftstube „Zum Elefant"* (Nr. 4), aufwarten kann.

Umgebung von Rouffach: Soultzmatt

Prächtige Winzerhäuser prägen das Bild des großen Dorfs am Ohmbach, das einstige Schloss Wangenbourg aus dem 16. Jh. am östlichen Ortseingang ist heute ein Weingut – man lebt nicht schlecht von den Trauben am Hang des Zinnkoepfle, aus denen ein besonders süffiger Wein hergestellt wird. Doch Soultzmatt hat sich nicht nur durch seinen Rebensaft einen Namen gemacht, wird doch im Oberdorf aus den „Sources de Soultzmatt Lisbeth" mineralienhaltiges Quellwasser in Flaschen abgefüllt.

Vallée Noble

Soultzmatt-Wintzfelden gehört zusammen mit Gundolsheim und Westhalten zu dem Gemeindeverbund „Vallée Noble". Diese klangvolle Bezeichnung geht auf das Mittelalter zurück, als zahlreiche Adelsfamilien das liebliche Tal bewohnten. Immerhin sieben Burgen hat man hier errichtet. Neben guten Weinen und einem wohlschmeckenden Wasser ist die schöne Landschaft das Kapital der Verbundsgemeinde, lädt doch der Wechsel von Weinbergen und Matten zu besonders reizvollen Wandertouren ein.

Ein kleiner Spaziergang führt vom Rathaus hinauf zur **Eglise St-Sébastian,** deren romanische Glockenturm mit gekuppelten Fensterreihen noch erhalten ist. Um die Apsis herum sind mehrere mittelalterliche Steinsärge aufgestellt worden, im Innern entdeckt man weitere Grabmäler. Sehr schön ist die in die rechte Seitenwand eingemauerte Grabplatte mit der Darstellung eines ehrfürchtigen Ritters und seiner Ehefrau.

Wandern An der Post beginnt ein schöner Weg durch die Weinberge zum Zinnkoepfle hinauf, Dauer ca. 40 Min.

Übernachten/Essen/Nachtleben ** Hotel Restaurant A l'Arbre Vert, etwas abseits der Wege findet man im stillen Wintzfelden diesen gemütlichen Gasthof mit funktional eingerichteten Zimmern, kleinem Schwimmbad und Sauna. Angeschlossen ist ein gutbürgerliches Restaurant mit empfehlenswerter Küche. Die nette Wirtin gibt den Gästen gerne Wandertipps. Zimmer je nach

Größe und Ausstattung 65–98 €. 2, rte de Soultzmatt, ✆ 0389470213, 🖷 0389476083, www.a-l-arbre-vert.fr.

Le Paradis des Sources, auf dem Gelände der Mineralwasserabfüllanlage Lisbeth am westlichen Ortsausgang von Soultzmatt wurde 2008 ein Varietétheater, vergleichbar mit dem von Kirrwiller (siehe S. 134), eingerichtet. Der Besitzer ist der anerkannte Gastronom Jean Yves Schillinger aus Colmar (siehe S. 163). Nähere Informationen zu Veranstaltungen und Tarifen unter www.paradis-des-sources.com.

Guebwiller

Die Reben steigen jenseits der Lauch vom Stadtrand die Vorberge der Vogesen hinauf. Doch obwohl um Guebwiller vier Grand Crus gedeihen, was kein anderer

Ort an der Route des Vins von sich sagen kann, fehlt die Atmosphäre eines gemütlichen Weinstädtchens. Von größtem Interesse sind aber drei völlig gegensätzliche, jedoch gleichermaßen sehr bedeutende sakrale Bauten in der Stadt. Ihre Errichtung verdankt Gruebwiller der Abtei Murbach (siehe S. 337f.), von der der Ort nicht nur im 8. Jh. gegründet, sondern auch jahrhundertelang abhängig blieb. Und von 1759 bis zum Ausbruch der Französischen Revolution residierten deren Fürstäbte sogar hier. Im 19. und Anfang des 20. Jh. entstanden dann v. a. an den Rändern der Stadt Textilfabriken – deren Blütezeit ist längst vorbei, sie prägen aber heute noch das Bild Guebwillers mit.

Information Das Office de Tourisme ist ganzjährig von Mo–Sa, von Mai bis Okt. auch So geöffnet. 71, rue de la République, 68500 Guebwiller, ☏ 0389761063, 🖷 0389765272, www.tourisme-guebwiller.fr.

Führungen Während der Hochsaison werden vom O.T. Führungen durch die Stadt, durch Soultz, durch die Kirche von Murbach, durch die Weinberge und nach Hartmannswiller in französischer Sprache angeboten.

Parken Plätze im Zentrum findet man am Hôtel de Ville und dahinter oder an der Eglise St-Léger.

Taxi ☏ 0389999383 und 0389769305.

Markt Di auf der Place du Marché, Fr auf der Place de la Liberté.

Veranstaltungen Ein besonderes Erlebnis sind die ganzjährig stattfindenden Konzerte in der alten Dominikanerkirche. Den Schwerpunkt bildet dabei die klassische Musik, aber hin und wieder bekommt man auch Fado oder Jazz zu hören. An Christi Himmelfahrt findet ein Weinfest statt.

Kinder/Schwimmen Le Centre Nautique, großes Hallenbad (von Sept. bis Ende Mai) und Freibad (von Juni bis Anfang Sept.) mit Riesenrutsche und anderen Attraktionen. Rue de la Piscine, ☏ 0389768691.

Fahrradverleih Das O.T. von Guebwiller vermietet Fahrräder zum Preis von 3 €/Std. bzw. für 8 €/Tag.

Tipp für Wanderer und Radfahrer:
Beim O.T. ist eine deutschsprachige Broschüre mit Wanderungsbeschreibungen (5 €) erhältlich, nur auf Französisch ist diejenige mit Mountainbiketouren (7 €).

Öffentliche Toiletten Nahe der Eglise St-Léger in der Rue des Ecoles und gegenüber dem Hôtel de Ville.

Übernachten ** Hôtel d'Alsace **3**, gegenüber der Eglise St-Léger und damit sehr zentral wohnt man angenehm in einem Eckhaus, in komplett renovierten, hell eingerichteten Zimmern. Der Preis beträgt 69 €. 140, rue de la République, ☏ 0389768302, 🖷 0389741715, www.sarlhotelalsace.com.

Essen & Trinken Domaine du Lac **4**, im Gebäude des gleichnamigen Hotels am westlichen Ortsausgang. Moderner, sachlicher Einrichtungsstil statt elsässischem Schnickschnack, feine, leichte Küche statt Hausmannskost. Lecker fanden wir z. B. die Fischterrine mit grünen Böhnchen, zum Nachtisch gab's eine katalanische Creme mit Früchten. Sa mittags geschl. ☏ 0389761500, 🖷 0389741463.

La Taverne du Vigneron **1**, alteingesessene, gemütliche Weinstube an der Eglise St-Léger. Was es gibt, steht auf großen Schiefertafeln an der Wand: Forelle in Riesling, Eisbein, Presskopf etc. – elsässische Küche ist Trumpf, und es schmeckt. Insbesondere mittags ist hier oft viel los, die rührige Wirtin lässt sich jedoch nicht aus der Ruhe bringen. Mo geschl. 7, pl. St-Léger, ☏ 0389768189.

Winstub Le Bratzala **2**, weitere empfehlenswerte, über und über mit Elefanten dekorierte Winstub mit einer großen Speisekarte. Gute Auswahl an Vorspeisen, Fisch- und Fleischgerichten. Neben lokalen Spezialitäten wie Bibbalaskas und Sürlawerla bekommt man hier auch Flammkuchen. Do geschl. 32, rue de l'Eglise, ☏ 0389286078.

Brasserie Au Chêne **5**, sehr einfache Brasserie mit Terrasse, in der es günstige Flammkuchen und ein täglich wechselndes Menu du Jour gibt. Montagabend geschl. 8, pl. de la Liberté, ☏ 0389769148.

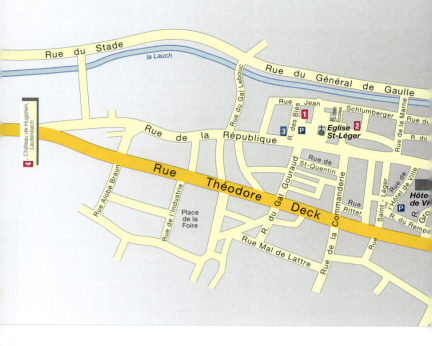

Sehenswertes

Alle Sehenswürdigkeiten befinden sich fast unmittelbar an der Hauptstraße, der Rue de la République. Beginnen Sie die Besichtigung an ihrem nördlichen Ende mit der ältesten und schönsten Kirche der Stadt:

Eglise St-Léger: Sie wurde um 1200 von der Murbacher Abtei im spätromanischen Stil erbaut. Den Chor erneuerte man im 14. Jh. im gotischen Stil, im 16. Jh. erweiterte man die Kirche durch den Bau der beiden niedrigen äußeren Seitenschiffe. Eindrucksvollster Teil des Bauwerks ist die Westfassade. Ein Rautenmuster schmückt den Giebel zwischen den zwei mächtigen Türmen, deren Fensteröffnungen von reich verzierten Säulchen gegliedert sind. Die nach drei Seiten offene *Vorhalle* führt zu dem eindrucksvollen, von drei abgestuften Säulenbögen umrahmten *Eingangsportal*. Im Tympanon erkennt man in der Mitte den segnenden Christus mit dem Evangelium in der Hand, rechts und links, so die Meinung vieler Kunsthistoriker, Maria und den heiligen Leodegar. Bevor Sie die Kirche betreten, sollten Sie noch den achteckigen *Vierungsturm* genauer betrachten. In seinem unteren Bereich hockt auf den vier schrägen Pultdächern jeweils eine lebensgroße Gestalt. Ihre Bedeutung ist nicht eindeutig geklärt. Die Stadtbewohner meinen jedenfalls, die „Doggala" würden sich in Vollmondnächten einmal um den Turm drehen.

Der durch Arkaden und Pfeiler gegliederte Innenraum wirkt massig, dunkel und eng und damit typisch romanisch. Im rechten Seitenschiff erinnert hinter dem Altar des heiligen Valentin ein Relief an ein bedeutendes Ereignis in der Geschichte der Stadt. 1445 hatten plündernde Armagnakenhorden (siehe auch S. 26) versucht,

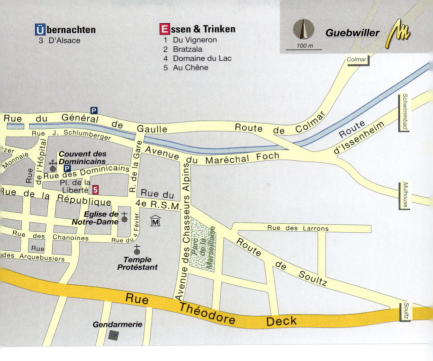

mit Holzleitern über die Stadtmauer zu klettern, was ihnen jedoch, wie man auf dem Relief erkennen kann, die Gottesmutter und die Alarm schlagende Bürgerin Brigitte Schick vereitelten.
Tägl. 9–18 Uhr.

Hôtel de Ville/Eglise des Dominicains: Über die Rue de la République kommt man zunächst zum *Hôtel de Ville*, einem spätgotischen Patrizierhaus mit auffallendem Erker. Etwa 150 m weiter erreicht man die *Place de la Liberté* mit kleinem Sandsteinbrunnen aus dem Jahre 1536, gegenüber steht ein stattliches Renaissancegebäude mit schönem Treppenhausturm.

Dahinter erhebt sich die *Eglise des Dominicains*. Die riesige, hoch aufstrebende Hallenkirche mit ungewöhnlichem Turm wurde zu Beginn des 14. Jh. im charakteristischen schlichten Stil des Dominikaner-Bettelordens errichtet. An sie grenzen die ehemaligen Klostergebäude an, die einen Kreuzgang umschließen; heute ist darin eine Musikschule untergebracht. Das Innere wird von mittlerweile wieder freigelegten, im 18. Jh. übertünchten gotischen Fresken geschmückt. Im Sommer kann die Kirche im Rahmen von Führungen besichtigt werden; erkundigen Sie sich beim O.T. danach.

Eglise Notre-Dame: Zurück an der Place de la Liberté, wendet man sich nach links und kommt zur jüngsten Kirche des Ortes. Auch sie steht in Zusammenhang mit der Murbacher Abtei, deren Kapitel Mitte des 18. Jh. das strenge klösterliche Leben aufgab, ins Schloss Neuenburg übersiedelte und sich daneben von 1766 bis 1785 eine für die damalige Zeit hochmoderne Kirche errichten ließ. Das Gotteshaus gilt als einer der bedeutendsten neoklassizistischen Bauten im Elsass. Dorische und ionische

Säulen gliedern die Fassade, acht allegorische Statuen versinnbildlichen die Kardinaltugenden. Im prunkvollen Innenraum scheint alles riesig zu sein. Gewaltige Sandsteinsäulen mit korinthischen Kapitellen trennen die drei Schiffe voneinander, hinter dem Hochaltar lenkt ein Monumentalrelief mit der Darstellung der Himmelfahrt Mariens die Blicke auf sich.

Musée du Florival/Parc de la Marseillaise: Das Museum, das den Namen des Blumentals trägt (siehe S. 339), ist in einem einstigen Stiftsgebäude der Murbacher Abtei an der Südseite der Place de la Liberté untergebracht. Es enthält eine reichhaltige Sammlung zur Kunst, Geschichte und Natur des Tals, v. a. aber präsentiert es die Werke des Guebwiller Kunstkeramikers Théodore Deck. Seinen wichtigsten Arbeiten ist das gesamte zweite Stockwerk gewidmet. Neben Vasen und anderen Gefäßen in „Deck-Blau" sind insbesondere die Vertäfelungen einer Veranda mit einer Szene am See und ein wieder aufgebautes Badezimmer aus einer Industriellenvilla die reinste Augenweide. Eine Etage höher finden sich weitere Objekte des Künstlers. Hinter dem Museum erstreckt sich der hübsche *Parc de la Marseillaise*, in dem man auf futuristisch anmutenden Parkbänken ausruhen kann.

Wanderweg am Zinnkoepfle

Das Museum ist tägl. außer Di 14–18 Uhr, Sa, So und Fei auch 10–12 Uhr geöffnet. Erwachsene 5 €, Kinder (12–18 J.) 3 €. 1, rue du 4-Février, ✆ 0389742289.

Burgruine Hugstein: Das Château ist ein weiteres Relikt aus der Murbacher Zeit. Die Äbte ließen es im 13. Jh. zur Kontrolle des Blumentals errichten, im 16. Jh. wurde es aufgegeben.

Anfahrt/Wandern Von der Stadtmitte auf der Rue de la République 1,5 km in nordwestliche Richtung, dann der Beschilderung nach links in die Rue de l'Ermite folgen, 500 m weiter erreicht man einen Parkplatz. Vorbei an der Solisanaklinik geht man noch 700 m aufwärts bis zur Ruine.

Umgebung von Guebwiller

Soultz: Einer salzigen Quelle in der Nähe verdankt das Städtchen mit wunderschönem mittelalterlichen Kern und z. T. gut erhaltener Befestigung seinen Namen. An der ausladenden Place de la République lenkt das stattliche *Hôtel de Ville* mit seiner imposanten Freitreppe die Blicke auf sich. Ganz in der Nähe steht die gotische *Eglise St-Maurice*. Ihren Turm schmückt eine Sonnenuhr, die Heiligen Drei Könige und der Kirchenpatron zu Pferd sind im Tympanon des Südportals dargestellt. Im Innern lohnen neben einer Silbermannorgel v. a. eindrucksvolle Fresken aus dem 14. Jh. und die Renaissancekanzel.

An einer Schleife des Rimbachs steht ein ehemaliges Wasserschloss, das 1251 zum ersten Mal erwähnt worden ist. In ihm ist das *Musée du Bucheneck* untergebracht. Auf Bildern und Holzschnitten werden berühmte Soultzer Familien vorgestellt, außerdem bietet das Museum Sammlungen zu den Bereichen Archäologie, Waffen sowie christliche und jüdische Kunst. Außerdem gibt es regelmäßig temporäre Ausstellungen. Für Groß und Klein ein Anziehungspunkt ist das wunderhübsche Spielzeugmuseum *La Nef des Jouets* mit Spielsachen aus verschiedenen Epochen.

Westlich von Soultz: Ein paar Ausflugsziele kann man darüber hinaus noch in der unmittelbaren Nachbarschaft von Soultz ansteuern: einen größeren *Storchenpark*, in Jungholtz einen *jüdischen Friedhof* und in Thierenbach eine in der Region sehr verehrte *Wallfahrtskirche* mit rührenden Danktäfelchen für den Beistand der Gottesmutter in den unterschiedlichsten Lebenslagen.

Lage Den **Storchenpark** erreicht man von Soultz über die Straße nach Jungholtz (D 5ᴵ), kurz nach dem Ortsende von Soultz zweigt man links Richtung Wuenheim und sofort wieder rechts ab.

Nach **Thierenbach** fährt man von Soultz zunächst auf der D 5ᴵ nach Jungholtz, dort zweigt man dann auf die D 5ᵛ ab.

Der **jüdische Friedhof** von Jungholtz liegt links der Straße nach Thierenbach.

Information Das **Office de Tourisme** von Soultz ist ganzjährig Mo–Fr und samstagvormittags geöffnet, im Juli/Aug. auch samstagnachmittags und sonntagvormittags. Pl. de la République, ☎ 0389768360, 🖷 0389 748612, www.tourisme-guebwiller.com.

Öffnungszeiten/Eintritt Das **Musée du Bucheneck** in der Rue Kageneck ist vom 2.5. bis 30.9. tägl. außer Di 14–18 Uhr geöffnet. Eintritt 3 €, Kinder 1,50 €. Man erreicht das Museum, indem man von

der Südwestecke der Place de la République nach rechts geht, sofort wieder rechts und dann links einbiegt.

Das Museum **La Nef des Jouets** in der Rue J. Jaurès kann man von April bis Dez. ebenfalls tägl. außer Di 14–18 Uhr besuchen. Eintritt 4,60 €, Kinder (10–16 J.) 1,50 €.

Das Spielzeugmuseum liegt im Nordwesten der Stadt nahe der Stadtpolizei.

Essen & Trinken ››› Unser Tipp: Metzgerstuwa, unser Tipp ist das gemütliche Lokal auf zwei Etagen neben der hauseigenen Metzgerei. Man muss großen Hunger mitbringen, denn die Teller sind üppig beladen; zum Glück kann man das Choucroute auch als halbe Portion bestellen. Nach Metzgersart stehen hier etliche Fleischgerichte zur Auswahl, zu denen verschiedene hausgemachte Saucen serviert werden, außerdem aber auch gute Salate. Sa/So geschl. ☎ 0389748977. ‹‹‹

Thann

Letzte Station der Route des Vins bzw. deren südliche Pforte sowie Eingangstor ins Tal der Thur ist das lebhafte Städtchen Thann, im Gegensatz zu vielen anderen Weinorten ohne Fachwerk und Butzenscheibenromantik. Stattdessen zieht die nach dem Straßburger Münster bedeutendste gotische Kirche des Elsass – die Eglise St-Thiébaut – den Besucher in ihren Bann. Darüber hinaus hat das von den Resten der Engelsburg überragte Thann zahlreiche weitere Sehenswürdigkeiten und einen besonders gehaltvollen Wein zu bieten.

Geschichte: Im 12. Jh. kontrollierten die Grafen von Ferrette von der Engelburg aus das Thurtal, Teil einer stark frequentierten Handelsstraße von Holland nach Italien. Die Gründung einer Wallfahrtskirche verhalf dem kleinen Ort unterhalb der Burg zu größerer Bedeutung, und schon 1290 wurde Thann erstmals urkundlich als Stadt erwähnt. Diese fiel 1324 an die Habsburger und 1648 an Frankreich. Im 18. Jh. wurde das gesamte Thurtal durch Textil-, Eisen- und Stahlbetriebe erschlossen, 1808 kam die chemische Industrie hinzu. Auch heute noch ist die Industrie der wichtigste Arbeitgeber der Region, wie die qualmenden Schornsteine und die hässlichen Fabrikhallen im benachbarten Vieux-Thann beweisen.

Thann und der heilige Theobald

Der Legende nach trug sich die Gründung der Stadt ein wenig dramatischer zu, als es in der offiziellen Geschichtsschreibung nachzulesen ist: Im Jahre 1160 verstarb im italienischen Gubbio der vom Volk hoch verehrte Bischof Theobald. Vor seinem Ableben hatte er seinem Diener aus Dankbarkeit für dessen Treue seinen Bischofsring versprochen. Als der dann versuchte, dem Toten das Schmuckstück abzustreifen, riss dessen Finger mit ab. Er versteckte ihn in seinem Wanderstock und machte sich auf den Weg in seine lothringische Heimat. Dabei kam er auch an die Stelle des heutigen Thann, wo damals noch dichter Tannenwald stand. Nachdem der müde Mann sich dort ausgeruht hatte, wollte er die Reise fortsetzen, doch sein Stab, den er an einen Baum angelehnt hatte, blieb wie angewurzelt stehen. In diesem Moment entdeckte der Graf von Ferrette von der Engelburg aus drei flammende Lichter über dem Wald, eilte herbei und erfuhr von dem Lothringer, dass dieser eine Reliquie in dem Stab hatte. Sofort beschloss der Graf, an dieser Stelle eine Kirche errichten zu lassen – und siehe da, der Wanderstock konnte wieder bewegt werden.

Nicht nur die dem Heiligen geweihte Kirche, wo die Reliquie aufbewahrt wird, auch das alljährliche Fest der Tannenverbrennung und die Partnerschaft mit Gubbio sorgen dafür, dass die Legende nicht in Vergessenheit gerät.

Adressen/Verbindungen

Information Das **Office de Tourisme** ist ganzjährig Mo–Sa, im Juli/Aug. auch am Sonntagvormittag geöffnet. 7, rue de la 1ère Armée, 68800 Thann, ☎ 0389379620, ✆ 0389 370458, www.ot-thann.fr.

Führungen Im Juli/Aug. werden vom O.T. auf Französisch zahlreiche Führungen durch die Stadt und durch das Theobald-Münster angeboten.

Zug Vom zentrumsnah gelegenen Bahnhof hat man häufige Verbindungen nach Mulhouse und Kruth.

Parken Place du Bungert oder auch am Theobald-Münster.

Taxi ☎ 0389387276.

Markt Sa auf der Place du Bungert.

Feste Jedes Jahr am 30. Juni wird bei der Verbrennung der drei Tannen des Stadtheiligen Theobald gedacht und ein großes Fest gefeiert.

Einkaufen Au Pied des Vignes, wer Lust hat, den köstlichen Rangener Wein zu probieren, kann sich hier beraten lassen und einkaufen. 11, rue St-Thiébaut.

Öffentliche Toiletten Auf der Place du Bungert.

Tipp für Radfahrer: Das O.T. bietet zum Preis von 5 € 19 ausgearbeitete Mountainbiketouren in der Broschüre „La Vallée de la Thur" an.

Übernachten/Essen

Übernachten *** Hôtel du Parc **6**, wie es der Name schon verrät, liegt das hübsche Hotel in einer Gartenanlage, zu der auch ein kleiner Pool gehört. Für Abwechslung sorgen außerdem Jacuzzi, Sauna, Ha-

mam und Fitnessraum. Den Gästen stehen für Ausflüge in die Umgebung die hauseigenen Fahrräder gratis zur Verfügung. Eines der wunderschön eingerichteten Biedermeierzimmer kostet für zwei

Personen 79–185 €, zu dritt bezahlt man 129–149 €, zu viert 189 €. 23, rue Kléber, ✆ 0389373747, ✉ 0389375623, www.alsacehotel.com.

** Hôtel de France 4, mitten im Zentrum, aber dennoch recht ruhig kann man in dem alteingesessenen Haus mit empfehlenswertem Restaurant übernachten. Die kleineren Zimmer mit Grand Lit kosten als EZ 37 €, als DZ 46 €, im 2. Stock liegen die größeren mit 2 Betten zum Preis von maximal 67 €. 22, rue Gal de Gaulle, ✆ 0389370293, ✉ 0389374799, www.hotelseltzthann.fr.

** Hôtel Aux Sapins 5, in einem ruhigen Wohnviertel ca. 10 Min. vom Zentrum entfernt führt die nette Carmen Arnold dieses empfehlenswerte Haus. Zu diesem gehört auch ein empfehlenswertes Restaurant mit vernünftigem Preis-Leistungs-Verhältnis (Sa geschl.). So funktional das Gebäude von außen erscheint, so hübsch sind die unterschiedlich großen und immer wieder anders eingerichteten Zimmer zum Preis von 54–58 €. Die im zweiten Stock sind etwas kleiner und wurden in jüngerer Zeit mit AC ausgestattet. 3, rue Jeanne d'Arc, ✆ 0389371096, ✉ 0389372383, www.auxsapinshotel.fr.

Essen & Trinken Restaurant du Parc 6, im gleichnamigen Hotel. Der wunderschöne Speisesaal erinnert in Einrichtung und Stil an einen herrschaftlichen Salon, Fischspezialitäten sind hier besonders gut, aber natürlich gibt's auch elsässische Küche. Mehrere Menüs zwischen 19 und 49 €. Adresse s. o.

Restaurant Caveau de l'Engelbourg 3, schönes Kellerlokal mit feiner gutbürgerlicher Küche, bei der das Preis-Leistungs-

244 Die Weinstraße südlich von Colmar

Verhältnis stimmt. Große Auswahl auch an ausgefalleneren Vorspeisen wie Schnecken in Blätterteig oder Salade Alsacienne du Pêcheur, lecker auch der Flammkuchen und der Spieß mit drei verschiedenen Fleischsorten. Menü ab 19 €. Abends nur 19–21 Uhr, Samstagmittag und Mo geschl. 10, rue Gal de Gaulle, ☎ 0389372021.

Restaurant Winstub Le Caseus **1**, die Dekoküche auf Tischen, Simsen und an den Wänden weisen auf die Spezialität des Hauses hin: Käse in allen Variationen, und auch das Sauerkraut mit Lachs wird mit Munstersauce serviert. Kartoffelfans sollten die gesunde Knolle mit Käse, Speck und anderen Zutaten probieren. Lecker waren auch die würzigen Leberknödel. Im Sommer stehen u. a. viele Salate auf der Karte, während im Winter Fonduefreunde auf ihre Kosten kommen. Gutes Preis-Leistungs-Verhältnis, große Portionen. 100, rue de la 1ère Armée, ☎ 0389371068.

Salon de Thé Gérard **2**, angenehmes Café mit interessanten Angeboten für den kleinen Hunger. Aber auch Süßmäuler kommen auf ihre Kosten. Pl. de Lattre Tassigny.

Sehenswertes

Eglise St-Thiébaut: Das zentral gelegene, dem heiligen Theobald geweihte gotische Gotteshaus ist die größte Sehenswürdigkeit der Stadt. Wegen des immer stärker werdenden Pilgerbetriebs begann man 1320 an der Stelle der ursprünglichen Kapelle mit dem Bau der Kirche, vollendet war sie im Jahre 1516, als man ihr die Turmspitze aufsetzte. Aufgrund der langen Bauzeit lässt sich die Entwicklung des gotischen Stils an der Kirche sehr genau nachvollziehen. Vergleichsweise nüchtern ist das frühgotische südliche Seitenschiff, Chor und Mittelschiff sind hochgotisch, während das nördliche Seitenschiff sowie die Turmspitze den Flamboyant-Stil der Spätgotik zeigt. Besonders stolz sind die Thanner auf den *Turm,* den sie gerne mit denen des Straßburger und des Freiburger Münsters vergleichen: *„Le clocher de Strasbourg est le plus haut, celui de Fribourg le plus gros, mais celui de Thann le plus beau!"* („Der Straßburger Turm ist der höchste, der Freiburger der mächtigste, aber der von Thann der schönste!") Phantasievolle Wasserspeier beleben das Kirchenäußere, und auf dem sog. Madonnenpfeiler an der Südwestecke thront sogar ein Äffchen. Das *Hauptportal* an der Westfassade ist ein einzigartiges Ensemble aus insgesamt 500 Figuren, das man nicht lange genug betrachten kann. In den zwei kleinen Tympana über den beiden Eingangsportalen, getrennt von einer Muttergottesstatue, werden Geburt und Kreuzigung Christi dargestellt. Darüber spannt sich ein größeres drittes Bogenfeld, bestehend aus fünf Streifen. In ihnen werden von unten nach oben Ereignisse aus dem Leben Mariens von der Kindheit bis zur Krönung nach ihrer Himmelfahrt erzählt. Die drei Tympana werden von fünf sog. Hohlkehlen mit zahlreichen Einzelfiguren und szenischen Darstellungen eingerahmt.

Im Innern trennt ein mächtiges Kreuz am Triumphbogen das Mittelschiff vom Chor. Zwischen den Glasfenstern aus dem 15. Jh. scheinen 12 Apostelstatuen unter Baldachinen die Wandsäulen, auf denen das Netzgewölbe ruht, zu tragen. Einzigartig ist das *Chorgestühl* aus dem 15. Jh. Wangen, Baldachine und Lehnen der den Stiftsherren vorbehaltenen Sitze sind mit komischen Figuren, Fratzen, Masken, Fabelwesen und Tieren verziert: Fledermaus und Flughund, ein Männlein mit Brille, ein Kind im Kapuzenmantel, eine schwingende Nonne sind nur einige der einfallsreichen Gestaltungen.

Der älteste Teil der Kirche ist die *Theobald-Kapelle* rechts vom Chor mit einer goldfarben bemalten Holzfigur des Heiligen (16. Jh.) sowie einem Teil eines älteren Altars mit der Darstellung der Thanner Legende. Zwischen dieser Kapelle und dem Mittelschiff steht eine weitere, bei Prozessionen mitgeführte prachtvolle Theobaldstatue (ebenfalls 16. Jh.) mit dem winzigen Stifterpaar zu seinen Füßen, daneben ein alter Opferstock, der zur Sicherheit mit Eisenbändern verschnürt war. In der *Muttergotteskapelle* sollten Sie sich die Winzermadonna, 1510 von der Winzerzunft ge-

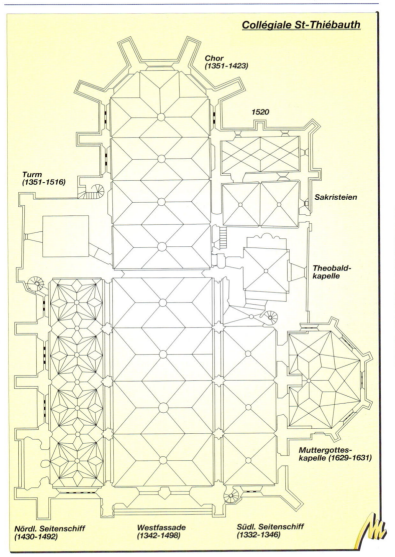

stiftet, genauer anschauen. Das Jesuskind auf ihrem Arm versteckt hinter seinem Rücken eine Traube und lächelt dabei spitzbübisch. Auffällig sind schließlich auch die vielen Wappen an den Deckenschlusssteinen der Gewölbe. Sie weisen auf Besitztümer der mächtigen Habsburger hin.

Tägl. von Okt. bis Mai 8–12 und 14–18 Uhr, im Sommer durchgehend bis 19 Uhr.

Zu Thann im Rangen,

zu Gebweiler in den Wangen,
zu Türckheim im Brand,
wächst der beste Wein im Land.
Aber gegen den Reichenweirer Sporen
haben sie alle das Spiel verloren.

Wenn auch nicht zum Spitzenreiter erkoren, so wird der Rangenwein vom Volksmund doch als einer der vier besten des Elsass gelobt. Das kommt nicht von ungefähr: Steil ziehen sich die mit Weinreben bedeckten Hänge des Rangen vom Stadtrand in einem Steigungswinkel von 45° in die Höhe. Auf vulkanischem Untergrund kann hier ein besonders edler Tropfen gedeihen: die gesamte Fläche des Rangen (18,5 ha) wurde als Grand Cru eingestuft – einmalig im Elsass. Nährstoffreicher Boden, maximale Sonneneinstrahlung, häufige Niederschläge und nur geringe Frostgefahr durch die Nähe des Flüsschens Thur sorgen für eine Qualität, die schon im Mittelalter gerühmt wurde. Bereits im 12. Jh. sollen Kaufleute aus Norddeutschland nach Riesling und Gewürztraminer vom Rangen gefragt haben. Damals wie heute – Qualität hat ihren Preis. In einigen Geschäften wird der Rangenwein zwar verkauft, in vielen Winstubs aber nicht. Der Rangenwein ist eben etwas für besondere Tage.

Musée des Amis de Thann: Gegenüber der Kirche steht ein schönes Fachwerkhaus mit dreiseitigem Erker (16. Jh.), heute Sitz des Office de Tourisme. Von hier aus geht man in die Rue St-Thiébaut mit mehreren gut erhalten mittelalterlichen Häusern: an der nächsten Ecke z. B. rechts das *Haus zum Einhorn* mit dem Wappen der Stadt und gegenüber die *Münze* aus dem Jahre 1533 mit eingravierten Steinmetzzeichen. Auf der anderen Straßenseite sprudelt das Wasser des *Rebleutebrunnens* aus zwei steinernen Köpfen. Direkt an der Brücke über die Thur steht die ehemalige *Kornhalle* (1519) mit je einem großen Fuhrmannstor an beiden Seiten, damit die Wagen im Gebäude nicht wenden mussten. Heute ist darin das *Museum der Freunde Thanns* untergebracht. Sehr sehenswert sind die 15 hölzernen Bannwarttafeln im ersten Stock des Gebäudes. Sie erzählen, mit welchen Witterungsverhältnissen, Katastrophen (z. B. Feuer) etc. die vier jedes Jahr von den Zünften neu in dieses ehrenvolle Amt gewählten Bannwarte, die „Bewacher der Weinberge", zu kämpfen hatten, wie die Ernten ausgefallen waren etc. In den drei weiteren Stockwerken des Museums sind Sammlungen zur Geschichte der Stadt (Bilder, Wirtshausschilder, Geräte aus den frühen Fabriken etc.) zu sehen.

Juni–Sept. Fr–So, im Juli/Aug. tägl. außer Mo jeweils 14–18 Uhr. Erwachsene 2,50 €, Kinder (6–16 J.) 1 €. Rue de la Halle.

Rue de la Halle/Hexenturm: Vom Museum geht man links in die von schönen mittelalterlichen Gebäuden gesäumte Rue de la Halle. Haus Nr. 24 weist ein hübsches sechseckiges Treppentürmchen auf, daneben steht das einstige Armenhaus, erkennbar an der Inschrift „Factum es Refugium Pauperibus". Am Ende der Straße beweist ein schmales Fachwerkhaus mit zwei überkragenden Stockwerken, wie geschickt im Mittelalter geringer Bauplatz ausgenutzt wurde. An dem Gebäude gegenüber sind die das Dach stützenden Konsolen mit Köpfen und Figuren, alle zur Kirche schauend, sehenswert.

Hier wendet man sich links, geht an der nächsten Straßenecke wieder links und kommt so zu dem bulligen *Hexenturm* mit hübschem Zwiebeldach, der nicht nur Teil der Stadtbefestigung war, sondern auch als Gefängnis diente. Heute befindet sich in seinem Untergeschoss der alte *Charles-Hippler-Weinkeller* mit einer kleinen Ausstellung.
 Juni–Sept. Mi–Mo 10–12 und 14.30–18.30 Uhr. Eintritt frei.

Château de l'Engelbourg: Von der Brücke hinter dem Hexenturm hat man einen schönen Blick auf den Rangen mit der pittoresken Urbankapelle. Wer mag, wandert jenseits der Brücke über die Rue du Rangen und einen gut ausgeschilderten Waldweg in ca. 15 Minuten zum *Château de l'Engelbourg* hinauf. Von der Burg ist seit der Zerstörung durch Truppen Ludwigs XIV. nicht viel mehr als ein mächtiger, ringförmiger, zur Stadt gerichteter Stein, Teil des ehemaligen Bergfrieds, übrig geblieben. Er wird heute „Hexenauge" genannt. Der Blick über das hübsche Thann mit seiner gotischen Kirche und Vieux-Thann mit den qualmenden Schornsteinen zeigt die zwei Seiten des einerseits industriell hoch entwickelten und andererseits mittelalterlich-romantisch anmutenden Elsass.

Croix de la Lorraine: Schon bei der Anfahrt sieht man hoch über der Stadt das sogenannte Staufenkreuz, ein 1948 unter dem Staatspräsidenten Général de Gaulle errichtetes Denkmal zur Erinnerung an den elsässischen Widerstand gegen die Nazis. Man erreicht es, indem man von der Place de la République, die N 66 und die Bahnlinie querend, in die Rue Kléber geht und kurz darauf nach rechts in die Rue des Jardins einbiegt. Folgen Sie dann dem Wanderzeichen „rotes Dreieck" ca. 15 Minuten über den Chemin de Staufen hinauf zu dem wunderbaren Aussichtsplatz.

La Tournée du Bangard: Auf drei verschiedenen Strecken (2,2 km, 3 km oder 5 km) kann man die Hänge des Rangen zu Fuß erkunden. Der mit Infotafeln ausgestattete Weinlehrpfad über die verschiedenen Rebsorten und über die Arbeit im Weinberg beginnt an der Ecke Rue du Rangen und Rue du Vignoble.

Im Chorgestühl von St-Thiébaut   Das Hexenauge über Thann

Blick ins Val d´Argent

Die Vogesen

Im Norden flacher, im Süden viel höher, in jedem Fall aber majestätisch und sehr eindrucksvoll erheben sich die Ketten der Vogesen mit mal rundlicheren, mal plateauartigeren Gipfeln über der Oberrheinischen Tiefebene, die sie wie ein Schutzwall abschirmen.

Bei allen Unterschieden zwischen den einzelnen Abschnitten des Gebirges – insgesamt ist dieses die großartigste Naturlandschaft des Elsass und ein besonders attraktives Reiseziel sowohl für Aktivurlauber wie Wanderer, Mountainbiker und Wintersportler als auch für diejenigen, die Ruhe suchen. Und auch kulturell haben die Vogesen sehr viel mehr zu bieten, als es auf den ersten Blick scheint.

Der Name des Gebirges ist wohl keltischen Ursprungs. Er soll auf den Wald- und Jagdgott *Vosegus* zurückgehen, meist dargestellt in Begleitung eines Hundes, bekleidet mit einem schweren Mantel und Pfeil und Bogen tragend. Obwohl dieser Gott wahrscheinlich nur lokal, insbesondere in der Region um den Donon (→ S. 302f.) verehrt wurde, gaben die Römer nach ihrer Eroberung Galliens dem gesamten Gebirgszug den Beinamen *Mons Vosegus*. Schriftlich bezeugt ist er in Cäsars „De Bello Gallico", und zwar sowohl in der Bezeichnung *Vosegus* als auch *Vogesus*. Da im Französischen der unbetonte Mittelvokal wegfiel, entstand aus *Vosegus Vosges*.

Nordvogesen

Dicht bewaldete Berghänge, malerische Sandsteinfelsen, auf denen oft verwunschene Burgruinen stehen, stille Dörfer und kleine Städtchen machen den Reiz dieser stimmungsvollen Landschaft mit vielen Natur- und Sightseeingzielen aus.

Zwischen Wissembourg und der Saverner Steige erstrecken sich die elsässischen Nordvogesen, Teil eines großen Naturparks, der auch in Lothringen bedeutende Anteile hat. In dem nur 300 bis 581 m (Grand Wintersberg) hohen plateauartigen Bergland lässt es sich besonders schön wandern, zumal die Steigungen sich noch in Grenzen halten. Lohnende Ziele sind v. a. die zahlreichen mittelalterlichen Burgen aus rotem Buntsandstein; manchmal liegen sie so dicht beieinander, dass man von einer zur anderen nur Minuten zu gehen hat. Nahezu alle beeindrucken durch ihre spektakuläre Lage. Und mit etwas Glück entdeckt man in den unendlichen Wäldern Wildschweine, Rehe oder Rothirsche, denn der Wildbestand der Nordvogesen ist ausgesprochen hoch.

In den Tälern bestimmen sumpfige Erlen- und Birkenwälder, aber auch saftige Weiden das Bild. Überall rauscht und plätschert es, an Quellen, Bächen und Fischweihern herrscht kein Mangel. Relativ niedrig ist die Bevölkerungsdichte, der Buntsandsteinboden weist eben nur eine geringe Fruchtbarkeit auf. Die Menschen leben vorwiegend in kleinen Dörfern oder auch in einzelnen Gehöften bzw. winzigen Weilern. Nur das besonders hübsche Wissembourg und Niederbronn können als Kleinstädte bezeichnet werden.

In den Nordvogesen öffnen sich immer wieder spektakuläre Ausblicke

🍃 Parc Naturel Régional des Vosges du Nord

Auf über 1300 km² Nordvogesenlandschaft im Elsass und in Lothringen erstreckt sich der 1975 eingerichtete Regionale Naturpark, den die UNESCO 1989 zum Biosphärenreservat erhoben hat. Im Gegensatz zu reinen Naturparks oder gar Naturschutzgebieten ist ein Regionaler Naturpark bewohnt und wird bewirtschaftet. So gehören zum Parc Naturel Régional des Vosges du Nord derzeit 113 Gemeinden mit insgesamt knapp über 80.000 Bewohnern. Entsprechend ist es das oberste Ziel der Parkverwaltung, die ihren Hauptsitz in der Schlossburg von La Petite Pierre hat, Landbau und wirtschaftliches Wachstum mit dem Schutz der Natur und der Bewahrung alten Kulturguts in Einklang zu bringen. 65 % der Fläche sind mit Wald bedeckt, 35 Burgruinen und zahlreiche weitere historische und archäologische Sehenswürdigkeiten gibt es auf mehr als 1600 km vom Club Vosgien eingerichteten Wanderwegen zu entdecken, denn ein weiteres wichtiges Ziel ist es, Natur und Kultur den Besuchern näher zu bringen. Seit 1998 ist der Naturpark Teil des grenzüberschreitenden deutsch-französischen Biosphärenreservats Pfälzerwald–Nordvogesen.

Wissembourg

Das geschichtsträchtige Städtchen, malerisch an zwei Armen des Flüsschens Lauter gelegen, zählt zweifellos zu den Perlen des nördlichen Elsass. Es bietet ausgesprochen viel fürs Auge, darüber hinaus eine wunderschöne Umgebung, und auch die Gaumenfreuden kommen nicht zu kurz.

Auf Schritt und Tritt ist in den Gassen und auf den Plätzen Deutsch zu hören – nicht nur, weil die älteren der knapp 8000 Bewohner noch gerne ihren Dialekt sprechen, sondern auch wegen der zahlreichen Besucher aus dem deutschen Grenzgebiet, die regelmäßig zum Einkaufen oder Essen einen Ausflug in das pittoreske Städtchen und regionale Wirtschaftszentrum machen. Die verschiedenen Jahrhunderte haben, seitdem Benediktiner im 7. Jh. hier eine Abtei gründeten, sehenswerte Spuren hinterlassen. Beherrscht werden die z. T. noch mittelalterlichen, im Wesentlichen aber aus dem 16. und 17. Jh. stammenden Häuser der Altstadt von der ehemaligen Abteikirche St. Peter und Paul, nach dem Straßburger Münster immerhin das größte gotische Gotteshaus im Elsass.

Geschichte: Der Ursprung der Stadt geht auf die Gründung der Benediktinerabtei zurück, die, mit zahlreichen Privilegien ausgestattet, bald zu den bedeutendsten und reichsten im Heiligen Römischen Reich gehörte. Unter der Führung der jeweiligen Äbte entwickelte sich Weißenburg im Mittelalter zu einem kulturellen und geistlichen Zentrum. Johanniter, Franziskaner, Augustiner, Dominikaner und andere Orden errichteten hier Klöster, am einflussreichsten blieb aber immer das der Benediktiner. Erst im 12. Jh. gelang es den Bürgern allmählich, die Vorherrschaft der Benediktinermönche abzuschütteln. 1302 trat Weißenburg als freie Reichsstadt dem Zehnstädtebund bei. Die Stadt blühte in der Folgezeit trotz immer wieder aufflammender Auseinandersetzungen zwischen der Geistlichkeit und dem Bürgertum zusehends auf, 1524 wurde die Abtei dann in ein weltliches Kollegiatsstift umgewandelt und einige Jahre später dem Bischof von Speyer unterstellt. Verheerend wirkte sich der Dreißigjährige Krieg aus. An seinem Ende hatte Weißenburg, das im

Wissembourg 251

15. Jh. noch zu den fünf bevölkerungsreichsten Städten im Elsass gehört hatte, gerade noch etwa 140 Einwohner. Im Westfälischen Frieden 1648 und endgültig nach dem Frieden von Nimwegen 1679 wurde Weißenburg Frankreich zugesprochen und erholte sich rasch wieder. Auch im Deutsch-Französischen Krieg 1870/71 und im Zweiten Weltkrieg war das Grenzstädtchen umkämpft, sodass es beinahe an ein Wunder grenzt, dass in seinem Kern noch so viele alte Bauwerke erhalten sind.

Adressen/Verbindungen

Information Office de Tourisme, ganzjährig Mo–Sa, vom 2.5.–30.9. und im Advent auch sonntagnachmittags. 11, pl. de la République, 67160 Wissembourg, ℡ 0388941011, 🖃 0388941882, www.ot-wissembourg.fr. Im Laufe des Jahres 2012 wird das O.T. eine neue Adresse beziehen, die bei Drucklegung dieses Führers noch nicht feststand.

Minitrain Mit einem Touristenbähnchen kann man durch die Altstadt von Wissembourg bzw. sogar durch das Grenzland bis nach Schweigen fahren. In der HS (1.6.–3.10.) fährt das Bähnchen von Mo–Mi durch Wissembourg, von Do–So bis nach Schweigen. In der NS (Ende April bis Ende Mai und im Okt.) wird von Fr–So die sog. Grenzlandtour durchgeführt. Abfahrt an der Place de la République. Erwachsene 5,50 €, Kinder von 6 bis 14 J. 3 €.

Zug Der Gare SNCF liegt im Südosten des Zentrums. Von dort tägl. Verbindungen nach Strasbourg (über Haguenau), aber auch nach Rheinland-Pfalz.

Parken Mehrere kostenlose Parkplätze, z. B. an der Post oder auf der Place de la Foire.

Fahrradverleih Espaces Cycles, Allée des Peupliers (Nähe Bhf.), ℡ 0388543377.

Taxi ℡ 0388542301 und 0689881836.

Markt Sa auf der Place de la République.

Feste Das **Trachtenfest** wird alljährlich mit Pferderennen, Jahrmarkt und Feuerwerk am jeweiligen Pfingstwochenende von Fr bis Mo ausgiebig gefeiert.

Öffentliche Toiletten Am Parkplatz bei der Post und in der Rue du Chapitre.

Übernachten
(→ Karte S. 252/253)

** Hôtel Au Moulin de la Walk **1**, am Rande des Bruchviertels idyllisch an einer alten Mühle gelegen. In zwei Häusern werden von Familie Schmidt ansprechend eingerichtete DZ mit Grand Lit oder mit zwei Betten angeboten, die Dachzimmer sind mit AC ausgestattet. Parkmöglichkeit und Abstellplatz für Fahrräder vorhanden. Angeschlossen ist ein sehr empfehlenswertes Restaurant (Mo und Fr jeweils mittags sowie So abends geschl.). DZ 67–72 €. 2, rue de la Walk, ℡ 0388940644,

🖃 0388543803, www.moulin-walk.com.

** Hostellerie Au Cygne **3**, historisches Haus mit Anbau mitten im Zentrum. Die unterschiedlich großen Zimmer liegen z. T. recht verwinkelt in den drei verschiedenen Gebäuden, alle wirken gemütlich und ansprechend; besonders ruhig sind die nach hinten gelegenen Räume. Abgeschlossener Parkplatz. DZ ca. 50–75 €. 3, rue du Sel, ℡ 0388940016, 🖃 0388543828, www.hostellerie-cygne.com.

Essen & Trinken
(→ Karte S. 252/253)

Restaurant A l'Ange **6**, sehr empfehlenswerte Cuisine gastronomique. Probieren Sie z. B. einmal die Dampfnudel mit Schnecken und Knoblauch! Menü ab 27,50 €, wer nur die halbe Portion bestellt, erhält einen Nachlass von 15 %. Pierre Ludwig bietet auch Kochkurse an. Mo und Di geschl. 2, rue de la République, ℡ 0388941211.

Restaurant Au Cygne **3**, im Restaurant des gleichnamigen Hotels wird phantasievolle französische Küche geboten. Sehr zu empfehlen sind die Menüs in verschiedenen Preisklassen, die durch ein *amusegeule* (kleine Appetithäppchen) und ein Sorbet zwischen den Gängen angereichert werden. Mittwoch sowie Donners-

Die Nordvogesen

252   Die nördlichen Vogesen

tagmittag und Sonntagabend geschl. Adresse s. o.

Restaurant Au Petit Dominicain 4, in gemütlichem Ambiente werden vor allem lokale Spezialitäten geboten. Beliebt ist z. B. das elsässische Menü mit Zwiebelkuchen, Choucroute garnie und Münsterkäse zum Abschluss. Mo und Di geschl. 36, rue Nationale, ✆ 0388949087.

Restaurant A l'Espérance 2, am Tresen treffen sich die einheimischen Männer gerne auf ein Glas Wein, das Essen wird entweder im Bistro oder im abgetrennten Restaurant serviert. Den ganzen Tag über gibt es eine Vielzahl an Snacks von der kleinen Karte sowie Kuchen oder leckere Flammkuchen, zu den Essenszeiten außerdem noch viel mehr. Immer wieder werden auch ausgefallene Speisen auf die Karte gesetzt, z. B. Dampfnudeln mit Kompott, Wildgerichte etc. Im Sommer sitzt man schön am Quai oder auf der Terrasse. Durchgehend warme Küche. 5, quai du 24 Novembre, ✆ 0388941444.

Restaurant Au Saumon 5, im Sommer ist die Terrasse an der Lauter ein besonders schöner Platz. An Wochenenden wird hier leckerer Flammkuchen aus dem Holzofen serviert. Daneben bekommt man einige Fleischgerichte oder Snacks wie Omelettes und Salate, zudem eine gelungene Auswahl an Desserts. 3, pl. du Saumon, ✆ 0388941395.

Café Rebert 7, weit über die Grenzen Wissembourgs hinaus sind die Künste von Daniel Rebert bekannt, seinen Pralinen, Kuchen und Törtchen kann man kaum widerstehen. Im Sommer genießt man sie auf der Terrasse. Mo geschl. 7, pl. du Marché aux Choux.

Übernachten
1 Au Moulin de la Walk
3 Au Cygne

Essen & Trinken
2 A l'Espérance
3 Au Cygne
4 Au Petit Dominicain
5 Au Saumon
6 A l'Ange
7 Rebert

Sehenswertes

Die spektakuläre ehemalige Abteikirche, das spätmittelalterliche Salzhaus, alte Stadtbefestigungen, malerische Gassen und lauschige Winkel am Wasser machen einen Rundgang durch Wissembourg zu einem abwechslungsreichen Erlebnis.

Rathaus/Salzhaus/Quai Anselmann: Ausgangspunkt ist das *Rathaus*. Das von einem Turm überragte Buntsandsteingebäude wurde Mitte des 18. Jh. als Ersatz für das bei einem verheerenden Stadtbrand im Jahre 1677 zerstörte Hôtel de Ville erbaut. Seine Fassade mit ausladendem Balkon und schöner Sonnenuhr beherrscht die Place de la République.

Gehen Sie in die Rue du Marché aux Poissons und überqueren Sie einen Arm der Lauter. Wenn Sie dann zurückschauen, haben Sie den schönsten Blick auf das fotogene *Salzhaus*. Ursprünglich war das 1448 errichtete Gebäude mit seinem eigen-

tümlich schiefen Dach einmal das erste Hospital der Stadt; erst später lagerte man hinter den winzigen Dachluken, die der Luftzirkulation dienten, Salz, bis es dann als Schlachthaus fungierte.

Auf der anderen Seite der Rue du Marché aux Poissons öffnet sich ein kleiner Platz mit Springbrunnen. Dahinter verläuft in nördlicher Richtung der *Quai Anselmann* mit prachtvollen spätmittelalterlichen Häusern wie dem alten *Gasthaus „Zur Krone"* und dem *Haus Vogelsberger*.

Zehntscheuer/Ritterhaus: Richtung Abteikirche weitergehend, kommen Sie zunächst zu der lang gestreckten ehemaligen *Zehntscheuer*. Hier wurden die von den leibeigenen Bauern abzugebenden Naturalien, jeweils der zehnte Teil der Ernte, von den Benediktinermönchen eingelagert. Laut der Inschrift auf der an der Nordseite des Gebäudes eingelassenen Tafel hat es der Abt Edelin 1288 erbauen lassen. Daneben befindet sich ein Relief des literatur- und sprachgeschichtlich bedeutenden Mönchs Otfried von Weißenburg.

Das nächste Gebäude, das reich verzierte *Ritterhaus* mit hübschem Renaissancegiebel, diente dem Kloster als Herberge. Aufnahme fanden hier vor allem hochgestellte Gäste, wenn sie zu Gerichtssitzungen in der Stadt erscheinen mussten.

> ### Die deutschsprachige Literatur beginnt in Weißenburg
> Der erste namentlich bekannte Dichter, der sein Werk in deutscher Sprache (in südrheinfränkischer Mundart) schrieb, lebte als gelehrter Benediktinermönch im Kloster Weißenburg. Zwischen 863 und 871 verfasste er eine poetische Darstellung des Lebens Jesu auf der Basis der Evangelien. Mit diesem über 7000 Reimpaare umfassenden Werk ist er auch der Autor der ersten umfangreichen Endreimdichtung des Abendlandes. In einer Widmung stellt er sich selbst vor als *Otfried Unizonburgensis monachus*.

Eglise St-Pierre-et-St-Paul: Gegenüber erhebt sich das Wahrzeichen der Stadt, die *St.-Peter-und-Paul-Kirche*. Unter dem oben erwähnten Abt Edelin wurde im 13. Jh. mit dem Bau begonnen, im 14. Jh. war die Kirche dann vollendet. Besonders auffallend sind die beiden höchst unterschiedlichen Türme: Der schlichte, wuchtige Westturm stammt noch von einem Vorgängerbau aus dem 11. Jh., der andere ist mit seiner Verspieltheit ein schönes Beispiel für die gotische Kirchenbaukunst, was im Übrigen auch für das Langhaus gilt. An die Zeit, als St-Pierre-et-St-Paul Teil des großen Benediktinerkonvents war, erinnert das zeitgenössische Standbild eines Mönchs in der kleinen Grünanlage vor der Kirche. Heute dient sie als katholische Stadtkirche, das Kloster gibt es seit der Französischen Revolution nicht mehr.

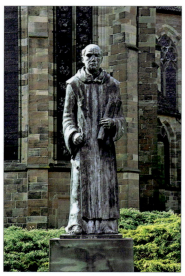

Der Benediktinermönch erinnert an alte Zeiten

Im Innern beeindrucken die Wandmalereien aus dem 14. und 15. Jh. In der Mitte des linken Seitenschiffs sieht man z. B. die Darstellung des Erlösers mit seinen fünf Wundmalen, im rechten Querschiff Jesus und die zwölf Apostel (oben) und Szenen aus dem Leben Christi (unten). Im wahrsten Sinne des Wortes herausragend ist aber der 11 m hohe Christopherus an der Ostseite des rechten Querschiffs, dessen Riesenhaftigkeit noch durch die winzigen Klosterbrüder zu seinen Füßen unterstrichen wird. Wunderschön sind außerdem die farbenprächtigen Glasfenster aus dem 12.–15. Jh. im Chor und in den Seitenschiffen. Aus St.-Peter-und-Paul stammt auch das vielleicht älteste Kirchenfenster Frankreichs, der sog. „Christus von Weißenburg" aus dem 11. Jh. Es ist allerdings nicht mehr hier, sondern im Straßburger Musée de l'Oeuvre Notre-Dame zu bestaunen (siehe S. 94f.). Die Vierungspfeiler, die die Querschiffe vom Mittelschiff trennen, sollten Sie sich auch noch genauer ansehen, entdeckt man dort doch kleine, Säulen tragende Atlas-Titanen und auch übermütig grinsende Köpfe an den Kapitellen. Mai–Okt. 9.30–17.30 Uhr, in der NS eingeschränkt. Führungen werden vom O.T. auf Anfrage durchgeführt.

Kreuzgang/romanische Kapelle: Nach dem Verlassen der Kirche sollten Sie an ihrer Nordseite den nie ganz vollendeten gotischen *Kreuzgang* aus dem 14. Jh. mit einigen voluminösen Grabplatten bedeutender Äbte aufsuchen. Interessant ist ein Relief, das Christi Geburt zeigt. Den Figuren hat man während der Französischen Revolution die Köpfe abgeschlagen. Wenn Sie noch einige Schritte weitergehen, können Sie in eine kleine *romanische Kapelle* aus dem 11. Jh. hineinschauen.

Maison Stanislas: Gehen Sie nun in die Rue du Chapitre nach links, bis Sie zu einer T-Kreuzung kommen. Wenn Sie sich hier wieder links halten, erreichen Sie nach wenigen Metern ein hufeisenförmiges Gebäude, das dem polnischen König Stanislas Leszczynski und seiner Familie ab 1719 als Wohnhaus diente. Leszczynski war aufgrund von politischen Wirren entmachtet worden und musste ins Exil gehen. Heute ist das *Maison Stanislas* ein Altersheim.

Vom Mauerblümchen zur Königin

Als Stanislas Leszczynski aus Polen vertrieben wurde, reisten seine Familie und sein Hof mit ins elsässische Wissembourg. Maria, die junge Tochter des im Exil gänzlich verarmten Königspaares, mag sich in der neuen Bleibe nicht unbedingt wohl gefühlt haben, denn zu einem abwechslungsreichen Gesellschaftsleben hatte sie kaum Gelegenheit. Sechs Jahre nach der Ankunft in Wissembourg wendete sich jedoch das Blatt. An einem Frühjahrsmorgen erschien völlig überraschend in dem heute nach ihrem Vater benannten Gebäude eine Gesandtschaft des Versailler Hofes, um der mittlerweile schon 22-Jährigen die Ehe mit dem sieben Jahre jüngeren französischen König Ludwig XV. anzutragen – ein bedeutungsvoller Tag für die bis dahin als „Mauerblümchen" geltende junge Frau, aber auch für die französische Geschichte und nicht zuletzt für ihren Vater Stanislas. Der nämlich wurde anlässlich der Hochzeit zum Herzog von Lothringen ernannt.

Klosterbefestigung/Bruchviertel: Zurück an der T-Kreuzung, hält man sich nun geradeaus und stößt auf den vollständig erhaltenen *Schartenturm*. Er gehörte ebenso wie die angrenzende Mauer zur einstigen Klosterbefestigung aus dem 11.–13. Jh. Hier beginnt das *Bruchviertel*, einst ein sumpfiges Gebiet, in dem sich viele Winzer niederließen. Ein schöner Spazierweg entlang der alten Klostermauer unter mächtigen Bäumen führt in wenigen Minuten zu einer kleinen Brücke, die man nach links überquert. Unmittelbar danach gehen Sie über ein weiteres Brückchen und stehen nun vor einem auffallenden Renaissancegebäude mit pittoreskem Erker, dem *Maison de l'Ami Fritz*. Den Namen trägt es nach dem gleichnamigen Film, für den es 1932 als Kulisse diente (siehe auch Kasten, S. 176). Dem Arm der Lauter stadtauswärts folgend, erreicht man nach einigen Minuten den einst zur Stadtbefestigung gehörenden, Ende des 14 Jh. erbauten *Husgenossenturm*, wo das Bruchviertel endet.

Eglise St-Jean: Vom Turm geht man wenige Meter zurück in Richtung Zentrum, zweigt dann bei der nächsten Gelegenheit nach links ab, um bald darauf in die Rue

Otfried nach rechts abzubiegen. Dieser folgt man bis zu ihrem Ende, nimmt dann von mehreren Möglichkeiten den am weitesten rechts verlaufenden unbefestigten Weg, durchschreitet bei der sog. Stephanspforte die alte Stadtmauer und erreicht den Stadtwall. Wenn Sie sich hier rechts und unmittelbar danach wieder links halten, gelangen Sie auf den Wall. Gehen Sie auf diesem weiter, bis nach ca. 200 m ein geteerter Weg nach rechts zu der evangelischen *Stadtkirche St-Jean* mit romanischem Turm abzweigt. Sie wurde bereits in der Karolingerzeit errichtet und seitdem mehrmals umgebaut. Das heutige Kircheninnere weist romanische und gotische Elemente auf. Beachtenswert ist auch die Kanzel aus dem Jahre 1600. Von 1522 bis 1528 war hier der bekannte Reformator und Humanist Martin Bucer als Pastor tätig.

Musée Westercamp: Die Eglise St-Jean halb umrundend, gelangen Sie von der davor liegenden Place Martin Bucer in die Rue St-Jean, die kurz darauf Rue du Musée heißt. Hier ist in einem besonders schönen Haus aus dem 16. Jh. mit auffallendem Erker und in dessen Nachbargebäude das *Musée Westercamp* untergebracht. Es enthält eine interessante Sammlung von Zeugnissen aus den vergangenen Jahrhunderten, soll wegen Umbauarbeiten aber noch für unbestimmte Zeit geschlossen bleiben.

Der Husgenossenturm im Bruchviertel

Pulverturm: Gehen Sie nun die Rue du Musée bis zu ihrem Ende weiter und dann wieder auf dem Stadtwall bis zum *Pulverturm* aus dem 13. Jh. Von hier hat man einen schönen Blick auf die Verteidigungsanlage der Stadt, die zwischen 1746 und 1748 errichtet wurde. Unterhalb des Turms führt Sie die Rue de la Laine (achten Sie auf das Haus Nr. 31, in dessen Fassade eine mittelalterliche Donnerbüchsenkugel steckt) zur Haupteinkaufsstraße, der Rue Nationale, und zum Rathaus zurück.

Klein-Venedig: Vielleicht haben Sie ja noch Lust, eines der schönsten Plätzchen der Stadt aufzusuchen? Vom Hôtel de Ville läuft man ca. 100 m in südliche Richtung und zweigt bei der zweiten Gelegenheit nach rechts in die Rue Passerelle ab. Gleich darauf öffnet sich der Blick von einem Brückchen über die Lauter bis zur Abteikirche – „Klein-Venedig", wie die Wissembourger meinen.

Umgebung von Wissembourg

Romanische Kirche in Altenstadt: Der kleine Vorort Wissembourgs an der Straße nach Lauterbourg ist seit uralter Zeit besiedelt. Drusus, römischer Statthalter der gallischen Provinzen, soll hier kurz vor Christi Geburt bereits eine Festung errichtet haben. Und unter dem Altar der Kirche fand man in der Tat einen gallorömischen Viergötterstein, der sich heute im Musée Westercamp in Wissem-

Umgebung von Wissembourg 257

Still sind die Dörfer der nördlichen Weinstraße

bourg befindet. Diese dem heiligen Ulrich geweihte romanische Kirche wurde im 11. Jh. errichtet und gehört zu den ältesten Gotteshäusern im Elsass. Bereits im 12. Jh. wurde sie erstmals umgebaut. Aus dieser Zeit stammt auch der viereckige Turm, der mit seinen Schießschartenöffnungen an einen Wehrturm erinnert. Das Innere ist schlicht. Gedrungene Pfeiler, durch Rundbögen miteinander verbunden, trennen das Mittelschiff von den Seitenschiffen. Das unverputzte Mauerwerk des Langhauses stammt z. T. aus dem ursprünglichen Bau (z. B. die Westwand, wo sich der Eingang befindet), z. T. aus dem 12. Jh. Bereits gotisch ist die nördliche Seitenkapelle. Sehenswert sind noch die Fresken mit den Symbolen der vier Evangelisten. Sie datieren aus der Zeit nach den Bauernkriegen, als die zerstörte Kirche umfassend renoviert wurde.

Essen & Trinken Restaurant Belle-Vue, empfehlenswertes Lokal an der Durchgangsstraße. Im eleganten Speisesaal werden Ihnen von Guy Clauss und seiner Schwester Chantal empfehlenswerte Gerichte serviert, u. a. mit Fisch und Meeresfrüchten, der Steinbutt kommt hier z. B. mit Crémant-Sauce. Sonntagabend, Mo und Di geschl. 1, rue Principale, ✆ 0388940230.

Die nördliche Weinstraße: Weit entfernt von der berühmten Elsässer Weinstraße zwischen Marlenheim und Thann wird auch in der Nähe von Wissembourg am Fuß der ersten Ausläufer der Nordvogesen auf schweren, fetten Lehmböden ein durchaus konkurrenzfähiger Wein produziert. Und der Weinbau hat Tradition. Schon von den Römern eingeführt, förderten ihn später die Mönche aus Weißenburg. Heute kultivieren etwa 200 Nebenerwerbswinzer aus den fünf Dörfern *Rott, Oberhoffen, Steinseltz, Riedseltz* und *Cleebourg* auf etwa 175 ha. v. a. die Rebsorten Grau- und Weißburgunder sowie Gewürztraminer. Privater Weinverkauf ist nicht üblich, die Winzer liefern nahezu alle ihre Trauben bei der Winzergenossenschaft Cleebourg ab, deren Besuch Weinfreunde nicht versäumen sollten. In der lieblichen Hügellandschaft um die fünf Dörfer mit ihren Weinbergen und zahlreichen Obstbäumen kann man zudem wunderbar spazieren gehen und anschließend in der einzigen Ferme-Auberge im Umkreis einkehren – ein besonders schöner Platz, wie wir meinen.

Anfahrt Von Wissembourg erreicht man Rott auf der D 77, um nach Cleebourg zu kommen, muss man von der D 77 auf die D 777 abbiegen. Nach Oberhoffen, Steinseltz und Riedseltz zweigt man von der D 77 auf die D 240 ab.

Winzergenossenschaft Cleebourg An der D 77 kurz vor dem Ort. Weinverkauf, Kellerbesichtigung (vorherige Anmeldung ist erforderlich) und Weinprobe. Letztere ist sehr empfehlenswert, der fachkundige Sommelier kann Ihnen eine Menge zu den Weinen erzählen. Tägl. vor- und nachmittags geöffnet, ✆ 0388945033, 📠 0388945708.

Übernachten/Essen »» Unser Tipp: **Ferme-Auberge Moulin des 7 Fontaines**, an der D 77. Familie Finck führt mit viel Engagement die beliebte Bauernhofgaststätte. Das Fleisch stammt aus eigener Schlachtung, auf dem Hof werden etliche Rinder, Schweine, Hühner, Ziegen und Enten gehalten. Auch die hausgemachten Marmeladen und Obstkuchen kann man nur empfehlen. Unter der Woche tägl. wechselnder Plat du Jour. Mo und Do geschl. In der alten Ölmühle, wo früher Raps, Nüsse und Mohn gemahlen wurden, kann man heute in unterschiedlich großen Zimmern unterkommen. Rechtzeitig reservieren! Allein bezahlt man inkl. Frühstücksbuffet 40 €, zu zweit 42–54 €, zu dritt 72 €. ✆ 0388945090, 📠 03 88945457, www.auberge7fontaines.com. ««

Lembach

Am Zusammenfluss von Sauer und Heimbach liegt, umgeben von bewaldeten Hügeln, das gemütliche Fachwerkdorf mit dem bekanntesten Gourmetlokal der Nordvogesen, dem legendären Cheval Blanc.

Aber nicht nur Feinschmecker kommen auf ihre Kosten, denn Lembach hat zudem viel fürs Auge zu bieten. Und in seiner landschaftlich ausgesprochen reizvollen Umgebung kann man wunderbar wandern. Zu den Highlights zählen einige spektakuläre Sandsteinburgen. Die bekannteste ist sicherlich das Château du Fleckenstein (siehe S. 260f).

An der Hauptstraße fällt das ausladende Gebäude des **Cheval Blanc** ins Auge. Seit dem 18. Jh., damals noch unter dem Namen „Weißes Rössel“, wird hier ein Wirtshaus betrieben, das zugleich, wie auch das gegenüberliegende „Goldene Lamm“, Postwechselstation war. Am idyllischsten ist der **Ortsteil Flecken,** benannt nach den einstigen Lehnsherren dieses Viertels, den Fleckensteinern. Er liegt westlich des Rathauses. Geht man an diesem links vorbei, kommt man nach wenigen Schritten zu einem prächtigen Fachwerkhaus aus dem 18. Jh., in dem heute das Postamt untergebracht ist.

Rechts von der Post erhebt sich die **evangelische Kirche.** Sehenswert sind ihr Portal aus dem 13. Jh. sowie die Kanzel aus Vogesensandstein. Unmittelbar an die Kirche grenzt ein kleiner Park mit dem ehemaligen Stadtschloss der Fleckensteiner. Geht man von der Kirche über das Kirchegässel Richtung Hauptstraße, sieht man an der Sauer eine alte Waschpritsche, von der aus die Frauen früher ihre Wäsche im Bach wuschen. Je nach Wasserstand konnte man die Höhe der vier Bretter regulieren.

Adressen/Verbindungen

Information Office de Tourisme, von Jan. bis Mitte Okt. Mo–Fr und Samstagvormittag, ab Mai auch Samstagnachmittag geöffnet. 2, rte de Bitche, 67510 Lembach, ✆ 0388907750, 📠 0388058249, www.tourisme-nordalsace.fr.

Einkaufen Ferme Grammes, am südlichen Ortsausgang betreibt Familie Grammes eine **Ziegenfarm** und verkauft in einem Hofladen ihre Produkte – wunderbaren Käse natürlich. 24, rte de Mattstall. ■

Lembach

Blick vom Gimbelhof zur Burg Fleckenstein

Baden Im **Badeweiher** beim Campingplatz (s. u.) unterhalb der Burg Fleckenstein kann man sich an heißen Tagen erfrischen. Der kleine Sandstrand wird von Anfang Juli bis Mitte Aug. von einem Bademeister bewacht. Dann beträgt der Eintrittspreis für Erwachsene 1,80 €, für Kinder 1,20 €.

Kinder In der Nähe von Lembach ist die **Burg Fleckenstein** für Kinder eine Attraktion. Schon die Entdeckung der Anlage mit ihren vielen Gängen, Räumen und Türmen macht Spaß, darüber hinaus gibt es für 4- bis 12-Jährige ein interessantes Programm im Erlebniszentrum **Le P'tit Fleck** (siehe S. 262). Und nicht zuletzt bereitet der **mittelalterliche Spielplatz** am Gimbelhof (s. u.), bewacht von zwölf Rittern aus Sandstein, den Kleinen viel Vergnügen. Er wurde von deutschen und französischen Kindern aus der Region mitgestaltet.

Kochkurs Wer selbst einmal so kochen möchte wie die großen Sterneköche, sollte sich bei einem der regelmäßig stattfindenden Kochkurse im Cheval Blanc anmelden, Preis ab 180 €. Nähere Informationen unter www.au-cheval-blanc.fr.

Übernachten/Essen

**** **Auberge du Cheval Blanc**, seit Jahrzehnten ist das renommierte Michelin-Sterne-Lokal eines der gastronomischen Highlights des Elsass. Im Mai 2008 hat der langjährige Chef Fernand Mischler das Zepter an Pascal und Carole Bastian übergeben, was der Qualität keinen Abbruch getan hat. Immer noch werden wunderbare Kompositionen zwischen Tradition und Innovation aus regionalen und exotischen Produkten serviert, die reichhaltige Weinkarte bietet edle Tropfen aus der Region und darüber hinaus. Wunderschönes Ambiente, dezenter, aber stets aufmerksamer Service. Das Restaurant ist Mo–Mi geschl., die angeschlossene Winstub Rössel'Stub ist tägl. geöffnet. Zu den 6 sehr geschmackvoll eingerichteten Hotelzimmern kamen jüngst 6 weitere Zimmer und Suiten mit individueller Wellnessausstattung hinzu. Preis 135–230 €. 4, rte de Wissembourg, ✆ 0388944186, ✉ 0388 942074, www.au-cheval-blanc.fr.

»» Unser Tipp: Hôtel Restaurant Gimbelhof, der Gasthof der Familie Goerich-Gunder, liegt nördlich von Lembach, nahe der Burg Fleckenstein, auf einer Lichtung mitten im Wald. Elsässische Gerichte (sehr zu empfehlen ist z. B. das Lachsfilet in Sauerampfersauce), aber auch deftige französische Küche. Gutes Preis-Leistungs-Verhältnis, außerhalb der Essenszeiten gibt es Kuchen und kleine Gerichte. Das Restaurant ist Mo und Di geschl. In einem der 8 ge-

Die Nordvogesen

mütlichen Fremdenzimmer hat man die Möglichkeit zu übernachten, zu zweit bezahlt man je nach Größe und Ausstattung 50–80 €. ✆ 0388944358, 📠 0388942330, www.gimbelhof.com. «

** Hôtel Au Heimbach, schräg gegenüber vom Cheval Blanc. In dem kleinen, angenehmen Komforthotel von Familie Zimmermann übernachten viele Gourmets, aber auch Wanderurlauber fühlen sich hier wohl. Ein DZ, teilw. mit Balkon, kostet 60–75 €, eine Suite 110 €. 15, rte de Wissembourg, ✆ 0388944346, 📠 0388942085, www.hotel-au-heimbach.fr.

** Camping Fleckenstein, idyllische Lage an der D 925 unterhalb der gleichnamigen Burg: Der Platz liegt an einem herrlichen Weiher und die Sauer rauscht daran vorbei. Von den insgesamt 250 Plätzen sind ca. zwei Drittel von Dauercampern belegt. Einkaufsmöglichkeit sowie Snackbar vorhanden. Von Anfang April bis Ende Okt. geöffnet. ✆ 0388944038.

Umgebung von Lembach

Four-à-Chaux: Die nach einem einstigen Kalkwerk auch „Kalkofen" genannte Festung mit sechs Kampfblöcken ist eine besonders gut erhaltene Anlage der *Ligne Maginot* (siehe S. 128). Sie war, da sie über eine eigene Quelle (artesischer Brunnen) verfügt, für einen dreimonatigen ununterbrochenen Aufenthalt der insgesamt 580 Mann starken Besatzung angelegt. Zu sehen bekommt man in dem knapp 4,5 km langen Gangsystem u. a. die Kommandozentrale, Munitionslager, Operations- und Zahnarztraum, Schlafräume (72 Männer mussten in den jeweils 24 Betten in drei Schichten schlafen) sowie einen Kampfblock mit Panzerdrehturm (Anfahrt/Führungen s. u.).

Romanische Kapelle von Climbach: Oberhalb des östlichen Nachbardorfs von Lembach liegen am Waldrand idyllisch die spärlichen Reste einer einstigen romanischen Kapelle, die wohl von einem Einsiedler errichtet worden ist – ein schöner Platz mit Bächlein und Brunnen, an dem man wunderbar picknicken kann. (In der Ortsmitte folgt man der Beschilderung „Ruines de la Chapelle" ca. 1,5 km bis zum Waldrand; von dort sind es nur noch wenige Minuten zu Fuß.)

Château du Fleckenstein (Plan siehe rechts): Die wunderschön auf einem 43 m über die Umgebung hinausragenden, engen Felsplateau gelegene Stammburg derer von Fleckenstein, einflussreiche Beamte der Hohenstaufen, wurde vermutlich Ende des 11. Jh. errichtet. Im Schnittpunkt von Elsass, Lothringen und der Pfalz gelegen, galt die mächtige Burg bis zu ihrer Zerstörung im Jahre 1680 als eine strategisch besonders bedeutsame Anlage. 35 Dörfer zählten zu ihrem Territorium. Die Familie von Fleckenstein hielt sich jedoch nur zwei- bis dreimal pro Jahr in den feuchten, dunklen Gemäuern auf, ständig bewohnt wurde sie von ca. 30 Rittern und Arbeitern. Besonders interessant sind das gut erhaltene Haupttor mit Hebebrücke, die in den Sandstein hineingehauenen Räume (in einem ist ein kleines Museum untergebracht) sowie die Treppenanlagen. Von der Plattform, wo sich in späteren Zeiten die zum größten Teil aus Holz errichteten Wohnungen der Burgherren befanden, und vom gegenüberstehenden ehemaligen Wachturm bieten sich besonders schöne Blicke über die Nordvogesen (Anfahrt/Öffnungszeiten s. u.).

Weitere Burgruinen in der Umgebung: Vom P'tit Fleck, dem Kinder-Erlebniszentrum in unmittelbarer Nähe des Château du Fleckenstein, kann man in ca. einer halben Stunde die einst auf zwei Sandsteinfelsen erbaute **Burg Löwenstein** erwandern (Wanderzeichen roter Balken, ab dem Col du Hohenbourg rot-weiß-roter Balken). Wohl Ende des 12. Jh. errichtet, verkam sie schon bald zu einem Raubritternest und wurde deshalb bereits im 14. Jh. zerstört. Der Sage nach soll hier u. a. der berüchtigte Raubritter Lindenschmidt gehaust haben. Ihm wird nachgesagt, er

Château du Fleckenstein

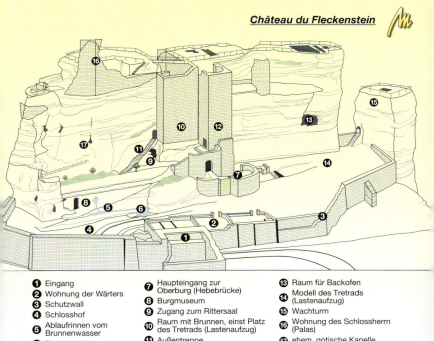

1. Eingang
2. Wohnung der Wärters
3. Schutzwall
4. Schlosshof
5. Ablaufrinnen vom Brunnenwasser
6. Pferdetränke
7. Haupteingang zur Oberburg (Hebebrücke)
8. Burgmuseum
9. Zugang zum Rittersaal
10. Raum mit Brunnen, einst Platz des Tretrads (Lastenaufzug)
11. Außentreppe
12. Turm mit Wendeltreppe
13. Raum für Backofen
14. Modell des Tretrads (Lastenaufzug)
15. Wachturm
16. Wohnung des Schlossherrn (Palas)
17. ehem. gotische Kapelle

habe die Hufe der Pferde seiner Bandenmitglieder verkehrt herum beschlagen lassen, sodass nach ihren Raubzügen die Verfolger in die Irre geleitet wurden. Ein altes Volkslied, das auch Goethe sehr fasziniert hat, erzählt davon, wie er trotzdem gefangengenommen und hingerichtet wurde. Ersteigt man die Burg, bieten sich wunderbare Blicke, u. a. hinüber zur Ruine Fleckenstein.

Von der Burg Löwenstein erreicht man in wenigen Minuten die *Hohenbourg*. Das Rittergeschlecht der Puller von Hohenburg ließ sie im 13. Jh. errichten. Zu diesem gehörte u. a. der Minnesänger Konrad Puller (vermutlich 1262–1315), von dem einige Lieder in der berühmten Minneliedersammlung der Manessischen Handschrift überliefert sind. Später kam die Burg in den Besitz der Sickingen. Der bekannteste Vertreter dieses Geschlechts, der Haudegen Franz von Sickingen, spielt in Goethes Ritterdrama „Götz von Berlichingen" eine Rolle. Er war es auch, der eine stärkere Befestigung der Burg veranlasste. Nach ihrer Zerstörung wurde sie 1523 im Renaissancestil neu errichtet. Da sie erst 1680 endgültig aufgegeben wurde, ist noch viel Bausubstanz erhalten. Aus derselben Zeit wie die Burg Löwenstein stammend, haben ihre Mauern wesentlich besser überdauert, sodass eine Erkundung viel Spaß macht. Besonders schön ist ein Renaissanceportal mit dekorativen Reliefs, dem Familienwappen der Sickingen, fünf Kugeln.

Ebenfalls sehenswert ist die *Ruine Froensbourg* (13.–17. Jh.). Sie liegt in schwindelerregender Lage über dem Steinbachtal. Die 1269 erstmals erwähnte, auf zwei Felsen errichtete Anlage wurde 1355 zerstört und kurze Zeit darauf wieder aufgebaut.

Die nördlichen Vogesen

1481 kam sie in den Besitz der Fleckensteiner, die einen größeren Umbau vornahmen. Am Eingang sieht man einen in den Fels getriebenen Raum, der einst durch ein Fallgatter geschützt und mit dem Burgbrunnen verbunden war. Überall entdeckt man Vertiefungen für die Holzbalken der einstigen Anbauten. Über in den Fels gehauene Stufen bzw. Eisentreppen kommt man zum höchsten Punkt der Burg und genießt einen schönen Blick ins Steinbachtal. Den Zugang zur Vorburg auf dem zweiten Felsen bildet ein gotisches Tor mit der Jahreszahl 1481.

> **Wanderung 4: Vom Fleckensteiner Weiher zu den Ruinen Froensbourg und Fleckenstein** → S. 384
> Abwechslungsreiche Rundtour mit Attraktionen für Kinder.

Anfahrt/Führungen/Öffnungszeiten

Zur Festung **Four-à-Chaux**: ab Lembach auf der D 27 Richtung Woerth, dann auf die D 65 wechseln.

Führungen: Ende März bis Ende April und Okt. tägl. um 14 und 15 Uhr, vom 1.5. bis 30.9. um 10.30, 14, 15 und 16 Uhr; in den Wintermonaten Sa/So um 14.30 Uhr. Dauer knapp 2 Std. Die Erklärungen werden in französischer und deutscher Sprache gegeben. Bedenken Sie, dass die Raumtemperatur unter Tage nur ca. 13º C beträgt! Erwachsene 6,50 €, Kinder von 6–12 J. 3 €, von 12–18 J. 4,50 €, Nachlass für Familien.

Zum **Château du Fleckenstein**: von Lembach auf der D 3 ca. 4 km bis zum Etang du Fleckenstein, dann auf der D 925 an diesem vorbei. Nach einem weiteren Kilometer zweigt man auf die schmale D 525 ab. Wanderer erreichen das Château vom Parkplatz am Etang du Fleckenstein in ca. 40 Min. mit dem Wanderzeichen rotes Dreieck.

Von Mitte März bis Anfang Nov. tägl. 10–17.30 Uhr geöffnet, im Juli/Aug. bis 18 Uhr. Die Tickets werden an der Kasse des P'tit Fleck gelöst: Erwachsene 2,50 €, Kinder ab 4 J. 2,25 €. Im Sommer werden regelmäßig Burgführungen in deutscher Sprache angeboten.

Kinder Le **P'tit Fleck**, im ehemaligen Forsthaus unmittelbar vor der Burg Fleckenstein wurde ein interessantes Erlebniszentrum eingerichtet. Die Kleinen können sich auf dem Parcours „**Wald und Sandstein**" z. B. in eine Fledermaus versetzen, einen Turm wie im Mittelalter bauen oder in einer Erzgrube herumkriechen.

Auf dem Parcours „**Die Rätselburg**" werden die Kinder in 20 Stationen durch den Wald und in die Burg hineingeführt und müssen dabei die unterschiedlichsten Aufgaben und Fragen zum Leben der Ritter lösen.

Die Öffnungszeiten entsprechen denen der Burg. Preise: Für den Parcours „Wald und Sandstein" bezahlen Erwachsene 4,50 €, Kinder ab 4 J. 4 €. Wer zusätzlich den Parcours „Die Rätselburg" lösen möchte, zahlt 9,50 bzw. 7,50 €. Angeschlossen ist eine Cafeteria.

Weitere Informationen siehe unter www.fleckenstein.fr.

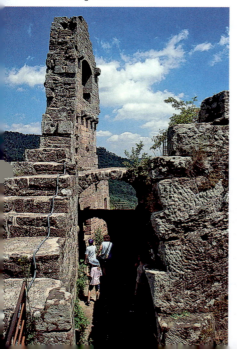

Die Burg Fleckenstein

Sandsteinburgen in den Nordvogesen

Der in den nördlichen Vogesen anstehende rötliche Buntsandstein eignete sich hervorragend zum Burgenbau. Als Folge der jahrmillionenlangen Erosion bildet er z. T. bizarre Formen: steil abfallende Plateaus, Vorsprünge, ja regelrechte Türme, mit einem Wort – hervorragende natürliche Gegebenheiten für die Errichtung einer kaum einnehmbaren Burg. Außerdem lässt sich dieses Gestein leicht bearbeiten und war deshalb auch lange Zeit ein sehr geschätztes Baumaterial in weiten Teilen des Elsass, nicht nur für das Straßburger Münster. Doch der Buntsandstein verwittert auch rasch, deshalb zerfielen die meisten Burgen nach ihrer Zerstörung besonders stark, aber vielleicht macht gerade das heute ihren eigentümlichen Charme aus.

Seit dem 12. Jh. wurden diese Burgen meist im Auftrag der Staufer errichtet, die sie dann von ihnen abhängigen Adelsgeschlechtern als Lehen überließen. Man höhlte zunächst den weichen Felsen aus wie einen Schweizer Käse. Eine praktische Sache, denn das Fundament des Gebäudes war von Natur aus vorhanden, und auch das Baumaterial befand sich so schon an Ort und Stelle. Die in den Stein gehauenen Räume mussten nur noch eingerichtet werden. Erst im 14. Jh. begann man, aus Holz Anbauten oder sog. „Aufsetzer" hinzuzufügen und so den Wohnraum zu vergrößern. Immer wieder kann man in den Burgfelsen deshalb eckige Vertiefungen erkennen, in denen Holzbalken befestigt wurden.

Als man später in manchen Anlagen zusätzlich Ringmauern, einen Donjon (Wohnturm) und/oder einen Bergfried (Verteidigungsturm) errichtete, rundete man die dafür verwendeten Buntsandsteinquader an der Außenseite ab. Diese sog. „Buckelsteine" hatten den Vorteil, dass beim Einschlag einer feindlichen Kugel nicht gleich der ganze Stein, sondern in der Regel nur der vorstehende Teil zerstört wurde.

Steinbachtal

Sanft schlängelt sich der schmale Steinbach zwischen Wiesen durch ein immer breiter werdendes Tal, das rechts und links von schroffen, bewaldeten Bergrücken begrenzt wird. Die beiden malerischen Dörfer im Talgrund, Ober- und Niedersteinbach, bieten viel Ruhe, mehrere auf der Höhe thronende romantische Burgruinen eignen sich gut als reizvolle Wanderziele.

Das touristische Zentrum des Tals ist **Obersteinbach**. Das Straßendorf mit ein paar hübschen Fachwerkbauten, einer Zwiebelturmkirche und zahlreichen Ziehbrunnen wird von imposanten Sandsteinfelsen überragt. Am Schlossberg- und am Wolfsfelsen finden Freunde des Klettersports ihr Revier. Während der Saison gehören außerdem zünftig gekleidete Wanderer zum Bild des Dorfes; eine Vielzahl von markierten Wegen beginnt in der Ortsmitte. In der Rue Principale, ebenfalls in der Ortsmitte, informiert ein kleines Museum, das **Maison des Châteaux Forts,** über die Geschichte der Sandsteinburgen im elsässisch-pfälzischen Grenzland. Angeschlossen ist ein mittelalterlicher Kräutergarten.

Die nördlichen Vogesen

Die Burgruinen im Steinbachtal sind weniger gut erhalten als das legendäre Château du Fleckenstein, dafür muss man sie aber auch nicht mit Massen von Ausflüglern teilen. Nordwestlich von Obersteinbach erhebt sich einsam das **Château de Lutzelhardt** mit quadratischem Wachturm mitten im Wald auf einem 30 m hohen Felssockel. Hat man über steile Treppen mehrere Plattformen erklommen, schweift der Blick weit über die Nordvogesen bis nach Lothringen, das hier schon zum Greifen nah ist.

Einen pittoresken Anblick bietet das direkt oberhalb von Obersteinbach aufragende **Château du Petit Arnsbourg**, ein in den Sandstein hineingebauter ehemaliger kleiner Feudalsitz aus spätstaufischer Zeit, der im 30-jährigen Krieg zerstört wurde. Wer über die sich halb um den Felsen windende Treppe zur Oberburg hinaufsteigt, genießt einen schönen Panoramablick über Obersteinbach.

Unweit davon stehen die Ruinen der **Châteaux du Wasigenstein.** Der im 12. Jh. in 340 m Höhe auf einem Ausläufer des Berges Maimont errichtete Komplex besteht aus zwei, nur durch eine schmale, tiefe Schlucht voneinander getrennten Burgen; die östliche ist ein paar Jahre älter als die westliche. Trotz oder gerade wegen der Nähe waren die in den beiden Burgen lebenden Zweige der Familie Wasigenstein häufig miteinander zerstritten. Erhalten geblieben sind u. a. ein fünfeckiger Wachturm, einige Ringmauern, Räume und eine Zisterne. Eine ausgewaschene Sandsteintreppe führt auf die jüngere Burg hinauf, von wo man einen schwindelerregenden Blick in den Abgrund zwischen den beiden Burgfelsen hat.

Wer noch mehr Burgen in der Region besuchen möchte, fährt von Obersteinbach knapp 2 km auf der D 53 Richtung Niederbronn. Ein Holzschild an einem kleinen Parkplatz links der Straße weist auf die beiden Ruinen **Wineck** und **Schöneck** hin. Erstere erreichen Sie von dort zu Fuß in 25 Minuten (Markierung gelber Punkt), der Anstieg zu Letzterer beginnt auf der anderen Straßenseite (20 Minuten, gelber senkrechter Balken).

Klettervergnügen am Wolfsfelsen   Schwindelfreiheit ist von Vorteil

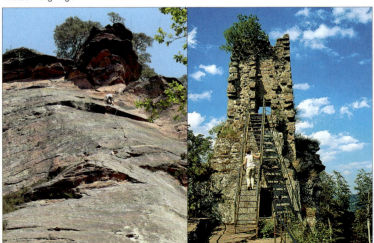

Sagenhaftes aus Wasigenstein

Die Wasigensteinfelsen sind aus dem mittelalterlichen Waltharius-Helden-epos bekannt. Die Handlung spielt im 5. Jh. und schildert die Flucht Walthers von Aquitanien und seiner Verlobten Hildegund vom Hof des Hunnenfürsten Attila. Als sie durch das Land des Burgunderkönigs Gunther zogen, beschloss dieser, die beiden auszurauben. In der Nähe der späteren Burgen tötete Walther elf Recken Gunthers, bevor er von diesem selbst und Hagen von Tronje attackiert wurde. Gunther verlor bei dem Kampf ein Bein, Hagen ein Auge sowie sechs Zähne und Walther die rechte Hand – dann versöhnten sich die drei beim Wein und zogen jeweils in ihre Heimat zurück.

Anfahrt/Wanderwege zu den Burgruinen

Wanderwege Château de Lutzelhardt, am Ortsende von Obersteinbach zunächst Richtung Bitche, dann an einer Gabelung rechts halten. Man verlässt die D 3 nach gut 1 km im Scheitelpunkt einer Linkskurve und zweigt rechts zum Forsthaus Lutzelhardt ab (nicht beschildert). Zunächst geht man auf einem breiten Weg (gelber Balken) und biegt 200 m nach links auf einen Pfad in den Wald ab. Nach insgesamt 20 Min. ist die Burg erreicht.

Château du Petit Arnsbourg, in Obersteinbach geht man links von dem Doppelgebäude, in dem Rathaus und Schule untergebracht sind, auf einem schmalen Pfad am Friedhof vorbei mit dem Zeichen rote Raute aufwärts und zweigt nach wenigen Minuten auf eine Piste nach rechts ab. Sobald der Wald den Blick auf die Burg freigibt, geht man wieder nach links auf einem Fußpfad zur Petit Arnsbourg weiter.

Alternativ kann man auch über die Rue de l'Arnsbourg zuerst zum Schlossberg (siehe Klettern) gehen und dort auf einen Pfad links einbiegen (jeweils ca. 15 Min.).

Châteaux du Wasigenstein, der Weg mit dem Zeichen rote Raute bringt Sie vom Château du Petit Arnsbourg in ca. 30 Min. zu den Wasigenstein-Burgen. Alternativ dazu kann man sie auch anfahren: Von Obersteinbach auf der D 3 Richtung Niedersteinbach, ca. 1 km hinter dem Ortsende nach links auf die schmale D 190 Richtung Wengelsbach abzweigen. Nach ca. 3 km ist der Wanderparkplatz im Scheitelpunkt einer Rechtskurve erreicht. Von hier geht man in gut 5 Min. abwärts zu den Ruinen (Markierung roter Balken).

Adressen

Museum Maison des Châteaux Forts, Rue Principale. April–Okt. Sa/So 14–18 Uhr, So außerdem 10–12 Uhr, Juli/Aug. Mi–So 15–18 Uhr geöffnet. Erwachsene 2 €, Kinder 1 €.

Einkaufen Les Délices du Petit-Arnsberg, typisch elsässische Leckereien kann man in einem Laden in Obersteinbach erstehen, der gleichzeitig auch als Café fungiert; tägl. außer Di.

Klettern Gehen Sie vom Ortszentrum Richtung Niedersteinbach und biegen an einer Bushaltestelle nach links in die Rue de l'Arnsbourg ein. Sie bringt Sie zum Wolfsfelsen. Auf einem Waldweg links weitergehend kommen Sie zum Schlossbergfelsen.

Reiten/Übernachten Domaine Equestre, etwas außerhalb von Obersteinbach liegt das schöne Gelände von Familie Hofmans mit Ponys, Pferden, Eseln, Hühnern, Schweinen und Kühen. Das freundliche französisch-holländische Paar bietet Reiterferien für Kinder, Wanderritte, Reitunterricht etc. an. Ein einstündiger Ausritt (begleitet) kostet 15 €, ein ganzer Tag 50 €. Wer mag, kann hier auch in einem Gruppenschlafraum oder in einem Apartment übernachten (ab 12 € pro Pers.). ℘ 0388095684, ✆ 0388095497, www.hommedecheval.com.

266   Die nördlichen Vogesen

Übernachten/Essen & Trinken

** Hôtel Restaurant Anthon, das ziegelrote Fachwerkhaus an der Hauptstraße von Obersteinbach ist ein weit bekanntes Gourmetziel. Bereits die vierte Generation der Familie Flaig hat hier das Sagen, denn mittlerweile zaubern Vater und Sohn gemeinsam in der Küche edle Regionalgerichte, die in einem lichtdurchfluteten Pavillon von Mutter Danielle serviert werden. Vortrefflich z. B. Ziegenfrischkäse auf Lebkuchenbrot, danach Entenbrust mit Honig und Kirschen, begleitet von feinen Kohlrabispänen. Lecker auch der typisch elsässische Vacharin von Vanille und Erdbeeren; Menü ab 24 €. Di und Mi geschl. Schöner Park hinterm Haus mit Liegewiese. In einfachen, aber fast romantisch eingerichteten DZ kann man zum Preis von 50–68 € übernachten, ein Superior-Zimmer mit Sitzecke kostet 98 €. 40, rue Principale, ☎ 0388095501, ℡ 0388095052, www.restaurant-anthon.fr.

** Auberge Alsace-Villages, Christelle Ullmann führt seit Jahren am Ortsausgang von Obersteinbach engagiert ein regelrechtes Naturhotel. Für die phantasievollen Gerichte wie Lamm in Rieslingsauce oder mit Champignons gefülltes Perlhuhnfilet werden v. a. Produkte von umliegenden Bauernhöfen bzw. aus dem eigenen Garten verwendet – es schmeckt einfach wunderbar! Im Juli/Aug. Do geschl., in der NS auch Mi und So abends. Der Gästezimmertrakt (umweltschonendes Baumaterial, versteht sich!) liegt im Garten am Steinbach. Die Zimmer kosten je nach Ausstattung 47–62 €, wochenweise werden auch Studios vermietet. 49, rue Principale, ☎ 0388095059, ℡ 0388095356, www.alsace-village.com. ▪

** Hôtel Restaurant Cheval Blanc, mitten in Niedersteinbach. Familie Zinck hat bei Einheimischen und Touristen einen guten Ruf, schließlich bekommt man gute Regionalküche in angenehmem rustikalen Ambiente. Seit seinen Studententagen kommt der deutsche Altkanzler Kohl regelmäßig hierher. Mittlerweile kann man auch hier Kochkurse und Schlemmertage buchen. Vegetarisches Menü ab 28 €, zu den Spezialitäten gehören Forelle blau und Wildgerichte; den Gästen stehen Schwimmbad, Tennisplatz und andere Unterhaltungsmöglichkeiten zur Verfügung. Do geschl. Gemütliche DZ im Haupthaus oder Nebengebäude für 69–84 €. 11, rue Principale, ☎ 0388095531, ℡ 0388095024, www.hotel-cheval-blanc.fr.

Niederbronn-les-Bains

Thermalbad, Grandhotel, Parkanlage, Kasino, Fahnenschmuck am Rathausplatz – der Kurort gibt sich recht weltmännisch, erweist sich bei genauerem Hinsehen aber doch nur als nordvogesisches Provinzstädtchen mit knapp 4500 Einwohnern am Falkensteinbach.

Ein riesiger deutscher Soldatenfriedhof im Osten des Städtchens mit über 15.000 Gräbern, den man über die Rue du Cimetière Militaire erreicht, lässt erahnen, wie umkämpft Niederbronn und seine Umgebung mit zahlreichen Industriebetrieben der Familie de Dietrich im Zweiten Weltkrieg gewesen ist. Heute gibt es noch ein Werk des einst mächtigen elsässischen Industrieclans im Ort (siehe auch S. 272). Die Thermalquelle nutzten schon die Römer zur Behandlung von Rheuma und Arthrose. Zwischenzeitlich in Vergessenheit geraten, wurde das kochsalz- und eisenhaltige, 18° C warme Wasser Ende des 16. Jh. unter dem Grafen Philipp von Hanau wieder für den Kurbadebetrieb entdeckt. Heute bekommt man seine Anwendungen in dem funktionalen Gebäude des **Thermalbads** an der Place des Thermes nur wenige Meter vom Rathaus entfernt. Die Kennzeichen der besonders am Abend auf den Parkplätzen des Ortes abgestellten Wagen weisen darauf hin, dass aus den grenznahen Gebieten viele in dem dem Bad gegenüberliegenden **Spielkasino** ihr Glück versuchen.

Niederbronn-les-Bains 267

Reste eines gallorömischen Merkurtempels bei der Wasenbourg

Insbesondere für Hobbyarchäologen interessant ist das in der Avenue Foch am Ortsausgang Richtung Reichshoffen gelegene **Maison de l'Archéologie** mit schönen Exponaten aus der Antike und dem Mittelalter. Im Untergeschoss werden neben Funden aus der Steinzeit zahlreiche sehenswerte Stücke aus gallorömischer Zeit ausgestellt: einige gut erhaltene Merkurstelen, Münzen, Schmuck, Glas, Keramik. Das Erdgeschoss ist in der Hauptsache den Funden in den mittelalterlichen Sandsteinburgen der Region, insbesondere dem durch einen Brand zerstörten Château du Hohenfels, gewidmet. Der Lehrer René Schellmann hat hier zahlreiche Alltagsgegenstände wie Teile von Kachelöfen, Küchengeschirr, Burgschlüssel in allen Größen, landwirtschaftliche Geräte, Spielwürfel, Dominosteine etc. entdeckt, die das Leben auf einer Burg nachhaltig illustrieren. Zu sehen gibt es außerdem alte gusseiserne Öfen der Traditionsfirma de Dietrich (Öffnungszeiten s. u.).

Am westlichen Ortsausgang kann man an einer weiteren Quelle gutes Mineralwasser trinken – so wie es schon die Kelten taten. Daher auch der Name **Keltische Quelle.** Vermarktet wird es von der dort ansässigen Firma Celtic.

Mit etwas Anstrengung verbunden ist der Besuch der über dem Ort auf einer Höhe von 432 m thronenden **Wasenbourg,** die man nur zu Fuß erreichen kann (s. u.). Die einen fast rechteckigen Grundriss aufweisende Burg wurde erst im 13./14. Jh. mit mächtigen Sandsteinquadern an der Stelle einer älteren Anlage errichtet und ist, obwohl im 17. Jh. geschleift, entsprechend gut erhalten. Prunkstück ist das 5 m lange, aus einem Steinblock gehauene frühgotische Lanzettfenster im herrschaftlichen Wohntrakt mit neun spitzbogigen Öffnungen und sieben Rosetten darüber. Aus den Spitzbogenfenstern mit darunter befindlichen Sitzbänken genießt man einen schönen Blick auf Niederbronn. Beachten Sie in diesem Raum auch die Reste eines steinernen Frieses mit dem verwitterten Kopf eines Mannes. Gegenüber der Burg, die, worauf ein Hinweisschild aufmerksam macht, schon Goethe besucht hat, sind an einem Wachtfelsen Reste eines gallorömischen Merkurtempels aufgestellt, die man hier Ende des 19. Jh. gefunden hat.

268   Die nördlichen Vogesen

Ein weiteres lohnendes Ziel außerhalb des Ortes ist der **Grand Wintersberg,** die mit 581 m höchste Erhebung der Nordvogesen. Auf dem Gipfel steht ein Turm, der einen grandiosen Rundblick bietet.

Adressen/Verbindungen

Information Office de Tourisme, ganzjährig Mo–Fr, im April zusätzl. Sa nachmittags, im Okt. Sa vormittags, von Mai bis Sept. Mo–Sa und So nachmittags, im Dez. Sa/So nachmittags. 6, pl. de l'Hôtel de Ville, 67110 Niederbronn-les-Bains, ✆ 0388808970, ⌨ 038 8803 701, www.niederbronn.com.

Öffnungszeiten/Eintritt Maison de l'Archéologie, März–Okt. tägl. außer Di und Sa 14–18 Uhr, sonst nur So 14–17 Uhr. Erwachsene 2,50 €, Kinder 0,80 €.

> **Tipp für Radfahrer:** Eine schöne, ca. 66 km lange Tour führt von Niederbronn nach Woerth und Lembach und über das Steinbachtal wieder zurück. Informationen dazu in der Broschüre „Le Bas-Rhin à bicyclette", erhältlich beim O.T.

Zug Der Gare SNCF liegt westlich vom Zentrum. Tägl. Verbindungen nach Bitche, Haguenau und Strasbourg.

Parken Mehrere kostenpflichtige Parkplätze im Zentrum, kostenlos parkt man am Bahnhof.

Taxi ✆ 0388091661.

Kinder Westlich der Place des Thermes findet man in einem Park einen **Spielplatz** sowie eine **Minigolfanlage,** die im Sommer tägl., in der NS nur So und z. T. auch Mi und Sa von 14 bis 19 bzw. 22 Uhr geöffnet ist. Erwachsene 2,40 €, Kinder (6–16 J.) 1,70 €.

Der **Freizeitpark Didi'Land** im Nachbarort Morsbronn bietet u. a. eine Wildwasserbahn und ein Piratenschiff. Juli/Aug. tägl. 10–18 Uhr geöffnet, von April bis Juni nur Mi, Sa und So, im Sept. nur sehr eingeschränkt. Erwachsene 17 €, Kinder (2–12 J.) 16 €. Der Park liegt am nördlichen Ortsausgang von Morsbronn etwas abseits der D 27.

Spielkasino Unterhaltungsangebote: Spielautomaten im Erdgeschoss, im Obergeschoss kann man sein Glück bei Roulette, Blackjack und Poker versuchen. Tägl. von 10.30 bis 2, Fr/Sa bis 4, So bis 3 Uhr geöffnet.

Thermalbad Für Touristen werden nach vorheriger Reservierung Badekuren mit unterschiedlichen Behandlungen ab 16 € pro Std. angeboten. Von März bis Nov. geöffnet. Pl. des Thermes, ✆ 0388803070.

Öffentliche Toiletten Am Parkplatz schräg gegenüber dem Rathaus.

Aufstieg zur Burg und zum Grand Wintersberg

Zur Burg Knapp 1 Std. wandert man von Niederbronn aus auf die Wasenburg, als Markierung dient der rote Balken. Gehen Sie vom Bahnhof wenige Meter stadteinwärts bis zum Hôtel Muller. Hier biegt man rechts ein, passiert eine Eisenbahnbrücke, hält sich dahinter rechts und wandert auf der Allée des Tilleuls immer den Schienen entlang aus dem Ort hinaus bis zum großen De-Dietrich-Werk. Hinter einer Straßenbrücke biegt man auf einen Waldweg nach links ab und steigt nun ziemlich steil aufwärts. Es besteht die Möglichkeit, die Wanderung z. B. nach Oberbronn fortzusetzen. Alternative: Fahren Sie mit dem Wagen bis zur Brücke hinter dem De-Dietrich-Werk und gehen Sie erst dann zu Fuß weiter.

Anfahrt/Aufstieg zum Berg Achtung: An So und Feiertagen wird die Auffahrt über ein Einbahnsystem geregelt. Von der Keltenquelle führt eine schmale Straße zum Châlet du Wintersberg am Col de la Liese (diesen Namen verdankt ein höher oben neben der Wanderhütte in Stein gehauenen weiblichen Figur keltischen Ursprungs, um die sich einige Legenden ranken). Von dort erreicht man den Gipfel auf einem Stichsträßchen. Über eine andere Straße geht es vom Châlet wieder abwärts bis zur D 1062, der man nach links bis Niederbronn folgt (Rundtourlänge ca. 15 km). Wanderer beginnen die ca. 1:30 Std. dauernde Tour am O.T. und folgen dem roten Balken auf den Gipfel hinauf.

An Sonn- und Feiertagen wird das Châlet vom Club Vosgien bewirtschaftet.

Übernachten/Essen & Trinken

Hôtel du Parc, das hübsch am Bach gelegene Hotel steht seit 2010 unter neuer Leitung. Zum Haus gehört nun auch das exklusive Restaurant L'Alexain, in dem eine z. T. elsässisch inspirierte Küche serviert wird. Menü ab 25 €. Gemütliche Zimmer mit bäuerlichen Möbeln, die zum Bach gelegenen verfügen auch über einen Balkon. Alle Zimmer haben WLAN-Anschluss. Zu zweit bezahlt man für ein Zimmer mit Grand Lit 80 €, zu dritt 90 €, zu viert 110 €. 33, rue de la République, ✆ 0388090142, ✉ 0388090580, www.parc-hotel.net.

Hôtel Restaurant Le Bristol, zentral und dennoch ruhig. Gemütliche Zimmer mit modern angehauchten Bauernmöbeln, schöne Bäder. Keine Frage, die Wirtsleute haben Geschmack. Empfehlenswertes Restaurant: üppige Portionen, das Essen (französische und elsässische Spezialitäten) ist lecker – gutes Preis-Leistungs-Verhältnis. Je nach Saison und Ausstattung zahlt man fürs EZ 50–55 €, zu zweit 60–70 €. 4, pl. de l'Hôtel de Ville, ✆ 0388096144, ✉ 0388090120, www.lebristol.com.

Zuem Buerestuebel, gemütliches Lokal mit gutem Angebot an deftigen Gerichten wie Cervelatsalat, Saumagen etc. Mo und Di geschl. 9, rue de la République, ✆ 0388808426.

Au Coq Blanc, großes, besonders schön mit vielen alten Möbeln und dekorativen Vorhängen eingerichtetes Lokal, in dem das namengebende Tier überall gegenwärtig ist: hier ein Hahn aus Stein, dort einer aus Porzellan, dann einer aus Glas – es gibt jede Menge zu schauen. Darüber hinaus ist das Lokal aber auch wegen seiner guten Pizzen bei den Einheimischen so beliebt. Auch wer Appetit auf Frisches hat, kommt bei der stattlichen Salatauswahl auf seine Kosten. Samstagabends meist proppenvoll, also besser reservieren. Mo und Di abends geschl., sonst bis 23 Uhr. 14, rue du Gal de Gaulle, ✆ 0388090140.

Sie ist keltischen Ursprungs

Camping Heidenkopf, terrassenartiges, schattiges Gelände am Waldrand oberhalb von Niederbronn. Die von April bis Okt. geöffnete Anlage macht einen gepflegten Eindruck. Rte de la Lisière, ✆ 0388090846, www.camping-niederbronn.fr.

Nördlich von Niederbronn-les-Bains: Schwarzbachtal

Jaegerthal: Umgeben von dichtem Wald reihen sich die ca. 20 Häuser rechts und links am Schwarzbach entlang. Im Wasser eines kleinen Sees spiegeln sich die Ruinen der alten Schmiede, die die Familie de Dietrich Ende des 17. Jh. hier betrieben hat. Sie war der Grundstein ihres Industrieimperiums (siehe S. 272). Der Bach wurde angestaut, damit man über Wasserräder die Blasebälge und Hämmer antreiben konnte. Der schlossartige Familiensitz der de Dietrichs liegt übrigens am entgegengesetzten Ortsende, ist aber der Öffentlichkeit nicht zugänglich.

Châteaux de Windstein: Die beiden ca. 500 m voneinander entfernten Burgen Alt- und Neu-Windstein gehören zu den schönsten der Nordvogesen, und jede hat ihren eigenen Reiz.

Die nördlichen Vogesen

Vieux Windstein, die ursprüngliche Stauferburg aus dem Jahre 1205, wurde schon gut 100 Jahre nach ihrer Errichtung zerstört, weil sich Raubritter eingenistet hatten. 1339 baute man auf zwei hoch in den Himmel ragenden Felsen (und in diese hinein) eine Nachfolgeburg, von der noch einige Reste erhalten sind. Um den südlichen zu erkunden, gehen Sie zwischen den beiden Felsen hindurch und wenden sich dann nach rechts. Halb um diesen Klotz herumgehend können Sie sein Inneres betreten und einen phantastischen Blick in die tiefe Zisterne werfen. Kaum vorstellbar erscheint es heute, wie die Steinmetze und ihre Gehilfen damals die schmalen Felsen von Hand ausgehöhlt haben, um darin Gänge, Treppen, Räume und Brunnen anzulegen. Weiter hinaufsteigend kommt man zu einem Felssporn, von dem aus sich ein wunderschöner Ausblick über Windstein bietet.

Nouveau Windstein: Einst handelte es sich um eine Wohnturmburg, die von den Besitzern Alt-Windsteins, nachdem ihre Burg zerstört worden war, im 14. Jh. kaum 500 m von dieser entfernt errichtet wurde. Dabei hat man den weitläufigen Platz bestens ausgenutzt, sodass, insbesondere nach einem Umbau im 15. Jh., eine weitaus bequemere und komfortablere Anlage entstand, wie z. B. die hübschen gotischen Fenster mit Sitzbänken in dem einst dreigeschossigen Turm aus Buckelquadersteinen und in der Umfassungsmauer beweisen. Bemerkenswert ist auch der Erker in der Außenseite der Ostwand.

Kasematte in Dambach-Neunhoffen: In der Doppelgemeinde ist eine kleine Kasematte der *Ligne Maginot* (siehe S. 128) mit Kampfraum, Panzerglocken etc. zu besichtigen.

Anfahrt/Aufstieg zu den Burgen Etwa 1,5 km nördlich von Jaegerthal zweigt die kleine D 553 zum Dorf Windstein ab. Vom Parkplatz im Ort läuft man etwa 500 m zur Auberge des Deux Châteaux hinauf. Links von dieser führt ein Wanderweg in ca. 15 Min. zur **Nouveau Windstein**. Hinter dem Parkplatz des Gasthofs (nur für Gäste) beginnt der Weg zur **Vieux Windstein**. Am bequemsten steigen Sie auf der links vom Parkplatz verlaufenden Piste aufwärts und benutzen dann im letzten Abschnitt den steilen Fußpfad, es existiert jedoch auch eine Abkürzung.

Kasematte Dambach-Neunhoffen Die Kasematte liegt zwischen den beiden Ortsteilen. Geöffnet ist sie von Ende Mai bis Ende Sept. sonntags zwischen 14 und 17.30 Uhr. Eintritt 2,50 €.

Essen und Trinken Auberge des Deux Châteaux, der nicht nur bei Wanderern beliebte Gasthof hat Namen und Besitzer gewechselt, ist aber immer noch eine empfehlenswerte Adresse für elsässische Gerichte, Wild oder Flammkuchen. Mo und Di geschl. 33, rue des Châteaux, ☏ 0388092441.

Besonders schön sind die Fenster der Burg Nouveau Windstein

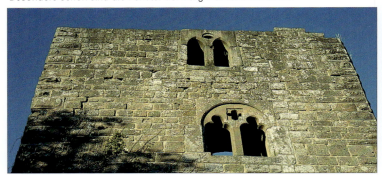

Südlich von Niederbronn-les-Bains

Wer sich für die Wirtschaftsgeschichte der Region und für die leidvolle deutsch-französische Vergangenheit interessiert, sollte die Museen in Reichshoffen und Woerth besuchen.

Musée Historique et Industriel und **Eglise St-Michel in Reichshoffen:** Das auch als Musée du Fer bezeichnete Museum widmet sich der traditionellen Schwerindustrie in der Region, die v. a. mit dem Namen der Familie de Dietrich verbunden ist (siehe S. 272). Im Erdgeschoss sind besonders die Rekonstruktion einer Schmiede und die beweglichen Modelle eines Hochofens sowie einer Raffinerie von Interesse, im Obergeschoss bekommt man vor allem Produkte aus verschiedenen Gießereien der Umgebung zu sehen. Unbedeutend ist die archäologische Sammlung im Untergeschoss. Die dem Museum gegenüberliegende katholische Kirche *St-Michel* verdient wegen ihrer schönen Altäre und der reich geschmückten Kanzel Beachtung. Geht man von hier aus die Rue du Gal Leclerc bis zu ihrem Ende, steht man vor einem 1770 erbauten De-Dietrich-Schloss, das mittlerweile aber aufgekauft wurde.

Musée de la Bataille du 6 Août 1870 in Woerth: Zwischen dem großen Dorf Woerth an der Sauer und dem Nachbarort Froeschwiller tobte eine der dramatischsten und blutigsten Schlachten des Deutsch-Französischen Krieges von 1870/71. Diese dokumentiert das in einem eindrucksvollen Renaissanceschloss im Ortskern untergebrachte Museum mit Hilfe von Dokumenten, Uniformen, Waffen, Gemälden, Zinn- und Papiersoldaten und einem gut gemachten Videofilm (auch auf Deutsch).
In Wörth, v. a. aber auf dem berüchtigten Schlachtfeld, errichtete man nach Kriegsende mehrere z. T. prächtige Denkmäler für die mehr als 20.000 gefallenen Soldaten. Fährt man durch das Gelände, auf dem damals das Schicksal des Elsass besiegelt wurde, empfindet man Dankbarkeit für die Politik nach 1945, die, nach zwei weiteren Kriegen, endlich die Aussöhnung und Freundschaft zwischen Franzosen und Deutschen erreichte. Die Rundstrecke beginnt in Woerth. Dort nimmt man die

272   Die nördlichen Vogesen

Straße nach Elsasshausen, fährt dann hinter diesem Dorf rechts nach Froeschwiller und über die D 28 wieder zurück. Wer ein Smartphone besitzt, kann sich für die Tour eine virtuelle Besichtigung unter www.schlachtbeiwoerth-1870.de herunterladen.

Öffnungszeiten/Eintritt Musée Historique et Industriel (Musée du Fer), 9, rue Jeanne d'Arc. Von Juni bis Ende Sept. tägl. außer Di 14–18 Uhr geöffnet. Erwachsene 2,50 €, Jugendliche ab 14 J. 1,70 €. www.reichshoffen.fr.

Musée de la Bataille du 6 Août 1870, 2, rue du Moulin. Im Juli/Aug. tägl. außer Di 10–12 und 14–18 Uhr geöffnet, im Juni und Sept. nur nachmittags, in den restlichen Monaten Sa/So 14–17 Uhr, im Jan. geschl. Eintritt 3,50 €.

Industriebarone in den Nordvogesen

Ursprünglich aus dem lothringischen Nancy stammend, prägte die Familie de Dietrich die Wirtschaft des nördlichen Elsass über Jahrhunderte. Aber auch in der Politik mischte der Clan kräftig mit. Bereits im 17. Jh. nahmen einige Mitglieder wichtige Positionen in der Straßburger Stadtverwaltung ein. Und ein Bürgermeister de Dietrich war es gar, der 1792 den Anstoß zur Komposition der französischen Nationalhymne, der Marseillaise, gegeben haben soll.

Begonnen hat der Aufstieg 1684, als Jean Dietrich eine stillgelegte Schmiede in Jägerthal aufkaufte und wieder in Betrieb nahm. Man nutzte das Holz der Wälder, die Kraft der Bergflüsse und das in der Region vorkommende Eisenerz und eröffnete Minen, Hochöfen und Manufakturen. Ein Enkel des Gründers (ebenfalls mit dem Namen Jean Dietrich) baute die Firma zu einem regelrechten Imperium aus und wurde zum größten Landbesitzer im Elsass. 1761 wurde er von Ludwig XV. in den Adelsstand erhoben.

Nach den Wirren der Französischen Revolution, in deren Verlauf der Besitz der verhassten Adelsfamilie konfisziert wurde, half ihr Napoléon Bonaparte, das Unternehmen wieder aufzubauen, das auch nach der Annexion des Elsass durch Deutschland blühte. Schon früh engagierten sich die de Dietrichs im Eisenbahnbau. Bis heute gehören gusseiserne Heizöfen, Maschinen, Haushaltsgeräte und seit ein paar Jahren auch Waggons für Frankreichs Superschnellzug TGV zur Produktpalette. Mittlerweile wurden allerdings große Teile der Firma verkauft (z. B. an den Alson-Konzern), nur in Niederbronn stellt man noch unter dem Namen de Dietrich Heizöfen her, und nach wie vor residieren die de Dietrichs im 1860 erbauten Familienschloss in Jägerthal.

Westlich von Niederbronn-les-Bains

Fachwerkdorf Oberbronn: In dem liebenswerten Ort in traumhafter Balkonlage hoch über der Rheinebene reihen sich entlang der gepflasterten Hauptstraße prächtige Fachwerkhäuser aneinander. Zumindest einige von ihnen sollten Sie genauer in Augenschein nehmen, sind sie doch mit mittelalterlichen Zunftzeichen geschmückt. Ein Brezel unter der Treppe des Hauses Nr. 19 markiert z. B. das Gebäude, in dem der Bäcker seinem Handwerk nachging, ganz in der Nähe wohnte ein Fassbauer, und gegenüber dem Rathaus steht ein wunderschönes Winzerhaus mit Erker aus dem Jahre 1610, dessen rechter Eckpfosten von einem Bacchus geschmückt ist. Dieses und andere alte Winzerhäuser belegen, dass man in Oberbronn einst Wein angebaut hat. Eine Rebenkrankheit und der Dreißigjährige Krieg beendeten diese Tradition.

Westlich von Niederbronn-les-Bains 273

Übernachten Maison d'Accueil des Soeurs du très Saint-Saveur, seit Mitte des 19. Jh. befindet sich im 1554 unter Philipp von Leiningen-Westerburg errichteten Schloss ein Nonnenkloster, in dem heute insgesamt 80 schlicht eingerichtete Zimmer, auch mit Halb- oder Vollpension, vermietet werden. 22 € pro Person im EZ, 46 € inkl. Vollpension. ✆ 0388808450, ℻ 0388808470, www.tge-online.org/1959.

*** Camping L'Oasis, südlich des Dorfes erstreckt sich das riesige Areal mit umfangreichem Sport- und Wellnessangebot wie Schwimmbad, Sauna, Hammam, Sportplätzen, kosmetischen Behandlungen. Ganzjährig werden hübsche Châlets mit und ohne sanitäre Anlagen vermietet, für Camper ist der Platz nur vom 1.4.–30.9. geöffnet. 3, rue du Frohret, ✆ 0388097196, ℻ 0388099787, www.oasis-alsace.com.

Essen & Trinken Restaurant Le Cerf, gemütliches Lokal mit bäuerlicher Atmosphäre, im Sommer sitzt man wunderschön im Innenhof. Serviert werden leckere elsässische Spezialitäten. Mo geschl. 23, rue Prin cipale, ✆ 0388091221.

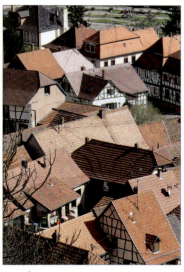

Über den Dächern von Oberbronn

Offwiller: Das hübsche Dorf zieht vor allem am Sonntagabend nach Karneval viele Besucher an. Dann nämlich werden unter dem Gejohle und Geschrei der Bewohner von jungen Männern brennende Holzscheiben einen Hang hinabgerollt und -geworfen. Mit diesem „Schiweschlaje" soll der Winter ausgetrieben werden. Zweiter Anziehungspunkt ist das *Musée du Village d'Offwiller* (von Juni bis September jeden Sonntag von 14 bis 18 Uhr geöffnet). In einem alten Bauernhaus wird der Alltag der Kleinbauern im 19. Jh., die oft neben der Landwirtschaft einem Handwerk nachgehen oder sich als Fabrikarbeiter verdingen mussten, lebendig nachempfunden.

Château du Lichtenberg: Oberhalb des Dorfes Lichtenberg erhebt sich auf einem Sandsteinplateau die gleichnamige Burg aus dem 12./13. Jh. Philipp IV. von Hanau-Lichtenberg ließ sie um 1580 zu einer mächtigen Festung und zum Zentrum der bedeutenden Grafschaft umbauen. Erst 1870 wurde sie durch deutsche Truppen zerstört. 1993 startete man ein großes Projekt zur Restaurierung und Einrichtung der Burg zum Kulturort. Der Besucher bekommt nun nicht nur die ausgedehnte Burganlage, sondern auch wechselnde Ausstellungen zu Natur und Geschichte der Region zu sehen. Die dazu notwendigen Anbauten wurden von einem italienisch-französischen Architektenteam entworfen. Moderne und Mittelalter gehen dabei eine interessante Verbindung ein. Sehr schön ist der Blick von der Artillerieterrasse auf die Nordvogesen mit ihrer höchsten Erhebung, dem Grand Wintersberg, sowie auf die von sanft geschwungenen Mähwiesen umgebenen Dörfer Lichtenberg und Reipertswiller. Besonders sehenswert sind neben der spätgotischen Kapelle mit Krypta, einer Zisterne sowie dem Waffenarsenal v. a. die durch eine Mauer verbundenen Türme. Im nördlichen entdeckt man an Pfeilern drei ernste Männergesichter. Sie erinnern an die folgende schaurige Mär:

Die Nordvogesen

Bruderzwist der Liebe wegen

Aus Liebe zu ein und derselben Frau – es handelte sich wohl um Bärbel von Ottenheim (siehe S. 132) – schworen die beiden Brüder Jakob und Ludwig von Lichtenberg einander bitterste Rache. Jakob ließ seinen Bruder schließlich in ein Verlies sperren, wo er verdursten sollte, doch Ludwig überlebte, indem er die aus den Mauern rinnenden Wassertropfen sammelte. Das wiederum wusste der Kaplan, der Ludwigs Peiniger alsbald informierte. Der steckte Ludwig daraufhin in eine trockene Zelle, wo er nach kurzer Zeit starb. Aber auch mit Jakob nahm es ein schauriges Ende: Von Gewissensbissen gepeinigt, stürzte er sich vom Burgfelsen in die Tiefe – den Kaplan soll er dabei mit sich gerissen haben.

Parken/Aufstieg zur Burg Man parkt am besten im Dorf auf dem zentralen Platz vor der kath. Kirche. Von hier aus geht man über die Rue du Milieu aufwärts bis zur ev. Kirche, biegt dort rechts ab und nimmt nach wenigen Metern einen der beiden Fußwege zur Burg hinauf, die in knapp 5 Min. erreicht ist.

Öffnungszeiten/Eintritt April–Sept. Di–So 10–18, Mo ab 14 Uhr, März und Okt. Sa/So 10–17 Uhr. Erwachsene 4 €, Kinder von 6–18 J. 3 €, Ermäßigungen für Familien.

Übernachten/Essen und Trinken
Au Soleil, in dem gemütlichen Dorfgasthof von Familie Muhlheim gibt's feinen Lachs in Sauerampfersauce, Königinpastete, Baeckeoffa und andere Traditionsgerichte, am Wochenende außerdem Pizza und Flammkuchen. Mi geschl. Die einfachen Gästezimmer kosten 47 €. 2, Pl. de l'Eglise, ✆ 0388899613, 📠 0388899148, www.au-soleil-muhlheim.fr.

Dorfkirche von Reipertswiller: In der gewaltigen, auf einem kleinen Plateau errichteten Dorfkirche mit einem Turm aus dem 12. Jh. kann man weiter den Spuren Jakobs von Lichtenberg nachgehen: Sein Gesicht schmückt das Rippengewölbe des

Der Brunnen sicherte das Überleben   Glasbläser in Meisenthal

Chores – am besten zu erkennen ist es, wenn man von der Mitte des Gotteshauses in diese Richtung schaut. An der Außenwand des Chors finden sich Teile der Platten seines Grabes, das während der Französischen Revolution geschändet wurde.

Pierre des 12 Apôtres: Auf dem Weg ins lothringische Meisenthal passiert man den „Le Breitenstein", einen 4,40 m hohen Sandsteinblock, der einst die Grenze zwischen Elsass und Lothringen markierte. Da diese verändert wurde, steht er heute auf lothringischem Gebiet. Schon im frühen Mittelalter, vielleicht sogar in keltischer Zeit, diente er bereits als Grenzzeichen. Im 18. Jh. wurden eine Kreuzigungsszene und die zwölf Apostel auf Wunsch eines reichen Händlers im oberen Bereich des Blocks herausmodelliert, weswegen man ihn auch 12-Apostel-Stein nennt.

Musée du Verre et du Cristal in Meisenthal: Wie in vielen lothringischen Dörfern stand auch in Meisenthal vom 18. Jh. bis vor ca. 40 Jahren eine Glashütte. Die Nordvogesen boten durch ihre Rohstoffe ideale Voraussetzungen (Buntsandstein als Grundlage für farbiges Glas, Holz als Brennmittel und Farne zur Gewinnung der notwendigen Pottasche). Durch die industrielle Entwicklung auf diesem Sektor wurde die Glasbläserei unrentabel, und so wird auf dem Gelände heute das Glas- und Kristallmuseum betrieben. Neben der Ausstellung von kostbaren Objekten aus den letzten drei Jahrhunderten – besonders schön ist der *Coupe du Pêcheur* – machen vor allem die eindrucksvolle Vorführung eines Glasbläsers und Videofilme (auch auf Deutsch) den Abstecher hierhin lohnenswert.

Von Ostern bis 31. Okt. tägl. außer Di 14–18 Uhr. Eintritt 5 €.

Holzschuhmachermuseum in Soucht: Mindestens genauso interessant ist die Geschichte der Holzschuhmacher, von denen in Meisenthals Nachbarort Soucht noch vor 100 Jahren 60 Vertreter tätig waren. 1979 schloss die letzte Werkstatt, nur wenige Jahre danach wurde ein winziges Museum eröffnet, das von einigen Dorfbewohnern – darunter auch einem der alten Schuhmacher – mit viel Liebe geführt wird. Auch hier erwarten den Besucher wieder Demonstrationen, Videos und eine kleine Ausstellung.

Juli/Aug. tägl. 14–18 Uhr, von Ostern bis Ende Juni und im Sept./Okt. nur Sa/So. Erwachsene 2 €, Kinder 1,50 €.

La Petite Pierre

Gleichgültig aus welcher Richtung man kommt, die Anfahrt zieht sich ziemlich in die Länge. Das gerade mal 600 Einwohner zählende La Petite Pierre, zu Deutsch „Lützelstein", liegt mit seiner markanten Burg abgelegen zwischen dunklen Vogesenwäldern ausgesprochen pittoresk.

Wanderer kommen besonders gern hierher, in den auffallend komfortablen Hotels bleiben aber auch diejenigen, die sich ein paar Tage in prachtvoller Umgebung mit gutem Essen und interessanten Wellness-Angeboten verwöhnen lassen möchten. Und auch kulturell hat La Petite Pierre mit seiner gut erhaltenen Festung und mehreren interessanten Museen einiges zu bieten.

Untrennbar verbunden mit der Geschichte des Ortes ist der Name des Pfalzgrafen Georg Hans von Veldenz, der sich in der zweiten Hälfte des 16. Jh. mit seiner jungen Frau Anna, einer Tochter des schwedischen Königs Wasa, in der Lützelburg niederließ. Der idealistische Humanist war zeitlebens um die Aussöhnung zwischen den Konfessionen bemüht, hatte aber gleichzeitig auch das materielle Wohl seiner Untertanen im Sinn. Unter der Herrschaft von „Jerri Hans", wie er von der

276   Die nördlichen Vogesen

Bevölkerung liebevoll genannt wurde, entstanden Erzgruben, Schmieden, Glasbläsereien, er ließ Straßen bauen und hatte sogar Pläne für einen Kanal, der Saar und Zorn miteinander verbinden sollte. Durch all diese Projekte, v. a. aber durch den Bau des nahe gelegenen Ortes Phalsbourg, verschuldete er sich allerdings bald hoffnungslos und war bettelarm, als er mit nur 49 Jahren in Lützelstein zu Grabe getragen wurde. Vergessen wurden seine Verdienste nie, was auch die Tatsache beweist, dass sein Herkunftsort, das an der Mosel gelegene Veldenz, seit 1987 Partnergemeinde von La Petite Pierre ist.

Adressen/Verbindungen

Information   Office de Tourisme, von Okt. bis Mai eingeschränkt, Juni und Sept. tägl. außer So, im Juli/Aug. jeden Tag vor- und nachmittags geöffnet. 2 a, rue du Château, 67290 La Petite Pierre, ✆ 0388704230, ✆ 0388704108, www.ot-paysdelapetitepierre.com.

> **Tipps für Radfahrer:** Eine angenehme Tour führt zum Donnenbacher Weiher. Fahren Sie auf der D 9 Richtung Petersbach und biegen Sie dann nach ca. 2 km auf die asphaltierte Forststraße ab. Folgen Sie dieser 5 km lang durch den Wald bis zu dem lang gestreckten See mit empfehlenswertem Gasthaus.
> Für Mountainbikefahrer gibt es beim O.T. für 7 € die Broschüre (auf Französisch) „La Petite Pierre, VTT" (insgesamt 8 Touren).

Führungen   Eine ca. einstündige Führung durch die Altstadt auf Französisch wird vom O.T. im Juli/Aug. einmal wöchentlich zum Preis von 3 € durchgeführt.

Im Herbst bietet der Verein „Les Piverts" Touren in die umliegenden Wälder zur Beobachtung der Hirsche während der Brunft an, aber auch in den anderen Jahreszeiten gibt es interessante naturkundliche Exkursionen. Infos im O.T.

Vom O.T. wurden außerdem vier verschiedene Entdeckungstouren ausgearbeitet, auf denen man La Petite Pierre selbständig erkunden kann. Diese sind mit farbigen Hochbalken gekennzeichnet und werden in einer deutschsprachigen Broschüre (3 €) erläutert.

Wandern   Für 7 € kann man beim O.T. die Broschüre (auch auf Deutsch) „La Petite Pierre, Wanderwege" (insgesamt 8 Touren) kaufen.

Parken   Direkt am O.T. befindet sich ein großer kostenfreier Platz.

Einkaufen   A la Bütik, regionale kulinarische Produkte wie Honig, Schnäpse, Marmeladen gehören ebenso zum Sortiment wie handgeflochtene Weidenkörbe und Model aus Ton. 36, rue du Château.

L'Atelier de la Forêt, geschmackvolle farbige Lederrucksäcke und -taschen, aber auch wunderschöne Büroartikel aus Leder und Obstbaumholz gehören zur Kollektion von Christian und Dominique Débat, die im „Heidenhaus" (siehe S. 279) verkauft wird.

Atelier de Louise, am westlichen Ortsausgang verkauft die nette Christiane May in ihrer ehemaligen Garage Handtücher, Tischwäsche etc. mit Maschinenstickereien – alles aus eigener Produktion. 36, rue Principale.

Öffentliche Toiletten   Am O.T. und unterhalb der Kirche.

Übernachten/Essen

*** Hôtel Restaurant Aux Trois Roses, von Speisesälen, Terrasse und den meisten Zimmern des grün überwachsenen Hauses bietet sich ein wunderbarer Blick auf die Altstadt. Zum Haus gehören auch ein Schwimmbad und ein Tischtennisraum. Im empfehlenswerten Restaurant wird feine französische Küche wie gefüllte Wachtel in Wein, Kaninchenroulade etc. serviert. Mo geschl. Zu zweit bezahlt man je nach Ausstattung und Lage des Raumes (Talblick und Balkon oder nicht!) zwischen 63 und 98 €.   19, rue Principale, ✆ 0388898900, ✆ 0388704128, www.aux-trois-roses.com.

La Petite Pierre

La Petite Pierre: Ein Kleinod in mitten von Wäldern

** Hôtel Restaurant des Vosges, auch hier werden ein toller Blick und Sauna sowie Jacuzzi geboten. Spezialität des sehr guten Restaurants ist der wirklich vortreffliche Coq au Riesling, als Nachtisch können wir das Nougateis mit getrockneten Früchten empfehlen. Umfangreiche Weinauswahl, sehr gut ist auch der offene Riesling. Im Winter Di geschl. Die unterschiedlich eingerichteten Zimmer zum Garten oder zur Straße bzw. zum Tal, teilweise mit Balkon, kosten 61 bzw. 87 €. 30, rue Principale, ✆ 0388704505, ✉ 0388704113, www.hotel-des-vosges.com.

** Auberge d'Imsthal, am gleichnamigen Weiher wohnt man sehr schön bei Familie Michaely in einem ehemaligen Bauernhof, auch hier gibt es wieder etliche Annehmlichkeiten wie Sauna, Jacuzzi, Billard und Tischtennisplatten. Gutes Restaurant mit wunderschöner Terrasse zum Wasser mit empfehlenswerten Fischgerichten wie Zanderfilet in Matelote. Di geschl. Zu zweit bezahlt man zwischen 61 und 85 €, ein Apartment ist zum Preis von 96 oder 113 € (bis zu 5 Pers.) zu haben. 3, rte Forestière d'Imsthal, ✆ 0388014900, ✉ 0388704026, www.petite-pierre.com. ■

Restaurant Au Coq Blanc, hübsches Lokal mit kleiner Hinterhofterrasse, in dem man neben Flammkuchen und Pizzen (nur abends) auch deftige Elsässer Gerichte wie Leberknödel und Sauerkraut empfehlen kann. Recht große Auswahl an Nachspeisen. Mo und Mi jeweils abends geschl. 41, rue Principale, ✆ 0388704633.

Restaurant Au Château, in der Altstadt gelegen, mit schöner Terrasse und zwei gemütlichen Gasträumen. Mittags und abends bekommt man verschiedene Flammkuchen, Pizzen, Salate, aber auch gute Fleischgerichte. Mo und Di geschl. 15, rue du Château, ✆ 0388704633.

Les Jardins d'Utopie, ein Paradies für alle, die Freude an hübschem Schnickschnack und ausgefallenen Kleidern haben und gerne ein gutes Stück Kuchen verzehren, ist der über und über dekorierte Tea Room an der Hauptstraße. Tägl. außer Mo und Di von 10–19 Uhr. 14, rue Principale.

** Camping Imsterfeld, kleiner Platz in idyllischer Lage am Wasser mit nur 24 Stellmöglichkeiten an der D 178 im Weiler Kohlthal (3 km vom Ort entfernt). Vom 1.5. bis 30.9. geöffnet. ✆ 0388704212.

Die Nordvogesen

Wanderung 5: Rund um La Petite Pierre → S. 386
Gemütliche Rundtour durch Waldgebiet mit grandiosen Ausblicken.

Sehenswertes

Die Sehenswürdigkeiten finden sich fast alle in der zu Neu-La-Petite-Pierre rechtwinklig auf dem Burgfelsen gelegenen Altstadt, dem *Städtel*.

Musée du Sceau Alsacien: Das Museum liegt an der Rue du Château, die vom Parkplatz zwischen Neu- und Altstadt ins Städtel hineinführt. Gesäumt wird sie von Häusern aus dem 18. Jh. mit den für die Region so typischen steinernen Türrahmen, in die meist Jahreszahlen, Initialen der Besitzer und weitere Verzierungen eingearbeitet sind. Untergebracht ist das *Musée du Sceau Alsacien* in der ehemaligen Kapelle St-Louis, die Ludwig XIV. einst für seine katholische Soldaten errichten ließ. Der mittlerweile verstorbene Berufsarchivar Charles Haudot hat für diese einzigartige Sammlung nach alten Vorbildern ca. 2000 Siegel hergestellt und liebevoll arrangiert – von Kreuzrittern, französischen Königen, europäischen Städten, elsässischen Zünften, jüdischen Gemeinden etc. Glücklicherweise hat man jemanden gefunden, der Haudots Arbeit fortsetzen kann.

Adam und Eva im Paradies

Öffnungszeiten/Eintritt 1.7.–31.8. tägl. außer Mo 10–12 und 14–18 Uhr, in den übrigen Monaten (außer Jan. bis März) nur Sa/So; nach vorheriger Anmeldung auch Führungen. Eintritt frei. An der Kasse kann man schöne Siegelrepliken kaufen.

Himmelfahrtskirche: Geht man in derselben Richtung auf der Rue du Château weiter, ist bald die im Jahr 1417 unter dem Grafen Burghard von Lützelstein erbaute Kirche erreicht. Rechts vom Haupteingang hat man die schönen mittelalterlichen Reliefgrabplatten des Grafen und seiner Gemahlin, im Innern links des Chores die von Jerri Hans und Anna Wasa untergebracht. Wunderschön sind die mittelalterlichen Fresken im Chor. Im 16. Jh. waren sie übertüncht worden, 1864 legte man sie wieder frei. Über dem mittleren Fenster entdeckt man eine Darstellung der Marienkrönung, im Kreuzrippengewölbe u. a. die Symbole der Evangelisten sowie Darstellungen von Adam und Eva im Paradies und vom Pfingstwunder.

Burg/Maison du Parc: Direkt hinter der Kirche betritt man die im 12. Jh. von den Lützelsteinern errichtete Burg, die bis zum 18. Jh. mehrmals umgebaut wurde, u. a. auch von Jerri Hans. Dessen Wohnpalast blieb trotz der Veränderungen, die unter Ludwig XIV. an der Anlage vorgenommen wurden, weitgehend erhalten. Heute ist darin das *Maison du Parc*, Sitz des Regionalen Naturparks Nordvogesen, untergebracht, in dem eine interessante Ausstellung gezeigt wird. Ein Schwerpunkt ist die Darstellung der Burggeschichte: Präsentiert werden mittelalterliche Gebäudeteile und ein Modell, das verdeutlicht, wie die Burg im Jahre 1771 ausgesehen hat. Ein kurzer Film illustriert darüber hinaus das Leben von Jerri Hans. Die oberen Stockwerke sind dem Naturpark gewidmet. Man bekommt sehr anschauliche Informationen über dessen geologische Beschaffenheit, seine verschiedenen Naturräume, die Luft- und Wasserqualität, Flora und Fauna und auch über die Geschichte und Zielsetzungen des Parks.

Mi–So 10–12 und 14–18 Uhr, von Jan. bis März geschl. Erwachsene 2,50 €, Jugendliche (12–18 J.) 2,50 €, Nachlass für Familien.

Musée des Arts et Traditions Populaires: An der alten Stadtmauer entlang geht man nun über die Rue des Remparts zu einem restaurierten Haus aus dem Jahre 1581, einst das Pulvermagazin, in dem heute das Volkskunstmuseum untergebracht ist. Im Volksmund wird es auch „Springerlemuseum" genannt, denn es präsentiert wunderschöne Exemplare dieses oft bunt bemalten Ziergebäcks aus bäuerlichen und bürgerlichen Haushalten und aus Klöstern. Die Springerles stammen aus der Zeit zwischen dem 15. und 19. Jh. und werden von der freundlichen Madame Rohrbach liebevoll erläutert. Wie sie hergestellt werden, kann man sich an den Adventssonntagen anschauen, denn dann tritt der Dorfbäcker hier in Aktion und demonstriert seine Backkünste.

Die Öffnungszeiten entsprechen denen des Musée du Sceau Alsacien. Eintritt frei, eine Spende wird erwartet.

Zisterne/Rundgang um die Stadtbefestigung: Wenige Schritte weiter passiert man eine alte Zisterne. Auf einem empfehlenswerten 30-minütigen Spaziergang außen um die Stadtbefestigung herum kann man diese unter Jerri Hans gebaute, mittlerweile beleuchtete unterirdische Zisternenanlage genauer erkunden und v. a. auch die abenteuerliche Lage der Schlossburg auf dem Felsrücken bestaunen. Am besten beginnen Sie diesen mit hellblauem Hochbalken gekennzeichneten „Sentier des Remparts" hinter dem Spielplatz gegenüber dem Parkplatz am O.T.; eine weitere Zugangsmöglichkeit besteht an der Burg.

Maison des Paiens: In der Neustadt sollten Sie dem sog. „Heidenhaus", einem wunderschönen Renaissancegebäude aus dem 16. Jh. in einem fast verwunschenen Garten, einen Besuch abstatten. Seinen Namen verdankt es den gallorömischen Bauresten im Keller. Links vom Rathaus führt ein Seiteneingang zu Garten und Gebäude. Den allerschönsten Blick darauf hat man aber, wenn man die an der Post vorbeiführende Route d'Ingwiller einige Minuten abwärts geht.

Umgebung von La Petite Pierre

Felsenwohnungen in Grauthal: Das kleine Dorf im südlichen Zinseltal wird im Norden von mächtigen Buntsandsteinfelsen überragt. Bereits im Mittelalter nutzten die Nonnen des bis zum 16. Jh. hier ansässigen Klosters die höhlenartigen Vertiefungen in der Felswand als Lagerräume. Später wurden sie zu Felsenwohnungen umgestaltet, indem man die Höhlen mit Frontfassaden versah, in die Minifenster und -türen eingearbeitet wurden. In einer soll sogar eine kleine Zündholzmanufaktur existiert haben. Malerisch nehmen sich die niedrigen hell- und taubenblauen Häuserfronten in dem dunklen, z. T. überstehendem Gestein aus, in den kargen, winzigen Räumen dahinter wird jedoch klar, in welch ärmlichen und beengten Verhältnissen die Menschen dort leben mussten. 1958 verstarb die letzte Bewohnerin, Katharina Ottermann, die sog. „Felsenkäth".

Öffnungszeiten Die Felsenwohnungen können vom 1.4.–30.9. Mi–So von 10–12 und 14–18 Uhr, Mo und Di nur nachmittags besichtigt werden. Eintritt 2 €.

Übernachten/Essen ** Hôtel Restaurant Au Vieux Moulin, am Rande von Grauthal liegt etwas versteckt, aber ganz idyllisch direkt an einem Weiher dieser schöne Dorfgasthof, in dem man gut essen kann – probieren Sie mal den Lachs auf Sauerkraut! Di geschl. Eines der modernen Gästezimmer ist zum Preis von 54–70 € zu haben. 7, rue du Vieux Moulin, ✆ 0388701728, 📠 0388701125, www.auvieuxmoulin.eu.

Rundtour durchs Alsace Bossue

Nördlich von La Petite Pierre erstreckt sich das „Krumme Elsass", so genannt wegen seiner hügeligen Landschaft, die den Bau ausgesprochen kurvenreicher Straßen erforderte, vielleicht aber auch wegen seiner weit ins lothringische Becken hineinragenden Höckerform. Da die Region historisch wenig mit dem Elsass gemeinsam hat – der größte Teil wurde erst 1793 angeschlossen – und auch verkehrsmä-

Die Felsenwohnungen in Grauthal: einst Heimstätten der Armen, heute Touristenattraktion

ßig lange schlecht angebunden war, ist es nicht verwunderlich, dass die „echten" Elsässer die zudem auch noch einen anderen Dialekt sprechenden „Krummen" etwas von oben herab betrachten. Das Alsace Bossue ist ein herber Landstrich mit weiten Feldern, zahlreichen Hecken, Obstbäumen und Viehweiden, arm an Sehenswürdigkeiten und Gasthäusern, der meist erst Liebe auf den zweiten Blick schenkt.

Von La Petite Pierre fährt man über Durstel nach **Berg**, einem der schönsten Dörfer im Alsace Bossue. Überragt wird es vom Kirchberg samt weiß getünchter Kapelle. Ihr runder Turm lugt zwischen Obstbäumen hervor. Von oben hat man einen weiten Blick übers Land, zudem beginnen hier schöne Spazierwege.

Von Berg geht es über Thal nach **Mackwiller**, wo man sich Reste einer gallorömischen Villa und einer Thermenanlage anschauen kann. Beide Ausgrabungsstätten sind frei zugänglich und im Ort mit „Vestiges Romaines" ausgeschildert.

Nächste Station ist das ehemalige Wasserschloss mit zwei mächtigen Rundtürmen in **Lorentzen**. Es steht etwas zurückversetzt kurz hinter dem Ortseingang auf der rechten Seite, ist in

Sie strahlen Zufriedenheit aus

Privatbesitz und kann nur von außen besichtigt werden. Erbaut wurde es unter Friedrich von Saarwerden; mittlerweile ist es aber ziemlich heruntergekommen. Links vom Zufahrtsweg zum Schloss sieht man eine alte Weizenmühle, rechts die einstige Zehntscheuer.

Von Lorentzen fährt man weiter nach **Domfessel**. Mitten im Dorf steht eine von einer Schutzmauer mit Tortürmchen umgebene gotische Wehrkirche aus dem Jahre 1340. Der Kirchturm mit Schießscharten hatte die Funktion eines Bergfrieds und war von einem Wächter bewohnt. Besonders sehenswert ist der Chor mit teilweise noch originalen Bauelementen wie den Sitzbänken der Zelebranten rechts, dem Absolutionsbecken daneben und dem Sakramentsschränkchen auf der linken Seite.

Letzte Station der Tour ist die hübsche Kleinstadt **Sarre-Union**, die im Jahre 1794 durch den Zusammenschluss der nur durch die Saar getrennten Orte Bouquenom und Neu-Saarwerden entstand. Bei einem Bummel bekommt man schöne alte Wohnhäuser sowie einen restaurierten Brunnen mit zwei Sandsteinziegenböcken aus dem 16. Jh. zu sehen und kann der Eglise St-Georges aus der gleichen Zeit mit einem Reiterstandbild des Namensgebers über dem Eingangstor einen Besuch abstatten.

Blick von der Burg Haut-Barr auf den herbstlich-bunten Vogesenwald

Die mittleren Vogesen

Vom Col de Saverne bis hinunter ins Tal der Liepvrette erstrecken sich die Mittelvogesen. Eine Vielzahl an Sehenswürdigkeiten und ganz unterschiedliche, jede auf ihre Art faszinierend schöne Landschaften machen ihren Reiz aus.

Nur drei Gipfel, der tempelgekrönte Donon (1009 m), der eine phantastische Aussicht bietende Rocher de Mutzig (1010 m) und die mächtige Kuppel des Champ du Feu (1100 m), übertreffen die 1000-Meter-Marke, die anderen erreichen im Durchschnitt Höhen von 750 bis 850 m. Das Bruchetal trennt die mittleren Vogesen in zwei unterschiedliche Landschaften. Diejenige nördlich davon wird noch vom Buntsandstein mit seinen so charakteristischen Felsformationen, die südliche zum größten Teil bereits von den sehr viel härteren Granit- und Gneisgesteinen geprägt. In beiden herrscht dichter Wald vor, durchzogen von unzähligen Wanderwegen.

Fast lieblich präsentiert sich die abgelegene Region um das Schneebergmassiv, die „Schweiz des Elsass", mit ihrem Zentrum Wangenbourg-Engenthal; wilder und herber gibt sich dagegen das Steintal bei Schirmeck. In den etwas dichter besiedelten Vallées de Villé mit vielen Obstbäumen laden urige Bauerngaststätten und ein paar traditionelle Destillerien zu Pausen ein. Größter Besuchermagnet ist der legendäre Mont Ste-Odile, Heimat der elsässischen Schutzpatronin. Viel besucht werden auch der geheimnisumwitterte Donon mit keltischen und gallo-römischen Kultstätten, der gewaltige Dabofelsen, die sagenumwobenen Burgen Nideck und Haut-Barr, das bezaubernde Städtchen Saverne, aber auch, als Zeugnis der grausamen jüngeren Vergangenheit, das Konzentrationslager Struthof.

Saverne

Das geschichtsträchtige Städtchen an der Zorn und am Rhein-Marne-Kanal besitzt eine hübsche Altstadt und vor allem ein prächtiges Schloss im Versailler Stil direkt am Wasser.

Nirgendwo sind die Vogesen schmaler als östlich von Saverne. Und wegen seiner verkehrsgünstigen Lage am Ausgang des Zorntals und am Fuß des Zaberner Passes (Col de Saverne), mit einer Höhe von 385 m der niedrigste und schnellste Übergang nach Lothringen bzw. ins Pariser Becken, nennt sich die Stadt auch gerne „Porte d'Alsace". „Was für ein schöner Garten" waren die begeisterten Worte des Sonnenkönigs Ludwig XIV beim Anblick Savernes, als er in seiner Kutsche den Pass herunterfuhr, um seinen neuen Besitz Elsass zu inspizieren. Recht hatte er, denn nicht nur die Stadt, sondern z. B. auch die Burgen im Tal der Zorn sind lohnende Besichtigungsziele.

Geschichte: Die Lage des Ortes an einer damals schon bedeutenden Straße veranlasste die Römer im 1. Jh. n. Chr., hier die Raststation *Tres Tabernae* (drei Tavernen) zu errichten, woraus sich *Zabern*, der spätere Name der Stadt, entwickelte. Diese fiel im 12. Jh. an die Bischöfe von Straßburg. Sie ließen sich ein Schloss bauen, welches sie zunächst als Sommerresidenz nutzten, bis sie sich nach Streitigkeiten mit der Straßburger Bürgerschaft Anfang des 15. Jh. ständig hier niederließen. Unter ihrer Herrschaft blühte die Stadt wirtschaftlich auf, und zahlreiche prachtvolle Gebäude entstanden. Aber es gab auch Rückschläge und gewaltige Zerstörungen: so z. B. 1515, als während der Bauernkriege die Truppen des Herzogs von Lothringen hier etwa 18.000 Aufständische niedermetzelten, oder im Verlauf des Dreißigjährigen Kriegs. Nachdem Saverne französisch geworden war, entfalteten die Fürstbischöfe aus der bekannten Familie Rohan, unter denen das Schloss neu errichtet wurde, absolutistischen Glanz und Prunk à la Versailles, bis der letzte sich während der Französischen Revolution nach Deutschland absetzen musste und die Stadt in einen Dämmerschlaf verfiel. Ein neuer Aufschwung setzte dann mit dem Bau des Rhein-Marne-Kanals und der Eisenbahnlinie Paris–Strasbourg ein.

Adressen/Verbindungen

Information Office de Tourisme, ganzjährig Mo–Sa, von Mai bis Sept. und im Dez. außerdem sonntagnachmittags geöffnet. 37, Grand' rue, 67700 Saverne, ☎ 0388918047, ✆ 0388710290, www.ot-saverne.fr.

Im O.T. erhalten Sie gratis ein Faltblatt mit 20 Wandervorschlägen in deutscher Sprache sowie eine Karte mit vier ausgearbeiteten Mountainbiketouren.

Führungen Im Juli/Aug. werden vom O.T. zum Preis von 3 € jeweils einmal pro Woche Führungen durch die Altstadt, das Schloss Rohan und die Burg Haut-Barr angeboten, auf Wunsch auch auf Deutsch.

Zug Der Gare SNCF ist nur wenige Fußminu-

ten vom Zentrum entfernt. Man hat Anschluss nach Paris, Strasbourg, Colmar und Basel.

Parken Es gibt mehrere kostenfreie Parkplätze, einen z. B. am Kanalhafen.

Taxi ☎ 0388911175.

Tipps für Radfahrer: Direkt an der Schleuse in Saverne beginnt ein sehr beliebter, 50 km langer Radwanderweg nach Strasbourg. Etwa um die Hälfte kürzer ist die ebenfalls dort beginnende Strecke nach Lutzelbourg.

284   Die mittleren Vogesen

Fahrradverleih Cycles Ohl, 10, rue St-Ni-colas, ☏ 0388911713.

Auch im O.T. kann man während der Sommermonate Fahrräder entleihen; Preis 11 €/ halber Tag, 14,50 €/Tag.

Hausbootvermietung Die in Deutschland ansässige Firma **Nicols** vermietet auch ab Saverne Hausboote. D-79219 Staufen, ☏ 07633/7998, ☏ 50344.

Markt Jeden Do und Sa vor dem Schloss Rohan.

Veranstaltungen Von Mitte bis Ende Juni feiert man das **Rosenfest**.

Einkaufen Marqueterie Straub, wie einst sein Großvater Joseph und sein Vater Lucien stellt Jacques Straub in seinem Atelier nahe der Schleuse wertvolle Einlegearbeiten mit regionalen Motiven her. 9, rue du Moulin, ☏ 0388913337. ∎

Kinder 》》 Unser Tipp: Das Schiffshebewerk sowie die benachbarte Rodelbahn im nahe gelegenen Arzwiller (siehe S. 289f.) sind für größere Kinder ein besonderer Spaß. 《《

Öffentliche Toiletten Am Quai du Château unterhalb des Schlosses.

Übernachten/Essen

Übernachten *** Hôtel Chez Jean **3**, in einem renovierten ehemaligen Kloster wohnt man stilecht und ruhig mitten in der Stadt, auch Sauna und Solarium (Aufpreis) fehlen nicht. Eines der komfortablen, klimatisierten DZ mit WLAN und elegantem Bad kostet je nach Saison 82–89 €. 3, rue de la Gare, ☏ 0388911019, ☏ 0388912745, www.chez-jean.com.

*** Hôtel Villa Katz **9**, im oberen Bereich der Stadt ist in einer Jugendstilvilla ein elegantes Hotel mit liebevoll eingerichteten Zimmern untergebracht. Wer sich den 10-minütigen Fußweg in die Stadt sparen möchte, kann auch im hauseigenen Restaurant essen. Ein toller Platz ist die mit alten Büchern, Büsten und Figuren ausgestattete Bar. Den Gästen stehen außerdem ein Pool, eine Sauna und ein kleiner Fitnessraum zur Verfügung. Ein DZ mit Balkon bekommt man für 69 €, die Suiten kosten je nach Größe 79–105 €. 42, rue Gal Leclerc, ☏ 0388710202, ☏ 0388718030, www.villakatz.com.

Hôtel National **2**, funktionales Hotel mit einfachen Zimmern, die Rezeption ist nur von 7–12 und 15–22 Uhr besetzt. Ein DZ kostet je nach Ausstattung 48–50 €. 2, Grand' rue, ☏ 0388911454, ☏ 0388711950, www.hotel-national-saverne.com.

Jugendherberge **4**, ganz fürstlich nächtigt man zum Preis von 14,10 € (Schlafsaal) ohne Frühstück in einem der Flügel des Schlosses Rohan. ☏ 0388911484, ☏ 0388711597, www.aj-saverne.com.

*** Camping de Saverne, oberhalb von Saverne liegt idyllisch der 2,5 ha große Platz, der vom 1.4.–30.9. geöffnet ist. 40, rue du Père Libermann, ☏/☏ 0388913565, www.campingsaverne.com.

Essen & Trinken Restaurant Chez Jean **3**, im Restaurant des gleichnamigen Hotels liegt der Schwerpunkt auf der klassischen Küche, empfehlenswert sind z. B. die Fischgerichte. Aber auch Liebhaber von deftiger regionaler Küche kommen auf ihre Kosten. Sonntagabends und Mo geschl. Adresse s. o.

Taverne Katz **7**, das schönste Lokal der Stadt, und zwar außen wie innen. Sehr gute elsässische Gerichte, die meist ein wenig abweichen von dem, was sonst so serviert wird: Baeckeoffa mit Ente oder Fisch, Sauerkraut mit Leberknepfele. Empfehlenswert sind auch die frischen Salate mit interessanten Zutaten. Liebhaber von feinen Desserts sollten sich die Assiette de la Maison mit sechs bis sieben Süßspeisen nicht entgehen lassen. Mittagsmenü zum Preis von 15 €; im Sommer unbedingt reservieren. 80, Grand' rue, ☏ 0388711656.

》》 Unser Tipp: Le Caveau de L'Escale **1**, am Kanal. In dem gemütlichen Kellerlokal von Familie Fischbach trifft man v. a. auf Einheimische, die wissen, was gut ist: Tartes Flambées, leckere Salate, z. B. mit Geflügelleber und Himbeeren in einem essbaren Körbchen ... Spezialität des Hauses sind Pfännchen mit Buwespitzle, einer Art Gnocchi, die man mit verschiedenen Zutaten bestellen kann. Probieren Sie mal die Variante mit Schweinebäckchen und viel dunkler Sauce. Tolles Preis-Leistungs-Verhältnis, sehr netter Service auf Elsässisch. Mi, außerdem Di abends und Sa mittags geschl. 10, quai du canal, ☏ 0388911223. 《《

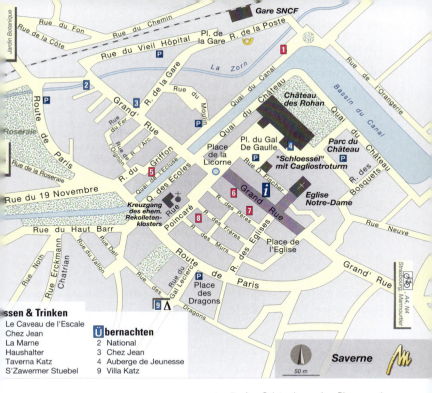

ssen & Trinken
Le Caveau de l'Escale
Chez Jean
La Marne
Haushalter
Taverna Katz
S'Zawermer Stuebel

Übernachten
2 National
3 Chez Jean
4 Auberge de Jeunesse
9 Villa Katz

Saverne

50 m

Restaurant S'Zawermer Stuebel 8, etwas versteckt liegt das besonders hübsche Kellerlokal in der Nähe der Klosterkirche des Récollets, geboten wird feine, traditionelle Küche, die aber je nachdem, was der Markt gerade hergibt, variiert. Im Angebot auch Flammkuchen, auch mittags. Mo und Di geschl. 4, rue des Frères, ✆/✉ 0388712995.

Café Restaurant La Marne 5, schöner Terrassenplatz für einen Espresso direkt an der Schleuse. Im Angebot aber auch sehr gute, üppige Salate, knusprige Pizzen und Flammkuchen in den tollsten Variationen, mit Ananas, Heidelbeeren etc. Gutes Preis-Leistungs-Verhältnis. Im Winter Do und sonntagabends geschl. 5, rue du Griffon, ✆ 0388911918.

Pâtisserie Haushalter 6, hier kann man süße Eclairs (Brandteigstangen mit aromatisierter Creme) und jede Menge andere Köstlichkeiten genießen und gleichzeitig dem Treiben in der Fußgängerzone zuschauen. 66–68, Grand' rue.

 Wanderung 6: Von Saverne zur Burg Haut Barr und ins Tal der Zorn → S. 388
Anspruchsvolle Rundtour mit vielen Sehnswürdigkeiten.

Sehenswertes

Die wichtigsten Sehenswürdigkeiten Savernes liegen eng beieinander. Beginnen Sie den Rundgang am Parkplatz „Parc du Château" gegenüber vom Kanalhafen.

Schloessel/Rohan-Schloss mit Museum: Zwei Durchgänge führen in den Schlosspark, von dem man einen schönen Blick auf zwei Bauten ganz unterschiedlichen

Stils hat. Links erhebt sich wie eine Trutzburg das *Schloessel*, eine ältere Bischofsresidenz mit kleinen Fensterchen und dem *Cagliostroturm*, benannt nach einem undurchsichtigen Magier, der Ende des 18. Jh. dort alchimistische Experimente durchgeführt haben soll. Rechts steht das elegante *Rohan-Schloss*, zwischen 1780 und 1790 auf Betreiben des leichtlebigen Kardinals Louis René de Rohan-Guémené an der Stelle eines abgebrannten Vorgängerbaus nach dem berühmten Versailler Vorbild erbaut. Besonders schön ist die Gartenfront mit acht korinthischen Säulen am zentralen Aufgang, rechts und links von kannelierten Pilastern flankiert. Viel Freude hatte der Kardinal übrigens nicht an der prachtvollen Residenz, denn im Zuge der Revolution wurde sie schon 1792 Staatseigentum. Heute ist darin u. a. das empfehlenswerte *Musée du Château des Rohan* untergebracht, das man über die 1852 unter dem Prinzen Louis Napoléon Bonaparte neu gestaltete Frontseite mit zwei kleinen Sandsteinpavillons betritt. Im Keller finden Sie eine außergewöhnliche Sammlung von gallorömischen Grabdenkmälern und Götterskulpturen, darunter einen Vier-Götter-Stein – leider sind nur Merkur und Herkules erhalten – und eine Jupitersäule mit Gigantenreiter. Im zweiten Stock kann man eine kleine Ausstellung zur Regionalgeschichte (u. a. sakrale Figuren und Funde aus den umliegenden Burgen) besichtigen, darüber hinaus geht es hier v. a. um die Journalistin, Frauenrechtlerin und engagierte Europäerin Louise Weiss (1893–1983), über die man in einer Ausstellung und durch mehrere Filme (auch auf Deutsch) informiert wird. Einen wunderbaren Blick auf die Stadt am Kanal genießt man von der *Gloriette*, dem Gebäudeaufsatz auf dem Dach des Schlosses.

Öffnungszeiten/Eintritt 2.1.–14.6. und 16.9.–23.12. 14–18 Uhr, Sa, So und Fei auch 10–12 Uhr; im Sommer tägl. 10–12 und 14–18 Uhr. Erwachsene 2,70 €, Jugendliche ab 16 J. 2,20 €. Die Gloriette ist nur vom 15.6.– 15.9. von 14–16 Uhr (bei trockenem Wetter) geöffnet. Der Eintrittspreis erhöht sich dann auf 4 bzw. 3 €. Die Kasse befindet sich im 2. Stockwerk des Gebäudes.

Eglise Notre-Dame: Man erreicht die Kirche vom Eingang des Schlosses links über die Rue D. Fischer. Links von ihr sieht man alte Steinsärge und Grabplatten, auf der rechten Seite sollte man dem Treppenturm des Schloessels wegen seines reich verzierten Renaissancetors einen Blick schenken. Der älteste Teil des Gotteshauses ist der romanische Glockenturm aus dem 12. Jh. Rechts vom Eingang ist ein altes Holzmaß zu erkennen, das die Länge der einst auf der Zorn geflößten Hölzer angab. Besondere Beachtung im gotischen Kirchenschiff verdienen u. a. die Kanzel aus dem Jahre 1495, ein Werk von Hans Hammer, der auch die Kanzel im Straßburger Münster schuf, das marmorne Relief „Die Beweinung Christi" daneben und gegenüber ein Heiliges Grab mit einer Vertiefung an der rechten Seite im Leichnam Jesu zur Aufbewahrung der Hostie während der Karwoche. Rechts davon steht in einer Nische die kleine Statue des heiligen Veit, der der Legende nach in einem Kessel mit kochendem Öl gemartert wurde.

Detail am Maison Katz

Sehenswert sind auch die beiden spätgotischen Bischofsgräber im Chor und die Fenster aus dem 14./15. Jh. in der Muttergotteskapelle, in der sich zudem eine schöne holzgeschnitzte Pietà aus dem 15. Jh. befindet.

Maison Katz/Kreuzgang der ehemaligen Klosterkirche: Von der Kirche hat man in wenigen Metern die Fußgängerzone erreicht, in die man nach rechts einbiegt. Sie wird von wunderschönen Häusern verschiedener Baustile gesäumt. Das auffallendste Gebäude, ein überaus reich mit Schnitzereien verziertes Fachwerkhaus aus dem Jahre 1605, ist das nach seinem Erbauer, dem bischöflichen Steuereinnehmer Heinrich Katz, benannte *Maison Katz* (heute ein Restaurant), das häufigste Fotomotiv Savernes.

Zweigt man in die nächste Seitenstraße nach links ab, kommt man zur ehemaligen Klosterkirche der Récollets, reformierten Franziskanern, die den ursprünglich vom Obersteigener Augustinerorden gegründeten Konvent ab 1486 bis zu seiner Auflösung 1791 bewohnten. Links vom Kircheneingang führt eine Tür in den gotischen *Kreuzgang* des Klosters, einen der schönsten des Elsass (zu besichtigen ist er täglich von 8 bis 18 Uhr). Seine Wände sind z. T. von alten Malereien aus der Zeit der Gegenreformation geschmückt, darunter die Anbetung der Heiligen Drei Könige. In der Mitte befindet sich ein hübscher, kleiner Kräutergarten.

Einhornbrunnen: Zurück in der Fußgängerzone geht man links bis zur Place de la Licorne mit dem schönen Einhornbrunnen. Sein Wasser gilt als heilkräftig, da einst ein Einhorn, Symbol der Reinheit, sein Horn hineingetaucht haben soll. Schräg gegenüber wartet in der Schleuse oft eine Yacht darauf, zur Weiterfahrt gehoben oder gesenkt zu werden.

La Roseraie: Wenn Sie die Grand' Rue weiter abwärtsgehen, dann nach wenigen Metern in die Rue du Griffon einbiegen und an deren Ende in die Route de Paris abzweigen, kommen Sie zur *Roseraie*, einem ca. 100 Jahre alten Rosengarten mit mehr als 550 Arten, dem Saverne seinen Beinamen „Rosenstadt" verdankt.

Ende Mai bis Anfang Sept. tägl. 10–19 Uhr, bis Ende Sept. 14–18 Uhr. Eintritt (ab 16 J.) 2,50 €.

Der alte Kreuzgang   Rhein-Marne-Kanal

Umgebung von Saverne

Le Jardin botanique: Etwa 2 km außerhalb der Stadt an der N 4 Richtung Phalsbourg findet man im Botanischen Garten eine interessante Sammlung an Orchideen und anderen exotischen Pflanzen, auch ein Torfmoor und ein Arboretum, einen Baumgarten.
Mai bis Ende Aug. tägl. 10–18 Uhr, im April und Sept. Sa/So und Fei 14–18 Uhr, Eintritt 2,50 €, Kinder unter 12 J. frei.

Romanische Kirche in St-Jean-lès-Saverne: Von der im 12. Jh. durch das Kloster Sankt Georgen (Schwarzwald) errichteten Benediktinerinnenabtei im 4 km entfernten St-Jean-lès-Saverne ist nur noch die Kirche übrig geblieben (Folgen Sie im Ort stets dem Hinweisschild "Abbatiale"). Wenn man um diese herumgeht, sieht man oben an den Ecken des Mittelschiffs die Skulpturen von vier Bären: links vom Eingang einen schlafenden, der rechte hält einen Honigkuchen in den Tatzen, während die beiden nahe der Hauptapsis jeweils einen Widder zu bedrohen scheinen. Die Apsis wird zudem von einem ornamentreichen Bogenfries mit Tierköpfen geschmückt, darunter erkennt man an der Fensterbrüstung eine Löwengruppe. Dass der dreischiffige Innenraum von den Nonnen und der Dorfbevölkerung gemeinsam genutzt wurde, ist an der architektonischen Ausgestaltung erkennbar. Während die Kreuzrippen des Chores und der beiden vorderen Joche auf mit Menschengesichtern geschmückten Konsolen ruhen, laufen sie im hinteren Teil auf simplen Rundbogensäulen aus. Auch die Anzahl der oberen Fenster ist unterschiedlich. Beachtung verdient das Sakristeiportal rechts im Chor. In seinem Tympanon erkennt man das Lamm Gottes, umgeben von Bäumen und Blattgirlanden.

Noch ein Tipp: Oberhalb des Ortes steht die *Chapelle St-Michel* (Schild „Mont St-Michel"), an der Spitze des Kapellenfelsens findet man die kreisrunde *Ecole des Sorcières,* den sog. „Hexentanzplatz", einen mystischen Ort, von dem man eine hervorragende Aussicht hat. An der Kapelle kann man zudem in einen 8,5 km langen archäologischen Rundwanderweg um St-Jean- und Ernolsheim-lès-Saverne einsteigen.

Château du Haut-Barr –
das Auge des Elsass

Château du Haut-Barr/Tour Chappe: Die im 12. Jh. in ca. 460 m Höhe auf gleich drei eng beieinander, aber isoliert stehenden Sandsteinfelsen errichtete Burg, die

Umgebung von Saverne   289

man von Saverne in 4 km auf der D 171 erreicht, besticht durch ihre Konstruktion wie durch ihre Lage. Das „Auge des Elsass" wird sie schon seit alters zu Recht genannt, schweift der Blick doch an klaren Tagen bis zum Straßburger Münster und weiter zum Schwarzwald. Bis zur Französischen Revolution blieb sie im Besitz der Bischöfe von Strasbourg bzw. Saverne, einer von ihnen, Johannes von Manderscheidt-Blankenheim, ließ sie 1583 verstärken und erweitern, worüber eine Inschrift am unteren Eingang informiert. Zerstört wurde sie von Truppen Ludwigs XIV., danach wieder aufgebaut, doch nach der Revolution verfiel sie endgültig. Vom unteren geht man über eine Rampe zum oberen Tor. Dahinter steht die im 19. Jh. restaurierte und damit als einzige im Elsass vollständig erhaltene Burgkapelle mit romanischem Schiff und gotischem Chor. Der äußere Bogenfries ist mit Köpfen geschmückt, und auch innen findet man am Triumphbogen diese Verzierung. Von der Kapelle aus geht man an einer Zisterne vorbei zum Nordfelsen, den man über eine Eisentreppe auch besteigen kann; von oben bietet sich ein toller Blick über die Burganlage und die Rheinebene. Hinter dem Restaurant führen Stufen zum Zentralfelsen mit der Ruine einer fünfeckigen Umfassungsmauer mit Schießscharten sowie Rund- und Doppelbogenfenstern hinauf. Wer die legendäre *Teufelsbrücke* zum jenseits davon gelegenen Markfelsen überquert, braucht ein bisschen Schwindelfreiheit, wenn sie auch durch Holzgeländer gesichert ist. Von hier kann man den Greifen nahe liegenden Bergfried der Burg Geroldseck und dahinter die Tour Brotsch sehen und tief hinunter ins Tal der Zorn schauen.

200 m von der Burg entfernt (direkt an der D 171) steht die *Tour Chappe*, eine ehemalige, seit kurzem restaurierte optische Station der von 1782 bis 1852 bestehenden Telegrafenlinie Paris–Strasbourg. Heute ist hier ein kleines Museum untergebracht. Das Museum im Tour Chappe ist von Juni bis Mitte Sept. Di–So 13–18 Uhr geöffnet. Erwachsene 1,50 €, Kinder ab 12 J. 1,20 €, Familien 4,20 €. Die Öffnungszeiten können sich ändern, aktuelle Informationen unter www.shpta.com.

Wahr oder nicht, das ist die Frage

Wie um fast jede Burg ranken sich auch um die Haut-Barr skurrile Geschichten. 1168 habe der Bischof von Straßburg den zentralen Felsen mit dem Markfelsen durch eine Holzbrücke verbinden wollen, diese sei jedoch jedes Mal kurz vor ihrer Fertigstellung zusammengebrochen. Schließlich habe der Teufel in Gestalt eines der Steinmetze angeboten, er wolle helfen, wenn die erste Seele, die die Brücke überqueren werde, ihm gehöre. Armer Teufel: Es soll ein streunender Hund gewesen sein, der den Weg als Erster zurücklegte. Wahr oder nicht wahr, den Namen *Pont du Diable* ist die Brücke jedenfalls seitdem nicht mehr losgeworden.

Unter Bischof Johannes von Manderscheidt traf sich auf der Burg im 16. Jh. regelmäßig die „Hornbruderschaft", eine Schar von trinkfesten Gesellen, die das mit 4 Litern Elsässer Wein gefüllte Horn eines Auerochsen in einem Zug leeren mussten. Kaum zu glauben, oder?

Schiffshebewerk von Arzwiller: Bis 1969 benötigten die Schiffer zur Überwindung einer 4 km langen Teilstrecke des Rhein-Marne-Kanals einen ganzen Tag, mussten sie doch 17 Schleusen durchfahren, um das natürliche Gefälle zu überwinden. Die neue geniale Konstruktion, ein Schrägaufzug, schaffte Abhilfe und sparte zudem

Die mittleren Vogesen

enorme Mengen an Wasser. Lastkähne oder Yachten fahren seither in ein 43 m langes Wasserbecken, das mit Stahlseilen auf Schienen schräg 44,55 m den Hang vom Unter- zum Oberkanal hinaufgezogen bzw. umgekehrt hinabgesenkt wird. Gegengewichte sorgen für einen relativ geringen Energieverbrauch. Das Manöver dauert gerade mal vier Minuten.

Lage Das Schiffshebewerk liegt bereits in Lothringen. Folgen Sie in Saverne der Beschilderung „Plan Incliné".

Öffnungszeiten/Eintritt Das Hebewerk ist im April und Okt. tägl. 10–11.45 und 13.30–16.45 Uhr geöffnet, im Mai, Juni und Sept. nachmittags bis 17.30 Uhr, im Juli/Aug. durchgehend 10–17.45 Uhr. Im Eintrittspreis von 4 € (Kinder zwischen 5 und 15 J. 3 €) ist die Besichtigung des Schrägaufzugs, eines kleinen Museums, das in einem alten Lastkahn untergebracht ist, und des Maschinenraums inbegriffen.

Kanalrundfahrten/Minibahn Von Mai bis Sept. werden außerdem Rundfahrten auf dem Kanal (inklusive Transport im Schrägaufzug) sowie eine Tour mit einem Minibähnchen am alten Kanal entlang angeboten. Näheres unter www.plan-incline.com.

Rodelbahn Luge Alpine, in unmittelbarer Nähe zum Schiffshebewerk kann man auf einer 500 m langen Rodelbahn in verschieden großen Schlitten durch die Natur sausen. Im Juli/Aug. tägl. 12–18.30 Uhr, April–Juni und Sept./Okt. nur Sa/So 13–17.30 bzw. 18 Uhr geöffnet. Eintritt 3 €, Nachlass für Familien und Gruppen. Weitere Infos unter www.plan-incline.com.

Abteikirche St-Martin und Museen in Marmoutier: Alles begann damit, dass im 6. Jh. der irische Mönch Leobardus auf dem Gebiet des heutigen Orts Marmoutier (5 km von Saverne entfernt an der N 4) eine Abtei gründete. Entscheidende Impulse erhielt diese im Jahr 724 durch Abt Maurus, der u. a. die Benediktinerregel einführte. Nach ihm nannte man das Kloster *Maursmünster* („Mauri Monastirium"), ein Name, der dann auch auf den sich entwickelnden Ort überging. Im 12. Jh. begann man auf den Fundamenten einiger Vorgängerbauten mit der Errichtung des heute als *Pfarrkirche* genutzten Gotteshauses. Aus dieser Zeit stammt die ausgesprochen eindrucksvolle romanische West-

Abteikirche St-Martin

fassade. Wuchtig wirken der quadratische Vierungsturm und die beiden achteckigen Seitentürme. Unterschiedlich gefärbte Sandsteine verleihen dem Ensemble aber zusammen mit Bogenfriesen, Kantenlisenen und wunderbar gearbeiteten Figuren und Reliefs viel Lebendigkeit und Anmut. Immer wieder entdeckt man ein neues Detail, z. B. das dreiköpfige Ungeheuer rechts vom mittleren Fenster, Löwenreliefs, die sitzenden Männer unterhalb der Seitentürme oder die fein gearbeiteten Fensterrahmungen. Eine durch runde Säulen mit filigran verzierten Würfelkapitellen gegliederte Eingangshalle führt ins Innere der Kirche. Eindeutig gotischen Charakter hat das erst 100 Jahre später erbaute Langhaus, der Chor mit reich geschnitztem Gestühl stammt aus der Mitte des 18. Jh. Beachtung verdient auch die Silbermannorgel. In der Krypta (Zugang rechts vom Chor) sind Mauerreste der drei Vorgängerbauten aus der Zeit vom 7. bis 10. Jh. zu sehen, außerdem hier aufgefundene Sarkophage aus Holz und Stein sowie ein Skelett und ein Schädel mit Krone.

In der ehemaligen Zehntscheuer des Klosters können Musikfreunde im *Centre Européen de l'Orgue* nicht nur Orgeln – darunter auch ein sog. „Pianoorganum" aus dem Jahre 1820 und die Originalklaviatur des Andreas Silbermann – bewundern, sondern auch über Kopfhörer verschiedene Hörproben genießen und auf einer virtuellen Orgel selbst spielen. Im Gewölbekeller befindet sich außerdem eine Sammlung von 1000 Flöten aus aller Welt.

Das *Musée du Patrimoine et du JudaïsmeAlsacien* ist in einem wunderschönen alten Fachwerkhaus im Ortszentrum untergebracht. Zu bieten hat es eine reichhaltige heimatkundliche Sammlung, darunter auch viele Erinnerungsstücke an die in der Region einst stark vertretene jüdische Glaubensgemeinschaft. Eine alte Stube und Küche, auch die Werkstätten eines Schmieds, eines Steinmetzes und eines Fassmachers wurden aufgebaut, Gebrauchskeramik und traditionelle Backformen veranschaulichen den einstigen Alltag.

Information Office de Tourisme, von Mai bis Okt. tägl., in den übrigen Monaten nur Di–Sa sowie Mo nachmittags und Sa vormittags geöffnet. 1, rue du Gal de Gaulle, 67440 Marmoutier, ☎ 0388714684, ✆ 0388714407, www.marmoutier.net.

Öffnungszeiten/Eintritt Die **Kirche St-Martin** ist von Mai bis Sept. tagsüber durchgehend geöffnet; beim Besuch der Krypta wird eine Spende von 2 € erwartet.

Das **Orgelzentrum** ist vom 1.1.–31.3. sowie vom 1.10.–15.11. Sa/So, vom 1.4.–30.9. tägl. jeweils von 14–17 Uhr geöffnet. Preis für die geführte Besichtigung (auch auf Deutsch) 4 €, Kinder ab 12 J. 2 €.

Das **Musée du Patrimoine et du Judaïsme Alsacien** ist ab dem 1. So im Mai bis 31.10.

jeden So und Fei 10–12 und 14–18 Uhr geöffnet. Eintritt 4 €.

Einkaufen Poterie, wunderschöne alte Springerle-Modeln stellt Claude Ernenwein in seinem Atelier nach alten Vorlagen her. Teilweise glasiert er sie dunkel, sodass sie wie altes Holz erscheinen. Di–Sa 10–12 und 14–18 Uhr. 78, rue du Gal Leclerc. ■

Übernachten/Essen ** **Hôtel Restaurant Aux Deux Clefs**, gemütliches Gasthaus, in dem man ein einfaches DZ mieten und auch gut essen kann; traditionelle Küche, Menü ab 19 €. So abends und Mo geschl. DZ zum Preis von 42 €. 30, rue du Gal Leclerc, ☎ 0388706108, ✆ 0388706975, www.auxdeuxcles.fr.

Wangenbourg-Engenthal

In einem Hochtal stehen die Häuser des Dorfes Wangenbourg weit verstreut zwischen blumenübersäten Wiesen, die gleichnamige Burg scheint schützend ihre Hand darüber zu halten.

Wanderer können von hier aus nicht nur zahlreiche andere Burgruinen, sondern auch den dem Dorf gegenüberliegenden Schneeberg (961 m) erkunden. Wangenbourg ist ein empfehlenswerter Ort, die Ruhe und Erholung suchen. Und wer's noch stiller mag, zieht sich in einen der übrigen Ortsteile der Verbundgemeinde zurück – nach Engenthal, Schneethal, Wolfsthal, Freudeneck oder Obersteigen – bzw. weicht in ein anderes Dorf der Region aus, die sich stolz „La Suisse

Die mittleren Vogesen

d'Alsace" nennt. Und tatsächlich haben die lieblichen Täler zwischen bewaldeten Sandsteinhängen viel vom Flair der Schweizer Voralpen.

Direkt am Ortsrand liegt die sehr interessante Ruine des 1362 erstmals erwähnten **Château du Wangenbourg**. Eine ca. 2 m dicke Ringmauer mit schönen Fenstern umgibt die riesige Anlage, auf einer Holzbrücke überquert man den Burggraben. Im weitläufigen Innenhof sind Reste der einst recht komfortablen herrschaftlichen Wohnanlage, der Dienstbotenunterkünfte sowie eine Zisterne zu sehen. An der Ostseite erkennt man an einem Kamin das Wappen eines der Burgherrn, Georg von Wangen, ganz in der Nähe einen ehemaligen Ofen, gegenüber befand sich sogar ein Schwitzbad. Den riesigen Donjon aus Buckelquadersteinen kann man über eine bequeme Holztreppe besteigen. Es lohnt sich, denn der Blick auf den Schneeberg und das dahinter liegende Vogesenmassiv im Westen sowie auf die Rheinebene im Osten ist phantastisch.

Information Office de Tourisme, in Wangenbourg, ganzjährig Mo–Fr und am Sa vormittags, von Mai bis Sept. auch So nachmittags, im Juli/Aug. zusätzl. So vormittags geöffnet. 32 a, rue du Gal de Gaulle, 67710 Wangenbourg, ✆ 0388873244, ✉ 0388873223, www.suisse-alsace.com.

Führungen Im Juli/Aug. werden einmal pro Woche Führungen (auf Französisch) durch die Burg angeboten.

Veranstaltungen Seit 2009 wird alle zwei Jahre Mitte Sept. ein sog. **Mittelalterfest** mit Schaukämpfen, mittelalterlicher Musik, Mahlzeiten etc. durchgeführt.

Öffentliche Toiletten Neben dem O.T. und am Spielplatz unterhalb der Burg.

Übernachten/Essen *** Hôtel Restaurant Parc, komfortables Haus im Zentrum Wangenbourgs mit Hallenbad, Tennis- und Spielplatz. Im eleganten Speisesaal des Restaurants isst man wirklich gut, empfehlenswert z. B. die Galette mit Schnecken oder der Seeteufelspieß, Menü ab 20 €. Das Restaurant ist am Sa/So mittags sowie Mo–So abends geöffnet, Betriebsferien von Nov. bis März. Für ein DZ bezahlt man 69–109 €, es sind aber auch Drei- und Vierbettzimmer vorhanden. 39, rue du Gal de Gaulle, ✆ 0388873172, ✉ 0388873800, www.parchotelalsace.com.

Auberge du Château, gemütliches Lokal mit guter Auswahl an Petits Plats und mehreren Menüs. Am Wochenende abends auch Pizza und Tarte Flambée; gute Eiskarte. Im Sommer sitzt man schön auf der Terrasse. Mo, in der NS auch Mi abends geschl. 35, rue du Gal de Gaulle, ✆ 0388873578.

** **Camping Les Huttes**, in Schneethal (ca. 900 m von Wangenbourg entfernt) liegt der einfache, aber angenehme und schattige Platz. Vom 1.4.–31.10. geöffnet. Rte du Nideck, ✆ 0388873414, ✉ 0388873206, www.suisse-alsace.com.

Wetterumschwung in der „Schweiz des Elsass

Nordwestlich von Wangenbourg

Überall in Wangenbourg wird schon mit Kristall dekoriert – Lothringen ist nah. Und an der lothringischen Grenze bzw. ein gutes Stück darüber hinaus finden sich die folgenden Sehenswürdigkeiten.

Ehemalige Klosterkirche in Obersteigen: In den Wäldern rund um das Dörfchen an der Passstraße nach Lothringen gibt es besonders viel Rotwild, aber auch Wildschweine, Dachse, Wildschnepfen und Haselhühner – kein Wunder, dass sich hier gerne Hobbyjäger einquartieren. Einen Besuch lohnt die ehemalige Klosterkirche *Ste-Marie de l'Assomption* im Ortskern, stellt der aus dem 13. Jh. stammende Bau doch ein schönes Beispiel des Übergangs von der Romanik zur Gotik dar. Sehenswert ist das Portal mit Ringsäulen und Knospen- und Blattornamente aufweisenden Kapitellen. Ähnliche Motive findet man auch an den Chorfenstern.

Kapelle auf dem Rocher de Dabo: Weithin sichtbar ragt der 647 m hohe, senkrecht abfallende Bergkegel Rocher de Dabo aus dem lothringischen Hügelland hervor. Hier stand bis zu ihrer Zerstörung im 17. Jh. die Dagsburg, von der die Mutter Papst Leos IX. stammte (siehe auch S. 229). Deshalb trägt der majestätische Felsen auch den Namen „Rocher St-Léon". Dem später heilig gesprochenen Kirchenoberhaupt zu Ehren errichtete man 1890 an der Stelle der einstigen Burg eine neoromanische Buntsandsteinkapelle, sein Bildnis finden Sie nicht nur über dem Eingang in Form einer Statue, sondern auch als Skulptur über dem Altar sowie im rechten Chorfenster. Vom Felsen bzw. vom Turm der Kapelle genießt man eine wunderbare Aussicht auf die mittleren Vogesen und den am Fuß des Berges gelegenen Ort Dabo, in dem man natürlich auch Kristallwaren kaufen kann.

Rocher de Dabo

Öffnungszeiten/Eintritt Die Gipfelkapelle ist von April bis Nov. tägl. von 10–18 Uhr geöffnet. Eintritt Erwachsene 2 €, Kinder 0,50 €. Die restliche Zeit des Jahres und außerhalb der Öffnungszeiten ist der Fels frei zugänglich, allerdings bleibt die Kapelle dann verschlossen.

Übernachten/Essen *** Hostellerie Belle-Vue, mitten in Obersteigen, aber ganz ruhig liegt das angenehme Haus von Familie Urbaniak, in dem den Gästen Sauna, Fitnessraum, Schwimmbad und Wellness-Angebote wie Massagen etc. zur Verfügung stehen. In dem empfehlenswerten Restaurant bekommt man u. a. feine Wildspezialitäten, ganz zart z. B. war das Hirschkuh-Ragout mit Pilzen. Menü ab 25 €. Sonntagabends und Mo geschl. Eines der geräumigen, gemütlichen Zimmer kostet für 2 Personen 115 € inkl. Frühstück. 16, rte de Dabo, ✆ 0388873239, ✆ 0388873777, www.hostellerie-belle-vue.com.

Östlich von Wangenbourg: La Vallée de la Mossig

Zwischen Sandsteinfelsen schlängelt sich die Mossig von Engenthal durch ein immer breiter werdendes Tal bis nach Wasselonne hinunter. Rechts und links des Flüsschens stehen die Häuser der kleinen Streusiedlung **Freudeneck**, die von einem Sägewerk dominiert wird. Von hier kann man in zehn Minuten zu der einst das Mossigtal bewachenden, stark verfallenen Burgruine Freudeneck hinaufwandern. Derzeit wird sie restauriert und kann leider nicht besucht werden. Der mit einem blauen Kreuz markierte Wanderweg beginnt jenseits der Brücke über die Mossig.

Die betriebsame kleine Stadt **Wasselonne** hat Versorgungsfunktion für die Region. Zentrum ist die Place Leclerc mit mehreren Restaurants; hier steht auch die große evangelische Kirche, die eine Silbermann-Orgel besitzt. Vom Platz kommt man direkt zum Haupteingangstor der einstigen Burg aus dem 15. Jh., zur damaligen Zeit eine der größten des Elsass. Damit verbunden ist ein kleiner runder Wachturm; der sich über dem Tor erhebende Uhrturm wurde erst Ende des 18. Jh. errichtet. Im Cour du Château sieht man das alte, 1826 vergrößerte Amtshaus und vor dem großen Schulkomplex einen runden Turm, der im Mittelalter sowohl zur Verteidigung als auch als Gefängnis diente.

Information Office de Tourisme, Mitte Juni bis Sept. Mo–Fr, Sa/So nachmittags geöffnet. Cour du Château, ✆ 0388591222, ✆ 0388042357, www.suisse-alsace.com.

Übernachten/Essen ** Hôtel Restaurant **Freudeneck**, beliebtes Landhotel mit gemütlichem Flair. Der Patron, ein Lothringer, kocht seit über 50 Jahren – und das schmeckt man. Zusammen mit seinem Sohn bereitet er feine und nicht zu schwere Fleischgerichte, u. a. auch Wild, zu, während die Mama, eine Pariserin, für den Service zuständig ist. Für 63 € bekommt man ein einfaches DZ mit 2 Betten und Dachfenster. Die Maisonette-Zimmer mit Grand Lit und 2 Einzelbetten (zu erreichen über eine steile Stiege) sowie schönem Balkon kosten 79 €. 3, rte de Wangenbourg, ✆ 0388873291, ✆ 0388873678, www.hotelfreudeneck.com.

Südlich von Wangenbourg: La Vallée de la Hasel

Wasserfall und Burgruine Nideck: Kommt man von Wangenbourg, erreicht man bei einer Sandsteinstele links der Straße (D 218) zunächst den *Point de Vue du Nideck*. Von einem kleinen Felsvorsprung hat man einen schönen Blick auf die Burg. Wer sie sich aus der Nähe anschauen möchte, fährt von hier noch einmal 4 km bis zum direkt an einer Brücke über den Bach und mehreren Häusern gelegenen Parkplatz Hasel. Von dort führt ein ca. 40-minütiger Spaziergang, bei dem man allerdings im zweiten Teil ca. 200 Höhenmeter überwinden muss, zuerst zum ca. 25 m tief herabstürzenden Wasserfall *Cascades du Nideck* und dann zur Burgruine. Diese besteht genau genommen aus einem älteren Château Inferieur (13. Jh.), in dessen Besuchern nicht zugänglichen Bergfried ein Medaillon des Dichters Chamisso (s. u.) eingefügt ist, und einem etwas besser erhaltenen Château Superieur.

Wanderweg Vom Parkplatz Hasel wandert man (roter Balken) mit leichten Steigungen zum Wasserfall (15 Min.), klettert dann rechts von diesem steil aufwärts bis zu einem Aussichtspunkt. Von hier aus sind es noch einmal knapp 10 Min. bis zur Unterburg. Ein schmaler Pfad bringt Sie noch einige Meter weiter bis zur Oberburg, von der man eine wunderschöne Aussicht genießen kann.

Alternative: Man kann auch 8 km hinter Wangenbourg am Parkplatz Nideck gegenüber dem gleichnamigen Forsthaus starten. Das rote Dreieck führt zum Wasserfall, der gelbe Balken zur Ruine.

Kinder Arbr' Ascension du Nideck, Nervenkitzel und viel Spaß verspricht dieser Abenteuerpark, der von April bis Okt. und in den frz. Oster- und Herbstferien Mi, Sa und So ab mittags sowie im Juli/Aug. tägl.

Südlich von Wangenbourg: La Vallée de la Hasel 295

von 10–18 Uhr geöffnet ist. Kinder zwischen 3 und 6 J. bezahlen 7 €, bis 9 J. 10 €, Jugendliche 15 €, Erwachsene 18 €. Der Park liegt nahe dem Parkplatz Hasel an der D 218. ✆ 0672628879, www.arbre-ascension.fr.

Wo Ritter vor Zeiten Riesen waren

Gemäß einer Grimmschen Sage waren die Ritter auf der Burg Nideck einst Riesen. Einmal ging das Riesenfräulein hinab ins Tal und entdeckte bei Haslach auf einem Feld Bauern mit Pferden und einem Pflug. „Das gefällt mir", dachte sie, packte die zappelnden Wesen und den Pflug in ihre Schürze und brachte alles schnell zur Burg hinauf. Als sie dort dem Vater voller Freude ihren Schatz zeigte, wurde dieser böse und meinte, sie solle alles umgehend zurückbringen. Der Bauer sei kein Spielzeug, denn, bebaue er nicht das Feld, so hätten die Riesen in ihrem Felsennest nichts zu beißen.

Adalbert von Chamisso hat diese Sage als Vorlage für sein Gedicht „Das Riesenspielzeug" verwendet:

„Burg Nideck ist im Elsass der Sage wohlbekannt,
Die Höhe, wo vorzeiten die Burg der Riesen stand;
Sie selbst ist nun verfallen, die Stätte wüst und leer;
Du fragtest nach den Riesen, du findest sie nicht mehr."

Eglise St-Florent in Niederhaslach: Die sehenswerte Kirche im ruhigen, an der Hasel gelegenen Ferienort Niederhaslach gehörte zu einem im 6./7. Jh. vom heiligen Florentius, einem aus Irland stammenden Einsiedler und späteren Bischof von Straßburg, hier gegründeten Kloster. Das Gebäude aus dem 13./14. Jh. ersetzte einen vom Verfall bedrohten Vorgängerbau und weist außerordentlich schöne gotische Bauelemente auf. An den Außenwänden entdeckt man besonders ausdrucksstarke und drollige Wasserspeier. Das mit wunderschönen Figuren geschmückte Tympanon zeigt im oberen Streifen seines Bogenfelds die Krönung Mariens, in den beiden darunter liegenden Szenen aus dem Leben des heiligen Florentius.
Im Innern sind besonders die prachtvollen Glasfenster an den Seitenwänden von Interesse, im Mittelalter eindringliche „Bilderbibeln" für das des Lesens unkundige einfache Volk. Auf der linken Seite sieht man u. a. die sieben Werke der Barmherzigkeit, Szenen aus dem Leben des Apostels Johannes und die Martyrien der Apostel, auf der rechten Seite die Passionsgeschichte, Szenen aus dem Leben Jesu, Mariens, des heiligen Florentius und Johannes des Täufers. Sie sind in der Zeit zwischen 1360 und 1420 entstanden, während die Lanzetten mit feinen Ornamenten und die in leuchtenden Farben gehaltenen Figuren im Chor aus dem 13. Jh. stammen. Links im Chor werden in einem goldenen Schrein die Reliquien des heiligen Florentius aufbewahrt, darunter befindet sich das Grab eines Bischofs. In der rechten Seitenkapelle kann man ein besonders schönes steinernes Heiliges Grab und die Grabplatte des Baumeisters der Kirche, ein Sohn Erwin von Steinbachs, bewundern.

Information Office de Tourisme in Oberhaslach, Mo–Sa vormittags geöffnet. 22, rue du Nideck, ✆ 0388509015, 📠 0388487524, www.suisse-alsace.com.

Übernachten/Essen/Reiten ** Hôstellerie Saint Florent, in Oberhaslach. Unter neuer Leitung, die Zimmer wurden bei der Übernahme gründlich renoviert und mit WLAN ausgestattet. Trotz der zentralen Lage absolut ruhig. Angeschlossen ist auch ein einfaches Restaurant. Menü ab 21 €. So und Mo geschl. Die recht geräumigen DZ

Die mittleren Vogesen

mit Grand Lit oder Doppelbett werden hier zum Preis von 46–53 € vermietet. 28, rue du Nideck, ☎ 0388509410, 🖂 0388509961, www.hostellerie-saint-florent.com.

Relais Neufeldhof, 2 km nördlich des Dorfes kann man Pferdeausritte buchen und auch übernachten. Ferme du Neufeld/ Oberhaslach, ☎ 0388509148, 🖂 0388509546.

Schirmeck

Weniger das Städtchen an der Bruche selbst als vielmehr seine Umgebung zieht Besucher an: der Vogesengipfel Donon mit seinen geheimnisvollen Ruinen, das wunderschöne Steintal, das liebliche Vallée de la Bruche, aber mit dem ehemaligen Konzentrationslager Struthof auch ein Ort des Schreckens, der an die nationalsozialistische Gewaltherrschaft im Elsass erinnert.

Zwar bietet der Ort mit seiner kleinen *Burg* am Hang einen recht netten Anblick, doch das war's dann im Grunde auch schon. Lediglich die Avenue de la Gare mit einigen wilhelminischen Villen und ein kleiner Park am Fluss verdienen Erwähnung.

Der Beiname „Ville du Souvenir" (Stadt des Gedenkens) verweist darauf, dass Schirmeck während der Nazi-Herrschaft Schauplatz schrecklicher Ereignisse war. Die Rathaustür stammt aus dem Sicherungslager Vorbruck (s. u.), und ganz in der Nähe liegt der *Struthof*. Zudem hat man im Jahre 2005 auf einer Anhöhe außerhalb der Stadt das *Mémorial de l'Alsace Moselle* eingerichtet, einen Komplex, in dem die Geschichte dieses Landstriches zwischen 1870 und 1945 dargestellt wird. Schriftstücke, Bilder, Ton- und Filmaufnahmen schildern eindrücklich das Leid der Menschen, die fünfmal ihre Nationalität wechseln mussten. Die Gedenkstätte liegt an der Route de Strasbourg bzw. der D 1420, vom Parkplatz geht man in ca. 5 Minuten hoch zum Eingang.

Information Office de Tourisme, ganzjährig Mo–Fr, im Juni und Sept. auch Sa, Juli/ Aug. auch So und Fei. 114, Grand' rue, 67130 Schirmeck, ☎ 0388471851, 🖂 0388970959, www.hautebruche.com.

Burgmuseum In der Burg kann man von Juli bis Mitte Sept. eine kleine historische Sammlung besuchen. So und Fei 14.30–18.30 Uhr. Eintritt frei.

Mémorial de l'Alsace Moselle 1.5.–30.9. Di–So 10–18.30 Uhr, 1.10–30.4. nur bis 18 Uhr, die Kasse schließt jeweils eine Stunde früher. Eintritt 10 €. Als sehr nützlich erweist sich ein Audioguide (auch auf Deutsch).

Parken an der Mairie.

Taxi ☎ 0388970360.

Markt Mi auf der Place du Marché.

Reiten Centre Equestre de la Haute Bruche, Parc d'Albay in La Claquette. Hier kann man Ponys und Pferde stunden- bzw. tageweise ausleihen. ☎ 0388496822.

Übernachten ** Hôtel La Rubanerie, im Vorort La Claquette findet man bei einem älteren Ehepaar und seiner Tochter in einer großen Villa aus dem 19. Jh. eine etwas andere Unterkunft. Das Haus mit großem Park an der Bruche wurde von ihren Vorfahren, den Besitzern einer Bandweberei, erbaut. Heute bietet es neben Annehmlichkeiten wie Kaminzimmer, Sauna, Liegewiese, Tischtennisplatte etc. unterschiedlich große Ein-, Zwei- und Dreibettzimmer sowie kleine Studios. Zu zweit bezahlt man je nach Größe und Ausstattung 62–83 €, zu viert 95 €. ☎ 0388970195, 🖂 0388471734, www.larubanerie-hotel.fr.

Le Pass Haute-Bruche

Im O.T. in Schirmeck ist ein kostenloser, zwei Jahre lang gültiger Gästepass erhältlich, mit dem man in Gedenkstätten, Museen, aber auch Freizeiteinrichtungen und Restaurants Vergünstigungen erhält.

Camp du Struthof

Der Gegensatz wirkt beklemmend. Eine herrliche Panoramastraße führt zu dem 800 m hoch gelegenen ehemaligen Konzentrationslager, Zeugnis des menschenverachtenden Terrorregimes der Nationalsozialisten. Bereits 1940 wurden in Schirmeck im heute weitgehend überbauten sog. „Sicherungslager Vorbruck" (La Broque) Gegner der Germanisierung des Elsass interniert, im Mai 1941 eröffneten die Nazis dann bei einem Bauernhof das Vernichtungslager Natzweiler-Struthof. Die isolierte Lage und das Vorkommen des seltenen roten Granits ganz in der Nähe hatten den Ausschlag für die Wahl des Platzes gegeben. Zu den Häftlingen zählten Juden, Sinti und Roma, Homosexuelle, Zeugen Jehovas, Widerstandskämpfer und Oppositionelle. Viele von ihnen kamen schon beim Aufbau des Lagers und bei den Arbeiten in den Steinbrüchen ums Leben, andere wurden bei grausamen medizinischen Experimenten getötet, Tausende vergast – zunächst in einer etwas weiter entfernten, als normales Haus getarnten Gaskammer, später dann im Lager selbst. Man schätzt, dass bis zur Schließung des KZs im November 1944 etwa 12.000 Menschen umgebracht wurden. Und weitere Struthof-Häftlinge starben außerhalb des Elsass, denn ab September 1944 wurden wegen der vorrückenden alliierten Truppen zahlreiche Gefangene nach Dachau und in andere Lager verlegt.

Außerhalb des umzäunten Lagerbereichs liegt das **Mémorial de la Déportation** mit seiner riesigen, das Grab eines unbekannten Deportierten umschließenden steinernen Flamme und einem Gräberfeld. Hinter dem doppelten Stacheldrahtzaun betritt man den **Lagerbereich**, über den Hinweistafeln sehr genau informieren. Zwischen der sog. Todesschlucht und Terrassen mit weißen Marmorblöcken, die die verschiedenen KZs symbolisieren, steigt man hinab zu zwei Baracken. Sie enthalten das 1943 eingerichtete Krematorium, Räume für Hinrichtungen, Sterilisationen und perverse medizinische Versuche sowie die Gefängniszellen; etwas dahinter findet man die sog. Klärgrube, in der sich die Fäkalien mit der Asche und anderen Überresten toter Häftlinge vermengten. Der Lagerkommandant, SS-Hauptsturmführer Josef Kramer, nutzte diese Mischung als willkommenes Düngemittel für seinen Gemüsegarten. Er wohnte in einer Villa mit Swimmingpool ganz in der Nähe der Baracken. Ehemalige Häftlinge berichten, dass er häufig grinsend, mit der Zigarre im Mund, Hinrichtungen beiwohnte und den Gefangenen, die dabei zusehen mussten, Beleidigungen und Drohungen zurief.

Das **Museum** in der Nähe des Eingangs präsentiert ein Modell des KZs und dokumentiert den grausamen Lageralltag anhand von Fotos, Häftlingsutensilien wie Kleidungsstücken und Essgeschirr sowie einer originalgetreu wieder aufgebauten Schlafstube. In den 1970er Jahren war das Museum zweimal Ziel rechtsextremistischer Anschläge. Einmal brannte es bis auf die Grundmauern nieder, wobei unersetzliches Dokumentationsmaterial zerstört wurde, beim zweiten Anschlag zerschnitt man die Fotos.

Im November 2005 eröffnete man unmittelbar vor dem einstigen Konzentrationslager ein weiteres Museum, das **Centre Européen du Resistant Deporté (CERD)**. 1943 hatte man die Insassen des Lagers gezwungen, einen „Kartoffelkeller" zu bauen – ein Gewölbe, das wohl nie diesem Zweck diente, dessen eigentliche Funktion aber bis heute nicht geklärt ist. Inmitten der Reste dieses Kellers dokumentiert man in französisch beschrifteten Nischen Schicksale europäischer Widerstandskämpfer. Darüber werden in einem schlichten Betongebäude u. a. die größten Konzentrationslager der Nazis vorgestellt und Filme zum Thema „Widerstand" gezeigt.

Camp du Struthof Struthof liegt an der D 130. Etwa 1,5 km vor dem Lager (von Schirmeck kommend) zweigt nach links eine Straße zur ehemaligen Gaskammer *(chambre à gaz)* ab, die man sich nur von außen anschauen kann. Öffnungszeiten: 1.3.–15.4. und 16.10.–24.12. 9–17 Uhr, 16.4.– 15.10. 9–18.30 Uhr, die Kasse wird jeweils eine Stunde vor dem Ende der Öffnungszeit geschlossen. Eintritt: 6 €, Kinder und Ju-gendliche zahlen die Hälfte. Die Eintrittskarte gilt für das Museum sowie für das CERD. Wer nur das KL besuchen möchte, erhält an der Kasse des CERD eine kostenfreie Zugangskarte. Für den Besuch des gesamten Komplexes sollten Sie mindestens 2 bis 3 Std. einplanen. ☎ 0388474467, www.struthof.fr. Im Gebäude des CERD gibt es eine Cafeteria.

Südlich von Schirmeck: Le Ban de la Roche

Das landschaftlich äußerst reizvolle, mehrere Täler umfassende Gebiet östlich der Bruche, zu Deutsch *Steintal* genannt, erhielt seinen Namen vom alten Château de la Roche („zum Stein") oberhalb des Örtchens Bellefosse. Bekannt ist vor allem das Dorf Waldersbach, denn hier wirkte der evangelische Pfarrer Jean Frédéric Oberlin, dessen vielfältiges soziales und bildungspolitisches Engagement entscheidend zur Verbesserung der Lebensverhältnisse im Steintal beigetragen hat.

Les Quelles/Salm: Zwischen Buchen-, Ahorn- und Eichenwäldern eingebettet liegen die beiden stillen Weiler – eine Gegend, in der man tolle Spaziergänge machen kann. Lohnende Ziele sind z. B. das *Château de Salm* (der halbstündige, aussichtsreiche Aufstieg beginnt am Forsthaus Salm) oder ein denkmalgeschützter *Mennonitenfriedhof* bzw. eine von Mitgliedern der im 18./19. Jh. hier lebenden Glaubensgemeinschaft gepflanzte Eiche. Anschließend laden urige Ferme-Auberges zu einem kräftigen Vesper ein.

Château de la Roche in Bellefosse: Extrem steil zieht sich, vorbei an mehreren für die Region charakteristischen steinernen Brunnen, dem hübschen Rathaus und der z. T. mit Holz verkleideten Kirche, die Dorfstraße den Hang hinauf. Empfehlenswert ist eine kurze Wanderung zu den Ruinen des *Château de la Roche* oberhalb von Bellefosse („Schönfuß"), denn der Blick vom über eine steile Treppe erreichbaren Bergfried über das Tal ist grandios. Viel mehr ist allerdings von der im 12. Jh. auf einem senkrecht abfallenden Felsen erbauten Burg nicht mehr erhalten.

Musée Oberlin in Waldersbach: Malerisch liegen die Häuser am Hang, eingerahmt von dichten Wäldern. Fast bis zum Boden reichen die weit nach unten gezogenen Hausdächer, an den Eingängen ist Feuerholz meterhoch aufgeschichtet – die Winter hier oben sind streng und schneereich.

Das äußerst modern und ansprechend aufgemachte *Musée Oberlin* dokumentiert in einem Anbau des ehemaligen Pfarrhauses Leben und Werk des „Vaters des Steintals". Davor steht an der Dorfstraße im Übrigen der Brunnen, in den sich der dem Wahnsinn nahe Dichter Lenz mehrmals hineingestürzt hat (siehe Kasten). Im Erdgeschoss kann man die vielfältigen Kollektionen des passionierten Sammlers Oberlin bewundern. Hier sieht man auch die sog. „Toleranzbilder", die, von verschiedenen Seiten betrachtet, immer etwas anderes darstellen. Im ersten Stockwerk werden von Oberlin entwickelte Lehrmittel für die Arbeit in den Strickschulen gezeigt: Spielzeug, geographische Karten, Bildkarten mit getrockneten Pflanzen etc. In der zweiten Etage sind seine Studien zur Entwicklung der Landwirtschaft, des Brückenbaus etc., aber auch von ihm hergestellte Silhouetten zu sehen.

Grabmahl Oberlins in Fouday: In *Fouday* kann man auf dem Friedhof bei der Kirche dem Grab von „Papa Oberlin", so der Schriftzug auf dem schmiedeeisernen Kreuz, einen Besuch abstatten.

Jean Frédéric Oberlin, der „Vater des Steintals"

Als der gebürtige Straßburger Jean Frédéric Oberlin (1740–1826) 1767 nach Waldersbach anreiste, um die dortige Pfarrei zu übernehmen, erfuhr er unten im Breuschtal sogleich, wie ärmlich seine neue Heimat war. Statt einer Brücke führte nur ein quer gelegter Baumstamm über den Fluss, sodass die Kutsche entladen und das Gepäck auf Ochsenkarren umgepackt werden musste. Oberlin ließ später bei Rothau den Pont de la Charité bauen, um das Steintal ans Verkehrsnetz anzuschließen.

In seiner 59-jährigen Pfarrzeit initiierte er zahlreiche weitere Projekte: So sorgte er für Verbesserungen in der Landwirtschaft, indem er für das raue Vogesenklima geeignetes Zuchtvieh und neues, widerstandsfähiges Saatgut einführte, Hänge terrassieren ließ, Wildobst veredelte etc. Neben dem Straßenbau förderte er die Ansiedlung von Textilindustrie und das Gesundheitswesen. Dazu gehörten z. B. Kurse in Erster Hilfe. Ganz besonders wichtig war ihm die Bildung. Schon den Kleinsten ließ er in den sog. „Strickschulen" neben der Handarbeit auch Pflanzen-, Tier- und Länderkunde und darüber hinaus Französisch beibringen, damit sie nicht wie ihre Eltern nur den Dialekt des Tales, das anderswo unverständliche Patois, sprachen. Er führte die allgemeine Schulpflicht ein, ließ in den kilometerweit voneinander entfernten Ortsteilen Schulen erbauen und setzte dort Lehrer ein, die seine Erziehungsprinzipien – Disziplin und Ordnung einerseits, lebensnaher und anschauungsorientierter Unterricht andererseits – umsetzten.

Weltoffen, wie er war, hatte er viele Kontakte zu bekannten Persönlichkeiten. Freunde schickten den psychisch kranken Dichter Jakob Michael Reinhold Lenz („Der Hofmeister") zu ihm. Doch dem konnte der strenge Psychologe Oberlin nicht helfen. Nach mehreren Selbstmordversuchen ließ er ihn nach Strasbourg überführen. Sein Bericht über den dreiwöchigen Aufenthalt des Unglücklichen im Pfarrhaus von Waldersbach diente später Georg Büchner als Vorlage für seine Novelle „Lenz".

Öffnungszeiten/Eintritt Das **Musée Oberlin** ist vom 1.4.–30.9. Mi–Mo von 10–19 Uhr, in den Wintermonaten ab 14 Uhr geöffnet. Erwachsene 4,50 €. ☎ 0388973027.

Wandern Um zum **Château de la Roche** zu kommen, fahren Sie in Bellefosse die Hauptstraße aufwärts (an der Ferme-Auberge Au Ban de la Roche vorbei), lassen ihr Auto stehen und wandern nun auf dieser Straße aus der Siedlung hinaus. Inmitten von Feldern biegen Sie an einem einzelnen Baum links ab (gelbes Schrägkreuz) und folgen dem später steil ansteigenden Fahrweg ca. 15 Min. bis zu einer Gabelung im Wald. Hier zweigt man auf einen mit gelbem Kreuz und Schrägkreuz markierten Pfad zur Ruine ab.

Von der Kirche in **Fouday** führt der Sentier Oberlin in etwa 45 Min. hoch nach Waldersbach und zum Musée Oberlin.

Einkaufen ≫ Unser Tipp: Les Confitures du Climont, unser Tipp im Miniweiler La Salcée bei Ranrupt. Unterhalb des fast 1000 m hohen Climont zaubert Fabrice Krencker so köstliche Marmeladen, dass er jüngst zum besten Confiturier Frankreichs ernannt worden ist. Kein Wunder, dass der Laden neben seiner Küche fast immer voll ist. Ganzjährig Di–Sa 10–12 und 14–18 Uhr geöffnet. Salcée liegt an der Bourg-Bruche und Villé verbindenden D 50. ☎ 0388977201. ≪

Bauernmarkt in Saales, von Mitte Juni bis Mitte Sept. wird jeden Freitagnachmittag im Rathausgebäude von Saales ein kleiner, aber feiner Bauernmarkt abgehalten. Angeboten werden Produkte aus der Umgebung: Honig, Konfitüren, Wurst, Schneckenpasteten, Eierlikör, Seife, Käse u. a.; vieles stammt aus den Lothringer Vogesen. ∎

Die mittleren Vogesen

Auf einem Bauernhof in den Vogesen zu nächtigen gehört zu den urigsten Übernachtungsvarianten im Elsass. Neben Schlafsälen gibt es z. T. auch einfache DZ mit Waschbecken. Toiletten und Duschen muss man sich allerdings zumeist teilen. In der Regel wird die Übernachtung mit Halbpension angeboten und schließt ein deftiges Abendessen und Frühstück ein.

Übernachten/Essen *** Hôtel Restaurant Neuhauser, mitten in der Waldeinsamkeit kann man im Weiler Les Quelles bei Familie Neuhauser, die auch für exzellente Brände bekannt ist, einen erholsamen Urlaub verbringen. Hallen- und Freibad, Sauna gegen Aufpreis. Im Panoramaspeisesaal wird hervorragende leichte Küche serviert, Menü ab 21 €. Die geräumigen Zimmer mit schönen Bädern über dem Restaurant verfügen teilw. über einen Balkon (76–98 €), für bis zu 4-köpfige Familien geeignet sind die Chalets zum Preis von 130–160 €. ✆ 0388970681, ✆ 0388971429, www.hotel-neuhauser.com.

Ferme-Auberge de Salm, wunderschönes Sandsteingebäude gegenüber von einem üppigen Gemüsegarten mitten im Weiler Salm. Zu dem einfachen Schlafsaal im Anbau führt eine Stiege hinauf. Zu essen gibt's deftige Bauernvesper, nach vorheriger Anmeldung auch eine warme Mahlzeit. Von April bis Oktober außer Mo und Di jeden Mittag geöffnet. Pro Bett zahlt man inkl. Halbpension 31 €. Ab Les Quelles ca. 2 km auf ausgeschilderter Straße, http://aubergefermedesalm.free.fr.

Ferme-Auberge du Bambois, Walter Huber, seit ca. 12 Jahren Besitzer des modernen Hofes mit 100 Schweinen und 35 Rindern, ist stolz darauf, nur eigene Produkte und das Gemüse von ihm bekannten Landwirten zu vermarkten. Im Laden werden vortreffliche Milchprodukte und Würste angeboten, im Lokal kommen einfache, aber leckere Gerichte wie Quiche, Omelette, Salat, Bratkartoffeln etc. auf den Tisch. Auf Bestellung gibt's auch ein ganzes Menü. Geöffnet Mi–So mittags. ✆ 0388976082. Die Ferme-Auberge ist ab Les Quelles in 3 km auf einem beschilderten Asphaltsträßchen erreichbar.

** **Hôtel Restaurant Julien**, in Fouday. Aus dem Gasthof seines Vaters machte Gérard Goetz mit seiner Frau ein komfortables Hotel im Châlet-Stil mit ansprechendem Aqua-Wellness-Bereich, großem Park und komfortablen Zimmern. In der Küche schwingt

Bauernmarkt in Saales

der Chef selbst den Kochlöffel und „jongliert" – wie er selbst sagt – „zwischen alten Rezepten und moderner Küche". Ein Genuss! Di geschl. Je nach Lage (zur Straße oder Richtung Bruche), Ausstattung (einige mit Balkon) und Größe kostet ein Zimmer zwischen 112 und 174 €. 12, rte Nationale, ✆ 0388973009, 🖂 0388973673, www.hoteljulien.com.

>>> Unser Tipp: Ferme-Auberge du Nouveau Chemin, Ruhe pur bietet ein Aufenthalt auf dem 2 km südlich von Bourg-Bruche gelegenen Hof (im Dorf der Beschilderung folgen). Familie Kreis hält Kühe und Hühner, züchtet Karpfen und betreibt in wunderbarer Lage die einfache, aber empfehlenswerte Bauerngaststätte (So abends sowie am Mo und Di geschl.). Was nicht von der eigenen Ferme stammt, wird von anderen Höfen zugekauft, z. B. leckeres Eis, Käse und Gemüse. In der Speisekarte erfährt man, wie die Familie, ebenso wie andere Anabaptisten, in die Gegend kam. Wer länger bleiben möchte, kann in einer der einfachen Gästezimmer bleiben. Zu zweit bezahlt man 48 €. ✆ 0388977208, www.fermedunouveauchemin.fr. **<<<**

Östlich von Schirmeck: Oberhalb des Vallée de la Bruche

Grendelbruch/Château du Guirbaden: Der unscheinbare Ferienort Grendelbruch hat außer Ruhe nicht viel zu bieten, lohnenswert ist jedoch ein Ausflug auf den grasbewachsenen Gipfel des *Hohbuhl,* auch „Signal de Grendelbruch" genannt. Von dort genießt man wunderbare Blicke bis zum Donon und in die Rheinebene. Außerdem kann man von Grendelbruch die Ruine des oberhalb des Magetals gelegenen *Château du Guirbaden* erreichen, einst mit einer Fläche von 2 ha die größte Burganlage im Elsass. Sie wurde 1137 zum ersten Mal erwähnt und während des Dreißigjährigen Krieges zerstört. Erhalten geblieben sind Reste der dreifachen Ringmauer, des Wohnbereichs mit zweigeteilten Fenstern sowie die Ruinen des Donjon und des sog. Hungerturms. Im Bereich der Vorburg steht die im 19. Jh. restaurierte Chapelle St-Valentin, in der man im Mittelalter für die Heilung erkrankter Tiere betete.

Pfingstmontag auf der Burg Guirbaden

Beim Aufstieg zur Burg ist besonders viel los an diesem Morgen. Zahlreiche Besucher, ein Teil davon hoch zu Ross, andere mit Hunden an der Leine, ziehen in fröhlichen Trupps von Mollkirch und Grendelbruch durch den sonst so stillen Wald hinauf. Oben sind aus dem Bereich der Vorburg liturgische Gesänge und Gebete zu hören, denn wie jedes Jahr findet auch an diesem Pfingstmontag im Freien vor der Valentinskapelle ein Gottesdienst statt. Zahlreiche Bewohner des Magetals sind mit ihren Tieren hier versammelt. Insbesondere für die Vierbeiner wird diese Messe gelesen, und wie seit alters besprengt sie der Priester nach der Kommunion mit Weihwasser und segnet sie. Keine leichte Aufgabe, denn so mancher Hund zerrt schon ungeduldig an der Leine. Und nach dem Gottesdienst werden die Bier- und Limonadeflaschen geöffnet. Nun beginnt der gemütliche Teil des Vormittags.

Kapelle in Mollkirch: Unmittelbar am Ortseingang steht rechts der Straße das sog. „Kloesterle", eine von Bruno von Dabo-Eguisheim errichtete, mehrmals umgebaute Kapelle aus dem 12. Jh. Das Bildnis des Gründers rechts von der Eingangstür stammt ebenso wie der kleine Fries darüber aus dem ursprünglichen Kirchlein.

Anfahrt/Wandern Wer zum **Hohbuhl** möchte, folgt in Grendelbruch der entsprechenden Beschilderung. Nach 3 km stellt man das Auto rechts der Straße auf einem unmarkierten Platz ab. Ein steiler Weg führt über eine Hochweide in ca. 10 Min. auf den Gipfel mit Windfahne und Erklärungstafel.

Ebenfalls in Grendelbruch beschildert ist der Weg zur **Ruine Guirbaden**. Man geht an der Kirche in die Rue de l'Eglise, passiert den Friedhof und verlässt das Dorf. In ca. 45 Min. erreicht man mit der Markierung rot-weiß-roter Balken die weitläufige Anlage. Alternativen: Es existieren Wanderwege ab Mollkirch und ab dem Gasthaus Fischhütte (D 204).

Essen & Trinken Restaurant La Grenouille, in Grendelbruch. Äußerlich ein eher biederes Gasthaus, erwartet einen innen ein geschmackvoll-eleganter Speiseraum, in dem überall bunte Frösche fröhliche Akzente setzen, an warmen Tagen lockt die Terrasse. Geboten wird eine leichte, feine Küche – wunderbar angerichtet –, sodass noch Platz für eines der tollen Desserts wie den Café Gourmand mit verschiedenen Desserts und Gebäck bleibt. Gute Weinauswahl. Mo und Di abends geschl. 26, rue de l'Eglise, ✆ 0388955227.

Westlich von Schirmeck

Le Donon: Eines der Highlights in den mittleren Vogesen ist der 1008 m hohe Donon an der elsässisch-lothringischen Grenze. Doch nicht nur wegen der besonders schönen Aussicht, sondern v. a. auch wegen seiner Geschichte als mystische Kultstätte der Kelten und später der Römer und Gallier fasziniert dieser Berg. Vom Parkplatz am Col du Donon (730 m) führt ein ca. 40-minütiger Pfad auf den Gipfel mit mehreren archäologischen Stätten und einem im 19. Jh. nach antikem Vorbild errichteten Tempel. Markiert ist der Pfad *(Sentier du Donon)* mit einem roten Balken bzw. einem Tempelsymbol. Ständig bergauf steigend, erreicht man nach ca. 20 Min. den *Felsen des Druiden*, 10 Min. später die sog. *Kaisertreppe*, die eigens für den Besuch Wilhelms II. während des Ersten Weltkriegs von deutschen Soldaten erbaut worden ist. Hier beginnt der eigentliche, mit Erklärungstafeln ausgestattete Rundweg, auf dem man schon bald zu den Fundamenten des *Tempels Nr. 1* aus gallorömischer Zeit kommt. Links davon stehen einige Kopien von Stelen und Votivtafeln, die Originale werden im Museum der lothringischen Stadt Epinal aufbewahrt. Abgebildet sind u. a. Merkur

Mont-Ste-Odile 303

(der Gott, dem der Gipfel damals geweiht war), der Waldgott Smertulus mit Hirsch und ein Blitze schleudernder Taranis zu Pferd, der mit Jupiter gleichgesetzt wird. Östlich der Tempelreste wendet man sich nach links und gleich darauf bei einer großen Holztafel nach rechts. In wenigen Schritten erreicht man eine *vorrömische Zisterne* – unmittelbar daneben die Stelle, wo einst ein hölzerner *Rundtempel* (Tempel Nr. 2) stand – und kommt dann wieder zum Hauptweg zurück. Die Reste des *Tempels Nr. 3*, einst dem Merkur geweiht, passierend, steigt man zum Gipfel. Diesen beherrscht der 1869 erbaute *Museumstempel*, in dem bis 1958 Skulpturen, Votivtafeln etc. aufbewahrt wurden. An der Ostseite der riesigen Plattform zeigt die Kopie eines Reliefs den Kampf zwischen einem Löwen und einem Wildschwein.

Mines de Grandfontaine: Unterhalb des Gipfels liegt das einstige Bergarbeiterdörfchen Grandfontaine, wo man bis vor einiger Zeit ein stillgelegtes *Eisenerzbergwerk* nebst kleinem *Mineralogiemuseum* (oberhalb eines kleinen Stausees) besuchen konnte. Aus Sicherheitsgründen ist es jedoch seit 2006 geschlossen. Wann die notwendigen Reparaturarbeiten beendet sein werden, stand zum Zeitpunkt der Recherche noch nicht fest.

Übernachten/Essen ** Hôtel Restaurant du Donon, gegenüber von einem deutschen Soldatenfriedhof liegt an der Straße nach Lunéville das gemütliche Hotel. Für angenehmen Zeitvertreib sorgen Hallenbad, Sauna, Minigolf etc. Angeschlossen ist ein großes Restaurant, die Speisekarte bietet elsässische und französische Spezialitäten. In der Nebensaison Do geschl. DZ 68–72 €. 15, le Donon, ✆ 0388972069, 🖷 03889 72017, www.ledonon.com.

Mont-Ste-Odile

Auf dem 763 m hohen Gipfel des „heiligen Berges des Elsass" thront wie eine mächtige Trutzburg das Kloster seiner Schutzpatronin, der heiligen Odilia. Seine legendäre Geschichte, seine ein grandioses Panorama bietende Balkonlage und seine reizvolle Umgebung mit vielen Wandermöglichkeiten machen es zu einem der meistbesuchten Ziele in den Vogesen, zumal es auch von der Weinstraße schnell zu erreichen ist.

Siedlungsspuren, u. a. die sog. „Heidenmauer" (s. u.), beweisen, dass der Berg schon seit uralter Zeit Menschen angezogen hat. Im 7. Jh. ließ Herzog Eticho hier die Hohenburg errichten und vermachte sie später seiner Tochter Odilia, die sie in ein Kloster umwandelte. Nach dem Tod seiner Gründerin im Jahre 720 machte das Kloster eine wechselvolle Geschichte durch, bis es im 12. Jh. unter der schützenden Hand des Stauferkaisers Friedrich I. Barbarossa eine bauliche, geistliche und kulturelle Blütezeit erlebte. Damals schuf z. B. die Äbtissin Herrad von Landsberg den berühmten „Hortus deliciarum" (Paradiesgarten), eine mit wunderschönen Miniaturen geschmückte Enzyklopädie der frommen Bildung. Nur einige Kopien dieses 1870 bei der Zerstörung der Straßburger Bibliothek durch deutsche Truppen verbrannten Meisterwerks sind erhalten geblieben. 1546 verließen nach einem verheerenden Feuer die letzten Nonnen der Odilia-Kongregation das Kloster. Erneuerungsbestrebungen scheiterten wegen des Dreißigjährigen Krieges und später der Französischen Revolution. Im 19. Jh. wechselte der Odilienberg mehrmals den Besitzer, bis ihn der Bischof von Strasbourg nach einer Kollekte unter Elsässer Katholiken kaufte und am Kloster Renovierungsarbeiten durchführen ließ. Gegenwärtig leben nur noch einige Nonnen und Priester in einem Flügel des Gebäudekomplexes, der zu großen Teilen in ein Hotel umgewandelt worden ist. Pilgerfahrten, Gottesdienste und Andachten finden aber weiterhin regelmäßig statt.

Die mittleren Vogesen

Die mittleren Vogesen

> **Die Legende der heiligen Odilia**
>
> Odilia kam blind zur Welt. Daraufhin versteckte sie ihre Mutter Bereswinde bei einer Amme in Scherwiller vor dem zornigen Eticho, der einen gesunden Sohn erwartet hatte. Diese gab das Kind später in ein Kloster bei Besançon. Mit 12 Jahren wurde Odilia getauft – und konnte von diesem Augenblick an sehen. Durch eine List gelangte das Mädchen, das unbedingt seine Eltern kennen lernen wollte, auf Schloss Hohenburg, wurde dort auch aufgenommen, doch bald fasste ihr Vater den Plan, sie mit einem Prinzen zu verheiraten. Da alle ihre Weigerungen und Bitten ungehört blieben, floh Odilia und wurde vor ihren Verfolgern dadurch gerettet, dass sich plötzlich ein Felsspalt öffnete, in den sie hineinschlüpfen konnte. Jetzt endlich sah der Vater ein, dass er sich ihrem Willen, ein Leben in Keuschheit zu führen, beugen musste. Damit sie ein Kloster gründen konnte, überschrieb er ihr die Hohenburg.

Durch das Eingangstor betritt man einen weitläufigen Hof. In seiner Nordostecke steht die auf das Mittelalter zurückgehende, aber mehrfach restaurierte **Klosterkirche**. Ein gelungener Anbau ist das Türmchen an der Außenseite des Chores, gekrönt von der Statue der heiligen Odilia, die segnend die Hand über „ihr" Elsass hält – ein besonders beliebtes Postkartenmotiv. Im dreischiffigen Innenraum lohnen besonders die hölzernen Beichtstühle aus dem 18. Jh., das Gemälde „Die Übergabe der Hohenburg" links vor dem Chor sowie die Kreuzwegbilder von Spindler. Seit 1931 wechseln sich am Altar der Kirche Tag und Nacht Gläubige im Gebet ab und dienen so dem Apostolat der ewigen Anbetung.

Die hl. Odilia wacht über das Elsass

Verlassen Sie auf dieser Seite die Kirche, so kommen Sie direkt in die lang gestreckte **Johanneskapelle** mit Wandbildern aus dem Leben des Täufers. Rechts davon liegt die **Kreuzkapelle** aus dem 12. Jh. in Form einer romanischen Krypta. Eine mächtige Säule mit wunderschönen Palmettenkränzen trägt die vierfach gewölbte Decke. Das Fresko rechts vom Altar – die Kreuzigung Christi mit der sehenden Ecclesia auf einem Fabeltier reitend, dessen 4 Köpfe die 4 Evangelisten symbolisieren, und der auf einem Esel sitzenden blinden Synagoge – ist ein Motiv aus dem Hortus deliciarum. In dem steinernen Sarg direkt neben dem Eingang soll der Vater Odilias seine letzte Ruhe gefunden haben. Gegenüber davon befindet sich der Durchgang zur **Odilienkapelle** mit einem merowingischen Sarkophag aus dem 8. Jh., der die Reliquien der Heiligen enthält. Die Wände schmücken Bilder mit Ereignissen aus ihrem Leben.

Von der Johanneskapelle betritt man durch eine schmiedeeiserne Tür den **Kreuzgang**. Im rechten Flügel sind an der Wand Tafeln mit Erklärungen zum Hortus deliciarum angebracht, am Ende des Flügels ist auf einem Fresko – wiederum aus dem Hortus deliciarum – die mittelalterliche Klostergemeinschaft dargestellt. Nach links weitergehend kommt man zu einem Gobelin mit Szenen aus dem Leben der Heiligen. Dahinter erkennt man auf einer be eindruckenden Stele aus dem 12. Jh. u. a. Adalric bzw. Eticho und seine Tochter Odilia sowie die beiden tatkräftigen Äbtissinnen Relindis und Herrad. Gegenüber von der Stele gelangt man in den hübschen Klosterhof. Wenn man diesen durch eine kleine Tür verlässt und hinter der Kirche nach links geht, kommt man zur **Panoramaterrasse**. Jenseits einer kleinen Gartenanlage mit einer Sonnenuhr aus dem 17. Jh. stehen die beiden Außenkapellen. Die **Tränenkapelle** wurde auf einem einstigen merowingischen Friedhof errichtet, einige Gräber sind an ihrer Ostseite noch gut erkennbar. Die Mulde am Choreingang soll durch die Knie und Tränen Odilias entstan-

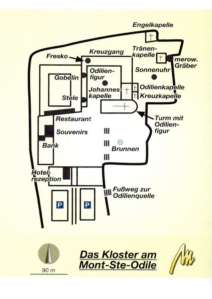

Das Kloster am Mont-Ste-Odile

den sein, als diese hier für ihren verstorbenen Vater gebetet hat. Gegenüber steht die kleinere **Engelkapelle**, ebenso wie ihr Pendant im 20. Jh. mit Mosaikbildern im byzantinischen Stil geschmückt. Nur wenige Minuten vom Kloster entfernt sprudelt die legendäre **Odilienquelle** (rechts vom Eingang des Klosterkomplexes geht man über eine Treppe – gelbes Dreieck – 400 m weit abwärts). Der heiligen Odilia sei, so heißt es, an dieser Stelle ein blinder Bettler begegnet. Daraufhin habe sie an den Felsen geklopft, aus dem sogleich Wasser hervorgesprudelt sei. Als der Bettler davon trank, konnte er wieder sehen. Gläubige nehmen sich hier gerne eine Flasche oder einen Kanister voll mit nach Hause.

Öffnungszeiten/Klosterführungen Der Klosterkomplex ist tägl. von 8 bis gegen 20 Uhr geöffnet.

Übernachten/Essen »» Unser Tipp: Hôtel du Mont-Ste-Odile, das Restaurant des Klosters genießt einen hervorragenden Ruf, sodass die 5 Speisesäle insbesondere sonntagmittags schnell besetzt sind. Ein Teil der insgesamt 105 Zimmer des von den „Soeurs de la Croix" betriebenen Hotels wurde mittlerweile renoviert, sukzessive sollen die anderen folgen. Ein DZ mit Grand Lit oder zwei Betten, Dusche und WC ist für 62 € zu haben, es gibt aber auch Drei- und Vierbettzimmer. ✆ 0388958053, ✉ 0388958296, www.mont-sainte-odile.com. ««

Mysteriöser Bücherklau am Odilienberg

Im Frühjahr 2002 nahm die elsässische Polizei einen Lehrer aus Strasbourg fest, der im Verlauf von zwei Jahren rund 1000 wertvolle Bücher und Drucke aus dem Odilienbergkloster gestohlen hat. Bei Recherchen hatte er Hinweise auf einen in Vergessenheit geratenen Geheimgang gefunden, über den er tatsächlich in die abgeschlossene Klosterbibliothek gelangte, was er dann in regelmäßigen Abständen wiederholte. Dort suchte er sich in aller Ruhe besondere Schätze aus und verschwand wieder in der Nacht. Der allmähliche Schwund der Bücher wurde irgendwann zwar bemerkt, man konnte sich aber keinen Reim darauf machen. Erst mit Hilfe einer Videokamera konnte der Dieb auf frischer Tat ertappt werden. Inzwischen sind die spätmittelalterlichen Bibeln, Messbücher und Inkunabeln (vor 1500 hergestellte Drucke) wieder an ihrem angestammten Platz, der bibliophile Mann hatte sie nämlich nicht etwa zu Geld gemacht, sondern einfach nur besitzen wollen. Der Geheimgang soll im Übrigen inzwischen geschlossen sein.

Umgebung des Mont-Ste-Odile

Klosterruine Niedermünster/Kapelle St-Nicolas: Die Sorge um Arme und Kranke war für Odilia ebenso wichtig wie das Gebet. Da es für die Bedürftigen v. a. im Winter oft schwierig war, die Abtei Hohenburg zu erreichen, gründete Odilia weiter unten ein zweites Kloster. Von diesem sind heute nur noch einige Ruinen vorhanden, wenige Meter entfernt steht die wieder aufgebaute neoromanische Kapelle St-Nicolas.

Fresko nach einer Darstellung aus dem Hortus deliciarum

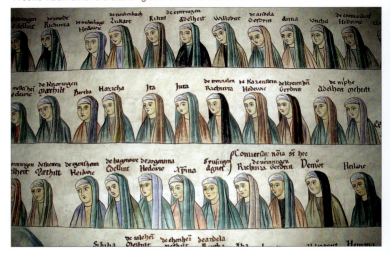

Château du Landsberg: Diese besonders schöne Burgruine geht auf die Zeit um 1200 zurück, als die staufische Ministerialfamilie Landsberg eine Festung zur Überwachung und Sicherung des Klosters und ihres Lehnslandes erbaute. Von der im Dreißigjährigen Krieg zerstörten Anlage sind noch ein mächtiger Bergfried und Teile der Wohngebäude erhalten. Besonders sehenswert ist die Außenfassade eines Kapellenerkers, die kreuzförmige und halbrunde Öffnungen aufweist. Geht man hinein, sieht man, dass die ausgesprochen hübsche Doppelfensterreihe von Säulen gestützt wird.

Le Mur des Paiens (Heidenmauer): Auf einer Länge von ca. 10 km verläuft die „Heidenmauer" um das Gipfelplateau des Odilienbergs und umschließt eine Fläche von 100 ha. Wann und wozu dieser bis zu 5 m hohe und fast 2 m dicke Wall erbaut wurde, ist bis heute nicht endgültig geklärt; wahrscheinlich handelte es sich aber um eine keltische Fluchtburg aus dem 2. Jh. v. Chr. Etwa fünf Jahre lang sollen insgesamt 2000 Menschen sechs bis acht Steinschichten übereinander gelagert haben. Die einzelnen Sandsteinblöcke versah man mit Kerben, sodass man sie mit schwalbenschwanzförmigen Eichenholzzapfen miteinander verbinden konnte. Wer den kompletten, allerdings nicht vollständig erhaltenen Wall ablaufen möchte und dem vom Vogesenclub ausgewiesenen Pfad folgt (gelbes Schrägkreuz), ist ca. fünf Stunden unterwegs. Sehenswerte Teile liegen aber auch in der Nähe des Klosters zwischen dem Wachstein und dem Nikolausfelsen.

Anfahrt Um zur **Klosterruine Niedermünster** zu kommen, nimmt man vom Odilienkloster die D 33 Richtung Ottrott und biegt nach 2 km auf die D 109 Richtung St-Nabor ein. Nach 1 km ist ein Wanderparkplatz erreicht. Ein anfangs parallel zur Straße verlaufender Weg bringt Sie in 15 Min. zu einem Bauernhaus, daneben liegt das eingezäunte Ruinenfeld, etwas weiter nördlich die weithin sichtbare Kapelle.

Zum **Château du Landsberg** fährt man vom Kloster auf der D 33 ca. 2 km abwärts und biegt dann auf die D 109 ein. Nach 2 km kommt man zu einem Wanderparkplatz. Von diesem geht man ca. 300 m (roter Balken) bis zu einem alten Haus, wo man nach rechts abzweigt (rotes Dreieck). In wenigen Minuten ist die Ruine erreicht.

Wer die **Heidenmauer** besichtigen will, stellt das Auto ca. 1,5 km unterhalb des Klosters auf dem Parkplatz mit dem Hinweis „Mur Paiens" ab. Beiderseits der Straße erreichen Sie nach wenigen Metern bemerkenswerte Reste der Mauer.

Villé

Nach dem zentralen Städtchen sind gleich mehrere, z. T. sehr kleine umliegende Täler benannt, die Vallées de Villé. Im Frühling entfalten dort jede Menge Obstbäume ihre Blütenpracht.

Seit Menschengedenken brennt man hier Schnaps. Erzeugte früher fast jeder Haushalt sein – wie man hier sagt – „Lebenswasser" *(eau de vie)*, so gehen heute nur noch einige wenige Destillateure, allerdings im großen Stil, ihrem Handwerk nach. Was sie produzieren, kann sich wirklich sehen und schmecken lassen, und der Digestif, den sie überall im Elsass in Gourmetrestaurants verkösten können, kommt sehr häufig aus den hiesigen Tälern. Neben Kirsch, Mirabelle & Co., hausgemachter Gänseleberpastete, geräucherten Forellen und kernigem Wildschinken locken vor allem Wander- und Radwege in Wäldern und Hochebenen mit schönen Aussichtspunkten die Besucher an. „100 % Nature" lautet der Slogan des Office de Tourisme der Stadt Villé, und damit ist eigentlich alles gesagt.

In dem nicht einmal 2000 Einwohner zählenden Ort vereinigen sich der Steigenerund der Urbeis-Gießen zu einem Fluss, der dann in Richtung Rheinebene ein recht

308   Die mittleren Vogesen

weites und liebliches Tal geschaffen hat. Villé bildet den wirtschaftlichen und administrativen Mittelpunkt der Region und bietet auch dem Besucher eine angenehme Infrastruktur. Das Zentrum mit Geschäften und Restaurants erstreckt sich zwischen der Mairie und der Place du Marché.

Information Office de Tourisme, ganzjährig Mo–Sa, im Juli/Aug. auch So vormittags. Pl. du Marché, 67220 Villé, ✆ 0388 571169, 📠 0388572487, www.ot-valedeville.fr.

Wandern Im O.T. erhältlich sind Karten und Beschreibungen (in franz. Sprache) zu 15 Circuits Découvertes (5,50 €).

Taxi ✆ 0388572120.

Fahrradverleih Intersport, Pl. de la Gare, ✆ 0388571955.

Markt Mi auf der Place du Marché. Im Juli/Aug. findet hier zudem jeweils am Do ab 17 Uhr ein Bauernmarkt statt.

Reiten Ferme de la Fontaine, 182, Froide Fontaine, Fouchy. Begleitete Ausritte auf Ponys oder Eseln für die ganze Familie. Pro Person bezahlt man 20 € für den halben Tag. ✆ 0388573702.

Kinder/Schwimmen Im Ortsteil Bassemberg lockt das Erlebnisbad **Aquavallées** mit Rutschbahn, Spaßbecken, Fitness-Center, Sauna etc. Tägl. geöffnet. Erwachsene

4,20 €, Kinder (2–6 J.) 1,10 €, Jugendliche 2,70 €. ✆ 0388589393.

Übernachten/Essen ** Hôtel Restaurant La Bonne Franquette, zentral und doch ruhig kann man in einem schönen Fachwerkhaus in kleinen, aber hellen und gemütlichen Räumen unterkommen. Sehr empfehlenswert ist das angeschlossene Restaurant, in dem man z. B. das Perlhuhn in Pinot-noir-Sauce versuchen sollte. Menü ab 20 €. Samstagmittags, sonntagabends und Mo geschl. Ein DZ ist zum Preis von 55–60 € zu haben. 6, pl. du Marché, ✆ 0388571425, 📠 0388570815,
www.hotel-bonne-franquette.com.

Auberge Le Mediéval, in diesem Kellerrestaurant werden Menüs mit klangvollen Namen wie „des Ripailleurs" oder auch „für kleine Ritter" serviert. Großes Speiseangebot, hervorragend fanden wir den Fischspieß. Menü ab 25 €. Dienstagabends, Mi und samstagmittags geschl. 7, pl. du Marché, ✆ 0388570000.

Nähere Umgebung von Villé

Von Villé können Sie einen Abstecher ins nur 2 km entfernte Fachwerkdorf *Albé* unternehmen und sich das dortige Heimatmuseum ansehen oder Richtung Süden zum Château de Frankenbourg aufbrechen.

Maison du Val de Villé in Albé: Eines der schönsten Dörfer der Region mit pittoresken Fachwerkhäusern, das zudem ein interessantes Heimatmuseum zu bieten hat. In einem alten Haus bei der Kirche erfährt man eine Menge über die traditionellen Berufe der Minen- und Waldarbeiter, Imker, Weber, Winzer etc.; außerdem hat man das Innere eines alten Bauernhauses und die ehemalige Schulstube wieder aufgebaut. Gegenüber finden in einem Gebäude aus dem 19. Jh. Wechselausstellungen statt.

Château de Frankenbourg: Auf dem 703 m hohen Altenberg stehen die Ruinen der im 12. Jh. unter den Grafen von Frankenbourg errichteten und später mehrfach umgebauten Burganlage. Schon auf dem Weg hinauf genießt man wunderbare Blicke ins Villé-Tal, von oben dann auch ins Lièpvre-Tal. Dieser Standort ermöglichte es den Burgherren sowohl den Salz- als auch den Mineralienhandel zu kontrollieren. Erhalten sind noch Reste des runden Bergfrieds, der einstigen Wohnanlagen, eine Zisterne sowie der dreieckige Bastionsanbau aus dem 15. Jh. im Nordosten. Zu entdecken gibt es zudem einige Überbleibsel eines in vorchristlicher Zeit um den Gipfel verlaufenden keltischen Rundwalls.

Öffnungszeiten/Eintritt Das **Maison du Val de Villé in Albé** ist von April bis Okt. Do–So 14–18 Uhr geöffnet, ebenso im Dez. (bis 17 Uhr). Von Juli bis Ende Sept. öffnet

das Museum zusätzlich Di–Fr, im Jan. bleibt es geschlossen. Erwachsene 3,35 €, Kinder ab 12 J. 2,75 €. ✆ 0388570842.

Anfahrt/Wandern Um zum **Château de Frankenbourg** zu kommen, verlässt man Villé auf der D 439 nach Breitenau, passiert das Dorf und fährt zuerst über den Chemin de la Chapelle, dann über eine asphaltierte Forststraße bis zu einem Parkplatz vor einer in der Regel geschlossenen Schranke. Man wandert auf dieser Forststraße ca. 5 km bis zum „Stanglplatz", passiert diesen und zweigt ca. 5 Min. danach nach links auf einen schmalen, abwärts führenden Pfad ab, der einen in 15 Min. (gelber Balken) zur Place du Château mit Picknickeinrichtungen bringt. Von dort geht man noch einmal 5 Min. steil aufwärts zur Burg; auf halber Höhe kann man nach rechts einen Abstecher zum keltischen Rundwall machen.

Von Villé zum Champ du Feu

Durch das Steigener Tal: Von Villé führt die D 424 zunächst Richtung Westen ins Steigener Tal, wo Laubwald und Streuobstwiesen das Landschaftsbild prägen. In *Maisonsgoutte* und *Steige* lädt jeweils eine empfehlenswerte Schnapsbrennerei zum Probieren und Kaufen ein (Adressen/Öffnungszeiten s. u.). Lange vorbei sind allerdings die Zeiten, in denen man für die Brände nur Früchte aus der Gegend verarbeitet hat. Destillateur Bernard Hubrecht erzählte uns, lediglich die Kirschen kämen noch aus dem Tal, die Birnen müsse er von Großbetrieben aus den Ardèches, die Maische aus Kientzheim, die Schlehen aus den Hochvogesen holen. Enorm ist der Druck, nur beste Früchte zu verarbeiten und eine große Auswahl anzubieten. Hinter Steige schraubt sich die Straße auf den *Col du Steige* (534 m) hoch und gibt immer wieder wunderschöne Blicke auf das Tal frei.

Col de la Charbonnière: Vom Col du Steige mit hübschem kleinen Weiher zweigt man rechts ab und genießt auch auf der Weiterfahrt immer wieder grandiose Ausblicke auf die waldreiche Mittelvogesenlandschaft, unterbrochen von grünen Matten, auf denen schwarz-weiße Kühe weiden. Die nächste Passhöhe, der *Col de la Charbonnière* (990 m), ist nach den einst zahlreichen Holzkohlenmeilern in dieser Region benannt.

Saftige Wiesen umgeben den Luftkurort Le Hohwald

310 Die mittleren Vogesen

Champ du Feu: Etwa 2 km weiter erreicht man das weite, oft windgepeitschte und wolkenverhangene „Hochfeld", wie der Champ du Feu auf Deutsch genannt wird. Über das von kleinen Nadelbaumgruppen zergliederte, z. T. vermoorte Gras- und Gestrüppland auf 1100 m Höhe führen viele Spazierwege, Picknickbänke laden zur Rast ein. Vom Ende des 19. Jh. errichteten Aussichtsturm hat man bei schönem Wetter einen phantastischen Rundblick. Ganz in der Nähe liegt das Skigebiet La Serva.

Schnapsbrennereien Hubrecht, in Maisonsgoutte findet man den kleinsten Destilleriebetrieb der Region, der dennoch eine große Auswahl an edlen Bränden bieten kann. Probieren Sie mal den Kirsch- oder Hagebuttenschnaps! 7, rue Kuhnenbach, ☎ 0388571779.

Nussbaumer, das alte Destilliergerät an der Hauptstraße von Steige lenkt bereits die Blicke auf sich, im Verkaufsraum sind noch etliche andere dekorative Gerätschaften aus Kupfer ausgestellt. Auch hier ist von Aprikose bis Zwetschge wieder jede Geschmacksrichtung zu haben. 23, Grand' rue, ☎ 0388571653.

Übernachten/Essen Auberge de la **Charbonnière,** am gleichnamigen Gipfel. Beliebter Motorradfahrertreffpunkt für einen Kaffee oder einen Snack. Die Küche bietet darüber hinaus aber auch elsässische Gerichte und verschiedene Fondues

(z. B. mit Käse oder Fleisch und auch tibetisch). Di geschl., nur am Fr und Sa jeweils abends geöffnet. ☎ 0388083117, 📠 0388083138.

Auberge Hazemann, an der Straße vom Champ du Feu Richtung Belmont liegt nahe der Skistation La Serva die große Auberge von Familie Hazemann. Wenn diese auf den ersten Blick auch etwas nüchtern wirkt, so hat sie doch viel zu bieten: eine umfangreiche Speisekarte mit Menüs verschiedener Geschmacksrichtungen wie Chasseur, Pêcheur usw., ansprechende, jüngst renovierte Zimmer mit Bauernmöbeln, die allen Komfort (WLAN, TV, Bad) bieten sowie Campingmöglichkeiten. Do abends und Di geschl., Betriebsferien vom 15.1.–15.2. Zu zweit bezahlt man im DZ inkl. Frühstück je nach Saison 65–80 €, es gibt aber auch Familienzimmer und Châlets. 154, route de la Serva, ☎ 0388973052, www.auberge-hazemann.com.

Von Villé nach Le Hohwald

Col du Kreuzweg: Über Breitenbach führt die Straße zu dieser Passhöhe mit einer kleinen Streusiedlung inmitten von Weiden in 768 m Höhe. Kletterfans, junge wie erwachsene, können sich im *Aventure Parc Alsace* austoben, Freunden des Gleitschirmflugs bietet die Firma *Grand' Vol* entsprechende Möglichkeiten an.

Le Hohwald: Umgeben von dunklem Tannenwald liegt dieser für sein angenehmes Klima viel gerühmte Luftkurort auf einem weiten Hochplateau mit saftigen Wiesen. Der Streusiedlung mit gerade mal 400 Einwohnern sieht man an, dass sie vor Jahrzehnten weit mehr Gäste als heute empfangen hat – renommierte Persönlichkeiten wie die niederländischen Königinnen Wilhelmine und Juliana, der Marschall Joffre, Charles de Gaulle und Konrad Adenauer verbrachten hier die Sommerfrische oder fuhren Ski. Wer den Duft dieser vergangenen Tage schnuppern möchte, kann ja dem ältesten Hotel des Ortes, dem Grand' Hotel einen Besuch abstatten; nach jahrelanger Pause wurde es im Juni 2005 unter neuer Leitung wieder eröffnet. Heute kommen v. a. Wanderer, für die es immerhin 120 km Wege zu erkunden gibt. So erreicht man z. B. die beeindruckenden Kaskaden der Andlau ab dem Rathaus in ca. 40 Minuten (rote Scheibe). Alternativ dazu kommt man auch vom Parkplatz an der Straße zum Col du Kreuzweg in nur 10 Minuten dorthin.

Information Office du Tourisme, in Le Hohwald, ganzjährig Mo–Sa nachmittags, von April bis Okt. Mo–Fr auch vormittags, im Juli/Aug. zusätzl. Sa vormittags und So nachmittags geöffnet. Square Kuntz, ☎ 0388083392, www.lehohwald.fr.

Kinder/Klettern Aventure Parc Alsace, am Col du Kreuzweg. In dem Kletterpark können Erwachsene und Kinder auf Hochseilwegen von Baum zu Baum hangeln, Strickleitern oder Tarzanseile erproben, Stämme emporklettern, Bogenschießen

Von Villé nach Le Hohwald

u. a. mehr. Juli/Aug. tägl. 10–19 Uhr, April–Juni und Sept./Okt. nur Sa/So (ganztägig) sowie Mi ab 13 Uhr. Eine telefonische Reservierung wird dringend empfohlen. Erwachsene 21 €, Kinder 3–6 J. 9 €, 7–12 J. 14 €, Jugendliche 17 €. ✆ 0388083208, www.parc-alsace-aventure.com.

Gleitschirmflüge Grand' Vol, in Breitenbach. Ganzjährig werden, wenn das Wetter es zulässt, die Parapente-Flüge angeboten, Kosten ab 60 €. Genauere Informationen unter ✆ 0388571142 und www.grandvol.com.

Übernachten/Essen La Petite Auberge, in Le Hohwald. In dem angesehenen Restaurant bzw. im Caveau bekommt man Flammkuchen und andere regionale Spezialitäten, aber auch saisonabhängige Gerichte wie Wild und Muscheln. Angenehmer Service. Die älteren DZ mit Bad und Kochnische kosten 60 €, die Maisonette-Zimmer im neuen Gebäude 68 € (2 Pers) bzw. 112 € (4 Pers.); sehr gutes Frühstücksbuffet. 6, rte Principale, ✆ 0388083305, www.lapetiteauberge-hohwald.com.

Ferme-Auberge Au Lindenhof, am Ortsausgang Richtung Col du Kreuzweg unterhält Familie Deissler einen Bauernhof mit nahezu allen Tiere, die man sich vorstellen kann: Kühe, Enten, Gänse, Hühner, Truthühner, Kaninchen – außerdem produziert man vortrefflichen Käse. Spezialität sind die deftigen Kartoffeln mit Munster. Do geschl., in der NS nur am Wochenende geöffnet. Seit einiger Zeit kann man hier auch übernachten. Ein DZ mit Bad und TV ist zum Preis von 52 € zu haben. 21, rte du Kreuzweg, ✆ 0388083198.

** Camping Municipal, auf den schattigen Platz am Waldrand in Le Hohwald weisen zwei meterhohe Wurzelseppfiguren hin. Ca. 100 terrassenartige Stellplätze. Ganzjährig geöffnet. 28, rue du Herrenhaus, ✆/📠 038808309098.

Ferme-Auberge du Kreuzweg, am Col du Kreuzweg. Auf der Terrasse oder in der kleinen Wirtsstube gibt's Gerichte von Enten aus eigener Zucht, außerdem Wildschweinbraten oder -schinken und Gänseleberpastete. Mo geschl., in der NS unter der Woche nur mittags geöffnet. Rte. du Kreuzweg, ✆ 0388083500.

Auberge Zuendelhütte Conrad, in der gleichnamigen Streusiedlung beim Col du Kreuzweg (Beschilderung beachten). Schöne Terrasse direkt an der Kuhweide, viele Gerichte gibt's wahlweise als große oder kleine Portion, sodass noch Platz für ein Dessert bleibt. Probieren Sie mal die Charlotte framboise! Im Juli/Aug. tägl., sonst nur am Wochenende geöffnet. ✆ 0388083412.

> **Tipp:** Das O.T. gibt ein kostenloses Faltblatt mit deutschsprachigen Beschreibungen kurzer Rundwege in der Umgebung von Le Hohwald heraus.

Die mittleren Vogesen

Auf vielen Bauernhöfen in den Mittelvogesen ist das Schnattern zu hören

In der Ruhe liegt die Kraft

Die südlichen Vogesen

Obwohl im Sommer scharenweise Ausflügler und im Winter jede Menge Skifahrer hierher strömen, haben die Südvogesen ihren herben Charme weitgehend bewahren können: eine raue, steile Gebirgslandschaft mit teilweise alpinem Charakter, für viele die schönste Region des Elsass.

Die vom einstigen Gletschereis abgerundeten Gipfel tragen klingende Namen wie Brézouard, Col du Bonhomme, Col de la Schlucht, Hohneck, Grand und Petit Ballon oder Ballon d'Alsace. Verbunden werden viele von ihnen durch die Route des Crêtes, ohne Zweifel eine der spektakulärsten Panoramastraßen Europas (siehe S. 319ff.). Auf den Hochweiden wiederkäuen vom Frühsommer bis in den Herbst hinein die Stars des Gebirges, die robusten, schwarz-weiß gefleckten oder braunen Kühe. Sie trotzen gelassen Sonne, Regen, böigem Wind und Nebelschwaden, denn für extreme Wetterlagen sind die Südvogesen berüchtigt.

Nach einer Tour von Gipfel zu Gipfel sollte man sich ein ganz besonderes Erlebnis nicht entgehen lassen, den Besuch eines typischen Bergbauernhofs, einer Ferme-Auberge. Bei blauem Himmel kann man auf der Terrasse einen traumhaften Blick genießen und sich dabei die „abgewanderten" Kalorien mit einer Melkermahlzeit, einem selbst gemachten Käse oder einem Stück Heidelbeerkuchen wieder zurückholen; und wenn es draußen ungemütlich wird, verlagert sich das Ganze nach innen in den schlichten Gastraum, wo man dicht gedrängt an soliden Holztischen sitzt.
Aber nicht nur die Berge, auch die von Bächen tief eingeschnittenen Täler haben einiges zu bieten, seien es malerische Orte, romanische Kunstschätze, ehemalige Silberminen oder ganz außergewöhnliche Museen, sodass in den Südvogesen nicht nur Naturfans auf ihre Kosten kommen.

Ste-Marie-aux-Mines

Regelrecht eingezwängt werden die Häuser der Kleinstadt von den grünen Vogesenbergen in das enge Tal der Liepvrette, die hier einst die Grenze zwischen Lothringen und dem Elsass bildete. Kein Wunder, dass noch viele Gebäude deutlich lothringischen Einfluss zeigen.

Der nördlich des Baches gelegene Teil der Stadt gehörte früher den französischsprachigen, katholischen Grafen von Lothringen, der südliche unterstand den Elsässisch parlierenden, evangelischen Fürsten von Ribeaupierre. Und obwohl die Grenze mittlerweile weiter westlich verläuft – man erreicht Lothringen über eine 7 km lange Tunnelröhre durch die Vogesen –, wird Ersterer noch heute oft Côté Lorraine und Letzterer Côté Alsace genannt.

Ihre Namen verdanken der Ort und das ihn umgebende *Val d'Argent* den Silberminen, von denen einige vielleicht schon seit der Römerzeit in Betrieb waren. Sicher ist, dass im 13. Jh. Mönche des Klosters Echery das begehrte Silber abbauten. Insbesondere im 16. Jh. herrschte in den Orten Ste-Marie-aux-Mines, Ste-Croix-aux-Mines, Rombach le Franc, Lièpvre und La Vancelle ein regelrechter Silberrausch, der Tausende von Bergleuten aus Sachsen und Tirol hierher lockte. Mehr als 300 Gruben mit insgesamt über 400 km Länge soll es gegeben haben. Außer Silber baute man weitere Metalle und Mineralien ab, z. B. Kupfer, Zink, Blei, Nickel, Kobalt und Arsen. Im 18. Jh. wurde der Bergbau jedoch allmählich eingestellt; an seine Stelle

Pharmacie de la Tour

trat ab 1755 die Textilindustrie, die etwa ein Jahrhundert lang boomte, um dann schrittweise wieder an Bedeutung zu verlieren. Immerhin aber sind die Stoffe aus Ste-Marie-aux-Mines wegen ihrer hohen Qualität noch heute sehr begehrt, sogar bei den Pariser Haute-Couturiers.

Schönstes Gebäude der Stadt ist die aus dem 16. Jh. stammende **Pharmacie de la Tour** an der Place Keufer, ehemals das städtische Rathaus. Der Turm an der Fassade ist mit den Wappen der Ribeaupierre und der Herzöge von Lothringen geschmückt.

Nicht versäumen sollte man auch die Besichtigung des **Bergbau-Erlebniszentrums Tellure** und/oder eines der sehr unterschiedlichen **Besucherbergwerke** in bzw. in naher Umgebung der Stadt. In diesen kann man jeweils gut nachvollziehen, unter welch harten Bedingungen Männer und Kinder einst unter Tage schuften mussten (Adressen, Öffnungszeiten und Eintritt siehe S. 314f.).

314 Die südlichen Vogesen

Lohnend ist auch ein Besuch des **Musée du Pays** an der Place du Prensureux. Das Untergeschoss ist der Mineralogie gewidmet, im ersten Stock werden alte Maschinen gezeigt, insbesondere Webstühle aus den Textilwerkstätten. Die Ausstellung im zweiten Stock befasst sich mit der Geschichte des Bergbaus vom Mittelalter bis zur Moderne (Juni–Sept. tägl. 10–19 Uhr, sonst Mo–Fr 10–13 und 14–18 Uhr, Sa 10–17 Uhr; Erwachsene 5,50 €, Kinder 3 €).

Wer seinen Wissensdurst hinsichtlich historischer Gerätschaften noch nicht gestillt hat, kann sich 3 km östlich im lang gezogenen Dorf *Ste-Croix-aux-Mines* das **Museumssägewerk Vincent** anschauen. Der Besitzer führt u. a. eine Dampfmaschine aus dem Jahre 1893 vor und zeigt, wie einst ein Baumstamm in Scheiben zerlegt wurde (Mai–Sept. tägl. 10–19 Uhr; Erwachsene 5,50 €, Kinder 3 €).

Patchwork aus dem Val d'Argent

Beim Bummel durch Ste-Marie fallen dem Besucher in Schaufenstern, im Verkehrsamt und im Museum immer wieder z. T. sehr prächtige, in Patchwork-Technik hergestellte Textilien ins Auge. Es handelt sich um Quilts, die traditionell von den in den USA lebenden *Amish People* angefertigt werden. Bekannt ist diese religiöse Gemeinschaft für ihr einfaches, naturnahes Leben und die strikte Ablehnung moderner technischer Errungenschaften. Und sie hat tatsächlich enge Beziehungen zu Ste-Marie-aux-Mines, ließ sich hier doch Ende des 17. Jh., aus der Schweiz kommend, eine mennonitische Gemeinde nieder. Kaum 30 Jahre später wanderte sie zwar nach Pennsylvania aus und nannte sich dort *Amish People*, im Val d'Argent lebt die von ihnen ins Leben gerufene Kunst der bunten Flickenteppiche jedoch weiter, nicht zuletzt auch durch das einmal im Jahr stattfindende Europäische Patchwork-Treffen.

Lage/Adressen/Verbindungen

Information Office de Tourisme, ganzjährig Mo–Sa, von Juni bis Sept. auch sonntagvormittags geöffnet. 86, rue Wilson, 68160 Ste-Marie-aux-Mines, ☎ 0389588050, ✆ 0389588049, www.valdargent.com.

Bergwerke St-Barthélémy, mit 250 m begehbaren Stollen das kleinste der drei Besucherbergwerke und am einfachsten zu besichtigen. Im Juli/Aug. tägl. 10–12 und 14–18 Uhr, z. T. sogar durchgehend geöffnet. Jeweils 10–12 Pers. werden von einem Führer durch das Bergwerk aus dem 16. Jh. geleitet, Dauer ca. 45 Min. Erwachsene 8 €, Kinder 5 €. Zwischen zwei Kirchen an der Rue St-Louis gelegen, ☎ 0389587228.

St-Louis-Eisenthür, die urigste der drei Gruben, denn hier sieht man wirklich noch ein authentisches Silberbergwerk aus dem 16. Jh. ohne Elektrizität und mit originalgetreuen Vorrichtungen aus Holz. Man fährt mit dem Pkw oder mit einem Minibus ca. 5 km nach Echery. Dort beginnt die ca. 45-minütige, recht steile Wanderung zum Bergwerk, wo man sich 1 Std. lang unter Tage aufhält (insgesamt etwa 1 km Strecke). Dauer der Tour insgesamt 3 Std. Erwachsene 12 €, Kinder 5 €.

Gabe Gottes, das Bergwerk, in dem man Silbererz und auch Arsen abbaute, wurde erst 1940 endgültig geschlossen. Mehrere hundert Meter Stollen sind zu begehen und erlauben einen Einblick in die Techniken der verschiedenen Epochen. Fahrt mit dem Pkw oder mit einem Minibus zu den Örtlichkeiten, Dauer der Tour ca. 2 Std. Erwachsene 8 €, Kinder 4 €.

Anmeldung/Treffpunkt Für einen Besuch der Bergwerke St-Louis-Eisenthür und Gabe Gottes, ganzjährig möglich, meldet man sich beim O.T. (s. o.) oder bei der Ge-

Ste-Marie-Aux-Mines

sellschaft zur Erforschung und Erhaltung der historischen Minen (ASEPAM) an. 4, rue Weisgerber, ℡ 0389586211, www.asepam.org. Treffpunkt für beide Besichtigungen ist in der Regel am ASEPAM-Büro oder am Musée du Pays.

Für alle Bergwerke gilt: Ziehen Sie sich warm an, die Temperatur beträgt z. T. 10°C. Stiefel, Wachstuchjacke, Schutzhelm (z. T. mit Stirnlampe) werden gestellt.

》》 Unser Tipp: Bergbau-Erlebniszentrum Tellure, mit Panorama-Kino, optischem Theater und anderen modernen Anschauungsmitteln ausgestattet ist das 2011 eröffnete Erlebniszentrum an der Straße von Ste-Marie-aux-Mines zum Col des Bagenelles. „Wenn die Erde sich erinnert ...", ist das Motto. Auf dem ca. 800 m² großen Gelände steigt man in acht Etappen mehr als 300 m tief unter Tage ab, wird u. a. durch ein 400 Jahre altes Silberbergwerk geleitet und kann auf unterschiedlich langen und anspruchsvollen Wegen den Alltag in der Mine nachvollziehen. Zudem werden verschiedene Berufe rund um den Bergbau vorgestellt, aber auch Werkzeuge und Mineralien gezeigt. Im Juli/Aug. tägl. 10–18 Uhr, sonst Mo geschl. Eintritt inkl. Autoguide (deutschsprachig) 12 €, Kinder (5–12 J.) 9 €. ℡ 0389499830, www.tellure.fr. 《《

Parken Mehrere große Plätze, z. B. gegenüber der Post.

Taxi ℡ 0389587049.

Markt Samstagvormittags auf der Place des Tisserands.

Feste Am letzten Wochenende im Juni findet alljährlich eine große **Mineralienbörse** statt, in der zweiten Septemberhälfte sind mehrere Orte im Val d'Argent Schauplatz des **Europäischen Patchwork-Treffens**.

Kinder Der Besuch eines der Bergwerke oder des Erlebniszentrums Tellure ist für größere Kinder zu empfehlen.

Tipp für Radfahrer: Nur knapp 10 km lang und sehr gemütlich ist der Radweg, der auf der einstigen Bahnlinie Ste-Marie-aux-Mines nach Lièpvre angelegt wurde.

Übernachten/Essen

Hôtel Wistub Aux Mines d'Argent, direkt an der Liepvrette liegt das urige Haus aus dem 16. Jh. Auf zwei Etagen, verbunden durch eine wunderschöne steinerne Wendeltreppe, kann man in ganz unterschiedlichen Zimmern mit z. T. antiken Möbeln unterkommen. In der gemütlichen Weinstube gibt's elsässische Spezialitäten, auf Vorbestellung auch eine Matelote mit sechs verschiedenen Fischen. Tägl. geöffnet. Preis 55 €. 8, rue du Dr. Weisgerber, ℡ 0389585575, ✉ 0389586549, www.auxminesdargent.com.

**** Hôtel Les Bagenelles**, im Ortsteil La Petite Lièpvre direkt an der Straße zum Col du Bonhomme gelegen. Eine der besten Unterkünfte im Val d'Argent, auch bei Motorradfahrern sehr beliebt. Empfehlenswerte Küche, sonntags kann man günstig am Buffet speisen, täglich gibt es mittags und abends Flammkuchen. Von Ostern bis Oktober tägl. geöffnet, in den übrigen Monaten Di und Mi geschl. Ein DZ kostet inkl. Frühstück 88 €. ℡ 0389587077, ✉ 0389586769, www.bagenelles.com.

316   Die südlichen Vogesen

Auberge de la Canardière, ebenfalls in La Petite Lièpvre, aber noch weiter oben Richtung Col du Bonhomme. Gemütliche Gaststube mit Holztischen, Spezialität sind – wie der Name es schon sagt – Entengerichte; gutes Preis-Leistungs-Verhältnis. Mittwochabends und Do geschl. Einfache Zimmer für bis zu 4 Personen mit Dusche und WC, zu zweit bezahlt man 38 € (Grand Lit oder 2 Betten). ✆/📠 0389587613, patrice.diez@nordnet.fr.

*** Camping Les Reflets du Val d'Argent, am südlichen Ortsausgang. Schöner Platz mit kleinem Schwimmbad, ein paar Meter weiter muhen die Kühe. Ganzjährig geöffnet. Rte d'Untergrombach, ✆ 0389586483, 📠 0389586431, www.les-reflets.com.

Rundtour:
Von Ste-Marie-aux-Mines ins Tal der Béhine

Weniger einzelne Sehenswürdigkeiten als vielmehr die herrliche Landschaft machen den Reiz dieser knapp 45 km langen Rundtour aus.

Man fährt zunächst auf der D 416 Richtung Ribeauvillé, genießt schöne Ausblicke auf Ste-Marie-aux-Mines mit den umliegenden Vogesengipfeln und erreicht bald den 742 m hoch gelegenen **Col du Haut de Ribeauvillé.** Von dort geht es auf der D 11^{III} weiter in den kleinen Ort **Aubure**, dessen z. T. ziemlich verstreut liegende Häuser in einer Höhe von 800 bis 900 m gebaut wurden (Aubure rühmt sich, der höchstgelegene Ort des Elsass zu sein).

Kurz hinter Aubure öffnet sich am **Col du Fréland** ein wunderschöner Blick auf das Tal der Béhine. Von der Passhöhe sind es nur wenige Kilometer bis zum gleichnamigen Ort **Fréland**, der zusammen mit Orbey, Labaroche, Lapoutroie und Le Bonhomme das sog. *Pays Welche* bildet. In diesen Dörfern wurde nie Elsässerdeutsch gesprochen, sondern ein zur romanischen Sprachfamilie zählender vogesischer Dialekt. Die deutschsprachigen Elsässer nannten ihn abwertend „Welsch". Dieser Bevölkerungsgruppe und ihren Traditionen ist das *Musée du Pays Welche* in der Ortsmitte gewidmet. Am Bach davor kann man ein noch intaktes Mühlrad bewundern. Das Haus mit großer Zehntscheune gehörte einst den Herren von Ribeaupierre – hier mussten die Bauern ihre Abgaben abliefern – und diente als Wohnhaus des Pfarrers. Zu sehen gibt es verschiedene komplett eingerichtete Räume, Werkstätten, Arbeitsgeräte, Trachten u. a. mehr (geöffnet von April bis Okt. Di und Do–So zwischen 15 und 18 Uhr; Eintritt 4 €, Kinder 1,50 €; ✆ 0389719052).

Auf der D 11^{III} fährt man weiter nach Hachimette, zweigt dann zuerst auf die D 415 und wenig später auf die D 248 nach **Lapoutroie** ab. Das Dorf mit etlichen Hotels und Restaurants ist für seine guten Schnäpse bekannt und bietet im *Musée des Eaux-de-Vie* eine Ausstellung alter Geräte zur Schnapsherstellung (Destillierapparate, Pressen, Fässer, Sirupkocher) und eine große Kollektion edler Tropfen. Zudem kann man hier Schnäpse gratis kosten und käuflich erwerben (ganzjährig tägl. von 9 bis 12 und von 14 bis 18 Uhr geöffnet, Eintritt frei).

Zurück auf der D 415, fährt man wenige Kilometer nach Westen und erreicht den Wintersportort **Le Bonhomme Village,** dessen Häuser sich ins Tal der Béhine ducken. Überragt wird das Dorf von einigen Felsen und der Ruine Gutenberg. Auf der D 48 geht es weiter auf den **Col des Bagenelles.** Von diesem auf 905 m Höhe gelegenen Pass unterhalb des mächtigen Brézouard öffnet sich eines der schönsten Vogesenpanoramen auf das Tal der Liepvrette im Norden und das Tal der Béhine im Süden.

Rundtour: Von Ste-Marie-aux-Mines ins Tal der Béhine

Auf der D 48 fährt man zurück Richtung Ste-Marie-aux-Mines und erreicht bald **Echery,** in dessen Umgebung einige der früher bedeutenden Silber- und Bleigruben liegen. Kein Wunder also, dass man manchen Häusern durch ihre charakteristischen Rundtürmchen am Eck die typische Bauweise der Bergleute noch ansieht. Unmittelbar hinter der Brücke über die Liepvrette beginnt an der Place des Mineurs ein *Minenlehrpfad.* Auf dessen kürzerer Teilstrecke ist man ca. 2 Stunden unterwegs, geht man den gesamten Pfad, braucht man 3–4 Stunden (im O.T. in Ste-Marie-aux-Mines kann man die begleitende Broschüre zum Preis von 1,60 € erstehen). Wenige Meter weiter steht das schönste Gebäude des Ortes, der Uhrturm, der einst als Gericht und Gefängnis der Bergleute fungierte. Vom Uhrturm zweigt nach links eine Straße zur Schule ab, wo ein kleines Museum untergebracht ist, in dem man sich alts Klassenzimmer aus dem Jahre 1930 anschauen kann (nur auf Anfrage geöffnet, ✆ 0389583591; Erwachsene 2 €, Kinder 1,50 €).

Die letzte Station der Rundtour ist das kleine Dorf **St-Pierre-sur-l'Hâte**. Man erreicht es, wenn man vom Uhrturm geradeaus weiterfährt. Der Ort besitzt eine Bergmannskirche, die mit Holzgalerie und -decke sehr derb wirkt. Fein gearbeitet ist aber der gotische Tabernakel im Chor.

Übernachten/Essen /Reiten Hôtel de la Poste, in Le Bonhomme Village. Lassen Sie sich von der Lage an der Straße nicht abschrecken, die nach hinten gelegenen Räume zum Park und der Béhine sind wunderbar ruhig. Angenehmes Haus mit Hallenschwimmbad, Sauna, Liegewiese, Spielgeräten und behindertengerechter Ausstattung. Im Restaurant kocht der Chef – und es schmeckt! Je nach Lage kostet ein DZ 62–85 €. ✆ 0389475110, ✆ 0389472385, www.hotel-la-poste.com.

Auberge Les Sorbiers, in Aubure. Einfache Gästezimmer vermietet Familie Segard in dem ehemaligen Dorfgasthaus im Zentrum von Aubure. Auf Wunsch kann man am Abend auch Essen bekommen. Zu zweit bezahlt man 50 €. 2, rte de Ste-Marie, ✆ 0389739037, www.chambredhotes-lessorbiers68.com.

Auberge Lossow, auf dem Pferdehof in Aubure kann man in zwei Familienzimmern im Maisonnettestil mit je 5 Betten übernachten und auf Wunsch auch bei Mme Lossow essen. Die Familie besitzt ca. 20 Pferde und Ponys. Ein Halbtagesritt kostet für Erwachsene 50 €, für Kinder ca. 40 €. Zu zweit bezahlt man für eine Übernachtung inkl. Frühstück 52 €, jede weitere Person wird mit 19 € berechnet. 8, rte de Ste-Marie, ✆ 0389739234.

Ferme-Auberge La Graine Johé, am Col des Bagenelles. Beliebter Bergbauernhof mit urigen Gasträumen, in denen man sich die Lampen einmal genauer ansehen sollte; deftige Küche. Im Regelfall nur mittags geöffnet, Betriebsferien vom 1.10.–11.11. ✆ 0389472824.

Auberge du Haycot, vom Col des Bagenelles über eine Asphaltstraße erreichbar. Schönes altes Haus, von der Terrasse hat man einen phantastischen Blick ins Val d'Argent. Auf einer Tafel steht, was es gibt – lecker fanden wir die Königinpastete. Sa/So während der frz. Schulferien, im Juli/Aug. tägl. geöffnet. ✆ 0389472146.

Restaurant Musée, in Fréland kann man in historischem Gemäuer zwischen alten Gerätschaften wie Kummets, Blasebalgen etc. leckere traditionelle Gerichte bestellen. Am schönsten sitzt man auf der Empore über dem eigentlichen Gastraum. Im Sommer tägl. geöffnet. Rue de la Rochette, ✆ 0389719052.

Die südlichen Vogesen

318   Die südlichen Vogesen

Orbey und Umgebung

Orbey ist ein lang gestrecktes Straßendorf an der Weiß. Außer einem kleinen Park und einigen Einrichtungen für den Winter- und Sommertourismus hat es nicht viel zu bieten – umso mehr seine Umgebung.

Eine ca. 10 km lange Tour führt durch das weite Tal von Orbey mit ausgedehnten Matten und bewaldeten Kuppen hinauf zur Route des Crêtes. Man orientiert sich am Hinweisschild „Les Lacs" (D 48^{II}). Auf dem Weg zu zwei idyllisch gelegenen Vogesenseen passiert man in **Pairis** das einzige noch erhaltene Gebäude einer im 12. Jh. gegründeten, einst großen Zisterzienserabtei, deren übrige Teile während der Französischen Revolution zerstört wurden.

Oberhalb von Pairis zweigt nach links eine Straße zum ersten der beiden Seen, dem **Lac Noir,** ab. Seinem Namen entsprechend („Schwarzer See") sieht er recht dunkel aus, was auf seinen moorigen Untergrund zurückzuführen ist. Er liegt in einer Höhe von 950 m und ist von bewaldeten Steilhängen umgeben, an denen Gämsen und Wanderfalken leben. Das Gebiet wurde zum Naturschutzgebiet erklärt und kann über einen Pfad erkundet werden. An seiner Nordostseite fällt ein großes Pumpspeicherwerk ins Auge. Es ist Bestandteil eines Energietransfersystems zwischen dem Lac Noir und dem nicht weit entfernt gelegenen **Lac Blanc,** der auf einem mit gelbem Balken markierten Wanderweg von hier in etwa 2 km erreicht werden kann. Der „Weiße See" liegt 1057 m hoch und direkt an der D 48^{II}, ist größer und – der Name sagt es schon – viel heller als der Lac Noir, denn sein Boden besteht aus Quarzsand. Wie sein Pendant ist er fast ganz von steilen Felsen umgeben; die an seiner Südseite ähneln den Umrissen einer mittelalterlichen Burg und werden deshalb auch „Château Hans" genannt.

Information Office de Tourisme, im Rathaus von Orbey, Mo–Sa geöffnet, von Mitte Juni bis Mitte Sept. auch sonntagvormittags. 48, rue Ch. de Gaulle, 68370 Orbey, ✆ 0389713011, 🖷 0389713411, www.kaysersberg.com.

Parken Direkt neben dem Rathaus von Orbey gibt es einen großen Parkplatz.

Fahrradvermietung Die **Auberge Le Blancrupt** (✆ 0389712711) am Lac Blanc vermietet Mountainbikes zum Preis von 20 €/Tag (Kinder 13 €).

Markt Mi auf der Place du Marché.

Öffentliche Toiletten An der Rückseite des Rathauses.

Sport/Kinder Domaine des Ecuries de l'Abbaye, ganzjährig kann man in Pairis Pferde oder Ponys leihen, Preis pro Stunde 16 bzw. 14 €. ✆ 0389712656.

Parc d'Aventures, nahe dem Lac Blanc liegt bei der Auberge Blancrupt der beliebte Hochseilgarten, auch die ganz Kleinen (ab 4 J.) sind willkommen. Im Juli/Aug. tägl. 10–19 Uhr, Mai/Juni und Sept. So 10–18, Mi und Sa 13–18 Uhr. Preis je nach Alter und Parcours 6–20 €. ✆ 0389712872,

www.lacblancparcdaventures.com.

Sentier Pieds Nus, direkt daneben liegt der 2011 eröffnete Barfußpark, Länge des Weges 1,2 km. Im Juli/Aug. tägl. 10–18 Uhr, Mai/Juni und Sept./Okt. Mi und Sa ab 13, So ab 10 und jeweils bis 17.30 Uhr. Preis: 5 €, Kinder (3–16 J.) 3,50 €, Ermäßigungen für Familien. Nachlass erhält man auch, wenn man den Hochseilgarten und den Barfußpark an einem Tag besuchen möchte.

Lac Blanc Bike Park, seit 2008 wird ein Teil des Skigebiets am Lac Blanc während der Sommermonate in den bisher einzigen Bikepark Nordostfrankreichs mit drei Pisten unterschiedlichen Schwierigkeitsgrads umfunktioniert. Der **Skilift Montjoie** (2,70 €) steht natürlich nicht nur Bikern zur Verfügung, wer mag, benutzt ihn für eine Spazierfahrt zur Route des Crêtes hinauf. An der Talstation werden Mountainbikes zum Preis von 20–58 € pro Tag vermietet. Der Park befindet sich abseits der D 415 zwischen dem Dorf Le Bonhomme und dem gleichnamigen Col und ist von Mai bis Sept. Sa/So, im Juli/Aug. z. T. auch unter der Woche, 10–18 Uhr geöffnet, www.lacblanc-bikepark.com.

Übernachten/Essen ** **Hôtel Restaurant La Croix d'Or**, in einer ruhigen Seitenstraße von Orbey kann man in hübsch eingerichteten Zimmern unterkommen. Das Restaurant bietet elsässische Spezialitäten, außerdem Flammkuchen. Sa und Do jeweils mittags sowie Mo geschl. Zu zweit bezahlt man 54–69 €. 13, rue de l'Eglise, ✆ 0389712051, 📠 0389713560, www.hotel-croixdor.com.

Residence Les Lodges, schöne Anlage südlich von Pairis in einem 3 ha großen Waldstück mit Bach und Weiher, seit kurzem gibt es auch einen Wellnessbereich auf dem Gelände. Familie Renel vermietet urige Holzhäuser für 2 bis 6 Personen, die je nach Saison und Größe pro Woche 445 bis 895 € kosten. Außerhalb der französischen Schulferien kann man sich aber auch für nur 2 oder 3 Tage einmieten. Les Hauts de Pairis, ✆ 0389712530, 📠 0389713245, www.les-lodges.fr.

Ferme-Auberge du Chèvremont, kurz vor Pairis liegt etwas abseits der Straße der Hof von Céline und Denis. Das Kalbfleisch stammt aus dem eigenen Stall, die anderen Produkte werden von umliegenden Betrieben geliefert, z. B. auch die Schnecken, die dann als Baeckaoffa mit Kartoffeln und sämiger Sauce serviert werden. Angenehme Atmosphäre. Von Sept. bis Juni Mo und Di geschl. Für ein DZ mit Bad zahlt man 50 € inkl. Frühstück. ✆ 0389712351, www.fermeaubergeduchevremont.fr.

Ferme-Auberge du Pré Bracot, an der D 48II Richtung Lac Noir. Schöner, großer Bauernhof. Während die Eltern den Blick über das Orbey-Tal genießen, toben die Kleinen auf dem Spielplatz. Mo geschl. V. a. für Familien geeignet, denn hier kann man zum Preis von 245 € wochenweise Apartments mit 4 Betten mieten, pro Tag zahlt man 55 €. ✆ 0389712529, 📠 0389712548, www.fermeaubergeprebracot.com.

Route des Crêtes

Die gut 60 km lange Vogesenkammstraße vom Col du Bonhomme bis zum Vieil Armand wurde im Ersten Weltkrieg von der französischen Armee gebaut, um die Verbindung zwischen den im Norden und Süden stationierten Truppen zu gewährleisten. Heute gilt die auf durchschnittlich 1200 m Höhe verlaufende Route als eine der schönsten Panoramastraßen Europas. Sie bietet in der Tat grandiose Ausblicke auf die Gipfel mit den Hochweiden und auf die unterhalb des Kamms liegenden lothringischen und elsässischen Vogesenseen.

Typische Hochvogesen unterhalb der Route des Crêtes

320 Die südlichen Vogesen

Erste Etappe: Vom Col du Bonhomme zum Gazon du Faing

Col du Bonhomme: Der Ausgangspunkt der Tour liegt 949 m hoch und bietet herrliche Blicke auf die lothringischen Vogesen. Man erreicht ihn am schnellsten von Kaysersberg über die D 415; reizvoller ist jedoch die Tour über den Col des Bagenelles (D 48) von Ste-Marie-aux-Mines aus.

Col du Calvaire: An der nächsten Station befindet man sich bereits auf 1134 m Höhe. Einrichtungen für Skifahrer, aber auch zahlreiche Wandermöglichkeiten abseits der Straße sorgen dafür, dass die Parkplätze auf dieser Passhöhe zu jeder Jahreszeit gut belegt sind. Wer mag, macht einen kurzen Abstecher zum Weißen und zum Schwarzen See (siehe S. 318).

Hautes Chaumes/Gazon du Faing: Die Route des Crêtes führt nun weiter auf der lothringischen Seite der Vogesen im Departement Des Vosges. Der vermooste und mit vielen Flechten bewachsene Baumbestand lässt ahnen, dass es hier reichlich Niederschlag gibt. Schließlich erreicht man in ca. 1300 m Höhe die *Hautes Chaumes*, Hochweiden und Torfmoore, eine einzigartige, herbe Landschaft. Direkt an der Straße zweigt bei der gleichnamigen Auberge ein ca. 500 m langer Pfad durch das wunderschöne, zum Naturschutzgebiet erklärte Hochmoor *Gazon du Faing* in südöstliche Richtung ab. Zwischen Gräsern, Heidekraut und Blaubeerbüschen geht man bis zu einer Steilwand über dem Lac du Forlet (auch Lac des Truites genannt). Etwas weiter nördlich findet man eine Orientierungstafel und den aus flechtenüberzogenen Granitgestein bestehenden Taubenklangfelsen. Wer vom Aussichtspunkt über dem See nach rechts, also nach Süden abzweigt, kommt nach 10 Minuten zum Ringelbuhlkopf.

Wandern Zahlreiche Möglichkeiten, z. B. vom Taubenklangfelsen zum Lac du Forlet oder vom Ringelbuhlkopf zum von Tannenwäldern umgebenen Lac Vert. Zu Letzterem gelangt man auch vom knapp 2 km hinter dem Gazon du Faing angelegten Parkplatz am Collet du Lac Vert (roter Punkt, 20 Min.). Außerdem kann man von hier aus zu weiteren Gletscherseen in diesem Gebiet aufbrechen.

Übernachten/Essen Auberge du Col du Bonhomme, schon etwas ältere Unterkunft direkt an der Straße, die aber mittlerweile gründlich renoviert worden ist. Angeschlossen ist ein angenehmes Restaurant, in dessen Gastraum ein riesiger Bär zu bewundern ist. Dienstagabends und Mi geschl. Für die 6 geschmackvoll eingerichteten DZ (70 €) bzw. Studios (4 Pers., 110 €) wurden nur natürliche Materialien verwendet, den Gästen stehen auch Jacuzzi und Sauna zur Verfügung. ✆ 0329503225, www.coldubonhomme.com.

Auberge Gazon du Faing, an der Abzweigung zum Hochmoor steht dieses schöne Bruchsteinhaus. Die Einrichtung ist zwar ohne Schick, die Tische tragen Plastikdecken, doch was es gibt, schmeckt. Die aktuellen Tagesgerichte (Sauerkraut, Tourte de la Vallée, manchmal auch Baeckaoffa usw.) stehen auf einer Holztafel. Wechselnder Ruhetag, besser vorher anrufen. ✆ 0329634244.

Zweite Etappe: Vom Col de la Schlucht zum Col du Herrenberg

Col de la Schlucht: Der Verkehrsknotenpunkt auf der Passhöhe (1139 m) bietet neben dem Blick in die Schlucht, einer schönen Aussicht auf die lothringischen Vogesen und Skiliften auch attraktive Freizeitmöglichkeiten für die warme Jahreszeit, z. B. eine Sommerrodelbahn oder die von der Organisation *Cimes et Sentiers* durchgeführten Exkursionen (s. u. „Kinder/Exkursionen").

Jardin d'altitude du Haut Chitelet/Le Hohneck: Etwa 2 km vom Col de la Schlucht entfernt kann man in einer 10 ha großen, wunderschönen Anlage mit Fels-, Wald- und Hochmoorlandschaften ca. 2500 Pflanzen der verschiedensten Bergregionen der Welt bewundern (Öffnungszeiten s. u.).

Route des Crêtes: Zweite Etappe 321

Der Lac du Grand Ballon ist ein beliebtes Ausflugsziel

Unmittelbar nach dem Pflanzengarten bieten sich von einem Parkplatz rechts der Route des Crêtes grandiose Blicke nach Westen auf den lang gestreckten *Lac de Longemer*. 1,5 km weiter führt an der Auberge Le Pied du Hohneck ein schmales Asphaltsträßchen steil auf den 1361 m hohen, mit Matten bewachsenen *Hohneck* hinauf. Eine Erklärungstafel hilft bei der Identifikation der einzelnen Gipfel, auf die man von der breiten Bergkuppe, der zweithöchsten Erhebung der Vogesen, eine wirklich einmalige Sicht hat. Diese kann man auch auf der Terrasse eines einfachen Hotel-Restaurants genießen und dabei gleichzeitig dem Magen etwas Gutes tun. Fährt man dann weiter, hat man bald wieder einen tollen Blick auf einen See, den *Lac de la Lande*.

Col du Herrenberg: An der nun folgenden Abzweigung nach Wildenstein öffnet sich der Blick nach Südwesten auf das obere Thur-Tal mit dem Stausee von Kruth-Wildenstein. Als Nächstes erreicht man den *Col du Herrenberg* (1186 m), der an sich nichts sonderlich Spektakuläres zu bieten hat. Allerdings liegen zwischen dieser Passhöhe, dem kurz darauf folgenden *Col du Hahnenbrunnen* (ebenfalls 1186 m) und dem Markstein einige urige Ferme-Auberges.

Öffnungszeiten/Eintritt Jardin d'altitude du Haut Chitelet, im Juni 10–12 und 14–18 Uhr, im Sept. nur bis 17 Uhr, im Juli/Aug. durchgehend 10–18 Uhr. Erwachsene 4 €, Kinder 2 €.

Kinder/Exkursionen Viel Betrieb herrscht oft an der **Sommerrodelbahn** (Luges d'été) am Col de la Schlucht. Zwischen dem 1.5. und dem 3.10. (im Sommer tägl., in der NS nur Sa/So) kann man sich mit dem Sessellift ca. 100 m höher hinaufbringen lassen und dann mit dem Bob abwärts rasen. Pro Person bezahlt man 5,60 €. Wer nur den Sessellift benutzt, bezahlt 2,70 €. ✆ 0329631138.

Cimes et Sentiers, ebenfalls am Col de la Schlucht. Die Organisation bietet eine Vielzahl begleiteter halb- oder ganztägiger Exkursionen: Touren zu Fuß, bei denen man u. a. auch Gämsen beobachten kann, Ausflüge mit dem Mountainbike, Wildwasserfahrten etc. Das Büro ist im Juli/Aug. tägl. geöffnet. ✆ 0674321259, www.sentiersrando.com.

Übernachten/Essen ** Hôtel Restaurant du Châlet, am Col de la Schlucht steht das nette Hotel mit insgesamt 9 geräumigen Zimmern (teilweise mit Balkon). In der Küche wird nach traditionellen Rezepten gekocht.

Die südlichen Vogesen

Deftig und lecker ist das Cordon bleu mit Munsterkäse, den kleinen Hunger kann man mit einem Flammkuchen oder einem Snack stillen. Mittwochabends und Do geschl. DZ im Winter 59 €, im Sommer 53 €. ✆ 0389770406, www.hotel-du-chalet.com.

»› Unser Tipp: Ferme-Auberge Kastelberg, unmittelbar hinter der Auberge Breitzhousen (am Ausblick auf den Lac de la Lande) führt eine 2,5 km lange Staubpiste zu dem herrlich gelegenen Gasthof. Von der Terrasse (Selbstbedienung) hat man einen weiten Blick über das Tal der großen Fecht, ein Holzofen wärmt an kühlen Tagen den gemütlichen Innenraum. Gute Küche, empfehlenswert z. B. das zarte Collet fumé. Von Mai bis Okt. Mo geschl. ✆/📠 0389776225. **‹‹‹**

Auberge Steinlebach, zwischen Col du Herrenberg und Le Markstein, knapp 400 m nordöstlich der Route des Crêtes gelegen. Obwohl es nicht an Sitzplätzen mangelt, ist in der beliebten Bauerngaststätte oft keiner mehr zu ergattern. Neben der typischen Melkermahlzeit bekommt man hier auch Choucroute garnie. Mehrere 3- und 4-Bett-Zimmer sowie ein Schlafsaal stehen zur Verfügung, pro Person 39–48 € (inkl. Halbpension). Von Mitte Nov. bis Anfang April geschl. ✆ 0389826187,
www.auberge-steinlebach.com.

Dritte Etappe: Vom Markstein bis zum Vieil Armand

Le Markstein: Auf 1176 m Höhe gelegen, bietet auch diese Erhebung wieder eine prächtige Aussicht. Im Winter herrscht hier reger Skibetrieb, aber auch im Sommer ist immer einiges los: Erwachsene können sich im Gleitschirmfliegen versuchen, Kinder auf einem Trampolin toben (s. u.).

> 🚶 Wanderung 7: Vom Col du Markstein zum Lac de la Lauch → S. 390
> Hochgebirgstour mit Einkehr.

Le Grand Ballon: Der Große Belchen, wie er auf Deutsch heißt, ist im wahrsten Sinne des Wortes der Höhepunkt einer Südvogesenreise. Auch wer nicht gerne wandert, sollte vom Parkplatz zum Gipfel (1424 m) mit der weithin sichtbaren Kuppel der 1998 zur Sicherung des Flugverkehrs in Betrieb genommenen Radarstation hinaufsteigen. Der Blick schweift ungehindert nach Norden und Osten über die Vogesen, nach Süden bis in den Jura und – bei guter Sicht – zu den Alpen, nach Westen in die Rheinebene und zum Schwarzwald, detaillierte Orientierungstafeln leisten gute Dienste. Ein steiniger Weg führt in wenigen Metern zum *Monument des Diables Bleus,* das an eine im Ersten Weltkrieg kämpfende Soldateneinheit erinnert.

Col Amic: Nur noch 825 m hoch ist diese Passhöhe, an der eine Straße ins Tal der Thur abzweigt.

Route des Crêtes: Dritte Etappe 323

Le Vieil Armand/Col du Silberloch: Der Hartmannsweilerkopf gehörte zu den im Ersten Weltkrieg am stärksten umkämpften Gebieten im Elsass. Vier Jahre lang standen sich Franzosen und Deutsche nur wenige Meter voneinander getrennt gegenüber, Zehntausende Soldaten mussten bei den Kämpfen ihr Leben lassen. Am Ende des Krieges glich das Gebiet einer Kraterlandschaft. Links der Straße am Col du Silberloch erinnert ein *Monument National* mit Krypta, in der die Gebeine von 12.000 unbekannten Toten beigesetzt sind, ebenso daran wie der unmittelbar dahinter liegende *französische Soldatenfriedhof Silberloch*. Von hier aus kann man in ca. einer halben Stunde, vorbei an einstigen Stellungen, Schützengräben und Beobachtungspunkten, zum Gipfel des *Vieil Armand* (956 m) mit großem Gedenkkreuz hinaufsteigen. Seit 2010 sind sowohl an der staatlichen Gedenkstätte als auch an der Krypta Renovierungsarbeiten im Gange, die bis zum Sommer 2012 abgeschlossen sein sollen. Zwischen 2012 und 2015 wird auf dem einstigen Schlachtfeld ein 4,5 km langer, in zwei Schleifen angelegter Erinnerungspfad mit 50 multithematischen Punkten entstehen. Außerdem errichtet man das erste deutsch-französische „Historial" in Frankreich, das dem Ersten Weltkrieg gewidmet ist. Dazu gehört auch ein Museum, in welchem u. a. die Kämpfe erläutert und der Alltag der Soldaten und der Zivilbevölkerung veranschaulicht werden. Die Einweihung ist im Rahmen der Gedenkfeiern des Jahres 2015 (100-jähriges Gedenken) in Anwesenheit höchster deutscher und französischer Staatsvertreter für den 11.11.2015 geplant.

Gleitschirmfliegen Centre Ecole du Markstein, bei guten Windverhältnissen kann man von hier aus über die Vogesen schweben. Informationen erhalten Sie entweder an der Berghütte Le Point ca. 1 km nördlich des Markstein oder unter ☎ 0389821716.

Kinder Trampolinanlage und Minigolf, am Markstein, Preis jeweils 4,50 €.
Sowohl am Le Markstein als auch am Grand Ballon gibt es eine **Sommerrodelbahn**, Preis 2,60 €/Pers. Beide sind bei entsprechendem Wetter im Juli/Aug. tägl., in der Nebensaison nur am Mi und Sa/So geöffnet.

Gipfelbesteigung Ein ca. 5-minütiger Wanderweg auf den **Grand Ballon** beginnt links vom Châlet Hôtel du Grand Ballon (s. u.). Ein ca. 30-minütiger Alternativweg (rot-weiß-roter Balken) startet am Col du Haag bzw. an der gleichnamigen Ferme-Auberge ca. 1,5 km nördlich vom Grand Ballon an der Route des Crêtes.

Um zum Gipfel des **Vieil Armand** zu gelangen, durchquert man das dortige Gräberfeld auf einem der beiden Hauptwege und erreicht dann den Weg, der hinaufführt.

Wandern In nur 30 Min. kann man von Molkenrain (Anfahrt s. gleichnamige Ferme-Auberge unten) zur **Ruine Freundstein** wandern (rot-weiß-roter Balken).

Übernachten/Essen Châlet Hôtel du Grand Ballon, das gemütliche, ganzjährig geöffnete Berghotel ist im Besitz des Club Vosgien. Angeschlossen ist ein zünftiges Restaurant mit großer Speisekarte, in dem auch außerhalb der normalen Essenszeiten Mahlzeiten serviert werden. Für eines der rustikalen DZ mit Waschbecken bezahlt man 44 €, für ein DZ mit Bad 56 €. ☎ 0389487799, 🖷 0389627808, www.chalethotel-grandballon.com.

» Unser Tipp: Ferme-Auberge du Treh, am Col du Markstein fährt man ca. 1 km Richtung Kruth. Mit vielen Dekoobjekten rund um Kuh und Bauernhof ist dieser Gastraum wohl einer der schönsten an der Route des Crêtes. Doch auch für den Gaumen wird viel geboten, üppige Portionen, leckeres Essen. Probieren Sie mal die Tourte mit Crudités und grünem Salat! Von der Terrasse bietet sich ein toller Blick auf den Drumont, den Felsachkopf und den Grand Ventron. Von Ostern bis Anfang Nov. tägl. außer Mo, von Weihnachten bis Ostern nur Sa/So geöffnet. ☎ 0389391679. **«**

Ferme-Auberge Gustiberg, am Grand Ballon. Ähnlich gemütlich, außer der Melkermahlzeit gibt es hier auch Eintopf oder Königinpastete. Lecker sind die Obstkuchen. Eine schmale Straße führt von Lautenbach-Zell hierher, Fußweg vom Grand Ballon (rot-weiß-roter Balken). Von Ostern bis Mitte Nov. geöffnet. ☎ 0389740501.

Ferme-Auberge Freundstein, am Col Amic in toller Lage mit wunderschöner Aussicht auf den Grand Ballon, dazu direkt an der

Die südlichen Vogesen

324   Die südlichen Vogesen

Route des Crêtes, und trotzdem geht es bei Familie Luttringer gemütlich zu. Großes Angebot, z. B. bekommt man hier auch Fleischschnaka. Von Mitte Febr. bis Mitte Nov. tägl. außer Di geöffnet. Ca. 1 km hinter dem Col d'Amic zweigt eine kurze Zufahrtstraße ab. ✆ 0389823163.

Ferme-Auberge du Molkenrain, 2 km südlich des Col du Silberloch führt eine 2 km lange Asphaltstraße auf die Anhöhe Mol-

kenrain mit der gleichnamigen beliebten Ferme-Auberge von Familie Pfauwadel. Schöne Lage mit Blick auf den Vieil Armand und die Rheinebene, sehr gutes Essen, z. B. Geschnetzeltes von eigenen Rindern oder Fleischschnaka. Von Ostern bis zum 11.11. geöffnet, Mo geschl. Die Übernachtung im Schlafraum inkl. Halbpension wird mit 35 € berechnet. ✆ 0389811766.

Weiterfahrt: Vom Col du Silberloch geht es 11 km stetig bergab nach Cernay und damit an die Weinstraße.

Munster

Inmitten des aus streng genommen drei Tälern bestehenden Vallée de Munster liegt die ca. 5000 Einwohner zählende Stadt dort, wo sich die Große und die Kleine Fecht zu einem Fluss vereinigen.

Der Ortsname geht auf ein Kloster zurück, das irische Mönche im 7. Jh. an dieser Stelle errichtet haben: *Monasterium ad Confluente*, „Kloster am Zusammenfluss". Ihnen ist auch das Rezept für den berühmten Münsterkäse zu verdanken. Von der Abtei ist zwar nicht mehr sehr viel zu sehen, doch der Käse wird heute noch im ganzen Tal hergestellt und verkauft.

Ab 1235 war das von mächtigen Mauern umgebene Munster stolze freie Reichsstadt und später Mitglied des Zehnstädtebundes, im 18./19. Jh. dann Standort bedeutender Textilfabriken. Während des Ersten Weltkriegs wurde die Stadt durch Bombardements so schwer zerstört, dass kaum ältere Bausubstanz erhalten blieb. Heute ist sie dank ihrer besonders reizvollen näheren Umgebung ein beliebtes Touristenziel. Zudem sind die hohen Ballons und auch die attraktive Route des Crêtes (siehe S. 319ff.) nicht weit, und auch die Weinstraße ist auf der großen Verbindungsstraße schnell erreicht. Diese sorgt allerdings andererseits für ein hohes Verkehrsaufkommen in der Stadt – Stau gehört hier zumindest im Sommer zum Alltag.

Zentrum des Ortes ist die belebte **Place du Marché,** wo gleich mehrere Storchenpaare auf dem erhalten gebliebenen Flügel (18. Jh.) des ehemaligen Abtspalastes der Benediktinerabtei St-Grégoire inzwischen wieder fleißig brüten. Durch einen Torbogen kommt man zu den Ruinen ihres einstigen Kreuzgangs. Da die Äbte dieses mächtigen Konvents lange Zeit Herren über die Bewohner des gesamten Tales waren, Steuern erhoben, Gericht hielten usw., wurde die Gegend früher auch Gregoriental genannt.

Auf dem von der neoromanischen protestantischen Kirche beherrschten Marktplatz sollte man sich den **Löwenbrunnen** genauer ansehen. Die Stärke und Mut symbolisierende Löwenfigur wurde 1576 von den Einwohnern des Tales errichtet, nachdem sie vom Kloster einen Vertrag ertrotzt hatten, durch den ihnen Religionsfreiheit und damit auch das Recht auf einen evangelischen Gottesdienst zugesichert worden war. Das **Renaissancerathaus** mit dem Wappen Munsters an der Rue Ste-Barbe ist nicht weit entfernt. Der Reichsadler stammt aus der Zeit, als die Stadt noch zum Heiligen Römischen Reich gehörte.

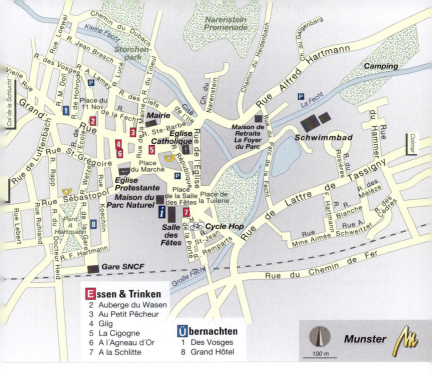

E ssen & Trinken
2 Auberge du Wasen
3 Au Petit Pêcheur
4 Gilg
5 La Cigogne
6 A l'Agneau d'Or
7 A la Schlitte

Ü bernachten
1 Des Vosges
8 Grand Hôtel

Munster

Das **Maison du Parc** in der alten Prälatenresidenz der Abtei gegenüber den Ruinen des Kreuzgangs bietet auf 600 m² eine sehr lebendig gestaltete ständige Ausstellung zu Natur, Vegetation und Tierwelt des *Parc Naturel Régional des Ballons des Vosges,* aber auch zu Handwerk, Industrie und Tourismus mitsamt seinen negativen Auswirkungen (Öffnungszeiten s. u.).

Schließlich lohnt sich noch ein Abstecher zum Nordrand des Städtchens, wo ein hübsches **Storchengehege** zu besichtigen ist. Außerdem beginnt hier ein Pfad, über den man in ca. 10 Minuten den Bergrücken hinaufsteigen und dort einen schönen Blick über den Ort genießen kann.

Parc Naturel Régional des Ballons des Vosges

1989 wurde dieser Naturpark mit Verwaltungssitz in Munster ins Leben gerufen, an dem drei Regionen, das Elsass, die Franche-Comté und Lothringen, Anteil haben. Er umfasst etwa 3000 km² und damit nicht nur die Vogesengipfel, sondern auch die Gemarkungen von mehr als 200 Gemeinden mit etwa 260.000 Bewohnern. Ziel ist es neben der Bewahrung und Präsentation des kulturellen Erbes, ein Gleichgewicht zwischen wirtschaftlicher Entwicklung, dazu zählt auch der Tourismus, und Naturerhaltung herzustellen. Keine leichte Aufgabe in einer Region, in der sich sommers wie winters Besucher in großer Zahl tummeln und Interessenkonflikte nicht ausbleiben können. Besonders sensible Naturräume wie die Hochmoore hat man deshalb unter Naturschutz gestellt.

Adressen/Verbindungen

Information Office de Tourisme, ganzjährig Mo–Sa, im Juli/Aug. auch sonntagvormittags geöffnet. 1, rue du Couvent, im rückwärtigen Gebäude des Maison du Parc, 68140 Munster, ✆ 0389773180, ℻ 0389770717, www.vallee-munster.eu.

Öffnungszeiten/Eintritt Maison du Parc, 1.6.–15.9. Di–So 10–12 und 14–18 Uhr, in den übrigen Monaten Mo–Fr nur nachmittags. Eintritt frei.

Zug Der Gare SNCF befindet sich wenige Fußminuten vom Zentrum entfernt. Es bestehen mehrmals tägl. Verbindungen nach Colmar und Metzeral.

Parken Vor und hinter dem Gebäude des Maison du Parc.

Taxi ✆ 0389773366.

Fahrradverleih Das O.T. vermittelt Fahrräder der außerhalb der Stadt gelegenen Agentur **Cycle Hop Evasion**. Ein Mountainbike kostet pro halben Tag für Kinder 8 €, für Erwachsene 10 €. ✆ 0607165635.

Markt Di und Sa (vormittags) auf der Place du Marché.

Heißluftballonflüge Informationen bei **Aérovision**, 4, rue de Hohrod, ✆ 0389772281.

Schwimmen/Kinder Das große Hallen- und Freibad **La Piscine** bietet viel Spaß für die Kleinen, aber auch verschiedene Aktivitäten für Erwachsene. Eintritt im Winter ca. 4 €, Kinder 2,50 €, im Sommer 5,80 € bzw. 5,10 €. Ganzjährig geöffnet. Parc de la Fecht, ✆ 0389778560.

Öffentliche Toiletten Unter der Salle des Fêtes und an der kath. Kirche.

> **Tipp für Radfahrer und Wanderer:** Zum Preis von jeweils 13 € kann man drei verschiedene Routenpakete mit ausgearbeiteten Touren unterschiedlichen Schwierigkeitsgrads beim O.T. erwerben.

Übernachten/Essen (→ Karte S. 325)

Übernachten ** Le Grand Hôtel 8, seit 1871 dient das von einem Park umgebene Gebäude als Unterkunft. Zu den älteren Zimmern mit Kochnische und Bad im Hauptbau sind mittlerweile einige moderne in einem Nebengebäude dazugekommen. Ordentliches Frühstücksbuffet. Einige Sport- und Spielmöglichkeiten (Tischtennis,

Auf dem Markt in Münster

Spielplatz, Fitnessraum etc.) gehören ebenso wie ein Pool zu dem familienfreundlichen Haus. Pro Tag je nach Saison und Aufenthaltsdauer 50–65 € für 2 Personen, wochenweise werden die für bis zu 6 Personen ausreichenden Studios abgegeben. 1, rue de la Gare, ✆ 0389773037, 📠 0389773006, www.grand-hotel-munster.fr.

** Hôtel Bar Des Vosges **1**, nettes Hotel mit zweckmäßigen Zimmern. Ein beliebter Treffpunkt von Einheimischen und Touristen auf ein Bier oder einen Kaffee ist die Terrasse vor dem Haus. Zu zweit bezahlt man für ein Zimmer mit Dusche und WC 50 (Grand Lit) bis 52 € (2 Lits). 58, Grand' rue, ✆ 0389773141, 📠 0389773986, www.hotelbardesvosges.fr.

*** Village Center-Camping du Parc de la Fecht, sehr beliebter und großer Platz an der Staustufe der Fecht, ca. 400 m vom Zentrum entfernt. Von Ende April bis Mitte September geöffnet. ✆ 0389773108, 📠 0467516389, www.village-center.com.

Essen & Trinken Restaurant A l'Agneau d'Or **6**, sehr innovative elsässische Küche bereitet Martin Fache mit großem Erfolg in seinem eleganten Restaurant zu: Schnecken mit Steinpilzen, Münsterkäse-Profiterolles, Gänseleberschnitzel in Honigsauce ... Menüs bekommt man ab 36 €. Mo und Di geschl. 2, rue St-Grégoire, ✆ 0389773408.

Restaurant Brasserie La Cigogne **5**, sehr zentral gelegen. Von der kleinen Terrasse vor dem Gebäude hat man das Geschehen auf der Straße und die Störche auf den umliegenden Häusern im Blick. Traditionelle Küche, viele Gerichte sind auch als kleine Portionen bestellbar. Mo geschl. 4, pl. du Marché, ✆ 0389773227.

Wistub A la Schlitte **7**, in der urigen Weinstube werden neben Sauerkraut & Co. auch ausgefallenere Gerichte wie Rehpfeffer und chinesisches (!) Fondue serviert, zu empfehlen ist auch der Münsterkäse in Blätterteig. Im Angebot sind mehrere vergleichsweise günstige Menüs. Mo sowie am Di und Mi jeweils abends geschl. 7, rue de la République, ✆ 0389775035.

Auberge du Wasen **2**, in dem schönen alten Haus mit Renaissanceerker kann man gut und recht preiswert essen: Ein Menü ist schon ab 12,50 € zu haben, das Tagesmenü kostet noch weniger. Schöne Auswahl an Vorspeisen, empfehlenswert auch der Flammkuchen. Mo und Di geschl. 40, Grand' rue, ✆ 0389772877.

Brasserie Au Petit Pêcheur **3**, das einfache Lokal ist ein beliebter Treffpunkt der einheimischen Männer auf ein Glas Wein, aber auch eine gute Adresse, um den Hunger zu stillen: traditionelle Küche, z. B. Tourte de la Vallée, Kasseler, Münsterkäse etc. Di geschl. 4, Grand' rue, ✆ 0389770617.

Salon de Thé Gilg **4**, eine 1a-Adresse für Kuchen und Torten, Jean-Paul Gilg backt einen Kougelhopf, den Sie so köstlich kaum irgendwo im Elsass bekommen. Eine Versuchung sind aber auch die wunderbaren Pralinen oder die knallbunten Makronen. Mo geschl. 11, Grand' rue.

Von Munster zu den Passhöhen Le Linge und Wettstein

Auf dieser Strecke bekommt man die eindrucksvollsten Ausblicke auf das Münstertal geboten, wird aber auch mit der bitteren deutsch-französischen Geschichte konfrontiert.

Oberhalb des Tals der Kleinen Fecht (siehe S. 335) liegt das Hangdorf **Hohrod**, durch das sich die Straße steil aufwärts windet. Etwa 1 km nach dem Ort hat man von einem Parkplatz den ersten überwältigenden Blick auf das Vallée de Munster.

Noch schöner ist das Panorama im weiter oben gelegenen Luftkurort **Hohrodberg**. Auch hier befindet sich am Ortsausgang ein Parkplatz mit Picknickbänken und etlichen Wanderwegweisern. Nächste Station ist der unter Bäumen gelegene deutsche **Soldatenfriedhof Hohrod** am **Col du Baerenstall**.

Auf der Passhöhe biegt man nach links ab und fährt weiter zum **Collet du Linge** (983 m). Dort fanden in den Jahren 1915 und 1916 schreckliche Kämpfe zwischen

Deutschen und Franzosen statt, die erst nach 15 Monaten, nachdem insgesamt ca. 17.000 Tote zu beklagen waren, beendet wurden. Teilweise verliefen die Frontlinien nur wenige Meter voneinander entfernt. Ein kleines *Musée Memorial* erinnert an die grausamen Geschehnisse (Öffnungszeiten s. u.). Ebenso eindrucksvoll ist der ausgeschilderte kurze Rundgang durch das ehemalige Schlachtfeld zwischen Schützengräben, Unterständen, Stacheldraht und etlichen weißen Kreuzen, die die Todesstätten einzelner Soldaten markieren.

Etwa 1 km weiter genießt man die Aussicht auf das Orbeytal, die versöhnlich stimmt nach all den Relikten von Krieg und Aggression. Bald ist der nächste Pass erreicht, der 882 m hohe **Col du Wettstein**, der wieder mit einem Soldatenfriedhof aufwartet – dieses Mal dem französischen. Von hier aus fährt man, begleitet von einem schönen Gebirgspanorama, über Soultzeren (siehe S. 335) wieder hinunter ins Münstertal.

Musée Memorial 11.4.–11.11. tägl. 9–12.30 und 14–18 Uhr. Eintritt 3 €, Kinder bis 16 J. frei.

Übernachten/Essen ››› Unser Tipp: ** **Hôtel Panorama**, in Hohrodberg. Komfortables Haus mit Hallenschwimmbad und Sauna in atemberaubender Lage, auch Massagebehandlungen sind verfügbar. Ein DZ (z. T. mit Balkon) kostet je nach Saison und Ausstattung 48–75 €, angeschlossen ist auch ein empfehlenswertes Restaurant. 3, rte du Linge, ✆ 0389773653, ✆ 0389770393, www.hotel-panorama-alsace.com. ‹‹‹

››› **Unser Tipp:** **Ferme-Auberge Glasborn Linge**, an der Straße zwischen dem Lingekopf und dem Wettstein zweigt ein asphaltierter Weg zu diesem großen Bauerngasthof ab. In den 3 Gasträumen können ganze Busladungen unterkommen Aber das Essen schmeckt, die Portioner sind üppig, sodass wir den Hof wirklich empfehlen können. Wunderbar ist der weite Blick vom Petit Ballon bis zum Hohneck. Von Ostern bis Mitte Nov. sowie im Dez. geöffnet, Mo in der Nebensaison geschl. ✆ 0389773778. ‹‹‹

Le Petit Ballon

Auch wenn der Name etwas ganz anderes verheißt, so ist der wegen seiner unbewaldeten Kuppe auch Kahle Wasen genannte Kleine Belchen mit einer Höhe von 1267 m doch einer der gewaltigsten Vogesenberge und einer der schönsten dazu, auch was die Aussicht angeht.

Vom Gipfel mit der Marienstatue schweift der Blick über die Rheinebene, hinüber zum Grand Ballon und natürlich ins Tal der Großen Fecht. Wegen der günstigen Thermik kann man hier oben auf den im Sommer mit Glockenblumen und Hornveilchen bewachsenen Matten immer wieder auf Modellflieger treffen. Und: Am Petit Ballon gibt es besonders viele Ferme-Auberges, sodass für ein zünftiges Vesper nach dem Marsch auf den Gipfel auf jeden Fall gesorgt ist.

> Wanderung 8: Auf den Petit Ballon → S. 392
> Aussichtsreiche Rundtour auf den Gipfel.

Anfahrt/Wandern Drei Straßen führen bis zum Parkplatz unterhalb des Gipfels hinauf: Ab *Soultzbach-les-Bains* (s. S. 331f.) fährt man über Wasserbourg auf der D 2 oder ab *Luttenbach* (s. S. 332) auf einer vor dem Rathaus beginnenden unbezeichneten Straße an der Ferme-Auberge Kahlenwasen vorbei und stellt am zweiten Parkplatz hinter dem Gasthof das Fahrzeug ab. Hier beginnt gegenüber von Resten deutscher Soldatenunterstände aus dem Ersten Weltkrieg der steile Weg (ca. 15 Min.) zum Gipfel hinauf.

Die D 10 führt ab *Sondernach* bis zur Ferme-Auberge Rothenbrunnen. Unmittelbar danach erreicht man den oben genannten Parkplatz.

Le Petit Ballon

Übernachten/Essen Auberge et Ferme du Ried, das Angebot in diesem Gasthaus direkt an der Straße von Luttenbach zum Petit Ballon geht weit über das Übliche hinaus: Forellen in allen Variationen, Wild, verschiedene Fleischgerichte, tolle Desserts und Kuchen ... Kurz und gut: Gebirgsatmosphäre mit Gourmettouch. Verkauft werden auch Käse und Speck. Ganzjährig geöffnet, im Juli/August tägl., sonst Mo geschl. ✆ 0389773663.

Ferme-Auberge Kahlenwasen, direkt unterhalb vom Gipfel betreibt Familie Lochert, die Hühner, Gänse, Schafe und natürlich Kühe hält, den besonders gemütlichen Gasthof. Auf der weitläufigen Terrasse sitzt man einfach toll. Ab hier beginnt ein mit gelbem Dreieck markierter Fußweg zum Gipfel hinauf. Von Ostern bis 1.11. tägl. außer Mi, im Mai und Okt. nur Sa/So geöffnet. Übernachten kann man in 2-, 3- und 4-Bett-Zimmern zum Preis von 28 € inkl. Frühstück, Halbpension kostet 37 € pro Person. ✆ 0389773249.

Ferme-Auberge du Strohberg, vom Parkplatz Kahlenwasen über eine beschilderte Erdstraße erreichbar. Schöne Lage abseits der ausgetretenen Wege, gute Küche. Von Mitte Mai bis Ende Oktober geöffnet, in der NS nur Sa/So, im Sommer tägl. außer Do. ✆ 0389775600.

Ferme-Auberge du Rothenbrunnen, ebenfalls unweit vom Gipfel an der Straße Richtung Sondernach. Eine der wenigen ganzjährig bewirtschafteten Ferme-Auberges (Mo geschl.). Gemütlicher Gastraum mit riesigen Kuhglocken, gutes Essen. Von der Terrasse hat man einen schönen Blick hinab ins Tal. Für eine Übernachtung im Zwei-, Drei- oder Vierbettzimmer bezahlt man inkl. Halbpension 38 €. ✆ 0389773308.

Ferme-Auberge du Landersen, abseits der Straße, die von Sondernach zum Gipfel führt. In dem kleinen Gastraum fühlt man sich wie in einer bäuerlichen Wohnstube. Kein elsässisches Schnickschnack, stattdessen funktionale Plastikdecken und Holzbrettchen, einfache Eckbänke, aber trotzdem urgemütlich. Ein wunderbares Panorama auf das Tal, den Steinberg und den Petit Ballon bietet die kleine Terrasse. Und das Essen von Mutter Bessey schmeckt! Vom 15.1. bis 30.11. geöffnet, Fr geschl. Wer in dem kleinen Weiler länger bleiben möchte, kann in einem Nebengebäude ein Studio (z. T. mit Grand Lit, aber auch mit bis zu 5 Schlafmöglichkeiten) mieten. Zu zweit bezahlt man 34 €, zu viert 48 €, Mindestaufenthalt 3 Tage. ✆ 0389776070, contact@ferme-auberge-landersen.com.

Ferme-Auberge du Sondernach-Ried, an derselben Straße, allerdings muss man ca. 1 km nach der Ferme-Auberge du Landersen auf eine Erdstraße nach links in den Wald abbiegen. Familie Schertzinger züchtet auf ihrem Hof das „Poule d'Alsace", ein schwarzes Huhn, das besonders gut an die äußeren Bedingungen in den Vogesen angepasst ist. Im Jan. geschl., vom 1.4.–31.10. tägl. außer Do, im Winter nur Sa/So. ✆ 0389775893.

Modellflieger auf dem Petit Ballon

Vallée de Munster

Das Vallée de Munster gliedert sich in drei verschiedene Täler: das *Tal der Kleinen Fecht* mit Abzweigungen zu wunderschönen Passstrecken im Norden und Zugang zur Route des Crêtes, das liebliche *Tal der Großen Fecht,* eines der schönsten Vogesentäler überhaupt, und das weite *vordere Tal,* das von der durch den Zusammenfluss von Großer und Kleiner Fecht in Munster gebildeten Fecht geschaffen wurde.

Das vordere Tal der Fecht im Osten von Munster

Gunsbach: Bis man hier im Jahre 2011 das Erlebniszentrum La Maison du Fromage errichtete, stand das Dorf am nördlichen Ufer der Fecht ganz im Zeichen Albert Schweitzers, denn hier wuchs der vielleicht berühmteste Elsässer auf, hier besuchte er die Grundschule und hierher kam er auch während seiner afrikanischen Jahre immer wieder für kurze „Auszeiten" zurück. Das Wohnhaus, das er 1928 mit dem Geld des Goethepreises der Stadt Frankfurt erwarb, wurde mittlerweile zu einem *Musée Albert Schweitzer* umgewandelt. Im Obergeschoss des Rathauses kann man in seinem ehemaligen Klassenzimmer ein *Musée Africain* besichtigen, und auf dem *Sentier Albert Schweitzer* erhält man an 16 Stationen Informationen zu seinem Wirken und Denken. Wer mag, kann nun auch in dem Haus, in dem Schweitzer seine Kindheit verbracht hat, übernachten.

Albert Schweitzer

Der später so berühmte Urwalddoktor mit dem ungebändigten Haar und mächtigen Schnauzbart wurde 1875 in Kaysersberg geboren, verbrachte aber nach der baldigen Versetzung seines Vaters ins Münstertal seine Kindheit im elterlichen Pfarrhaus in Gunsbach. Nach dem Studium der Theologie, Philosophie und Musik wirkte er seit 1899 als Vikar in der Straßburger St. Nikolaikirche sowie als Privatdozent an der theologischen Fakultät. Nebenher studierte er noch Medizin und verschaffte sich durch zahlreiche religions- und musikwissenschaftliche Bücher einen internationalen Ruf. 1913 fuhr er an den Ogowe-Fluss im heutigen Gabun und baute dort in Lambarene ein Tropenkrankenhaus auf. Da er aber Bürger des Deutschen Kaiserreichs war und Lambarene damals in der französischen Kolonie Äquatorialafrika lag, wurde er 1917, während des Ersten Weltkriegs, von den Franzosen als Kriegsgefangener nach Europa gebracht und für einige Zeit interniert. Durch Vorträge und Orgelkonzerte – Schweitzer war einer der bedeutendsten Bach-Interpreten seiner Zeit – verdiente er danach Geld für einen Neuanfang. 1924 kehrte er nach Lambarene zurück und ließ ein größeres Hospital errichten. Regelmäßig pendelte er von da an zwischen Afrika und Europa, wo er sich ständig um Gelder und medizinische Geräte für seine Krankenstation bemühte, hin und her. 1952 erhielt er für sein Lebenswerk den Friedensnobelpreis. In den letzten Jahren seines Lebens mahnte er eindringlich vor den Gefahren der atomaren Bedrohung. Als 84-Jähriger brach er zu seinem insgesamt vierzehnten Aufenthalt nach Lambarene auf, wo er 1965 starb und auch beerdigt ist. Sein Motto lautete: „Ich bin Leben, das leben will, inmitten von Leben, das leben will."

Das vordere Tal der Fecht im Osten von Munster 331

Museen/Erinnerungspfad Musée Albert Schweitzer: Alles in diesem Haus ist noch so, wie Schweitzer es vor seiner letzten Abreise nach Lambarene zurückgelassen hat. Bei einer individuellen, ausführlichen Führung (auch auf Deutsch, ca. 30 Min.) sieht der Besucher sein Arbeits- und Wohnzimmer. Außerdem wird hier Literatur von und über Schweitzer zum Verkauf angeboten. Öffnungszeiten: Di–Sa 9–11.30 und 14–16.30 Uhr, im Jan. geschl. Eintritt 4 €.

Musée Africain: Emma Haussknecht, Schweitzers langjährige Mitarbeiterin, sammelte auf ihren Fahrten zu den Kranken rund um Lambarene eine Vielzahl an afrikanischem Kunstgewerbe, Kultobjekten etc. Ein großer Teil dieser eindrucksvollen Sammlung wird hier ausgestellt. Öffnungszeiten: Nur im Juli/Aug. Mo–Sa 14–17 Uhr. Eine Spende wird erwartet.

Sentier Albert Schweitzer: Knapp 1 km lang ist der gut ausgeschilderte Weg. Er beginnt am alten Pfarrhaus und endet am Albert-Schweitzer-Museum, wo man auch einen Plan erhält. Wer nicht die ganze Tour machen möchte, kann vom Museum in wenigen Metern steil den Hang hinauf zu dem von Fritz Behn angefertigten Schweitzer-Denkmal aus Sandstein steigen; an diesen Platz soll sich Schweitzer oft zurückgezogen haben.

Maison du Fromage: Das neue Käse-Erlebniszentrum am Rand des Ortes ist auf jeden Fall einen Besuch wert. Eigentlich war die Idee dazu aus der Not geboren, denn als im Zuge der Wirtschaftskrise in der Region die Arbeitsplätze rar wurden, begann man nach Anreizen für den Tourismus zu suchen. Herausgekommen ist dabei das wirklich sehenswerte Käsehaus, wo man auf vielfältige Art über Käse und die Region informiert wird: Ein stimmungsvoller, sehr sehenswerter Film dokumentiert den Jahreslauf in den Vogesen und das Leben der Bergbauern, 2-mal täglich wird den

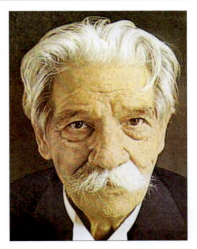

Albert Schweitzer

Besuchern die Produktion von Siasskas inklusive anschließender Kostprobe vorgeführt, Ausstellungen über den Bergwald, Kühe, Käse in ganz Frankreich u. a. m. vertiefen den Eindruck. Ein schöner Museumsshop und ein kleines Restaurant runden das Erlebnis ab. Tägl. 9–19 Uhr, Preis für Erwachsene (je nachdem, ob alle Bereiche des Museums oder nur ein Teil besucht werden) 7–10,50 €, Kinder (6–16 J.) 4,70–7,40 €. www.maisondufromage-munster.com. ■

Übernachten ⟫⟫ Unser Tipp: Ancien Presbytère, vor einigen Jahren wurde das alte Pfarrhaus des Dorfes renoviert. Darin hat man mehrere ganz unterschiedliche Gästezimmer, jeweils mit eigenem Bad, eingerichtet. Den Gästen stehen eine Gemeinschaftsküche und ein großer Essraum zur Verfügung. Einzelpersonen bezahlen inkl. Frühstück 45 €, zu zweit kostet es 60 €. 3, rue Albert Schweitzer, ☏ 0389770878 und 0649118936. ⟪⟪⟪

Soultzbach-les-Bains: Die 1603 entdeckten Mineralquellen sind seit Jahren versiegt, doch ein Stopp lohnt allemal, hat das große Dorf doch wie kein anderes im Münstertal seine alte Bausubstanz bewahren können. Die *Pfarrkirche* an der Durchgangsstraße weist imposante Grabmäler aus dem hohen Mittelalter, ein elegantes gotisches Sakramentshäuschen und sehenswerte Altäre aus dem 18. Jh. auf. Das Zentrum liegt weiter südlich. Von der Mairie zieht sich die Grand' Rue mit wunderschönen Fachwerkhäusern aus dem 17.–19. Jh. bis zum ehemaligen *Château* der Familie von Hattstatt, in dem heute ein Altersheim untergebracht ist.

Etwa in der Mitte der Straße erkennt man am *Löwenbrunnen* (16. Jh.) die Wappen der alten Stadt. Gegenüber steht neben der *Chapelle Ste-Catherine* aus dem 15. Jh. ein Haus mit beeindruckenden Schnitzbalken und einem alten Sechseimerbrunnen.

Trois-Epis: Hoch hinauf schraubt sich die Straße in den 210 Einwohner zählenden Luftkurort über der Rheinebene, der v. a. aus Hotels verschiedener Stilrichtungen besteht. Wanderungen und Spaziergänge sind die hauptsächliche Attraktion (insgesamt 50 km angelegte Wege). So kann man z. B. zum Christusmonument auf dem Gipfel des Galz wandern, wo man mit einem wunderbaren Rundblick für die Anstrengung belohnt wird. In der Mitte des Ortes steht neben einem Kloster die Wallfahrtskapelle, die an die mit der Gründung des Ortes zusammenhängende Legende erinnert: Einem Schmied erschien die Jungfrau Maria, in der einen Hand drei Ähren, in der anderen einen Eiszapfen haltend. Sie befahl dem Mann, er solle ins nahe Niedermorschwihr gehen und die Menschen auffordern, ihr hier zu huldigen, wenn sie drohende Missernten vermeiden wollten.

Idyllisch gelegene Ferme-Auberge

Das Tal der Großen Fecht im Südwesten von Munster

Eines der schönsten Vogesentäler: Im breiten Talgrund liegen alte Dörfer, auf den Wiesen weidet das Vieh, eingerahmt wird die ganze Szenerie von hohen Bergen.

Luttenbach: Die Häuser des vor den Toren von Munster gelegenen Örtchens steigen vom Ufer der Fecht den östlichen Hang hinauf. Hier gibt es noch einen Holzschuhmacher, der in der vierten Generation dieses Handwerk betreibt. Auch heute noch werden Holzschuhe zum Beispiel von Glasbläsern oder Stahlkochern als Teil ihrer Sicherheitsbekleidung und von manchen Einheimischen bei der Gartenarbeit gerne getragen. Der engagierte Handwerksmeister André Haeberlé zeigt seine Kunst auch gerne interessierten Besuchern (s. u.).

Muhlbach-sur-Munster: In diesem reizenden Dorf lohnt unbedingt ein Besuch des *Musée de la Schlitte* (s. u.). Bis 1965 mussten die Holzfäller in diesem Tal die Stämme aus dem Wald auf meterlangen Holzschlitten die steilen Hänge auf eigens dafür hergestellten Holzwegen heruntertransportieren. Mit dem Rücken drückten sie gegen das enorme Gewicht der Stämme und bremsten das Gefährt mit den Fersen ab – eine in höchstem Maße gefährliche und gesundheitsschädliche Arbeit.

Le Gaschney: In Serpentinen windet sich die Straße hinauf zu dem kleinen Weiler in 1000 m Höhe, der sich v. a. als Wintersportstation einen Namen gemacht hat. Im Sommer stellen auf dem riesigen Parkplatz aber auch viele Wanderer ihren Wagen ab, denn Gaschney ist ein beliebter Ausgangspunkt für Touren auf den Hohneck.

Wanderung 9: Von Le Gaschney auf den Hohneck → S. 394
Aussichtsreiche Rundtour auf den dritthöchsten Vogesengipfel.

Metzeral: Unbestritten der touristische Mittelpunkt des Tals ist das ansehnliche, von einer „Zipfelmützenkirche" überragte Dorf in einem Talkessel am Zusammenfluss von Großer Fecht und Wormsa. Schöne Wanderziele liegen in unmittelbarer Nähe.

La Vallée de la Wormsa: Von Metzeral führt eine Stichstraße ins liebliche Tal der Wormsa mit einigen kleinen Weilern. In Steinabruck beginnt ein beliebter Wanderweg (roter Balken) zu dem idyllisch gelegenen Fischboedlesee. Kurz darauf ist Mittlach und damit der Talschluss erreicht.

Der Munster: Geruchsbombe mit viel Geschmack

Zu einem Aufenthalt in den Hochvogesen gehört dieser würzige Käse einfach dazu. Kein Vergleich mit den aus pasteurisierter Milch hergestellten Produkten aus dem Supermarkt ist das, was auf den Bauernhöfen immer noch nach uraltem Rezept hergestellt wird: Abend- und Morgenmilch werden miteinander vermengt, auf 32° C erwärmt und z. T. entrahmt. Anschließend labt man die Milch ein – d. h. man gibt ein Enzym des Labmagens noch saugender Kälber dazu, das sie zur Gerinnung bringt – und füllt sie zum Abtropfen in die typischen runden Formen. In den nächsten zwei bis vier Tagen wird der entstehende Käse gesalzen und immer wieder gedreht. Wenn er genügend Feuchtigkeit verloren hat, lagert man ihn im Keller auf Holzbrettern, dreht die etwa ein Pfund schweren Laibe weiterhin regelmäßig und wäscht sie mit lauwarmem Wasser ab, wodurch sich die charakteristische Kruste bildet. Nach etwa drei Wochen ist er dann reif. Damit er so

richtig schmeckt, sollte er eine Stunde vor dem Verzehr bei Zimmertemperatur zwischen zwei tiefe Teller gelegt werden – kalt kann er seinen vollen Geschmack nämlich nicht entfalten. Die Elsässer servieen ihn übrigens der Verdauung wegen gerne mit Kümmel und trinken dazu ein Glas Gewürztraminer oder einen Kirschbrand.

Schnepfenriedwasen: Am Fuße des Schnepfenriedkopfs und damit nicht mehr unten im Tal liegt der von Metzeral nur 7 km entfernte, beliebte Wintersportort, von

334 Die südlichen Vogesen

dessen Ortsende man einen wunderbaren Blick auf den Hohneck und die umliegenden Berge hat. Von hier schraubt sich die Straße steil hinauf zum Col du Plaetzerwaesel (1183 m), führt über Hochalmen bis zum Breitfist, wo dann bald die Route des Crêtes erreicht ist.

Kunsthandwerk Ein Souvenir der besonderen Art kann man bei Jean-Claude Mann in Muhlbach-sur Munster erstehen. Der junge Polsterer verkauft nicht nur Möbel, sondern an die Bauern der umliegenden Dörfer auch **gusseiserne Glocken** in verschiedenen Größen und Formen für deren Kühe. 2, rue de la Gare, ✆ 0389776450.

》》 Unser Tipp: In Luttenbach erklärt André Haeberlé im Sommer tägl. außer Mo zwischen 14 und 18 Uhr, wie man **Holzschuhe** macht, seine Werkstatt ist aber auch oft schon am Vormittag geöffnet; in der NS am So geschl. Mit etwas Glück bekommen Sie auch eine der Vorführungen zu sehen, Dauer etwa 1 Std., Preis 1 €. 37, rue Principale, ✆ 0389774638, www.saboterie-haeberle.fr. 《《

Musée de la Schlitte in Muhlbach-sur-Munster Die Ausstellung von Schlitten, von Handwerkszeug der Waldarbeiter, Schreiner, Drechsler etc. in einem alten Holzhaus wird bei einer individuellen Führung (auch auf Deutsch, Dauer ca. 30 Min.) wunderbar erklärt, sodass man wirklich viel über das einstmals sehr harte Leben dieser Männer erfährt. Im Juli/Aug. tägl. 10–12 und 14–18 Uhr geöffnet. Erwachsene 2,50 €, Kinder 1 €. Direkt an der Bahnlinie gelegen, ✆ 0389776108.

Übernachten/Essen ** Hôtel Restaurant Le Châlet, mitten in Luttenbach, mit sehr schönem Garten zwischen Hotel und Restaurant. Hier kann man auch gut speisen, in der NS Sonntagabend und Mi geschl. Zu zweit kommt man zum Preis von 38 (ohne Bad) bis 55 € unter. 1, rte du Ried, ✆ 0389773833, ✉ 0389771565, www.le-chalet-luttenbach.com.

*** **Camping Les Amis de la Nature**, sehr hübsch im ehemaligen Park des Barons de Coubertin am Ortsrand von Luttenbach gelegen. Zur Ausstattung gehören ein kleines Schwimmbad, Minigolf, Tischtennis, Boule und Volleyball. Ende April bis Ende Sept. geöffnet. 4, rue du Château, ✆ 0389773860, ✉ 0389772572.

*** Hôtel **La Perle des Vosges**, bestens ausgestattetes Hotel am Ortsausgang von Muhlbach Richtung Gaschney: Sauna, Hamam, Solarium und zahlreiche Wellnessangebote, hübsches Restaurant im Biedermeierstil mit gehobener Küche. Die Übernachtungspreise variieren stark nach Lage der Zimmer (z. T. herrlicher Blick auf Muhlbach und den Petit Ballon), Ausstattung (z. T. Balkon) und Größe. Zu zweit bezahlt man 48–126 €. 22, rte du Gaschney, ✆ 0389776134, ✉ 0389777440, www.perledesvosges.net.

Ranch Auberge du Hinterberg, von Muhlbach-sur-Munster über die D 310 3,5 km Richtung Gaschney bis zur Auberge Braunkopf, dort links auf eine schmale Straße abbiegen (2 km). Der ungewöhnliche Name dieser Auberge bezieht sich auf die Islandponys, die Gabriel Schildknecht 1972 auf recht abenteuerliche Weise ins Elsass gebracht hat. Es lohnt sich, ihn nach dieser Geschichte zu fragen. Gutes Essen, auf Bestellung bekommt man auch eine saftige Lammkeule oder herzhaften Baeckaoffa. Ganzjährig, jedoch sehr unregelmäßig geöffnet, deshalb sollte man auf jeden Fall vorher anrufen. In einfachen DZ (mit Gemeinschaftsbad) kann man übernachten; Halbpension 32 € pro Person. ✆ 0389776862.

Ferme-Auberge du Schiessroth, eine ca. 1,2 km lange Piste führt von Gaschney zu der großen Bauerngaststätte oberhalb des gleichnamigen Sees. Toller Blick, leckeres Essen, auf Bestellung bekommt man z. B. auch Boeuf Bourguignonne; nicht nur Hohneck-Wanderer kehren gerne hier ein. Vom 1.5.–31.10. tägl außer Mo. ✆ 0389776363.

Auberge Schallern, nur zu Fuß erreichbar ist das kleine gemütliche Haus oberhalb von Gaschney (vom Parkplatz ca. 10–15 Min.), dafür liegt es wirklich idyllisch und ruhig. Angeschlossen ist ein uriges Restaurant mit deftiger Küche. Während der frz. Schulferien tägl. geöffnet, sonst Mo geschl. Für ein EZ bezahlt man inkl. Frühstück 47 €, für ein DZ (Grand Lit bzw. 2 Betten) 60 €. ✆ 0389776185, ✉ 0389776361, www.hotel-schallern.com. ■

*** Hôtel Restaurant **Aux deux Clefs**, abseits der Hauptstraße von Metzeral und sehr ruhig liegt das Haus von Familie Kempf mit einer hübschen Minigolfanlage und schattigen Sitzplätzen am Teich. Sehr gute französische Küche, üppige Portionen, gutes Preis-Leistungs-Verhältnis, das auch von vielen belgischen Gästen geschätzt wird. Eines der recht unterschiedlichen Zimmer kostet für zwei Personen 55 €. 12, rue de l'Altenhof, ✆ 0389776148, 📧 0389776388, www.aux-deux-clefs.com.

Hôtel Restaurant Valneige, Landgasthof im Weiler Mittlach im Vallée de la Wormsa. Älteres Gebäude, das Restaurant und auch die kleinen, aber ansprechend eingerichteten Zimmer wurden in den letzten Jahren modernisiert. Die Küche bietet mehrere preisgünstige Menüs, zahlreiche Schnitzelvariationen und vieles mehr. Lecker fanden wir die Forelle Müllerin mit Salzkartoffeln und Salat. Mo geschl. Zu zweit bezahlt man 40 €. 21, rue Principale, ✆ 0389776112, 📧 0389776260, www.valneige.fr.

Ferme-Auberge Au Grand Hêtre, in Schnepfenriedwasen. Beliebter Bauerngasthof mit großem Speiseangebot, u. a. gibt's eine leckere Gemüsesuppe. Von der kleinen Terrasse hat man einen tollen Blick. Vom 1.5.–1.11. geöffnet, Juli bis Sept. tägl., sonst Fr–So. ✆ 0389776195.

Das Tal der Kleinen Fecht im Nordwesten von Munster

Noch unten im Talboden erstreckt sich das kleine Dörfchen **Stosswihr** mit vielen neuen Häusern – die alte Bausubstanz wurde im Ersten Weltkrieg völlig zerstört. Der eigentliche Ortskern liegt abseits der Durchgangsstraße und des touristischen Tumults.

Von Stosswihr schraubt sich die Straße langsam hinauf und führt mitten durch den am Hang gelegenen Ort **Soultzeren,** an dessen Ende einem das Tal quasi zu Füßen liegt. Danach geht es durch den Wald weiter bis zum Col de la Schlucht (s. S. 320).

Übernachten ** Hôtel du Marcaire**, absolut ruhig am Ortsrand von Stoßwihr gelegenes nettes Hotel mit kleinem Hallenbad. Mittlerweile wurde die lange geschlossene Winstub wieder eröffnet (Mi geschl.) Die mit Bauernmöbel eingerichteten Zimmer besitzen zum größten Teil einen Balkon. Ein DZ mit 2 Betten kostet 65 €, zu dritt kostet's 80 €, zu viert 95 €. 82, rue Saegmatt, ✆ 0389774489, 📧 0389770414, www.aubergedumarcaire.com.

Essen & Trinken Restaurant des Cascades, in völliger Wald- und Wieseneinsamkeit findet man ca. 2 km westlich von Stoßwihr (folgen Sie ab dem Totendenkmal an der D 417 der Beschilderung) das besondere Lokal von Familie Decker, das seinen Namen einem kleinen Wasserfall links vom Haus verdankt. Die Küche wird auch von vielen Einheimischen geschätzt. In der Saison oft Wildgerichte, lecker fanden wir den Lachs in Sauerampfersauce. Und auch hier darf der Flammkuchen nicht fehlen. Menü ab 19 €. In der NS Mo und Di geschl. ✆ 0389774474.

Lautenbach

Der „laute Bach", der zwischen dem Ort und dem gegenüberliegenden Zwillingsdorf Lautenbach-Zell sprudelt, ist die Lauch. Nach ihr heißt das ganze Tal Lauchtal, wegen seiner Lieblichkeit wird es aber oft auch Florival, Blumental, genannt.

Doch trotz des Namens ist Lautenbach ein ruhiger Ort. Ab und zu statten ein paar Touristen der romanischen Kirche einen kurzen Besuch ab, aber meist bleibt man unter sich. Stille Dorfstraßen mit alten Häusern, deren Verputz schon ziemlich bröckelt, statt Blumenschmuck und Postkartenständer. Gegenüber der Kirche erinnert ein Schild am ehemaligen Café Restaurant du Centre an Jean Egen, den Autor eines der schönsten elsässischen Romane: „Die Linden von Lautenbach". Aus dem Gasthof seiner Großmutter ist mittlerweile ein Wohnhaus geworden, doch die Linden stehen noch vor der Kirche, der Dorfbrunnen plätschert wie eh und je, und man kann sich gut in die Zeit des kleinen Jean vor ca. 80 Jahren zurückversetzen.

Die südlichen Vogesen

336   Die südlichen Vogesen

Von dem im 8. Jh. gegründeten Benediktinerkloster sind außer der Kirche **St-Michel-et-St-Gangolf** nur ein paar Stiftsgebäude übrig geblieben, in denen heute der Bürgermeister mit seinen Mitarbeitern schaltet und waltet. Das vom 11. bis zum 13. Jh. errichtete Gotteshaus hat jedoch sehr schöne Elemente der romanischen Kunst aufzuweisen. Ein Kleinod ist die dreiteilige Vorhalle (12. Jh.) mit sechs durch wulstige Rippen strukturierten Bogengewölben. Die Säulen- bzw. Pfeilerkapitelle sind mit geometrischen Mustern und Pflanzenornamenten verziert. Das Tympanon wurde während der Revolution zerstört. Links vom Portal wird auf einem Fries in mehreren Szenen anschaulich ein Ehebruch und seine Folgen, rechts davon möglicherweise der Kampf des Guten mit dem Bösen dargestellt. Ein sehr schönes, noch etwas älteres Relief ist über der heute zugemauerten einstigen Tür in der südlichen Außenwand der Kirche zu bewundern.

Das von runden Säulen und quadratischen Pfeilern gegliederte **Langhaus** mit den charakteristischen kleinen Fenstern stammt von Ende des 11. Jh. und ist der älteste Teil der Kirche. Blickfang ist das große Triumphkreuz aus dem Jahre 1491 vor dem Chor, Beachtung verdient auch die holzgeschnitzte barocke Kanzel. Im gotischen Chor entdeckt man an der Decke verblichene Fresken, die die Evangelisten darstellen, außerdem ein Gestühl aus dem 15. Jh. mit grotesken Figuren an den Armlehnen.

Literaturtipp: „Die Linden von Lautenbach"

Aus der Perspektive eines Kindes, das nie recht weiß, welcher Nation es sich zugehörig fühlen soll, erzählt der 1920 in Lautenbach geborene Jean Egen seine Lebensgeschichte und damit aber auch die Geschichte des ewig zerrissenen Elsass auf spannende und humorvolle Art.

(Jean Egen: Die Linden von Lautenbach, Hamburg 2002)

Kinder Auf dem großen **Abenteuerspielplatz** am östlichen Ortseingang von Lautenbach können die Kleinen sich wunderbar austoben. Er liegt etwas unterhalb der D 430 in der 2,3 ha großen Zone de Loisirs du Florival und ist vom Parkplatz aus in ca. 5 Min. zu Fuß auf einem geteerten Weg zu erreichen.

Vivarium du Moulin, in einer ehemaligen Getreidemühle in Lautenbach-Zell werden Insekten aller Art präsentiert, darunter auch viele exotische Exemplare. Öffnungszeiten: im Juli/Aug. tägl. 10–18 Uhr, von Sept. bis Juni Di–So 14–18 Uhr, im Dez. geschl. Erwachsene 6 €, Kinder (5–16 J.) 3,50 €. 6, rue du Moulin, ✆ 0389740248, www.vivariumdumoulin.org.

Übernachten/Essen Ferme-Auberge du Hilsen, in der Ortsmitte von Linthal geht es ca. 4 km steil den Berg hinauf zu dem urigen Gasthof von Familie Wicky mit schlichter Gaststube und Terrasse. Im Regelfall sind Bauernvesper, Omelettes, Crudités oder Kuchen immer zu haben, auf Bestellung gibt's auch Baeckaoffa. Verkauf von Joghurt, Butter und Käse aus eigener Herstellung; ganzjährig geöffnet, Di geschl. 181, rue du Hilsen, ✆ 0389740315.

*** Camping Vert Vallon, kleiner, einfacher Platz im Zentrum von Lautenbach-Zell. Ganzjährig geöffnet. Vermietet werden auch schlichte Gästezimmer mit Waschbecken (Duschen und WC befinden sich im Keller) mit 2 oder 3 Betten (19 bzw. 28 €), eine große Gemeinschaftsküche steht zur Verfügung. 51, Grand' rue, ✆ 0389740180, www.camping-levertvallon.fr.

Restaurant A la Truite, wie es der Name schon verspricht, bekommt man in dem Terrassenlokal in Lautenbach-Zell Forellen in verschiedenen Variationen, aber auch Carpe frite, Wildschwein vom Spieß und Salate. Besonders schön sitzt man auf der Terrasse im Hinterhof. Mo und Di geschl., von Juni bis Aug. nur Mo. 47, Grand' rue, ✆ 0389740517.

Umgebung von Lautenbach

Pfarrkirche von Buhl: Im Chor der Pfarrkirche wird ein berühmter, 7 m langer und knapp 2 m hoher Flügelaltar, bestehend aus drei Tafeln, ausgestellt. Geschaffen hat ihn gegen 1500 ein unbekannter Maler im Stil Martin Schongauers für das Colmarer Katharinenkloster. Während der Revolutionswirren brachten Buhler Bürger das unglaublich ausdrucksstarke und farbkräftige Meisterwerk hierher und bewahrten es so vor der Vernichtung. Die Vorderseiten zeigen Szenen aus der Passionsgeschichte, auf den Rückseiten sind das Jüngste Gericht und Szenen aus dem Leben Mariens dargestellt.

Buhl erreicht man von Lautenbach auf der D 430. Von 9–12 und 14–17 Uhr geöffnet. Achtung: Die Tür schließt automatisch.

Sankt Leodegarkirche in Murbach: Eine wunderschöne Kirchenfassade aus beigefarbenem und rötlichem Sandstein vor dunkelgrünem Wald – kaum irgendwo gehen Natur und Architektur eine so harmonische Verbindung ein wie in diesem einsamen Seitental des Vallée de la Lauch. 728 wurde hier vom Grafen Eberhard aus dem elsässischen Herzoggeschlecht der Etichonen und dem heiligen Pirmin von der Bodenseeinsel Reichenau die erste Benediktinerabtei des Elsass gegründet. Schon bald erlangte sie durch ihre gut ausgestattete Bibliothek und ihre Klosterschule überregionalen Ruhm. So entstanden in ihren Mauern z. B. die berühmten „Murbacher Hymnen", lateinische Breviergesänge mit alemannischer Übersetzung. Kein Geringerer als Karl der Große nannte sich „Pastor Murbacensis", weltlicher Abt von Murbach. Trotz wechselvoller Geschichte gehörte die Abtei insgesamt ein Jahrtausend lang zu den reichsten und mächtigsten der Region. Ihre Äbte mischten sich zeitweise kräftig in die Politik des Heiligen Römischen Reiches ein.

Die im 12. Jh. erbaute *Sankt Leodegarkirche* gilt als einer der schönsten romanischen Sakralbauten im Elsass, wenn auch nach der Zerstörung des Langhauses im 18. Jh. nur Querschiff, Türme und Chor erhalten geblieben sind. Vom Parkplatz aus

Ausdrucksstark sind die Figuren auf dem Buhler Flügelaltar

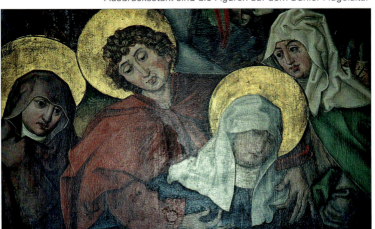

betritt man die Anlage durch das ehemalige Abteitor, links befindet sich ein sehr schöner Klostergarten. Gehen Sie zunächst auf einem Kreuzweg (er beginnt vor der Kirche) oder auf einem Waldweg, der hinter der Kirche anfängt, in ca. 5 Minuten zur *Loretokapelle* hinauf. Von dort hat man den besten Blick auf das Gebäude.

Über zwei Reihen von Rundbogenfenstern an der äußeren Chorwand blieb ein beachtlicher Teil der 17 unterschiedlichen Ziersäulchen erhalten. An ihren Sockeln kann man z. B. pausbäckige oder bärtige Köpfe und einen achteckigen Tempel mit Weinstock erkennen. In den kleinen Tympana unterhalb der Bögen sind z. T. skurrile Szenen dargestellt: ziemlich weit rechts z. B. ein Esel beim Orgelspielen, daneben einer beim Schwingen eines Weihrauchfasses. Die Skulpturen im Giebel sind meisterhaft gearbeitet und zeigen links vom Rundbogenfenster die Beichte vor dem Abt – dem Beichtenden sitzt ein kleiner Teufel im Nacken – und rechts das Symbol der Eucharistie.

Über der Tür am südlichen Arm des Querschiffs befindet sich ein Tympanon mit der Darstellung zweier Wächterlöwen, einer streckt die Zunge heraus. Auch die Seitenwand dieses Querschiffarms ist mit originellen Skulpturen geschmückt, z. B. Hasen, die einen Jäger fangen, darunter auf einem hellen Stein zwei Männer, die um einen Würfelbecher streiten; am besten erkennt man sie von der südlich an der Kirche vorbeiführenden Straße.

Im Innenraum sind zwei interessante mittelalterliche Grabmäler erhalten: im südlichen Querschiffarm das des weltlichen Gründers der Abtei Graf Eberhard, im nördlichen (in einer Seitenkapelle) ein Sarkophag mit den Reliquien

St-Léger in Murbach

von sieben bei einem Ungarneinfall im Jahre 929 getöteten Mönchen. Diese Seitenkapelle enthält außerdem spätbarocke Figuren. Sehenswert ist auch das Triptychon des Murbacher Künstlers Jean-Paul König: Zwischen den beiden Heiligen Benedikt und Pirmin hängt eine vergrößerte Kopie der Kreuzigungsszene aus dem Murbacher Messbuch (um 1200).

Tägl. 8–18 Uhr, von April bis Okt. bis 20 Uhr.

Übernachten/Essen *** Hostellerie St-Barnabé, das gepflegte Hotel mit Park, Tennis- und Minigolfanlage sowie diversen Wellnessangeboten 500 m östlich des Ortes schaut auf eine ca. 100-jährige Tradition zurück. Während Sie im eleganten Speisesaal die exquisite Küche des Hausherrn genießen, schaut Ihnen dabei ein Ritter in voller Rüstung zu. Allein oder zu zweit bezahlt man je nach Größe und Ausstattung der Zimmer 78–165 €. 53, rue de Murbach, ✆ 0389621414, ✆ 0389621415, www.hostellerie-st-barnabe.com.

Durch das Blumental zum Lac de la Lauch: Insbesondere im Frühjahr und im Frühsommer wird das Vallée de la Lauch seinem zweiten Namen gerecht, denn dann blühen Obstbäume und Wiesen rund um Lautenbach. Von hier fährt man durch die Dörfer Linthal und Sengern in dem immer enger werdenden, manchmal von fast senkrecht abfallenden Wänden begrenzten Tal aufwärts – vorbei ist es mit der Lieblichkeit. Durch dichten Wald kommt man zum Lac de la Lauch, an dem häufig Angler anzutreffen sind – sie schwören auf die Forellen in diesem Stausee.

Saint-Amarin

Das „Eingangstor" ins obere Thurtal ist ein idealer Ausgangsort für Erkundungen und Wanderungen in dieser Gegend.

Viel ist rund um die barocke Zwiebelturmkirche nicht los, am Platz mit dem von einem gallischen Hahn geschmückten Sandsteinbrunnen bleiben die Einheimischen meist unter sich. Urlauber finden hier Ruhe und darüber hinaus auch ein recht gutes Sport- und Freizeitangebot. Und wer sich für die Geschichte des Tales der Thur interessiert, sollte in St-Amarin dem liebevoll zusammengestellten *Heimatmuseum* in der Rue Clemenceau einen Besuch abstatten. Im Erdgeschoss sind Zeugnisse aus den beiden Weltkriegen zu sehen. Ausstellungen zu der für das Tal einst wichtigen Textilindustrie und den Glasbläsereien sowie Sammlungen von Gemälden, Siegeln und religiöser Kunst findet man im ersten Stock, während im zweiten alte Werkstätten, eine Zahnarztpraxis und ein Klassenzimmer aus der Zeit um 1900 aufgebaut wurden. Auch der Wintersport vergangener Tage wird thematisiert (Mai–Sept. Mi–Mo 14–18 Uhr; Eintritt 3,20 €, Kinder ab 6 J. 0,70 €).

Information Office de Tourisme, ganzjährig Mo–Fr und Samstagvormittag, 1.7.–31.8. auch samstagnach- und sonntagvormittags geöffnet. 81, rue Charles de Gaulle, 68550 Saint-Amarin, ☎ 0389821390, ✉ 0389827644, www.ot-saint-amarin.com.

Tipp für Wanderer: Im O.T. kann man für 5 € ein Paket mit 39 Wandervorschlägen erwerben.

Zug Mehrmals tägl. besteht eine Verbindung von Mulhouse nach Thann, St-Amarin, Wesserling, Fellering bis Kruth und zurück.

Parken Ein großer Platz liegt im Zentrum des Ortes.

Fahrradverleih Cycles Arnold, 80, rue Ch. de Gaulle, ☎ 0389387248.

Wandern/Kinder Gleich 2-mal wird in der Nähe von St-Amarin Wandern mit einem Esel angeboten. Das geduldige Tier begleitet Sie während Ihrer Tour und trägt das Gepäck oder auch kleinere Kinder, sodass die Wanderung für die ganze Familie zum Lusterlebnis wird. In Storckensohn kann man bei der Association Chauvl'Ane (www.bourricot.com/chauvlane) Esel für ein- und mehrtägige Touren, in Mitzach auf der Ferme Traits'Anes die Tiere tage- oder stundenweise (www.traitsanes.com) ausleihen.

Übernachten/Essen * Hôtel Restaurant Au Cheval Blanc, zentral gelegenes Haus mit hübschen, renovierten Zimmern. Im Restaurant kann man zwischen verschiedenen Menüs wählen, zu den Spezialitäten des Hauses gehören Gerichte vom Holzkohlengrill. Von Nov. bis März dienstagabends geschl. Ein DZ mit Grand Lit kostet 49 €, mit einem zusätzlichen schmalen Bett 53 €. 88, rue Ch. de Gaulle, ☎ 0389826480, ✉ 0389387772, www.hotel-chevalblanc.com.

**** Camping Les Bouleaux, in Ranspach, dem nächsten Dorf, abseits der Straße sehr schön gelegen. Komfortable Ausstattung, angenehme Atmosphäre. Mittlerweile kann man hier auch Chalets für bis zu 6 Pers. mieten. Ganzjährig geöffnet. ☎ 0389826470, ✉ 0389391417, www.alsace-camping.com.

Von Saint-Amarin ins Tal der Thur

Genau genommen müsste eine Fahrt durch das Vallée de la Thur jenseits des Weinorts Thann beginnen, doch auf den ersten Kilometern ist das Tal dicht bebaut, eine Industrieanlage reiht sich an die andere. Erst ab St-Amarin, nach dem das Tal übrigens auch oft benannt wird, dominieren Weiden. Bei Husseren-Wesserling verlässt man die stark befahrene Fernverkehrsstraße Richtung Epinal und tuckert auf einem kleinen Sträßchen den Oberlauf der Thur bis zu dem von ihr gebildeten Stausee entlang – der schönste Teil des Tals.

Schlossgarten/Textilmuseum in Husseren-Wesserling: Rund um das Schloss aus dem 18. Jh., einer ehemaligen Sommerresidenz des Klosters Murbach, kann man in einem 10 ha großen Park mehrere Gartenanlagen bewundern. Auf dem Anwesen ließ sich im 19. Jh. eine bald bekannte Stoffdruckfirma nieder. 1995 eröffnete man hier außerdem ein sehenswertes Textilmuseum, das zum einen über die Geschichte der Textilverarbeitung informiert (auch historische Kostüme sind zu sehen) und sich zum andern der Frage widmet, mit welchen Stoffen wir uns wohl in Zukunft kleiden werden. Vor kurzem wurde im Garten ein attraktiver Barfußparcours eingerichtet, oft gibt es hier auch interessante Themen- und Kunstausstellungen (Öffnungszeiten s. u.).

Kruth: Das große Dorf Kruth hat im Grunde keinerlei Sehenswürdigkeiten zu bieten: Kirche, Schule, Feuerwehr, zwei Lebensmittelgeschäfte, Bürgermeisteramt – das war's. Der durch die Stauung der Thur und ihrer Nebenflüsse geschaffene künstliche See mit bescheidenen Wassersportmöglichkeiten und kleinem Strand sorgt aber dafür, dass doch einige Besucher hierher kommen. Die D 13bis führt von Kruth unterhalb der Burgruine Wildenstein an der Ostseite des Sees entlang bis nach Wildenstein, von dort kann man auf der Westseite (Einbahnstraße) zurückfahren. Rechts der Straße finden Sie hier einen kleinen Wasserfall, die Cascade du Bockloch.

Wildenstein: Das letzte Dorf im Tal, nördlich davon entspringt die Thur. Kaum einer kommt hierher, nur Wanderer machen auf dem Weg zu dem das Tal abschließenden Col du Bramont hier Station.

Les Cascades St-Nicolas: Südwestlich von Kruth bildet der Nikolausbach, einer der vielen Rinnsale, die in die Thur münden, gleich mehrere Kaskaden. An der gleichnamigen Kapelle beginnt ein 30-minütiger Rundweg, der den kleinen Wasserfällen zuerst abwärts, dann wieder aufwärts folgt. Man erreicht die Kapelle mit schönem Picknickplatz, wenn man an der Kirche in Kruth auf die D 13$^{bis\,l}$ abzweigt und ihr etwa 2 km folgt.

Grand Ventron: Wer die D 13$^{bis\,l}$ noch weiter aufwärts fährt, erreicht nach knapp 4 km den Col d'Oderen. Hier beginnt der lohnenswerte, mit blauem Rechteck markierte Wanderweg auf den 1204 m hohen Grand Ventron. Er führt mehr oder weniger direkt entlang einer Steinmauer, die vor ca. 100 Jahren die Grenze des Deutschen Reiches bildete. Oben genießt man eine wunderbare Aussicht auf den Grand Ballon und das Tal der Thur, auf dem Rückweg kann man in der empfehlenswerten Auberge du Felsach (✆ 0389827771, Mai bis Okt.) einkehren.

Textilmuseum in Husseren-Wesserling Mitte Juni bis Anfang Okt. tägl. 10–18 Uhr, in den restl. Monaten Di–Sa 10–12 und 14–18 Uhr, So nur nachmittags. Erwachsene 8 €, Kinder ab 10 J. 4 € (jeweils Museum und Garten), www.parc-wesserling.fr.

Klettern/Baden/Kinder Parc d'Arbre en Arbre, Tarzanvergnügen pur verspricht der Abenteuerpark am Ufer des Sees von Kruth-Wildenstein mit verschiedenen Parcours für Kinder (12 €) und Erwachsene (21 €). Weitere Angebote: Bogenschießen, Geo-Coaching etc. Von April bis Juni sowie Sept./

Okt. Mi und Sa 13.30–18.30 Uhr, So 10–18 Uhr geöffnet, im Juli/Aug. tägl. 9.30–19 Uhr. ☏ 0389822517, www.arbreenarbrekruth.com.

Piscine de Wesserling, großes Hallen- und Freibad mit Riesenrutsche und anderen Spaßelementen. Im Juli/Aug.: tägl. 10–19 Uhr. Erwachsene 3,80 €, Kinder 2,50 €. ☏ 0389826435.

Fahrrad- und Bootsverleih Am Stausee in Kruth werden an einem auffälligen Holzgebäude Mountainbikes (18 €/Tag) und elektrische Fahrräder (10 €/St.) vermietet, außerdem kann man dort Tretboote leihen. Zu zweit bezahlt man für eine halbe Stunde 8 €, ☏ 0607962906.

Übernachten/Essen ** Auberge de France, in Kruth. Von der Lage an der Straße braucht man sich in dieser einsamen Gegend nicht beeindrucken zu lassen. In dem gemütlichen Restaurant mit karierten Tischdecken hat schon Maréchal Joffre gegessen. Gute elsässische Küche, z. B. Forelle oder Wildpfeffer. Do geschl. Ein Teil der Zimmer verfügt über Balkon, je nach Ausstattung bezahlt man zu zweit 59–81 €. 20, Grand' rue, ☏ 0389822802, ✆ 0389822405, www.aubergedefrance.fr.

🍃 **Hotel Les Quatre Saisons**, im Ortsteil Le Frenz oberhalb von Kruth liegt das liebevoll dekorierte Haus von Familie Lang. Die Zimmer sind zwar nicht besonders groß (Grand Lit), aber in sehr gutem Zustand, von den Balkonen hat man z. T. einen tollen Blick ins Tal. Üppiges Frühstücksbuffet, zu dem Mutter Lang frisch gebackenes Brot serviert, jeden Morgen erhalten die Gäste ein Infoblatt mit dem aktuellen Wetterbericht und Ideen für den Tag. Zu zweit bezahlt man 50 €. ☏ 0389822861, ✆ 0389822142, www.hotel4saisons.com. ∎

*** **Camping Le Schlossberg**, in Kruth. 5 ha großer Platz an der Thur unweit vom See, viele Bäume spenden Schatten, gute Ausstattung. Von Ostern bis Anfang Okt. geöffnet. ☏ 0389822676, ✆ 0389822017, www.schlossberg.fr.

Restaurant Aux Trolls, der Wirt des einfachen Landgasthofs mitten in Wildenstein hat sich auf Faux-Filet mit allen möglichen Saucenvariationen spezialisiert. Die Mengen sind so großzügig bemessen, dass Sie ruhig die halbe Portion (zum reduzierten Preis) bestellen können – auch davor bekommt man fast Angst, wenn sie vor einem steht. Mo und Di geschl. ☏ 0389822415.

Ferme-Auberge Schafert, in Kruth. Schöner Bauerngasthof oberhalb des Sees, um diesen zu überblicken, muss man allerdings noch ein paar Meter weiter den Berg hinauflaufen. In der großen Stube isst man gut, v. a. der hausgemachte Käse ist zu empfehlen. Anfahrt: Von der Oststraße am See auf die D 27 Richtung Le Markstein abzweigen, nach knapp 3 km biegt man links in den Wald ein und fährt ca. 2 km den Berg hinauf. Von Ende Mai bis Ende Okt. tägl. außer Mo. ☏ 0389822546.

Von Saint-Amarin zur Moselquelle

Ein Abstecher führt durch das Urbès-Tal nach Lothringen zum Col du Bussang, in dessen Nähe die Mosel entspringt. Wer zum richtigen Zeitpunkt (s. u.) am Ortseingang von Urbès in den Weiler **Storckensohn** abzweigt, bekommt in der alten *Moulin Munsch* aus dem 18. Jh. demonstriert, wie bis 1962 Öl aus Haselnüssen gewonnen wurde – und mittlerweile wieder gewonnen wird.

Von Urbès erreicht man in 7 km den **Col du Bussang**. Kurz hinter dem 731 m hohen Pass zweigt eine schmale Straße zur Moselquelle ab. Durch ein modelliertes M fließt ein kleines Rinnsal abwärts. Wie es mit diesem weitergeht, verrät ein Schaubild.

Öffnungszeiten/Eintritt Moulin Munsch, Juli/Aug. tägl. außer Mo und Sa 14–17.30 Uhr, Vorführung Di, Do und So; in den restlichen Monaten des Jahres außer Jan. am 1. und 3. So im Monat geöffnet inkl. Vorführung. Eintritt 3,50 €, Kinder (10–18 J.) 1,70 €. ☏ 0389391400.

Übernachten/Essen Ferme-Auberge Le Drumont, von der Moselquelle erreichen Sie über eine 5 km lange, steile Asphaltstraße die schöne Herberge unterhalb des Drumont-Gipfels. Angenehme Atmosphäre, viele Tiere, gutes Essen – was will man mehr? Von Ostern bis 1.11. tägl. außer Di. Eine Übernachtung im Schlafsaal kostet inkl. Halbpension 32 €. ☏ 0329615012.

Abgelegene Ferme-Auberge im Tal der Doller

Masevaux

Am Ausgang des Tals der Doller liegt das schmucke Landstädtchen, bekannt wegen seiner vorösterlichen Passionsspiele.

Eine der bedeutendsten Einrichtungen der Stadt war bis zur Französischen Revolution das einer im 8. Jh. gegründeten Abtei angehörende Stift für adlige junge Mädchen. Nicht wenige Fürstinnen, u. a. Katharina die Große, sind hier unterrichtet worden. Heute hat in dem Gebäudekomplex an der Place des Alliés (nahe dem Rathaus) die Vereinigung der Gemeinden des Doller- und Soultztales ihren Sitz. Stolz sind die Einwohner außerdem auf die neoklassizistische *Eglise St-Martin*, enthält sie doch eine der am besten klingenden Orgeln des Elsass.

Information Office de Tourisme, ganzjährig Mo–Fr und Sa (vormittags) geöffnet, Mai, Juni, Sept./Okt. auch samstagnachmittags, Juli/Aug. auch sonntagvormittags. 1, pl. Gayardon, 68290 Masevaux, ✆ 03898241 99, ✆ 0389824944, www.ot-masevaux-doller.fr.

Kinder/Ausflüge Train de la Doller, ganz nostalgisch kann man mit verschiedenen alten Zügen, z. T. mit einer Dampflok, zwischen Juni und Sept. die Strecke von Sentheim (s. u.) nach Cernay zurücklegen. Die Preise und Abfahrzeiten erfahren Sie unter ✆ 0389828848, www.train-doller.org.

Parken Rund um die Kirche findet man eigentlich immer einen Platz.

Taxi ✆ 0389824529.

Fahrradverleih Montagne Plus vermietet Mountainbikes und GPS-Geräte jeweils zum Preis von 20 €/Tag nach vorheriger telefonischer Anfrage. ✆ 0369199916, www.montagneplus.fr.

Feste Die weithin bekannten **Passionsfestspiele** finden an den fünf Sonntagen vor Ostern statt. Von Juli bis Sept. können Sie an insgesamt sechs Sonntagen ein Orgelkonzert in der Eglise St-Martin besuchen.

Übernachten/Essen ** Hostellerie Alsacienne, in der Fußgängerzone. Empfehlenswert ist das gemütliche, dunkel getäfelte Restaurant, das elsässische Gerichte und auch Flammkuchen serviert. So abends und Mo geschl. Ein DZ ist für 55 € zu haben. 16, rue du Maréchal Foch, ✆ 0389824525, http://pagesperso-orange.fr/hostellerie.alsacienne.

*** Camping de Masevaux, am westlichen Ortsrand, in 5 Min. ist man im Zentrum. Einige Sportanlagen stehen zur Verfügung, darunter auch ein überdachtes Schwimmbecken. Vom 1.3.–31.10. geöffnet. 3, rue du Stade, ✆/✆ 0389824229, www.camping-masevaux.com

Umgebung von Masevaux

Maison de la Géologie in Sentheim: In diesem Straßendorf 5 km östlich von Masevaux wird in einem kleinen Geologiemuseum die Erdgeschichte des Elsass anhand von Schaubildern, Fotos und Gesteinen sehr anschaulich dargestellt. Außerdem beginnt am Rathaus der 5 km lange *Sentier Géologique du Wolfloch*, der durch die geologische Bruchzone von Sentheim führt.

Route Joffre: Die während des Ersten Weltkriegs zum Transport von Waffen etc. errichtete Verbindungsstrecke von Masevaux nach Bitschwiller-lès-Thann wurde nach ihrem Planer, dem General Joffre, benannt. Vom 748 m hohen Col du Hunsrück genießt man eine schöne Aussicht auf den Sundgau, manchmal sogar bis zum Jura. Für die 8 km lange Strecke (D $14^{bis\ IV}$) sollten Sie 30–40 Minuten einplanen. Am Col du Hunsrück führt eine Piste in ca. 5 Minuten zu einem Monument National. Außerdem beginnt hier ein sehr aussichtsreicher Wanderweg (Markierung rotes Rechteck/rotes Dreieck) zu den besonders urigen Berggasthöfen auf den Matten rund ums sogenannte **Thanner Hubel**, eine der schönsten Landschaften in dieser Gegend.

Öffnungszeiten/Eintritt Das Maison de la Géologie ist von März bis Okt. an jedem 1. So im Monat, im Juli/Aug. an allen Sonntagen geöffnet. Zwischen 14 und 15 Uhr kann das Museum besucht werden, anschließend kann man sich einer ca. 3-stündigen Führung auf dem geologischen Pfad anschließen. Preis für den Besuch des Museums 2 €, inkl. geologischem Pfad 5 €. Pl. de l'Eglise, ✆ 0369771241.

Essen & Trinken Ferme Auberge du Thanner Hubel, zu Fuß vom Col du Hunsrück in ca. 45 Min. zu erreichen. Wunderbare Lage mit Blick auf Thann. Bei der netten Wirtin gibt's deftige Vesper, aber auch warme Mahlzeiten. Von Mai bis Okt. geöffnet, Mo geschl. ✆ 0389381193.

> **Tipp für Radfahrer:** Von Sentheim nach Sewen verläuft dort, wo früher die Eisenbahnschienen lagen, eine angenehme Radpiste (15 km) entlang der Doller.

Von Masevaux durch das Tal der Doller zum Ballon d'Alsace

Mit seinen blumengeschmückten Bauerndörfern, grünen Matten und Gletscherseen gehört das Vallée de la Doller zu den schönsten Vogesentälern.

Sewen: Hübsche Dörfer reihen sich in dem zunächst weiten Tal aneinander, das lebhafte Sewen ist sicher das reizvollste von ihnen. Mittelpunkt ist eines der ältesten Marienheiligtümer des Elsass, die *Wallfahrtskirche Notre-Dame* mit einem

344   Die südlichen Vogesen

Klappaltar im Chor. Am nordwestlichen Ortsrand liegt der *Lac de Sewen,* die ihn umgebenden Wiesen vertorfen allmählich und stehen unter Naturschutz.

Lac d'Alfeld: Hinter Sewen windet sich die Straße durchs immer enger werdende Tal zu dem tiefen und fischreichen Gletschersee direkt an der Straße. Über eine Staumauer mit prächtiger Aussicht kann man zum anderen Ufer spazieren.

Sternsee und Neuweiher Seen: Nur zu Fuß erreichbar sind der kreisrunde Lac des Perches (Sternsee) sowie der Große und der Kleine Neuweiher See, die allesamt im 16. Jh. zur Versorgung der Betriebe im Tal aufgestaut wurden.

Le Ballon d'Alsace: Genau an der Grenze zwischen dem Elsass, Lothringen und der Franche-Comté erhebt sich der Elsässer Belchen (1247 m). Kein anderer Berg steht so für das elsässische Schicksal wie dieser. Nachdem Elsass-Lothringen 1870 an Deutschland gefallen war, errichtete man auf der in der Franche-Comté liegenden Seite 1909 eine Statue der Jeanne d'Arc, um die Bindung beider Gebiete an Frankreich zu unterstreichen. Wenige Jahre später wurde der Berg mit Schützengräben, Stacheldraht und Minen versehen. Das große Denkmal für die Arbeiter, die nach dem Zweiten Weltkrieg – inzwischen war der Ballon 1918 französisch, 1940 wieder deutsch, 1944 endgültig französisch geworden – das Gebirge von Minen befreiten, erinnert noch heute daran. Es steht etwa 100 m nach dem Hôtel du Sommet. Das politische Gerangel hat dem Reiz des Ballon jedoch keinen Abbruch getan. Ein schöner Spazierweg führt auf bzw. um seinen Gipfel herum, von wo man über die Vogesen und bis zu den Alpen einen unvergleichlichen Blick hat.

Spaziergang zum Gipfel des Ballon d'Alsace Der kürzeste Weg beginnt an der Auberge du Ballon d'Alsace. In ca. 10 Min. hat man die 1860 von einem Bauern anlässlich seiner Errettung aus einem Schneesturm gestiftete kleine Marienstatue und kurz da-

Im Tal der Doller

Von Masevaux zum Ballon d'Alsace

rauf die Orientierungstafel am Gipfel erreicht: Es lohnt sich schon allein wegen der ständig wechselnden Aussicht, ab hier den Sentier de Découverte (ca. 1:30 Std.) entlangzugehen, der Sie, u. a. vorbei am Standbild der Jeanne d'Arc, wieder zum Ausgangspunkt zurückbringt.

Sport/Kinder Acropark, Abenteuerkitzel für Groß und Klein (ab 3 J., Größe 1 m) bietet der etwa 3 km unterhalb des Gipfels gelegene Hochseilgarten. Von April bis Okt. Mi, Sa/So und Fei 13–18 Uhr, im Juli/Aug. tägl. 12–19 Uhr geöffnet. Preis je nach Länge des Parcours und Alter 9–19 €. ✆ 0684676858, www.acropark.fr.

Übernachten/Essen Ferme-Auberge du Gresson, in Oberbruck. Die nur zu Fuß zu erreichende Bauernwirtschaft (z. B. ab Ermensbach oder Oberbruck) gehört zu den schönsten der Gegend. Wenn Sie Glück haben, kommen Delikatessen wie Surlawerla auf den Tisch, ansonsten gibt's z. B. Kalte Platte oder Omelett. Von März bis Okt. tägl. außer Mo am Abend sowie am Do, im Jan. Betriebsferien, sonst nur Sa/So. Eine Übernachtung im DZ oder Schlafsaal (Gemeinschaftsbad) mit Halbpension kostet 40 bzw. 32 €. ✆ 0389820021.

** Hôtel Les Vosges, angenehmer Gasthof in Sewen mit kleinen, aber jüngst renovierten und ansprechend eingerichteten Zimmern. Bis 2013 soll das Haus mit einem Lift und einem Wellnessbereich ausgestattet sein. In dem zum Garten liegenden Speisesaal wird gute regionale Küche serviert. So und Mi geschl. DZ 60 €. 38, Grand' Rue, ✆ 0389820043, ✉ 0389820833, www.ot-masevaux-doller.fr.

Ferme-Auberge du Riesenwald, von Rimbach (ca. 2 km nördl. von Oberbruck) führt eine 2 km lange Piste hierher. Rustikaler Rahmen, im Angebot Melkermahlzeit, Wild, Brot mit Speck etc. Mi geschl. ✆ 0389820434.

》》 Unser Tipp: Ferme-Auberge du Grand Langenberg, 2 km oberhalb vom Lac d'Alfeld. Ein **besonderer Tipp** ist der Bauernhof von Michel Kachelhoffer, der aus der Milch seiner Ziegen, Schafe und Kühe guten Käse macht. Nur wenige Leute haben Platz auf der kleinen Terrasse oder in der winzigen Gaststube, aber vielleicht ist es deshalb so gemütlich. Sonntags gibt es *tourte de viande,* ansonsten Brot mit Speck und andere einfache Wandermahlzeiten. Von der D 466 zweigt nach links eine ca. 1,2 km lange asphaltierte Zufahrtsstraße ab. Mi geschl. ✆ 0389489698. **《《**

Der Lac d'Alfeld oberhalb von Sewen

Das Maison Mieg in Mulhouse

Mulhouse und der Sundgau

Ganz tief im Süden, abseits der touristischen Hauptrouten, liegen das dynamische Mulhouse und der stille Sundgau im Dreiländereck zwischen Deutschland, der französischen Region Franche-Comté und der Schweiz.

Die oft abwertend als „Stadt der 100 Schornsteine" oder als „französisches Manchester" bezeichnete Industrie- und Technologiemetropole Mulhouse bleibt ebenso wie der sich südlich davon erstreckende, gerne als rückständig charakterisierte Sundgau von vielen Elsassreisenden unbeachtet, die am Ende der Weinstraße umkehren und wieder nach Hause fahren. Vielleicht liegt das daran, dass hier das elsässische Klischee nicht recht greift. Sowohl Mulhouse als auch der Sundgau sind ein wenig anders als das, was man gemeinhin vom Elsass erwartet: moderne Großstadt statt Winzerdorfidylle, ein sanft gewelltes offenes Land statt steiler Weinberge und hoher Gipfel. Der elsässische Dialekt hat hier eine stark alemannische Färbung, in den Restaurants stehen neben Choucroute & Co. ganz besondere regionale Spezialitäten wie Fleischschnaka, Sürlawerla und Carpe frite auf der Karte und immer wieder ist die Schweiz ganz nahe: Bei einem Spaziergang durch das historische Zentrum von Mulhouse, einst freie Reichsstadt in der Eidgenossenschaft, entdeckt man vielfältige Spuren dieser Geschichte, bei einer Fahrt durch den Sundgau begegnet man ständig Autos mit Basler Kennzeichen. Der Sundgau ist ein beliebtes Naherholungsgebiet für die Menschen dieser Schweizer Grenzstadt. Keine schlechte Wahl, wie wir meinen.

Als „Tor zum Sundgau" wird Mulhouse auch gerne bezeichnet und gerade die Bewohner von Mulhouse begeistern sich heute sehr für das „Radlerparadies Sundgau", eine Region, die sie in der Vergangenheit gerne als „den armen Verwandten vom Land" bezeichneten, veranschaulicht in folgender Anekdote: Es wird von der Einweihung eines Denkmals zu Ehren des Sundgauer Malers Jean-Jacques Henner in Altkirch im Jahre 1911 berichtet. Damals mussten die Sundgauer Bürger die Mühlhausener Oberschicht um Kutschen und Karossen bitten, um angemessen zum Festakt erscheinen zu können.

Mulhouse

Die „europäische Hauptstadt der technischen Museen" mit ansprechendem historischem Kern hat eine Menge Interessantes und Vielfältiges zu bieten.

Zugegeben, die mit knapp 115.000 Einwohnern zweitgrößte Stadt des Elsass (im Großraum Mulhouse leben ca. 280.000 Einwohner) macht es dem Besucher zunächst nicht gerade leicht, sie liebenswert zu finden. Düster wirkende Industrieanlagen, monotone Einkaufszentren und reizlose Vorstadtviertel – so der erste Eindruck, Parkplatznot der zweite. Hat man den Wagen dann endlich abgestellt und bummelt durch den Stadtkern, wandelt sich das Bild, entdeckt man doch zahlreiche schöne Ecken und Plätze rund um das farbenfrohe Rathaus. Nicht pittoreskes Fachwerk dominiert, sondern architektonische Vielfalt vom Mittelalter über Renaissance und Gründerzeit bis in die Moderne. Lebenswirklichkeit statt Touristenidylle. Und so vielfältig wie die Architektur ist auch die einen ausgesprochen hohen Ausländeranteil aufweisende Bevölkerung der Stadt. Ein Spaziergang über den an einen orientalischen Basar erinnernden Wochenmarkt gehört deshalb zum Beeindruckendsten, was das multikulturelle Mulhouse zu bieten hat.

Zu Recht ist die Stadt stolz auf ihre vielen einmaligen Museen. Am bekanntesten ist die Kollektion Schlumpf, die größte Automobilsammlung der Welt, aber auch im Eisenbahn- und Elektrizitätsmuseum kommen Technikfans auf ihre Kosten. An die Zeiten, als die Textilindustrie in Mulhouse dominierte, erinnert das Stoffmuseum. Dazu kommen eine Gemäldesammlung, ein historisches Museum und, im Vortort Rixheim, außerdem noch ein Tapetenmuseum. Es wird Ihnen also sicherlich nicht langweilig werden in Mulhouse!

Geschichte

Der Name der Stadt und das Mühlrad in ihrem Wappen verweisen auf die frühe Geschichte von Mulhouse. In einer kleinen Ansiedlung am Zusammenfluss der Bäche Ill und Doller baute man um das Jahr 800 eine Mühle, die für die Region bald so wichtig war, dass man den Ort *Mulinhuson* nannte. Dieser blieb lange den ungeliebten Bischöfen von Straßburg lehnspflichtig (woran auch einige im 12. Jh. von den Stauferkaisern gewährte städtische Privilegien nichts änderten), bis er 1308 zur freien Reichsstadt erhoben wurde. Um diese Unabhängigkeit zu sichern, gründete Mulhouse zusammen mit anderen nur dem Kaiser des Heiligen Römischen Reiches direkt unterstellten freien Städten im Elsass die Dekapolis. Doch die Beziehungen zu den Kaisern blieben nicht ungetrübt. Als unter den Habsburgern der Status einer freien Reichsstadt verloren zu gehen drohte, beschloss der Stadtrat 1515, der Schweizer Eidgenossenschaft als „zugewanderter Ort" beizutreten.

Wenige Jahre später wurde Mulhouse protestantisch. Doch anders als etwa die Straßburger entschied sich der Rat der Stadt nicht für Luthers Lehre, sondern für die strengeren Regeln der Reformatoren Zwingli und Calvin. Dank des Bündnisses

348 Mulhouse

mit den Schweizern und der guten Beziehungen zum Königreich Frankreich blieb Mulhouse während des Dreißigjährigen Krieges von Verwüstungen verschont. Und als einzige Stadt des Elsass wurde sie danach nicht an das Frankreich Ludwigs XIV. angegliedert, sondern blieb freie Reichsstadt.

In der Mitte des 18. Jh. begann die Industrialisierung mit der Gründung einer Stoffdruckmanufaktur, der in kurzer Zeit zahlreiche Baumwollspinnereien, Webereien, Zwirnereien, Druckwalzen-Gravieranstalten und Färbereien folgten. Zwar gab es nur wenig Platz in der verhältnismäßig kleinen Stadtrepublik, ein wichtiger Standortvorteil war jedoch die günstige Lage zu den Absatzmärkten, insbesondere zu Frankreich, das nur geringe Einfuhrzölle erhob. Dazu kamen die calvinistische Arbeitsethik sowie die Aufgeschlossenheit der Unternehmer gegenüber neuen Techniken. Als dann nach der Revolution die Französische Republik eine Zollblockade über Mulhouse verhängte, stimmte 1798 der Stadtrat kurzerhand für den Austritt aus der Eidgenossenschaft und für den Anschluss an Frankreich. Durch Napoleons Kontinentalsperre gegen England, durch einen frühen Eisenbahnanschluss und den Bau des Rhein-Rhone-Kanals profitierte die Textilindustrie der Stadt noch einmal enorm. Mulhouse entwickelte sich zum „französischen Manchester", seine Bevölkerung nahm explosionsartig zu.

Von 1870 bis 1945 teilte die Stadt die wechselvolle Geschichte des Elsass. Danach kam es zum wirtschaftlichen Strukturwandel. Die Textilindustrie geriet in die Krise und hatte bald keine Zukunft mehr. Es siedelten sich jedoch andere Industrien an, z. B. Papier-, Maschinen-, Elektro- oder Automobilindustrie (Peugeot). Der Dienstleistungssektor gewann mehr und mehr an Bedeutung. Neue Impulse gab auch der Flughafen. Zudem machte sich Mulhouse als Universitäts- und Kulturstadt in jüngerer Zeit einen Namen. Doch trotz aller Bemühungen sind die sozialen Probleme nicht zu übersehen, die in erster Linie aus der vergleichsweise hohen Arbeitslosenzahl resultieren.

🌿 Mulhouse erhält Preise für die Bewahrung seines industriellen Erbes

Da sich die Stadt mit großem Erfolg darum bemüht, ihre Identität zu bewahren, d. h. Industriedenkmäler nicht nur zu erhalten, sondern sie unter Berücksichtigung ihrer historischen Bedeutung auch neuen Verwendungen zuzuführen, wurde sie 2009 vom französischen Ministerium für Kultur und Kommunikation als „Stadt der Kunst und Geschichte" ausgezeichnet. Für die gelungene Umgestaltung – unter Wahrung der typischen Architektur – der einstigen Gießerei der Societé Alsacienne de Construction Méchanique in einen Komplex, der u. a. das Zentrum für zeitgenössische Kunst, das Stadtarchiv und eine Universitätsfakultät beherbergt, erhielt sie sogar von der Europäischen Union den Europa-Nostra-Preis 2010.

Anreise/Verbindungen

(→ Karte S. 350/351)

Eigenes Fahrzeug Mulhouse liegt im Fadenkreuz der beiden Autobahnen A 35 (Ost-West-Richtung) und A 36 (Nord-Süd-Richtung). Um ins Zentrum zu gelangen, benutzt man am besten jeweils die Autobahnausfahrt „Mulhouse Centre".

Parken Parkplätze mitten in der Stadt sind rar und die Politessen ständig unterwegs. Stellen Sie Ihren Wagen deshalb am besten in einem der **Parkhäuser**, z. B Europa (Rue d'Anvers), Marechaux (Rue du Couvent) oder Centre ab. Daneben gibt es kos-

Geschichte 349

Blickfang auf der Place de la Réunion ist das farbenfrohe Rathaus

tenpflichtige Parkplätze: z. B. Parking Buffon (Bv. Roosevelt), Pl. Franklin, an der Kirche Ste-Marie und an der Porte Bâle (Preis ca. 1,20–1,50 € pro Std.). Kostenlos ist bisher noch der Parkplatz in der Rue Descartes. Am Di, Do und Sa wird dort allerdings Markt abgehalten. Die genannten Parkplätze und -häuser finden Sie auch auf dem Plan. Außerdem gibt es ein **Park & Ride-System**: Nahe bei den Ausfahrten „Mulhouse Centre" liegt ein Parkplatz (beim Multiplex-Kinocenter), ein weiterer befindet sich im Südwesten der Stadt (Stade de l'Ill/Université, Parkgebühr 2 € inkl. Straßenbahntickets für alle Fahrzeuginsassen). Von beiden fährt wochentags etwa alle 7 Min., am Wochenende alle 20 bis 30 Min. die Tram Nr. 2 in kurzer Zeit ins Zentrum.

Zug Der **Gare SNCF** liegt etwa 600 m südlich vom Stadtzentrum. Von hier bestehen direkte Verbindungen z. B. nach Altkirch; über Thann nach Kruth; nach Rixheim und weiter in Richtung Basel und Chur; über Colmar und Sélestat nach Strasbourg.

Flugzeug Vom **Flughafen** Basel-Mulhouse-Freiburg bestehen gute Verbindungen zu mehreren größeren Städten in Deutschland, Österreich und der Schweiz (Näheres siehe S. 45).

Autoverleih Avis, 116, rue de Bâle (im Bahnhofsgebäude), ☎ 0389441818. Die Agentur unterhält auch eine Zweigstelle am Flughafen, ☎ 0820611701.

Fahrradverleih und –aufbewahrung Mediacycles, im Bahnhofsgebäude werden ganzjährig Fahrräder vermietet. Geöffnet Mo–Fr 5.45–12 und 13.30–20 Uhr, im Sommer auch Sa 9–12 und 14–17 Uhr. Ein Erwachsener bekommt ein Fahrrad zum Preis von knapp 6 €/Tag, auch Kinderanhänger sind im Angebot. Zum Preis von 1,50 €/Tag kann man das eigene Fahrrad hier auch abstellen. 16bis, av. du Gal Leclerc, ☎ 038945 2598. Außerdem gibt es im Stadtgebiet verteilt einige **automatische Entleihstationen** (z. B. an der Porte Jeune), an denen man rund um die Uhr einen Drahtesel bekommen kann. Bezahlt wird mit der Kreditkarte. ∎

Öffentlicher Nahverkehr Mittlerweile fahren drei Straßenbahnen durch die Innenstadt. Die Tram 1 bedient die Nord-Süd-Route, während die Tram 2 auf der Ost-West-Achse hin- und herpendelt. Seit Ende 2010 fährt die neue Tram 3 die Strecke bis nach Thann. Alle Busse und die Trams passieren die zentrale Station Porte Jeune bei der Tour de l'Europe, ein weiterer wichtiger Knotenpunkt befindet sich am Bahnhof. Einen kostenlosen Plan zu Haltestellen, Linien und Abfahrtszeiten bekommt man beim O.T. oder in den Büros der städtischen Transportbetriebe **SOLEA** **6**: Porte Jeune,

Mulhouse → Karte S. 350/351

Essen & Trinken

- 2 Aux Caves du Vieux Convent
- 7 Il Cortile
- 8 Tour de l'Europe
- 9 Le Couscoussier
- 11 Le Pic-Vit
- 12 Zum Saüwadala
- 13 La Gourmandise
- 16 Du Vieux Mulhouse
- 17 Winstub Henriette
- 18 Guillaume-Tell
- 21 Garden Ice Cafe

Übernachten

- 1 Bristol
- 4 Ibis Centre Filature
- 10 Kyriad Mulhouse Centre
- 14 Bâle
- 19 Ibis Centre Gare

Nachtleben

- 5 La Salle des Coffres
- 15 Jet 7 Bar
- 20 Jet 7 Club

Sonstiges

- 3 Ordiland
- 6 SOLEA

Informationen 351

Ecke Boulevard de l'Europe/Rue Pasteur, Mo–Fr, Sa nur vormittags; Bahnhof Mo–Fr. Auskünfte erhalten Sie zudem unter ✆ 0389 667777 bzw. www.solea.info.

Für Touristen besonders interessant sind die Tram 1, die das Automuseum anfährt, sowie die Tram 3, die am Musée Electropolis bzw. an der Cité du Train hält. Einzelfahrscheine für die Tram kauft man an den SOLEA-Verkaufsstellen (s. o.) oder man zieht sie am Automaten an den Haltestellen (1,30 €, zwei Zonen).

Taxi Taxis warten z. B. vor dem Bahnhof und in der Rue de la Justice nahe der Place Victoire. Sie können unter folgenden Telefonnummern einen Wagen rufen: ✆ 038945 8000 oder 0389563333.

Mulhouse City Pass

Ebenso wie in Strasbourg gibt es auch in Mulhouse seit 2010 einen sog. City Pass. Für 14 € pro Person erhält man u. a. kostenlosen Eintritt in eines der großen Museen, in ein Schwimmbad, drei Tage lang freien Transport in Tram und Bus und zahlreiche andere Nachlässe. Der Pass ist in einigen Hotels, im O.T. und auch online zu erwerben.

Information

Information Office de Tourisme, Ende 2012 soll an der Porte Jeune das neue Hauptbüro des Office de Tourisme eröffnet werden: tägl. 10–12 und 13–18 Uhr, im Juli/Aug. und Dez. durchgehend bis 19 Uhr. 4–6, av. de Colmar, ✆ 0389669313.

Das bisherige Büro im Hôtel de Ville an der Place de la Réunion wird als Nebenbüro bestehen bleiben, dessen zukünftige Öffnungszeiten standen zum Zeitpunkt der Drucklegung aber noch nicht fest. Bis zur Eröffnung des Hauptbüros an der Porte Jeune gelten hier die oben genannten Öffnungszeiten.

Aktuelle Informationen finden Sie unter www.tourisme-mulhouse.com.

Führungen Das O.T. organisiert im Sommer und im Advent Führungen durch die Stadt in französischer Sprache, Dauer ca. 2 Std., Preis 6 €.

352 Mulhouse

Feste In Mulhouse wird wie im nahe gelegen Basel die **alemannische Fastnacht** gefeiert, genaue Termine erfahren Sie beim O.T. Außerdem ist man auch hier stolz auf den von Ende Nov. bis zum 30. Dez. stattfindenden **Weihnachtsmarkt**.

Internet Ordiland **3**, Cybercafé und mehr, Mo–Sa 9–22 Uhr geöffnet. 74, av. du Président Kennedy.

Kinder Die verschiedenen Technikmuseen (Auto-, Eisenbahn-, Elektrizitätsmuseum) und natürlich der Zoo haben für Kinder einiges zu bieten.

Krankenhaus Hôpital du Hasenrain, 87, av. d'Altkirch, ℘ 0389646464.

Markt Frische Lebensmittel bekommt man am besten auf dem Marché du Canal Couvert (siehe Kasten S. 335).

Schwimmen Mehrere Schwimmbäder, am besten ist jedoch das **Piscine Pierre et Marie Curie**: Sauna, römische Bäder, Hamam, Aquajogging etc. Rue Pierre-et-Marie-Curie, ℘ 0389326900.

Öffentliche Toiletten Rue des Cordiers (Rückseite des O.T.) und in der Rue Salvator beim Parc Salvator.

Mulhouse Greeters – eine ganz persönliche Begegnung mit der Stadt

New York stand Pate bei einer Idee, die weltweit mittlerweile mehrere Dutzend Städte übernommen haben: das sog. Greeter Network. Greeter sind Einheimische, die sich kostenlos mit Touristen, seien es Einzelpersonen oder Kleingruppen, auf den Weg durch ihre Stadt machen. Bewusst soll sich dieses Angebot von einer professionellen Führung abheben. Vielmehr bietet der Greeter Themen an, die seiner Neigung oder seinem Erfahrungsbereich entsprechen: vom Gang über den Markt über Besuche von Museen, Radtouren oder Wanderungen im Umland bis hin zu gemeinsamen Abendessen in einem elsässischen Spezialitätenlokal ist alles dabei. Auf diese Weise lernt der Besucher die Stadt auf eine ganz persönliche Art und Weise kennen.

Wer Interesse daran hat, sollte sich am besten im Vorfeld unter www.greeters-mulhouse.com über das Angebot informieren. Dort findet man eine mittlerweile recht stattliche Liste von Greetern mit Fotos, persönlichen Informationen, Angeboten, Fremdsprachenkenntnissen etc. Probieren Sie es aus!

Übernachten
(→ Karte S. 350/351)

*** **Hôtel Bristol 1**, komfortables Hotel in der Stadtmitte mit zuvorkommendem Service. Die geräumigen Zimmer und Suiten mit schönen Bädern inkl. Jacuzzi haben schallgeschützte Fenster und sind geschmackvoll eingerichtet. Die Benutzung des Parkplatzes ist frei, es gibt aber auch eine Garage. Ein Standard-DZ kostet je nach Größe und Ausstattung (Grand Lit oder zwei Betten) zwischen 65 und 130 €, für ein Komfort-Zimmer wird man mit bis zu 260 € zur Kasse gebeten, Familien bezahlen je nach Anzahl der Personen 75 bis 140 €; gutes Frühstücksbuffet. 18, av. de Colmar, ℘ 0389421231, ✆ 0389425057, www.hotelbristol.com.

*** **Kyriad Mulhouse Centre 10**, ruhiges, angenehmes Hotel im Herzen der Stadt, in dem auch viele Geschäftsreisende anzutreffen sind. Die modern eingerichteten Zimmer sind mit Grand Lit oder Twinbetten ausgestattet und verfügen über geräumige Bäder, AC, TV und kostenlosen WiFi-Zugang. Den Gästen stehen ein Fitnessraum sowie Sauna und Hamam kostenlos zur Verfügung. Das Frühstück wird auf einer verglasten Dachterrasse serviert. Direkt unter dem Hotel befindet sich das Parkhaus des Maréchaux. Einzelreisende zahlen von Mo–Sa 71 €, sonntags nur 59 €. Zu zweit bezahlt man 91 € bzw. 81 €. 15, rue Lambert, ℘ 0389664477, ✆ 0389463066, www.kyriad.com.

** **Hôtel Ibis Centre Gare 19**, den gewohnten Ibis-Standard mit funktionalen, aber völlig ausreichend ausgestatteten Zimmern

Nachtleben/Essen 353

Die Häuser an der Place de la Réunion bilden ein reizvolles Ensemble

bietet auch dieses zentral gelegene Haus. Geschlossener Parkplatz gegen Aufpreis. Preis für ein DZ 72 €, am Wochenende gibt es häufig Nachlass. 53, rue de Bâle, ☏ 0389464141, ✆ 0389562426, www.ibishotel.com.

** **Ibis Centre Filature** 4, gut 1 km vom Zentrum entfernt liegt das Schwesterhotel. In Ausstattung und Preis vergleichbar. 34, allée Nathan Katz, ☏ 0389560956, ✆ 0389455357, www.ibishotel.com.

** **Hôtel Bâle** 14, ganz zentral und doch recht ruhig liegt das schmale Haus nahe bei der Tour du Bollwerk. Die Bäder sind unterschiedlich groß und z. T. nur mit Dusche ausgestattet. Die Benutzung der hauseigenen Parkplätze (geringe Anzahl) ist frei. Einige Räume besitzen kostenlosen WiFi-Zugang. Hübscher Frühstücksraum im Dekor des 19. Jh., nette Besitzer. Ein DZ kostet unter der Woche 56 €, am Wochenende 45 €. Wer auf das eigene Bad verzichtet, bezahlt nur 45 bzw. 33 €. Das Familienzimmer wird je nach Wochentag und Belegung mit 58 bis 68 € berechnet. 19, passage Central, ☏ 0389461987, ✆ 0389660706, www.hoteldebale.fr.

Nachtleben/Essen (→ Karte S. 350/351)

Essen & Trinken Restaurant Il Cortile 7, im Gebäude des Cour des Chaînes genießt man wunderbare, seit Jahren mit einem Michelin-Stern ausgezeichnete, saisonal abgestimmte italienische Küche. Lecker z. B. das Lammkarée an Oliven, Erbsen und Minze oder die Dorade in Salzkruste. Menü ab 59 €, mittags zahlt man an Wochentagen 29 €. So und Mo geschl. 11, rue des Franciscains, ☏ 0389663979.

Restaurant Tour de l'Europe 8, bietet neben feiner Küche auch noch schöne Sightseeingerlebnisse, denn das Restaurant im 31. Stockwerk des Europaturms dreht sich innerhalb einer Stunde einmal um 360 Grad. Deftige elsässische Spezialitäten, aber auch die feine Küche werden hier geboten. Günstiges Mittagsmenü, das je nach Anzahl der Gänge zwischen 10 und 25 € kostet. So abends und Mo geschl. 3, bv. de l'Europe, ☏ 0389451214.

Garden Ice Café 21, große Brasserie an der Place de la République, in der bis in den späten Abend immer etwas los ist. Gut geeignet für ein schnelles, leichtes Mittagessen, denn hier sind etliche Snacks wie

354 Mulhouse

Croques Monsieur, Salate, Burger etc. zu haben. Aber natürlich gibt es auch Leckeres für den großen Hunger. 6, pl. de la République, ℘ 0389660000.

Restaurant Aux Caves du Vieux Couvent ⬛2⬛, achten Sie darauf, in dem großen Gastraum einen Platz zu ergattern, von dem aus man die Wandgemälde mit Motiven aus dem alten Mulhouse auch gut im Auge hat – Beachtung verdient z. B. die Darstellung einer Frau mit dem berüchtigten Klapperstein. Aber auch das Essensangebot bietet Grund genug für einen Besuch des bei den Einheimischen beliebten Lokals. Leckere elsässische Spezialitäten, hübsch angerichtet – so z. B. wird der Cuisse de Canard mit Gemüsen und Kartoffelplätzchen serviert. Und zum Abschluss lockt ein feines Dessert ... Mi und So jeweils abends, Mo ganztägig geschl. 23, rue du Couvent, ℘ 0389462879.

Auberge du Vieux Mulhouse ⬛16⬛, schon allein wegen der spektakulären Terrasse auf der Place de la Réunion steuern viele Touristen das nette Lokal mit französischen und elsässischen Spezialitäten an, insbesondere die Liebhaber von Sauerkraut kommen hier auf ihre Kosten, wird dieses doch mit den unterschiedlichsten Beilagen (Entenschlegel, Fisch etc.) serviert. Lecker fanden wir aber auch die Entenbrust mit Preiselbeeren in Pinot-noir-Sauce. Tägl. durchgehend geöffnet, am Wochenende warme Küche von 10 bis 22.30 Uhr. Pl. de la Réunion, ℘ 0389458418.

≫≫ Unser Tipp: Winstub Henriette ⬛17⬛, sehr gemütliches Lokal in der gleichnamigen Gasse, beide im Übrigen nach dem ersten Mädchen benannt, das nach dem Anschluss von Mulhouse an Frankreich mit französischer Staatsbürgerschaft in der Stadt zur Welt kam. Beliebter Treffpunkt von Einheimischen und Touristen, elsässische Küche, die hier aber nicht unbedingt deftig, sondern etwas leichter zubereitet wird. Lecker fanden wir z. B. die Fleischschnaka. So und Mo geschl. 9, rue Henriette, ℘ 0389462783. ≪≪

Le Pic-Vit ⬛11⬛, klassische und sehr beliebte Weinstube auf zwei Etagen. Zu den „Rennern" gehören die Flammkuchen, die man hier auch mal mit Schnecken oder als süße Nachspeise bestellen kann. Daneben stehen auch gute elsässische Standardgerichte wie Kalbsnierchen oder Baeckaoffa auf der Karte. Mo geschl. 8, rue des Bons Enfants, ℘ 0389457117.

Wistuwa Zum Saüwadala ⬛12⬛, jede Menge Dekoschweine schmücken das gemütliche Lokal mit rot-weiß-karierten Tischdecken und auch auf der Speisekarte finden sich viele „Schweinereien". Vegetariern können wir das Bibbeleskas mit Kartoffeln empfehlen. So und montagmittags geschl. 13, rue de l'Arsenal, ℘ 0389451819.

Restaurant Le Couscoussier ⬛9⬛, nirgendwo im Elsass scheint der Maghreb so nahe zu sein wie in Mulhouse. Probieren Sie doch einmal ein Couscous, z. B. mit würziger Mergez, einer orientalischen Räucherwurst, oder eine Tajine. Dazu schmeckt ein Rotwein aus Tunesien oder Marokko, statt Espresso dann einen Thé à la Menthe. Täglich wechselnde Tagesgerichte zu günstigem Preis. So und Mo geschl. 33, rue de l'Arsenal, ℘ 0389566507.

Salon de Thé La Gourmandise ⬛13⬛, sehr beliebt in Mulhouse. Im Sommer genießt man die feinen Kalorienbömbchen auf der Terrasse, an kühlen Tagen im gemütlichen Innenraum. 7, rue des Boulangers.

Café Guillaume-Tell ⬛18⬛, die Geschichte mit dem Apfelschuss lässt grüßen – nicht nur der Name, sondern auch die Gestaltung der Hausfassade lassen die Schweizer Historie wieder aufleben. Beliebter Treffpunkt auf einen Kaffee oder ein Glas Wein, im Sommer sitzt man direkt vor dem Hôtel de Ville auf der Place de la Réunion. 1, rue Guillaume Tell.

Nachtleben Jet 7 Bar ⬛15⬛, beliebte Bar für alle Altersstufen, zudem gay-freundlich, es trifft sich also ein bunt gemischtes Publikum. Tägl. bis 1.30 Uhr geöffnet. 2bis passage de l'Hôtel de Ville, ℘ 0389560421.

Jet 7 Club ⬛20⬛, die dazugehörige Diskothek liegt ein paar Ecken weiter, ebenfalls bis 1.30 Uhr geöffnet. 47, rue de la Sinne, ℘ 0389777563.

La Salle des Coffres ⬛5⬛, eine der beliebtesten Diskotheken der Stadt, viele Studenten gehören zum Publikum, vom DJ wird hauptsächlich Rock aufgelegt, oft gibt es aber auch thematisch festgelegte Nächte. Di–So 22–4 Uhr. 74, rue du Sauvage, ℘ 0389563498.

Theâtre de la Sinne, elsässisches Theater mit Lachgarantie wird im Mulhouser Stadttheater regelmäßig geboten. 41, rue de la Sinne, ℘ 0389337801.

Der Markt von Mulhouse: Wo sich das Elsass mit dem Orient trifft

Einer der farbenfrohesten und interessantesten Märkte im Elsass findet dreimal pro Woche in Mulhouse statt: Anbieter aus aller Herren Länder und die bunt gemischte Käuferschaft aus Einheimischen, badischen Grenzgängern und afrikanischen Fremdarbeitern verleiht ihm ein ganz besonderes, multikulturelles Flair.

Der große Marktplatz am Canal Couvert ist in drei Sektoren eingeteilt: Von der Innenstadt kommend, betritt man zuerst den Bereich für Kleidung, Lederwaren, Haushaltszubehör – ohne Zweifel eine Domäne der Frauen, die die Ware kritisch prüfen, mit dem Anbieter um den Preis streiten und manchmal auch kaufen. Jenseits der Straße erstreckt sich der Obst- und Gemüsemarkt. Schon von weitem hört man die Mulhouser Marktleute, die abwechselnd auf Elsässisch und Französisch ihre Tomaten, Salatköpfe oder die für die Region typischen länglichen Radieschen lautstark anpreisen. Beim Herumschlendern steigt einem auf einmal der aromatische Duft von frischer Pfefferminze und Koriander in die Nase. Am entsprechenden Stand wählen Tunesier, Marokkaner oder Algerier, mit Jellaba und Turban bekleidet, sachverständig die schönsten Büschel aus, halten einen Plausch mit Freunden aus der alten Heimat und gehen weiter zum Stand des Elsässer Gemüsebauern nebenan. In der sich anschließenden großen Markthalle werden neben Fleisch und Fisch die verschiedensten internationalen Spezialitäten angeboten: von gefüllten Nudeln aus Italien über klebrig-süßes Gebäck aus Nordafrika und vietnamesische Teigtaschen bis zu gesalzenem Fisch aus Portugal und kretischen Oliven. Falls Ihnen nach dem Betrachten all der Köstlichkeiten der Magen knurrt, gehen Sie doch einfach zum Mittagessen ins Markthallenrestaurant, wo man bodenständige elsässische Küche garantiert frisch zu günstigen Preisen bekommen kann.

Markttage: Di und Do (bis ca. 15 Uhr) und Sa den ganzen Tag. Der Platz Marché du Canal Couvert befindet sich am Boulevard du President Roosevelt und ist mit der Buslinie 62 erreichbar.

Einkaufen

Haupteinkaufsstraße ist die Rue du Sauvage, dort finden Sie auch die größeren Kaufhäuser wie FNAC, Globe etc.

La Chocothèque, anerkannter Familienbetrieb, in dem nicht nur Schokolade verkauft wird. Hier besorgen die Mulhouser auch anlässlich großer Familienereignisse wie Hochzeit, Taufe etc. die typischen gefüllten Dragées, die man an die Gäste verschenkt. Pl. de la Réunion.

Au Bouton d'Or, daneben eine weitere Institution des Genusses. Die Crèmerie „Butterblume" wurde mehrfach als „Maison de Qualité" ausgezeichnet, denn nicht nur die Auswahl an Käsen, sondern auch ihre Qualität ist bemerkenswert. Alle Produkte stammen von ausgewählten Bauernhöfen und nicht aus industrieller Produktion. Pl. de la Réunion. ■

Sehenswertes in der Altstadt

Etwa zwei Stunden sollten Sie für einen Rundgang durch die Altstadt von Mulhouse einplanen. Wenn Sie dabei das Historische Museum und das Musée des Beaux Arts besuchen wollen, verlängert er sich entsprechend. Die berühmten technischen Museen und der sehr eindrucksvolle Zoo liegen nicht im Zentrum und sind – mit Ausnahme des Musée de l'Impression sur Etoffes – am besten mit öffentlichen Verkehrsmitteln zu erreichen.

Lästermäuler mussten den Klapperstein tragen

Place de la Réunion: Der belebte Platz liegt im Herzen der Stadt, hier wurde 1798 der freiwillige Anschluss an Frankreich mit viel Enthusiasmus gefeiert. Der von der Figur eines spätmittelalterlichen Hellebardenträgers überragte große *Brunnen* in der Nordostecke ist die Nachbildung eines Originals aus dem Jahre 1572; gebaut wurde sie exakt 200 Jahre später. Schmale und breite, hohe und niedrige Häuser in verschiedenen Baustilen und Farben umgeben den Platz und bilden ein reizvolles Ensemble. Auffallend an der Südseite das *Maison Mieg* aus dem Jahre 1560 mit schmuckem Erkertürmchen. Bis vor wenigen Jahren war das nun weiß getünchte Haus noch mit prachtvollen Wandmalereien verziert, die man heute im Historischen Museum (s. u.) bewundern kann. Das bunt bemalte Bankhaus daneben diente einst als *Zunfthaus der Schneider,* und ganz im Westen steht schon seit 1649 das Gebäude der *Pharmacie du Lys*.

Temple Saint-Etienne: Beherrscht wird die Place de la Réunion von der protestantischen *Stephanskirche*, die Mitte des 19. Jh. an der Stelle eines romanischen Gotteshauses aus dem 12. Jh. errichtet wurde. Im Innern führt eine Treppe auf die Galerie, von wo man die wunderschönen Glasfenster aus dem 14. Jh. mit Motiven aus dem Alten und Neuen Testament betrachten kann, Erklärungen (auch auf Deutsch)

Sehenswertes in der Altstadt   357

sind darunter angebracht. Die Fenster haben beide Weltkriege wohl nur deswegen überstanden, weil sie jeweils vorsorglich abmontiert worden waren. Beachtenswert sind auch das Renaissance-Chorgestühl und die Silbermannorgel.

Von Mai bis Sept. tägl. außer Di 10–12 und 14–18 Uhr, So nur am Nachmittag.

Hôtel de Ville/Musée Historique: Schmuckstück der Place de la Réunion ist das prächtige, farbenfrohe Renaissancegebäude des *Hôtel de Ville* aus dem Jahre 1552. Die Ratsherren der Stadt betraten es einst über eine doppelte, von zwei das Stadtwappen haltenden Löwen geschmückte Freitreppe. Seit dem Ende des 17. Jh. schmücken eindrucksvolle Wandmalereien die Außenwände, u. a. allegorische Figuren der von der reformierten Kirche besonders betonten Tugenden Prudentia, Fides, Caritas usw. An der rechten Schmalseite hängt eine Nachbildung des sog. *Klappersteins.*

Wer den Klapperstein zu tragen hat

Klatsch und Tratsch haben zu allen Zeiten oft Schlimmes bewirkt. In Mülhausen bestrafte man Lästermäuler deshalb auf besonders drastische Art und Weise. Falls ein Bürger der üblen Nachrede für schuldig befunden worden war, wurde er – so erzählen es die Mülhauser ihren Kindern heute noch – in ein weißes Gewand gesteckt, musste sich den Klapperstein umhängen und wurde, rückwärts auf einem Esel sitzend, durch die Stadt geführt und so bloßgestellt. Zum letzten Mal soll dies im Jahre 1781 geschehen sein. In einem Vers unter der Nachbildung des fratzenförmigen Steins erklärt dieser seine Funktion: *„Zum Klapperstein bin ich genannt, den bösen Mäulern wohl bekannt. Wer Lust zu Zank und Hader hat, der muss mich tragen durch die Stadt."*

Im Innern des Hôtel de Ville ist neben der Touristeninformation auch das *Historische Museum* untergebracht. Man betritt es durch eine Glastür unterhalb der großen Doppeltreppe. Im ersten Stock befindet sich der ehemalige Ratssaal der freien Reichsstadt Mulhouse, verziert u. a. mit den Wappen der einst verbündeten Schweizer Kantone – heute noch hält hier der Stadtrat einmal im Monat eine Sitzung ab. Möbel, Handwerksgeräte, Trachten und sakrale Objekte sind im zweiten Stock ausgestellt, aber auch Waffen aus der Zeit von 1500 bis 1780. In einem Anbau kann man die Originalbemalung des Hauses Mieg (s. o.) bewundern, außerdem Teile der Inneneinrichtung. Interessant sind außerdem eine umfangreiche Sammlung mit altem Spielzeug, eine Originalküche aus dem Sundgau sowie ein Webstuhl. Das oberste Stockwerk ist dem Übergang von der alten Handwerker- zur Industriestadt und den Mühlhausener Familien gewidmet, die durch Innovation der Stadt zu besonderem Wohlstand verholfenen haben.

Tägl. außer Di 13–18 Uhr. Eintritt frei.

Musée des Beaux-Arts: Gehen Sie nun über die Rue Guillaume Tell zum gleichnamigen Platz. Dort ist in der alten Stadtvilla Steinbach aus dem 18. Jh. das kleine *Kunstmuseum* untergebracht. Neben einer Sammlung von Bildern aus verschiedenen europäischen Epochen und Stilrichtungen (z. B. J. van Ruisdal, P. Breughel d. J., G. Courbet, D. Teniers) sind auch die Werke elsässischer Künstler aus dem 19. Jh. interessant. Zu den bedeutendsten gehören J.-J. Henner, G. Brion, G. Jundt und C. A. Pabst. Im obersten Stockwerk finden regelmäßig verschiedene Wechselausstellungen statt.

Tägl. außer Di 13–18.30 Uhr, im Juli/Aug. evtl. auch 10–12 Uhr. Eintritt frei.

Tour du Diable/Tour Nessel/Chapelle St-Jean: Nur wenige Schritte vom Museum entfernt steht an der nächsten Straßenecke das Theatergebäude aus dem 19. Jh. Gehen Sie hier rechts in die Rue de la Sinne, vorbei am Square Steinbach auf der einen und dem komfortablen Parkhotel auf der anderen Seite. Nachdem Sie die Kirche St-Etienne passiert haben, biegen Sie rechts in die Rue J. Preiss und bei der nächsten Gelegenheit nach links ab. So erreichen Sie die restaurierte mittelalterliche *Tour du Diable* inmitten von moderner und älterer Bausubstanz. Der Turm war wie die nur wenige Meter nördlich stehende *Tour Nessel*, erreichbar über die Rue du Bourg, Teil der mittelalterlichen Stadtbefestigung, die man im 19. Jh. abriss, um Platz für die neu entstehenden Manufakturen zu schaffen.

Vom heute durch eine kleine Brücke mit einem Gymnasium verbundenen Tour Nessel geht man über die Grand' Rue weiter bis zu der schlichten *Chapelle St-Jean.* Sie wurde 1269 von den Johannitern erbaut und steht heute unter Denkmalschutz – leider haben wir sie immer nur verschlossen vorgefunden. Im Kirchgarten findet sich aber unter alten Bäumen ein reizvolles Sammelsurium von Säulen, Taufbecken und Brunnen.

Zeugnisse der Industrialisierung in der Oberstadt: Am Ende der Grand' Rue biegt man rechts und unmittelbar danach wieder links ab in die Rue des Franciscains. In diesem Stadtviertel, auch Oberstadt genannt, findet man interessante Zeugnisse aus der Zeit der Industrialisierung, als alte Gebäude zu Manufakturen umgestaltet wurden. Das erste ist der *Cour des Chaînes.* Wo heute ein beliebtes Restaurant untergebracht ist, residierte einst die Adelsfamilie der Tagolsheim; im 18. Jh. wurde das Gebäude mit Wappen und Turm aus dem 16. Jh. dann in eine Stoffdruckmanufaktur umgewandelt – daher auch der vielsagende Name „Kettenhof". Werfen Sie auch einen Blick auf die gegenüberliegende originell bemalte Hauswand. Aus Fenstern scheinen historische Persönlichkeiten herauszuschauen. Einige Schritte weiter passiert man das *Schloessle* (Hausnummer 28), ein sog. Maison Mixte, in dem sowohl Werkstätten als auch Wohnungen untergebracht waren. Gegenüber der romanischen *Eglise Ste-Marie,* auch Barfüßer-Kirche genannt, steht das noble *Maison Loewenfels,* Ende des 18. Jh. von einem der Gründer der ersten Kattunmanufakturen der Stadt errichtet. Die schöne Fassade im Stil des Rokoko lässt ahnen, dass er davon nicht schlecht gelebt hat.

Tour de l'Europe/Tour du Bollwerk: Zunächst rechts, dann links abzweigend, kommt man in die Rue des Maréchaux, biegt an deren Ende wieder nach links ab in die Haupteinkaufsstraße Rue du Sauvage und kommt so zu Mühlhausens großem Verkehrsknotenpunkt *Porte Jeune.* Er wird beherrscht vom 100 m hohen, halbrund geschwungenen *Europaturm.* Das von einem Mühlhausener Architekten entworfene, 1972 eingeweihte Gebäude hat sich neben dem historischen Rathaus schnell zum Wahrzeichen der Stadt entwickelt. Wesentlich reizvoller als der Riese selbst erscheint uns jedoch der Blick auf die Stadt von dem drehbaren Restaurant im obersten Stockwerk.

Über die Rue de Metz kommt man zum letzten der drei restaurierten mittelalterlichen Türme, der durch ihre Bemalung besonders reizvollen *Tour du Bollwerk.* Durch das spitzbogige Tor in der Mauer gelangt man wieder in den alten Stadtkern und zur Place de la Réunion.

Sehenswertes außerhalb der Altstadt

Musée de l'Impression sur Etoffes: Dem während der Zeit der Industrialisierung bedeutendsten Wirtschaftszweig der Stadt ist das im Bahnhofsviertel gelegene *Stoffdruckmuseum* gewidmet. Eine riesige Sammlung von Stoffen vermittelt einen

Überblick von den Anfängen des Stoffdrucks, als man die Methoden indischer Handwerker kopierte, bis zu modernen Schöpfungen. Es sind so viele, dass sie nur in Wechselausstellungen gezeigt werden können. Die Kollektion soll übrigens auch schon von Christian Dior bewundert worden sein – selbst begnadete Künstler benötigen Anregungen durch andere! Ein weiterer Schwerpunkt ist die technische Entwicklung im Textilgewerbe: Während im Untergeschoss das 18. Jh. mit Holzdruckplatten und dem Modell einer Stoffdruckmanufaktur im Vordergrund steht, werden im Obergeschoss Kupferrollen und riesige Druckmaschinen ausgestellt – Voraussetzungen für die Mechanisierung des Stoffdrucks im 19. Jh. Highlights sind die regelmäßig stattfinden Druckvorführungen (s. u.), und auch der Museumsshop mit einer schönen Auswahl an Stoff- und Papierdrucken kann sich sehen lassen.

Adresse 14, rue J.J. Henner, ℅ 0389468300 .
Öffnungszeiten/Eintritt Di–So 10–12 und 14–18 Uhr. Erwachsene 7 €, Kinder ab 12 J. 3 €. An der Kasse kann gegen eine Gebühr von 3 € ein informativer Audioguide entliehen werden.

Musée National de l'Automobile: Auf 20.000 qm bekommt man einen weltweit einmaligen Überblick über die Geschichte des Autos von den Anfängen bis zur Gegenwart. Unter den mehr als 400 Fahrzeugen sind Raritäten, die das Herz eines Autofans höher schlagen lassen: Oldtimer von Panhard, Benz und Peugeot, sündhaft teure und luxuriöse Liebhabermodelle von Bugatti, Citroën, Rolls Royce oder Mercedes Benz und superschnelle Flitzer wie der Porsche 936, aber auch die legendäre Ente, mehrere Käfer und ein Trabi fehlen nicht. Beeindruckend ist auch die Sammlung von Rennwagen, vom Mercedes Silberpfeil über Maserati und Lotus bis zum Ferrari. Daneben kann man hier auch eine stattliche Sammlung von Kinderautos bewundern. Mehrere „Unterhaltungsinseln" sorgen zudem für Abwechslung. So werden z. B. Videos über die Geschichte des Museums und des Automobilbaus sowie historische Rallye- und Formel-1-Filme gezeigt. An einer Simulationsstation kann man den Überschlag eines Autos nachempfinden, an Automaten Rennen fahren, und für die Kleinen stellen vielleicht die Boxautos die größte Attraktion dar. Da 80 % der im Museum befindlichen Automobile

Mulhouse

noch fahrtüchtig sind, wurde im Juli 2011 gegenüber vom Museumsgebäude die sog. „Piste d'Evolution" eingerichtet, auf der im Sommer an den Wochenenden zweimal täglich etwa 20 Autos in ca. 45 Minuten die Geschichte der Entwicklung des Autos von 1890 bis heute lebendig werden lassen.

Adresse 192, av. de Colmar, ✆ 0389332323. Von der Porte de Jeune aus in ca. 15 Fußmin. oder mit der Tram 1 zu erreichen.

Öffnungszeiten/Eintritt Tägl. 10–18, Nov.–März nur bis 17 Uhr, im Jan. erst ab 13 Uhr. Erwachsene 10,50 €, Kinder ab 7 J. 8,20 €. An der Kasse wird unentgeltlich ein

Audioguide auch in deutscher Sprache ausgegeben.

Vorführung der Automobile: Anfang Juli bis Mitte Sept. jeweils am Sa und So um 11 und um 15 Uhr. Der Preis dafür beträgt 5 €. 13 € kostet das Kombiticket für Eintritt in das Museum plus Vorführung.

Fritz Schlumpfs Leidenschaft

Briefmarken, Bücher oder Postkarten zu sammeln sind weit verbreitete Passionen. Aber dass ein Mann eine Kollektion von über 200 wertvollen Autos besitzt, sprengt fast die Grenzen der Vorstellungskraft. Fritz Schlumpf, Anfang des 20. Jh. in Mühlhausen geboren, legte so den Grundstein für das heute größte Automobilmuseum der Welt.

Zusammen mit seinem Bruder Hans baute er in den Jahren zwischen den Weltkriegen ein regelrechtes Textil-Imperium auf, indem er mehrere Unternehmen aufkaufte, darunter auch die HKC im Norden Mühlhausens. Der als streng und unnahbar, aber auch als umsichtig geltende Industrielle hatte nur eine Schwäche, nämlich die für luxuriöse Autos seiner Kinderjahre. 1939 erwarb er seinen ersten Bugatti, nach 1945 kaufte er dann Oldtimer um Oldtimer dazu. Bald nahm seine Sammelleidenschaft unglaubliche Ausmaße an. So konnte es vorkommen, dass er 40 Wagen bestellte, obwohl er nur an zehn wirklich interessiert war. Abgestellt wurden die Fahrzeuge in der Fabrikhalle der mittlerweile geschlossenen HKC. Zu sehen bekamen die edlen Gefährte allerdings nur die eigens für sie angestellten 40 Mechaniker, Karosseriebauer, Maler und Sattler. Sie hatten die Aufgabe, die Autos so zu restaurieren, dass sie fahrbar waren und originalgetreu aussahen, und zwar bis auf die Farbnuance! Fehlende Teile wurden nachgebaut oder über den Ankauf von Schrottwagen erworben.

Die Krise in der Textilindustrie und sicher auch Fritz Schlumpfs immer mehr schwindendes Interesse an den Geschäften führten 1977 schließlich zur Auflösung seines Imperiums. 2000 Arbeiter wurden erwerbslos und stürmten voller Wut das Gelände der HKC, denn seine Leidenschaft war natürlich nicht geheim geblieben. Dennoch staunten sie nicht schlecht, als sie das Ausmaß der Sammlung entdeckten. Zwei Jahre hielten sie diese besetzt, um entgangene Löhne zu erzwingen. Die Schlumpfs waren in die Schweiz emigriert und entgingen so einer Gefängnisstrafe. 1981 erwarb schließlich eine Gesellschaft aus sieben Partnern, darunter auch die Stadt Mulhouse, die Kollektion, ein Jahr später wurde das Museum eröffnet. Fritz Schlumpf hat es nur ein einziges Mal, bereits im Rollstuhl sitzend, 1992 kurz vor seinem Tod besucht.

Sehenswertes außerhalb der Altstadt   361

La Cité du Train: Das *Französische Eisenbahnmuseum* beherbergt eine stattliche Sammlung von Lokomotiven, Waggons und technischen Anlagen aus zwei Jahrhunderten. In zwei riesigen Hallen spaziert man auf Bahnsteigen von einer Lokomotive zur anderen, von Waggon zu Waggon. In der ersten werden mit Hilfe von insgesamt 27 Exponaten verschiedene Bereiche aus der Welt der Eisenbahn thematisiert. Besonders eindrucksvoll ist der Bereich mit offiziellen Zügen, wo man z. B. den an einem vergoldeten N und einer Krone erkennbaren Prunkwagen der kaiserlichen Adjutanten Napoleons III. sieht. Daneben gibt es Ferien- und Gebirgsbahnen, militärische Züge u. v. m. Über kleine Brücken kann man in die Waggons hineinschauen und sehen, wie unterschiedlich sie ausgestaltet waren: im Art-déco-Stil, als Rauchersalons, mit Betten und Pullmansitzen. In den harten 4.-Klasse-Wagen wurden auch Hühner, Hasen und sogar Schweine transportiert. Manche Wagen kann man betreten und einige der riesigen, glänzenden Dampfungetüme und Elektroloks auch von unten begutachten. Lebensgroße Puppen und Lichteffekte bereichern die Atmosphäre. An verschiedenen Stationen erhält man zudem durch Filme, die mit Hilfe eines Audioguides ins Deutsche übersetzt werden, viele zusätzliche Informationen und lebendige Eindrücke.

In der zweiten Halle wird auf acht sog. „Bahnsteigen der Geschichte" die Entwicklung der Eisenbahn in Frankreich dokumentiert. Veteranin ist die ab 1844 Paris mit Rouen verbindende „Saint-Pierre". Erreichte sie 60 km/h, so war die 1852 gebaute „Crampton" schon doppelt so schnell. Ein besonderer Spaß für Jung und Alt sind die alle 20 Minuten stattfindenden Vorführungen der Dampflokomotive 232U1. Ganz am Schluss bekommt man auch den TGV zu sehen, allerdings nur im Modell.

Adresse 2, rue A. de Glehn, ☎ 0389428333. Das Museum befindet sich am westlichen Stadtrand von Mulhouse und ist von allen Richtungen hervorragend ausgeschildert. Wer kein eigenes Fahrzeug dabei hat, nimmt am besten ab der Porte Jeune die Tram 2 und steigt dann an der Haltestelle „Nations" in den Bus Nr. 20 (Sa/So 62) um.

Öffnungszeiten/Eintritt April–Okt. tägl. 10–18, in den übrigen Monaten bis 17 Uhr. Erwachsene 10 €, Kinder ab 7 J. 7,60 €.

Musée Electropolis: Auf 4000 qm wird man mit Hilfe von Modellen, Simulationen, Filmen, Vorführungen – bei einer stehen einem buchstäblich die Haare zu Berge – in Gewinnung, Transport und Nutzung der Elektrizität eingeführt. Neben Motoren, Generatoren, elektrischen Haushaltsgeräten und Musikinstrumenten, Telekommunikations- und Satellitentechnologie etc. ist eine riesige, 170 Tonnen schwere Dampfkraftanlage aus dem Jahre 1901 zu sehen.

Adresse 55, rue du Pâturage, ☎ 0389324850. Das Elektrizitätsmuseum liegt dem Eisenbahnmuseum gegenüber, Näheres s. dort.

Öffnungszeiten/Eintritt Di–So 10–18 Uhr. Erwachsene 8 €, Kinder ab 6 J. 4 €.

Musée du Papier Peint: Mitten im Vorort Rixheim eröffnete Jean Zuber 1797 in dem wunderschönen Gebäude der alten Kommanderie eine Tapeten-Manufaktur. Heute ist ein Teil der Stadtverwaltung darin untergebracht, in einem Seitenflügel stellt die renommierte Firma Zuber aber weiterhin Papierbahnen her, im gegenüberliegenden hat man ein sehenswertes *Tapetenmuseum* eingerichtet. Der Maschinenraum im Erdgeschoss zeigt die Entwicklung in der Tapetenherstellung vom Handwerk bis zur Industrie, im ersten Stock sind Wechselausstellungen, die in Zusammenarbeit mit dem Stoffmuseum durchgeführt werden, zu sehen. Den Höhepunkt bildet die Präsentation von Panoramatapeten in der zweiten Etage: Mit idealisierten tropischen Landschaften, exotischen Vögeln, einer Schlacht während des griechischen Freiheitskampfes gegen die Türken etc. holten sich die Wohlhabenden Ende des 18. bis Mitte des 19. Jh. die große, weite Welt ins Haus. Einmalig ist die Darstellung der „Zonen der Erde".

Adresse 28, rue Zuber, 0389642456. An der Porte de Bâle fährt man nach Süden, überquert die Eisenbahnbrücke und biegt dann links ab. Auf der D 432 fährt man an Riedisheim vorbei bis Rixheim und folgt dort der Beschilderung zum Museum. Bus: Linie 18, in Rixheim Aussstieg „Temple", Sa/So kein Busverkehr.

Öffnungszeiten/Eintritt Ganzjährig tägl. außer Di 10–12 und 14–18 Uhr, 1.6.–30.9. auch Di. Druckvorführungen (nur im Sommer) Di, Do und Sa um 15.30 Uhr. Erwachsene 7 €, Jugendliche ab 12 J. 5 €.

Parc Zoologique et Botanique: Der ca. 25 ha große Zoo im Süden der Stadt gilt zu Recht als einer der sehenswertesten Europas. Schließlich werden hier zahlreiche vom Aussterben bedrohte Tiere gehalten, so der Sibirische Tiger, der Persische Leopard, der Weißrückentapir, das Grévy-Zebra, die Addaxantilope, das Gelbschulterkapuzineräffchen, Schopfgibbons aus Vietnam und Lemuren aus Madagaskar, um nur einige Beispiele zu nennen. Eine der Hauptaufgaben sieht man in der Zucht selten gewordener Arten, um so zu ihrem Erhalt beizutragen. Hervorzuheben sind auch die vielen Pflanzen, darunter seltene, z. T. über 100 Jahre alte Bäume, und ein naturbelassener See mit zahlreichen Vogelarten. Der Mulhouser Zoo ist auf jeden Fall einen Besuch wert.

Öffnungszeiten/Eintritt Der Haupteingang befindet sich in der Avenue de la 1ère DB, Sie erreichen ihn am besten mit einem der Busse der Linie 30 ab der Gare Centrale (Sa/So Linie 64), auch Parkmöglichkeiten sind ausreichend vorhanden. Der Zoo ist tägl. wie folgt geöffnet: Dez.–Febr. 10–16 Uhr, März und Okt./Nov. 9–17 Uhr, April und Sept. 9–18 Uhr, Mai–Aug. 9–19 Uhr.

Erwachsene zahlen vom 21.3. bis 31.10. 12 €, in den übrigen Monaten die Hälfte, Kinder von 6 bis 16 J. ganzjährig 6,50 €.

Die Tour de l'Europe ist eines der Wahrzeichen der Stadt

Sommer im Sundgau

Der Sundgau

Zwischen Rhein, Jura, der Burgundischen Pforte und den Vogesen breitet sich der auf den ersten Blick unspektakuläre Sundgau aus. Doch wer länger bleibt, entdeckt den Charme dieser abgeschiedenen Region.

Der Begriff „Sundgau" leitet sich ethymologisch von „Südgau" ab, womit man im Mittelalter den gesamten südlichen Teil des damaligen Herzogtums Elsass bezeichnete, der in etwa dem gegenwärtigen Oberelsass entsprach. Ab 1324 wurde das Gebiet des heutigen Sundgau von den österreichischen Habsburgern regiert und kam erst mit dem Westfälischen Frieden 1648 zu Frankreich.

Das von den Flüssen Largue, Ill und Thalbach durchschnittene, leicht gewellte nördliche Hügelland erhebt sich kaum mehr als 100 m über die Rheinebene, im Süden gehen die Hügel in die etwas höhere Vorgebirgszone des Jura über. Lieblich und anmutig ist die Landschaft mit Maisfeldern, Viehweiden, Streuobstwiesen, üppigen Bauerngärten und – v. a. im Westen – zahllosen Karpfenteichen. Auf kleinen, immer wieder von Kruzifixen gesäumten Sträßchen den „Herrgottswinkel" des Elsass zu erkunden macht viel Spaß, und mit jedem Kilometer wächst der Blick für den fast melancholischen Charme seiner Dörfer. Geprägt werden sie von z. T. farbenfrohen Fachwerkhäusern, deren Balkonkästen unter der Last roter Geranien fast zusammenzubrechen scheinen, und stattlichen Bauernhöfen, vor denen die Holzscheite ordentlich aufgestapelt sind.

Bei aller Idylle sollte man sich aber nicht täuschen lassen. Auch im lange sich scheinbar selbst genügenden Sundgau hat sich in den letzten Jahren ein Strukturwandel vollzogen. Zwar ist die Region mit dem Kleinstädtchen Altkirch als „Metropole" nach wie vor ländlich geprägt, aber Vollerwerbsbauern gibt es auch hier kaum noch. Viele Sundgauer verdienen als Pendler harte Franken in Schweizer Großunternehmen, die Landwirtschaft dient als Zubrot. Entsprechend belebt sind die großen Durchgangsstraßen in den Stoßzeiten. Doch trotz der Veränderungen ist der Sundgau in vieler Hinsicht ein eigener Kulturraum geblieben. Dies gilt insbesondere für das kulinarische Angebot. Die Gasthöfe sind bodenständig, man kocht traditionell, nur selten gönnt sich die Küche einen Ausflug ins Exotische. Besonders stolz sind die Sundgauer auf ihre Spezialität Carpe frite, gebackenen Karpfen, den Sie unbedingt einmal probieren sollten, wenn Sie zu einer erholsamen Reise mit vielen Gelegenheiten zum Wandern in den südlichsten Zipfel des Elsass kommen.

Von Karpfenteich zu Karpfenteich

Unzählige Karpfenteiche prägen das Landschaftsbild, große, kleine, mit oder ohne Chalet – zum Lebensgefühl eines Sundgauers gehört der Etang einfach dazu. Ihren Anfang nahm diese Leidenschaft vor etwa 900 Jahren, als Zisterziensermönche die Abtei in Lucelle errichteten und den ersten Karpfenteich in der Gegend ausgruben. Der lehmige Untergrund eignet sich vortrefflich dazu, denn er hält das Wasser viel besser als z. B. ein sandiger oder kalkiger Boden.

Der anspruchslose Karpfen ist schon nach drei Sommern ausgewachsen bzw. hat dann das geeignete Gewicht von 1 bis 2 kg zum Verzehr erreicht. Als genügsamer Vegetarier frisst er alles, was er bekommt – Mais, Brot- und Gemüsereste –, oder er sucht sich am Grund des Teiches Pflanzenteile und Bodenkrumen. Nicht umsonst nennt man ihn gerne das „Schwein des Wassers". Der Tradition gemäß wird der Weiher im Oktober oder November „geleert", d. h. man lässt das Wasser z. T. ab, entnimmt die Fische, setzt aber sofort die zurück, die zu groß oder zu klein sind. Von denen, die dem kritischen Auge des Züchters genügen, wird ein Teil verkauft, der Rest wird sofort geschlachtet oder vielleicht in einem kleinen Becken eine Weile aufgehoben und erst später verzehrt. Wie? Keine Frage: in 3 cm dicke Scheiben geschnitten, in Ei und Mehl gewendet und in Öl ausgebacken. Als Beilage gibt es einen grünen Salat, gekochte Kartoffeln, Mayonnaise und Zitronenscheiben. Carpe frite nennt sich diese Delikatesse, die man fast in jedem Restaurant im Sundgau auf der Speisekarte findet, manchmal leicht abgewandelt. Wenn Sie aber das blaue Zeichen mit Fischkopf und Gabel an einem Gasthaus finden, können Sie sicher sein, dass der Carpe frite streng der Tradition gemäß serviert wird – 30 Wirtsleute haben sich dazu verpflichtet und so die „Route de la Carpe frite" aufgebaut.

Die Nachfrage der Restaurants ist mittlerweile so groß, dass die heimatlichen Weiher und Fischzuchtanstalten (pisciculture), in denen man sich bemüht, Karpfen mit kleinen Köpfen, viel Fleisch und wenig Schuppen heranwachsen zu lassen, nicht mehr ausreichen und zusätzlich Tiere aus verschiedenen Gegenden Europas in den Sundgau angekarrt werden. Hinzu kommt, dass manche Einheimische auch keine Lust mehr haben, Fische zu züchten, sondern den Weiher nur unterhalten, um dort ihre Freizeit zu verbringen. Bei gutem Wetter sieht man sonntags die Familien unterm Sonnenschirm am Teich beim Essen oder zum Kaffee zusammensitzen – der Etang gehört, wie gesagt, zum Lebensgefühl des Sundgauers.

Altkirch

Nur etwa 5500 Menschen leben in dem beschaulichen Hauptort des Sundgaus. Malerisch erstreckt sich die Altstadt auf einem lang gezogenen Kalksteinsporn, überragt von der neoromanischen Kirche Notre-Dame.

Weitere hübsche alte Häuser ziehen sich den nicht ganz so steilen südlichen Hang des Sporns hinab zur jüngeren und weniger pittoresken Unterstadt, um die herum einige Industriebetriebe und die üblichen Vorstadteinkaufszentren angesiedelt sind. Die Sehenswürdigkeiten Altkirchs sind schnell abgehakt, doch wer das Kleinstadtleben dem ländlichen Idyll vorzieht, kann es hier schon ein paar Tage aushalten.

Von der Place Xavier Jourdain, an deren Südostecke sich die *Tour Bloch,* ein zur mittelalterlichen Stadtbefestigung gehörender Wachturm, befindet, gelangt man über die Rue Ch. de Gaulle zur zentralen Place de la République mit einem beachtenswerten **Muttergottesbrunnen.** Die filigrane Statue aus dem 16. Jh. stammt aus der Eglise St-Morand, die von 1255 bis 1845 hier stand. Rechts sieht man das Rathaus aus dem 18. Jh. und den Renaissancebau der einstigen habsburgischen Landvogtei, in dem das **Musée Sundgovien** untergebracht ist. Im Untergeschoss ist eine große Sammlung von Trachten (sehenswert vor allem die bunten, zart bestickten Hauben), Möbeln und Haushaltsgegenständen ausgestellt. Das obere Stockwerk wartet dann mit einer kleinen, aber feinen Sammlung von Bildern südelsässischer Künstler, insbesondere von J.-J. Henner, auf. Genauere Beachtung sollten Sie auch den vier Modellen Altkirchs aus unterschiedlichen historischen Epochen schenken. Und zum Schluss entdeckt man auf der Galerie über der Treppe eine ägyptische Mumie, die irgendwie von einem napoleonischen Ägyptenfeldzug in den Sundgau gekommen sein muss.

Vom Museum sind es nur ein paar Schritte bis zur 1850 erbauten Stadtkirche – Jahrhunderte lang stand an ihrer Stelle die Schlossburg der Grafen von Mömpelgard/Pfirt (ab 1324 im Besitz der Habsburger), in deren Schutz die Stadt im 13. Jh. entstanden ist.

Information Das Office de Tourisme ist ganzjährig Mo–Sa, im Juli/Aug. auch So vormittags, im Dez. So nachmittags geöffnet. Place X. Jourdain, 68130 Altkirch, ✆/📠 0389400290, www.sundgau-sudalsace.fr.

> **Tipp für Radfahrer und Wanderer:** Im O.T. kann man die gut gemachte Kartensammlung „Les Circuits Découvertes" mit zehn Wanderungen zum Preis von 1 € erwerben.
>
> Für Radfahrer interessant ist die deutschsprachige Broschüre „Der Sundgau – das Radlerparadies" mit acht detailliert ausgearbeiteten Touren inkl. Karten zum Preis von 8 €.

Öffnungszeiten/Eintritt Musée Sundgovien, Juli/Aug. Di–So 14.30–17.30 Uhr, in den übrigen Monaten nur So. Erwachsene 2 €, Kinder (6–16 J.) 1 €.

Zug Unterhalb der Altstadt liegt der Gare SNCF. Von hier hat man tägl. Verbindungen nach Mulhouse und Belfort.

Parken Zahlreiche kostenfreie Plätze auf der Pl. Xavier Jourdain, an der Kirche, auf dem Parking de l'Ill. Achtung: Wer werktags sein Auto auf einen der blau markierten Plätze abstellen möchte, braucht die Altkirch-Parkscheibe (gratis erhältlich im O.T. oder in der Mairie in der Rue Ch. de Gaulle).

Taxi ✆ 0389401946.

Markt Do und Sa in den Gassen der Altstadt.

Öffentliche Toiletten Gegenüber der Stadtkirche und nahe dem O.T.

Der Sundgau

366   Der Sundgau

Übernachten/Essen ** Auberge Sund-govienne, ca. 3 km außerhalb von Altkirch an der D 419 Richtung Dannemarie. Sehr ansprechend eingerichtete, helle Zimmer mit schönen Bädern, Internetanschluss und TV. Schalldichte Fenster sorgen für absolute Ruhe, die Klimaanlage auch an schwülen Sommertagen für eine angenehme Temperatur. Ein Clou sind die elektrischen Jalousien, die man vom Bett aus betätigen kann. Gutes Restaurant mit französischer Küche, teilweise mediterraner Touch. Menü ab 23 €. Mo und dienstagmittags geschl. Für eines der z. T. behindertengerecht eingerichteten DZ bezahlt man je nach Größe und Ausstattung 70–90 €, die Familienzimmer kosten 108–120 €. Rte de Belfort, ☏ 0389409718, ✉ 0389406773, www.auberge-sundgovienne.fr.

Restaurant de la Victoire, eine ganze Armee von Schweinchen aus Porzellan, Plastik etc. ist im Schankraum des Restaurants verteilt, in dem man bodenständige elsässische Gerichte zu vernünftigen Preisen bekommt. Viele Gäste kommen wegen der Carpes frites hierher. Im Sommer kein Ruhetag, im Winter Mi und dienstagabends geschl. 10, rue des Alliés, ☏ 0389409065.

Chez Brunisso, beliebte Pizzeria, in der meistens richtig viel los ist. Empfehlenswert sind neben den Pizzen auch die Nudelgerichte, wer's leichter mag, nimmt einen Salat, und auch eine ordentliche Auswahl an Tartes Flambées ist hier zu haben. So und Mo geschl. 35, rue de France, ☏ 0389400102.

Umgebung von Altkirch

Hirtzbach: Am gleichnamigen Dorfbach wetteifern schmucke giebelständige Fachwerkhäuser um den prachtvollsten Blumenschmuck. Aber nicht nur sie, auch die vielen kleinen Brücken sind mit vor bunten Blüten schier überquellenden Kästen geschmückt – kein Wunder, dass Hirtzbach vor einigen Jahren den „Grand Prix du Fleurissement" gewonnen hat. An der Kirche zweigt die Straße zum leicht heruntergekommenen Château der Barone von Reinach ab. Die Familie bewohnt es längst nicht mehr; nur ein Verwalter hält die Stellung. Der gegenüberliegende Park Reinach mit schattigen Plätzen unter hohen Bäumen und viel Wasser ist im Gegensatz zum Schloss der Öffentlichkeit zugänglich. Vom Friedhof hinter dem Park führt die Rue du Reservoir in den oberen Ortsteil hinauf zu der von einem Häuschen geschützten eingefassten Quelle der heiligen Afra, gegenüber einer ihr geweihten Kapelle gelegen. Ob das Wasser tatsächlich gegen Augenleiden hilft, sei dahingestellt. Ihre Popularität verdankt die Heilige wohl eher der Legende, die sich um ihre Bekehrung zum Christentum rankt: Demnach soll sie im 4. Jh. im römisch besetzten Augsburg eine stadtbekannte Prostituierte gewesen sein, der „die göttliche Vorsehung" den Bischof Narcissus ins Haus schickte. Als sie sah, dass der vermeintliche Freier keineswegs darauf aus war, ihre üblichen Dienste in Anspruch zu nehmen, sondern stattdessen in ein andächtiges Gebet versank, bereute sie ihr bisheriges Leben, beichtete ihre Sünden und bekannte sich zum Christentum. Kurze Zeit später, nachdem sie sich geweigert hatte, den römischen Göttern zu huldigen, wurde sie auf einer Insel im Lech verbrannt. Heute ist sie die Schutzpatronin der Prostituierten.

Eglise St-Jacques in Feldbach: Im Mittelalter hatte das wahrscheinlich schon in gallorömischer Zeit existierende Dorf wegen seiner Lage an einer wichtigen Verbindungsstraße zwischen dem Elsass und Oberitalien eine recht bedeutende Stellung. Einer der Grafen von Pfirt stiftete hier 1144/45 ein Kloster, das der Abtei von Cluny unterstand. Von dem einst von bis zu 34 Nonnen bewohnten Gebäudekomplex ist nichts mehr zu sehen, dafür bietet die aus dem hellen Kalkstein des Jura errichtete romanische Klosterkirche St-Jacques nach einer vollständigen und sehr gelungenen Renovierung in den Jahren 1975–77 wieder das originalge-

Umgebung von Altkirch

treue Bild (der Glockenturm stammt aus dem Jahre 1909). An der Architektur kann man heute noch erkennen, dass sie jahrhundertelang sowohl der Dorfgemeinde als auch den Klosterfrauen für gemeinsame Gottesdienste diente. Dazu teilte man den dreischiffigen Basilikabau in zwei Bereiche: Der vordere Abschnitt, erkennbar an den kreisrunden Fenstern in den Hochmauern, war für die Nonnen bestimmt; der hintere Teil gehörte der Pfarrgemeinde. Seine Hochmauern weisen die üblichen Rundbogenfenster auf, das Hauptschiff ist hier von den Seitenschiffen durch Säulen mit Blattkapitellen getrennt. Eine im 15. Jh. zwischen den beiden Teilen errichtete Trennwand mit zwei Durchgängen existiert heute nicht mehr.

Largue-Tal: Ganz im Süden des Sundgaus entspringt das Flüsschen Largue. Bei Seppois verbreitert sich sein hübsches Tal mit sanften Hügeln, unzähligen Karpfenteichen – es sollen etwa tausend sein! – und bunten Fachwerkdörfern. Immer wieder lädt das Carpefrite-Symbol zu einer deftigen Mahlzeit ein. Auf der D 7bis kommt man zunächst in das Sundgauer Bilderbuchdorf St-Ulrich, wo der Namenspatron als Brunnenfigur grüßt. Hinter Manspach sieht man dann jenseits der Largue ein Eisenbahnviadukt der Linie Basel–Paris aus dem Jahre 1858. In allen folgenden deutschfranzösischen Kriegen zerstört, steht es heute wie ein Mahnmal in der Sundgaulandschaft. Im vergleichsweise städtisch wirkenden Dannemarie verlässt die Largue die Hügelzone und fließt, parallel zum Rhein-Rhône-Kanal, Richtung Nordosten zur Ill.

Blumenschmuck mit Liebe gemacht

Übernachten/Essen Auberge des Trois Vallées, in Hirsingue. Empfehlenswerte Adresse nicht nur für Fischgerichte, die aber zu den Spezialitäten des Hauses gehören: Carpe frite, Forellen, Blätterteig mit drei verschiedenen Fischsorten etc. Die Preise sind noch recht freundlich kalkuliert, Menü ab 17 €. Ein weiteres Plus sind die Öffnungszeiten: mittags bis 15 Uhr, abends bis Mitternacht. Mo abends sowie am Mi geschl. 16, rue de Altkirch, ℡ 0389405055.

Restaurant Au Cheval Blanc, in Feldbach. Seit Jahren eine Institution und sehr beliebt bei den Einheimischen, große Auswahl an feinen Fisch- und Fleischgerichten, Menü ab 24 €. Üppige Portionen. Mo und Di geschl. 1, rue de Bisel, ℡ 0389258186.

》》》 Unser Tipp: Ferme-Auberge Paradis. Am Ortsausgang von Mertzen Richtung St-Ulrich führt eine kleine Straße zu dem hübsch gelegenen Bauernhof. Im gemütlichen Gastraum mit vielen Holzschnitzereien wird Deftiges serviert, z. B. ein herrlich gewürzter Weißer Käse, aber auch Karpfen aus eigener Zucht. Tägl. wechselndes Mittagsmenü zu günstigem Preis. Do, außerdem Mo und Mi jeweils abends geschl. Ein DZ mit Bad und Frühstück kostet 62 €, übernachtet man im Schlafsaal, wird's günstiger. ℡ 0389072146, ℡ 0389072929, www.auberge-paradis.fr. 《《《

Der Sundgau

Restaurant Ritter, alteingesessener Gasthof in Dannemarie mit gemütlichen Gaststuben und schönem, baumbestandenem Garten gegenüber dem Bahnhofsgebäude (beschilderter Abzweig in der Ortsmitte, halten Sie sich dann bei der zweiten Möglichkeit wieder rechts). Sehr leckeres Essen, der Carpe frite ist hier besonders beliebt. Menü ab 24 €. Am Mo sowie Di und Do jeweils abends geschl. 5, rue de la Gare, ✆ 0389250430.

*** **Camping Les Lupins**, gepflegte Anlage am Ortsrand von Seppois-le-Bas mit kleinem Schwimmbad und Tennisplatz. Den Campern steht der Platz von April bis Anfang Sept. offen. Ganzjährig werden kleine Chalets, die bis zu 6 Pers. Platz bieten, wochenweise (240–670 €) oder über das Wochenende vermietet. ✆/📠 0389256537, www.camping-alsace.com/seppois/indexall.htm.

La Petite Camargue Alsacienne

Zwischen dem von Ludwig XIV. gegründeten verkehrsgeplagten „Porte de France"-Städtchen **Saint-Louis**, dem französischen Vorort Basels, und dem Gemüse- und Pendlerort **Rosenau** liegt unweit des Flughafens Bâle-Mulhouse wie eine kleine Oase das 904 ha große **Feuchtbiotop-Naturreservat** der kleinen elsässischen Camargue, welches ab 1982 als erstes Naturschutzgebiet im Elsass ausgewiesen wurde. Rund um ein Besucherzentrum und die Gebäude einer Fischzuchtanstalt (Lachse, die im Rhein ausgesetzt werden) hat man mehrere Rundwege, z. T. mit Aussichtspunkten, angelegt. In der wunderschönen Wasserlandschaft mit dichten Auwäldern, Feuchtwiesen, feuchten Niederungen und Sümpfen kommen 40 Libellen-, 20 Fisch-, 16 Amphibien-, 5 Reptilien-, 174 Vogel- und 30 Säugetierarten vor. Auch Orchideenfreunde kommen auf ihre Kosten.

Anfahrt Von Altkirch auf der D 419 und D 105 nach St-Louis, wo man kurz nach der Überquerung der Autobahn die N 66 in nördliche Richtung nimmt. Im Vorort St-Louis-la-Chaussee (Neuweg) folgt man der Beschilderung nach rechts. Von Mulhouse kommend verlässt man die A 5 bei der Ausfahrt Bartenheim und fährt Richtung St-Louis bis nach St-Louis-la-Chaussee.

Parkmöglichkeiten gibt es zum einen gegenüber dem Zugang zum Naturreservat am Parking du Stade. Von dort führt ein Waldweg in ca. 15 Min. zum Besucherzentrum, wo die Rundwege beginnen. Im Jahr 2010 wurde ein zweites Infozentrum (geöffnet Mai–Sept. Mi–Fr 13.30–17.30 Uhr) im ehemaligen Schleusenwärterhaus (Maison Eclusière) eingerichtet, auch dort kann man parken. Sie erreichen es, wenn Sie vom Parking du Stade auf der Straße noch 1 km weiterfahren. Schräg gegenüber führt ein Pfad zum Besucherzentrum.

Rundwege Die jeweiligen Touren sind in 1–2 Std. zu bewältigen. Der kürzeste Weg, der am Besucherzentrum beginnende „Sentier de Mares", ist nur etwa 200 m lang, aber ein Fest für Fotografen, kann man dort doch unzählige Libellen, Frösche, Wasserpflanzen und Interessantes mehr vor die Linse bekommen. Im Besucherzentrum und im Infozentrum im Maison Eclusière werden Broschüren mit Erklärungen zu der Wegen auch in deutscher Sprache verkauft. Infos über Führungen unter ✆ 0389897850.

Besucherzentrum/Ausstellungen Im Besucherzentrum wird die Dauerausstellung „Memoir du Rhin" (über die Geschichte des Rheins) gezeigt, im gegenüberliegenden Gebäude der Fischzuchtanstalt kann man sich in der Ausstellung „Memoir du Saumon" über die Lachszucht informieren. Tickets und weitere Infos erhält man im Besucherzentrum.

Öffnungszeiten der Ausstellungen: Juni–Sept. Mi/Do und Sa/So 13.30–17.30 Uhr, So auch 10–12.30 Uhr, in den restlichen Monaten nur am Wochenende bzw. nur sonntags. Für eine Ausstellung bezahlen Erwachsene 4 €, Kinder 2,50 €, für beide 5 bzw. 3 €. Vielfältige Informationen finden Sie auch unter www.petitecamarguealsacienne.com.

Übernachten/Essen ** Hôtel Restaurant Lion Rouge, in Bartenheim. Im Ortszentrum gelegenes Haus mit unterschiedlich großen, funktional eingerichteten, ruhigen Zimmern, z. T. mit Balkon. Im Restaurant bereitet Adrien Koenig eine Vielzahl von elsässischen und französischen Gerichten zu, u. a. auch leckere Salate. Empfehlenswert z. B. der Salat mit gebratener Entenbrust. Wer großen Hunger hat, bestellt am besten einen der elsässischen Klassiker. Für ein DZ bezahlt man 65 €. 1, rue de Général-de-Gaulle, ✆ 0389683029, ✉ 0389682698, www.pays-de-sierentz.com/koenig.

Ferrette

Viel Charme strahlt das hübsche, von einer Doppelburg gekrönte mittelalterliche Örtchen mit nur 800 Einwohnern an den Ausläufern des Jura aus.

1104 wurde die Burg der Herren von Montbéliard (Mömpelgard) erstmals erwähnt. Ab 1125 nannten diese sich Grafen von Pfirt (möglicherweise liegt der Ursprung dieses Namens im spätlateinischen Begriff *piretum* = „Birnbaumpflanzung"). 1324 heiratete Johanna von Pfirt den Österreicher Albert II., wodurch die Grafschaft an die Habsburger fiel. Nach dem Dreißigjährigen Krieg schenkte sie Ludwig XIV. dem Kardinal Mazarin, und irgendwann erwarb sie die Familie Grimaldi, sodass sich die Fürsten von Monaco heute noch „Comtes de Ferrette" nennen.

Um zum **Château de Ferrette** zu gelangen, geht man von der großen neogotischen Nikolauskirche die von hübschen Häusern aus dem 16./17. Jh. mit z. T. bemalten Schnitzbalken gesäumte, steile Rue du Château hinauf. Ursprünglich wohnten hier die Bediensteten. Gegenüber dem roten Renaissance-Rathaus mit den Wappen der Grafen von Pfirt (zwei Fische) und der Habsburger (weißer Balken in rotem Feld) steht eine rekonstruierte mittelalterliche Trommelwinde. Vorbei an der Place des Comtes steigt man über die Rue St-Bernard zum Burgfelsen hinauf. Zuerst durch das untere Tor, 100 m dahinter durch das obere Tor betritt man die Unterburg aus dem 14./15. Jh. und geht dann hoch zur südöstlich gelegenen Oberburg. Von der vom Club Vosgien errichteten Holzplattform auf dem alten Bergfried genießt man einen wunderbaren Rundblick über die bewaldeten Berge des Jura, die Hügel des Sundgaus und auf die dahinter aufsteigenden Vogesen.

> 🚶 Wanderung 10: Von Ferrette zur Grotte des Nains → S. 396
> Abwechslungsreiche Rundtour zur Heimat der geheimnisvollen Erdwiebele.

Information Das **Office de Tourisme** ist ganzjährig Mo–Fr vor- und nachmittags geöffnet, im Juli/Aug. und im Dez. außerdem am Sonntagnachmittag. Rte de Lucelle, 68480 Ferrette, ✆ 0389082388, ✉ 0389403384, www.sundgau-sudalsace.fr.
Führungen Vom O.T. werden im Juli/Aug. ca. 1- bis 2-mal pro Woche in französischer Sprache Führungen durch das Château de Ferrette und Ausflüge in die Umgebung (
Parken z. B. an der Place Ch. de Gaulle bei der Kirche oder am O.T.
Fahrradverleih Sowohl Straßenfahrräder als auch Mountainbikes und Tandems vermietet das dem O.T. gegenüberliegende Fahrradgeschäft **Ferrette Motocycles** zum Preis von ca. 15 €/Tag bzw. 10 € pro halbem Tag. ✆ 0389404622.

Tipp für Radfahrer und Wanderer: Im O.T. kann man die Kartensammlung „Circuits découvertes" mit jeweils zehn Wanderungen und Radtouren zum Preis von 1 € erwerben.

Feste Alle zwei Jahre (jeweils in den geraden Jahren) findet am letzten Juniwochenende eine große **Fête Médiévale** mit vielfältigem buntem Spektakel statt.

Einkaufen ⟫⟫ Unser Tipp: Bernard Antonys **Käskaller**, im Vorort Vieux-Ferrette lassen vor dem Haus Nr. 17 in der Rue de la Montagne parkende Autos mit Schweizer und deutschen Kennzeichen ahnen, dass es hier etwas Besonderes geben muss. Im Käskaller bekommt man vorzügliche Leckereien aus Kuh-, Schafs- und Ziegenmilch. Grundlage ist immer Rohmilch, niemals pasteurisierte Milch. Hinter der Kirche links. Sa durchgehend bis 17 Uhr, Mo–Fr bis 18 Uhr, allerdings mit Mittagspause, geöffnet. Auf Anmeldung kann man hier auch an Käseproben teilnehmen. ✆ 0389404222. ⟪⟪

Sport Auf dem 18-Loch-Golfplatz LaLargue am Ortsrand von Mooslargue, von Mitte März bis Ende Nov. geöffnet, kann man zum Preis von ca. 90 € einen eintägigen Schnupperkurs inkl. Unterricht und Verpflegung im gehobenen Clubrestaurant buchen. Wann dieser stattfindet, erfahren Sie unter www.golf-largue.com oder ✆ 0389076767.

Baden/Kinder Von Juni bis Sept. ist das Freibad von Altkirch tägl. geöffnet. Rue Saegeberg, ✆ 0389409787, www.mairie-altkirch.fr.

Übernachten/Essen ** **Hôtel Restaurant Collin**, angenehmer Familienbetrieb. Die Zimmer wurden jüngst renoviert und verfügen über alles, was man braucht, die nach hinten gelegenen sind besonders ruhig. In der Küche führt mittlerweile die Tochter das Regiment und jongliert zwischen deftig-elsässischen und fein-französischen Gerichten hin und her. Sehr empfehlenswert ist u. a. der knusprige Flammkuchen. Di und Mi geschl. Zu zweit bezahlt man 49 €, ein drittes Bett kostet 12 € mehr. In der Junior Suite können 4–5 Personen zum Preis von 85 € unterkommen. 4, rue du Château, ✆ 0389404072, ✎ 0389403826, www.hotelcollin.fr

Restaurant Au Cheval Blanc, kleines, gemütliches Lokal nahe der Kirche mit elsässisch-deftiger Küche zu durchaus günstigen Preisen. Durchgehend kalte Gerichte wie Speck, Terrinen etc. Mo geschl., im Winter auch dienstagabends. 3, rue L. Lehmann, ✆ 0389404130.

Zeigt her eure Füße ...

In der heute noch Zwergengrotte genannten Höhle am Grunde der Wolfsschlucht ganz in der Nähe von Ferrette, so erzählen seit Generationen die Alten den Jüngern, habe einst ein ganz besonderes Völkchen von kleinen Leuten gehaust. Deren Verhältnis zu den Menschen war herzlich, quasi jedes Haus hatte „sein" Zwergenpaar, das Anteil an Freud und Leid nahm. Allein die Tatsache, dass sie stets in bodenlange Gewänder gekleidet waren, rief immer wieder Kopfschütteln hervor. Hatten die „Erdwiebele" etwas zu verbergen? Wie sahen ihre Füße aus? Ein paar Mädchen konnten ihre Neugier irgendwann nicht länger bezähmen, streuten auf eine Felsplatte vor der Wolfsschlucht Sand und warteten im Gebüsch auf das kleine Völkchen. Als die Zwerge am Morgen durch die Felsspalte ihren Wohnort verließen und sich wie üblich auf dem Felsen sammelten, kam das Geheimnis an den Tag – Spuren von Ziegenfüßen (nach einer anderen Version Froschfüße) waren im Sand abgezeichnet. Das Kichern der Mädchen verärgerte die Zwerge so sehr, dass sie von diesem Tag an nie wieder gesehen wurden.

Südwestlich von Ferrette

Barockkirche und Source de l'Ill in Winkel: In dem stillen Bauerndorf Winkel sollte man der prächtigen *Barockkirche St-Laurent* einen Besuch abstatten, birgt sie doch zwei gerettete Altäre aus der im 18. Jh. aufgegebenen Abtei von Lucelle (s. u.). Geht man die Hauptstraße weiter aufwärts, dann an einer Dreiergabelung mit Brunnen geradeaus in die Rue de la Carrière und biegt hinter dem letzten Haus bei einem Parkplatz nach rechts auf einen Pfad ein, kommt man in wenigen Metern zu der eingefassten *Source de l'Ill.* Allerdings ist diese Quelle nur eine von mehreren, und nur bei hohem unterirdischen Wasserstand beginnt der Karstfluss schon hier zu fließen, manchmal erfolgt der Wasseraustritt erst bei Ligsdorf.

Ehemaliges Zisterzienserkloster in Lucelle: In dem unmittelbar an der Schweizer Grenze gelegenen Örtchen gründeten Zisterzienser im 12. Jh. eine Abtei, die aber während der Französischen Revolution wie viele andere geistliche Einrichtungen zerstört wurde. Als die an Geldmangel leidende Revolutionsregierung zahllose Schätze aus geschändeten Kirchen und Klöstern zum Kauf anbot, machten einige umliegende Gemeinden alle verfügbaren Geldmittel locker, um zu retten, was zu retten war. So geschah es auch mit den Kunstwerken aus Lucelle, weshalb man heute in mehreren Gotteshäusern der Region welche antrifft. Vom einst riesigen Klosterkomplex sind nur noch das Tor, einige Teilgebäude, ein Brunnen und eine Bernhardstatue erhalten. An seiner Stelle existiert heute ein christliches Begegnungszentrum. Der große künstliche See mit kleinem Wasserfall lädt zum Spazierengehen ein.

Château du Morimont: 2 km südwestlich des Dorfes Oberlarg zweigt von der D 41 eine schmale Asphaltstraße zu dem auf dem Gelände eines ehemaligen Gehöfts eingerichteten Hotel Le Morimont und zum Besucherparkplatz ab. Von diesem geht man auf einem Pfad nach rechts ca. 500 m weiter zu den in völliger Einsamkeit gelegenen Ruinen des *Château du Morimont,* einem der schönsten Plätze im elsässischen Jura. Das 1228 erstmals erwähnte Schloss gehörte Vasallen der Grafen von Ferrette. Es macht Spaß, in dem alten Gemäuer herumzulaufen: hier ein Durchgang, dort ein Fenster, von dem man die stille Gegend genießen kann. Wenn Sie ein Foto machen wollen: Den beeindruckendsten Blick bieten die Ruinen von der Südseite. Dafür müssen Sie allerdings einen 10-minütigen Fußmarsch auf sich nehmen. Gehen Sie dazu am Parkplatz halblinks, eine Schranke passierend, auf einem breiten Weg durch die Wiesen in westliche Richtung.

Übernachten/Essen

**Hôtel Restaurant Le Petit Kohlberg, zwischen Winkel und Lucelle zweigt von der D 432 ein schmales Sträßchen ab und führt zu dem einsam und wunderschön gelegenen Hotel-Restaurant-Komplex. Gute elsässische Küche. Mo und Di geschl. Äußerlich nicht besonders anziehend, bietet er aber nett eingerichtete, geräumige Zimmer mit Grand Lit oder 2 Betten, z. T. mit Südbalkon, für 78–84 € inkl. reichhaltigem Frühstück mit hausgemachtem Guglhupf, Brioches und Croissants. ✆ 0389408530, ✎ 0389408940, www.petitkohlberg.com.

🌿 ***Hôtel Le Morimont, ein einstiges Gehöft aus dem 18. Jh. wurde 2008 gekonnt in ein sog. „Hôtel de Charme" umfunktioniert und bietet nun insgesamt 16 geschmackvolle Zimmer, 10 sind im von einem Türmchen gekrönten Haupthaus, 6 im Nebengebäude untergebracht. Alle verfügen über luxuriöse, mit Mosaikfliesen gestaltete Bäder. Sehr netter Empfang. Im hauseigenen Restaurant kann man zwischen 5 bis 6 hausgemachten elsässischen Spezialitäten wählen, die Zutaten werden auf den umliegenden Bauernhöfen eingekauft. Zu zweit bezahlt man je nach Größe des Zimmers 80–95 €, ein Zustellbett wird mit 10 € berechnet. Oberlargue, ✆ 0389408892, www.lemorimont.com. ∎

Der Sundgau

372   Der Sundgau

Südöstlich von Ferrette

Wallfahrtskapelle von Hippoltskirch: Die Kapelle am Rand des kleinen Weilers stammt aus dem 18. Jh. Zwar ist die Tür meistens verschlossen, doch auch bei einem Blick durchs Kirchentürfenster lässt sich erkennen, dass sie eine wunderschön bemalte Decke und prächtige Altäre zu bieten hat.

Kiffis: Die schmale Lützel und ein paar saftige Wiesen, auf denen gerne Reiher umherstolzieren, trennen das sehr ursprünglich gebliebene Bauerndorf vom Nachbarland – das schweizerische Pendant Roggenburg hat man ständig im Blick. Allzu viel ist hier zwar nicht los, aber gerade deshalb ist Kiffis für ein paar Tage Urlaub gut geeignet, denn schmackhaftes Essen und schöne Wanderwege gibt es allemal. Einen Besuch wert ist der idyllisch gelegene *Hornihof.* Auf dem 60 ha großen Gelände züchtet der Basler Ronald Guldenschuh mit seiner aus dem Schwarzwald stammenden Frau seit mehr als 20 Jahren ca. 200 Lamas und etwa 20 asiatische Hirtenhunde. Dazu kommt noch ein Kamel – eine internationale Tiergemeinde am Rande des Jura. Derzeit bietet Ronald sonntags zwischen 15 und 17 Uhr einen Tag der offenen Tür (gratis, es gibt eine Spendenkasse), auf Anfrage und gegen ein Entgelt kann man den Hof aber auch außerhalb dieser Zeit besuchen.

Pfarrkirche von Raedersdorf: Ein prächtiges Portal besitzt die Pfarrkirche des stillen Dörfchens. Es stammt ebenso wie die Orgel aus der Abtei von Lucelle. An der Kirche weist ein Schild den Weg zu einem Storchengehege am Ortsrand.

Lutter: In der Rue du Kiffis steht ein altes Gerichtsgebäude aus dem Jahr 1542, davor plätschert munter das Wasser aus dem Dorfbrunnen. Sehenswert sind zudem einige alte Bauernhäuser.

Oltingue: Das schöne, große Dorf an der Ill hat einiges zu bieten. Im Zentrum wurde in einem ehemaligen Gasthaus aus dem 17. Jh. das *Musée Paysan* eingerichtet, dessen Besuch eindrucksvolle Einblicke in die Sundgauer Traditionen verschafft. Jeanette Willig verwaltet mit Leib und Seele die liebevoll zusammengestellte Sammlung und beantwortet gerne alle Fragen der Besucher. Neben volkstümlichen sakralen Gegenständen und Trachten ist besonders eine Küche mit drei Kochstellen aus verschiedenen historischen Epochen nebst Backofen und Waschzuber interessant.
Im Mittelalter lag Oltingue weiter südwestlich, das einzige Zeugnis der damaligen Siedlung ist die einstige Kirche aus dem 13. Jh. Nicht weit vom Museum weist ein Schild zur *Eglise St-Martin-des Champs* in die Rue de l'Eglise, die bald die Ill überquert und dann aus dem Dorf hinausführt. St-Martin birgt wahrhaftig Überraschungen, auf die man nicht unbedingt gefasst ist. Bei Ausgrabungen im Jahre 1989 wurden im Kirchenboden Grabstätten aus dem 7. und 8. Jh. entdeckt, die sich heute noch an Ort und Stelle befinden: ein aus weißem Jurastein gemeißelter Sarkophag, ein gemauertes Grab mit Skelett und ein weiteres Steingrab. Die Fresken im Chor, wegen ihrer Ranken auch „Weinberg" genannt, zeigten einst der des Lesens unkundigen Bevölkerung Szenen aus dem Neuen und Alten Testament – leider sind sie inzwischen stark verblasst.

Château du Landskron: Die oberhalb des zu Leymen gehörenden Weilers Thannwald auf einem etwa 560 m hohen Kalksporn thronende Burganlage wurde um 1300 auf Veranlassung des Bischofs von Basel errichtet. Später gehörte sie den Habsburgern und den Markgrafen von Baden, nach der Annexion durch Frank-

Südöstlich von Ferrette   373

reich wurde sie durch Vauban zu einer militärischen Festung umgebaut und diente auch als Staatsgefängnis. 1813 schleiften die gegen Napoleon vereinten Truppen die Burg, die danach als Steinbruch ausgebeutet wurde. 1984 erwarb der Burgverein „Pro Landskron" die Ruine und engagiert sich seitdem sehr für die Restaurierung des Gemäuers. Vom mächtigen mittelalterlichen Wohnturm hat man einen herrlichen Blick auf Basel, das Markgräfler Land, den Jura und auf die Vogesen.

Anfahrt/Wandern zum Hornihof bei Kiffis
Man fährt auf der D 21bis von Kiffis ca. 2 km Richtung Norden und wandert dann auf einem markierten Weg 2 km zum Hof (Markierung rotes Schrägkreuz). ✆ 0389403360, www.blue-lamas.com.

Anfahrt zum Château du Landskron In Leymen folgt man der Beschilderung zur Burg, fährt zunächst wieder aus dem Ort hinaus Richtung Raedersdorf und kommt dann wieder in den oberen Ortsteil von Leymen hinein. Gegenüber von einem Kruzifix an einem Zebrastreifen überquert man die Bahnlinie und fährt über die Rue du Landskron ca. 2 km bis zum Weiler Thannwald. Hier beginnt der 5-minütige Fußweg zur Burg hinauf.

Öffnungszeiten/Eintritt Musée Paysan in Oltingue 16.6.–30.9. Di, Do, Sa, So 15–18 Uhr, in den restlichen Monaten nur So 14–17 Uhr; Ferien: 2 Wochen vor Weihnachten bis Ende Febr. Eintritt 2,50 €, Kinder 1 €, ✆ 0389407924.

Übernachten/Essen und Trinken/Reiten
Ferme Equestre Maison Bleu, Jean, ein weiteres Mitglied der Familie Walther, betreibt gegenüber der Kirche zusammen mit Florence einen idyllisch gelegenen Reiterhof, in dem man sonntags Pferde für Ausritte ausleihen kann (zwei Stunden 38 €). Außerdem führen die beiden auch Reitkurse für Kinder und Erwachsene und mehrtägige Reitlager durch. Ob Reitfan oder nicht, jeder Interessent kann auf dem Hof auch im Schlafsaal oder in zwei DZ übernachten (pro Person 13 bzw. 16 €, falls das Bettzeug gestellt werden muss), wochenweise wird auch das für 6 Personen ausreichende Ferienhaus vermietet. ✆ 0389403525, 🕾 0389404438.

🐟 Au Cheval Blanc, ist der sympathische Gasthof in Kiffis mit ausgezeichnetem Essen. Das Gemüse wird selbst angebaut, die Eier kommen von eigenen Hühnern, Geflügel und Hasen aus eigenen Ställen. Sehr gut fanden wir z. B. die Kalbsnieren in Senfsauce. In der gemütlichen, niedrigen Gaststube kann man aber auch einfach nur auf ein Glas Bier vorbeischauen. Tagesmenü 11 €. Mo geschl. Außerdem vermietet Familie Walther 4 rustikal eingerichtete DZ mit Grand Lit oder 2 Betten zum Preis von 50 €. 21, rue Principale, ✆ 0389403305, 🕾 0389 403666, www.chevalblanckiffis.fr. ■

** Auberge et Hostellerie Paysanne, mitten in Lutter liegt das Restaurant von Familie Guerinot. Vorwiegend elsässische Küche, Menü ab 24 €. Mo und dienstagmittags geschl. Für 54 € (DZ) werden auch Zimmer vermietet, außerdem führt die Familie ganz in der Nähe ein besonders schmuckes, kleines Hotel. Dafür wurde ein authentischer Sundgauer Bauernhof aus dem 17. Jh. abgetragen und in Lutter wieder aufgebaut. Die höchst eingerichteten Zimmer kosten für 2 Personen je nach Größe und Ausstattung 64–74 €. 24, rue de Wolschwiller, ✆ 0389407167, 🕾 0389073338, www.auberge-hostellerie-paysanne.com.

L'Oltinguette, in Oltingue. Über Tony Hartmann, Sänger, Gastronom und Kochbuchautor, gäbe es jede Menge zu erzählen. Die meisten kennen ihn aber v. a. wegen seines Eiscafés direkt neben dem Musée Paysan, in dem er neben den üblichen Sorten auch ganz besondere Geschmacksrichtungen anbietet: Sauerkraut, Rotkohl mit Quitte, Karotte und Heu ... Serviert werden diese in ihm kreiertem Dekor: im Sauerkrauttöpfchen oder Heuwägelchen, im tönernen Fachwerkhaus usw. Schade nur, dass man hier kein Eis zum Mitnehmen bekommt. Von April bis Sept. tägl. ab 13 Uhr, So ab 8 Uhr geöffnet. 12, rue Principale, ✆ 0389407801.

Restaurant Studerhof, alteingesessener Gasthof in Bettlach, von dessen Terrasse man einen wunderbaren Blick auf das Umland hat. Bekannt für Carpe frite, aber auch die Forellen aus eigener Zucht sind zu empfehlen. Wer lieber Fleisch mag, kann sich auf die Steakvariationen bzw. den Wildschweinschinken oder die hausgemachten Terrinen freuen. Durchgehend kleine Karte, sehr angenehme Atmosphäre. Mo und Di geschl. 9, rue de Bâle, ✆ 0389407149.

Der Sundgau

Der Kuckucksfelsen bei Gueberschwihr

Wanderung 1	Von Ottrott zum Mont-Ste-Odile	→ S. 378
Wanderung 2	Durch die Weinberge bei Hunawihr und Riquewihr	→ S. 380
Wanderung 3	Von Gueberschwihr zum Kuckucksfelsen	→ S. 382
Wanderung 4	Vom Fleckensteiner Weiher zu den Ruinen Froensbourg und Fleckenstein	→ S. 384
Wanderung 5	Rund um La Petite Pierre	→ S. 386

Kleiner Wanderführer

Wanderung 6	Von Saverne zur Burg Haut-Barr und ins Tal der Zorn	→ S. 388
Wanderung 7	Vom Col du Markstein zum Lac de la Lauch	→ S. 390
Wanderung 8	Auf den Petit Ballon	→ S. 392
Wanderung 9	Von Le Gaschney auf den Hohneck	→ S. 394
Wanderung 10	Von Ferrette die Wolfsschlucht zur Grotte des Nains	→ S. 396

Kleiner Wanderführer

Alle Landschaften im Elsass haben ihren Reiz. Am schönsten zum Wandern sind aber sicherlich die Vogesen und die ihnen vorgelagerte Vorbergzone mit der Weinstraße.

Hier findet jeder etwas nach seinem Geschmack: mittelalterliche Burgen und bizarre Felsformationen in den dicht bewaldeten Nord- und Mittelvogesen, grüne Matten, klare Gebirgsseen und atemberaubende Panoramen in den schon fast alpin anmutenden Südvogesen, aussichtsreiche Weinlehrpfade und malerische Fachwerkdörfer im Rebenmeer. Und wer mag, kehrt unterwegs in einer zünftigen Ferme-Auberge, einem Bergbauerngasthof, oder in einer Winstub ein. Kein Wunder also, dass Wandern in der Region eine lange Tradition hat. Insgesamt ca. 16.500 km Wanderwege wurden in den Vogesen vom Club Vosgien, dem ältesten Wanderverein Frankreichs, seit seiner Gründung im Jahr 1872 angelegt. Fast immer sind sie mit farbigen Zeichen und Richtungsschildern markiert, oft werden auch Zeitangaben gemacht. Aussichtstürme, Schutzhütten und Picknickbänke sorgen für weitere Annehmlichkeiten.

Die Wandersaison beginnt in der Vorbergzone früh im Jahr, oft schon Ende Februar/Anfang März, wenig später auch in den Nord- und in den Randlagen der Mittelvogesen. Um Ostern kann man dort schon richtig warme Tage erleben, überall grünt und blüht es. Wenn es im Sommer dann unten zum Wandern zu heiß wird, erkundet man am besten die Südvogesen, um den Herbst dann wieder an der golden gefärbten Weinstraße zu genießen.

Was Länge und Schwierigkeitsgrad der Touren angeht, hat das Elsass eine enorme Bandbreite zu bieten: Vom einfachen Rundweg über die anspruchsvolle Tageswanderung bis zu mehrtägigen Strecken auf den ausgewiesenen Weitwanderwegen GR *(Grande Randonée)* und E (Europäischer Fernwanderweg) ist alles machbar. Auch die von uns ausgearbeiteten Touren weisen Unterschiede in Länge und Schwierigkeitsgrad auf. Die Zeitangaben sind reine Gehzeiten, Pausen nicht mitgerechnet, und natürlich nur als Richtwerte zu verstehen. Mit Hilfe von GPS (Global Positioning System) wurden die Karten erstellt. Deren Genauigkeit hilft Wanderern noch besser, den rechten Weg zu finden. Wer gar ein GPS-Gerät besitzt, dem ist vor Ort eine punktgenaue Standortbestimmung möglich. Natürlich ist so viel Technik nicht zwingend. Wann immer es möglich ist, geben wir auffällige Orientierungspunkte an, die allerdings auch Veränderungen unterliegen können.

Informationen www.club-vosgien.eu

Wanderkarten IGN-Karten, Série Bleu, 1:25.000, pro Karte ca. 13 €. Über 25 Karten decken das Elsass ab. Die meisten haben die Wanderwegmarkierungen des Club Vosgien eingezeichnet; die besten Karten für Wandertouren.

Club Vosgien: Die Karten N°1, N°2, N°4, N°6 und N°7 decken das gesamte Elsass ab, jeweils 1:50.000. Pro Karte 12,50 €. Der Name des Wanderclubs spricht für Quali-

tät, ebenfalls sehr empfehlenswerte Blätter, jedoch in größerem Maßstab.

Wanderausrüstung In den Vogesen sind knöchelhohe Wanderschuhe unerlässlich, auch Wanderstöcke können sehr hilfreich sein. Sonnen- bzw. Regenschutz gehören ebenso in den Tagesrucksack wie ein Pulli oder eine Jacke – in der Höhe beginnt man insbesondere nach einem schweißtreibenden Anstieg oft schneller zu frieren als gedacht.

Das Kloster auf dem Mont-Ste-Odile

Wanderung 1: Von Ottrott auf dem alten Pilgerweg zum Mont-Ste-Odile

Charakteristik: Vom Weinort Ottrott wandert man durch Wald recht bequem zum Kloster der heiligen Odilia hinauf. Auf dem Rückweg der abwechslungsreichen Rundtour passiert man die Reste eines Tores der Heidenmauer sowie die beiden hübschen Chateaux d'Ottrott. **Länge/Dauer:** 11 km, reine Gehzeit knapp 3 Std. Markierung gelbes Kreuz bis ▐5▐, rot-weiß-roter Balken bis ▐10▐. Einkehr Restaurant und Snackbar, ▐4▐ (siehe S. 305), Forsthaus Rathsamhausen, ▐8▐ (siehe S. 189). **Ausgangspunkt:** die Mairie in Ottrott-le-Haut.

Wegbeschreibung: Gehen Sie in **Ottrott-le-Haut** von der Mairie ▐1▐ mit dem Wanderzeichen gelbes Kreuz die Rue Principale wenige Minuten bis zum Hotel/Restaurant L'Ami Fritz aufwärts und biegen dort nach links in die Rue du Mont-Ste-Odile ein. Beim letzten Haus endet die Asphaltierung und links vom nun geschotterten Weg beginnt der zuerst über Stufen führende schmale **Sentier des Pélerins** ▐2▐. Leicht ansteigend führt er bald in den Wald hinein, einige Steinkreuze erinnern daran, dass auf ihm einst fromme Pilger den Odilienberg erklommen haben. Stets dem gelben Kreuz folgend passieren Sie nach insgesamt knapp 0:30 Std. den Carrefour St-Gorgon ▐3▐ und steigen weiter aufwärts. Fast 2 km nach dieser Kreuzung zweigt ein Weg zu Resten der Heidenmauer (Mur Païen) ab und kurz danach erreichen Sie eine Lichtung, die Sie geradeaus überqueren. Jenseits davon führen Stufen zum Eingang des **Klosterkomplexes der heiligen Odilia** ▐4▐ hinauf.

Gehen Sie nach einer wohlverdienten Pause mit dem gelben Kreuz auf dem schon bekannten Weg zu der Lichtung zurück, die Sie wieder überqueren. Etwa 50 m danach zweigt ein mit rot-weiß-rotem Balken markierter Weg nach links ab ▐5▐. Vorbei an einigen sehr markanten Felsgruppen führt er gemächlich zu den Resten der sog. **Porte Nord,** dem einstigen Nordtor der Heidenmauer ▐6▐. Etwa 1,5 km weiter ist die **Schutzhütte Elsberg** ▐7▐ erreicht. Sie gehen nun immer steiler abwärts und genießen bald erste Blicke auf die beiden wunderschön gelegenen **Châteaux d'Ottrott,**

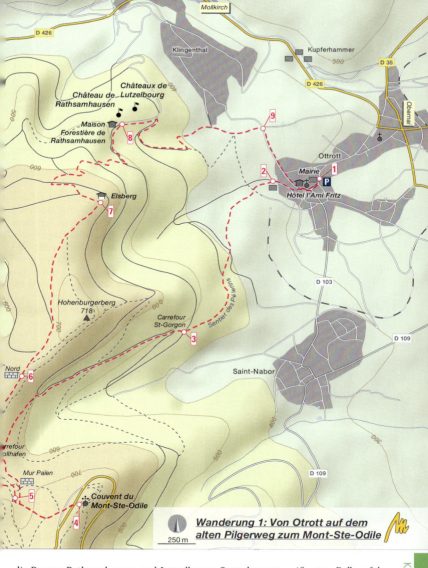

die Burgen Rathsamhausen und Lutzelbourg. Stets dem rot-weiß-roten Balken folgend kommen Sie in gut 0:20 Std. zum **Maison Forestière de Rathsamhausen 8**, hinter dem die beiden, leider nicht zugänglichen Châteaux stehen (Näheres siehe S. 189). Zunächst auf der Zufahrtsstraße zum Forsthaus, dann auf mehr oder weniger schmalen Pfaden wandert man nun in gut 0:30 Std. zur schmalen Asphaltstraße 9 hinab, zweigt rechts ab und kommt in 700 m zum Rathaus von Ottrott-le-Haut, dem Ausgangspunkt 1, zurück.

Kleiner Wanderführer

Wanderung 2: Durch die Weinberge bei Hunawihr und Riquewihr

Charakteristik: Diese sehr gemütliche Wanderung führt von Hunawihr zunächst ins pittoreske Riquewihr und weiter durch das Rebenmeer nach Mittelwihr, Beblenheim und über Zellenberg zum Ausgangspunkt zurück. Unterwegs hat man immer wieder fantastische Ausblicke über die Weinberge, auf die Weinstraßendörfer und die Burgen hoch über Ribeauvillé. **Länge/Dauer:** 11,5 km, reine Gehzeit 2:45 Std. **Markierung** Zeichen des Sentier Viticole (Weinblatt mit Aufschrift „Les Perles du Vignoble") nur von 2 bis 4, von 5 bis 6, von 8 zurück zum Ausgangspunkt. **Einkehr:** Restaurants in Riquewihr (siehe S. 216ff.), in Mittelwihr, in Beblenheim (siehe S. 214), in Zellenberg (siehe S. 214) und in Hunawihr (siehe S. 214). **Ausgangspunkt:** die Mairie in Hunawihr.

Wegbeschreibung: Starten Sie in **Hunawihr** an der Mairie 1 und gehen Sie auf der Grand' Rue in westliche Richtung bis zur Rue de Riquewihr, auf der Sie das Dorf verlassen. Sanft ansteigend wandert man, alle Abzweigungen nicht beachtend, auf dem Sträßchen knapp 1 km Richtung Waldrand, wo man an einer Gabelung 2 geradeaus weitergeht. Auf der anderen Seite des Wäldchens zweigt man nach ca. 750 m an einer markanten Kreuzung 3 nach links ab und geht nun, immer der Markierung mit dem Weinblatt folgend, durch die Weinberge der Grand-Cru-Lage Schoenenbourg abwärts. Von hier genießt man einen der malerischsten Blicke auf den Weinort **Riquewihr.**

Zellenberg

Nach 1,3 km kann man an einer Gabelung 4 den Weinlehrpfad abkürzen, indem man nicht der Asphaltstraße nach links folgt, sondern auf einem Pfad zuerst nach rechts, dann nach links abwärts über Treppen zum Hôtel de Ville von Riquewihr geht. Rechts in die Rue Ch. de Gaulle abzweigend, erreicht man in wenigen Minuten das Office de Tourisme. Biegen Sie nun links in die Rue de la 1ère Armée ein, überqueren die Avenue Méquillet und halten sich an der nächsten Gabelung 5 links. Die Route de Mittelwihr führt aus dem Städtchen hinaus. Nach ca. 400 m zweigen Sie auf eine Piste in die Weinberge des Sporen ab (Holzschild beachten!), halten sich an der nächsten Gabelung 6 geradeaus und biegen nach weiteren 400 m an einer Kreuzung rechts ab. Bald geht es noch einmal links auf das bereits bekannte Asphaltsträßchen 7, das Sie in wenigen Minuten, vorbei an einer Abzweigung 8, zur Gemarkungsgrenze Riquewihr–Mittelwihr bringt 9. Dort besteht die Möglichkeit, rechts nach Bennwihr abzuzweigen und so die Wanderung um ca. 5 km zu verlängern.

Auf unserer Tour bleiben Sie aber auf dem Asphaltsträßchen und gehen knapp 1 km abwärts ins Zentrum des im letzten Krieg stark zerstörten Dorfes **Mittelwihr.**

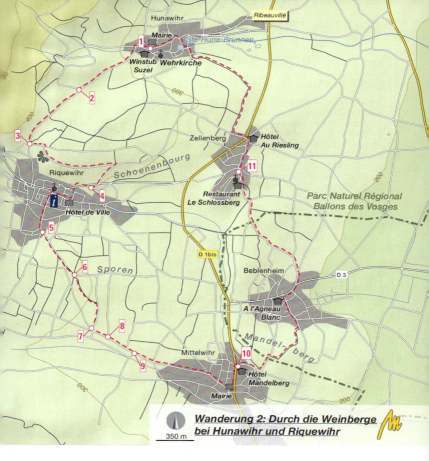

Wanderung 2: Durch die Weinberge bei Hunawihr und Riquewihr

Am Rathaus biegt man nach links auf die viel befahrene Route des Vins ab. Diese verlässt man wieder an der Place des Fêtes bzw. an dem auffallenden Hôtel Mandelberg **10**, hinter dem man auf einem schmalen Sträßchen durch die gleichnamigen Grand-Cru-Weinberge läuft. Den Beschilderungen folgend, wandert man auf einer Piste in knapp 1 km in das hübsche Dorf **Beblenheim**. An einem Supermarkt hält man sich rechts, 200 m weiter links und kommt so in die Rue de Ribeauvillé. Holzschilder weisen Ihnen konsequent den Weg durch die Weinberge Sonnenglanz bis zu dem auf einem Felsen thronenden Ort **Zellenberg**, wo man vor der Auberge du Froehn über eine Treppe zum alten Ortskern hinaufsteigt. Von der Kirche **11** aus kann man auf einer zusätzlichen kurzen Rundtour das hübsche Zentrum mit alten Häusern und Brunnen kennen lernen und einen wunderbaren Panoramablick auf Riquewihr genießen. Anschließend geht man gegenüber der Kirche über die schmale Rue du Vignoble abwärts zur Route des Vins, überquert diese beim Hôtel Au Riesling und geht im Huttweg weiter. Bald darauf hält man sich rechts und wandert nun auf einer Piste, alle Abzweigungen nicht beachtend, durch die Reben zurück nach Hunawihr, wo man sich am Brunnen der heiligen Huna oder in einer der Winstubs erfrischen kann.

382   Kleiner Wanderführer

Wanderung 3: Von Gueberschwihr über den Schauenberg zum Kuckucksfelsen

Charakteristik: Auf der relativ leicht zu bewältigenden Rundtour wandert man von Gueberschwihr zunächst hoch zur Marienwallfahrtskapelle auf dem Schauenberg, dann weiter zu bizarren Felsformationen oberhalb von Gueberschwihr. Zwar geht man vorwiegend durch Wald, dennoch bieten sich z. T. grandiose Ausblicke. **Länge/Dauer:** 6 km, reine Gehzeit etwa 1:30 Std. Markierung gelbes Kreuz bis **4**, hochgestellte rote Raute bis **5**, liegende rote Raute bis **6**, blaue Raute bis **9**. **Einkehr:** Bei den Schwestern der Gemeinschaft St Joseph et St Marc, die in dem Gebäudekomplex bei der Wallfahrtskapelle leben, kann man täglich eine einfache, mittwochs und sonntags eine umfangreichere Mahlzeit bekommen, **4**. Eine weitere einfache Rastmöglichkeit bietet die Auberge St-Marc, **6** (siehe S. 233). **Ausgangspunkt:** der Kirchplatz in Gueberschwihr.

Wegbeschreibung: In **Gueberschwihr** folgt man am oberen Ende des zentralen Kirchplatzes **1** dem Wanderzeichen gelbes Kreuz. Vorbei am Restaurant Le Goldert und der Taverne Mediévale geht man auf der Rue Haute stets aufwärts bis zu einer Kreuzung mit einem Brunnen, wo man in die Rue du Schauenberg nach links abzweigt. An der nächsten Kreuzung trifft man auf das erste Steinkreuz **2** des zur Wallfahrtskapelle führenden Kreuzwegs. Halten Sie sich links und wandern, vorbei an den weiteren Kreuzwegstationen – die entsprechenden Bilder entdeckt man jeweils als kleine Mosaike in den Kreuzen – und zwei Minikapellchen, allmählich aufwärts. Nach gut 1,5 km überquert man ein Asphaltsträßchen und stößt 150 m weiter bei einem hölzernen Schweigezeichen **3** auf eine Piste. Links abbiegend kommen Sie in wenigen Minuten zum Gebäudekomplex um die **Chapelle Notre-Dame du Schauenberg 4**. Bereits im 14. Jh. hauste hier oben ein Einsiedler, der dem heiligen Ulrich zu Ehren eine Kapelle erbaute. Aber erst durch die wundersame Heilung einer schwer erkrankten hessischen Landgräfin im Jahre 1446 – ihr Bote hatte mit einer Marienstatue im Gepäck die lange Reise hierher gemacht – wurde die Kapelle zu einem anerkannten Wallfahrtsziel. Heute leben hier Schwestern der Gemeinschaft St Joseph et St Marc. Von der Terrasse vor der Kapelle mit schönem Flügelaltar genießt man einen phantastischen Blick auf die Weinstraße, die Rheinebene und die Ausläufer des Schwarzwalds.

Gehen Sie zurück zu **3** und folgen dann dem Zeichen hochgestellte rote Raute auf einer breiten Piste bis zum großen **Parkplatz Table des Druides**, den man überquert. Jenseits davon wandert man auf einem schmalen Pfad an der Hangkante entlang, bis man nach ca. 0:20 Std. zu einem wunderbaren Aussichtspunkt **5** oberhalb von Gueberschwihr kommt. Der vom Vogesenverein ab hier mit liegender roter Raute gekennzeichnete Weg wendet sich danach scharf nach links, doch empfehlen wir Ihnen einen kleinen Umweg zu machen und wenige Meter steil geradeaus abwärts zu gehen (Hinweisschild „Rocher remarquable"). So erreichen Sie den unterhalb des Aussichtsplatzes aufragenden **Rocher du Coucou**, mächtige, durch Verwitterung z. T. bizarr geformte Sandsteinfelsen. Danach stoßen Sie bald wieder auf den Wanderweg, dem Sie nun konsequent, vorbei an einem Gebäude des Schützenvereins, bis zum an der D I^V gelegenen **Maison Forestière St-Marc 6** folgen, wo man in der Auberge St-Marc eine Pause einlegen kann.

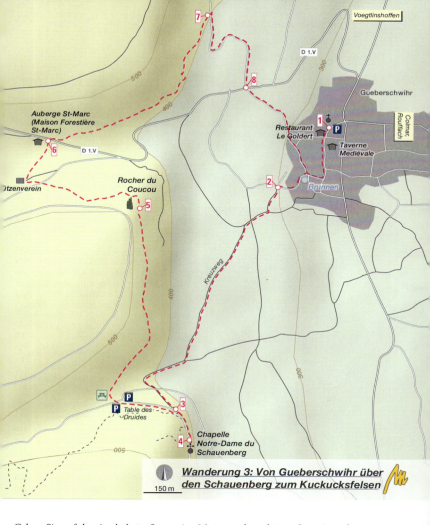

Gehen Sie auf der Asphaltstraße wenige Meter nach rechts und zweigen dann am Ende des Parkplatzes mit blauer Raute wieder in den Wald ab. Kurz darauf hat man die Gelegenheit, einen Abstecher zu einem Kletterfelsen zu machen (Schild „Escalade"), der Wanderweg führt im folgenden Abschnitt aber ohnehin zu einer senkrecht aufragenden Buntsandsteinwand, wo man ebenfalls oft Kletterer beobachten kann. Bald stoßen Sie auf einen Forstweg **7**, dem Sie ca. 500 m weit nach rechts zu der schon bekannten Landstraße **8** folgen. Auf der anderen Straßenseite führt ein betonierter Weg durch Weinberge und Gärten ins Dorf hinein und zum Ausgangspunkt **1** zurück.

Wanderung 4:
Vom Fleckensteiner Weiher zu den Ruinen Froensbourg und Fleckenstein

Charakteristik: Abwechslungsreiche und trotz zweier Anstiege nicht allzu schwierige Rundtour vom Fleckensteiner Weiher zu der idyllisch im Wald gelegenen Froensburg hinauf und weiter zum ganz besonders sehenswerten Château du Fleckenstein. Im Erlebniszentrum Le P'tit Fleck sowie auf dem Mittelalter-Spielplatz beim beliebten Gasthaus Gimbelhof kommen auch die Kleinen auf ihre Kosten. **Länge/Dauer:** 10,5 km, reine Gehzeit etwa 3 Std. **Markierung** roter Ring bis **2**, blauer Balken bis **8**, rot-weiß-roter Balken bis **11**, blaue Scheibe bis **12**, rote Scheibe bis **13**. **Abkürzung:** Um ca. 2 km verkürzt sich die Tour, wenn man vom WP 9 mit dem roten Dreieck, dann mit rotem Balken direkt zum Ausgangspunkt zurückgeht. **Einkehr:** Le P'tit Fleck, nahe **10** (siehe S. 262), Restaurant Gimbelhof, **11** (siehe S. 259f.). **Ausgangspunkt/Anfahrt:** Von der D 3 (Lembach–Niedersteinbach) biegt man am Camping Fleckenstein nach rechts auf die D 925 Richtung Hirschthal ab. Knapp 1 km danach stellt man sich unmittelbar hinter dem Fleckensteiner Weiher auf dem Wanderparkplatz links von der Straße, dem Ausgangspunkt der Tour, sein Fahrzeug ab.

Froensburg

Wegbeschreibung: Vom **Wanderparkplatz 1** geht man sehr gemütlich auf der mit rotem Ring gekennzeichneten Route Forestière Périphérique am See entlang. Auf der Höhe des Campingplatzes beschreibt sie einen Knick nach rechts und erreicht bald die aus mehreren Gebäuden bestehende **Ferme du Froensbourg 2**. Von dort führt ein mit blauem Balken gekennzeichneter Pfad weiter zu einem Haus **3**, hinter dem man auf einer allmählich ansteigenden Waldstraße bis zu einer Wegspinne **4** wandert, wo man einem Pfad geradeaus bis zu einer Gabelung unterhalb der **Froensburg 5** folgt. Rechts abzweigend erreichen Sie in kurzer Zeit den Burgeingang **6**.

Die 1269 erstmals erwähnte, auf zwei Felsen errichtete Anlage wurde 1355 zerstört und kurze Zeit später wieder aufgebaut. 1481 kam sie in den Besitz der Fleckensteiner, die einen größeren Umbau vornahmen. Am Eingang sieht man einen in den Fels getriebenen Raum, der einst durch ein Fallgatter geschützt und mit dem Burgbrunnen verbunden war. Überall entdeckt man Vertiefungen für die Holzbalken der einstigen Anbauten. Über in den Fels gehauene Stufen bzw. Eisentreppen

kommt man zum höchsten Punkt der Burg und genießt einen schönen Blick ins Steinbachtal. Den Zugang zur Vorburg auf dem zweiten Felsen bildet ein gotisches Tor mit der Jahreszahl 1481.

Vom Burgeingang folgen Sie dem blauen Balken in östliche Richtung durch den Wald. Nach ca. 300 m stoßen Sie an einer T-Kreuzung **7** auf eine Piste, auf die Sie nach rechts einbiegen, um gleich darauf nach links auf einem weiterhin mit blauem Balken markierten Pfad weiterzugehen. Er passiert bald eine hübsch gelegene **Schutzhütte**, von der aus sich ein schöner Blick zurück auf die Froensburg bietet. Stets abwärtsgehend erreicht man nach ca. 0:20 Std. eine Gabelung **8**, an der man sich links hält. Zuerst ein Bächlein, dann die D 925 querend kommt man zu einem an der Straße gelegenen Wanderparkplatz. Ein mit rot-weiß-rotem Balken markierter Pfad führt von hier aufwärts in den Wald hinein. Immer diesem Wanderzeichen folgend passiert man bald eine der 20 „Rätselburgstationen" des Erlebniszentrums Le P'tit Fleck, den sogenannten „Glöckchenbaum". Nur einige Minuten später gelangt man zu einer Gabelung **9**, geht links und erreicht 100 m weiter das **Château du Fleckenstein** (**10**, Beschreibung siehe S. 260).

Vorbei am Le P'tit Fleck wandert man mit rot-weiß-rotem Balken auf dem sog. **Köhlerpfad** mit interessanten Erklärungen zur einstigen Arbeit der Holzkohlehersteller zunächst durch den Wald, dann über Wiesen zum **Gimbelhof 11** mit Spielplatz, wo man eine wohlverdiente Rast einlegen kann. Hinter dem Restaurantgebäude hält man sich dann rechts und folgt nun stets der blauen Scheibe durch das Roehrenthal. Nach knapp 2 km biegt man an einer Gabelung **12** zunächst ohne Markierung nach rechts auf eine Piste ab, kurz darauf wird jedoch ein rotes Dreieck sichtbar. Mit diesem wechseln Sie bald auf einen Pfad über, der Sie über den Bach zur D 925 bringt. Jenseits davon liegt der Wanderparkplatz **1** und damit der Endpunkt der Tour.

Kleiner Wanderführer

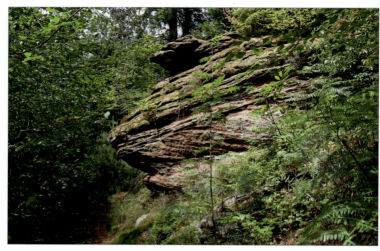

Der Rabenfelsen ist sehr beeindruckend

Wanderung 5: Rund um La Petite Pierre

Charakteristik: Auf dieser zumeist gemütlichen Rundtour ab La Petite Pierre durchwandert man mal ab-, mal aufwärtsgehend ein für die Gegend typisches Waldgebiet mit drei imposanten Buntsandsteinfelsen. Zwischendurch bieten sich grandiose Blicke auf die befestigte Altstadt von La Petite Pierre. **Länge/Dauer:** ca. 10 km, reine Gehzeit ca. 2:30 Std. **Markierung:** roter Balken bis **4**, rotes Schrägkreuz bis **5**, rote Raute bis **6**, gelbes Kreuz bis **7**, gelb-weiß-gelber Balken bis **9**, mit gelbem Balken geht es nach La Petite Pierre zurück. **Einkehr:** Mehrere Gasthäuser in La Petite Pierre (siehe S. 276f.), unterwegs gibt es keine. **Ausgangspunkt:** das Office de Tourisme in La Petite Pierre.

Wegbeschreibung: Starten Sie in **La Petite Pierre** am Office de Tourisme **1**. Gegenüber beginnt der zunächst asphaltierte, mit rotem Balken markierte Weg links von den alten Mauern der einstigen Verteidigungsanlage. Durch Schrebergärten wandert man wenige Minuten bis zum **Jardin des Poêtes**, einer kleinen Wiese mit in Holz geritzten Heimatgedichten großer und kleiner Bürger des Ortes. Von hier hat man eine tolle Aussicht auf die Altstadt.

Auf einer Piste geht es eben weiter zwischen Hecken bzw. durch lichten Wald. Nach insgesamt 1,3 km erreicht man eine Sitzbank an einem kleinen Aussichtsplatz **2** mit phantastischem Blick auf die Nord- und Mittelvogesen. Vorbei am sog. **Rocher du Corbeau**, einer markanten Felsformation, geht es nun ziemlich steil auf einem schmalen Pfad den Hang hinab bis zur Asphaltstraße D 178 **3**, wo man sich rechts hält und bald den **Weiler Kohlthalerhof** durchquert. Nach gut 300 m weist Sie der rote Balken auf ein Asphaltsträßchen nach rechts, das bald in eine Piste übergeht. Am Ende des Kohlthaler Weihers hält man sich an einer Abzweigung **4** geradeaus und wandert nun mit dem roten Schrägkreuz auf dem Sentier des Rochers vorbei an Wiesen und mit Seerosen bewachsenen Weihern weiter. Bleiben Sie knapp 1 km lang auf diesem breiten Weg, bis Sie das rote Schrägkreuz nach

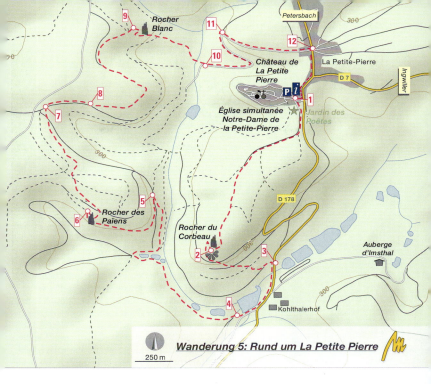

Wanderung 5: Rund um La Petite Pierre

links weist. Nur 400 m weiter zweigen Sie an einer Wegspinne **5** mit der roten Raute scharf nach links ab und steigen nun zum **Rocher des Païens** hinauf, dem gewaltigen, überstehenden „Heidenfelsen" (genau genommen handelt es sich um mehrere mächtige Gesteinsblöcke).

Kurz nach dem Heidenfelsen biegen Sie an einer T-Kreuzung **6** mit dem Zeichen gelbes Kreuz nach rechts ab und wechseln nach 1 km an einer Kreuzung **7** auf eine mit gelb-weiß-gelbem Balken markierte Piste über. Etwa 300 m weiter leitet Sie dieses Zeichen nach links auf einen Pfad **8**, auf dem Sie in ca. 0:15 Std. zu einer Gabelung oberhalb des **Rocher Blanc 9** kommen. Zum Felsen müssen Sie mit der Markierung gelber Balken wenige Schritte abwärts nach rechts gehen. Die Alt- und die Neustadt von La Petite Pierre sowie die umliegenden Wiesen breiten sich vor Ihren Augen aus.

Wandern Sie vom Aussichtsbalkon wenige Meter zurück und gehen dann mit dem gelben Balken nach links abwärts. Orientieren Sie sich stets an diesem Wanderzeichen. Eine Piste querend geht es steil den Hang hinab. Unten im Tal stoßen Sie bald an einer T-Kreuzung **10** auf ein schmales Asphaltsträßchen, dem Sie durch Wiesen aufwärts nach links folgen. Bei den ersten Häusern von **La Petite Pierre** zweigen Sie an einer Gabelung **11** nach rechts in ein ruhiges Wohngebiet ab, um 600 m weiter wiederum nach rechts in die Rue Principale **12** einzubiegen. Von hier sind es noch einmal ca. 10 Min. zum Ausgangspunkt **1** in La Petite Pierre.

Wanderung 6: Von Saverne zur Burg Haut-Barr und ins Tal der Zorn

Charakteristik: Aufgrund einiger Steigungen anspruchsvolle Rundtour, auf der sich die Sehenswürdigkeiten wie die Perlen auf einer Kette aneinanderreihen, ausgehend von Saverne u. a. das Château du Haut-Barr, die Ruinen Grand und Petit Geroldseck, die Tour du Brotsch, die Grotte St-Vit und die Châteaux de Greifenstein. **Länge/Dauer:** knapp 17 km, reine Gehzeit ca. 4:30 Std. **Markierung:** roter Balken bis WP 3, rotes Schrägkreuz bis **5**, dann wieder roter Balken bis **10**, blau-weißer Balken bis **11**, blauer Balken bis **17**. **Einkehr:** Restaurant du Château du Haut-Barr, **3**, gutbürgerliche Küche. Do abends sowie Mo geschl., sonst durchgehend. ✆ 038891-761. **Ausgangspunkt:** die Schleuse am Quai des Ecoles in Saverne.

Wegbeschreibung: Starten Sie in **Saverne** an der Schleuse **1** am Quai des Ecoles. Der Weg (roter Balken) führt zunächst unter einer Brücke hindurch, dann über eine Treppe auf die Rue du Haut-Barr hinauf, wo Sie rechts weitergehen. Auf dieser Straße wandert man durch ein Wohngebiet allmählich aufwärts, bis man nach insgesamt 1,5 km die D 171 erreicht. Überqueren Sie diese und gehen Sie am **Parkplatz Bildstoeckel 2** nach links in den Wald hinein. Immer der Markierung roter Balken folgend, steigen Sie in ca. 0:20 Std. zum **Château du Haut-Barr 3** hinauf (Näheres siehe S. 288 f.).

Saverne

Nach dem Besuch der Burg wandert man jenseits des Burgparkplatzes wenige Meter die Asphaltstraße entlang und zweigt dann mit rotem Balken und Schrägkreuz auf einen Waldweg zur **Tour Chappe** ab. Bei diesem Turm handelt es sich um eine optische Station der Telegraphenlinie Paris–Straßburg, in der auch ein kleines, von Juni bis Mitte September (Mi–So 12–18 Uhr) geöffnetes Museum untergebracht ist, das über die Telegraphenanlage informiert. Kurz darauf hält man sich an einer **Gabelung 4** halbrechts und steigt mit dem roten Schrägkreuz zum **Château du Grand Geroldseck** hinauf, einer Burgruine mit imposanten Resten des einst mächtigen Bergfrieds und einem kleinen Aussichtsplatz. Unmittelbar dahinter wendet man sich an einer Gabelung links und erreicht nach wenigen Metern wieder eine T-Kreuzung **5**. Rechts kommt man mit dem roten Schrägkreuz zur Nachbarburg **Petit Geroldseck**, von wo dann der rote Balken zum Wanderparkplatz **Hexentisch 6** führt.

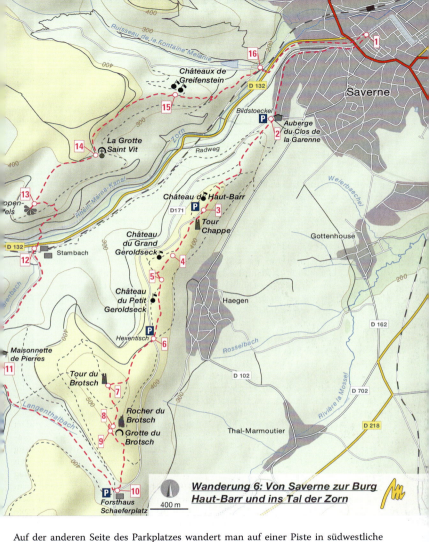

Wanderung 6: Von Saverne zur Burg Haut-Barr und ins Tal der Zorn

Auf der anderen Seite des Parkplatzes wandert man auf einer Piste in südwestliche Richtung weiter, um bald danach auf einen mit rotem Balken markierten Pfad nach links abzuzweigen. Nach etwa 0:15 Std. stehen Sie vor der auf einer Lichtung errichteten **Tour du Brotsch** **7**. Versäumen Sie nicht, diesen vom Vogesenclub im Jahr 1897 errichteten Turm zu besteigen, die Aussicht über Saverne und Umgebung sowie über die schier endlose Kette der Berggipfel lohnt sich wirklich. Weiter dem roten Balken folgend erreichen Sie nach 500 m den Aussichtsfelsen **Rocher du Brotsch** **8** und bald darauf die imposante **Grotte du Brotsch** **9**, einen tiefen Felsüberhang. Nach weiteren 10 Min. kommen Sie zum an der Straße stehenden **Forsthaus Schaeferplatz** **10**. Folgen Sie dieser Straße etwa 50 m weit nach rechts und biegen dann noch vor dem

Kleiner Wanderführer

390　Kleiner Wanderführer

großen Parkplatz und den Grillhütten nach rechts auf einen mit blau-weiß-blauem Balken gekennzeichneten Waldweg ab. Zunächst wandert man durch das vom Langenthalbach durchflossene Tal allmählich abwärts, bis dieser an einer T-Kreuzung in den Baerenbach mündet. Biegen Sie hier rechts ab und bleiben bis zu der ca. 500 m entfernten **Maisonnette de Pierres,** dem Steinerhiesel **11,** konsequent auf der mit blauem bzw. blau-weiß-blauem Balken gekennzeichneten Piste. Ab diesem kleinen Unterstand wandert man mit blauem Balken zuerst auf einem Schotterweg, dann auf einem Pfad oberhalb des Bachs bzw. der Asphaltstraße weiter, passiert nach ca. 0:15 Std. das kleine Klärwerk von Baerenbach und erreicht nach einem weiteren Kilometer den tief im Talgrund gelegenen Weiler **Stambach.**

Am Bahnübergang **12** queren Sie die Bahnlinie und die D 132 und folgen dann der Markierung blauer Balken über die Zorn und den Rhein-Marne-Kanal. Jenseits davon geht man wenige Meter nach links, dann rechts in den Wald hinein. In Serpentinen wandert man steil aufwärts bis zu einer hoch über Stambach gelegenen Abzweigung **13.** Links gehend erreichen Sie in wenigen Metern den **Rappenfelsen.** Ein grandioser Blick öffnet sich auf das Tal der Zorn und auf die gegenüberliegenden Burgen Grand Geroldseck und Haut-Barr.

Vom **13** wandert man durch den Wald zur **Grotte St-Vit 14.** In der Höhle hat man ein dem heiligen Veit geweihtes Kapellchen errichtet. Der Sizilianer soll einst das Kind des römischen Kaisers Diokletian von der Besessenheit geheilt haben. Im Mittelalter verehrte man ihn als Schutzpatron für Menschen mit einer mit krampfhaften Zuckungen verbundenen Nervenkrankheit der Muskulatur, dem nach ihm so genannten Veitstanz.

Nur gut 1 km weiter erreichen Sie die Ruinen der nebeneinander gelegenen **Châteaux de Greifenstein 15** aus dem 12. und 13. Jh. Eine enge Holztreppe führt in einem der drei erhaltenen Burgtürme zu einer Aussichtsplattform hinauf, die den Blick auf die im Laufe des Tages „bezwungenen" Burgen und Türme auf der gegenüberliegenden Talseite freigibt. Gegenüber vom Aufgang zu den Ruinen beginnt der Pfad hinunter ins Tal, das man nach ca. 1 km bei der Villa Gast **16** erreicht. Überqueren Sie wiederum die Bahnlinie und die D 132 und gehen Sie dann am Kanal entlang bis zur Schleuse **1** zurück.

Wanderung 7:
Vom Col du Markstein zum Lac de la Lauch

Charakteristik: Eine insgesamt angenehme Gebirgstour, bei der es nur im ersten Teil einen sehr steilen Abstieg sowie einen Anstieg zu bewältigen gibt. Zunächst wandert man vom Parkplatz am Col du Markstein abwärts zum Lauchsee, um dann zur Oberlauchenalm aufzusteigen. Von dort geht es auf bequemen Wegen über Bergwiesen mit schönen Aussichten und durch Wald zur netten Auberge Steinlebach und zum Ausgangspunkt zurück. **Länge/ Dauer:** 7,8 km, reine Gehzeit ca. 2:15 Std. **Markierung:** blaues Dreieck bis **5,** gelber Balken bis **6,** rotes Dreieck bis zum Ende der Tour. **Einkehr:** Auberge Steinlebach, **7** (siehe S. 322). **Ausgangspunkt/Anfahrt:** Der Col du Markstein liegt an der Route des Crêtes. Die D 430 führt von Guebwiller direkt hinauf. Das Auto stellt man am Parkplatz neben der Sommerrodelbahn ab.

Wegbeschreibung: Am **Col du Markstein** geht man vom Parkplatz **1** neben der Sommerrodelbahn zur Abzweigung der D 430 von der Route des Crêtes, hält sich hier Richtung Guebwiller und biegt dann nach ca. 100 m nach links auf eine Piste **2** ein. Die Markierung blaues Dreieck weist Ihnen den Weg. 300 m danach zweigen Sie noch vor dem Wald auf einen schmalen Fußweg nach rechts ab **3.**

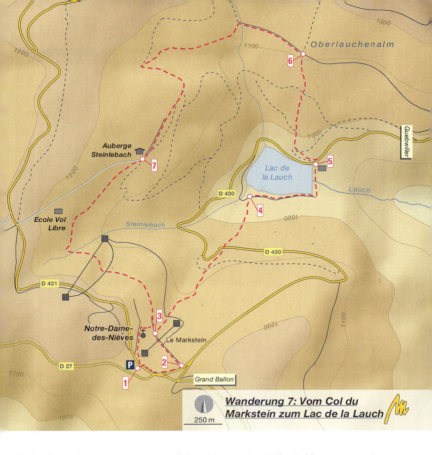

Wanderung 7: Vom Col du Markstein zum Lac de la Lauch

Steil geht es abwärts, teilweise parallel zu Masten eines Lifts. Bald quert man eine Piste, nach etwa 1 km eine Asphaltstraße, später einen Bach und biegt kurz danach an einer T-Kreuzung 4 auf einen Erdweg nach rechts ab, auf dem man am Südufer des **Lac de la Lauch** entlangläuft. Auf der Staumauer wandert man dann in nördliche Richtung zur Straße, geht an der seit Jahren geschlossenen Auberge du Lac vorbei, überquert die Straße nach Guebwiller 5 und schwenkt nach wenigen Metern nach links in den Wald hinein (gelber Balken).

Nun folgt der mehr als 1 km lange, recht steile Anstieg bis zur **Oberlauchenalm**. Dort trifft man auf einen Erdweg, dem man – ab jetzt mit rotem Dreieck – nach links folgt 6. Schon 200 m weiter ist man wieder im Wald und wandert nun auf einem breiten Weg ca. 2 km zur **Auberge Steinlebach** 7. Hinter dem Gebäude, genauer gesagt gegenüber der Frontseite des Querbaus, zweigt ein schmaler, mit rotem Dreieck gekennzeichneter Fußweg nach links ab. Am Hang entlang beschreibt der eben verlaufende Weg einen Bogen nach Südosten, bis er nach gut 2 km nach rechts zu einer Kapelle abzweigt. Von dort hat man nach wenigen Metern den Ausgangspunkt 1 erreicht.

Kuhglocken schmücken viele Fermes-Auberges

Wanderung 8: Auf den Petit Ballon

Charakteristik: Vom Col de Boenlesgrab führt die aussichtsreiche Rundtour mit recht steilen Passagen zum Gipfel des Petit Ballon, z. T. durch den Wald, z. T. über Hochweiden. Unterwegs kommt man an mehreren der typischen Ferme-Auberges vorbei. **Länge/Dauer:** 7,6 km, reine Gehzeit ca. 2:15 Std. **Markierung** gelber Balken bis **4**, blaue Raute bis **6**, rotes Schrägkreuz bis **10**, rote Scheibe bis **11**. **Einkehr:** Ferme-Auberge du Rothenbrunnen (Febr. bis Dez. tägl. außer Mo, ✆ 0389773308), **6**; Ferme-Auberge du Strohberg (Mitte Mai bis Ende Okt. tägl. außer Di, ✆ 0389775600), **10**; Auberge du Boenlesgrab (Mitte Mai bis Okt. tägl. außer Mo sowie Di und Mi jeweils abends, ✆ 0389711088), **1**. **Ausgangspunkt/Anfahrt:** Aus südlicher Richtung: Am Ortsende von Lautenbach-Zell biegt man von der D 430 auf der Höhe eines Sägewerks nach rechts auf einen asphaltierten Forstweg ein, der zum Col de Boenlesgrab führt. Aus östlicher Richtung: in Osenbach auf der D 40 Richtung Soultzbach-les-Bains bis zum Col de Firstplan, nach links in den Chemin du Firstplan (ca. 5 km ungeteerte Straße). Am Col de Boenlesgrab, dem Ausgangspunkt der Tour, bestehen ausreichende Parkmöglichkeiten.

Wegbeschreibung: Vom **Col de Boenlesgrab 1** wandert man mit der Markierung gelber Balken in westliche Richtung durch den Wald sehr steil aufwärts. Nach knapp 1 km hält man sich an einer T-Kreuzung rechts, an der nächsten links und steigt bald über Treppen zu einem Pfad hinauf, der oberhalb der Jugendherberge Dynamo weiter zur Schellimatt **2**, einer Hochweide, führt, wo man den Wald verlässt und die ersten weiten Blicke über die Vogesenhügel genießt. Folgen Sie hier weiter dem gelben Balken und halten sich kurz darauf an einer Gabelung rechts. Etwa 900 m nach der Schellimatt nimmt man an einer weiteren Gabelung **3** den nach rechts führenden Pfad und steigt in einem weiten Bogen zum 1272 m hohen Gipfel des **Petit Ballon 4** mit Marienstatue hinauf. Die Aussicht von hier oben auf das Vallée Noble, die Rheinebene sowie auf das Munstertal und hinüber zum Grand Ballon ist grandios. Wegen der günstigen Thermik trifft man hier oben im-

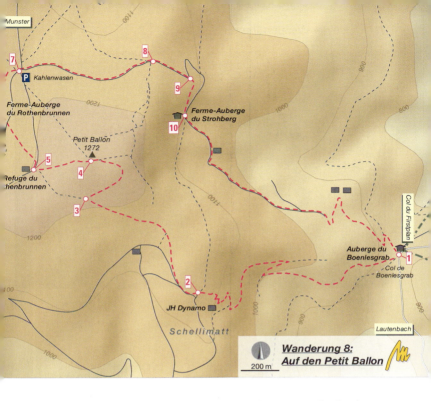

mer wieder auf Modellflieger, die ihre Fluggeräte über die Wiesen schweben lassen. Da Letztere in dieser Höhe in der Regel weniger stark beweidet sind, können Pflanzenfreunde hier oft zahlreiche gelbe und lilafarbene Vogesenstiefmütterchen und blaue Glockenblumen entdecken.

Wandern Sie nun mit blauer Raute auf einem steilen Pfad abwärts Richtung Rothenbrunnen bzw. Metzeral weiter. Schon nach wenigen Minuten stoßen Sie auf das Naturfreundehaus **Refuge du Rothenbrunnen** 5, biegen nach rechts auf einen breiten Erdweg ein und zweigen sofort danach wieder links ab. Wiederum geht es steil den Berg hinab zur **Ferme-Auberge du Rothenbrunnen** 6, wo sich der Blick bis nach Landersen öffnet. Von der zünftigen Bergwirtschaft führt ein nun mit rotem Schrägkreuz gekennzeichneter Pfad über Wiesen in wenigen Minuten hinauf zum **Wanderparkplatz Kahlenwasen** 7. Gegenüber liegen die Reste deutscher Soldatenunterstände aus dem Ersten Weltkrieg. Vom Parkplatz aus geht man in östliche Richtung auf einer breiten Piste durch den Wald und kommt nach ca. 10 Min. zu einer Kreuzung 8. Sich geradeaus haltend wandert man nun am Waldrand weiter, um nach 250 m an einer Abzweigung 9 auf einen Pfad nach rechts einzubiegen. Ziemlich steil geht es hinunter zur **Ferme-Auberge du Strohberg** 10, wo man ebenfalls zünftig einkehren kann. Von der Terrasse bietet sich ein wunderbarer Blick. Mit roter Scheibe geht es nun auf einem ziemlich steinigen Weg über Matten, dann wieder durch Wald in gut 0:30 Std. zum Ausgangspunkt 1 zurück.

Ferme-Auberge in toller Lage

Wanderung 9:
Von Le Gaschney auf den Hohneck

Charakteristik: Aussichtsreiche, im ersten Abschnitt ziemlich steile Rundtour, die von Le Gaschney über Matten und durch wunderschönen Wald auf den mit 1363 m dritthöchsten Vogesengipfel hinaufführt. **Länge/Dauer:** 6 km, reine Gehzeit ca. 1:30 Std. **Markierung:** rotes Dreieck bis **3**, roter Balken bis **5**, rot-weiß-roter Balken bis **6**. **Einkehr:** Ferme-Auberge du Schiessroth, **5** (siehe S. 334), Ferme-Auberge du Gaschney (tägl. außer Mi, ☎ 0389776373), bei WP 1. **Ausgangspunkt/Anfahrt:** Von Munster auf der D 10 nach Muhlnach-sur-Munster. Dort zweigt man auf die D 310 nach Le Gaschney ab, wo man sein Auto am zentralen Parkplatz und Ausgangspunkt dieser Tour abstellen kann.

Wegbeschreibung: Starten Sie in **Le Gaschney** am großen Parkplatz **1** und gehen mit dem roten Dreieck zunächst wenige Meter auf einem Asphaltsträßchen in westliche Richtung. Beim Gebäude des Skiclubs Hohneck weist Sie das Wanderzeichen nach rechts auf einen schmalen, steinigen Pfad, der in gut 10 Min. ziemlich steil durch Wald hinauf zum **Hotel Schallern 2** führt. Von dort genießt man die weite Aussicht auf den gegenüberliegenden Gaschneykopf und die umliegenden Täler und Gipfel, bevor man links von dem Gebäude weiter aufwärtssteigt. Bald schon erreicht man das Naturschutzgebiet „Frankenthal Missheimle", das mit 450 verschiedenen Pflanzen als Mikrokosmos für die Vegetation in den Hochvogesen gilt. Die von Flechten überwachsenen Laubbäume und die moosbewachsenen Felsen bieten insbesondere an nebligen Tagen einen fast märchenhaften Anblick. Nach steilem Anstieg kommt man schließlich zum **Col du Schaeferthal 3**, einer Passhöhe zwischen dem Hohneck und seinem kleinen Bruder, dem Petit Hohneck. Wem die großartige Aussicht auf den weiter nördlich gelegenen Col de la Schlucht oberhalb des tiefen Abgrunds, welcher schließlich in das Tal der Kleinen Fecht übergeht, noch nicht genügt, der kann von hier aus einen kurzen Abstecher auf den Petit Hohneck machen.

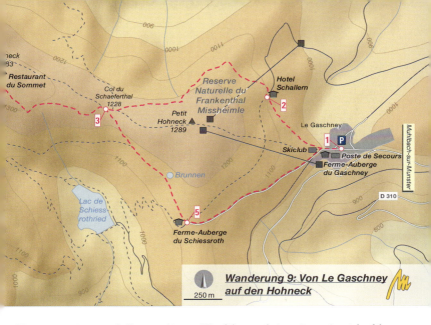

Wanderung 9: Von Le Gaschney auf den Hohneck

Unser nun mit rotem Balken markierter Weg führt, vorbei an einem Aussichtsfelsen hoch über dem Lac de Schiessrothried, über saftige Matten in knapp 0:20 Std. zum **Gipfel des Hohneck** 4. Hier bietet sich ein umwerfender 360°-Rundblick. Zur Identifizierung der umliegenden Bergkuppen hilft die Orientierungstafel; der durch seine Radarkuppel signifikante Grand Ballon im Südosten sowie der sich weiter nördlich erhebende, an der Nordflanke bewaldete Petit Ballon sind aber auch ohne diese Hilfe eindeutig zu bestimmen.

Gehen Sie auf dem schon bekannten Weg zurück zum 3 und von dort mit rotem Balken halbrechts weiter abwärts durch Wiesen bzw. durch lichten Wald zur **Ferme-Auberge du Schiessroth** 5. Auch wenn Sie nicht einkehren, genießen Sie auf jeden Fall den Blick auf den tief unten liegenden gleichnamigen See sowie auf die Hochweide Schnepfenriedwasen unterhalb des Schnepfenriedkopfes vis-à-vis. Auf dem betonierten Zufahrtssträßchen wandern Sie nun mit dem rot-weiß-roten Balken in ca. 0:20 Std. zum Ausgangspunkt 1 zurück. Dort lädt eine weitere Bauerngaststätte, die Ferme-Auberge du Gaschney, zur Einkehr ein.

Kleiner Wanderführer

Wanderung 10: Von Ferrette in die Wolfsschlucht zur Grotte des Nains

Charakteristik: Auf dieser mittelschweren, besonders abwechslungsreichen Rundtour von Ferrette über das Château de Ferrette zur Heimat der geheimnisvollen Erdwiebele wandert man ständig auf und ab und kommt zu mehreren, sehr lohnenden Aussichtspunkten. **Länge/Dauer:** 6,6 km, reine Gehzeit ca. 1:45 Std. **Markierung:** durchgehend blaue Scheibe. **Einkehr:** keine Einkehrmöglichkeiten, man kommt an einigen schönen Picknickplätzen vorbei. **Ausgangspunkt:** die Kirche in Ferrette.

Wegbeschreibung: Folgen Sie an der **Kirche von Ferrette** **1** dem Zeichen blaue Scheibe in die Rue du Château, gehen am Rathaus vorbei, dann schräg links in die Rue St-Bernard und kurz darauf scharf links auf den Schlossberg hinauf. Die Porte Basse passierend erreichen Sie nach insgesamt 670 m die **Porte Haute** **2**. Von dort wandern Sie durch die untere **Burganlage** stets aufwärts zur oberen hinauf und – an der Aussichtsplattform vorbei – auf drei Buchen zu. Dahinter geht es über Treppen und einen Durchgang abwärts. Der Weg führt hinter diesem zunächst rechts, dann in Serpentinen unterhalb der Burg weiter abwärts (achten Sie stets auf die blaue Scheibe) bis zu einer T-Kreuzung **3**. Hier halten Sie sich rechts, unmittelbar danach an einer V-förmigen Gabelung links und folgen dem nun auch mit einem gelben Balken markierten Weg bis zu einer T-Kreuzung **4** unterhalb der massiven **Loechlenfelsen**.

Hier biegt der gelbe Balken nach links ab. Sie aber wenden sich mit der blauen Scheibe nach rechts und folgen ihr nur 25 m danach nach links auf einen Pfad.

Lautenbach 397

Er führt in Serpentinen zu dem durch ein Gitter gesicherten Aussichtspunkt Kanzel 5 hinauf. 1 km weiter kann man vom sog. **Plateau des Nains** 6 einen noch schöneren Rundblick auf den Sundgau genießen. Nun geht es steil durch den Wald abwärts, wobei man mit der blauen Scheibe zuerst rechts, dann links und dann noch einmal rechts abzweigen muss. Bald schon steht man in der von steilen Felswänden begrenzten imposanten **Wolfsschlucht,** an deren Ende sich rechts die **Grotte des Nains** 7 befindet.

Ein leicht ansteigender Waldweg bringt Sie in 0:15Std. zum **Parkplatz Keucht** 8. Dahinter quert man eine Piste, wandert mit der blauen Scheibe am Waldrand weiter, um nach 600 m die Straße nach Sondersdorf 9 zu queren. Jenseits davon führt der **Chemin du Reservoir** mit schönen Blicken auf Ferrette, die Burg und die Loechlenfelsen über Wiesen und durch den Wald zur D 41. Überqueren Sie diese und zweigen noch vor dem Begegnungszentrum Don Bosco 10 nach rechts in die anfangs nicht asphaltierte Rue des Orfèvres ab. Sie führt in den Ort Ferrette hinein und stößt dort ca. 500 m weiter auf die Hauptstraße. Hier links, dann rechts abzweigend kommen Sie bald zum Ausgangspunkt 1 zurück.

NOCH MEHR WANDERUNGEN ...

... finden Sie in unserem Wanderführer **Elsass** von Antje & Gunther Schwab. Reichlich Infos zum Wanderziel Elsass, 38 detailliert beschriebene, GPS-gestützte und nach Schwierigkeitsgrad eingeteilte Touren inklusive exakter Karten, Höhenprofile und Tipps zu An- und Abfahrt.

1. Auflage 2009 | ISBN 978-3-89953-509-9 | 14,90 €

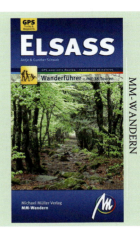

Abruzzen • Ägypten • Algarve • Allgäu • Allgäuer Alpen *MM-Wandern* • Altmühltal & Fränk. Seenland • Amsterdam *MM-City* • Andalusien • Andalusien *MM-Wandern* • Apulien • Athen & Attika • Australien – der Osten • Azoren • Bali & Lombok • Baltische Länder • Bamberg *MM-City* • Barcelona *MM-City* • Bayerischer Wald • Bayerischer Wald *MM-Wandern* • Berlin *MM-City* • Berlin & Umgebung • Bodensee • Bretagne • Brüssel *MM-City* • Budapest *MM-City* • Bulgarien – Schwarzmeerküste • Chalkidiki • Cilento • Cornwall & Devon • Dresden *MM-City* • Dublin *MM-City* • Comer See • Costa Brava • Costa de la Luz • Côte d'Azur • Cuba • Dolomiten – Südtirol Ost • Dominikanische Republik • Ecuador • Elba • Elsass • Elsass *MM-Wandern* • England • Fehmarn • Franken • Fränkische Schweiz • Fränkische Schweiz *MM-Wandern* • Friaul-Julisch Venetien • Gardasee • Gardasee *MM-Wandern* • Genferseeregion • Golf von Neapel • Gomera • Gomera *MM-Wandern* • Gran Canaria • Graubünden • Griechenland • Griechische Inseln • Hamburg *MM-City* • Harz • Haute-Provence • Havanna *MM-City* • Ibiza • Irland • Island • Istanbul *MM-City* • Istrien • Italien • Italienische Adriaküste • Kalabrien & Basilikata • Kanada – Atlantische Provinzen • Kanada – der Westen • Karpathos • Katalonien • Kefalonia & Ithaka • Köln *MM-City* • Kopenhagen *MM-City* • Korfu • Korsika • Korsika Fernwanderwege *MM-Wandern* • Korsika *MM-Wandern* • Kos • Krakau *MM-City* • Kreta • Kreta *MM-Wandern* • Kroatische Inseln & Küstenstädte • Kykladen • Lago Maggiore • La Palma • La Palma *MM-Wandern* • Languedoc-Roussillon • Lanzarote • Lesbos • Ligurien – Italienische Riviera, Genua, Cinque Terre • Ligurien & Cinque Terre *MM-Wandern* • Liparische Inseln • Lissabon & Umgebung • Lissabon *MM-City* • London *MM-City* • Lübeck *MM-City* • Madeira • Madeira *MM-Wandern* • Madrid *MM-City* • Mainfranken • Mallorca • Mallorca *MM-Wandern* • Malta, Gozo, Comino • Marken • Mecklenburgische Seenplatte • Mecklenburg-Vorpommern • Menorca • Mittel- und Süddalmatien • Mittelitalien • Montenegro • Moskau *MM-City* • München *MM-City* • Münchner Ausflugsberge *MM-Wandern* • Naxos • Neuseeland • New York *MM-City* • Niederlande • Niltal • Nord- u. Mittelgriechenland • Nordkroatien – Zagreb & Kvarner Bucht • Nördliche Sporaden – Skiathos, Skopelos, Alonnisos, Skyros • Nordportugal • Nordspanien • Normandie • Norwegen • Nürnberg, Fürth, Erlangen • Oberbayerische Seen • Oberitalien • Oberitalienische Seen • Odenwald • Ostfriesland & Ostfriesische Inseln • Ostseeküste – Mecklenburg-Vorpommern • Ostseeküste – von Lübeck bis Kiel • Östliche Allgäuer Alpen *MM-Wandern* • Paris *MM-City* • Peloponnes • Pfalz • Pfalz *MM-Wandern* • Piemont & Aostatal • Piemont *MM-Wandern* • Polnische Ostseeküste • Portugal • Prag *MM-City* • Provence & Côte d'Azur • Provence *MM-Wandern* • Rhodos • Rom & Latium • Rom *MM-City* • Rügen, Stralsund, Hiddensee • Rumänien • Rund um Meran *MM-Wandern* • Sächsische Schweiz *MM-Wandern* • Salzburg & Salzkammergut • Samos • Santorini • Sardinien • Sardinien *MM-Wandern* • Schleswig-Holstein – Nordseeküste • Schottland • Schwarzwald Mitte/Nord *MM-Wandern* • Schwäbische Alb • Shanghai *MM-City* • Sinai & Rotes Meer • Sizilien • Sizilien *MM-Wandern* • Slowakei • Slowenien • Spanien • Span. Jakobsweg *MM-Wandern* • St. Petersburg *MM-City* • Südböhmen • Südengland • Südfrankreich • Südmarokko • Südnorwegen • Südschwarzwald • Südschwarzwald *MM-Wandern* • Südschweden • Südtirol • Südtoscana • Südwestfrankreich • Sylt • Teneriffa • Teneriffa *MM-Wandern* • Thassos & Samothraki • Toscana • Toscana *MM-Wandern* • Tschechien • Tunesien • Türkei • Türkei – Lykische Küste • Türkei – Mittelmeerküste • Türkei – Südägäis • Türkische Riviera – Kappadokien • Umbrien • Usedom • Venedig *MM-City* • Venetien • Wachau, Wald- u. Weinviertel • Westböhmen & Bäderdreieck • Warschau *MM-City* • Westliche Allgäuer Alpen und Kleinwalsertal *MM-Wandern* • Westungarn, Budapest, Pécs, Plattensee • Wien *MM-City* • Zakynthos • Zentrale Allgäuer Alpen *MM-Wandern* • Zypern

- ABRUZZEN
- ALENTEJO
- ALGARVE
- ANDALUSIEN
- APULIEN
- DODEKANES
- IONISCHE INSELN
- KRETA
- LISSABON & UMGEBUNG
- MARKEN
- SARDINIEN
- SIZILIEN
- TENERIFFA
- TOSKANA

CASA FERIA
Land- und Ferienhäuser

Nette Unterkünfte bei netten Leuten

CASA FERIA
die Ferienhausvermittlung
von Michael Müller

Im Programm sind ausschließlich persönlich ausgewählte Unterkünfte abseits der großen Touristenzentren.

Ideale Standorte für Wanderungen, Strandausflüge und Kulturtrips.

Einfach www.casa-feria.de anwählen, Unterkunft auswählen, Unterkunft buchen.

Casa Feria wünscht
Schöne Ferien

www.casa-feria.de

Register

Adeloch, Bischof 102
Adelheid, Heilige 113
Adelphus, Heiliger 10
Adenauer, Konrad 310
Adolf von Nassau 199, 221
Afra 366
Albé (C6) 308
Alemannen 24
Alsace Bossue 280
Altenstadt (F1) 256
Altkirch (C11) 365
Ami Fritz (Fritz Kobus) 176
Amish People 314
Andlau (C6) 194
Andlau, Peter 121
Angeln 68
Angers, David d' 116
Anreise 44
Appellation d'Origine Con-
   trôlée Alsace (AOC) 62
Arbogast, Heiliger 125
Architektonische
   Fachbegriffe 37
Architektur 32
Ariovist 24
Arp, Hans 102
Arzwiller 289
Aubure (C7) 316
Autovermietung 45
Auwald 17

Bahn 47
Balbronn (D4) 177
Baldenheim (D11) 146
Ballon d'Alsace 344
Ban de la Roche
   (Steintal) 298
Bärbel von
   Ottenheim 132, 274
Barock 34
Barr (D5) 190
Bartholdi, Auguste 159,
   170, 173, 174, 175
Bastberg 132
Bebel, August 28
Beblenheim 381
Behinderte 64
Bellefosse (C5) 298
Bergheim (G2) 205
Betschdorf (F2) 125
Bier 63
Biesheim (D8) 154
Bismarck, Otto von 28
Blienschwiller (F3) 196

Boersch 189
Bonaparte,
   Louis Napoléon 286
Bongart, Hans 224
Bouxwiller (C4) 131
Brant, Sebastian 27, 76
Brauchtum 38
Brion, Friederike 115, 116
Bucer, Martin 27, 76, 148,
   152, 256
Buchdruck 75
Büchner, Georg 299
Buchsweiler
   Weiberkrieg 132
Bugatti, Ettore 181
Bugatti, Jean 181
Buhl (B9) 337
Burghard von
   Lützelstein 278
Burkhard von
   Müllenheim 125
Bus 47

Calvin, Johannes 347
Camping 53
Carpe frite 364
Chamisso, Adalbert 295
Champ du Feu (C6) 310
Châtenois (C6) 200
Chatrian, Alexandre 176
Chaumes 18
Chlodwig I. 25, 74
Choucroute 58
Clause, Jean-Pierre 57
Cleebourg (F1) 257
Climbach (F1) 260
Col Amic 322
Col d'Oderen 340
Col de la
   Charbonnière (C6) 309
Col de la Liese 268
Col de la Schlucht 320, 394
Col des
   Bagenelles (B7) 316
Col du Baerenstall 327
Col du Bonhomme (B7) 320
Col du Bussang (A9) 341
Col du Calvaire 320
Col du Fréland 316
Col du Haut de
   Ribeauvillé (C7) 316
Col du Herrenberg 321
Col du Hunsrück 343
Col du Kreuzweg (C6) 310

Col du Silberloch (B9) 323
Col du Steige 309
Col du Wettstein (B8) 328
Collet du Linge (B8) 327
Colmar (C8) 159
Cranach, Lucas 167

Dambach-la-Ville 196
Dambach-Neunhoffen 270
Dannemarie (B11) 367
Daubensand (E6) 143
Deck, Theodor 240
Desserts 60
Deutsch-Französischer
   Krieg 1870/71 28
Deux lits 50
Dietrich,
   Frédéric de 76, 105
Dietrich, Jean de 272
Domfessel (B2) 281
Donon (B5) 282
Dreikaus, Huguette 31
Dreißigjähriger Krieg 27
Drusenheim (D9) 113
Drusus 256
Ducker, François 30, 31
Dürer, Albrecht 169, 171

Ebersheim (D6) 146
Ebersmunster (D6) 144
Ebhardt, Bodo 204
Echery 317
Ecomusée 155
Edelin (Abt) 253
Egen, Jean 61, 335
Egenolph von
   Urslingen 206, 212
Eguisheim (C8) 228
Ehnwihr 146
Elsässerditsch 42
Epfig (D6) 196
Erckmann, Emile 176
Erster Weltkrieg 29
Essen und Trinken 54
Eticho (Herzog unter den
   Merowingern) 25, 303, 305

Fachwerkhäuser 36
Fahrrad 47
Fahrradverleih 48
Feiertage 64
Feldbach (C12) 366
Ferienwohnungen 51
Ferme-Auberges 52, 56
Fernsehen 67

Register 401

Ferrette (C12) 369
Feste 38
Festkalender 40
Fischart, Johann 27
Flammekueche 59
Florentius, Heiliger 295
Forêt de Haguenau
  (Hagenauer Forst) 122
Fouday (B5) 298
Franken 24
Französische Revolution 28
Fréland 316
Freudeneck (C4) 294
Friedrich der Große 98
Friedrich I. (Barbarossa)
  25, 114, 117, 303
Friedrich II. 148, 159, 221
Friedrich III. 207
*Friedrich von
  Saarwerden* 281
Fritz Kobus (Ami Fritz) 176
Froensburg 384
Froeschwiller (C6) 271

Gänseleberpastete 57
Gaschney 332
Gästezimmer 51
Gaulle, Charles de 310
Gazon du Faing (B8) 320
Gebäck 60
*Geiler von Kaysersberg,
  Johann* 27, 76, 94, 221
Geld 64
Geographie 16
Geologie 19
*Georg Hans von Veldenz
  (Jerri Hans)* 275
Georg von Wangen 292
Germanen 24
Gertwiller (D3) 190
Geschichte 23
*Goethe, Johann Wolfgang
  von* 76, 90, 115, 116, 267
Golf 68
Gotik 33
Grand Ballon (B9) 322, 395
Grand lit 50
Grand Ried 139
Grand Ventron (A9) 340
Grand Wintersberg (E1) 268
Grandfontaine (B5) 303
Graufthal 280
Gregor von Tours 74
Grendelbruch (C5) 301
Grien, Hans Baldung 27, 95
Grün, Mathys (Grünewald)
  27, 34, 159, 168, 169

Gueberschwihr (C8) 232
Guebwiller (D5) 236
Gundolsheim (E4) 236
Gunsbach (B8) 330
Gutenberg, Johann 75, 100

Haguenau 117
Hammer, Hans 286
Hanauer Land 131
Hans em Schnogaloch 39
*Hans Trapp
  (Hans von Drodt)* 39
*Hansi
  (Waltz, Jean-Jaques)* 30
Hatten (F2) 127
Hauptgerichte 58
Hausboot 53
Hausknecht, Emma 331
Hautes Chaumes 320
Hedwig von Dagsburg 229
Heiligenstein (D5) 190
Heinrich III. 229
Heinrich IV. 25
Henner, Jean-Jacques 365
*Herrad von Landsberg
  (Äbtissin)* 303
Hildegard von Büren 151
Hippoltskirch (C12) 372
Hirtzbach (B11) 366
Hohbuhl 301
Hohneck (B8) 320, 395
Hohrod 327
Hohrodberg (B8) 327
Hohwiller (D5) 126
Holbein, Hans d. Ä. 167
Hotels 49
Hugo von Eguisheim 229
Humanismus 34
Hunawihr (C7) 213
Hundertjähriger Krieg 26
Hunspach (B8) 127
Husseren-Wesserling 340

Illhäusern 152
Illwald 152
Industrie 23
Information 65
Ingwiller (D2) 135
Insel Rhinau 143
Internet 65
Isenheimer Altar 168
*Isenmann,
  Caspar* 34, 167, 173
Ittersviller (D6) 196

Jaegerthal 269
*Jakob von
  Lichtenberg* 274

*Jerri Hans (Georg Hans von
  Veldenz)* 275, 278, 279
*Joffre, Joseph
  Jacques* 310, 343
Johanna von Pfirt 369
*Johannes von Mander-
  scheidt (Bischof)* 289
Jugendherbergen 53
*Juliana (niederl.
  Königin* 310
Jungholtz (B9) 241

Kajak 68
Kanu 68
*Karl der
  Große* 25, 74, 147, 337
Karl der Kahle 74
Karl der Kühne 26
Karl III. 195
Karl VIII. 99
Karpfenteich 364
Katharina die Große 342
Katz, Heinrich 287
Kaysersberg (C7) 221
Kelten 24
Kientzheim (C6) 220
Kiffis (C12) 372
Kirrwiller (D5) 134
Kléber, Jean-Baptiste 104
Klettern 68
Klima 19, 20
Kohlthal 277
Kohlthalerhof 386
Konrad III. 25
Konsulate 65
Kougelhopf 61
Kramer, Josef 297
Krautergersheim (D5) 140
Kruth (A9) 340
Kuhlendorf (F2) 125
*Kunigunde von
  Hungerstein* 213
Kunst 32
Kunsthistorische
  Fachbegriffe 37
Kutzenhausen (F2) 129

La Petite Pierre 275
Lac Blanc (B7) 318
Lac d'Alfeld (A10) 344
Lac de la Lauch (B9) 339
Lac de Sewen 344
Lac du Forlet 320
Lac Noir (B7) 318
Lac Vert 320
Landwirtschaft 23
Lapoutroie (B7) 316
Largillière, Nicolas de 99

402 Register

Largue-Tal 367
Lautenbach (B9) 335
Lauterbourg (G1) 112
Le Bioscope 156
Le Bonhomme Village 316
Le Donon 302
Le Hohwald (C5) 310
Lembach (E1) 258
Lenz, Jakob Michael
  Reinhold 116, 299
Leo IX. 177, 229
Leobardus,
  irischer Mönch 290
Leopold von Österreich 180
Les Quelles 298
Leszczynska, Maria 255
Leszczynski, Stanislas 255
Leymen (D12) 372
Lichtenberg (D2) 273
Ligsdorf (C12) 371
Linthal (B9) 339
Lisle, Rouget de 76, 105
Lobsann (F2) 131
Lokale 55
Lothar I. 25, 74
Lucelle (C12) 371
Ludwig der Deutsche 74
Ludwig von Lichtenberg 274
Ludwig XIV. 27, 90, 283
Ludwig XV. 76, 98, 255
Luther, Martin 76
Luttenbach 332

Mackwiller(C5) 281
Maginot, André 128
Maginot-Linie 128
Maison du Fromage,
  Gunsbach 331
Maisonsgoutte (C6) 309
Malgré nous 30
Manspach (B11) 367
Marckolsheim (D7) 152
Marco, Louis Félix 193
Maria-Josefa von
  Sachsen 76
Marie-Antoinette 61, 76
Markstein (B9) 322
Marlenheim (D11) 176
Marmoutier (C3) 290
Marseillaise 76
Masevaux (A10) 342
Maurus (Abt) 290
Meisenthal 275
Meister Eckart 75
Meistratzheim (D5) 140
Melkersmahlzeit
  (menu marcaire) 56

Merkwiller-Pechelbronn 130
Metzeral (B8) 333
Mittelbergheim 194
Mollkirch (C5) 301
Molsheim (D5) 178
Mont-Ste-Odile 303
Moritz von Sachsen 102
Morsbronn 268
Moselquelle 341
Mothern (G2) 112
Mozart, Wolfgang
  Amadeus 103
Muhlbach-sur-Munster 332
Mulhouse (C10) 347
Muller, Germain 31
Munster (B8) 324, 326
Münsterkäse 333
Murbach (B9) 337
Murbacher Hymnen 337
Murner, Thomas 27, 184
Muttersholtz (D6) 146
Mutzig (D5) 182

Napoleon I. 98, 272
Napoleonsbänke 123
Neuf-Brisach 153
Neuwiller-lès-Saverne 135
Niederbronn-les-Bains 266
Niederhaslach (C4) 295
Niedermorschwihr (C8) 226
Niedernai (D5) 140
Nikolaus von Hagenau 168
Nithard 74
Nördliche Weinstraße 257
Notrufnummern 66

Oberbronn(D2) 272
Oberhoffen 257
Oberlin,
  Jean Frédéric 298, 299
Obernai (D5) 184
Obersteigen (C4) 293
Obersteinbach (E1) 263
Odilia, Heilige 39, 184,
  303, 304, 305
Öffnungszeiten 66
Offwiller (D2) 273
Oltingue (C12) 372
Orbey (B7) 318
Otfried von Weißenburg 253
Ottmarsheim (D10) 157
Otto I. 113
Otto von Ochsenstein 199
Ottrott (D5) 189
Outre Forêt 122, 124, 126

Painlevé, Paul 128
Pairis (B8) 318

Pamina Rheinpark
  (Parc Rhénan) 113
Parc Naturel Régional
  des Ballons
  des Vosges 250, 325
Pest 26
Petit Ballon (B8) 328, 395
Petit Hohneck 394
Petite Camargue
  Alsacienne 368
Pfaffenhoffen (D2) 134
Pfifferdaj 207
Philipp III., Graf von
  Hanau-Lichtenberg 137
Philipp IV., Graf von
  Hanau-Lichtenberg 273
Pigalle, Jean-Baptiste 102
Pirmin, heiliger 337
Plat du jour 55
Polizei 66
Post 66
Puller, Konrad 261

Radio 67
Raedersdorf (C12) 372
Rathsamhausen 189
Reichshoffen (E2) 271
Reipertswiller (D2) 274
Reisedokumente 67
Reisezeit 19
Reiten 68
Renaissance 34
Restaurant 55
Rheinebene (Geographie) 16
Rheinebene (nördlich von
  Strasbourg) 111
Rheinebene (südlich von
  Strasbourg) 138
Rhenanus,
  Beatus 27, 76, 149, 150
Rhinau (E6) 143
Ribeauvillé (C7) 206
Ricardis, Heilige 194, 195
Riedlandschaft 17
Riedseltz (F1) 257
Ringmann, Matthias 149
Riquewihr (C7) 215
Rixheim (C10) 361
Rocher de Dabo 293
Rocher de Mutzig (C4) 282
Rohan-Guéméné, Louis
  René de 286
Rohan-Soubise, Armand
  Gaston de 98
Romanik 32
Rosenau 368
Rosenwiller (C4) 182

Danksagung
Eine große Hilfe waren uns die freundlichen Angestellten der verschiedenen Offices de Tourisme, die uns überall im Elsass bereitwillig zur Seite standen, unsere zahllosen Fragen geduldig beantworteten und uns viel Informationsmaterial zur Verfügung stellten. Henri und Martine Windholtz aus Rodern danken wir für ihre Bereitschaft, auch in den stressreichen Tagen der Weinlese auf uns Rücksicht zu nehmen. Ein herzliches Dankeschön geht nicht zuletzt an Rainer und Felicitas Batsch aus Friedrichstal, Julia Rahmelow aus Weil am Rhein und Denis Kiéné aus Ferrette für ihre ganz besonderen Tipps.

Die in diesem Reisebuch enthaltenen Informationen wurden von den Autoren nach bestem Wissen erstellt und von ihm und dem Verlag mit größtmöglicher Sorgfalt überprüft. Dennoch sind, wie wir im Sinne des Produkthaftungsrechts betonen müssen, inhaltliche Fehler nicht mit letzter Gewissheit auszuschließen. Daher erfolgen die Angaben ohne jegliche Verpflichtung oder Garantie der Autoren bzw. des Verlags. Beide übernehmen keinerlei Verantwortung bzw. Haftung für mögliche Unstimmigkeiten. Wir bitten um Verständnis und sind jederzeit für Anregungen und Verbesserungsvorschläge dankbar.

ISBN 978-3-89953-683-6

© Copyright Michael Müller Verlag GmbH, Erlangen 2012. Alle Rechte vorbehalten. Alle Angaben ohne Gewähr. Druck: Wilhelm & Adam, Heusenstamm.

Aktuelle Infos zu unseren Titeln, Hintergrundgeschichten zu unseren Reisezielen sowie brandneue Tipps erhalten Sie in unserem regelmäßig erscheinenden Newsletter, den Sie im Internet unter **www.michael-mueller-verlag.de** kostenlos abonnieren können.

Rosheim (C10) 182
Rott 257
Rouffach (C9) 233
Route de la Choucroute 139
Route des Cinq Châteaux 231
Route des Crêtes 319
Route Joffre 343
Routes touristiques 45
Rudolf von Altenburg 157
Rudolf von Habsburg 199

Saint-Louis 368
Salon du Thé 57
Sarre-Union 281
Sartre, Jean-Paul 134
Sauerkraut 58
Saverne (C3) 283
Scherwiller (C6) 199
Schirmeck (C5) 296
Schlumpf, Fritz 360
Schneeberg 291
Schnepfenriedwasen 333
Schoenenbourg (F2) 129
Schongauer, Martin 26, 34,
  159, 168, 170, 171
Schwarzbachtal 269
Schweitzer, Albert 103, 330
*Schwendi, Lazare de
  (Lazarus)* 174, 221
Seebach (E1) 129
Sengern 339
Sentheim (B10) 343
Seppois-le-Haut 367
Sessenheim (D9) 115
Sewen (A10) 343
Sickingen, Franz von 261
Siffer, Roger 31, 42
Sigismund (dt. Kaiser) 96
Sigolsheim 220
Silbermann, Andreas 103
Skifahren 69
Soucht 275
Soufflenheim (F2) 113
Soultz 240
Soultzbach-les-Bains 331
Soultzeren 335
Soultzmatt (C9) 236
Source de l'Ill 371
Souvenirs 67
Speisekarte 55
Sport 68
Sprache 42
Staufer 25, 117, 120
Ste-Croix-aux-Mines 314
Ste-Marie-aux-Mines 313
St-Hippolyte 203
St-Jean-lès-Saverne 288

Steige (C6) 309
Steigener Tal 309
Steinbach, Erwin von 91
Steinbach, Johann von 91
Steinbachtal 263
Steinseltz (F1) 257
Steintal (Ban de la Roche) 298
Störche 21
Storckensohn (A9) 341
Stoskopff, Sebastian 95
Stosswihr (B8) 335
St-Pierre-sur-l'Hâte 317
Strasbourg (D3) 73
Straßburger Eide 74
Straßenkarten 46
Streisselhochzeit 130
Struthof (ehemaliges Kon-
  zentrationslager) 297, 298
St-Ulrich 367
Sturm, Jakob 76
Sundgau 363
Surbourg (F2) 125

Tal der Kleinen Fecht 394
Tauber, Johannes 75
Telefonieren 69
Thann (B10) 241
Thanner Hubel (B9) 343
Thannwald 372
Theobald, heiliger 242
Thierenbach (B9) 241
Thumb, Peter 144
Töpfer, Soufflenheim 114
Touristenbüros 69
Trachten 39
Trinkgeld 54
Trois-Epis 332
Tulla, Johann Gottfried 16
Turckheim (C8) 227
Turenne, Henri de 30, 31

Uberach(E2) 135
Übernachten 49
Ungerer, Tomi 57, 105, 107
Ungersheim (E3) 155

Val d'Argent 313, 314
Vallée de la Bruche 301
Vallée de la Doller 343
Vallée de la Hasel 294
Vallée de la Lauch 335
Vallée de la Mossig 294
Vallée de la Thur 340
Vallée de la Wormsa 333
Vallée de Munster 330
Vallée Noble 236
Vallées de Villé (C6) 307
Vauban, Sebastian 27, 101, 112

Vieil Armand 323
Villé (C6) 307
Vogesen (Geographie) 17
Vogesen (nördliche) 249
Vogesen (südliche) 312
Vogesen, mittlere 282
Vorbergzone (Geographie) 17
Vorspeisen 57

Walbourg (E2) 124
Waldersbach (C5) 298
Waltharius-Epos 265
*Waltz, Jean-Jacques
  (Hansi)* 159
*Waltz, Jean-Jaques
  (Hansi)* 30
Wanderausrüstung 376
Wanderkarten 376
Wandteppiche 137
Wangen (D4) 177
Wangenbourg-Engenthal 291
Wasa, Anna 275, 278
Wasselonne (D4) 294
Weckmann, André 31
Wein 61
Weinstraße (Abschnitt
  nördlich von Colmar) 175
Weinstraße (Abschnitt
  südlich von Colmar) 228
Weiss, Louise 286
Weiterswiller (D6) 137
Westfälischer Frieden 27
Westhalten 236
Westhoffen (D4) 177
Wickram, Jörg 27
Wildenstein (A8) 340
Wilhelm I. 105
Wilhelm II. 203, 204
Wilhelmine (niederl.
  Königin) 310
Wimpfeling, Jakob 27, 76, 148
Winkel (C12) 371
Winstub 55
Winterhalder, Clemens 199
Winterhalder, Philipp 199
Wintzfelden (D9) 236
Wirtschaft 22
Wissembourg (B8) 250
Woerth 271

Zehnstädtebund
  (Dekapolis) 26
Zeitungen 69
Zellenberg 214
Zix, Benjamin 100
Zuber, Jean 361
Zweiter Weltkrieg 29
Zwingli, Ulrich 347

Verzeichnis der Kirchen

Adelphikirche 137

Baptisterium St-Ulrich
(Avolsheim) 177

Cathédrale Notre-Dame
(Strasbourg) 90

Chapelle de Marlenheim
(Marlenheim) 176

Chapelle Ste-Marguerite
(Epfig) 196

Chapelle St-Felix-et-
Ste-Régule
(Kientzheim) 221

Chapelle St-Nicolas
(Mont-Ste-Odile) 306

Chapelle St-Nicolas
(Ottrott) 189

Chapelle St-Sébastian
(Dambach-la-Ville) 198

Dompeter
(Avolsheim) 177

Dorfkirche
(Reipertswiller) 274

Eglise de l'Assomption
(La Petite Pierre) 278

Eglise des Dominicains
(Guebwiller) 239

Eglise des Jesuites
(Molsheim) 179

Eglise Mixte
(Betschdorf) 126

Eglise Notre-Dame
(Dusenbach) 212

Eglise Notre-Dame
(Guebwiller) 239

Eglise Notre-Dame
(Saverne) 286

Eglise Notre-Dame-de-
l'Assomption
(Rouffach) 234

Eglise Paroissale
(Buhl) 337

Eglise Protestante
(Lembach) 258

Eglise St. Ulrich
(Altenstadt) 256

Eglise St-Arbogast
(Surbourg) 125

Eglise Ste-Anne
(Turckheim) 227

Eglise Ste-Croix
(Kaysersberg) 224

Eglise Ste-Foy
(Sélestat) 151

Eglise Ste-Marie
(Mulhouse) 358

Eglise Ste-Richarde
(Marlenheim) 176

Eglise St-Etienne
(Rosheim) 183

Eglise Ste-Trinité
(Lauterbourg) 112

Eglise Ste-Walburga
(Walbourg) 124

Eglise St-Georges
(Haguenau) 120

Eglise St-Georges
(Sélestat) 150

Eglise St-Grégoire
(Ribeauvillé) 210

Eglise St-Jacques
(Feldbach) 366

Eglise St-Jean
(Wissembourg) 255

Eglise St-Laurent
(Benfeld) 142, 371

Eglise St-Léger
(Guebwiller) 238

Eglise St-Léger
(Murbach) 337

Eglise St-Martin
(Colmar) 171

Eglise St-Martin
(Masevaux) 342

Eglise St-Martin
(Oltingue) 372

Eglise St-Matthieu
(Colmar) 175

Eglise St-Maurice
(Ebersmunster) 144

Eglise St-Maurice
(Soultz) 240

Eglise St-Médarde
(Boersch) 189

Eglise St-Nicolas
(Haguenau) 122

Eglise St-Piere-et-St-Paul
(Wissembourg) 254

Eglise St-Pierre-et-St-Paul
(Obernai) 186

Eglise St-Pierre-et-St-Paul
(Ottmarsheim) 157

Eglise St-Pierre-et-St-Paul
(Rosheim) 183

Eglise St-Pierre-et-St-Paul
(Sigolsheim) 220

Eglise St-Pierre-
le-Jeune 104

Eglise St-Sebastian
(Soultzmatt) 236

Eglise St-Thiébaut
(Thann) 244

Eglise St-Thomas
(Strasbourg) 102

Pfarrkirche
(Raedersdorf) 372

Ste-Marie de l'Assomption
(Obersteigen) 293

St-Florent
(Niederhaslach) 295

St-Jean-Baptiste
(St-Jean-lès-Saverne) 288

St-Martin
(Marmoutier) 290

St-Michel
(Reichshoffen) 271

St-Michel-et-St-Gangolf
(Lautenbach) 336

St-Paul
(Strasbourg) 106

St-Pierre-et-St-Paul
(Neuwiller-lès-Saverne) 136

Temple St-Etienne
(Mulhouse) 356

Wallfahrtskapelle
(Hippoltskirch) 372

Wallfahrtskirche
(Thierenbach) 241

Wallfahrtskirche Notre-
Dame
(Sewen) 343

Wehrkirche
(Hunawihr) 213

Die Wehrkirche von Hunawihr

Verzeichnis der Burgen

Burgruine Freudeneck 294
Burgruine Nideck 294
Château de Ferrette 369
Château de Frankenbourg 308
Château de la Roche 298
Château de l'Engelbourg 247
Château de Lutzelhardt 264
Château de Salm 298
Château der Barone von Reinach 366
Château du Bernstein 199
Château du Fleckenstein (E1) 260, 385
Château du Froensbourg 261
Château du Grand Geroldseck 388
Château du Guirbaden 301
Château du Haut-Andlau 194
Château du Haut-Barr 288, 388
Château du Haut-Koenigsbourg 203
Château du Hohenbourg 261
Château du Hohlandsbourg (C8) 232
Château du Landsberg 307
Château du Landskron 372
Château du Lichtenberg 273
Château du Löwenstein 260
Château du Morimont 371
Château du Nouveau Windstein 270
Château du Petit Arnsbourg 264
Château du Schöneck 264
Château du Spesbourg 194
Château du Vieux Windstein 270
Château du Wangenbourg 292
Château du Wasenbourg 267
Château du Wineck 264
Châteaux de Windstein 269
Château d'Ottrott 189
Châteaux du Wasigenstein 264
Châteaux Greifenstein 390
Dagsburg 231
Drei Egsen Wahlenburg, Dagsburg, Weckmund 231
Hugstein 240
Lutzelbourg 189
Nouveau Windstein (E1) 270
Ortenbourg 199
Phlixbourg 232
Porche de l'Eglise de Climbach (Climbach) 260
Salm 298
Ulrichsburg 212
Wahlenburg 231
Weckmund 231